管理学

MANAGEMENT

王积俭 魏新 主编

广东省出版集团
广东经济出版社

作者简介(1)

王积俭：男，山东省黄县人，广东工业大学管理学教授

➡ 曾先后在北京科技大学和北方工业大学攻读冶金学和管理学；在鞍山钢铁公司做过技术工作；近30多年来，一直在广东工业大学从事教学与研究工作。1991～1992年间受国家派遣，作为高级访问学者，在日本国立九州大学经济学部任访问研究员。1996～2001年，任广东省教师高级专业技术职务评审委员会（管理）学科组成员，澳门科技大学兼职教授，广东培正商学院兼职教授。

➡ 曾先后获得全国科学大会、冶金工业部、广东省、广东省教育厅等6项科研成果奖励。此前已独立编著、出版了《管理学原理》和《管理心理学》两部著作，并在国内外重要学术刊物和国际会议上发表了多篇学术论文。

作者简介(2)

魏　新：女，广东省梅县人，武汉大学法学学士、中山大学经济学硕士，广东工业大学经济管理学院工商管理系副主任、副教授；兼任广东省系统工程学会秘书长。

➡ 主要研究方向：企业管理。近年主持课题8项，课题金额合计达60万元；参与省市级课题7项；发表论文近20篇；在香港新华人民出版社出版《人力资源管理》一书，如今已出第二版；担任数家企业的管理顾问；曾为多家民营企业、国有企业及外资企业做过人力资源管理咨询与培训，具有丰富的教学、管理咨询与培训咨询经验。

前言

管理学是研究和探讨各种社会组织的管理活动的基本规律和一般方法的学科，是管理学科群中最为基本的学科，是一门实践性很强的学科。由于人类社会的发展和进步，管理学的研究对象处在不断的演进和变化之中，永远存在有待探索的新领域，因此说，管理学也是一门永远年轻的学科。

管理学所揭示的各种规律、原理与方法，不仅适用于工商企业的管理，而且也适用于机关、事业等各种社会组织的管理。我们在本书中坚持管理学的一般性原则，突出一般组织的管理共性。管理学是一门专业的基础课。通常被安排在经济管理类专业课之前开设，能为管理专业课打下良好基础。为此，本书力求准确阐述管理学基本概念及其内涵和外延，系统论述管理学的基本原理，科学地分析管理的基本方法；同时，又能反应管理学的最新进展和前沿动态。

我们在编写过程中，博采众长，充分吸收国内外管理实践的有用经验和最新研究成果，由浅入深，循序渐进，简明扼要；在内容取舍与安排上，力求做到体系完整而又重点突出，便于在掌握管理学科学体系的同时能把握重点和难点；本教材在对管理学的结构体系、内容进行分析时，将管理学分为三个部分：管理基础篇、管理哲学篇、管理职能篇；比较系统地介绍了管理学基本概念、原理、方法论以及理论体系。在一些章结束后选用一至两个典型案例，让学生通过案例分析逐步了解管理理论和观点在现实中的应用及其在不同环境下的变异；每章结束后有一个本章小节、练习题，便于学生复习和巩固本章内容；有些章后还选用了一些管理测试、管理训练和管理游戏，让读者了解自己的管理技能水平，体验管理理论在具体情景下是如何应用的，以达到提升管理综合素质的目的。

本书由王积俭教授和魏新副教授主编，负责大纲拟定、结构安排、体系设计和统改定稿工作。各章节的编写分工如下：王积俭教授编写第五章；魏新副教授编写第一章、第三章、第十二章；米娜老师编写第二章、第四章、第九章、第十一章；陈颜老师编写第六章、第八章；张珏老师编写第十章；高莉老师编写第七章。

编者在编写过程中，得到了广东工业大学经济管理学院研究生刘晓彦、李伟、吴影、许高胜、曹辉和罗宵的帮助和支持，他们在资料收集、打印、排版与校对方面做了大量工作，在此一并表示感谢！

由于水平所限，时间仓促，书中错漏之处恐所难免，恳切希望读者不吝赐教，以便今后再版时修改。

王积俭　魏新
2005 年 1 月 26 日

目录

第一篇　管理基础篇

第二篇　管理哲学篇

第三篇　管理职能篇

第一篇

管理基础篇

管理的历史由来已久。有共同劳动，就有管理。管理学是一门系统地研究组织管理活动的基本规律和一般方法的科学，是管理学科群中最为基础的学科。本篇由第一章、第二章和第三章构成。主要研究管理、管理者的有关概念，介绍管理学的特点、研究内容及21世纪对管理学的挑战；论述管理的目标与本质，管理环境与对象，管理的过程与关键，管理的性质与职能，管理的方法，管理现代化；介绍了中国古代管理思想；系统归纳了西方管理思想的发展过程和各个阶段包含的流派，概述管理科学的新发展。

第一章　管理与管理学

【学习目标】

■正确认识和理解什么是管理，管理者及其分类，管理者的角色、技能、任务和目标；了解管理学的特点、管理学研究对象与内容；掌握学习和研究管理学的方法。

管理存在于社会生活的各个行业和各个领域，存在于各级各类不同性质的组织。不仅企业需要管理，政府、军队、学校、医院、学术团体等各种组织都需要管理。本章主要研究管理与管理者的有关概念，介绍管理学的特点、研究内容及21世纪对管理学的挑战，探讨学习和研究管理学的方法。

第一节　管理与管理者

作为本书的开端，我们先界定管理的涵义，使读者对管理及管理者有一个明确的认识，为后面进一步学习管理理论打下良好的基础。

一、管理的界定

管理即是管辖、治理的意思。大到国家，小到企业或学校，几乎任何组织都离不开管理。管理伴随着人类生存、发展的各种活动，可以追溯到遥远的古代，但是管理成为一门学科，却是19世纪末20世纪初的事情，距今只有100余年。随着管理学的产生和发展，在不同时期，不同学者对管理做出了不同的描述，这些管理的定义从不同的侧面客观地反映了管理的特性。

1911年，古典管理学家、科学管理的奠基人弗雷德里克·泰罗（Frederick. W. Taylor）认为“管理就是确切地了解你希望工人干什么，然后设法使他们用最好、最节约的方法完成它”。

1916年，古典管理学家亨利·法约尔（Henri Fayol）在他的著作《工业管理与一般管理》中认为“管理，就是实行计划、组织、指挥、协调和控制”，他第一次提出了计划、组织、指挥、协调和控制等管理的五项职能。

1955年，管理学家哈罗德·孔茨（Harold Koontz，1908～1984）与奥唐纳（Cyril

O.Donnell）合著的《管理学》中认为“管理就是设计并保持一种良好的环境，使人在群体里高效率地完成既定目标的过程。这个定义需要展开为：作为管理人员，需完成计划、组织、人事、领导、控制等管理职能；管理适合于任何一个组织机构；管理适合于各级组织的管理人员”。

诺贝尔经济学奖获得者西蒙（Herbert A.Simon）1960年在他的著作《管理决策的新科学》中认为“管理就是决策”。在西蒙教授看来，管理者所做的一切工作归根结底是在面对现实与未来，面对环境与员工时不断地做出各种决策，使组织的一切都可以不断运行下去，直到获得满意的结果，实现令人满意的目标要求。

1996年，罗宾斯和库尔塔（Robbins and Coultar）对管理下的定义是：“管理这一术语指的是和其他人一起并且通过其他人来切实有效完成活动的过程。”这一定义把管理视作过程，它既强调了人的因素，又强调了管理的双重目标：既要完成活动，又要讲究效率，以最低的投入换取既定的产出。

1997年，普伦基特和阿特纳（Plunkett and Atoner）把管理者定义为“对资源的使用进行分配和监督的人员”。在此基础上，他们把管理定义为“一个或多个管理者单独或集体通过行使相关职能（计划、组织、人员配备、领导和控制）和利用各种资源（信息、原材料、货币和人员）来制订并达到目标的活动”。

1998年，路易斯、吉德曼和范特（Lewis，Goodman and Fandt）对管理下的定义是，“管理被定义为切实有效地支配和协调资源，并努力达到组织目标的过程”。这一定义与前一定义大同小异，所不同的是它立足于组织资源，原材料、人员、资本、土地、设备、顾客和信息等都属于组织资源。

我国的一些管理学教材中也给管理下了定义。如周三多教授认为：管理是社会组织中，为了实现预期的目标，以人为中心进行的协调活动。芮明杰教授认为：管理是对组织的资源进行有效整合以达到既定目标与责任的动态创造性活动。杨文士教授则认为：管理是指一定组织中的管理者，通过实施计划、组织、人员配备、指挥与领导、控制等职能来协调他人的活动，使别人和自己一起来实现既定目标的活动过程。席酉民教授认为：管理是一种基础国力。张兆响教授认为：管理是以协调为基础，通过实施决策、计划、组织、领导、控制和创新等职能，有效地获取、分配、利用人力资源和物力资源，以实现预期目标的活动过程。管理定义的多样化，既反映了人们研究立场、方法、角度的不同，也反映了管理科学的不成熟性。为了反映管理的本质，我们博采众长形成本书的管理概念，即管理是管理者在一定的环境条件下，对组织所拥有的资源（人力、物力和财力等各项资源）进行决策、计划、组织、领导、控制、协调和创新，以人为中心，实现组织目标的过程。根据这一定义，可进一步明确管理的内涵如下：

（1）管理是任何组织集体劳动所必需的活动。管理是人类的基本社会行为，它渗透在社会、政治、经济、军事、技术、文化和生活的各个方面。管理不能脱离组织而存在，同样，组织中必定存在管理。

（2）管理是一个过程。管理是为实现组织目标服务的，是一个有意识、有目的地进行的过程。管理是任何组织都不可或缺的，但绝不是独立存在的。管理不具有自己的目标，不能为管理而管理，而只能使管理服务于组织目标。

（3）管理工作是在一定的环境条件下开展的。环境既提供了机会，也构成了威胁。也就是说，管理将所服务的组织看作一个开放的系统，它不断地与外界环境产生相互的影响和作用。正视环境的存在，一方面要求组织为创造优良的社会物质、政治法律和文化环境尽其“社会责任”；另一方面，管理的方法和技巧必须因环境条件的不同而随机应变，没有一种在任何情况下都能奏效的、通用的、万能的管理方法，审时度势、因势利导、灵活应变，对于管理成功是至关重要的。

（4）管理的职能是决策、计划、组织、领导、控制、协调和创新。管理工作的过程是由一系列相互关联、连续进行的活动所构成的。这些活动包括决策、计划、组织、领导、控制、协调与创新等，它们构成管理的基本职能。

（5）管理的对象是组织中的人力、物力、财力和信息等各种各样的资源。管理工作要通过综合运用组织中的各种资源来实现组织的目标。也就是说，管理负责把资源转化为成果，将投入转化为产出。管理的成效好坏、有效性如何，集中体现在它是否使组织花最少的资源投入，取得最大的、合乎需要的成果产出。如果说效率涉及组织是否“正确地做事”（即“怎么做”）的问题，那么，是否选择“正确的事”去做（即“做什么”）就是与效果相关的问题。

（6）管理的中心是人。在任何组织中都同时存在人与人、人与物的关系。但人与物的关系最终仍表现为人与人的关系，任何资源的分配也都是以人为中心的。由于人不仅有物质的需要还有精神的需要，因此，社会文化背景、历史传统、社会制度、人的价值观、人的物质利益、人的精神状态、人的素质、人的信仰，都会对协调活动产生重大的影响。

（7）管理的目的是使组织能高效率地达到组织目标。管理是要资源成本最小化，因此，效率是管理的极其重要的组成部分，而仅仅有效率是不够的，管理还必须使活动实现其预定的目标，即追求活动的效果。使活动达到目标，而且做得尽可能有效率，这就是学习管理的最终使命。管理意味着根据目标进行管理，它要求采取行动实现预定的效果。管理的具体职责就是把想要达到的目的先变成可能的东西，然后再变成实际存在的东西；换句话说，以有意识和有目的的行动来改变环境，这才是真正的管理。

（8）管理的主体是管理者。虽然管理者在行使管理职能时要受诸多因素的影响，但管理者的素质与组织的运行绩效有着密切的关系。

二、管理者及其分类

管理者（又称管理人员）是指在组织中全部或部分从事管理活动的人员，即在组织中担负计划、组织、领导、控制和协调等工作，以期实现组织目标的人。管理人员在组织中工作，但是并非在组织中工作的每一个人都是管理人员。

为简化起见，组织中的成员一般分为两大类，一类是作业人员，一类是管理人员。管理人员的工作业务性质与其他作业人员的工作性质是截然不同的。作业人员直接在某一岗位上或某一任务中制造产品或提供服务，但是他们不负有监管他人的工作责任。当然，管理人员也有一些作业性任务。不管管理人员是高层的、中层的或一线的，他们都有下属。一个组织中从事管理工作的人可能有许多，不同的管理人员处于不同的管理岗位上。

（一）按管理人员所处的组织层次分类

(1) 高层管理人员。高层管理人员是组织中的高级领导人，对整个组织的管理负有全面责任，主要任务是制定组织的总目标、总战略，把握组织的发展方向，并对组织的资源拥有分配权，尤其是对人力资源的调配，同时也需要对整个组织的业绩负责。如学校正副校长、医院正副院长、企业的董事长、总裁、城市的正副市长等。

(2) 中层管理人员。中层管理人员是介于高层管理人员和一线管理人员之间的管理人员，主要职责是贯彻执行高层管理人员的重大决策和管理意图，监督和协调基层管理人员的工作活动，或对某一方面的工作进行具体的规划和参谋。如学校教务处主任、人事处长、学生工作部长；医院各科室主任、企业中计划、生产、财务等部门的负责人；县市政府部委办的部长、主任、局长。中层管理人员一般又可分为三类，即行政性管理人员、技术性管理人员和支持性管理人员。

(3) 基层管理人员。基层管理人员或监管人员即最直接的一线管理人员或称一线经理，是直接监察实际作业人员的管理者，其主要职责是直接给下属作业人员分配具体任务，直接指挥和监督现场作业活动，确保下属的工作条件和工作环境，使工作流程一步接着一步顺利地进行，保证上级下达的计划和指令的完成。基层管理人员的头衔包括工长、会计主管、领班、小组长和办公室主任。

图 1-1　组织层次及管理人员的分类

上述三个不同层次的管理人员，其工作内容和性质存在着极大差异。第一线管理人员主要关心的是具体工作的完成，他们在处理问题时，往往凭借的是丰富的生产、销售或研究工作经验和熟练的技术才能。而最高层管理人员则对组织的总的长远目标和战略计划感兴趣，他们在处理问题时，往往凭借的是丰富的人际技能与战略洞察力。因此，第一线管理人员所考虑的问题，往往是机器调整和设备维修等；而最高层管理人员所关心的问题，则可能是如何制定战略计划，把竞争对手的市场夺过来，以扩大自己的市场占有率等。总的说来，第一线工人所关心的是具体的战术性工作，而最高管理人员所关心的则主要是抽象的战略性工作。

（二）按管理人员所从事的工作领域分类

(1) 综合管理人员。是指负责管理整个组织或组织中某个事业部的全部活动的管理人员。对于小型组织（如一个小工厂）来说，可能只有一个综合管理人员，那就是总经理，他要统管该组织内包括生产、销售、人事、财务等在内的全部活动。而对于大型组织（如跨国公司）来说，可能会按产品类别设立几个产品分部，或按地区设立若干地区分部，此时，该公司的综合管理人员就包括总经理和每个产品或地区分部的经理，每个分部的经理都要统管该分部包括生产、营销、人事、财务等在内的全部活动。

(2) 专业管理人员。是指负责管理组织中某一类活动（或职能）的管理人员。对于现代组织来说，随着其规模的不断扩大和环境的日益复杂多变，将需要越来越多的专业管理者，专业管理者的地位也将变得越来越重要。根据这些管理人员所管理的专业领域性质不同，又可以具体划分为生产部门管理人员、营销部门管理人员、人事部门管理人员、财务部门管理人员以及研究开发部门管理人员等。

①市场营销管理人员。其主要职责和营销职能有关，即把组织的产品或服务送到用户手中。如企业中的营销管理人员。营销职能包括市场调查、产品的调拨、定价与销售、促销广告及消费者心理研究等。有调查数据表明，美国一些大公司的负责人，其中13.7%都是搞营销出身。显然，市场营销对许多组织而言是十分重要的。近些年来，不少成功的企业都采纳了“市场营销观念”，即企业所做的一切都紧紧围绕如何满足用户的需要。市场营销的重要性决定了市场营销人员在企业中的地位及其重要作用。

②财务管理人员。其主要职责包括资金筹集、预算、核算与投资等。有些机构如银行等金融机构，财务管理人员的需要量特别大。美国大公司负责人原先搞财务的约占20%。成功企业的领导人必须精通财务知识。

③生产与经营管理人员。其主要职能是建立一个能为组织制造和提供服务的系统。在这一系统中，他们负责计划、控制日常营运活动。典型的任务包括生产控制、库存控制、质量管理、工厂布局、厂址选择及工作设计等。虽然这一职能的产生，最早是用于解决制造企业中的问题，但目前这一专业领域中的工具和原则，已普遍应用于服务和其他各类组织。现代企业中所关注的一些问题，如提高生产率、节约稀缺资源、更有效地利用能源等，使生产经营管理人员在许多组织中的地位变得更为重要。美国大公司中，大约10.7%的高层管理人员都有生产经营管理的经历。

④人力资源管理人员。主要负责人力资源规划，员工的招聘与挑选、培训和发展，设计薪酬福利制度，制定绩效评估制度，以及解雇表现不好和有问题的员工等。在一些大企业、大公司中，这些活动都由一些单独的专职部门来处理；在一些小的组织中，则由若干人负责行使所有的人力资源职能。随着人力资源在组织中的重要性越来越突出，人力资源经理在组织中的地位也日益提高。

⑤行政管理人员。行政管理人员或一般管理人员并不专门从事某一特定的管理专业领域的工作，但其重要性可从美国企业的首席负责人中约有16.4%来自于行政管理人员的这一事实中得以显示。他们往往是一个通晓多方面知识的全才，而不是只受过某一领域训练的专才。他们基本上对管理各领域都有所了解并熟悉这些工作。

⑥其他类型的管理人员。除了上述的各类管理人员外，在许多组织中还有其他一些专职管理人员。例如，公共关系人员，负责处理与媒体之间的关系，以提高组织的形象；研究开发组织人员，负责协调组织的科研项目中科学家和工程师之间的活动。这些专业人员就其人数、性质及重要性来看，因不同的组织而异，但随着现代企业规模扩大和环境复杂化，这类管理人员的人数及其重要性也在不断增长和提高。

三、管理者的任务和目标

哈罗德·孔茨认为：管理者的任务就是“为在集体中工作的人员谋划和保持一个能使他们完成预定目标和任务的工作环境”。需要管理者去设计和维护的工作环境包括物质环境和精神环境。

物质环境由光、热、噪音、通风、工具和材料等各种物质因素和一些软项目如经济批量、统计方法、库存控制等现代管理方法和技术。物质环境直接影响组织生产力和资源的利用。管理者应当善于运用各种物质因素，广泛推行现代管理方法，创造一个能使组织成员有效率地进行工作的物质环境。

精神环境影响到一个人对他的工作和工作场所的态度。创造精神环境的目的是在每一个人身上都形成一种积极的精神状态，使得每个人都理解：努力达成组织目标是符合他自身的利益的。创造一个良好的精神环境应推行人本管理，在良好的人文环境下，员工自动自发，爱岗敬业；团队合作，将个人目标与组织目标有机结合起来。

有效的管理者不仅要弄清自己的任务，还需要了解自己的目标。目标由任务转化而来。管理者的任务是创造一个能使组织目标得以顺利实现的良好环境，那么，管理者的目标就应该是用最少的资源投入完成他的任务，或者说是用现有资源更高质量地完成他的任务。

因此，有效的管理者既要完成任务（创造良好环境），又要达到目标（节约资源）。换句话说，有效的管理者必须既要有效率又要有效果。

效率（Efficiency）是管理的极其重要的组成部分，它是指输入与输出的关系。对于给定的输入，如果你能获得更多的输出，你就提高了效率。类似的，对于较少的输入，你能够获得同样的输出，你同样也提高了效率。因为管理者经营的输入资源是稀缺的（资金、人员、设备等），所以他们必须关心这些资源的有效利用。因此，管理就是要使资源成本最小化。然而，仅仅有效率是不够的，管理还必须使活动实现预定的目标，即追求活动的效果（Effectiveness）。当管理者实现了组织的目标，我们就说他们是有效果的。因此，效果涉及的是活动的结果。

效率和效果是互相联系的，例如，如果某个人不顾效率，他很容易达到有效果。精工（Seiko）集团如果不考虑人力和材料输入成本的话，它还能生产出更精确和更吸引人的钟表。为什么美国联邦政府的一些机构经常受到公众的抨击，按道理说他们是有效果的，但他们的效率太低，也就是说，他们的工作是做了，但成本太高。因此，管理不仅关系到使活动达到目标，而且要做得尽可能有效率。组织可能是有效率的却也完全可能是无效果的，那种要把错事干好的组织就是如此！现在大学扩招，有许多学院师资不够，在“加工”学生方面算得上是高效率的，通过采用计算机辅助学习设备、大课堂教学、过分依赖兼职教师，导致培养出来的人才质量不高。当然，在更多的情况下，高效率还是与高效果相关联的。低水平的管理绝大多数是由于无效率和无效果，或者是通过以牺牲效率来取得效果的。

四、管理者的素质与能力

(一) 管理者应具备的基本素质

个人素质包括人的品德、知识水平和能力三方面的内容。品德是推动个人行为的主观力量，决定着一个人工作的愿望和努力程度。知识体现了一个人的智能水平和状况。能力反映出一个人干好本职工作的本领，它包括完成一定工作的具体方式，以及顺利完成一定活动所必需的心理特征。品德、知识和能力三者共同构成了一个人的基本素质，但这三者并没有必然的联系。如优秀的品德有利于知识水平和能力的提高，但并不能直接导出具有优秀品德的人就必定具备高的知识水平能力，反之亦然。

早在管理科学发展的初期，美国管理专家泰罗在论及工段长的工作时就谈到："要得到一个具备多种专门知识以及为完成其全部工作所必需的各方面的智力和道德品质的人极不容易，因为一个全才必须具有下列九种品德：脑力；教育；专门知识或技术知识，手艺或体力；机智；充沛的精力；毅力；诚实；判断力或常识；良好的健康情况。"（泰罗：《科学管理原理》，80～81页，北京：中国社会科学出版社，1984年）

法约尔也认为："每一种能力（指职能能力）都以下面简述的几个方面的素质与知识为基础：(1) 身体——健康、体力旺盛、敏捷；(2) 智力——理解和学习的能力、判断力、精力充沛、头脑灵活；(3) 道德——有毅力、坚强、勇于负责任、有首创精神、忠诚、有自知之明、自尊；(4) 一般文化——具有不限于从事职能范围的各方面知识；(5) 专业知识——技术，或商业，或财务；(6) 经验——从业务实践中获得的知识，这是人们自己从行动中吸取的教训和记忆。"（法约尔：《工业管理与一般管理》，7页，北京：中国社会科学出版社，1982年）

泰罗和法约尔几乎不约而同地强调了作为一名管理者应具备一些基本的知识、能力和道德品质，概括地讲，它们包括：一般的文化和专业知识、体力、智力与经验；坚强、毅力、责任心和首创精神。

(二) 管理者应具备基本能力结构

早在管理理论建立的初期，法约尔依据当时的企业状况就对管理者应具备的基本能力结构进行了分析和研究。他指出："和每一组活动或每一种基本职能相对应的是一种专门的能力，人们将其区分为技术能力、商业能力、财务能力、管理能力等等组成能力的每一种因素的重要性都同职能的性质及职能的重要性有关。"（法约尔：《工业管理与一般管理》，8～11页，北京：中国社会科学出版社，1982年）

表1－1和表1－2是法约尔试图用数字表明的每一种能力在企业人员和企业领导人的才能分布，以及不同规模的工业企业不同领导人的必要能力状况。

从表1－2中可以看出以上规律："在各类企业里，下层人员的主要能力是具有该类企业特点的职业能力，而较高层的领导人的主要能力则是管理能力。"法约尔还得出了以下结论：

(1) 工人的主要能力是技术能力。

(2) 随着人的地位在等级中提高，管理能力的相对重要性也增加，同时技术能力的重要性减少。

表 1-1　大型工业企业技术职能人员必要能力的相对重要性比较表（部分）

人员类别	能力						
	管理（%）	技术（%）	商业（%）	财务（%）	安全（%）	会计（%）	总值（%）
工人	5	85	——	——	5	5	100
工长	15	60	5	——	10	10	100
车间主任	25	45	5	——	10	15	100
部门领导	35	30	10	5	10	10	100
经理	40	15	15	10	10	10	100
总经理	50	10	10	10	10	10	100

法约尔：《工业管理与一般管理》，8~11 页，北京：中国社会科学出版社，1982 年

表 1-2　各种规模的工业企业领导人必要能力的相对重要性比较表

人员类别	能力						
	管理（%）	技术（%）	商业（%）	财务（%）	安全（%）	会计（%）	总值（%）
初级企业	15	40	20	10	5	10	100
小型企业	25	30	15	10	10	10	100
中型企业	30	25	15	10	10	10	100
大型企业	40	15	15	10	10	10	100
特大型企业	50	10	10	10	10	10	100
国家企业	60	8	8	8	8	8	100

法约尔：《工业管理与一般管理》，8~11 页，北京：中国社会科学出版社，1982 年

（3）经理的主要能力是管理能力，等级越升高，这种能力越起主导作用。

（4）商业能力、财务能力、安全能力在部门领导、经理等级的人中有其极大的相对重要性。随着人的地位升高，这些能力的相对重要性在每种人的评价中不断减少并趋向平衡。

法约尔的最后结论是："不管哪一种职能，下属人员的主要能力是需要具有某种职能特点的能力（在工业职能里是技术能力，在商业职能里是商业能力，在财务职能里是财务能力，等等），而高级人员的主要能力是管理能力。"

美国管理学专家罗伯特·卡茨（Katz）在 1955 年发表论文《有效管理的技能》中，针对管理者的工作特点，提出了技术技能（Technical Skill）、人际技能（Human Skill）和概念技能（Conceptual Skill）。卡茨认为，有效的管理者将依赖于这三种技能。

技术技能。技术技能是指使用某一专业领域内有关的工作程序、技术和知识去完成组织专业任务的能力。例如，教师、公务员、军人、消防队员、医师、工程师、会计师、广告设计师、推销员等，皆需要掌握相应领域的专业技术技能，可以被称作广义的专业技术人员。对于管理者来说，虽然没有必要使自己成为精通某一领域技能的专家（因为他可以依靠有关专业技术人员来解决专门的技术问题），但也必须了解相当的专门知识，掌握最

基本的专业技能，否则将很难与他所主管的组织内的专业技术人员进行有效的沟通，从而也就无法对他所管辖的业务范围内的各项管理工作进行具体的指导。毋庸置疑，医院的院长不应该是对医疗过程一窍不通的人，学校的校长也不应该是对教学科研工作一无所知的人，军事首长更不能对军事指挥一无所知。当然，不同层次的管理者，对于技术技能要求的程度是不相同的。

人际技能。人际技能是指与处理人际关系有关的技能，即理解、激励他人并与他人沟通和共事的能力。这种能力当然首先包括领导能力，因为领导者必须学会同下属人员沟通并影响下属人员的行为。但人际技能的内涵远比领导技能广泛，因为管理者除了领导下属外，还得与上级领导和同级同事打交道，还得学会说服上级领导，领会领导意图，学会同其他部门同事紧密合作，还要与相关的外界人员和组织发生相关的联系与交往。

概念技能。概念技能是把组织作为一个整体进行考察和考虑各个构成部分之间关系的认知能力，它包括管理者的思维、信息处理和计划能力，包括对某个部门如何适应整个组织及整个组织如何适应所在产业、社区与广泛的经营和社会环境的认知能力，体现了用广泛而长远的眼光进行战略思维的能力。

微软公司的董事长比尔·盖茨即是一个很好的例子。他准确预测到人类将通过互联网技术打破国界进行政治、经济、商务、通信等各种联系，并发明办公桌面计算机信息技术，使人类工作离不开微软的办公系统，以实现其梦想。他将这种目标进行清楚的阐述，并在公司范围内进行有效沟通，最后微软公司成功实现其梦想。这就是卓越的概念技能。

卡茨认为，在不同的组织层次中，这三种技能应有不同的优化组合：对于基层管理者需要的主要是技术和人际技能。在中层管理者的有效性主要取决于人际和概念技能。而在最高层次的管理者，概念技能成为所有成功管理工作中最为重要的技能。依据卡茨的理论，美国《财富》杂志对美国银行业、工业、保险业、公共事业和运输业中最大的300家公司进行了调查，调查结果支持了卡茨的理论。见图1-2。

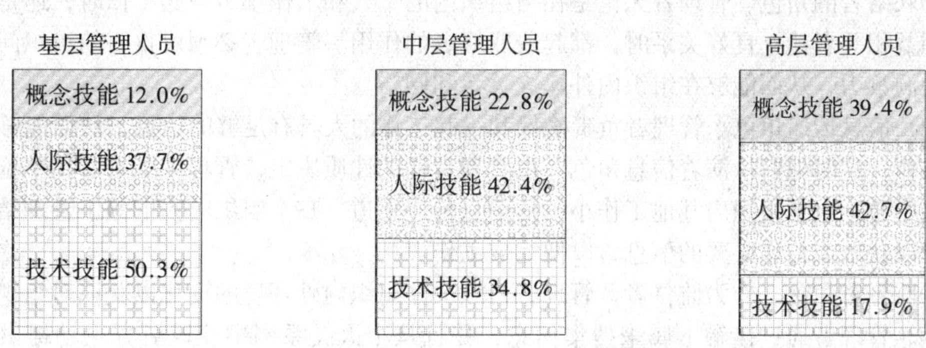

图1-2 不同层次所需要的技能的最优组合

调查的结果表明，从基层管理到高层管理工作，技术技能在逐渐减弱（降低了32.4%），概念技能在逐渐增加（增加了27.4%），而人际技能却变化不大（增加了5%）。

这充分说明，概念技能是组织高层管理人员的重要技能，技术技能是组织基层管理人员的重要技能，而人际技能却是管理人员普遍应具备的技能。

法约尔和卡茨有关管理人员能力的理论，不仅确立了管理者应具备的能力类型，并指出了在管理者地位变化的过程中能力变化的大致趋势，也告诉了管理者在管理工作的生涯中，如何转换自我的能力结构，以适应工作和自我发展的需要。

五、管理者的工作范围

管理者的范围是指管理者特定的管理行为范畴，即他（或她）的主要工作是什么？他（或她）又如何在工作？

20世纪60年代末，亨利·明茨伯格（Henry Mintzberg）对五位总经理的工作进行了仔细的研究，他发现，所调查的经理们几乎很少有时间能坐下来认真的思考，他们经常陷入变化很快、无一定模式和时间很短的活动中，甚至有半数的管理者工作持续的时间少于九分钟。在观察的基础上，明茨伯格提出了他所创建的管理角色（Management roles）理论。他认为管理者的工作主要体现在三个方面：人际管理、信息传递和决策制定，并在不同的方面、场合扮演着十种不同的角色，这十种角色可被归为三大类：人际关系方面角色、信息传递方面角色和决策制定方面的角色。

（1）人际关系角色。管理者在处理与组织成员和其他利益相关者的关系时，他们就在扮演人际角色。管理者所扮演的三种人际关系角色是代表人角色、领导者角色和联络者角色。

①代表人角色。作为所在单位的领导，管理者必须行使一些具有礼仪性质的职责。例如，管理者有时必须出现在社区的集会上，参加社会活动，或宴请重要客户等。

②领导者角色。由于管理者对所在单位的成败负重要责任，他们必须在工作小组中扮演领导者角色。对这种角色而言，管理者和员工一起工作并通过员工的努力来确保组织目标的实现。

③联络者的角色。管理者无论是在与组织内的个人和工作小组一起工作时，还是在与外部利益相关者建立良好关系时，都起着联络者的作用。管理者必须对重要的组织问题有敏锐的洞察力，从而能够在组织内外建立关系和网络。

（2）信息传递角色。管理者负责确保和一起工作的人具有足够的信息，从而能够顺利完成工作，这时他们扮演着信息角色。由管理责任的性质决定，管理者既是所在单位的信息传递中心，也是组织内其他工作小组的信息传递渠道。整个组织的人依赖于管理结构和管理者以获取或传递必要的信息，以便完成工作。

①监督者角色。作为监督者，管理者持续关注组织内外环境的变化以获取对组织有用的信息。管理者通过接触下属来搜集信息，并且从个人关系网中获取对方主动提供的信息。根据这种信息，管理者可以识别工作小组和组织的潜在机会和威胁。

②传播人角色。在作为传播者的角色中，管理者把他们作为信息监督者所获取的大量信息传递出去。作为传播者，管理者把重要信息传递给工作小组成员，管理者有时也向工作小组隐藏特定的信息，更重要的是，管理者必须保证员工具有必要的信息以便切实有效完成工作。

③发言人角色。管理者必须把信息传递给单位或组织以外的个人，例如，必须向董事或股东说明组织的财务状况和战略方向，必须向消费者保证组织在切实履行社会义务，必须让政府官员对组织遵守法律感到满意。

(3) 决策制定角色。管理者在处理信息并得出结论的过程中扮演着决策角色。如果信息不用于组织的决策，这种信息就丧失其应有的价值。管理者负责做出组织的决策，让工作小组按照既定的路线行事，并分配资源以保证小组计划的实施。

①企业家角色。在前述的监督者角色中，管理者密切关注组织内外环境的变化和事态的发展，以便发现机会。作为企业家，管理者对所发现的机会进行投资以利用这种机会，如开发新产品、提供新服务或发明新工艺等。

②混乱驾驭者角色。一个组织不管被管理得多么好，它在运行的过程中，总会遇到或多或少的冲突或问题。管理者必须善于处理冲突或解决问题，如平息客户的怒气，同不合作的供应商进行谈判或者对员工之间的争端进行调解等。

③资源分配者角色。作为资源分配者，管理者决定组织资源用于哪些项目。尽管我们一想到资源就会想到财力资源或设备，但其他类型的重要资源也被分配给项目。例如对管理者的时间来说，当管理者选择把时间花在这个项目而不是那个项目上时，他（或她）实际上是在分配一种资源。除时间以外信息也是一种重要资源。管理者是否在信息获取上为他人提供便利，通常决定着项目的成败。

④谈判者的角色。对所有层次管理工作的研究表明，管理者把大量的时间花费在谈判上。管理者的谈判对象包括员工、供应商、客户和其他工作小组。无论是何种工作小组，其管理者都进行必要的谈判工作以确保小组朝着组织目标迈进。

管理者在不同的场合、不同的工作岗位上扮演不同的角色的理论，已经在实践中得到了充分的证明。正如前面在分析管理者的能力是一样，管理者在组织中所扮演的角色，也与管理者在组织中所处的层次和所在组织的大小有关。

从管理者所在的层次看，对于高层管理者来说，他所担负的代表人、联络者、发言人、传播者、谈判者的角色会更多；对于低层管理者，领导者的角色则会更多。

从管理者所在的组织规模看，小企业管理者最重要的角色是发言人。小企业的管理者要花大量的时间处理外部事务，如接待来访者，会晤银行家融通资金，寻找新的生产机会促进变革；而大企业的管理者则主要关心企业的内部事务，如企业内部的资源分配，而寻找生产的变革机会的企业家作用则处于次要地位。研究还表明，小企业的管理者更呈现多面手的特点，控制工作更多地依赖于直接的现场观察；而大型企业管理者分工很细，趋向于结构化和规范化的工作，控制工作更多地依赖于计算机的监控系统。

六、成功的与有效的管理者

美国管理学者弗雷德·卢森斯（Fred Luthans）和他的副手从不同的角度考察了管理者究竟在干什么？他们提出这样的问题：在组织中提升最快的管理者，与在组织中成绩最佳的管理者从事的是同样的活动吗？他们对管理者工作的强调一样吗？一般人也趋向于认为在工作上最有成绩的管理者也会是在组织中提升最快的人，但是事情并非如此。

卢森斯和他的副手研究了450多位管理者后发现，这些管理者从事以下四种活动：

传统管理：决策、计划和控制等。

沟通：交流例行信息和处理文件工作等。

人力资源管理：激励、惩戒、调解冲突、人员配备和培训等。

网络联系：社会活动、政治活动和与外界交往。

他们的研究表明，从“平均”意义上来看，管理者花费32%的时间从事传统管理活动，29%的时间从事沟通活动，20%的时间从事人力资源管理活动，19%的时间从事网络活动。成功的管理者（用在组织中晋升的速度快慢作为标志）与有效的管理者（用工作成绩的数量和质量以及下属对其满意和承诺的程度作为标志）花在这四项活动上的时间和精力显著不同：维护网络联系对管理者的成功相对贡献较大；从事人力资源管理活动的相对贡献较小。而在有效的管理者中，沟通的相对贡献最大；维护网络联系的相对贡献最小。参见表1－3所示。

表1－3 管理活动的时间分布

活动	平均管理者	成功管理者	有效管理者
传统管理	32%	13%	19%
沟 通	29%	28%	44%
人力资源管理	20%	11%	26%
网络联系	19%	48%	11%

资料来源：斯蒂芬·P·罗宾斯：《管理学》（第四版），中国人民大学出版社，1997年

第二节 管理学

管理学以一般组织的管理为研究对象，探讨和研究管理的基本概念、原理、理论和方法。从社会普遍存在的管理活动中概括总结出来的基本规律，构成了管理学的内容。

一、管理学的研究对象

由于人类社会存在多种多样的社会组织，如电台、电视台、报社等各类媒体，政治学派、学术团体、宗教等组织，博物馆、公园、图书馆等公共设施单位，企业、军队、学校、医院、国家各级政府机关等，而每种社会组织由于自身的目的与行业特点不同，其管理的内容与方法也存在差别。研究解决不同行业各自特殊性的管理原理和方法，就形成了各种不同门类的管理学，如企业管理学、军队管理学、学校管理学、医院管理学以及行政管理学等。但是不同门类的专业管理学中又都包含着一些共同的管理原理、管理规律、管理技能和方法。作为一般意义上的管理学来讲，不可能将各个行业管理的内容都纳入进去，而只能是研究各种行业管理中共同的、带有规律性的原理与方法。

管理过程是一切有组织活动的一个不可缺少的特征，尽管各种组织的目的各异，但是

基本管理过程总是不变的。一般而言，管理过程从确立组织目标和提出行为规范开始，进而包括交互式的物资和信息的传递与反馈，直到任务完成为止的全部活动。

管理过程具有广泛的意义，它包括任何一种组织的管理中发生的管理活动。管理过程的共同性质使得不同行业的管理者的高度互换性成为可能，也正是因为如此，管理过程这一概念的形成，把管理学向专业化大大推进了一步，从而促使它迅速成长为一门一般性科学。

综上所述，管理学是一门系统地研究组织管理活动的基本规律和一般方法的科学。管理学以一般组织的管理为研究对象，研究各种组织管理工作普遍使用的基本概念、原理、方法和程序，探讨人、财、物、信息、技术、时间等的计划与控制问题，组织的结构设计问题，对组织中的人的领导与激励问题等。本书不限于研究某种部门或某种领域的具体管理原理与方法，而是力图用抽象方法舍去部门与行业的特点，从基本理论与方法上阐明一个组织管理的共同规律性问题。当然，不排斥在深入讨论时，以某个部门的特例来说明一般原理，本书往往以较复杂的管理系统——企业管理作为说明问题的例子。

二、管理学的特点和内容

（一）管理学的特点

1．实践性

管理学的理论与方法是人们通过对管理实践活动的深入分析、概括、总结、升华而得到，反过来它又被用来指导人们的管理实践活动。管理学是应用性科学，是实践性科学，它一刻都不能脱离管理实践。要真正掌握管理学，必须通过大量的管理实践活动去体会，理论联系实际。

2．发展性

随着社会进步和全球科学技术的发展，特别是计算机和网络技术的广泛应用，对各级各类组织的组织形式、运行方式和管理手段产生了巨大的影响。由此，产生了许多新的管理问题，需要人们去研究、去解决，为此所产生的新的管理理论和方法将会大大推动管理学理论体系的更新和扩展，因此，管理学是一门在实践中每时每刻都在发展的学科。

3．软科学性

管理是一门科学。因为管理具备作为一门科学的四项基本条件：一是有独特的研究对象——管理活动的基本规律、基本手段和基本方法及其应用；二是有完整的理论基础——包含了自然科学和社会科学两大门类的理论知识；三是有科学的研究方法——包括定量和定性两大类方法；四是有严密的结构体系。其实，管理是一门科学，是指它以反映管理客观规律的管理理论和方法为指导，有一套分析问题、解决问题的科学方法论。人们利用这些理论和方法来指导自己的管理实践，又以管理活动的结果来衡量管理过程中所使用的理论和方法是否正确，是否行之有效，从而使管理的科学理论和方法在实践中得到不断的验证和丰富。

管理学发展到今天，已经形成了比较系统的理论体系，揭示了一系列具有普遍应用价值的管理规律，总结出许多科学的管理原则。这是人类管理活动的高度概括，是理论与实践结合的产物，是科学，不会因地域、文化、社会制度的差异而改变。这是管理的科学性。

管理学是研究人、财、物等有形资源和信息、规划、决策、预测等无形资源的合理利用的科学，但研究对象及其成果却不是有形物质的本身，而是合理利用这些资源的原理、原则、战略、方案、程序和方法。如果将组织中的人力、财力、物力、技术等有形资源看成硬件，则可将管理看成软件。管理是上述要素合理利用和组合，是无形的。管理的主要任务是充分调动人的积极性，发挥人的内在潜力，有效地利用财力、物力和技术，用最少的消耗达到组织目标，这是将管理学看成软科学的第一层含义。此外，管理者必须借助于被管理者及其各种条件来创造社会价值，在这种价值体系中，很难区分出有多少是由管理得到的，这是将管理学看做软科学的第二层含义。某些管理措施是否有效往往需要较长时间才能看出，很难在事前准确地评价，这是将管理学看成软科学的第三层含义。

4. 艺术性

管理既是一门科学又是一门艺术。

当然，管理作为一门科学，并不排斥它同时也是一门艺术。环境是自然变量，管理理论、手段与方法是因变量，如果组织的外部环境和内部资源发生变化，就要灵活地采用相应的管理手段与方法，没有一成不变的僵硬模式。应变、适应、灵活、具体运用，是管理的真谛，是管理具有的艺术性。

管理的艺术性就是强调它的实践性，没有实践则无所谓艺术。这就是说，仅凭停留在书本上的管理理论，或背诵原理和公式来进行管理活动是不能保证其成功的。主管人员必须在管理实践中发挥积极性、主动性和创造性，因地制宜地将管理知识与具体管理活动相结合，才能进行有效的管理。所以，管理的艺术性，就是强调管理活动除了要掌握一定的理论和方法外，还要有灵活运用这些知识和技能的技巧和诀窍。

管理艺术是管理者为了达到预期目标而灵活运用管理理论和管理方法的各种技巧和手段，是管理者智慧、学识、胆略、经验的综合反映，是管理者素质、能力在方法上的体现。管理艺术具有非规范性、非模式的特点，在实际的管理活动和管理过程中常常因人、因地、因事而表现出多样化和灵活性。当然，随着现代科学技术的飞速发展、管理实践的不断深化和管理理论的充实完善，管理的艺术部分所占的比重会越来越小，但运用管理艺术的水平却越来越高。

从管理的科学性与艺术性可知，有成效的管理艺术是以对它所依据的管理理论的理解为基础的。因此，二者不是互相排斥，而是相互补充的。靠“背诵原理”来进行管理活动，固然是脱离或忽视现实情况的无效的管理活动，但没有掌握管理理论和基本知识的管理人员，在进行管理时必然是靠碰运气、凭直觉或过去的经验办事，很难找到对管理问题的可行的、令人满意的解决办法。所以，管理的专业训练不可能培训出“成品”的主管人员，但却是为通过实践最终培训成功的管理者的一个良好的开端。它为培养出色的管理者在理论知识方面打下了坚实的基础。当然，仅凭理论也不足以保证管理的成功，人们还必须懂得在实践中如何运用它们，这一点也是非常重要的。

因此，管理既是一门科学，又是一门艺术，是科学与艺术的有机统一。管理的这一特性，对于学习管理学和从事管理工作的人来说非常重要。它可以促使人们既注重管理基本理论的学习，又不忽视在实践中因地制宜地灵活运用，这可以说是管理成功的一项重要保证。

5. 一般性

随着人类的进步和经济的发展，人们越来越看到管理的重要性。正像孔茨等人所称，管理适合于任何一个组织机构，管理适用于各级组织的管理者，管理关系到生产率。管理学是研究所有管理活动中的共性原理的基础理论学科，无论是"宏观管理"还是"微观管理"，都需要管理学的原理作为基础来加以学习和研究。因此说任何组织都需要管理，有效的管理能够提高组织效率。管理学是各门具体的或专门的管理学科的共同基础。

6. 二重性

管理的二重性是指管理的自然属性和社会属性。管理是由人们的相互协作劳动、社会化活动而产生的，为了保证组织社会化活动持续、稳定地进行，需要按照要求合理地进行计划、组织、控制、领导和协调，以有效地利用有限的资源、高效地实现组织目标。这些管理理论、技术和方法是人类长期从事实践活动的产物，可以在不同社会制度下、不同国家和不同组织中使用，这就是管理的自然属性。此外，管理是在一定的社会关系条件下在组织内部人员之间和组织与组织之间进行的，必然体现管理者的管理意志，这样在管理学中便形成了另一部分属于社会关系范畴的内容，如组织目标、组织道德、领导作风、激励方式、管理理念、群体价值观、组织文化等。这些涉及对人的管理的内容，具有明显的意识形态色彩，在不同的社会制度、不同国家、不同的民族中具有较大的差异，这就是管理的社会属性。

（二）管理学的研究内容

根据管理学的研究对象与特点，管理学的研究内容大体上有这样三个侧重点：

1. 从管理的二重性出发，着重从生产力、生产关系和上层建筑三个方面研究管理学

①在生产力方面主要研究生产力诸要素之间的关系，即合理组织生产力的问题；研究如何合理配置组织中的人、财、物，使各要素充分发挥作用的问题；研究如何根据组织目标的要求和社会的需要，合理地使用各种资源，以求得最佳的经济效益和社会效益的问题。

②在生产关系方面主要研究如何正确处理组织中人与人之间的相互关系问题；研究如何建立和完善组织机构及各种管理体制等；研究如何激励组织内成员，从而最大限度地调动各方面的积极性和创造性，为实现组织目标而服务。

③在上层建筑方面主要研究如何使组织内部环境与其外部环境相适应的问题；研究如何使组织的规章制度与社会的政治、经济、法律、道德等上层建筑保持一致的问题，从而维持正常的生产关系，促进生产力的发展。

2. 从管理的历史出发，着重研究管理实践、思想、理论的形成、演变、发展，知古鉴今

3. 从管理者的活动出发，着重研究管理的过程

①管理活动有哪些职能；

②执行这些职能涉及组织中的哪些要素；

③在执行各项职能中应遵循哪些原理，采用哪些方法、程序、技术；

④执行职能过程中会遇到哪些障碍、阻力，如何克服这些障碍、阻力。

本书以管理的基本职能为主线，重点叙述管理活动的基本规律和方法，全面、系统地阐述一个组织如何适应环境变化，合理组织和有效利用人力及其他资源以实现组织的目标，取得良好的绩效。

三、学习和研究管理学的方法

学习和研究管理学，要以马克思主义的辩证唯物主义和历史唯物主义的总的方法论为指导；必须坚持实事求是的原则，深入管理实践，进行调查研究，总结实践经验并用判断和推理的方法，使管理实践上升为理论；必须运用全面的、历史的观点，去观察和分析问题，重视管理学的历史，考察它的过去、现状及其发展趋势，不能固定不变地看待组织及组织的管理活动。同时，学习和研究管理学还要综合运用各种方法，吸收和采用多种学科的知识。

（一）系统的方法

要进行有效地管理活动，必须对影响管理过程中的各种因素及其相互之间的关系，进行总体的、系统的分析研究，才能形成管理的可行的基本理论和合理的决策活动。总体的、系统的研究和学习方法，就是用系统的观点来分析、研究和学习管理的原理和管理活动。所谓系统是指由相互作用和相互依赖的若干组成部分合成的、具有特定功能的有机整体。系统本身又是它所属的一个更大系统的组成部分。

研究和解决管理问题时必须具有整体观点、“开放的”与相对“封闭的”观点、反馈信息的观点、分级观点、等效观点等有关系统的基本观点。

学习管理的概念、理论和方法也要用系统的观点来进行指导。通过管理过程中管理职能的展开来系统研究管理活动的过程、规律、原理和方法的问题，这是一种对主管人员来说比较切合实际的研究和学习的方法，而且易学、易懂、易用。因此，学习管理学，绝不能把各项职能工作割裂开来，而应把它们当做整个管理过程的有机组成部分来系统地分析和思考，从而真正认识到作为一个主管人员应该做些什么工作，怎样把工作做好，以及相关的知识有哪些。

（二）理论联系实际的方法

理论联系实际的方法，具体说可以是案例的调查和分析，边学习边实践，以及带着问题学习等多种形式。通过这种方法，有助于提高学习者运用管理的基本理论和方法去发现问题、分析问题和解决问题的能力。同时，由于管理学是一门生命力很强的建设中的学科，因而还应以探讨研究的态度来学习，通过理论与实践的结合，使管理理论在实践中不断地加以检验，从而深化认识，发展理论。

理论联系实际还有一个含义，就是在学习和研究管理学时，要注意管理学的二重性，既要吸收工业发达国家管理中科学性的东西，又要去其糟粕；既要避免盲目照搬，又要克服全盘否定；要从我国国情出发加以取舍和改造，有分析、有选择地学习和吸收。我们要从我国实际出发吸收外国的科学成果，并且在不断地总结自己的实践经验的基础上形成和发展具有中国特色的社会主义管理学。

（三）归纳法

归纳法就是通过对客观存在的一系列典型事物（或经验）进行观察，从掌握典型事物的典型特点、典型关系、典型规律入手，进而分析研究事物之间的因果关系，从中找出事物变化发展的一般规律。这种从典型到一般的研究方法也称实证研究。由于管理过程十分复杂，影响管理活动的相关因素极多，并且相互交叉，人们所能观察到的往往只是综合结果，很难把各个因素的影响程度分解出来，所以大量的管理问题都只能用归纳法进行实证研究。

在管理学研究中，归纳法应用最广，但其局限性也十分明显。如一次典型调查（或经验）只是近似于无穷大的总体中的一个样本。所以实证研究必须对足够多的对象进行研究才有价值；如果选择的对象没有代表性，归纳出来的结论也就难以反映出事物的本质；研究事物的状态不能人为地重复，管理状态也不可能完全一样，所以研究得出的结论只是近似的，研究的结论不能通过实验加以证明，只能用过去发生的事实加以证明，但将来未必就是过去的再现。

因此，在运用归纳法进行管理问题的实证研究时，首先要弄清与研究事物相关的因素，包括各种外部环境和内部条件，以及系统的或偶然的干扰因素，并尽可能剔除各种不相关的因素。选择好典型，并分成若干类，分类标志应能反映事物的本质特征。调查对象应有足够数量，即按抽样调查原理，使样本容量保证调查结果的必要精度。调查提纲或问卷的设计要力求包括较多的信息数量，并便于做出简单明确的答案。对调查资料的分析整理，应采取辩证唯物主义和历史唯物主义的方法，去寻找事物之间的因果关系，切忌采取先有观点再搜集材料加以论证的形而上学方法。

（四）实验法

管理中的许多问题，特别在微观组织内部，关于生产管理、设备布置、工作程序、操作方法、现场管理、质量管理、营销方法以及工资奖励制度、劳动组织、劳动心理、组织行为、商务谈判等许多问题都可以采用实验法进行研究。即人为地为某一实验创造一定条件，观察其实际实验结果，再与未给予这些条件的对比实验的实际结果进行比较分析，寻找外加条件与实验结果之间的因果关系。如果经过多次实验，而且总是得到重复的相同结果，那就可以得出结论，这里存在某种普遍适用的规律。著名的霍桑实验研究就是采用实验法研究管理中人际关系的成功例子。

实验法可以得到接近真理的结论。但是，管理中也有许多问题，特别是高层次的、宏观的管理问题，由于问题的性质特别复杂，影响因素很多，不少因素又是协同作用的，所以很难逐个因素孤立地进行实验。并且此类管理问题的外部条件和内部条件特别复杂，要想进行人为的重复也是不可能的。例如投资决策、生产计划、财务计划、人事管理、资源分配等许多问题几乎是不可能进行重复实验的。

（五）演绎法

对于复杂的问题，可以从某种概念出发，或从某种统计规律出发，也可以在实证研究的基础上，用归纳法找到一般规律性，并加以简化，形成某种出发点，建立起能反映某种逻辑关系的经济模型（或模式），这种模型与被观察的事物并不完全一致，它所反应的是简化了的事实，它完全合乎逻辑推理。它是从简化了的事实前提下推广得来的，所以这种方法称之为演绎法。从理论概念出发建立的模型称为解释型模型，例如投入产出模型，企业系统力学模型等，都是建立在一定理论概念之上的。从统计规律出发建立的模型称为经济计量模型，例如柯普——道格拉斯生产函数模型，以及建立在回归分析和时间序列分析基础上的各种预测模型和决策模型。建立在经济归纳法基础上的模型称为描述性模型，例如现金流量模型、库存量模型，生产过程中在制品变动量模型等。

现代科学技术的发展迅速地推动着管理学研究方法的现代化。特别是由于计算机硬件和软件技术的迅速发展，管理中的各种模型，多至具有几百个变量的线性规划模型都可以在计算机上进行迅速的计算，或者进行动态模拟。计算机的应用将大大促进管理学向更加精密的方向发展。

四、21世纪对管理学的挑战

一些未来学家断言，21世纪，人类社会的发展依赖于两个方面，那就是科学技术的进步和管理水平的提高。呼啸而来的21世纪虽然多少带有人类过去行为刻下的痕迹，但又以其自身的逻辑和自然的法则给人类一种未知，管理学自然也不例外，将可能面临着众多的挑战。

(1) 资源配置方式的挑战。传统的资源如劳动力、土地、资本和自然资源支撑了20世纪的发展，知识与信息将成为21世纪发展的最大资源。假定这一说法成立，现行的资源配置模式是否应该放弃？未来的资源配置模式又应该如何？20世纪90年代风行欧美的组织改造理论与实践，似乎是先知先觉者的先行行为，然而确实又有其历史的背景和未来的呼唤。

(2) 对人的管理模式的挑战。在物质不甚丰富而又在逐步丰富的20世纪里，大众迫于生计而更多地像一个追逐利益的经济人，经济学家们以此构造了他们的理论体系和现实的经济体系，然而在物质甚为丰富、人类生活有了大幅度提高之后，人们也许开始摆脱经济人的头衔，此时不仅经济体系需要重构，对人们工作努力的驱动源恐怕也需要重构。现在不也有许多管理者号称在进行“以人为本”的管理，似乎在寻找一种未来的范式吗？

(3) 组织行为方式的挑战。环境的变化发展速度愈来愈快，一些巨大的僵化的组织已不能敏捷地改变自己以适应环境，从而导致衰落乃至消亡。新世纪的到来使得一些肩负组织重任的人不得不为组织的生存与发展而担忧，于是便有“第五项修炼”一说，以针对现时组织。然而使组织真正成为有学习能力、有超然思维的有机体又谈何容易。21世纪中有哪些组织能真正成为这样的组织，从而保持不败的地位呢？

(4) 组织伦理道德的挑战。20世纪人的心理模式和思维模式是20世纪众多约束因素综合作用下的产物。这些约束因素在21世纪发生变化之后，作为管理的探索者，其价值观念、思维方式等都将发生不可预知的变化。然而，重利不重义的20世纪伦理道德和行为方式应该转为全新的伦理道德和行为方式，以此来构造未来的社会和经济体系。21世纪的管理学将覆盖全新的管理理论、管理价值观和行为方式。现在开始探讨未来的管理理论也许会给从今天走向未来的管理者以莫大的帮助。

(5) 信息搜集和利用的挑战。21世纪是信息的世纪，是信息爆炸的世纪。信息越是充分越是丰富，人们就越难及时搜索到自己所需要的信息，除非有比现今更为有效的信息搜索方法与技术。信息社会中的人就像一艘孤立无援的船独自在大海中寻觅。从所需要信息的角度来看，每个生产者和消费者都是不充分信息的拥有者，如何在他们之间架起沟通的桥梁，可能是21世纪市场营销全新观念和体系的拓展方向，整合抑或是分工？渠道抑或是媒体？

（6）经济全球化的挑战。人类只拥有一个地球，21世纪的人们将更多地体会世界的渺小、地球的可爱，人们将更多地超越自己的国家来思考问题，解决问题。在此意义上，人类是一个整体，他们将没有国界，人类的经济行为将从全球的长远角度来考察。如果说20世纪的那些跨国公司，在跨国经营时还仅仅从比较利益、突破市场壁垒、谋求更大利益的角度出发，那么21世纪的跨国企业也许应为全球经济的发展、人类福利的增长而设想，这是否是天方夜谭？

（7）组织可持续发展的挑战。发展是硬道理，21世纪也要发展。然而20世纪的人们在发展时竭泽而鱼，导致资源枯竭、生态环境恶化、物种减少、气候反常等，这一切给21世纪的发展带来困难，人们不仅要大声地问：人类社会还能持续发展吗？21世纪应该回答这个问题，作为支撑这个社会经济支柱的企业也应有自己的答案。就像人类一样，企业首先要解决的问题是生存，然后才能有发展。21世纪中企业应以什么方式发展，才能与可持续发展的命题相一致，这应该是未来的管理学研究的首要问题。

（8）分工与合作的关系挑战。刚刚过去的20世纪是专业化分工大发展的世纪，人类从专业化分工中获得了巨大的收益。20世纪的文明，可以说是专业化分工的文明。然而分工愈深愈细愈有可能偏离原本要旨，使综合性的问题难以处理和解决，如大至南极上空的臭氧层变薄的问题，小至一个企业拓展新市场的问题。21世纪可能是重返综合的世纪，人类或许可从综合中获得更大的收益，企业或许能在综合中获得新生，管理学或许要创造综合性的理论与方式方法。

【本章小结】

本章应理解和掌握以下要点：

1．管理是管理者在一定的环境条件下，对组织所拥有的资源（人力、物力和财力等各项资源）进行决策、计划、组织、领导、控制、协调和创新，以人为中心，实现组织目标的过程。

2．管理者（又称管理人员）是指在组织中全部或部分从事管理活动的人员，即在组织中担负计划、组织、领导、控制和协调等工作，以期实现组织目标的人。

3．组织的管理人员按其所处的管理层次不同可分为高层管理者、中层管理者和基层管理者；按其所从事管理工作的领域宽度及专业性质的不同可划分为综合管理人员和专业管理人员。

4．管理者的任务就是“为在集体中工作的人员谋划和保持一个能使他们完成预定目标和任务的工作环境”。管理者的目标：用最少的资源投入完成他的任务，或者说是用现有资源更高质量地完成他的任务。

5．管理者应具备一些基本的知识、能力和道德品质，概括地讲，它们包括：一般的文化和专业知识、体力、智力与经验；坚强、毅力、责任心和首创精神。

6．管理者从事管理工作需具备的技能主要包括技术技能、人际技能和概念技能。管理者所处的层次不同，所需要掌握的各种管理技能的比例可能不同。

7. 管理者的工作主要体现在三个方面：人际管理、信息传递和决策制定，并在不同的方面、场合扮演着十种不同的角色，这十种角色可被归为三大类：人际关系方面角色、信息传递方面角色和决策制定方面的角色。

8. 管理学是一门系统地研究组织管理活动的基本规律和一般方法的科学。管理学以一般组织的管理为研究对象。

9. 本书的内容是以管理的基本职能为主线，重点叙述管理活动的基本规律和方法，全面、系统地阐述一个组织如何适应环境变化，合理组织和利用人力与其他资源以实现组织的目标。

10. 学习和研究管理学，要以辩证唯物主义和历史唯物主义的总的方法论为指导，综合运用系统的方法、理论联系实际的方法、归纳法、实验法、演绎法等。

【互联网链接与推荐阅读资料】

[1] 席酉民教授个人网站 http：//www.ymxi.net/

[2] 管理突围 http：//www.zhuanjia.cn/

[3] 管理学名著精华 http：//zhiyonwnew.www81.cn4e.com/

[4] 王积俭．管理学原理．华南理工大学出版社，1995 年

[5]（美）理查德·L·达夫特．管理学．机械工业出版社，2003 年

[6] 斯蒂芬·P·罗宾斯．管理学．中国人民大学出版社，1997 年

【练习题】

一、填空题

1. 管理是 ________ 在一定的环境条件下，对 ________ 所拥有的 ________ 进行决策、________、________、领导、控制、________ 和 ________，以 ________，实现组织目标的 ________。

2. 管理的二重性是指管理的 ________ 和 ________。

3. 个人素质包括人的品德、________ 和 ________ 三方面的内容。

4. 管理者的任务就是“____的工作环境”。

5. 管理者的目标：________________完成他的任务，或者说是________________更高质量地完成他的任务。

6. 管理者的范围是指管理者特定的 ________ 范畴。

7. 成功的管理者用在组织中 ________ 作为标志。有效的管理者用 ________ 以及下属对 ________ 作为标志。

8. 管理学是一门系统地研究 ________ 的基本规律和一般方法的科学。管理学以

________的管理为研究对象。

二、单项选择题

1. 管理者是指（ ）。

A. 组织的高层领导　　B. 组织的中层领导

C. 从事管理活动的人　　D. 组织的员工

2. 管理对象是指（ ）。

A. 组织中的人员　　B. 组织中的财、物

C. 组织的技术　　D. 组织的人、财、物、信息、技术、时间等一切资源

3. 管理人员一般需要具备多种技能，如概念技能、人际技能、技术技能等。高层的管理人员对这些技能的需要，按迫切性排序是（ ）。

A. 首先是概念技能，其次是技术技能，最后是人际技能

B. 首先是技术技能，其次是概念技能，最后是人际技能

C. 首先是概念技能，其次是人际技能，最后是技术技能

D. 首先是人际技能，其次是技术技能，最后是概念技能

三、判断题

1. 管理人员有必要使自己成为某领域的技术专家，这样才能与组织成员进行有效的沟通，并实施有效的管理。（ ）

2. 仅靠书本就可以掌握管理学。（ ）

3. 管理学既具有科学性又具有艺术性。（ ）

4. 管理学被称为软科学是因为它不像技术那样对生产有用。（ ）

5. 概念技能成为所有成功管理工作中最为重要的技能。（ ）

四、案例分析

管理者的角色

张玲是一家造纸厂的厂长，这家厂正面临着一项指控：厂里排泄出来的废物污染了邻近的河流，因此张玲必须到当地的环保管理部门去为本厂申辩。王军是该厂的技术工程部经理，他负责自己那个部门的工作和销售部门的计划相协调。李刚负责厂里的生产管理，他刚接到通知：昨天向本厂提供包装纸板箱的那家供应商遭了火灾，至少在一个月内无法供货，而本厂的包装车间想知道，现在他们该干什么。李刚说，他会解决这个问题的。最后一个是罗兰，她负责办公室的文字处理工作，办公室里的职工为争一张办公桌刚发生了一场纠纷。

问题：

在这家造纸厂里，张玲、王军、李刚、罗兰分别扮演了什么管理角色？

【管理测试】

管理能力测试

对下列问题按照如下标准进行打分：

5分——我总是这样

4分——我常常这样

3分——我有时这样

2分——我很少这样

1分——我从不这样

1. 当我需要做许多工作或作业时，我先设定重点，并按照截止日期进行组织。()

2. 多数人认为我是一个优秀的倾听者。()

3. 当我为自己决定行动方案时（如追求的爱好、要学习的语言、要从事的工作、想要参与的项目等），我一般都会考虑做出这种选择之后的长期（年或更长）影响。()

4. 与包括文学、心理学或社会学的课程相比，我更喜欢包括技术或定量的课程。()

5. 当我与其他人存在分歧时，我坚持与他人交流，直到完全克服为止。()

6*. 当我完成一个项目或任务时，我考虑的是细节，而不是问题的概况。()

7. 与和其他人一起度过许多时间进行比较，我更愿意一个人坐在计算机前面。()

8. 我努力把他人纳入到活动中来或在谈论问题时，邀请其他人参与。()

9. 当我选择一门课程时，我会把刚学到的知识与以前学过的课程或概念联系起来。()

10*. 当有人犯错误时，我会去纠正，并让他知道正确的答案或方法。()

11. 我认为，在与他人谈话时，讲究效率比较好，而不是考虑他人的需求，便能解决自己的实际问题。()

12. 我制定自己的长期职业远景、家庭远景和其他活动远景，并已经认真考虑过。()

13. 当解决问题时，我更喜欢分析一些数据或统计资料，而不愿意与许多人一起讨论。()

14*. 当我为一个集体项目工作时，有人并不竭尽全力，我很可能向朋友抱怨，而不是去面对这个懒鬼。()

15. 与他人讨论思想或概念可以使我感到兴奋。()

16. 本书所使用的管理活动类型简直是在浪费时间。()

17*. 我认为，礼貌待人，不伤害他人的感情为好。()

18. 我对数据和事情要比对人更感兴趣。()

评分关键

对上述问题按照下列的分类进行分值加总。注意加“*”的项目，带“*”的项目是反向打分的，即

1分——我总是这样

2分——我常常这样

3分——我有时这样

4分——我很少这样

5分——我从不这样

问题1，3，6，9，12，15 概念技能总分：__________

问题2，5，8，10，14，17 人际技能总分：__________

问题4，7，11，13，16，18 技术技能总分：__________

上述技能表明要成为一名好的管理者必须具有的三种基本能力。比较理想的情况是，管理者在上述三种技能方面都具有强大的优势（虽然在每种技能方面的优势不必相等）。缺乏任何一类技能的人都应采取行动，逐渐提高这种技能。同时，根据你三种技能的得分比例判断你更倾向于哪个层次的管理者。

第二章　管理概论

【学习目标】

■本章就管理的目标、管理对象、管理环境、管理的性质和职能及管理方法等管理的相关基本概念做进一步的阐述，有助于对管理内涵的更深入了解和学习。

第一节　管理的目标

管理是目的性很强的社会活动，人们进行管理活动就是为了实现一定的目标。无论对于个体或组织而言，可以说，没有目的或没有目标的管理活动是不存在的。个人的活动需要目标为其指明方向，没有目标，个体必然会如同盲人骑瞎马，举步维艰。而群体或组织的活动更是要有一个共同的目标，才能产生群体凝聚力，否则就是一盘散沙，定然矛盾百出，必败无疑。

管理的目标可以表述为一个组织努力争取在一定时期内要达到的未来状况或预期成果，是某一特定时期内组织各项管理活动所指向的终点。对于各种不同性质的组织应当有各自不同的目标，目标不仅是任何一个组织的基本特征，而且从根本上说来，还表明一个组织存在的基本意义。如对于企业或者公司这类经济组织而言，最主要的目标应当是追求经济上的利益；而对于高等学校而言，最根本的目标应当是培养和教育社会需要的、具有一定知识水平的高素质人才；对于军队而言，最根本的目的应当是保卫国家和社会的安全。可见，对于不同的组织实体而言，不同的目标可以说是组织的“灵魂”。

一、目标的作用

无论不同性质的组织间目标的性质存在多大的区别，目标对于各类组织而言，其作用基本上都表现为以下几个方面。

1. 为组织活动指明方向的作用

从某种意义上来说，管理是协调组织成员的力量来达到某一特定目标的过程。由于管理的各项资源本身存在的稀缺性和有限性，如何更好地利用有限的资源，就成为管理活动的核心问题。而就一个组织而言，制定出在一个特定时期内所要达到的具体目标，就为组织的各项管理工作和活动指明了具体的方向，整个管理工作必须按照和围绕此目标来进行各种资源的组织和协调，才能最终达到管理的成效。如对于国家而言，制定五年计划及经济增长目标，就为国家一定时期内的各项工作指出了一个努力的方向，从而促使各级政府的管理工作必须紧紧围绕这一目标进行。对于企业而言，今后某段时间内制定的主要目标不一样，也会对企业的生产经营活动起着不同的指导作用。例如企业把降低成本作为年度的主要目标，那么企业的所有经营活动都会把如何降低费用和支出作为活动的指导原则，各个部门在管理工作当中考虑的将会是如何减少资源的耗用。但如果企业的年度目标设定为尽可能地提高市场占有率，那么各个部门的工作方向就会以开拓市场作为重心。不同的目标，为组织的资源利用和管理活动指明了努力的方向。没有明确一致的组织目标，组织的工作和活动就会乱作一团，无法实现资源的有效利用，也不可能达到良好的管理成效。

2. 激励组织成员的作用

对于一个组织而言，组织的成效大小，在很大程度上取决于其全体成员的积极性和创造性。而组织成员的积极性和创造性要发挥出来，离不开良好的激励。需要的满足、期望的实现是调动组织成员积极性的重要因素。而追求较高的目标又是每个成员的理想和抱负，是每个人的工作动力。组织如果能结合成员的个人需要和目标，设置具有一定挑战性和吸引力的目标，那么这一目标就会成为成员努力工作的激励源泉。组织成员在肯定了目标的情况下，会激发出自身的内在潜力，并反映到工作的积极性上，奋发图强，创造出良好的工作绩效。如果没有设立具有一定吸引力的目标，那么组织对成员的激励也就成了无根之木、无源之水，无法真正激发和鼓励成员的主动性和创造性，而没有成员的认同和努力，组织的活动也不可能取得良好的效果。

3. 增强组织凝聚力的作用

组织作为由不同成员组成的一个整体，必须具有对其成员的吸引力和成员对组织的向心力，这种表明组织成员相互团结的程度和力量大小的标准可以称为组织凝聚力。组织能否正常存在与发挥功能，其先决条件就是要具有一定的凝聚力。而影响组织凝聚力的重要因素之一就是组织目标。只有形成明确统一的组织目标，而且组织目标充分体现和反映了成员的共同利益并与成员的个人目标协调一致时，组织成员才有了协同活动的准则，组织才具有较强的向心力和凝聚力，才能使每个成员的思想、意志和行动统一和团结在一起，并激发出成员的工作热情和献身精神，为实现目标而努力拼搏。没有目标的组织，成员缺乏团结努力的方向和动力，就会如同一盘散沙，组织的功能发挥不出来，必然导致失败。

4. 为管理活动提供考核标准的作用

在管理实践当中，管理者无论是进行员工工作绩效的考核还是其他管理活动成效的考核，如果依靠主观印象和模糊的价值来进行，是不客观、不科学的，必然会打击员工的积极性和阻碍组织工作的进行。因此组织必须具有一定的客观和科学的考核标准。如果组织制定了科学的、可考核的目标，就可以按照目标的实现程度来作为员工绩效和管理成效的考核依据和标准，从而有效地调动起员工的积极性并实现对管理活动的有效控制和协调。

二、目标的性质

1. 目标的两重性

由于管理活动具有自然属性和社会属性，一般说来，组织的管理目标同样可以划分为两类不同性质的目标：一是物质性目标，二是社会性目标。其中物质性目标是指一个组织通过管理活动在物质生产或者是劳务活动中所要达到的效率和效益；而社会性目标是指一个组织通过管理活动在维护、完善生产关系或调整人的社会关系方面所要实现的目的。对于各种组织而言，物质性目标通常与物质文明的创造有关，以尽可能小的投入来实现尽可能大的产出和效果，例如企业设立的年度利润目标、市场占有率目标、销售总额目标等都属于典型的物质性目标。而组织的社会性目标是指组织在推动精神文明的发展，促进组织成员在道德、觉悟、才能方面的全面发展，推动社会的综合进步和社会关系的改善方面所要达到的目的，如企业支持希望工程、进行其他与业务无关的社会公益活动则体现了企业这种组织的社会性目标。组织实现物质性目标和社会性目标并不存在根本矛盾，组织可以同时具有多重的物质性目标和社会性目标。各类组织特别是企业、公司等经济性的组织，应当避免单单追求物质性目标而忽略了社会性目标的倾向。对于一个有效的组织而言，应当将其协调起来，力求同时达成这两方面的目标。

2. 目标的层次性

从另一个角度来看，组织的目标又可以概括为以下三个层次：环境层目标、组织层目标和个体层目标。

(1) 环境层目标。组织层目标是指组织外部的社会环境如国家、政府等加之于组织的目标。如对于一个企业而言，其环境层目标体现为要合法经营、为社会提供所需的优质产品和服务，以不断提高人民的生活水平，同时创造出尽可能多的价值，为国家提供更多的财政收入，并承担起提供就业，保护环境等社会责任。

(2) 组织层目标。组织层目标是指组织本身作为一个利益共同体和一个系统的整体目标。如一个企业不断提高经营管理水平，以增强自身的利润水平和自我改造、自我更新、自我壮大、自我发展的能力，并改善员工的生活、保障员工的工作安全，建设良好的工作环境等都属于组织层目标的体现。

(3) 个体层目标。个体层目标是指组织的成员作为独立的个体，本身具有的个人目标。如企业员工希望提高自己的工资收入和福利、减少工作时间、改善生活条件、培养兴趣爱好、实现个人成就和自我的全面发展等都属于组织个体层目标的体现。

在现实生活中，组织的三个层次目标之间存在一致的方面，也存在着矛盾的方面。

以企业为例，环境层目标和组织层目标的一致性表现为以下两个方面：一方面社会的发展有赖于企业这一国民经济的基本组成细胞的发展和贡献。在现实中，一个国家的经济发展水平与其企业的经济实力息息相关，如美国作为当今世界上经济最发达的国家之一，美国企业在国际经济中也占有最举足轻重的地位；另一方面，企业本身的发展也必须依靠宏观经济环境的保障，并实现自己的宗旨，向社会提供有价值的产品或服务，履行承担就业、保护环境等社会责任。而环境层目标与组织层目标的矛盾性表现为：一方面，企业存在着只顾自己的眼前利益、局部利益而损害社会和国家的长远利益和全局利益的倾向，例如由于对生产所衍生的废水废气进行无害化处理需要一定的成本，某些企业为了节省这部分的费用，不顾国家或地方政府的相关规定，直接排放废水和废气，造成对环境的污染和对人民身体健康的威胁；另一方面，由于国家和社会对企业的要求太多太高，也会使企业不堪重负，难以自我积累和自我发展，如以前我国的国有企业普遍存在的“办社会”现象，使企业社会性、福利性的负担过重，经济任务反而完成不好。

而组织层的目标和个体层的目标也存在着既有一致又有矛盾的两重关系。其中组织层目标和个体层目标的一致性表现为：一方面，个人目标的实现必须以组织目标的实现为前提，另一方面，组织目标的实现也有赖于组织成员对组织目标的认同并做出贡献。组织层目标与个体层目标的矛盾性表现为：一方面，存在着组织只强调组织目标而有意或无意地忽略个人目标的差异性，强行要求绝对的行为一律化，结果造成员工积极性的挫败，组织目标无法达成；另一方面，也存在着组织成员只强调个人目标而不愿意做出必要的“牺牲”和让步，为组织目标做出贡献，结果造成组织利益的损害，个人目标的实现也就失去依据。

将组织目标划分为三个层次来理解，有助于分析各层次目标之间的关系，处理各层次目标之间的矛盾。管理者要了解各层次目标之间的矛盾统一关系，并在各层次目标之间尽可能取得和谐一致，才能使组织得到长期的生存和繁荣。

3. 目标的时间性

无论什么性质的目标，都应当具有时间的内涵。可以这样说，哪怕是最有价值的目标，如果没有时间的要求，也是毫无意义的。而且时间往往还是实现目标的最困难之所在。按目标所涉及时间的长短，可以把目标分为短期目标和长期目标，一般把涉及时间跨度在1年以下的目标称为短期目标，5年以上的目标称为长期目标。同一个组织的短期目标和长期目标之间应当形成一种整体的关系，短期目标的制定应当以长期目标为依据，长期目标的实现又依靠短期目标的达成为基础，确定短期目标的过程实质上也就是确定长期目标实现的前后顺序的过程。

4. 目标的可考核性

目标要发挥为管理活动提供考核标准的作用，就意味着目标本身必须是可以被考核的。而使目标具有可考核性的最好方法就是使之定量化、数量化。在组织中定性的目标是不可缺少的，而管理者在组织中所处的地位越高，定性的目标就可能越多。但在某种意义上来说，定性目标是具有一定模糊性的目标，虽然可以考核，但考核结果不可能和定量的目标一样准确。因此要尽可能对制定的目标提高其可考核的程度。但这并不意味着对所有定性的目标都简单地进行数量化，这种做法具有一定的危险性，可能会造成管理工作的误区，如中学教育是否应以升学率作为主要目标的争议。

第二节　管理的本质

管理作为人类的一种普遍的社会活动，起源于社会成员在劳动过程中的集体性和社会生活中相互交往的必要性，是人类社会任何发展阶段都具有的现象。人类在发展过程中，个人的力量是微小和有限的，要有效地适应自然并改造自然，就必须共同劳动，把个人的力量集合起来，形成一个集体。而集体要有效地发挥功能，就必须有组织、有秩序、有分工，这就离不开管理。管理在社会劳动过程中发挥着特殊的作用，只有通过管理才能把实现劳动过程所必需的各种要素结合成有机体，使各种生产要素发挥各自的作用。而无论是管理的哪一项具体职能，从根本上来说都发挥着协调的作用，通过计划、组织、控制、激励等管理职能的运作，实现协调各种资源的利用，协调各种活动的安排，协调劳动者的人际关系、协调劳动者和生产资料的关系，从而实现各种要素的有机组合和劳动的目的。因此，从管理职能的角度上来看，管理的本质就是协调。

中国儒家的管理哲学所主张的“和为贵”其实也在一定程度上反映了对协调是管理本质的理解。如孔子在《论语·季氏》中讲道：“盖均无贫，和无寡，安无倾。”意思就是要使财富平均，便没有贫穷的存在；人民和睦团结，便不会觉得人力不够；境内安定，国家便不会有倾灭的危险。孟子在《孟子·公孙丑下》中指出：“天时不如地利，地利不如人和。”说明人际关系协调的重要作用。而荀子在《荀子·富国》中指出：“百姓之群，待之而后和。”是说老百姓组成的组织要依靠管理而得到协调。

“和”从管理者的行为看，是所谓的调和，从管理的效果来看，是所谓的和谐，把二者综合起来看，就是协调。孔子还讲了一个故事说明协调的作用。大意是颜氏一门中有三个人驾驭马车，但其驭马方式各不相同：在颜夷的驾驭下，马儿知道车上有货物而觉得很沉重，知道车上有人而感到很害怕，如果这匹马会说话，它会说：“快跑吧！不然的话，主人会把你杀掉!”在颜沧的驾驭下，马儿知道车上有货物，但不觉得沉重，知道车上有人，却觉得应该尊重他，如果马儿会说话，它会说：“快点跑吧，有人在支使我呢!”在颜无父的驾驭下，马儿虽然知道车上有货物却觉得很轻松，知道车上有人却觉得很友好，因而越跑越欢。在三个驭手中，孔子最欣赏颜无父，认为他“御马有法矣”，“法得，则马和而欢。”

美国管理学家孔茨认为：“许多管理学界的权威人士认为，协调是主管人员的一个独立职能，然而，把它看作是管理的本质，似乎更加确切一些。因为，使个人工作与集体的目标相互协调，正是管理的目的。”

从另外一个角度来看管理的本质，从管理对象的角度而言，管理的本质就是对人的管理。在一切管理活动中，人具有特殊的地位和作用，无论是对事、对人、还是对物的管理都要通过人才能进行，而其中对事和对物的管理可以统称为间接管理，对人的管理才属于直接管理。可见，人是生产力中最积极、最主动的因素，只有人才能成为管理的核心。

早在100多年前，马克思在《资本论》中说过：“凡是有许多个人进行协作的劳动，过程的联系和统一都必然要表现在一个指挥的意志上，表现在各种与劳动无关而与工场全部活动有关的职能上，就像一个乐队需要一个指挥一样。”而美国当代管理大师彼得·德鲁克（Peter Drucker）也指出，作为管理者，事情千头万绪，但他的作用却好像一个交响乐队的指挥家，通过他的领导，使本来嘈杂的各种乐器，合成了一曲生动的完整的音乐。但不同的是，指挥家不需要作曲，他有作曲家的总乐谱，只需要作为作曲家的解释者，而“管理者既要是一个作曲家又要是一个指挥”。德鲁克还进一步明确指出，在所有的管理资源中，人是最丰富、最有才能、最有潜力的资源，是最大的资源，它制约着其他资源的挖掘和利用。可见，从管理对象的角度看，管理的本质就是对人的管理。

第三节 管理的环境

环境指的是对组织的活动和绩效具有一定潜在影响的外部机构或力量。任何组织都不是独立存在的，而是在一定的环境中从事活动的，环境的特点及其变化必然会制约组织活动的方向和内容的选择。组织的外部环境是组织生存的土壤，它既为组织活动提供有限条件，同时也对组织的活动起着制约和影响的作用。

对组织活动有着重大作用的环境本身具有一定动态性，也在不断的发生变化，这可能给组织带来不同程度的影响。所以管理者必须要认识环境、分析环境并研究环境，了解外部环境的变化规律和演变特点，并采取相应的措施，积极利用环境变化可能带来的机会，努力避免环境变化可能带来的威胁，使组织成功地生存和发展下去。

影响组织管理的外部环境可以分为两大类，一类是组织的外部一般环境，包括经济环境、政治环境、社会环境和技术环境四个方面；另一类是组织的外部具体环境，包括公众压力集团、供应商、政府、顾客和竞争者五种。

一、一般环境

组织的外部一般环境或称为总体环境，是指在一定时空内存在于社会中的各类组织都会面对的环境。总体环境内容庞杂，大致可以归纳为以下四个方面：

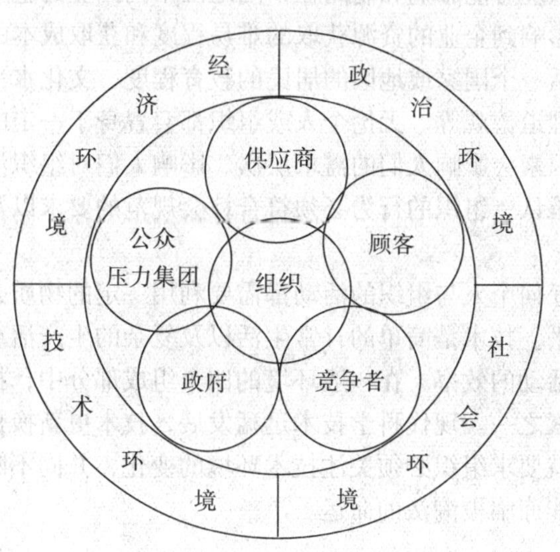

图 2-1 组织的外部环境

1. 经济环境

经济环境指的是影响组织，特别是企业、公司这一类经济组织的活动的重要环境因素。它主要包括宏观经济环境和微观经济环境两方面的内容。

(1) 宏观经济环境。宏观经济环境主要指的是国内外经济发展水平和速度以及其相应的反映指标，包括国际经济走势、国内经济发展状况（国民收入、国民生产总值等）、国家的宏观经济政策（财政、税收、信贷、外汇等）等。如美元对人民币的汇率走势，对在中国境内经营的美国公司来说，就是一种宏观经济环境的影响力量。总的说来，宏观经济的繁荣会为企业等经济组织的发展提供机会，而宏观经济的衰退则可能给所有的经济组织带来生存的困难。

(2) 微观经济环境。微观经济环境主要指组织所在地区或所需要服务地区的物资供应、资金供给、劳动力状况、价格水平、消费者收入水平、消费偏好、储蓄情况、就业程度等因素。这些因素影响着企业经营管理的各个方面。

2. 政治环境

政治环境包括国际政治环境和国内政治环境，主要是指国家的社会制度、执政党的性质、政府的方针、政策、法令等。不同的国家有着不同的社会制度，不同的社会制度对组织的活动有着不同的限制和要求。即使是社会制度不变的同一个国家，在不同时期，其政府的方针特点和政策倾向也可能发生种种改变。组织必须对其活动涉及国家和地区的政治环境进行了解和研究，使组织的活动能符合当地社会规定的利益，以受到相应的保护和支持，从而得到生存和发展的空间和机会。

3. 社会环境

社会环境主要包括自然环境和社会文化环境两方面。

自然环境是指对组织运作有一定影响的地理位置、气候条件以及自然资源分布等因素。地理位置和资源状况可能影响和制约在不同地区不同产业的企业的经营活动，如企业是否靠近原料产地会影响到企业的资源获取的难易程度和获取成本的高低。

社会文化环境包括一个国家或地区的居民的教育程度、文化水平、思想观念、风俗习惯、价值观和社会伦理道德观等。无论个人或组织都会置身于一定的社会文化环境中，社会文化和伦理的各种因素会影响人们的需求层次、影响人们对组织活动和行为的态度。因此组织要得到认同和承认，组织的行为必须符合社会规范的要求以及人们的价值准则。

4. 技术环境

在当代社会中，任何个人与组织的活动都需要利用一定的物质条件，这些物质条件都反映着一定的技术水平。技术是简单的日常生活以及复杂的生产活动的重要手段，社会的技术进步会影响组织活动的效率。在一般环境的四个组成部分中，技术环境可以说是发生最迅速变化的环境因素之一。现代科学技术迅猛发展，技术更新换代的周期日益缩短，高新技术层出不穷，这就要求组织必须关注技术环境的变化，并同不断发展的技术趋势保持动态平衡，否则就可能面临被淘汰的命运。

二、具体环境

组织不仅要在一般环境中生存，而且还在特殊领域内进行活动。一般环境对不同类型的组织都会产生程度不同的某些影响，而具体环境则是指那些与组织活动的具体领域有关的特殊环境，它们会直接、具体地影响到某类组织。可以这样说，具体环境对于每一组织而言都是不同的，并会随着条件的变化而改变。对于绝大多数的组织而言，具体环境一般包括供应商、顾客、竞争者、政府和公众压力集团五个方面。

1. 供应商

组织的顺利运转需要从外部获取和输入各种要素，供应商指的就是为组织提供各种所需输入的资源和要素的其他组织或个人。如对于企业而言，需要股东、银行、财务公司等机构来保证持续的资金供给，需要其他企业或公司来保证机器、设备、原材料及能源的及时提供，甚至于还需要学校或人才市场来保证其人才的供给。这些涉及的各种主体都属于企业的供应商，如果缺乏其中的任何一项供给，企业的有效运转就会发生困难。因此管理者应当寻求以尽可能低的成本和低价来保证所需输入的持续稳定供应。

2. 顾客

任何组织都是为满足特定顾客的需要而存在的。顾客是吸收组织输出品的主体。顾客的需求量、需求结构和需求偏好都会发生变化，从而给组织的活动造成重大影响。因此管理者必须对顾客进行详尽的研究，了解顾客需求及口味的变化，才能产生有效活动成果。

3. 竞争者

几乎所有的组织都存在一个或更多的竞争者。由于竞争者在供应商和顾客等方面都具有一定的相似性，因而竞争者之间必然会形成一定的竞争和争夺。这要求管理者必须要了解竞争者的数量和分布，以及各自的规模、资金和技术实力，以确定对自身的威胁程度，并制定相应的应变措施，从而确保本组织能在各种资源和市场的争夺中取得胜利。

4. 政府

在组织活动的特定区域的政府机构通过制定各种规章制度，对组织的运作和活动的各个方面会产生极大的制约作用。某些组织因为业务的特殊性，甚至会受到政府机构的仔细监察。如上市公司必须遵循证监会的规定，而要进行食品或药品生产的企业必须经过食品或药品管理局的审查和批准等。管理者应当重视和了解政府的相关规定和政策，避免组织出现违反政府规章法令的行为，影响组织的生存和发展。

5. 公众压力集团

公众压力集团是指组织外部具有特殊利益的组织或机构，也会对组织与其利益相关的活动产生一定的影响。如各种环境保护的民间组织，可能会对企业污染环境的生产和经营进行阻挠，甚至联合抵制或威胁。现代社会中，各种特殊利益集团对组织的运作产生越来越大的影响，管理者应当意识到这些利益集团对管理活动的影响作用，并加以研究。

上述的四种一般环境因素和五种具体环境因素不是孤立地发生作用的，它们相互作用、相互影响、相互制约并共同构成了组织的外部总体环境，对组织及其活动产生影响和制约。管理者应当了解环境、研究环境并适应环境，以达到组织的目标。

第四节　管理的对象

管理活动作为人类社会一种普遍的现象，都是针对一定的管理对象而展开的。而研究什么是管理对象，也就是研究到底“管理什么”的问题。管理的对象从本质上来说，实际上就是管理的客体。

关于什么是管理对象的问题，存在着不同的观点和认识。传统的管理理论把物（包括事）作为主要的管理对象，而人只看成是物的附属品，其相应的管理活动围绕着如何改进工作方法、提高工作效率而进行；行为科学管理理论则把对人的管理放在首位，重视人的因素，认为要调动人的主动精神和积极性，挖掘人的潜在能力。

现代管理理论认为，无论是何种类型或性质的组织，管理的对象都应当包括人、财、物、时间和信息五个方面。

1. 人

人是管理系统中最重要的要素。人在管理活动中具有双重的地位，既是管理主体，又是管理客体。也就是说人在管理活动中，不是充当管理者，就是充当被管理者，甚至有的人本身就具有既是管理者又是被管理者的两重角色。虽然管理活动还包括对其他对象的管理，但对其他任何对象的管理都是依靠人去推动和执行的。作为一种社会行为的管理过程实质上是人们相互之间发生复杂作用的过程，各个环节的能动主体是人，因此人与人的行为是管理过程的核心。而对人进行管理的根本目的，就在于最大限度地调动起人的积极性、主动性和创造性，充分激发人的潜力，使组织获得最大的人力资源的产出。

2. 财

财是指组织所拥有的各种经济资源的价值表现，通常表现为组织拥有的货币资金。在市场经济中，财力作为经济资源的价值形态，具有特殊的地位和作用。财力的使用和分配是否合理，直接决定着对其他资源的使用和分配是否合理。当代经济学的研究表明，市场经济中是货币资金的运动支配着商品运动。而在管理实践当中，对组织财力资源的认识和使用，往往决定了其他资源运用的效率和效果。而一个组织的运作效率如何，也可以通过其财力资源的利用效率进行考察和衡量。对财力资源进行管理的根本目的，就是要做到财尽其力，以有限的资金去创造出更多的价值。

3. 物

物是一个组织活动和维持运作所必不可少的物质要素和基础，如企业中的机器、设备、原材料和能源等。物和财一样，在管理中是被动的，但它们又是管理发挥作用所不可缺少的要素。对物进行管理的根本目的，就是要根据组织的目标和实际情况，对各种物力资源进行有效的配置和利用，做到物尽其用，以有限的物力资源创造出尽可能多的效益。

4. 时间

时间资源无影无形，不可再生也不能借用，还是不可逆转和不可储存的，可以说是管理最稀缺和最特殊的资源。任何管理活动都是在一定的时间和空间条件下进行的，管理离不开时间。现代社会的一个重要特征就是时效性日益突出。管理活动处在不同的时间区域，会产生不同的管理效果，而管理活动中各种要素的组织与安排，也都存在一个时序性的问题。因此如何合理地安排和利用时间，是管理的重要问题，也是成功管理的主要因素。

5. 信息

信息是指能够反映管理内容，可以通过各种方式被传递、传播、传达和感受的声音、图像、文字、符号和数据。信息常见的形式有资料、报表、数据、报告、指令等。信息是组织不可缺少的构成要素，没有信息的传递，组织不可能正常的存在和运作。信息是管理的重要对象，也是管理的重要工具。管理信息系统被称为管理过程中的“神经系统”。在管理活动中，管理职能要发挥作用，需要依靠信息的支持；而管理中的人流、物流、资金流等，更是要通过信息来反映和实现。只有通过建立完善高效的信息沟通网络，保证管理活动所必需的各种准确、完整、及时的信息，才能把组织各种要素有机地结合起来，从而实现有效的管理。

不同的管理对象构成了不同的管理内容。以企业这一典型的经济组织为例，其相应的主要管理内容有：对人的管理主要涉及人事管理、劳动管理、思想工作等方面；对财的管理主要涉及财务管理、成本管理、销售管理等方面；对物的管理主要涉及生产管理、物资管理、设备管理等方面；对时间的管理主要涉及计划管理等；对信息的管理主要涉及科技管理、质量管理和经营管理等方面。

第五节　管理的过程与关键

管理的过程就是具体管理活动所经历的步骤、程序。由于管理的对象不同管理的过程会千变万化，但管理作为一个思维过程，却有一定的模式。管理的关键则是在管理过程中起着决定作用的步骤或程序，它极大地决定着管理的成功与失败。

一、管理的过程

贯穿于具体管理过程中的主线是管理者的思维过程，这一思维过程是：信息感受──→分析判断──→决策。

1. 信息感受

信息感受是指通过调查研究、听取汇报、查阅文献、分析数据等方式来获得与管理相关的各类直接信息和间接信息。在进行信息的获取时，首先必须具有明确的目标，其次要对信息进行相应的分析和整理。当今社会被称为“信息爆炸”的社会，以先进的计算机技术、网络技术和通信技术为基础，管理者可获取的信息无论从数量上或速度上都有极大的提高。而管理者的时间和精力又是有限的，不可能对所有的信息都予接收和处理，而也不是所有的信息都具有分析的价值。因此在浩如烟海的信息中，管理者要明确与管理活动密切相关的有用信息，并加以选择，有的放矢而不是盲目接受。同时又要对信息进行分析与整理，进行准确性的分析，辨别信息的可靠程度，去粗取精、去伪存真，并按其重要程度和价值进行不同的排序。

2. 分析判断

分析判断是管理思维过程的第二步，指的是在信息感受并分析整理的基础上，进行分析和判断，以作为决策的依据。判断是根据经验、理论和现实三者来综合思维的过程。

经验是以往实践的宝贵积累，是从实践中总结出来的感性规律，对未来的管理活动具有一定参考价值。但经验本身又具有一定的局限性，没有一种现实情况会完全符合过去的经验，所以管理者不能过分囿于经验，否则就会犯“守株待兔”的错误。

理论是指具有普遍指导意义的理性规律，对管理实践具有一定指导意义。但理论又是相对抽象的，管理者不能对其全盘照搬，原封不动地照搬某一理论几乎没有成功的先例。

现实是客观事物的实际状况，人们干任何事情都必须从实际出发。但现实既具有一定的偶然性，又具有一定的必然性，蕴藏着某些规律。这就要求管理者既要从实际出发，又不能安于现状，不思进取或只强调困难而不去创造条件开拓局面。正确的态度应当是以理论为指导，以经验为参照，以现实为基础来进行综合判断。

3. 决策

决策是管理思维的最终拍板。决策对管理者尤其是高层管理者来说，是最重要、最困难、最花精力也最冒风险的事情。决策绝不是主观武断的盲目“拍板”，但由于客观事物具有错综复杂的特性，百分之百正确的决策不存在，十全十美的最佳方案也是没有的。

二、管理的关键

什么是管理活动和管理过程中的关键所在？在这里，以典型的经济组织——企业的管理为例来加以说明。

企业在生产经营活动中，形成了人流、物流和资金流。与此同时，管理活动本身又形成了信息流。整个企业组织的系统运作交织成川流不息的流通网络。管理的关键就在于这种流通网络的构成是否合理与顺畅。任何物质、资金、信息和人才的流向错误、流量失当、流速失调或流通阻塞都会影响到企业系统客观上所要求的合理的流通构成，管理的功效也自然会下降。例如，社会有限的资源不是流向需要资源的产业部门，而是流向重复建设、盲目建设的项目上，就属于一种流向的错误，结果会造成需要资源的产业无法开展，而重复建设的项目产出的成果又过多，不能形成效益，实际上是一种对资源的极大浪费。而在以前僵化的“计划经济”体制下，排斥市场经济、商品交换与资源的自然流动，使商品和各种资源不能畅通无阻地流动，则属于流通阻塞，结果造成商品生产的阻碍，不利于社会的物质文明发展，此类例子不胜枚举。诸如固定资产投资规模与增幅、技术引进的数量与速率、出国考察的批次与频度、外债的数额与增速、货币发行量、工资的增长幅度、社会的利益分配以及商品交货期等等都属于流通构成是否合理的问题。对于企业而言，如果信息流通网络阻塞或结构不合理，会给管理造成困难，无法应对环境的改变；而物质、资金流通网络不合理，就没有办法做到物尽其用，长此以往必然会造成企业经营效益的下降；而企业人才网络结构不适当，就没办法做到人尽其才，同时会打击企业员工的积极性，甚至难以留住所需人才。由此可见，管理的关键就是要保持各种流通网络包括人流、物流、资金流、信息流等等的合理与顺畅。因此，为了加速现代化建设的步伐，必须抓住管理的关键，调整流通构成。比如调整产业结构、产品结构、技术结构、投资结构、组织结构、人员结构、利益和动力结构等。

第六节 管理的性质与职能

管理是在具体的社会历史条件下产生和进行的特殊的生产活动。在这个生产活动中，人不但与自然资源发生着关系，人与人之间也发生着联系，这就形成了管理的独特性质。这些性质则依靠管理的具体职能来体现。

一、管理的性质

从最基本的意义上来看管理，有两层含义：一是组织劳动；二是指挥、监督劳动，也即具有同生产力、社会化生产相联系的自然属性和同生产关系、社会制度相联系的社会属性，也就是通常所说的管理的两重性。

管理的两重性是马克思主义关于管理问题的基本观点。马克思在《资本论》中指出："一切规模较大的直接社会劳动或共同劳动，都或多或少地需要指挥，以协调个人的活动，并执行生产总体的运动——不同于这一总体的独立器官的运动——所产生的一般职能。""凡是直接生产过程具有社会结合过程的形态，而不是表现为独立生产者独立劳动的地方，都必然会产生监督劳动和指挥劳动。"

列宁在《苏维埃政权的当前任务》一文中也指出："资本主义在这方面的最新成就泰罗制——也同资本主义其他一切进步的东西一样，有两个方面，一方面是资产阶级剥削的最巧妙的残酷手段，另一方面是一系列的最丰富的科学成就。……应该在俄国研究与传授泰罗制，有系统地试行这种制度，并且使它适应下来。"

马克思所说的指挥劳动的一般职能和列宁所说的科学成就，实质上就是指管理两重性中与生产力、社会化大生产相联系的自然属性；而马克思所说的监督劳动的特殊职能和列宁所说的剥削手段，就是指管理两重性中与生产关系、社会制度相联系的社会属性。

1. 管理的自然属性

管理是由许多人进行协作劳动而产生的，是由社会分工引起的，是有效地组织共同劳动所必需的一种特殊职能。管理存在于各种社会活动之中，是社会劳动过程中不可缺少的一项职能。而从另外一个角度来看，管理本身也可以说是一种生产力。任何社会任何组织，其生产力是否发达，取决于它所拥有的各种经济资源，各种生产要素是否得到有效的利用，取决于从事社会劳动的人的积极性是否得到充分的发挥，而这一切都有赖于管理。管理的这些性质不会以人的意志而转移，也不会因为社会制度或者说意识形态的不同而有所改变，完全是一种客观存在，在任何社会化大生产下都相同。也就是说，在任何社会制度下，为保证社会化大生产的顺利进行，就必须按照合理组织生产力的客观要求，进行有效的管理来提高经济效益，这就是管理的自然属性。

2. 管理的社会属性

另一方面，管理是在一定的社会关系条件下产生和进行的，必然会体现出生产资料占有者指挥劳动、监督劳动的意志。在人类漫长的历史中，管理从来都是为统治阶级、为生产资料的占有者服务的。也就是说，在不同的社会制度下，为了维护生产关系，维护生产资料所有制的需要，管理体现出阶级性，是一定社会生产关系的反映。无论是国家的管理，企业的管理或者是其他社会组织的管理都是如此。在资本主义制度下，无论生产力水平和管理水平有多高，归根到底都是以剥削雇佣工人所创造的剩余价值为目的的。马克思曾经对此有过十分深刻的分析："资本家的管理不仅是一种由社会劳动过程的性质产生并属于社会劳动过程的特殊职能，它同时也是剥削社会劳动过程的职能，因而也是由剥削者和他所剥削的原料之间不可避免的对抗决定的。"在社会主义条件下，生产和管理的根本目的是为了满足人民的需要，不断提高人民的生活水平，这与资本主义社会的管理有根本不同的社会属性。在社会主义条件下，管理的社会属性应当体现为任何组织任何个人在实行管理时都要从全社会、全体人民的利益出发，并且自觉地让局部利益服从全局利益、个人利益服从整体利益。任何层次的管理者都应当真正成为人民的公仆，而人民则应当真正成为各种社会组织的主人。

由于管理的自然属性和社会属性是由生产过程的生产力和生产关系决定的，而生产力和生产关系又统一于生产过程之中，所以对管理两种属性的区分只能是理论上的。这两种属性在实际中是不可分割地结合在一起，共同作用于生产过程的，不可能将其加以分离。但这种区分对于正确认识管理的性质又是非常必要的。正确认识管理的两重性的意义在于：一方面要大胆地解放思想，认真学习、借鉴和引进发达资本主义国家先进的管理理论、管理经验和管理方法，以迅速地提高我国的管理水平；另一方面，又要考虑我国的具体国情进行选择提炼，为我所用，学创结合，建立起具有中国特色的社会主义管理体系，并有力地促进社会主义现代化建设。

二、管理的职能

管理作为一个过程，管理者要在其中发挥作用，合理组织生产力和维护生产关系这两项管理的基本职能相结合而作用于生产过程时，就分解为相对独立的管理活动也就是管理的各项具体职能。管理的性质是通过管理的职能而体现出来的。人类的管理活动到底具有哪些最基本的职能？这一问题经过许多学者近一百年的研究，至今还是众说纷纭。最早系统地提出管理具体职能的，是被尊崇为管理理论之父的法国学者法约尔。他提出管理有五项职能：计划、组织、指挥、协调和控制。在法约尔的"五职能论"之后，不同的学者又提出"三职能论"（如厄威克的计划、组织、控制）、"四职能论"（如布雷克的计划、协调、控制、激励）、"六职能论"[如希克斯（John Richard Hicks）的计划、组织、控制、激励、沟通、创造]、"七职能论"（如古利克的计划、组织、指挥、协调、控制、人事、沟通）等。在各种不同的提法中，最常被提到的职能是计划、组织、领导和控制。而随着管理理论的最新发展，对管理职能的认识也应当有所发展。许多新的管理理论和管理实践已一再证明：决策、计划、组织、领导、协调、控制、创新这七项职能是当今管理活动不可缺少的基本职能。

1. 决策

过去许多学者把"决策"仅仅看作是"计划"职能的一部分，认为决策仅仅是"从可选择的方案中做出抉择"。但实际上，广义的决策是一个复杂的过程，是指组织根据外部环境和内部条件的变化，按照组织的任务，确定目标，并拟定实现目标的两个以上的方案，并从中选择出最佳方案，以付诸实施的整个过程。任何组织的管理活动从最高层管理者到最基层的工作者都具有决策职能，越往高层，目标性和战略性的决策越多，而越往基层，执行性的决策越多。而且管理的决策职能不仅各个层次的管理者都具有，还分布在管理的其他各项活动之中。而决策作为一切行动的基础，正确的决策，能引导人们正确的行动，获得良好的活动成果，而错误的决策，必将导致错误的行动，可能给组织带来严重的后果。所以说“管理的重点在经营，而经营的中心是决策”。决策是管理活动中占有首要位置的基本职能。

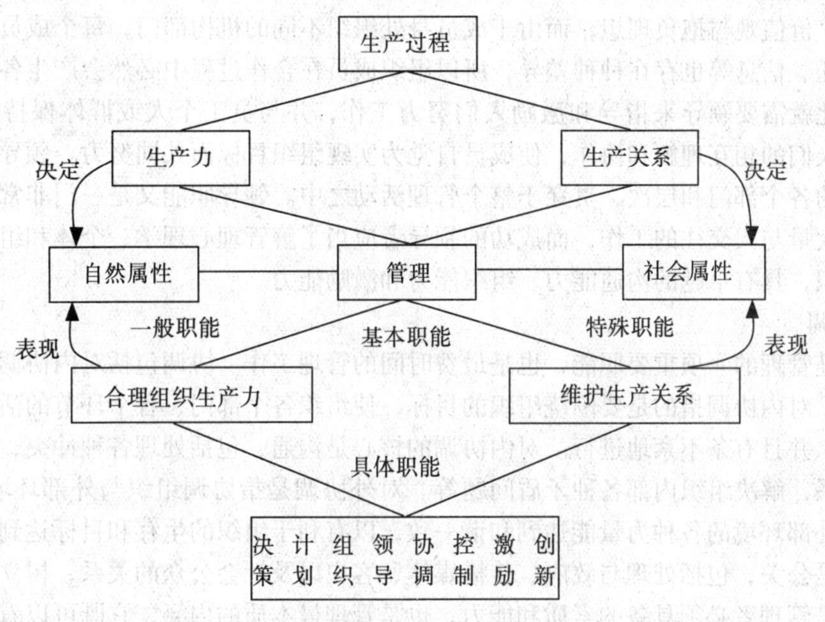

图 2-2 管理的性质与职能示意图

2. 计划

计划是执行决策而进行的具体规划，是组织为实现一定目标而科学地预计和判定未来，从而确定的行动方案。从广义上来看，计划职能包括决策职能。在正确的决策之后，要保证组织活动的有效进行，就要根据决策制订的目标，采用综合平衡的方法编制各种计划，确定各种资源的分配，按计划将各部门各环节的工作顺利地衔接起来，并组织计划实施的一系列管理活动。计划根据不同标准可以划分为各种类型，在后面的章节中将会列举各类计划并加以说明。另一方面，计划也可以看作是决策的具体化，在没有做出决策之前，不可能有真正的计划。

3. 组织

组织是为了实现组织的目标和计划，对组织的人力、物力、财力、信息以及其他所需资源在组织的各个部门、在管理的各个环节进行空间和时间上的分配与协调，形成一个灵活运转的有机整体。组织活动的具体内容包括：合理确定管理组织形式、明确各部门的职责分工、工作权限和协作关系；建立合理的组织结构和空间布局；进行工作环节的划分和衔接；吸引人们加入组织、优化组合和配置各类人员、明确工作责任和分工；配置各种资源等。归根到底，组织就是要创造各种条件使人、事和谐，以获得组织的最大成功。组织职能发挥水平的高低，决定了组织各种资源的利用效果，在一定程度上决定了组织效率的高低和活动成效的大小。从这个意义上来说，组织职能是管理活动的根本职能，是其他管理活动的保证和依托。

4. 领导

决策、计划、组织等工作做好了，也不一定能保证组织目标就会实现，因为组织目标的实现需要靠组织全体成员的努力。但组织的组成成员具有不同的个人目标、需求、偏好、性格、价值观与抱负理想，而由于成员身处组织不同的机构部门，每个成员所具有的职权、责任、信息等也存在种种差异，所以组织成员在合作过程中必然会产生各种矛盾和冲突。因此就需要领导来指导和激励人们努力工作，并与员工个人或群体保持沟通和交流，增强人们的相互理解和协作，使成员自觉为实现组织目标而共同努力。领导职能存在于组织内的各个部门和层次，贯穿于整个管理活动之中。领导职能又是一门非常奥妙的艺术，包含大量与人交往的工作，而成功的领导者应当了解管理心理学、个体和组织行为学的相关知识，具有卓越的沟通能力、组织能力和激励能力。

5. 协调

协调是管理的一项重要职能，也是最费时间的管理工作。协调包括对内协调和对外协调两方面。对内协调指的是要围绕组织的目标，使组织各个部门、各个环节的活动和谐地统一配合，并且有条不紊地进行。对内协调的核心是沟通，包括处理各种冲突，形成良好的人际关系，解决组织内部各种矛盾问题等。对外协调是指协调组织与外部环境的关系，使组织与外部环境的各种力量能达到和谐一致，以有利于组织的生存和目标达到。对外协调的核心是公关，包括处理与政府、传播媒体、客户以及社会公众的关系，树立组织形象等。协调是管理者必须具备的素质和能力，也是管理最本质的内涵，它既可以看作是一项独立的管理职能，又存在于管理的各项职能之中，是各项管理职能的内在本质。

6. 控制

控制就是根据计划的执行情况，衡量对比计划目标，并纠正其中的偏差。计划制定以后，由于受到各种因素的干扰和影响，常常会使实际的执行偏离原来的目标。所以管理者在制定目标，安排好组织工作以后，要及时取得计划执行情况的相关信息，核实计划的执行程度，从而保证事态的发展符合计划的要求。控制的内容是多方面的，包括生产控制、质量控制、成本控制、财务控制以及对人的行为的控制等。控制职能是保证计划目标达到必不可少的一项职能，各个管理层次的管理者都应当充分重视控制职能。而不同层次的管理者的控制有不同的要求，越是基层的管理者控制要求的时效性越短，而控制的定量化程度也越高；越是高层的管理者，控制要求的时效性越长，综合性越强。控制的方法有预算控制、统计控制、会计控制等。

7. 创新

许多对管理职能的研究都没有把创新列为一种管理职能。但最近这几十年来，由于科学技术迅猛地发展，社会关系日益复杂，社会环境瞬息万变，社会经济活动也空前活跃。现代管理者如果墨守成规就无法应付新环境和新形势的挑战，已经到了不创新就无法维持生存的地步。创新职能也就成为管理的一项的重要的新职能。创新职能与其他的管理职能具有一定的区别，本身并没有特殊的表现形式，而是存在于其他管理职能的活动之中。可以说事事皆可创新，创新无处不在。

第七节　管理的方法

为实现管理的功能，提高管理的效益，达到管理的目标，管理者必须借助于一系列科学有效管理方法。管理的方法就是指为了实现管理目标，使管理系统的功能不断提高，在各种管理活动中所采取的手段、措施和途径的总和。

管理原理必须通过管理方法才能在管理实践中发挥作用。管理方法是管理理论、原理的自然延伸和具体化、实际化，是管理原理指导管理活动的必要中介和桥梁，是实现管理目标的途径和手段，它的作用是一切管理理论、原理本身所无法代替的。而管理方法比管理原理更具有普遍性，因为人们不能选择原理而只能遵循原理，却可以选择使用不同的方法来实现管理的目标。

由于管理的任务、对象和环境是复杂多变的，因此，在实践当中运用的管理方法也是多种多样的。按照其普遍性程度的不同，管理方法一般可以分为两种：第一种是通用管理方法，是以不同领域的管理活动都存在某些共同的属性为依据而总结出的管理方法；第二种是专门管理方法，是对某个资源要素、某一局部或某一时期实施管理所特有的专门方法，是为解决具体管理问题的管理方法。

通用管理方法和专门管理方法并不是绝对分立，而是相互影响、相互制约的。通用管理方法是专门管理方法的前提和基础，为人们运用专门管理方法提供了思想路线和基本原则，专门管理方法则是通用管理方法的具体表现。

一、通用管理方法

通用管理方法是人们对不同领域、不同部门、不同条件管理实践的理论概括和总结，揭示出共同属性，从而总结出的管理方法。管理学家根据管理实际工作中的应用问题提出许多的管理方法，其中包括任务管理法、人本管理法、目标管理法、系统管理法等。

（一）任务管理法

最早提出科学的管理方法的是美国管理学家泰罗。泰罗在科学管理理论中倡导的科学管理方法实质上就是任务管理法。任务管理法是人们最早研究的一种科学管理方法。泰罗所说的任务管理，也可以称为任务作业，其基本内容可以概括为通过时间动作研究确定标准作业任务，并将任务落实到工人。工人的作业在于完成管理人员规定的任务，而这种任务是管理人员经过仔细推敲后设计出来的。这样，组织中的工人都有明确的责任，按职责要求完成了任务则付给一定的报酬。

任务管理法规定组织中的每个人在一定期限内完成任务的数额。但如果定额仍然是依靠经验或习惯来确定，那就只是具有任务管理的形式，实质则仍然是经验管理。科学管理和经验管理的区别，不在于是否给组织的成员分配了任务，而在于所分配的任务的质和量是否经过科学方法计算来的。任务管理法的最明显作用在于提高工人的工作效率，而提高效率的关键又在于科学地进行时间动作的研究。泰罗提出的任务管理法的科学性也就体现在他所倡导的时间动作研究方法上。

泰罗的时间动作研究大体包括以下步骤：

（1）物色比如说10到15个不同的人员，他们应特别善于做需要分析工作。

（2）仔细研究工人在完成被调查的工作中所进行的基本操作或动作，包括每个人员所使用的工具。

（3）用秒表研究做每一个基本动作所需要的时间，然后选择每一部分动作的最快工作方法。

（4）淘汰所有不正确、缓慢和无效的动作。

（5）淘汰所有不必要的动作以后，把最快最好的动作以及最好的工具分别在一个序列中集中归类。

经过以上步骤，可得出完成标准作业所需的标准时间。按照这种方法来规定一个岗位上一个人在一定时间内的工作量，就具有一定的科学根据。类似的，科学管理要求对在经验法则指导下产生的同一种工具进行仔细研究，再对这些改革了的工具中的每一种工具所可能达到的速度进行时间研究，并把几种工具各自具有的优点融合在单独一种标准工具中，从而使工人的工作更有效率。

由此可见，任务管理法的实质就是通过专门的人员对时间和动作进行研究，从而科学地设计工作任务，使工人满负荷工作，以达到提高企业生产效率目的。但任务管理法只是从生产技术过程的角度研究作业管理的具体方法，涉及的范围基本上没有超出车间管理，而很少从企业经理人员的角度，研究企业经营的全局问题。如果孤立地使用任务管理法，企业规模越大，就越难适应。

此外，实行任务管理，工人的一举一动都要合乎标准，一切工作安排都要按照管理人员的指示和计划进行。它实际上否定了工人的自主性、独立性，取消了工人对其工作任务的计划、组织与控制的自主权。它单纯强调人的经济需求，忽略了更复杂的社会和心理方面的需要，忽视了人际关系对于人的行为的影响。而人并不是只有经济需求的孤立的“经济人”，在强调人性和个性的现代社会，任务管理法的不适应性也就越发地突出。

（二）人本管理法

从管理学的发展来看，对组织采取以人为中心的人本管理方法是在任务管理后提出来的。20世纪30年代以后，管理学家们发现，提高人的积极性，发挥人的主动性和创造性对提高组织的效率更为重要。组织活动成果的大小主要是由领导方式与工作人员的情绪决定的，由此管理学家们将研究的重点开始转向管理中的人本身，产生了以行为科学为主要内容的人际关系理论。人际关系学家主张采取行为管理的方法，即通过分析影响人的行为的各种心理因素，采用一定的措施改善人际关系，以此提高工作人员的情绪和士气，从而能产出最大的成果，达到提高组织效率的目的。

在人际关系理论的推动下，对于组织的管理和研究便从原来以“事”为中心发展到以“人”为中心，由原来对“纪律”的研究发展到对行为的分析，由原来的“监督”管理发展到“自主”管理，由原来的“独裁式”管理发展到“民主参与式”的管理。这种以人为中心的管理理论和方法也包含着一系列更为具体的管理方法，常用的主要有参与管理、民主管理、工作扩大化、提案制度和走动管理等。

科学管理主要以金钱为诱饵，而人际关系理论则主张管理重视人的心理上的满足。古典组织理论强调合理的劳动分工和对组织的有效控制，人际关系理论则强调对人际行为的激励。人际关系理论的出现，给组织管理带来巨大的变化。从20世纪40年代开始，人际关系理论渐渐渗入到管理的实践活动中，使劳资关系得到缓和，工人的士气得到提高，生产效率也得到相应提高。

人本管理法是作为对任务管理法的革新而提出的一种新的管理方法，它和任务管理法的区别在于：任务管理法要求工作人员的活动标准化，工作人员在工作中的自由度是很小的，但对完成组织规定的任务较有保证；而人本管理法则有较大的灵活性，工作人员在组织中有相当的自由度，较能发挥其自主性和创造性，但组织内的变动相应也较大，组织规定的任务有时无法完成。为了吸取这两种方法的长处，克服它们的短处，管理学家又提出了一种新的管理方法——目标管理法。

（三）目标管理法

目标管理法是美国著名管理学家德鲁克首先提出来的。1954年，德鲁克在《管理实践》一书中，提出了“目标管理与自我控制”的主张，随后在《管理——任务、责任、实践》一书中对此作了进一步阐述。德鲁克认为，并不是有了工作才有目标，而是相反，有了目标才能确定每个人的工作，所以“企业的使命和任务，必须转化为目标”。因此管理者应该通过目标对下级进行管理，当组织高层管理者确定了组织目标后，必须对其进行有效分解，转变成各部门以及各个人的分目标，管理者根据分目标的完成情况对下级进行考核、评价和奖惩。德鲁克认为，如果一个领域没有特定的目标，这个领域必然会被忽视。如果没有方向一致的分目标指示每个人的工作，则企业的规模越大，人员越多，专业分工越细，发生冲突和浪费的可能性就越大。企业每个管理人员和工人的分目标就是企业总目标对他的要求，同时也是员工对企业总目标的贡献。只有完成每一个目标，企业总目标才有完成的希望，而分目标又是各级领导人员对下属人员进行考核的主要依据。德鲁克还认为，目标管理的最大优点在于它能使人们用自我控制的管理来代替受他人支配的管理，激发人们发挥最大的能力把事情做好。

目标管理的基础是信任员工的积极性和能力，领导者对下属人员的领导，不是简单地依靠行政命令强迫他们去干，而是运用激励理论，引导职工自己制定工作目标，自我控制，自觉完成目标，并自我评价。目标管理的最大特征就是通过激发员工的潜能，提高员工的效率来促进企业总体目标的实现。

与传统管理方法相比，目标管理的优点主要体现在几个方面：

（1）权力责任明确。目标管理通过由上而下或自下而上层层制定目标，在企业内部建立起纵横联结的完整的目标体系，把企业中各部门、各类人员都严密地组织在目标体系之中，明确职责、划清关系，使每个员工的工作直接或间接地同企业总目标联系起来，使员工认清自己的工作目标和企业目标，了解自己的工作价值。

（2）强调职工参与。目标管理非常重视上下级之间的协商、共同讨论和意见交流。通过协商，加深对目标的了解，消除上下级之间的意见分歧，取得上下目标的统一。由于目标管理吸收了企业全体人员参与目标管理实施的全过程，尊重职工的个人意志和愿望，充分发挥职工的自主性，实行自我控制，改变了由上而下摊派工作任务的传统做法，调动了职工的主动性、积极性和创造性。

(3) 注重结果。目标管理所追求的目标，就是企业和每个职工在一定时期应该达到的工作成果。目标管理不以行动表现为满足，而以实际成果为目的。工作成果对目标管理来说，既是评定目标完成程度的根据，又是奖评和人事考核的主要依据。因此，目标管理又叫成果管理。离开工作成果，就不称其为目标管理。

任务管理法既规定了工作任务，又规定了完成任务的方法，而且任务和方法都有标准化，职工按标准化的要求进行培训，并按标准化的要求进行操作，其工作积极性和创造性都受到严重的限制；人本管理法又过于强调领导对职工的信任，放手让职工自主去工作，这又难于保证任务的完成。目标管理法在一定程度上将两者综合起来，即组织规定总目标，各部门依据总目标规定部门目标，把部门目标分解落实到人，至于如何达到目标则放手让工作人员自己做主。这样，既能保证完成组织的任务，又能充分发挥职工的主动性、积极性，因而目标管理法与任务管理法和行为管理法相比，是更为优越的管理方法。

目标管理提出以后，便在美国迅速流传。在第二次世界大战后各国经济由恢复转向迅速发展的时期，企业急需采用新的方法调动员工积极性以提高竞争能力，目标管理的出现可谓应运而生，于是被广泛应用，并很快为日本、西欧和其他国家的企业所仿效，在世界范围内大行其道。

目标管理可能看起来简单，但要把它付诸实施，管理者必须对它有很好地领会和理解。首先，管理者必须知道什么是目标管理，为什么要实行目标管理。如果管理者本身不能很好地理解和掌握目标管理的原理，那么，由其来组织实施目标管理也是一件不可能的事。其次，管理者必须知道公司的目标是什么，以及他们自己的活动怎样适应这些目标。如果公司的一些目标含糊不清、不现实或不协调一致，那么主管人员想同这些目标协调一致，实际上是不可能的。第三，目标管理所设置的目标必须是正确的、合理的。所谓正确，是指目标的设定应符合企业的长远利益，而不能是短期的。合理的，是指设置目标的数量和标准应当是科学的。第四，所设目标无论在数量或质量方面都必须具备可考核性。如果目标管理不可考核，就无益于对管理工作或工作效果的评价。

目标管理对管理者的要求相对较高，且在目标的设定中总是存在这样、那样的问题，使得目标管理在付诸实施的过程中，往往流于形式，在实践过程中有很大的局限性。

(四) 系统管理法

第二次世界大战之后，企业组织规模日益扩大，企业内部的组织结构也更加复杂，从而提出了一个重要的管理课题，如何解决复杂大企业的管理问题。为了解决复杂大企业的效率问题，系统方法产生了。

系统方法属于一般科学方法论，它以认识、研究和探讨结构复杂的客体确立必要的方法论原则。所谓系统方法，就是按照事物本身的系统性把研究对象放在系统的形式中认识和考察的一种方法。具体地说，从系统的观点出发，始终着重从整体与部分（要素）之间、整体与外部环境之间、部分（要素）与部分（要素）之间的相互作用和相互制约的关系中考察对象，从而达到最佳地处理问题的一种方法。

系统方法是一种满足整体、统筹全局、把整体与部分辩证地统一起来的科学方法。它为运用数理逻辑和电子计算机来解决复杂系统的问题开辟了道路，为认识、研究和探讨结构复杂的整体确立了必要的方法论原则。

系统方法的一般步骤是：

(1) 确定问题，收集资料。在进行系统分析之初，必须首先明确地确定所要解决的问题的性质和范围，研究问题包含着哪些主要因素，分析系统的要素之间的相互关系，以及与外界环境之间的相互关系。只有这样划定问题的界限，确定的问题才会明白、切合实际。这对于建立模型，对各种模型方案进行可行性研究、比较，将是必不可少的。

(2) 系统分析。对于同一特定的目标，实施的途径是很多的，每种方法的投资和效益也会有差别。系统分析在于拟定出尽可能多的行动方案，并进行试验比较，以寻求费用最低而效果最好的方案。在进行系统分析时，总是将复杂系统分解成若干较简单的子系统，再将分解的结果进行综合，进行整体分析。这样反复多次，才可能接近客观。

(3) 方案决策。在一种或几种值得采用或进一步考虑的方案中选择方案，尽可能在待选方案中选择出满足系统要求的最佳方案。

(4) 实施计划。根据最后选定的方案，将按计划进行具体实施。如果实施中比较顺利，或遇到困难不大，略加修改即可顺利进行，那么整个步骤即告一段落。如果问题较多，这就需要回到前面几个步骤中的一个，重新做起。

在管理实践中，系统方法存在的最大问题就是最优方案难以确定，因为任何方案都不可能是从任何角度考虑都是最优的，对同一个方案，如果选定的影响因素不同，最优的结论往往也是不同的。方案的取舍缺乏一个明确的指标，这使得系统方法在实际操作过程中显得繁琐，组织最后实施的往往一定不是最优的方案。

二、专门管理方法

专门管理方法按内容可以分为一般性方法和技术性方法。一般性方法包括管理的行政方法、管理的经济方法、管理的法律方法、管理的教育方法、管理的咨询顾问方法等。技术性方法包括如数学方法、网络技术等。此外也可以从其他特定角度出发来对专门管理方法进行分类。如按照管理对象的范围可以划分为宏观管理方法、中观管理方法和微观管理方法。按管理方法作用的性质可以划分为物质推动法、精神推动法和政令推动法。按照管理对象的性质可以划分为人事管理方法、物资管理方法、资金管理方法和信息管理方法。按照所运用方法的量化程度可以划分为定性方法和定量方法等。

(一) 行政方法

行政方法是指依靠行政组织的权威，运用命令、规定、指示条例等行政手段，按照行政系统和层次，以权威和服从为前提，直接指挥下属工作的管理方法。行政方法实质上是通过行政组织中的职务和职位来进行管理，强调职责、职权和职位。

行政方法具有以下几个基本特点。

1. 权威性

行政方法所依托的基础是管理机关或管理者的权威，而权力是由政权或资产所有者赋予，并由职位和品质、能力等因素共同决定，具体表现为对下级的指挥、控制、奖励和惩罚等。行政方法有效性取决于管理者的权威的大小。一个有效的管理者应当努力以自己优良的品质和卓越的才能去增强管理权威，而不是仅仅依靠职位带来的职权来强化权威。

2. 强制性

行政机构和管理者所发布的命令、指示、规定、指令性计划等，对管理对象具有不同程度的强制性，管理对象必须无条件地执行。行政方法就是通过这种强制性来达到管理的目的。

3. 直接性

行政方法是通过行政系统、行政层次来实施管理活动的，基本上属于纵向的垂直性管理。它基本上依靠领导机关的职权、职位的权威自上而下地传达，对横向传来的指令基本上不予以理睬，要求下级服从上级的指示和命令，使下级完全置于上级的直接控制和影响之下。

4. 稳定性

行政方法总是在特定组织行政系统范围内使用的管理方法。由于行政系统具有严密的组织机构、统一的目标和行动，并且存在强有力的调节和控制，能较强的抵抗外部因素的干扰。因此，运用行政方法进行管理可以一定程度上保持组织的稳定性。

行政方法是任何管理必不可少的手段，是最有效、最直接的管理方法，适用范围也最广，任何部门、单位无论是社会管理、军事管理、经济管理还是教育管理等等，都要建立起若干行政机构来进行管理。行政方法在管理中的作用主要表现为以下几个方面：首先，行政方法能使管理系统保持集中统一，做到统一目标、统一行动，能有效地发挥管理职能；其次，其他的管理方法如经济方法、法律方法和教育方法等要发挥作用也必须通过行政方法作为中介和手段；最后，由于具有较强的时效性，行政方法还能够及时地对特殊问题进行反映和处理。

尽管行政方法是最有效、最直接的管理方法，但行政方法也具有一定的局限性，主要表现在以下几个方面：

(1) 管理效果受行政领导水平所制约。由于从本质上来说，行政方法更多属于人治而非法治，领导者和执行人的知识、能力水平及领导方式等因素在很大程度上决定了行政命令的执行效果。当领导者不称职或独断专行时，容易出现官僚主义的瞎指挥。

(2) 不利于发挥下级的积极性。由于行政方法是采取指示、命令等方式自上而下实施的，下级的自主权较少，有可能造成下级不关心、不合作或被动消极等态度，不利于发挥下级的积极性和创造性。

(3) 不利于信息高效传递。由于行政机构中层次的繁杂会增加管理的手续，而行政方法中的信息主要在垂直方向逐级传递，所以会影响信息传递的效率，使信息迟缓和失真。

(4) 不利于横向的联系和协作。由于行政方法主要在纵向进行信息的传播和沟通，容易造成人为的隔阂，妨碍横向的各部门之间的联系和协作，甚至于造成部门之间的矛盾和摩擦。

由于存在以上的种种局限，在管理活动当中，不能单一地使用行政方法，也不能过度地依赖行政方法，要将行政方法与经济方法、法律方法、教育方法等其他管理方法结合使用。而为了改善行政方法的管理效果，领导者本身更是应当提高自己的水平和能力，并且发挥民主作风，倾听下级的意见和建议，防止官僚主义的产生。

（二）经济方法

经济方法是根据客观经济规律的要求，运用各种经济手段，通过物质利益来进行管理的办法。这里所说的经济手段，既有宏观范畴也有微观范畴的经济手段。宏观经济方法主要包括价格、税收和信贷。其中价格是指国家和政府有关部门通过调节价格来调整国家、集体和个人三者的利益关系从而实现管理的方法，可以起到指导生产、指导消费、调节国民收入的分配等作用；税收是国家财政收入的重要组成部分，国家可以通过征税来调节各种经济关系并控制宏观经济活动，税收的作用主要表现在调节生产和流通、调节经济组织的利润水平、调节进出口、调节不同经济成分和个人的收入水平等方面；国家通过对信贷的控制能起到调节生产和流通、促进经济组织加强经营管理、促进落后地区的经济发展等作用。微观经济方法主要包括工资、利润、奖金、罚款等，其共同原理都是通过个人的经济利益与组织的经济效益和个人或小集体的贡献挂钩，促使个人关心集体，从而努力工作的方法。

经济方法具有以下几个基本特点。

1. 间接性

经济方法与行政方法直接作用于管理客体的方式有着根本的不同，它是通过利益机制去引导和影响组织或个体的行为，以达到管理的目标。这种利益引导的方法是间接影响被管理对象的一种非强制性的管理方法，使被管理者具有选择的余地，有助于在一定程度上调动被管理者的积极性和主动性。

2. 灵活性

经济方法的灵活性主要体现在两个方面：一方面，经济方法针对不同的管理对象，可以采用不同的手段，如对于企业可以采用税收和信贷等方式，而对于个人可以采用奖金、工资等方式；另一方面，对于同一管理对象，在不同的情况和条件下，可以采用不同的方式来适应不同的形势发展，如可以利用税收的增减来鼓励或限制某一产业在不同时期的发展等。

3. 平等性

经济方法承认被管理的组织或个人在获取经济利益上的平等性。社会按照统一的价值尺度来计算和分配经济成果。

经济方法的局限性主要表现为以下两个方面，一是由于经济方法是以价值规律为基础，带有一定的盲目性和自发性，会造成社会经济目标和行动的分散，对于组织而言，也不利于部门之间的团结和协作；另一方面由于经济方法主要是通过利益机制来调节人们的行为，而不是直接干预和控制人们的行为，带有一定的滞后性，对于管理当中需要严格控制或急需解决的问题往往乏力甚至无效。

为了有效地运用经济方法，充分发挥经济方法的价值，就要注意以下几点：

(1) 建立和健全以经济责任制为核心的各项规章制度。通过信息管理和统计制度的完善，使劳动结果的数量和质量都能得到客观和准确的鉴别和计量，使经济方法的运用具有科学的基础。

(2) 综合运用各种经济方法。要发挥各种不同经济方法的作用，使各种经济方法相互配合取得整体上的协调效果。如一方面可以通过工资和奖金来提高员工工作的效率，另一方面又可以通过罚款和赔偿等方法来鞭策落后。

(3) 与行政方法、教育方法等其他方法结合使用。发挥不同管理方法的特点，有利于把各方面的利益联系起来，真正激发起人们的积极性、主动性和创造性。

(三) 法律方法

法律方法是指通过制定和实施法律、法令、制度来进行管理的方法，亦即人们常说的“法治”。管理的法律方法不仅指国家颁布的法律，还包括由国家的各级机构、各级管理部门所制定和实施的具有法律性质的各种规范。

法律方法有着与行政方法相似的特点，如权威性和强制性。法律、法规一经制定就要强制执行，各种组织、各个公民都必须毫无例外地遵守，否则就要受到国家强制力量的惩处。从这点上来说，法律方法比行政方法更加强有力。除此之外，法律方法还有着不同于行政方法的特点。

1. 规范性和平等性

法律方法是通过制定法律、法规而不是发布命令来实施管理的，法律和法规是所有组织和个人行动的统一准则，对他们具有同等的约束力。法律和法规都是用极严格的语言，规定了人们可以做什么或不可以做什么，应当怎么做或不应当怎么做，从而达到调整人际关系、维护管理秩序、实现管理效能的目的。

2. 稳定性

法律和法规的制定必须严格按照法律规定的程序进行，一旦制定和颁布之后，就具有普遍的约束力和相对的稳定性，可以在同样的情况下反复运用。法律和法规不可能因人而异，滥加修改，必须保持一定的严肃性。

3. 防范性

法律和法规对人们行为的约束与要求，都是事先明确规定和提出的，对于违反时怎样制裁也有相应明确规定。管理对象对于其行为的正确与否，以及行为的后果等都可以进行预先的判断。从这个意义上来说，法律和法规督促人们遵法守法，对于违法行为起着防范性的作用。

法律方法的规范性使它宜于处理具有共性的一般问题。它能明确不同的权利、义务和关系，从而维护管理系统的基本秩序和稳定性；它能使管理活动纳入规范化和制度化的轨道，使人们有法可依，有章可循，既保证管理的效率，又节约管理者的精力。这些作用都是其他管理方法所不具备的，但法律方法也具有一定的局限性，主要表现在以下几个方面：

(1) 由于法律方法适宜于处理共性问题，不适于处理特殊问题，而且缺乏必要的灵活性的弹性，容易产生管理的僵化。

(2) 由于法律方法具有强制性，限制个体的主动性和创造性，容易出现某些“合理不合法”的现象。

(3) 在法制不健全或不配套的情况下，有可能产生“无法可依”或“执法不严”的现象，不利于发挥法律方法的真正作用。

在管理活动中要正确运用法律方法主要做到以下几点：一是要健全法制，完善法规，做到有法可依；二是要选择培养合适的人来立法和执法，并以有效的执法机构和体系来保证法律的实施，做到执法必严、违法必究；三是要将稳定性、连续性和必要的修订、变化结合起来，增加法律方法的灵活性，给予人们留有一定处理问题的余地和空间；四是要坚持“法律面前，人人平等”，防止领导人以情况特殊为借口，随意改变法规；五是要将法律方法与其他方法结合使用，共同发挥作用。

（四）教育方法

教育方法是指按照管理者的目标，通过对被管理者进行说服教育、启发觉悟，从而使其自觉地按照管理者的意志行动的管理方法。在管理活动中，人是其中最关键、最重要的因素，管理最重要的任务也就是要充分调动人的积极性和创造性。教育方法可以为人们的管理行为提供必不可少的统一的思想基础，是实施各种管理措施的先导。只有通过良好的教育工作，才能在提高人们的思想觉悟水平，真正激发起他们的积极性和主动性，管理的目标才能最终实现。教育方法是管理的基本方法。

管理教育方法具有以下几个方面的特点。

1. 真理性

教育方法主要依靠真理性的说服，运用大量心理科学的研究成果，通过人的心理活动来启发人的觉悟，从而激发其积极性和创造性。

2. 长期性

教育方法需要通过长期、细致的思想教育工作，潜移默化地塑造人的优良性格品质，从而树立正规的价值观和人生观。在教育工作上一定要坚持不懈、持之以恒，才能取得深远的影响和效果。

3. 间接性

教育方法不是通过直接的强制手段来约束和强迫人们采取或不采取某种行为，而是通过晓之以理、动之以情、导之以行、治之以心，通过人的内在心理去引导人们的行为，使人们做到自觉与自律。教育方法是否有效的关键在于它的内容是否具有说服力，以及采取的方式是否易于被人们接受。

4. 多样性

管理者使用教育方法进行管理时，面对的对象是具有不同社会背景和思想的人。由于人们在年龄、职业、素质、性格等方面存在种种差异，即使是同一个人在不同的时期和不同的环境下，也存在种种变化，这就决定了教育方法必须因人而异、因时制宜、因势利导，采取多种多样的形式，在动态中调节，在发展中转换，才能取得良好的效果。

为了取得良好的效果，在运用教育方法时要注意以下几方面的问题：一是管理者应当重视并且掌握教育工作的理论和方法，特别是心理学的理论和方法；二是管理者应当针对人的个性差异和思想、心理特点，从各人的实际情况出发，采取灵活多样的方式，做到“一把钥匙开一把锁”，不能千篇一律；三是管理者要认识到教育是长期的工作，不能操之过急，要持之以恒地坚持下去；四是教育方法要与行政方法、经济方法、法律方法等结合使用，使其能够相辅相成、相得益彰。

（五）咨询顾问方法

咨询顾问方法在中外历史上，古已有之。在我国历史上有许多关于军师、谋士、食客等的文献记载，这其实就是现代咨询顾问方法的雏形。到了近代，尤其是第二次世界大战之后，科学技术飞速发展，经营管理日益复杂，知识激增，信息膨胀，单凭个人或者少数人的力量来进行管理和决策已捉襟见肘。正是在这种情况下，由各种专家组成的称之为“智囊团”、“思想库”的咨询顾问机构如雨后春笋般蓬勃兴起，而组织内部的咨询顾问部门更是多得不可胜数。如著名的美国兰德公司和麦肯锡公司就是其中的佼佼者。而我国在改革开放以来也逐渐建立起各种涉及经济、管理、科技和军事等各方面的咨询顾问机构。形式上有早期的“点子公司”，有现在的“企业诊所”和“策划公司”。近年来，国内企业纷纷聘请顾问、“外脑”为自己的经营管理出谋划策，国外权威的咨询公司更是纷纷进入我国开设分支机构以占领市场。可以说，咨询顾问行业正在形成一个欣欣向荣的发展局面。

咨询顾问的具体领域和内容很广，遍及社会经济发展、企业经营决策、科学技术规划、市场研究、企业诊断、工程项目的可行性研究等众多方面。各种社会组织和机构包括政府、学校、企业、医院、军队等等，都可以采用咨询顾问方法来提高自己管理的成效。

咨询顾问方法具有以下几个方面的特点。

1. 权威性

咨询顾问人员一般都是学识渊博的各领域的专家，他们对问题的分析和见解，具有科学和知识的权威性，往往能够一针见血、入木三分。

2. 主、客体易位

前面所述的几种管理方法中，管理主体都处于主动的地位，而管理客体则处于被动地位；咨询顾问方法中管理主体与管理客体产生了易位，作为被管理者的咨询顾问人员是管理客体，但管理客体由被动地位转为主动地位。由被管理者提出问题，管理者来进行解答，或者是由管理者向被管理者征求意见，由被管理者提供建议。

3. 直接性

咨询顾问方法的管理主体与管理客体是直接的、面对面的关系，管理工作也因此而更具有针对性。管理者省去了收集信息的工作程序，同时也可以得到充分及时的反馈，管理周期得到缩短，工作效率得到提高。

要正确运用咨询顾问方法，就要注意以下几个方面：一是要建立或选择合适的咨询顾问机构。对于组织本身建立的咨询机构，其人选必须是具有真才实学的专家，不能滥竽充数。对于外部的咨询顾问公司，要根据本组织的实际情况，考虑自身的财力、物力和时间进行选择；二是要充分尊重咨询顾问人员所给予的意见和建议，特别是与自己相左的意见，不要“询而不听”、“顾而不问”，避免因为自以为是而造成决策失误；三是咨询顾问方法由于缺乏统一性和规范性，必须与其他的管理方法结合使用。

（六）技术性方法

技术性方法是按照现代生产技术规律和生产经营管理规律的客观要求，运用现代科学技术和社会科学的研究成果，主要利用数据和数学模型作为手段，配合计算机技术和信息技术，对生产经营活动进行有效管理的方法。

技术性方法是社会化大生产和科学技术发展的产物，是在继承和发展传统管理方法的基础上，运用现代科学成果，经过不断探索、科学实验逐渐形成的，具有以下几个特点。

1. 科学性

现代管理技术方法是以现代科学理论为依据的，是系统论、信息论、控制论、概率论、数理统计、运筹学、行为科学、系统工程、计算机科学等科学原理和方法在管理活动中的具体应用，体现着现代科学的新成果。

2. 精确性

现代管理技术方法使管理数据化，并把管理的定量分析与定性分析密切结合起来，使管理活动从定性分析发展为定量分析，从依靠经验判断转变为数理决策。定量分析已广泛运用于管理活动的各个领域，如市场预测、生产控制、质量控制、库存控制、成本控制等。

3. 通用性和关联性

现代管理技术方法具有很大的通用性和关联性，应用范围较广，而且即使是同一种方法也可以应用于不同的专业管理中。各种技术方法之间又存在一定的联系，在解决某些管理问题时，可以相互补充，配套使用。

在运用技术性方法时，管理者要注意以下几个方面：一是要认识到并非所有的管理问题都能够数量化，特别是复杂的管理问题，往往难以简单定量分析；二是要注意即使是分析过程中由数学模型得到的“最优解”未必就是现实当中的最优方案，还必须进行定性分析，结合管理者的直觉、经验和洞察能力，才能得到真正科学而合理的决策；三是技术性方法也应当与其他的管理方法配套使用，才能使管理成效得到良好的提高。

第八节　管理现代化

管理现代化是指一国的管理者根据实际情况和客观需要，运用世界先进的管理思想、管理理论、管理方法和管理手段，形成符合本国国情的具有世界先进水平的管理思想、管理理论、管理方法和管理手段的工作。到底怎样才能称得上管理现代化，或者说管理现代化的标志究竟是什么？这是许多管理者都关心的问题。管理现代化实际上是一个全方位的概念，是一整套体系。实现管理现代化应当包括管理思想的现代化、管理组织的现代化、管理方法的现代化、管理手段的现代化、管理方式现代化和管理人员现代化这几方面的内容。

一、管理思想现代化

管理思想的现代化是管理现代化的灵魂，没有人的思想观念的不断更新，就不能适应社会、经济、科技日新月异的发展形势。现代化的管理思想是指现代管理科学的各种先进理论、观点、理念和思路等的集合，其包括的内容非常丰富。要做到管理思想现代化，应当树立以下几大管理思想。

（一）以人为本的管理思想

现代管理强调以人为本，对于管理者而言，承认要树立以人为本的管理思想并不困难，但要在管理中切切实实地做到以人为本，就不是一件容易的事情。以人为本首先就要认识到人在众多管理对象中的首要位置，在工作当中要做到关心人、尊重人，要为员工的全面发展提供条件，寻求真正激发起员工的积极性和创造性途径和方法。

（二）系统管理思想

所谓系统管理思想是指管理者在管理过程中，看待事情和处理问题都要具有系统思想。在系统论的观点看来，任何事物都可以视为一个系统，都具有一定的系统特性。管理也是一个由管理主体、管理客体、管理制度、管理职能和管理方法组成的有机整体，也是一个系统，同样具有系统的一系列特性，如整体性、目的性、相关性、层次性和发展性等。因此要树立系统的管理思想，按照系统论进行管理活动。在管理中，把所研究的对象要看作是一个系统，从全局出发、从整个组织系统的角度出发，并且按照系统思想来分析问题和解决问题是十分重要的。

（三）创新管理思想

现代社会和环境复杂多变，管理者没有创新的意识，就会给组织的生存和发展造成致命的危险。而要树立创新管理思想，就要求管理者必须勇于探索、勇于改革，要不断学习和更新自己的知识和能力，要培养自己的创新思想，并应用于实践当中，进行创新管理。管理者在组织中所处的层次越高，创新的意义也就越重大，要求也就越强烈。

二、管理组织现代化

管理组织的现代化可以理解为管理组织的高效化。也就是要根据生产关系一定要适应生产力，上层建筑一定要适应经济基础的原理，按照社会化大生产和市场经济的客观要求，遵循管理的各项基本原理，建立适合于我国国情的、行之有效的现代企业制度和现代管理体制。要结合国际先进的组织理论，设置精干、高效并且符合我国具体国情的组织机构，提高管理效率，保证组织各项活动有条不紊地顺利进行。

三、管理方法现代化

管理方法和管理手段的现代化可以看作是实现管理现代化的直接途径。实现管理的现代化，除了要拥有先进的管理概念、观点、思想以外，还需要有现代的管理方法，没有先进的管理方法，仅仅停留在理念的层次上是不足以解决最终问题的。先进的管理方法是实现管理思想的技术保证。现代管理方法的内容非常丰富，包括市场预测与分析方法、决策分析方法、绩效评价方法、人事考证方法、财务分析和评价方法、投资分析方法、库存控制方法、生产计划编制方法、作业计划编制方法、质量管理方法、设备管理方法等。运用这些先进的现代管理方法，使管理工作实现系统化、标准化、准确化、文明化和最优化，从根本上体现了先进的管理思想，并在技术上保证了先进管理思想的实现。

四、管理手段现代化

随着现代生产技术的发展和管理信息的激增，对信息处理速度和准确性的要求也越来越高。在这种新的形势要求下，有了现代化的管理理念和现代化的管理方法，没有现代化的管理手段还是行不通的，因为仅仅通过手工管理无论是从效率上还是从效果上都无法实现现代管理的目标。从这个意义上来看，管理手段的现代化可以理解为管理手段的电子化，也就是以计算机技术为核心，包括网络技术和通信技术等在内的信息技术在管理上的应用。计算机系统在管理中的作用主要有以下几个方面，一是收集、传递、储存和提供管理信息，二是维护管理信息，三是加工管理信息，四是使用管理信息。可见只有运用现代计算机技术和信息技术，才可能使得大量信息的采集、储存、传递、加工、处理和运算等工作量巨大的任务在较短的时间内得以完成，才能适应新时代的管理要求。管理者要在组织内部建立起先进的计算机信息系统，为管理现代化提供一个先进的技术平台。

五、管理方式现代化

管理方式现代化可以理解为管理方式的民主化。在管理过程中，增强员工的民主意识，实行高度的民主管理，这是社会主义管理的显著特征。要真正实现民主管理，就要摒弃“口头公仆”、“为民做主”等空洞、陈腐的说教，而是要在管理实践中真正重视员工的积极性和主动性的发挥，尊重员工的意见和建议。真正实现民主管理，是实现管理现代化的重要内容和必要条件。

六、管理人员现代化

管理人员的现代化可以理解为管理人员的专业化。随着现代经济和社会的发展，我们已逐步进入知识经济的时代，金融资本和其他传统“生产要素”已成为商品，而“知识资本”却成为创造收益的实际推动力量。因此对知识与人才的管理变得日益重要，而要实现对这两者的良好运用与控制，就离不开具有专业管理知识的高素质的管理者。因此现代社会对专业的管理人才的需求越来越大，各种专业管理人才的培训机构和项目如雨后春笋般纷纷涌现。由“会管理、善经营”的专业管理人员来从事各项管理工作，是实现管理现代化的关键。特别是我国的民营企业，不少仍然存有“家庭式”经营的情结，不愿意把企业的管理权和控制权交付予专业经理人员，这也往往成为民营企业发展的瓶颈因素。管理人员现代化的具体内涵包括人才观念现代化、人才培养现代化、人才结构现代化和人才管理现代化几个内容。只有在全社会形成尊重知识、尊重人才的社会风气，培养和造就数以百万、千万计的各类专业管理人才，并加强、完善对人才的合理选择、使用和考核，而各级的领导者更要有爱才之心、识才之明、用才之胆、育才之方、容才之量，才能实现人才管理现代化。管理人员的专业化和现代化是实现管理现代化所必不可少的关键一环。

【本章小结】

本章应理解和掌握以下要点：

1. 管理的目标可以表述为一个组织努力争取在一定时期内要达到的未来状况或预期成果，是某一特定时期内组织各项管理活动所指向的终点。管理目标具有两重性、层次性、时间性、可考核性等性质。

2. 从管理职能的角度来看，管理的本质是协调，从管理对象的角度来看，管理的本质是对人的管理。

3. 管理的环境可以分为两大类，一类是组织的外部一般环境，包括经济环境、政治环境、社会环境和技术环境四个方面；另一类是组织的外部具体环境，包括公众压力集团、供应商、政府、顾客和竞争者五种。

4. 管理的基本对象包括人、财、物、时间及信息。

5. 管理的过程是信息感受——→分析判断——→决策。

6. 管理的两重性是指管理具有与生产力、社会化大生产相联系的自然属性以及与生产关系、社会制度相联系的社会属性。

7. 管理方法可以分为通用管理方法和专门管理方法两类。通用管理方法包括任务管理法、人本管理方法、目标管理方法以及系统管理方法等；专门管理方法主要包括行政方法、经济方法、法律方法、教育方法、咨询顾问方法等。

8. 管理现代化的实现应当包括管理思想的现代化、管理组织的现代化、管理方法的现代化、管理手段的现代化、管理方式现代化和管理人员现代化这几方面的内容。

【互联网链接与推荐阅读资料】

[1] 席酉民教授个人网站 http: //www.ymxi.net/

[2] 周三多，陈传明，鲁明泓．管理学——原理与方法（第三版），第 4 章，P134 ~ 153. 复旦大学出版，1999 年

[3] 王积俭．管理学原理(第一版),第 2 章,P19 ~ 59. 华南理工大学出版社,1995 年

[4] 云冠平，胡军，黄和平．管理学（第一版），第 1 章，P1 ~ 11. 暨南大学出版社，1990 年

【练习题】

一、填空题

1. 目标的两重性是指 ________ 与 ________ 。

2. 目标的层次性是指组织目标可以概括为 ________ 、组织层和 ________ 三个层次。

3. 从管理职能的角度来看，管理的本质是________ ，从管理对象的角度来看，管理的本质是 ________ 。

4. 组织的一般环境包括 ________ 、社会环境、________ 与________ ，而组织的具体环境则包括供应商、________ 、________ 、政府与 ________ 。

5. 管理的关键是 ________ 。

6. 管理的两重性是指 ________ 与 ________ 。

7. 管理专门方法主要有行政方法、________ 、法律方法、________ 与 ________ 。

8. 管理通用方法主要有任务管理法、________ 、目标管理方法和 ________ 。

9. ________ 现代化是管理现代化的灵魂。

10. 要做到管理思想现代化，应树立以下三方面的管理思想 ________、________ 与 ________。

二、单项选择题

1. 目标的主要特性不包括（ ）。

A. 时间性　B. 数量性　C. 具体性　D. 层次性

2. 目标就好比路标，确定目标如同识别北极星，这种说法主要表明目标的作用（ ）。

A. 指明方向　B. 提供考核标准

C. 激励组织成员　D. 增强组织凝聚力

3. 以下属于管理的一般环境的是（ ）。

A. 政府管理部门　B. 经济发展情况

C. 环境保护组织　D. 工会

4. 组织的具体环境不包括（ ）。

A. 顾客　B. 政府　C. 供应商　D. 科技发展水平

5. 管理中具有双重地位的对象是（ ）。

A. 财　B. 物　C. 时间　D. 信息　E. 人

6. 管理的两重性是指（ ）。

A. 管理的时间性与层次性　C. 管理的数量性与物质性

B. 管理的自然属性与社会属性　D. 管理的层次性与环境性

7. 管理的行政方法不具有（ ）的特点。

A. 权威性　B. 强制性　C. 间接性　D. 稳定性

8. 管理的经济方法具有（ ）的特点。

A. 灵活性　B. 强制性　C. 权威性　D. 稳定性

9. 管理现代化不包括（ ）。

A. 管理人员现代化　B. 管理组织现代化

C. 管理职能现代化　D. 管理手段现代化

三、判断题

1. 管理的一般环境是指直接影响组织运作的具体环境因素。（ ）

2. 企业的供应商是指对企业提供物资材料供应的其他组织。（ ）

3. 在管理中目标具有物质性和社会性两重性质。（ ）

4. 目标的层次性是指组织目标可以概括为环境层、组织层和个体层这三个层次。（ ）

5. 目标的不同层次之间存在各种矛盾，不可能取得一致。（ ）

6. 哪怕是最有价值的目标，如果没有时间的要求，也是毫无意义的。（ ）

7. 从管理职能的角度看，管理的本质就是协调。（ ）

8. 管理的社会属性体现了生产力的一般要求，与生产关系和社会制度无关。（ ）

9. 与行政方法相比，经济方法更具有灵活性和直接性。（ ）

10. 行政方法是任何管理必不可少的手段，是最有效的管理方法之一。（ ）

11. 管理人员现代化可以理解为管理人员专业化。（ ）

12. 管理方式现代化可以理解为管理方式民主化。( )
13. 管理通用方法和管理专门方法是完全对立的。( )

四、问答题

1. 管理的目标具有哪些作用和性质?
2. 管理的本质是什么?
3. 管理的环境可以分为哪几类?
4. 管理的性质指的是什么?
5. 管理的行政方法具有哪些特点和局限性?
6. 管理的法律方法具有哪些特点?
7. 比较管理的经济方法与管理的行政方法。
8. 管理现代化的内涵是什么?

五、案例分析

IBM

20世纪60年代的大学毕业生把进入国际商用机器公司（IBM）视为最好不过的就业机会，IBM在增长机会和工作保障之间求得了极好的平衡。它领导着计算机产业的发展，并且他从未解雇过一位员工。

今天，IBM已成为美国的第四大工业企业，它的产品范围从800美元的打字机到1亿多美元的数据处理机系统，每年可创造640多亿美元的销售额。但今天，IBM向雇员提供的不再是30年前那种高增长、高职业保障的机会了，因为今天的IBM正承受着文化的压力，这种文化更适合于IBM几乎垄断计算机工业的时期。

近年来，IBM面临着严峻的挑战。由于越来越多的企业已转向购买高性能和高灵活性的个人计算机，使得对高利润率的大型计算机的需求减少了。对IBM而言，不幸的是，PC机已成为可互换的大众化的商品，而且在几家主要的制造商之间展开了激烈的价格竞争。PC机带来的利润流向了像苹果计算机公司那样的公司，它们不但开发创新产品满足日益增长的顾客需求。如今，IBM只占有约25%的PC机市场，与20年前50%的份额形成了鲜明的对比。1991年，IBM遭受了80年来第一次亏损：令人震惊的28亿美元亏损。

看一下曾经有助于公司成功的因素，可以使我们更好地了解IBM当前的问题：一种受到规则高度束缚的保守文化，以及对顾客服务的永恒承诺。

IBM的创始人，托马斯·沃森几乎为每一件事情都制定了规则。深色西服，白衬衣，条纹领带是IBM的“制服”。喝酒，甚至下班后喝酒也被禁止。雇员们被要求接受频繁的调换。今天，虽然规章制度的严厉性减少了一些，但保守形象还是一如既往。具有讽刺意味的是，这种适用于IBM成长及温和竞争时期的保守文化，在现在动态的环境中已成为发展的主要障碍。20世纪60~70年代，由于IBM提供了可预见的成长及就业保障而被吸引到公司来的一批人，现在也成为公司的负担，因为他们与当前所需的变革和创新的文化不相适应。IBM仍然承诺对顾客的服务。公司的销售人员仍然是公司的骄傲，他们经过全面培训并掌握了丰富的知识。大部分雇员在进入公司的头6周里都要接受公司的培训；每年，管理者至少花40个小时的额外时间参加研修。尽管公司遇到财政困难，IBM仍坚持每年投入几亿美元资金用于教育和培训。如果顾客购买 IBM 的设备出现了问题，他们相信公司的销售和服务人员有能力解决。但是强调服务却成了产品创新的代价。尽管 IBM 的许多竞争者几乎每月都推出新产品，而 IBM 仍将“筹码”押在服务上。这并不是说服务不重要，而是当市场不断要求创新并对创新给予很高的报酬时，IBM 的文化仍集中在服务上。

IBM 对其自身问题的反应是进行大规模的重组。1991 年，公司解雇了 2 万人；1992 年又解雇了相同数量的员工，这种剧烈的重组已经司空见惯。在所有这些场合，雇员的职务比先前降低了 2～3 个等级。你可以想象这些变化对 IBM 的雇员所产生的影响。公司原来享有工作保障的美誉，在那里从来没人被解雇，突然这一切已成为过去。如果你是一位年薪 60000 美元的市场研究员，虽然你的薪水没有受到影响，但你发觉自己是在传达室工作时，你的感觉如何呢？这样的事情就发生在 IBM 公司，而且是在 1992 年！

问题：

1.IBM 公司的环境因素发生了哪些变化？

2.IBM 的历史文化如何制约公司的高层管理层？

第三章　管理思想的演进

【学习目标】

■系统了解西方管理思想的发展过程和各个阶段包含的流派，了解管理科学的新发展；正确理解科学管理理论、行为科学理论及现代管理理论的主要思想，把握如何在实际工作中结合中国的文化传统和现实的国情学习和运用管理的理论和方法。

与任何科学发展的过程一样，管理科学的发展也有一个从实践到理论再到实践这样的循环过程。值得注意的是，虽然人们的管理活动可追溯至很远很远，但管理科学理论的确立却仅仅只有近百年的历史。本章简要地回顾西方管理思想演进的过程，重点论述西方古典管理理论、行为管理理论与现代管理理论的主要观点；简明地介绍中国管理思想有一定代表性的研究成果；简略地论述管理科学的新发展。

第一节　西方管理思想的演进

一、西方管理思想的发展概况

人类有组织的活动和人类的管理活动有着悠久的历史，在产业革命之前的人类有组织的活动和管理活动主要体现在宗教活动、军队管理和治国施政上。

《圣经》有这样一段故事，摩西的岳父耶罗斯对他说："你这种做事的方式不对头，你会累垮的。你承担的事情太繁重，光靠你个人是完不成的。现在你听我说，我要给你一个建议……你应当从百姓中挑选出能干的人，封他们为千夫长、百夫长、五十夫长和十夫长，让他们审理百姓的各种案件。凡是大事呈报到你这里，所有的小事由他们去裁决，这样他们会替你分担许多容易处理的琐事。如果你能够这样做事，这是上帝的旨意，那么你就能在位长久，所有的百姓将安居乐业。"这里面就较为充分地体现了分权、授权、管理层次和管理权力划分的管理思想。在建立于公元2世纪的罗马天主教会的组织结构中，教会的目标和教义规定的十分严格。教会的最高权威集中在罗马，权力的管理机构由社区教士、主教、大主教、枢机主教和教皇等组成，且在近两千年中，这种结构基本上没有变化。

在古埃及，人们建立了以法老为最高统治者的金字塔式的管理机构来管理国家。为了加强国家的行政管理，法老设立了宰相，由法老掌管宗教，社会事务交给宰相管理。这明显具有分权的含义。宰相是当时社会的指导者、组织者、协调者和决策者。在宰相下面设有复杂的官僚机构，由它来衡量尼罗河水上涨的情况；由它来预测农业收成和国家总收入，将这些收入分配给各政府部门，管理全国的工商业。从古埃及被挖掘的陪葬品中也可了解到，每一个监督者大约管理十名奴仆，实行了管理跨度“以十为限”的做法。监督者和奴仆的衣着，依据其身份和职业的不同，也有明显的差异。这体现的就是等级的概念。古埃及人凭借先进的国家行政管理体系，卓越的管理才能，创造了金字塔、尼罗河水利工程修建的人间奇迹。

古罗马从一个小城市发展成为一个大帝国，其统治延续了几个世纪。而罗马帝国的巩固，主要依靠的是严格的体制与权力层次，以及与各军政机构之间的具体分工。罗马帝国在法制和分权制方面的卓越贡献，为现代社会的法律体系建设，立法与司法的分权制都树立了典范。

由此可见，在人类开始出现自己的家园——地球时，管理的思想和方法就开始萌芽了。为了克服稀缺资源和敌对自然环境给自身带来的威胁，人类就萌发了建立经济、政治、社会组织的需求，而有组织的活动能有效地帮助当时相对弱小的人类战胜严峻的自然环境，促进有限资源的分配、使用，管理也就自然地随之产生和发展了。

当人类进入 18 世纪下半叶，英国首先出现了工业革命。科学作为生产力，迅猛地推动着各行各业的发展，特别是蒸汽机、内燃机、电动机的广泛使用，从根本上改变了工业的生产模式和生产组织形式。机器的广泛使用，不仅大大地提高了生产效率，而且使传统的工业生产形式一跃成为适应大规模生产的工厂。以现代工业生产为特征的工厂的出现，对传统的管理方法提出了挑战。例如，在高速的生产过程中，如何保证生产的连续性、节奏性和均衡性？在产量越来越大的情况下，如何保证产品的质量、标准化？保证产品的顺利销售？在生产过程、技术标准、产品质量都实现标准化后，如何实现人与工作的规范统一？特别是工厂这类以追求自身经济利益为特征的新型社会组织形式，也难以和不可能简单地套用人类在几千年自我发展过程中建立起来的宗教、国家行政和军队的管理思想和方法。这种现象正如美国学者丹尼尔·雷恩（Daniel Wren）所指出的：“正在兴起的工厂制度所提出的管理问题同以前所碰到的问题完全不同。天主教会能够按照教义和信徒的虔诚来组织和管理它的财产；军队能够通过严格的等级纪律和权力机构管理大批的官兵；政府机构可以不必对付竞争或获取利润而展开工作。可是，新工厂制度下的管理人员却不能使用上述任何一种办法来确保各种资源的合理使用。”社会发展的现实向人类提出了挑战，人类也为回答现实的问题，开始对适应新型社会组织工厂管理工作进行研究。这是人类历史上第一次从科学的高度、理论的高度对管理进行总结和研究，管理作为一种理论、一种思想、一整套科学的方法开始诞生了。因此，可以这样认为，虽然人们自发地运用了一些管理的思想、方法，以帮助自我的生存和发展，人们也在国家政权建设、军队训练与战斗和宗教发展的过程中广泛地使用了管理的思想和方法，并结合各类组织的特点，建立了一些理论和适应组织工作特点的管理制度和体系，但把管理作为一门科学进行研究，从理论的高度进行概括和抽象却是近一百多年的事情。对西方管理思想的这一演变过程进行深入的了解和认识，是学习管理知识的人们应该特别注意的问题。

随着资本主义社会的前进和发展，随着企业组织形态的变化，以及随着其他科学技术的发展，西方管理理论也在不断地发展，出现种种不同的理论流派。图 3－1 就概括地反映了西方管理思想的发展过程和各个阶段包含的流派情况。

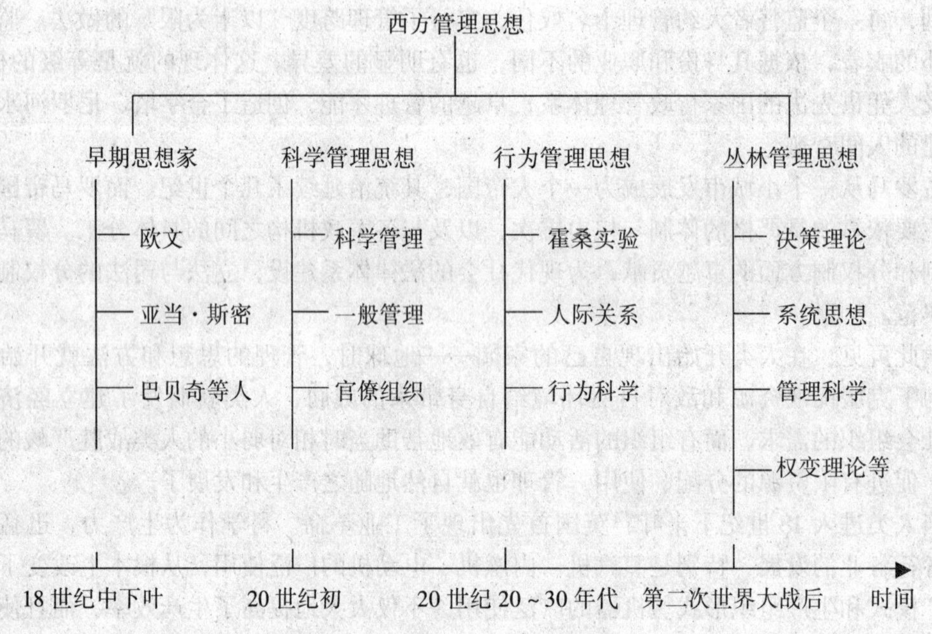

图 3－1　西方管理思想发展过程图

二、西方早期的管理思想家

为了解决工业革命带来的诸多管理问题，从 18 世纪中下叶起，就有许多人开始关注产业革命带来的工厂管理问题。其中影响较大，记载较为充分的是罗伯特·欧文（Robert Owen，1771～1858）、查尔斯·巴贝奇（Charles Babbage，1792～1871）、亚当·斯密（Adam Smith，1723～1790）。

（1）罗伯特·欧文：欧文是被人们称为"一位自相矛盾的人物"。他本人既是一位颇有成就的企业家，但又是一位试图阻止资本主义社会罪恶扩散的空想社会主义者。他在当企业家时，十分了解认真、仔细工作的重要性，并在认真的工作中学会了管理。在工厂的现场，他用不同的四种颜色作为对职工评价的标志，并把它们分别挂在工人工作的机器上，用以鼓励先进，批评落后。他也懂得理解人的重要性，认为把钱用于改善劳动条件的话，会得到更大的回报。他也曾猛烈地抨击过教会，也提出过禁止雇用十岁以下儿童的法案，还在美国创办合作社以实现自己设计的变革方案，但这些做法都不同程度地遭到了失败。

（2）查尔斯·巴贝奇：巴贝奇是英国剑桥大学著名的数学家，也是在人类管理思想演变过程中出现的一位重要人物。他十分推崇工厂中分工的作用。他认为，劳动分工会因操作简单化、原料的节省、时间的节约、技术的提高和注意力的集中而大大提高效率，他也了解到企业规模增大会有利于经济资源的利用，也大力宣传协调工人与工厂主利益，提供新的刺激方法，会有利于工人与工厂主双方的利益，并有利于工厂效率的提高。他还在作业操作、技术选择、工序成本上进行运筹学的分析与研究。巴贝奇还是世界上第一部实用机械计算器——差分机的发明者。

(3) 亚当·斯密：斯密是英国著名的经济学家，是古典经济学理论体系的创立者。斯密在经济学研究的过程中，对管理思想产生重要影响的主要观点是，把人类利己主义本性作为经济研究的前提，把经济现象看成是具有利己主义本性的经济人活动的结果，从而创立了对科学管理思想有着重要影响的经济人假设。他曾关注过英国工厂中分工带来的积极成果，推崇工厂中的分工。他指出："劳动生产力上最大的增进，以及运用劳动时所表现的更大的熟练、技巧和判断力，似乎都是分工的结果。"并举例说，扣针的制作工艺可分为18道工序。若生产扣针的10个工人进行严密的分工，一天能做48000枚扣针；而由一个工人操作，有时则一枚也生产不出来。斯密的分工（后他又引申到社会的分工）理论，对企业的现场管理，产生过重要的影响。

除此之外，还有在管理教育工作中作出过贡献的安德鲁·尤尔和夏尔·迪潘。他们在现实的工作中都曾发现，先期的教育与任何工作的教育一样，对管理工作是重要的。

尽管这些先驱者都从不同的角度明确地陈述了管理的原则，但他们共同的特点是缺乏系统的研究和完整的理论。产生问题的主要原因是，当时人们关注的重点是技术，而不是管理，管理部门主要关心的是财务、生产过程、销售活动和职工的招聘、培训，而未能顾及发展管理的原则和概念，也没有认识到科学管理的重要性。

三、科学管理思想

19世纪最后的数十年中，资本主义各国的工业都出现了前所未有的变化，蒸汽机、内燃机的广泛使用，极大地推动了社会生产力的发展。生产规模不断扩大，生产技术更加复杂，生产组织形式——工厂制度日益普及，市场竞争也日渐激烈。而新的生产组织形式、激烈的竞争态势、劳动生产率低下、劳资冲突加剧等问题，从客观上要求用科学的管理来取代传统的管理方法。于是，在19世纪末和20世纪初，科学管理的思想、理论和方法就孕育而生，并逐渐形成了特有的学科体系。在理论界，有时也把科学管理思想称为古典管理理论。

(一) 科学管理理论

最先突破传统的经验管理桎梏、创立科学管理理论的代表人物是美国的弗雷德里克·泰罗。泰罗出生在美国宾夕法尼亚州一个十分富裕的律师家庭。具有强烈宗教色彩的家庭教育，使泰罗很早就具备寻求真理的强烈精神。他"迷恋于科学调查、研究和实验……强烈地希望按照事实改进和改革事物"的精神，为他通过大量的调查、研究提出一系列提高工人劳动效率的基本理论和方法，最终成为被西方管理学界誉称的"科学管理之父"提供了条件。

泰罗1874年因眼疾而辍学，到费城特普里斯水压工厂学徒。1878年学徒期满在费城米德维尔钢铁厂当了一名普通工人。由于他的勤奋和努力工作，在以后6年的时间中就从一名工人升为职员、机工、机工班长、车间工人、总技师和总工程师，并在这期间获取了机械工程的学位。泰罗特殊的个人经历使他非常了解当时美国工厂生产效率低下的根本原因，他认为工厂效率低的原因可分为“无意的磨洋工”和“有意的磨洋工”两种情况。无意的磨洋工是因为“人的懒散的天性”，而有意的磨洋工却是“由于工人同别人的关系所引起的更为复杂的再次思维和推理而引起的”，即落后的管理造成的。泰罗相信，实施科学的管理能有效地克服磨洋工的现象，从而大大地提高工厂的生产效率，从根本上解决困扰经济发展的问题。

1. 泰罗的主要管理思想

针对工厂效率低下的问题，泰罗寻求在工人和雇主双方掀起一场思想革命，其方法是明确规定提高生产率的指导方针。他提出了管理工作的四项原则（其主要方面是针对管理人员），以换取工人们的勤奋工作、好意和聪明才智。这四项管理原则是：

(1) 对工人操作的每个动作进行科学研究，用以替代老的单凭经验的方法。

(2) 科学地挑选工人，并进行培训和教育，使之成长。

(3) 与工人们亲密地合作，以保证一切工作都按已发展起来的科学原则去办。

(4) 资方和工人们之间在工作和职责上几乎是相等的。

资方把自己比工人更胜任的那部分工作承揽下来；而在过去，几乎所有的工作和大部分职责都推到了工人们的身上。泰罗在美国国会的语词中更为详细地谈到：“科学管理的实质是在一切企业或机构中的工人们的一次完全的思想革命——也就是这些工人，在对待他们的工作责任，对待他们的同事，对待他们的雇主的一次完全的思想革命。同时，也是管理方面的工长、厂长、雇主、董事会，在对他们的同事、他们的工人和对所有的日常工作问题责任上的一次完全的思想革命。没有工人与管理人员双方在思想上的一次完全的革命，科学管理就不会存在。”他又指出：“这个伟大的思想革命就是科学管理的实质。”泰罗还更为具体地解释了他一再强调的“伟大的思想革命”：“在科学管理中，劳资双方在思想上要发生的大革命就是，双方不再把注意力放在盈余分配上，不再把盈余分配看作是最重要的事情。他们将注意力转向增加盈余的数量上，使如何分配盈余的争论成为不必要。他们将会明白，当他们停止互相对抗，转为向一个方向并肩前进时，他们的共同努力所创造出来的盈余会大得惊人。”“这里，另一个思想转变对科学管理的存在是绝对重要的。那就是：无论工人还是工长，双方都必须承认，对工厂内的一切事情，要用准确的科学研究和知识来代替旧式的个人判断或个人意见。这包括每项工作所采用的方法和完成每项工作所需要的时间。因此，在一切企业中，劳资双方必须实现这样的思想态度的改变：双方合作尽到生产最大盈利的责任；必须用科学知识来代替个人的见解或个人的知识经验。否则，就谈不上科学管理。这就是科学管理的两个绝对需要具备的要素。”这些针对美国企业问题所提出的管理变革思想，至今读来，对于企业的经营管理者依然是那么的重要和具有现实意义。

2. 泰罗科学管理的措施

泰罗依据他的管理思想，在工具改革、动作研究、工资制度、职能管理等方面都进行了科学的管理和大幅度的变革。

在工具改革方面，较为典型的事例是泰罗对钢铁厂工人使用铁锹的改革。在钢铁厂，泰罗看见每个工人在铲运原料时，都使用同样大小的铁锹。他想到，这种做法显然是不合理的。根据他的设想，应找到每锹铲运量的最佳数量（即在保证工人8小时上班时间连续工作基础上，又要寻找到每锹的最大重量）。经过大量的试验，泰罗发现21磅是铁锹容量的最佳值。依照这个数据，在钢铁厂的现场，就出现了依据原料比重不同而多样化的铁锹，每位工人每班的铲运量也从过去的16吨增至59吨。

在工资制度上，泰罗首先否定了当时颇为流行的普通计件工资制。他认为，普通计件工资制会造成雇主与工人之间永久性的敌对情绪，是对每一个达到高效率工人的惩罚。通过在费城米德维尔钢铁厂的试验，泰罗推出了他个人认为车间能达到最大产量、工人与管理方均能满足的最有效方法——差别计件工资制。在泰罗所举的实例中，差别计件工作制的基本原理是这样设计的：在一个工人每日能完成的最大加工量为20件的工作中，若一个工人每日能完成20件以上合格品，每件工资为0.15元，全日工资共3元。如他工作慢，只完成了19件，则每件工资降为0.12元，全日工资降为2.28元。若另一位工人完成了20件，但其中有不合格产品，则每件工资只付0.05~0.1元，全日的收入就只有1元到2元。显然，差别计件工资制的主要内容："对用最短时间完成每项工作、每单位工作或每项工作而又没有缺点的工人，给予比用较长时间才完成同样工作或有毛病的工作的工人以较高的工资。"

在职能管理方面，泰罗强调了管理工作与劳动的分离。提出管理部门要按科学的规律来制定计划，认为从事计划职能的人称为管理者，负责执行计划职能的人称为劳动者。并根据工作的划分，推出了企业组织机构模式中的"职能制"。

对于自己所做的一切，泰罗指出："诸种要素——不是个别要素——的结合，构成了科学管理，它可以概括如下：科学，不是单凭经验的方法；协调，不是不和；合作，不是个人主义；最高的产量，取代有限的产量；发挥每个人最高的效率，实现最大的富裕。"

泰罗在1911年出版的《科学管理原理》的主要内容可概括为：

(1) 工作定额原理；

(2) 挑选、培训工人科学化原理；

(3) 标准化原理；

(4) 差别计件工资制；

(5) 计划职能同执行职能相分离；

(6) 管理职能专业化原理；

(7) 组织结构的管理控制原理；

(8) 劳资双方都应该来一次"精神革命"。

3. 对泰罗管理理论的评价

泰罗开创性的研究成果和种种提高生产效率的做法，无疑对管理科学理论与实践的发展起到了强有力的推动作用，也会有利于当时困扰工厂发展的劳动生产率问题的解决。但是，由于泰罗管理理论自身存在的缺陷和不足，以及受当时社会客观现实条件和人们主观认识局限的影响，泰罗的理论和做法并没有广泛地得到人们的承认和实施。如当时工厂的资本家认为，泰罗的方法会增加他们的生产成本、有损他们的权威，因而普遍地持反对的态度；工人，特别是工会组织认为，泰罗的做法会损害工人的利益，削弱工会组织的影响能力，同样也持不合作的态度。1909年，工会组织与泰罗思想信奉者之间的冲突达到了最激烈的程度，以致美国国会要泰罗到国会作证，以解释何为在美国全国闹得沸沸扬扬的“科学管理”。为平息社会不满情绪的增长，国会甚至通过了制止在军工企业和政府企业采用泰罗管理方法的法律。这项法律直到1949年才被撤销。

针对泰罗对管理科学的巨大贡献及其明显的不足，列宁曾这样评价道：

资本主义在这方面的最新发明——泰罗制——也同资本主义其他一切进步的东西一样，有两个方面：一方面是资产阶级剥削的最巧妙的残酷手段，另一方面是一系列的最丰富的科学成就，即按科学来分析人在劳动中的机械动作，省去多余的笨拙的动作，制定最精确的工作方法，实行最完善的计算和监督制等。苏维埃共和国在这方面无论如何都要采用科学和技术上一切宝贵的成就。社会主义实现得如何，取决于我们苏维埃政权和苏维埃管理机构同资本主义最新的进步的东西结合的好坏。应该在俄国研究与传授泰罗制，有系统地试行这种制度并且使它适应下来。

（二）一般管理理论的构建

法国著名的管理学专家亨利·法约尔无疑是管理理论框架与基础的设计者和奠基者。法约尔出生在一个资产阶级的家庭，从小就受到了良好的教育，并被培养为一名采矿工程师。由于他卓越的管理才能，在25岁的时候，他就担任了科芒特里煤矿的管理人员。1888年，在法约尔所在的公司濒于破产之际，他被任命为公司的总经理。通过自己的努力，法约尔在他已77岁高龄时将这家面临破产的公司恢复到极为稳定的地位。据说，到目前为止，这家公司依然还在法国的中部运营。

法约尔对管理科学最大的贡献是他在1916年出版的《工业管理与一般管理》中确立了管理的定义，构建了管理工作的基本职能，提出了管理工作的基本原则。

1. 管理的定义

法约尔认为，企业的全部活动可分为六组，它们分别是：技术活动、商业活动、财务活动、安全活动、会计活动和管理活动。

技术活动是指企业的生产、创造和加工等工作。法约尔在充分肯定技术活动重要性的同时，也指出，技术职能并不是全部职能活动中最主要的，在大型工业企业里也有这样的情况，即其他的职能可以对企业的发展有比技术职能大得多的影响。

商业活动是指企业的购买、销售和交换等工作。法约尔认为，懂得买与卖与懂得很好地生产同样重要，商业能力除了策略和决策，还应包括长远的预测能力。

财务活动是指企业筹集和最适当地利用资本的工作。法约尔认为，为获得资本和最适当地利用可用的资金并避免轻率的承担义务，必须有完善的财务管理，企业成功的一个基本条件就是经常注意企业的财务情况。

安全活动是指企业保护企业财产和人员的工作。法约尔认为，这项职能的任务是保护企业财产和人员，预防偷盗、火灾，消除罢工、行凶暴行，为企业人员提供所需要的精神安宁的一切措施。

会计活动是指企业的财产清点、资产负债表、成本、统计等工作。法约尔认为，会计职能是企业的视觉器官，它能使人随时了解企业处于什么状况，并向何处发展，可以对企业的经济形势提供真实、清楚而又准确的情况。一个好的会计制度应该简单明了，可以给人以企业状况的确切概念，是领导的一个有力工具。

管理活动包括企业的计划、组织、指挥、协调和控制活动。法约尔认为，前述五项职能活动都不负责制定企业的总经营计划，不负责建立社会组织，也不负责协调和调和各方面的力量和行动。这些活动不属于技术、商业、财务、安全以及会计职能的权限。它们组成了另一种职能——管理。法约尔说："因而，我选定下述定义：管理，就是实行计划、组织、指挥、协调和控制。计划，就是探索未来、制定行动计划；组织，就是建立企业的物质和社会的双重结构；指挥，就是使其人员发挥作用；协调，就是连接、联合、调和所有的活动及力量；控制，就是注意是否一切都按已制定的规章和下达的命令进行。"可以看出，在法约尔的眼里，管理既不是一种独有的特权，也不是企业经理或企业领导人的个人责任。它同别的基本职能一样，是一种分配于领导人与整个组织成员之间的职能。

2. 管理的原则

在叙述管理人员工作应遵循的基本原则时，法约尔列举了如下 14 条原则：

(1) 劳动分工。劳动分工属于自然规律。专业分工会使雇员们的工作更有效率，从而提高了工作的成果。劳动分工也有一定的限度，经验与尺度告诉人们不应超越这些限度。

(2) 权力与责任。权力，就是指挥和要求别人服从的权力。人们在想到权力时不会不想到责任，责任是权力的孪生物，是权力的当然结果和必要补充。凡有权力行使的地方，就有责任。然而一般来说，人们像追求权力那样害怕承担责任。不敢负责会严重妨碍发挥主观能动性，使许多好品质受到破坏。一个出色的领导人应该具有承担责任的勇气，并使他周围的人也随之具有这种勇气。

(3) 纪律。纪律实质上就是企业同其下属人员之间的协定相一致的服从、勤勉、积极、举止及尊敬的表示。法约尔毫无保留地赞同"纪律是军队的主要力量"。但同时也认为应补充一句，"纪律是领导人造就的"。无论哪个社会组织，其纪律状况都主要取决于其领导人的道德状况。制定和维持纪律最有效的办法是：A. 各级好的领导；B. 尽可能明确而又公平的协定；C. 合理执行惩罚。

(4) 统一指挥。无论哪一项工作，一个下属人员只应接受一个领导人的命令。在任何情况下，都不会有适应双重指挥的社会组织。在整个人类社会中，在工作、商业、军队、家庭、国家里，双重指挥经常是冲突的根源，这些冲突有时很严重，特别应该引起各级领导人注意。

(5) 统一领导。这项原则认为，对于力求达到同一目的全部活动，只能有一个领导人和一项计划。这是统一行动、协调力量和一致努力的必要条件。人类社会和动物界一样，一个身体有两个脑袋，就是个怪物，就难以生存。

(6) 个人利益服从整体利益。这条原则认为，在一个企业里，一个人或一个人的利益不能置于企业利益之上，一个家庭的利益应先于其一个成员的利益，国家利益应高于一个公司或一些公民的利益。成功的办法是：A. 领导人的坚定性和好的榜样；B. 尽可能签订公平的协定；C. 认真的监督。

(7) 人员的报酬。人员的报酬是其服务的价格，应该合理，并尽量使企业同其所属人员（雇主和雇员）都满意。人员报酬的方式可以对企业的发展产生重大影响，选择其方式是一个重要的问题，同时也是一个困难的问题，实际上有多种完全不同的解决方法，但是直到现在，没有一种是绝对令人满意的。对报酬方式通常希望：A. 它能保证报酬公平；B. 它能奖励有益的努力和激发热情；C. 它不应导致超过合理限度过多的报酬。

(8) 集中。集中是一种必然的现象，是指社会组织中，集中于领导部门，从领导部门发出命令，使组织的各部分运动，找到提供最高效率的方法，这就是集中与分散所要解决的问题。

(9) 等级链。等级链是从最高权力机构直至低层管理人员的直线职权。信息应当按等级链传递，如果按等级链会导致信息传递的延误，则应允许横向交流，但应使所有当事人同意和通知各自的上级。

(10) 秩序。物品秩序的规则是，“每件东西都有一个位置，每件东西都在它的位置上”；社会秩序的规则是，“每个人都有一个位置，每个人都在他的位置上”。完善的秩序还要求位置适合于人，人也适合于他的位置。应像格言中所说的：“合适的人在合适的位置上。”

(11) 公平。为了鼓励其所属人员能全心全意和无限忠诚地执行自己的职责，应该以善意来对待他。公平就是由善意与公道产生的。在对待所属人员时，应该特别注意他们希望公平，希望平等的这些愿望。组织领导应经常把自己最大的能力发挥出来，努力使公平感深入各级人员。

(12) 人员的稳定。雇员的高流动率是低效率的。一般地看来，成功企业的领导人员是稳定的，而那些运气不佳的企业的领导人员是经常变换的。这种不稳定的同时也是企业不景气的原因与结果。

(13) 首创精神。想出一个计划并保证其成功是一个聪明人最大的欢乐之一，也是人类活动最有力的刺激物之一。除了领导的首创精神外，还应加上全体人员的首创精神。这种全体人员的首创精神对于企业来说是一股巨大的力量，特别在困难的时刻更是这样。

(14) 团结精神。组织的领导人要好好想想这句话：团结就是力量。一个组织中，全体人员的和谐和团结是组织的巨大力量。

针对自己所提出的14条原则，法约尔总结指出：“乍一看来人们可能会惊奇：永久的道德原则、十诫法、教会的戒律……对于管理者来说，还不是足够的指南，他不需要一个专门的法规。应该这样解释，道德与宗教的高级法则一般只是为了个人或一些不属于这个世界的利益，而管理原则一般是为了团体的成功或经济利益的满足。”“没有原则，人们就处在黑暗和混乱之中；没有经验与尺度，即使有最好的原则，人们仍将处于困惑不安之中。原则是灯塔，它能使人辨明方向，它只能为那些知道自己目的地道路的人所利用。”

可以这样认为，法约尔从科学理论的高度总结和概括了当时人们对管理工作理论和实践的认识，基本上完成了管理理论的构架，从而为管理科学理论的深入发展奠定了基础。

(三) 官僚组织理论

在20世纪初期，德国著名的社会学家马克斯·韦伯（Max Weber，1864～1920）针对当时盛行的依靠传统的自觉（封建制）和裙带关系（世袭制）的不良管理作风和习气，提出了一种依靠权威关系来构建的权力结构理论，并设计出了他称为官僚行政组织（Bureaucracy）的理想组织模式。这是一种体现劳动分工原则，有着明确定义的等级和详细的规章制度，以及非个人关系的组织模式。韦伯个人也认为，这是一种“理想的官僚行政组织模式”，在现实中是不存在的，但它也是一种可供选择的现实社会的重构方式。由于这种组织模式强调规则而不是个人，强调能力而不是裙带关系，因而有利于组织提高工作效率，有利于防范任人唯亲、组织涣散、人浮于事的不良现象，而成为设计许许多多现代大型组织的原型。表3-1是韦伯理想官僚组织结构的详细特征概要。

在这一时期，对管理理论和实践作出重大贡献的还有亨利·甘特（Henry Gantt，1861～1919）、弗兰克·吉尔布雷思夫妇（Frank Gilbreth，1868～1924，Lillian Gilbreth，1878～1972）、亨利·福特（Henry Ford）等人。

表3-1 韦伯的理想官僚行政组织

劳动分工	把各种工作分成简单、例行和明确的任务，明确规定每一个人的权力和责任
权力等级	公职和职位应按等级来组织，每个下级应当接受上级的控制和监督
正式选拔	全体组织成员必须根据经过培训、教育的技术资格或通过正式考试来挑选组织中的正式成员
规章制度	为了确保一贯性和全体雇员活动的一致性，管理者必须倚重正式的组织规则
非人格化	规则和制度是组织中每一个人都必须遵守的，它不受个人的情感和个人背景的影响
职业导向	组织中的管理者是职业化的官员，而不是组织的所有者，他们领取固定的工资，并在组织中追求他们的职业成就

甘特曾是泰罗的同事，因而在管理理论方面的建树受泰罗的影响。如他所研究改进的任务奖金制度，起于泰罗的差别工资制，但又有所改进，而被称为“计件奖励工资制”。在计划工作的安排上，甘特发明了用水平线条表示时间，不同颜色表示计划与实际工作进展状况的线条图（俗称“甘特图”）。

吉尔布雷斯夫妇是一对从事管理科学研究的夫妇，他们在管理科学上有意义的伴侣生活，使他们被人称为类似于物理学界的居里夫妇。曾当过建筑工人的弗兰克·吉尔布雷斯通过现场观察和潜心研究，将传统的砌砖动作由18.5个减少到4个，工人们每天的砌砖量也由1000块增加到2700块。受到过良好教育的莉莲·吉尔布雷斯在37岁获得了博士学位，并开创了管理心理学领域研究的先河。

福特是一位著名的企业家。他的主要成就是利用汽车工业的生产特点，创造了流水线的生产方式，从而大大地提高了生产效率，降低了生产成本，使福特汽车公司一举成为当时全美、全球最大的汽车生产公司。

（四）科学管理阶段的特点

从前面的介绍中可以看出，经过泰罗、法约尔等人的不懈努力，与传统的管理思想相比，这阶段的最大特点是：管理理论已围绕着解决人类社会新型组织——工厂的效率问题，形成了较为完善的体系和框架；人们已开始将管理作为一门科学去看待、去探索、去研究；已开始摆脱经验主义的影响，强调用科学的管理去替代经验主义的管理模式，并在一些领域得到了社会的承认和关注。受当时生产力发展水平和社会科学发展条件的限制，此时的科学管理还存在着明显的不足，如泰罗管理思想的出发点是将人视为“经济人”，把物质刺激视为特别重要的手段。受传统势力的影响，不少先进的管理思想、管理理论也未能得到全面的实施和发挥应有的效果。但这一代人开创性的研究成果，以及对管理科学理论和方法的影响，却是不可磨灭的。

四、行为管理思想

管理工作自始至终都要与人打交道，要协调、组织方方面面的人员去完成组织任务，因而使诸多的管理科学的研究者会自然地将目光放在人这样一个组织的主体上。

（一）行为管理思想早期的倡导者

在行为管理思想早期的研究中，最为突出的是罗伯特·欧文、雨果·明斯特伯格（Hugo Munsterberg，1863～1916）、玛丽·福莱特（Mary Follett，1868～1933）等人。

欧文是前面已介绍过的一位西方早期的管理思想家，也是一位空想的社会主义者。可能是受他哲学观念的影响，他很早就告诫企业经营者，要关心组织中的人力资源财富。他曾提到："……你们将发现，我在进行管理的伊始就把人口（劳动大军）看成是……一个由许多部分组成的系统，而把这些部分结合起来，这是我的责任和兴趣所在，因为每一个工人以及每根弹簧、每根杠杆、每个车轮都应有效地合作，以便为工厂主带来最大的钱财收益……经验还向人们表明，整齐清洁、安放合理和维修良好的机器与因无人过问而肮脏混乱、无防止不必要磨损的手段，因而几乎是在失修的情况下运转的机器所带来的结果是不同的……因此，如果对无生命的机器状况给予适当的注意就能够产生如此有利的结果，那么如果对你的极为重要的构造更为奇特的机器（人力资源）给予相同的注意的话，什么样的结果不可以期望取得呢?"这段话明确地表白了欧文在管理工作中对人的重视和关心。

明斯特伯格是工业心理学的创始人。他出生在德国，1892年在哈佛大学建立了他的心理学试验室。1913年明斯特伯格出版了他的著作《心理学与工业效率》一书，这本书共包括三部分：①最最合适的人；②最最合适的工作；③最最理想的效果。该书分别研究了识别具备最适合从事人们所要做的工作的心理品质的人的必要性；寻找确定在什么样的"心理条件"下才能够从每一个人那里获得最大的、最令人满意的产量；和对人的需要施加符合实际利益的影响的必要性。人们也指出，明斯特伯格工业心理学的观点与同是那一时代的人泰罗的建议密切相关。

福莱特是最早发现应当从个人和群体行为的角度考察组织的学者之一。福莱特是一位美国的社会哲学家，她认为，组织应该基于群体道德而不是个人主义，个人的潜在能力只有通过群体的结合才能得以释放。作为一名管理者，其重要的任务是调和与协调群体的努力，管理者和工人应把自己看成是合作者。管理者在日常的工作中应当更多的去依靠他的知识和专长去领导群众，而不要仅仅去依靠自己的职位和相应的权力。她的著作有《新国家》、《创造性的经验》等。对于福莱特的贡献，有人认为，从年代上讲，福莱特属于科学管理时代；从哲学和知识方面讲，她是社会人时代的一员。她同这两个时代都有联系。她既把泰罗的许多想法加以概括化，又预测到霍桑研究人员的许多结论，从而成为这两个时代之间的一个联系环节。

（二）霍桑实验

霍桑实验（Hawthorne Studies）是在美国西方电气公司（Western Electric）伊利诺伊州

西塞罗的霍桑工厂中所做的一项试验。此项研究工作开始于1924年。试验初始是由西方电气公司的工业工程师们设计的，用以检查不同的照明水平对工人生产率的影响。试验的原设计者们认为，工人的生产率会直接受到照明状况的影响，但试验的结果却出人所料。在试验组和对比组中，当试验组的照明亮度增加时，两个组的产量均有增加，而当试验组的照明亮度减少时，两个小组的产量依然提高，直到光线近似于月光，试验组的产量才有所下降。目睹这一切，试验的设计者们无法解释这一现象。随后，试验人员又对工资报酬、休息时间、工作日和工作周的长度对生产率的影响进行了试验，结果依然是试验者们不可理解的，在上述各种因素的变化过程中，生产效率均有提高。试验持续进行了3年，由于试验结果的不明确，以至试验设计者们准备放弃这个试验。

到了1927年，一次偶然机会，一位西方电气公司的工作人员结识了哈佛大学从事心理学研究的埃尔顿·梅约（Elton Mayo，1880~1949）教授，并邀请他作为顾问参加了实验。试验又重复进行，并一直延续到了1935年。在后续的试验中，梅约教授还与参加试验的职工进行座谈，对绕线组织的成员进行了团体行为的测试。通过这些实验、调查，梅约创建了人际关系学说，其主要观点为：

（1）企业的职工是“社会人”。梅约的这种看法是对从亚当·斯密开始，直至科学管理理论中的把人视为“经济人”的否定。梅约曾说过：“人是独特的社会动物，只有把自己完全投入到集体之中才能实现彻底的‘自由’。”与梅约一起参与霍桑试验的另一名学者弗里茨·罗特列斯伯格（Fritz Roethlisberger）也认为：“一个人是否全心全意地为一个团体服务，在很大程度上取决于他对自己的工作、自己的同事和上级的感觉如何……”“——社会承认——我们的社会重要性的明显证明——完全的感觉，这种感觉更多的是来自被接受为一个团体的成员，而不是来自银行中存款的金额。”

（2）满足工人的社会欲望，提高工人的积极性，是提高生产率的关键。也就是说，满意的工人才是有生产率的工人。

（3）组织中实际存在着“非正式组织”。正式组织可以看成是两个或两个以上的个人为了实现共同的目标组合而成的有机整体。这种组织存在着强制性，维系组织的是组织的目标和理性的原则。非正式组织是伴随着正式组织的运转而产生的，是正式组织的一些成员，由于工作性质相近，对一些具体问题认识基本一致，在性格、业余爱好以及感情相投的基础上，形成了一些被其他成员共同接受并遵守的行为规则的组织。这类组织联系的纽带是感情，因而维系非正式组织的往往是情感和友情，存在着非理性的色彩和成分。梅约发现，非正式组织对组织成员起着两种作用：

①保护其成员免于遭受内部成员不当行为的伤害，如生产冒尖或生产落后。

②保护其成员免受管理部门的外来干预，如提高产量标准、降低工资率等。

但梅约也认为，非正式组织不应该被看成是坏的，而应看成是正式组织所必需的、相互依存的一个方面，应对非正式组织进行正确的引导。

（4）组织应发展新的领导方式。在梅约看来，这种新的领导方式是以社会和人群技能为基础的领导方式，并认为，这种领导方式能克服社会的反常状态和社会的解体。因而，新型的领导能力在于，通过对职工满足度的提高而激励职工的“士气”，从而达到提高生产率的目标。

（三）行为管理阶段的特点

在20世纪20年代所创立的行为管理理论和方法，至今仍是现代管理思想库中的一个主要流派。从其顽强的生命力和人们迄今仍在这一领域所作出的努力探索，就不难发现，行为科学的最大特色是更为全面地发现和认识了管理的对象——人的本质。被管理的人不是“经济人”，而是“社会人”，是复杂的社会系统的成员。他们不会单纯地追求金钱收入，他们还有社会、心理等各方面的需求，要求得到人与人之间的友情、安全感、归属感和受人尊重。这些对人认识的重新定位，必然产生管理模式、管理方法的重大变化。

（四）行为管理发展的主要方向

在梅约奠定了行为科学的基础后，西方管理学界涌现了一大批关注行为科学发展的学者，并在梅约研究的基础上进行了深入的研究。这些研究成果主要体现在以下四个方面。

1. 关于人需求、动机和激励问题的研究

在这方面突出的、有代表性的研究成果是：

（1）马斯洛的“人类需求层次理论”；

（2）赫茨伯格的“激励因素—保健因素理论”；

（3）斯金纳的“强化理论”；

（4）弗鲁姆的“期望理论”。

2. 关于“人性”问题的研究

在这方面有代表性的理论有：美国麻省理工学院教授道格拉斯·麦格雷戈（Douglas McGregor，1906～1964）提出的“X理论—Y理论”。麦格雷戈发现，管理者关于人性的观点是建立在一些假设的基础上，而管理者就是根据他们的假设来实现管理的。根据麦格雷戈的看法，X理论是以四种假设为基础的：

A. 员工天生不喜欢工作，只要可能，他们就会逃避工作；

B. 由于员工不喜欢工作，因此必须采取强制措施或惩罚办法，迫使他们实现组织目标；

C. 员工只要有可能就会逃避责任，安于现状；

D. 大多数员工喜欢安逸，没有雄心壮志。

Y理论也以四种假设为基础：

A. 员工视体力和劳力消耗如休息、娱乐一样自然；

B. 外来的控制与惩罚并不是使人们为实现组织目标而努力的最好方法，若员工对工作作出了承诺，他们会进行自我指导和自我控制，以完成任务；

C. 一般而言，人是能主动承担责任的，不愿负责、缺乏雄心壮志不是人的天性；

D. 大多数人都具有一定的想像力、独创性和创造力，而不仅仅是管理者才具备这类能力。

麦格雷戈认为，Y理论的假设比X理论更实际有效。他建议让员工参与决策，为员工提供富有挑战性和责任感的工作，这会有助于员工积极性的发挥。

3. 关于组织中非正式组织和人与人的关系问题的研究

在这方面有代表性的理论主要是：

（1）库尔特·卢因（Kurt Lewin，1890～1947）的“团体力学理论”。在这个理论中，卢因论述了非正式组织的要素、目标、凝聚力、规范、结构、领导方式、参与者、行为分类、规模、对变化的反应等问题。

(2) 布雷德福 (Leland Bradford) 等人创造的敏感性训练方法。此方法的目的是，通过受训者在共同学习环境中的相互影响，提高受训者对自己的感情和情绪、自己在组织中所扮演的角色、自己同别人的相互影响关系的敏感性，进而改变个人和团体的行为，达到提高工作效率和满足个人需求的目标。敏感性训练通常在模拟实际环境的实验室进行，做法一般分为三个阶段：

A. 旧态度解冻阶段；

B. 加强敏感性阶段；

C. 新态度巩固阶段。

4. 关于组织中领导方式问题的研究

在这方面有代表性的理论是：

(1) 坦南鲍姆、施米特的"领导方式连续统一体理论"；

(2) 利克特的"支持关系理论"；

(3) 斯托格北、沙特尔"双因素模式"；

(4) 布莱克、穆顿的"管理方格法"。

五、现代管理理论

现代管理理论是继科学管理理论、行为科学理论出现之后，西方管理理论和思想发展的第三个阶段，特指第二次世界大战以后出现的一系列学派。与前两个阶段相比，这一阶段的最大特点是，学派林立，新的管理理论、思想、方法不断涌现。这种现象曾被美国著名的管理学专家孔茨称为"管理的丛林"(1961年)。在1980年孔茨发表的论文《再论管理理论的丛林》一文中，孔茨认为当时林林总总的重要管理学派共有10个。它们是：经验主义管理学派、人际关系学派、组织行为学派、社会系统学派、决策理论学派、系统管理学派、管理科学学派、权变理论学派、经理角色学派、经营管理理论学派。现将主要的学派介绍如下。

(一) 社会系统学派

社会系统学派 (亦称社会系统理论) 是美国管理学学者C·巴纳德 (Chester Barnard, 1886~1962) 首创的管理学派。其特色是以协作系统为核心论述企业内部平衡和对外条件适应的组织管理理论。社会系统理论的要点是，组织是协作的系统，组织是由人组成的，这些人的活动是互相协调的，构成一个称为协作系统的系统。巴纳德认为，组织和组织成员们的目标不一定一致，因而提出"效力"(Effect) 和"效率"(Efficiency) 的概念。效力是指一个组织由于组织中成员成功的协作而达到的目标的程度，而个人目标实现的程度就是效率。为了实现组织的目标，就要求组织中的成员发挥积极性，就必须使组织成员实现他们的个人目标。这就是"效力"和"效率"的相互关系。巴纳德把协作系统视为正式组织，它包括三个基本要素：

(1) 协作意愿。这意味着组织中个人的自我克制、交出对自己行为的控制权、个人行动的非个人化。

(2) 共同的目标。这是协作意愿的必要前提。

(3) 信息联系。这一要素要求只有通过信息的联系，上述两个要素才能相互沟通，成为动态的过程。

巴纳德还认为，经理人员的职能主要是：

(1) 建立和维持一个信息联系的系统；

(2) 招募和选择能最好的作出贡献、能协调地进行工作的人员，并使这些人员协调地、有效率地进行工作；

(3) 规定组织的目标；

(4) 授权的职能；

(5) 决策的职能。

巴纳德还研究了非正式组织存在的问题，他还认为，非正式组织和正式组织常常互相创造条件，互相发生影响，非正式组织对正式组织的影响可能是积极或消极的。

十分清楚，社会系统理论所讲的协作系统的三个基本要素和经理人员的五项职能，都是在谋求组织内部的平衡。与此同时，这个协作系统又必须适应于外部的条件，才能维持其生存，并获得发展。这一学派的主要著作有《经理的职能》、《组织和管理》（巴纳德著）。

（二）管理科学学派

管理科学学派也称为数理学派。按其思想体系，是泰罗科学管理理论的继续和发展。它是以运筹学、系统工程、电子信息技术等科学技术手段，从操作方法、作业水平的研究向科学组织的研究扩展，同时吸取了现代自然科学和技术科学的新成果，形成的一种现代的组织管理科学。这一理论的主要特点是利用相关的科学分析工具，为管理决策寻求最优的数量解，着重于定量研究。由于其理论偏重于定量分析，因而较少考虑和研究人的行为因素。运用管理科学解决实际问题的步骤一般为：

(1) 提出问题；

(2) 寻求影响问题的相关变量；

(3) 建立研究问题的函数式；

(4) 收集有关数据，对有关函数进行求解，确定函数的最优解；

(5) 在实际的管理工作中检查模型的准确度；

(6) 依据模型制定相应的管理方案；

(7) 实施方案。

在管理科学理论方面作出过重要贡献的有：布莱克特（P. Blackett）、丹齐克（G. Dantijig）、丘奇曼（C. churchman）、阿考夫（Russell Ackoff）、贝尔曼（R. Bellman）、康托洛维奇、伯法（E. Buffa）等人。著名著作有：《运筹学方法论上的某些方面》（布莱克特），《生产组织与计划中的数学方法》（康托洛维奇），《生产管理分析》（爱德华、鲍曼），《生产管理基础》（伯法）等。

（三）权变理论学派

权变理论学派是在20世纪70年代才形成、发展起来的一种管理理论。该理论认为，在管理的工作中要根据组织所处的内外条件权宜相变，不存在什么普遍适用的最好的管理理论和管理方法。根据权变的思想，在企业的结构模式上，权变理论学派把企业看成是一个开放的系统，并把企业分成不同的结构模式。如英国的伍德沃德（J.Woodward）按照生产系统工艺技术的复杂性和其他特点，把企业分成单件和小批量生产，大批量和大量生产，长期的流水作业生产。他还认为，凡是成功的企业，都是组织结构适合工艺技术的。美国的赫里格尔（D.Hellriegel）、斯洛坎姆（J.Slocam）依照外部环境和工艺技术两个方面的因素，把企业划分成四种模式：

(1) 市场条件变化快，内部产品之间工艺技术差别大的企业。这类企业的组织结构宜采用事业部制。

(2) 企业外部环境变化较快，内部产品品种较多，但工艺技术差别不大的企业。这类企业的组织结构宜采用矩阵制。

(3) 外部环境因素较稳定，产品品种较简单，工艺技术较稳定的企业。这类企业的组织结构宜采用直线职能制。

(4) 外部环境因素十分稳定，产品非单一的企业。这类企业可采用高度集权式的组织结构。

在人事管理方面，权变理论学派根据X理论和Y理论的特点，提出了“超Y理论”。在美国曾做过这样一个试验，在一个工厂和一个研究所按照X理论进行管理，在另一个工厂和另一个研究所按照Y理论进行管理。试验的结果表明，在工厂里实行X理论的效率较高，而在研究所里实施Y理论较成功。根据实验的结果，美国的莫尔斯（J.Morse）和洛希（J.Lorsch）认为，管理方式应根据工作性质、成员素质等来决定。不同的人对组织采用的管理方式有不同的要求。希望更正规化的组织结构和条例规章的人，会欢迎以X理论指导管理工作；而希望更多的自治责任和发挥个人创造性机会的人，会喜欢Y理论指导管理工作。这就是“超Y理论”的思想。

在领导方式的选择上，权变理论认为，在组织的领导方式方面不存在一种普遍适用的“最好的”或普遍不适用的“不好的”领导方式，方式的选择要由企业的特点、领导个人的状况和被领导者素质等因素决定。如美国菲德勒（F.Fiedler）提出权变领导模型，美国豪斯（Robert House）提出的“目标—路径”理论等，都是有关领导方式的权变理论。

（四）决策理论学派

决策理论学派是企业管理理论中的一个重要学派。该理论认为，管理的关键是决策，决策贯穿管理的全过程，企业管理的主要研究对象不是作业，而是决策。决策发生错误，生产效率越高越没有好处，因而企业管理的首要工作是决策。

决策理论可分为传统决策理论和现代决策理论。传统决策理论的出发点是把进行决策的人或企业看成“理性的人”或“经济的人”。在决策时，他们的行为受到“最优化”的行为准则的影响，往往在决策过程中寻求决策方案的最优化。在现代决策理论中，最大的变化是用满意的行为标准代替最优化标准。依据满意标准的思想，最优决策只可能在决策人员掌握了有关决策的全部信息，列出了解决问题的全部决策方案，并对每一个方案的结果都有准确的把握时，才可能实现，而这些必备的条件似乎在现实中几乎完全不可能同时具备。因而在实际工作中，面对有限的时间、人力、资金等资源，只可能在有限的信息、有限的方案和不是十分精确的情况下进行决策，加上决策方案的选择还要受到决策人员自我价值观念的影响，结果也只可能是对于组织的决策人来讲满意即可，而不会存在最优的决策。这也就是行为决策的含意。

从理论的源头看，决策理论学派是从社会系统学派中发展起来的。现代决策理论主要的代表人物是美国的西蒙、马奇（J.March）等人。他们的理论体系是在吸收了行为科学、系统理论、运筹学和计算机科学的基础上逐渐发展起来的。由于在决策理论上的特殊贡献，西蒙还荣获1978年度的诺贝尔经济学奖。他们的代表性著作有《组织》、《管理行为——管理组织中决策过程的研究》和《管理决策科学》等。

（五）系统管理理论学派

系统管理理论学派是与社会系统学派、决策理论学派有着密切联系，但在研究、分析的领域却有不同侧重点的学派。它的主要特点是把组织看成是一个开放的动态系统，组织与周围的环境存在着广泛的联系，有着大量的物质交换（见图3-2）。

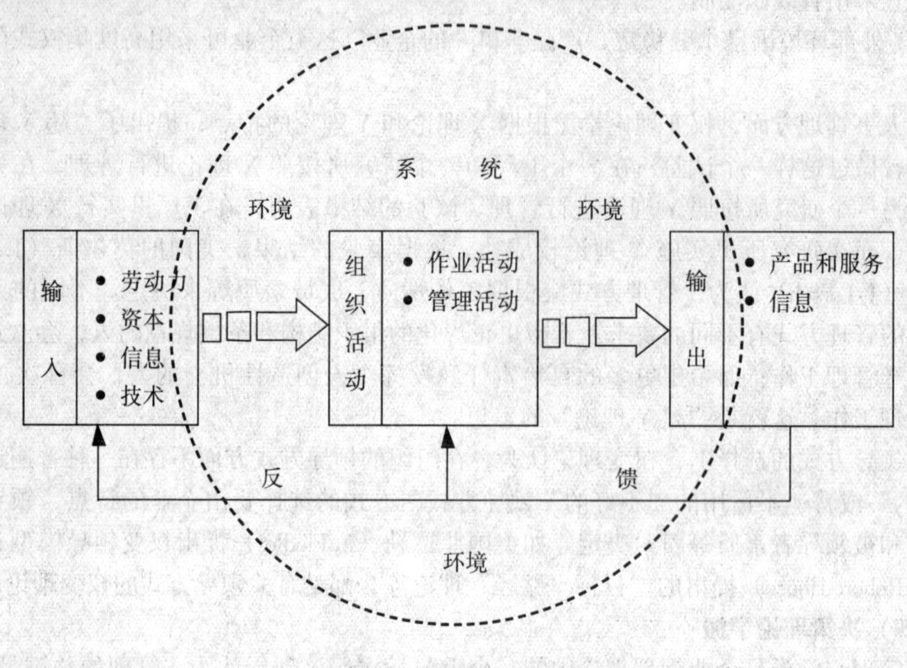

图3-2　组织系统与环境

图3-2表明，在现代社会中，一个得以生存和发展的组织必须是一个开放的系统，一个组织只有凭借与外部环境各类资源进行有效的交换，只有凭借外部市场实现自己产品和服务的价值，才可能逐渐地发展和壮大。管理人员也只有在充分认识到自己组织的环境特点、规律的基础上，因势利导地进行有效管理，其组织和个人的事业才可能取得成功。

系统管理理论学派认为，一个组织是由相互依存的众多因素，包括个人、群体、态度、动机、组织结构、使命、目标、职权等组成的，管理者的任务就是协调组织中的各个部分、各个因素去完成组织的使命，实现组织的目标。系统思想要求管理工作要力争实现组织整体的最优化，强调组织整体的效率与效果。局部或单一部门的优化，从而妨碍组织整体的优化是不可取的。系统管理理论学派的代表人物有美国的约翰逊（R.Johnson）、卡斯特（F.Kast）、罗森茨韦克（J.Rosezweig）等。代表性著作主要有：《系统理论和管理》、《组织与管理：系统与权变的方法》等。系统管理理论学派在20世纪60年代最为鼎盛，后来因出现过于追求数量化的倾向而遭致人们的批评，并有所削弱。

（六）经验主义学派

经验主义学派又被称为经理主义。它以向大型企业的高层经理人员提供管理企业的成功经验和科学方法为目标。在经验主义信奉者的眼中，历史上的古典管理理论和行为科学理论都不能适应企业现实发展的需要。有关企业管理的科学和理论只可能从企业管理的实际出发，把大企业的管理经验作为研究的主要对象，适当地加以概括和抽象，向企业的管理人员提供实际的建议。在方法论上，经验主义者一般都极力主张用比较方法对企业管理的问题进行研究，反对从一般的原则出发去看待和研究问题，甚至在他们的著作中故意不用“原则”这个单词。如在经验主义学派的重要代表人物戴尔（E.Dele）的代表性著作《伟大的组织者》中，他一方面坚决反对为组织和管理制定任何有关的普遍原则，另一方面用比较的方法剖析了美国杜邦公司、通用汽车公司、国民钢铁公司和威斯汀豪斯电气公司中的“伟大的组织者”（如皮埃尔、杜邦、艾尔弗雷德、斯隆等人）的成功经验，并以此作为科学或经验进行介绍。戴尔还认为，迄今为止，还没有掌握企业管理中的“通用原则”，管理知识的真正源泉是优秀大公司中“伟大的组织者”的经验，也就是这些“伟大的组织者”的非凡个性和杰出的才能的具体体现。对于比较法的采用，戴尔也曾这样评价道：“运用比较法，我们可能不会立即建立起一种普遍适用的理论，但也许可以建立起当前有用而最终普遍适用的理论的某些部分。”除了戴尔以外，经验主义学派的另一位代表人物是美国的德鲁克，德鲁克十分强调管理只同生产商品和提供各种经济服务的工商企业有关，工商企业中管理的技巧、能力、经验不能够移植并运用到其他的组织机构中去，反对过于广义地解释“管理”这一概念。他还认为，作为企业主要管理人员经理，其主要的工作是：

(1) 营造一个“生产的统一体”，这个统一体的生产力要比它的各个组成部分的生产力的总和更大；

(2) 在每一项决策和采取每一行动时，要把当前利益和长远利益协调起来。

德鲁克还是目标管理方法的提出者。他的代表性著作有：《管理：任务、责任和实践》、《管理实践》、《有效的管理者》等。

（七）经理角色学派

经理角色学派是在20世纪70年代才开始出现的一种管理理论。该理论认为，一般的管理理论并未对经理的工作进行深入的研究，未能反映经理工作的真实面貌和实质，必须采用新的方法对经理的实际活动进行观察、研究和分析。该理论指出，经理的工作有6个特点：

(1) 工作量大，步调紧张；

(2) 活动短暂，多样而琐碎；

(3) 喜欢现场的、具体的、非常规的活动，一般不喜欢常规的书面报告；

(4) 喜欢用口头联系的方式；

(5) 重视同外部和下属的联系；

(6) 义务和权利相混合，既有大量的义务，也有很多的权利。

经理担任的角色可基本归纳为三类：

(1) 构造一个相互联系的整体；

(2) 经理是企业组织信息的神经中枢；

(3) 进行决策。

经理由于工作缠身，需要处理大量的工作，因而要努力提高自身的工作效率，经理角色理论介绍了提高工作效率的10种方法。对经理角色理论做出重要贡献的是加拿大的明茨伯格，其主要代表性著作有：《经理的性质》、《组织的结构：研究的综合》等。

孔茨在介绍"管理的丛林"并认为每一种理论都对管理理论有一定的贡献的同时，也指出，一些理论如人力资源方法和数量方法更像是一些管理的具体方法，并同时认为，过程方法（Process Approach）是可以涵盖各种管理理论的理论。所谓过程方法，就是法约尔最先提出的管理由计划、组织、协调和控制等职能构成，且这些职能是按一定的连续过程循环的。虽然诸多的学者并不同意孔茨的意见和看法，但目前国内外有关管理学方面的教材仍都按过程方法进行编写。这就表明，过程方法越来越成为一种被众多人接受的管理理论框架。

第二节　中国的管理思想

在前面第一节的学习中，接触到的所有理论、所有人物都来自于西方发达国家，那么产生于五千年丰富历史文化的中国管理思想是什么呢？在实际工作中又如何结合中国的文化传统和现实的国情学习和运用管理的理论和方法呢？

在中国五千年丰富、灿烂的历史文化中，管理思想、管理方法同其他文化分支一样，同样是璀璨夺目的，同样是时到今日依然受到世人的重视，并对当今的管理理论与方法产生着影响，发挥着作用的。从其对中国历史发展状况的影响可以看出，中国的管理思想明显地产生于国家的治理、军队乃至军事战争的治军、对策之中，但未能从理论的高度，去进行科学的抽象，以形成管理理论的独立体系。受这方面的影响，迄今为止，对中国管理思想的研究依然是研究成果颇多，但统一的看法却很少。为了便于研究和学习，我们将有一定代表性的研究成果简明地介绍如下，供读者在学习和实际工作中参考。

一、《中国企业管理百科全书》对中国古代管理思想的评述

1984年由企业管理出版社出版的《中国企业管理百科全书》是20世纪80年代中期中国企业管理界较为权威的书。在该书中，杨道南先生认为，中国古代管理思想是中国历代封建王朝的代表性人物在管理经济上的思想。这些思想，有的反映在他们的著作中，有的反映在他们的实践中，这些管理思想比较零星分散，择要可归纳为组织、经营、用人、理财和管物五个方面。

中国关于组织的理论和实践起源很早，在相传周公（公元前12～11世纪）为周朝制

定官僚组织和制度的《周礼》一节中，就将周代的百官分为天、地、春、夏、秋、冬六官，以天官的职位最高。六官分为360职，各有职掌。在距今已2500年，由春秋时代孙武所著《孙子兵法》中，曾提到军、旅、卒、伍的军队编制，层次关系明晰，编制比较完备。在劳动组织方面，中国古代曾进行过许多重大的工程建设，并积累了丰富的工程安排、劳力组织方面的经验。如秦代蒙恬曾征役30万人，修筑长城；隋炀帝动员近百万人修浚运河；战国时代的墨翟曾提出过劳动分工的思想，他以修墙为例说道："能筑者筑，能实壤者实壤，能欣者欣，然后墙成。"

中国在经营方面有许多知名的理财家，如春秋时代的管仲，战国时的商鞅，西汉时的桑弘羊，唐代的刘晏，宋代的王安石，明代的张居正等人，都曾提倡过经济改革，在历史上有过巨大的影响。历史上的范蠡、白圭、子贡、吕不韦、猗顿、邓通等人，都在经商中成为巨富。如范蠡、计然曾提出了"水则资车、旱则资舟"，"夏则资裘，冬则资浠"的经营预测思想，"务完物，无息币（弊）。以物相贸易，腐败而食之货勿留，无敢居贵。论其有余不足，则知贵贱。贵上极则反贱，贱下极则反贵。贵出如粪土，贱取如珠玉。财币欲其行如流水"。猎取利润的"积著之理"和市场经营的原理。西汉司马迁在《史记》中也提出了如重视货币资本，资金要不断运转，利润率不可过高，经营要善于掌握时机，勤俭办事，用人要善于挑选，商品要注意质量，经营人们喜爱和需要的商品等。

如何用人是中国古代管理思想中十分有特色的一个方面。如在中国古代，素有"选取贤任能"、"任人唯贤"的主张，"禅让"推举能人的制度。隋文帝开皇七年（公元587年）废除了"九品中正制"，创立科举制度，在沿袭下来的一千多年中，建立了十分规范的荐人、用人体系。

中国古代就曾有过会计和审计制度，有了理财的观念。南宁郑伯谦在《太平经国之书》中，提出了会计原则："出纳移用之权"（主管财务行政官吏的职能）和"纠察钩考之权"（主管会计官吏的职能）要分别由不同"官司"掌管，主张出纳和会计分离。王莽时代（公元9~23年）就曾有过核算酒类成本的记载。清代魏源（公元1794~1857年）也曾提出，在经营盐务、漕运、造船和外贸等方面，要努力降低成本。司马迁在《史记·货殖列传》中曾对24种行业进行了分析，结论是"农不如工，工不如商"。并提出，要经营群众普遍需要的商品，经营要善于掌握时机，要具有丰富的生产经营知识等。

在管物方面，中国的各个朝代对财物的保管和收纳支出都建立了严格的制度，并设立专门官员分类管理。如在周代，就设有内府、大府、王府，管理府库财物。汉代设少府管钱，司农管物。宋代规定，官吏到任，必须亲阅账籍所列财物，属吏不得作弊，主库吏要三年一换。对库藏收进的财物，由监临官监督，私藏者斩首，监临官也要重罪处罚。

二、《中国经济管理思想史》对中国古代管理思想的评述

1988年由中国著名经济学家何炼成教授主编的《中国经济管理思想史》被认为是同一类书中的第一部。在由北京大学经济学院赵靖教授撰写的序中这样写道："本书所写的内容主要是宏观的经济管理思想，以中国传统的范畴来表示就是'富国之学'。富国之学特别发达而'治生之学'（传统的微观经济管理思想）则比较薄弱，这的确是中国经济管理思想历史遗产的一个重要特点。"在该书中，作者认为，中国经济管理思想的基本特点

是："中华民族是一个历史悠久的民族，中国是世界上的文明古国，在汉唐鼎盛时代，经济的发展曾经处于世界的领先地位，商品经济和国内外贸易具有一定程度的发展。因此，反映在经济管理思想方面也比较丰富，大大超过了西方古代的经济管理思想。但是，由于中国历史发展的特点，封建制度延续的时间比西方各国长，商品经济的发展受到很大的阻碍，资本主义的发展不如西方各国快，直到明清之际才有产业资本主义萌芽及一定的发展，到清代中叶由于外国资本主义的侵人，使中国逐步沦为半殖民地半封建社会。明清以来中国经济发展的这些特点，反映在经济管理思想上，近代的管理思想就比西方一些主要国家出现得晚一些，而且缺乏系统的论证，不少经济管理思想还带着浓厚的封建宗法观念的烙印……"中国宏观经济管理的基本指导思想主要体现在，几千年来历代思想家们围绕着经济管理的目标、动力、结构、分配和消费等基本问题，展开了长时间的激烈争论。

1. 目标论

目标论，突出"富国之学"的探讨。"富国之学"主要是研究如何在封建经济基础上，增加国家财富，增强中央政府的经济实力，巩固封建王朝的统治。其主要内容，一是以农业生产为根本，即农本思想；二是以轻徭薄赋和足民为必要条件；三是以加强封建国家的经济实力为最高目标。

早在西周建国之时，太师姜子牙就指出，要实现"国富而家娱"，就必须"务农桑，不夺其时；薄赋敛，不匮其财；罕徭役，不使其劳"。春秋初期，齐相管仲提出："凡有地牧民者，务在四时，守在仓廪，国多财则远者来，地辟举则民留处，仓廪实则知礼义，衣食足则知荣辱。"儒家创始人孔子把富国富民看为治理国家的重要任务。在他周游列国到卫国后，称赞卫国的人口恢复得很快，说："庶矣哉！"他的学生冉求问他，人口增多后应怎么办？孔子曰："富之。"孔子的富国富民思想对以后的思想家产生了重要的影响。

在"富国"思想的基础上，到战国时期，商鞅在理论和实践结合的基础上提出了"富国之学"。商鞅的"富国之学"是以"农战论"为核心的，他指出："国之所以富者，农战也。"在农和战的关系上，他提出农是战的基础；在富和强的关系上，他主张富不离强，富是为了强；在富国和富民的关系上，他认为要达到富国，就必须限制富民。荀况在其著名的《富国》篇中认为，富国不是单纯地为了强兵，富国要放在发展整个国民经济和增加国家财富的地位上；在富国与富民的关系上，"下贫则上贫，下富则上富"，提出"上下俱富"的主张，把国富与民富统一起来，而且把民富作为国富的基础；在财政和经济的关系上，农业生产是财富的本源，而财政只是对财富的使用与再分配，提出了"开源节流"的财政方针；在生产和消费的关系上，提出"强本节用，则天不能贫"，主张"强本"（发展农业），"节用"（节约消费）。

到了西汉时期，商人出身的桑弘羊，辅佐汉武帝推行了一整套富国之策。他认为，农业不是富国的惟一之道，商业也是富国之道，而且是富国的根本之道；要"抑商"，但不是抑一切商，而是抑大私商，发展官商，使国家财政富起来；"民大富，则不可以禄使也；大强，则不可罚威也。"强调"国富"，而不主张"民大富"。

2. 动力论

动力论，突出表现为义利之争。首先提出重义轻利观点的是孔子。他认为："君子喻于义，小人喻于利"，因此他"罕言利"。儒家学派的正宗传人孟轲，也认为："何必曰利，亦有仁义而已矣。”西汉时期，董仲舒继承和发扬了儒家学派的重义轻利论，提出“正其谊不谋其利，明其道不计其功”的主张。但与此同时，桑弘羊却大谈其利，坚决批驳儒生贤良文学的重义轻利论，强调“本末并利，上下俱足”，指出，“今内无以养，外无以称，贫贱而好义，虽言仁义，亦不足贵者也！”司马迁更主张“天下熙熙，皆为利来；天下攘攘，皆为利往”的重利论，并为那些经商致富、理财有术的人立传。在以上诸家的言论中，虽各人对“义”、“利”的认识有差异，在重义或重利上的看法也有不同，但在两千多年的封建社会中，只有儒家的重义轻利论成为统治者的思想，在舆论上占了支配地位，而重利轻义论仅成为人们实践中的准则，很少在理论上加以发扬。但这种状况，在封建社会晚期，乃至中国近代却有了改变，如谭嗣同就认为：“故通商者，相仁之道也，两利之道也，客固利，主尤利也。”

这种义利之争，涉及到宏观经济管理的目标问题，更涉及宏观经济管理的动力问题，即在宏观经济管理中，究竟以什么作为推动国民经济发展的动力。

3. 经济结构论

经济结构论，主要表现为本末之争，即如何正确认识处理农业与工商业的关系问题。

“重本轻末”（即重农业轻工商业）是中国几千年的封建社会中重要的经济管理指导思想。首次提出“禁末”概念的是《商君书》。其中写道：“末事不禁，则技巧之人利，而游食者众之谓也。”这里的“末”是指奢侈品之类的生产，而不是指整个工商业。稍后的《荀子》一书中，首次提出“务本禁末”的观点，把“务本”与“禁末”联系起来，认为“工商众则国贫”，但依然在一定程度上肯定了工商业在国民经济中的地位与作用。韩非提出了“明王治国之政，使商工游食之民少，而名卑以寡，趣本务而寡末作”，并把工商业者同儒士、纵横家、侠士、侍臣等并列为社会的“五蠹”，就彻底形成了“重本轻末”的思想。

这种“重本轻末”的思想一直在封建社会中沿袭，但随着生产力的发展，社会的进步，一些贤人志士也提出了不同的意见和看法。如桑弘羊就曾认为，本与末并不对立，而是相辅相成的。他说：“古之立国家者，开本末之途，通有无之用，市朝以一其求，致士民，聚万货，农商工师，各得所欲，交易而退。”“故工不出，则农用乏；商不出，则宝货绝。农用乏则谷不殖，宝货绝则财用匮。”其结论是：“农商交易，以利本末，”“民不困乏，本末并利。”到了明末清初，卓越的启蒙思想家黄宗羲率先提出了“工商皆本”的观点，认为不应该按部门划分本末，凡是有利于社会财富增长的都是本业，否则就是末业。但真正彻底与重本抑末论决裂的，是近代的资产阶级思想家。如王韬提出“恃商为国本”，康有为号召“定为工国”，即实现资本主义工业化，直到孙中山提出的实现中国经济现代化的宏伟蓝图——《实业计划》。

本末之争反映了中国古代宏观经济管理思想的发展过程。因为就是在这一发展过程中，反映了中国国民经济结构中工商业的地位和重要性的逐步提高，预示着自然经济向商品经济的转化。对本末关系的认识，在实质上涉及到宏观经济管理中经济结构的战略安排。

4. 分配论

分配论，主要是如何通过财政税收进行财富的分配和再分配。孔子以及以他为代表的儒家学派在财政赋税方面提倡薄赋敛的思想。孔子对当时鲁国的税制改革一直持批判的态度。把鲁国君王按土地面积征税的税制改革视为"非礼也"，"非正也"，"聚敛"，"贪得无厌"，并提出了"敛从其薄"的主张。而长期与儒家学派持不同政见的法家学派却不是片面地强调薄赋敛，而是要求从宏观经济管理的目标出发，根据具体情况而定税赋。如商鞅主张对农业"訾粟而税，则上壹而民平"，对工商业则主张"不农之征必多，市利之租必重"，用税制的差别为其推行的农战政策服务。《管子》的作者提倡通过财政赋税来分配和再分配财富，提出了"相地而衰征"、"取于民有度"的理论方针。这个理论方针标志着战国时期封建剥削形式由劳役租税向实物租税的转变。"度"意味着财政赋税的制度必须在考虑巩固封建国家的统治之基础上进行确定。

在漫长的封建社会中，分配问题一直围绕着是"薄赋税"，还是"理财"增加国家收入来减轻百姓的负担进行着争议。一般说来，前者代表着儒家的传统思想，居于统治地位。进入近代以后，封建社会的赋税制度逐渐动摇，资本主义的赋税制度开始从西方输入。受西方思想的影响，一些人提出用赋税制度来抵制外国资本的侵入，也有人把财富的生产和分配明确加以区分，采用了"生之"、"移之"、"夺之"的概念，即在商品生产和分配的关系上，首要的是"生之"，尽量少用"移之"、"夺之"的方法来再分配财富。孙中山则在其分配纲领中提出了"平均地权"，"节制资本"的思想。

5. 消费论

消费论。集中表现为俭奢之争。一般说来，中国的诸多思想家都主张节俭，而反对奢侈。如在先秦的思想家中，墨子认为，"凡是以奉给民用则止，诸加费不加于民利者，圣王弗也"。这意味着，凡是超出"民用"、"民利"的消费，都是"无用"、"不加利"的，必须制止。"去大人之好聚珠玉、鸟兽、犬马，以盖衣裳、宫室、甲盾五兵、舟车之数。"这明确提出，要限制上层统治者的奢侈浪费。孔子也主张节俭，反对奢侈。他主张把节用与他的根本思想"仁爱"联系起来，认为"仁者爱人"，"节用而爱人"，节用就是"仁"。道家学派的创始人老聃提出了更为独特的消费观，把"俭"作为自己的三"宝"之一。他提出："我有三宝，持而足之：一曰慈，二曰敛，三曰不敢为天下先。"把原始的生活标准作为俭的标志，反对人们生活水平的提高。法家学派的消费观，可以《管子》一书的观点为代表。该书认为，"俭则伤事，侈则伤货"，既主张节俭，又提倡侈靡。这是因为，节俭会使生产停滞和流通不畅，而侈靡则会造成对财富的浪费。对于这似乎互相矛盾的结论，《管子》一书认为，应把它们统一到发展农业生产和实现富国安民的目标上。

以上墨、儒、道、法四家的消费观，对后世的两千多年影响巨大，但儒家的观点始终占有支配的地位。进入近代以后，人们的奢俭观开始与资本主义商品经济的愿望和实际联系起来。如资产阶级改良代表人物谭嗣同就公开提出了黜俭崇奢的口号。他认为，奢俭的划分本来就是相对的，崇俭与社会的发展相矛盾，并与那些宣扬崇俭者的事实不相符。如他曾极力赞扬"奢"的好处：奢之"害止于一身家，而利十百矣。锦绣珠玉栋宇车马歌舞宴会之所集，是固农工商贾从而取盈，而转移执事者所奔走而趋附也"。这种对"奢"的赞誉之言已体现出资产阶级的奢俭观了。

三、《管理学——原理与方法》对中国传统管理思想要点的概括

1993年由复旦大学出版社出版，南京大学国际商学院教授周三多主编的《管理学——原理与方法》是一本在中国管理学界有一定影响的书籍。在这本书中，周三多教授认为，中国传统的管理思想分为宏观管理的治国学和微观管理治生学，这两方面的学问极其浩瀚，作为管理的指导思想和主要原则，可以从中概括出以下一些要点。

(1) 顺“道”。意指管理要顺应客观规律。《管子》一书认为，自然界和社会都有自然的运动规律：“天不变其常，地不易其则，春秋夏冬，不更其节。”社会活动都有“轨”可循，“不通于轨数而欲为国，不可。”万物按自然之“轨”运行，对人毫不讲情面。“万物之于人也，无私近也，无私远也”，你的行为顺从于它，它必“助支”，你的事业就会“有其功”，“虽小必大”；你若逆它，它对你也必“违之”，你必“怀其凶”，“虽成必败”，“不可复振也”。司马迁在其著名的《史记》中也把社会经济活动视为由各个个人为了满足自身的欲望而进行的自然过程。对于社会自发的经济活动，他认为国家应顺其自然，少加干预。“故善者因之”，顺应客观规律，符合其“道”，乃治国之善政。

(2) 重人。这是中国传统管理的一大特点，包括两个方面：一是重人心向背，二是重人才归离。得民是治国之本。欲得民必先为民谋利。在先秦的思想家中，孔子提倡“行仁德之政”，“因民之所利而利之”，“修文德以来之”，使“天下之民归心”，“近者悦，远者来”。《管子》一书提倡，“政之所兴，在顺民心；政之所废，在逆民心”，国家必须“令顺民心”，“从民从欲，去民所恶”，乃为“政之宝”。西汉贾谊说：“闻之于政也，民无不为本也。国以为本，君以为本，吏以为本，”“国家的安危存亡兴坏，定之于民；君子威侮、昏明、强弱，系之于民；吏之贵贱，贤不肖，能不能，辨之于民；战争之胜败，亦以能否得民之力以为准。”

求贤若渴，表示对人才的尊重，并把能否得贤能之助，视为关系国家兴衰和事业成败的关键。在《吕氏春秋》中就认为：“得贤人，国无不安……失贤人，国无不危。”诸葛亮在总结汉朝的历史经验时也提出：“亲贤臣，远小人，此先汉之所以兴隆也；亲小人，远贤臣，此后汉之所以倾颓也。”《晏子春秋》则把对人才的“贤而不知”，“知而不用”，“用而不任”，视为国家的“三不祥”，其害无穷。

(3) 人和。“和”就是调整人际关系，讲团结，上下和，左右和。对治国而言，和能兴邦；对治生而言，和能生财。故我国历来把天时、地利、人和看成事业成功的三要素。

孔子说：“礼之用，和为贵。”管子说：“上下不和，虽安必危。”“上下和同”，“和协辑睦”是事业成功的关键。古人还认为，求和的关键在于当权者，只有当权者严于律己，严禁宗派，不任私人，公正无私，才能团结大多数。《管子》提出“无私者容众”，要求君王切不可有“独举”、“约束”、“结纽”这些宗派行为。

(4) 守信。治国要守信，办企业要守信。信誉是人们之间建立稳定关系的基础，是国家兴旺和事业成功的保证。

孔子说：“君子信而后劳其名。”他对弟子注重“四教：文、行、忠、信”。《管子》十分强调取信于民，提出国家行政应遵循一条重要原则：“不行不可复。”该书认为：“言而不可复者，君不言也；行而不可再来，君不行也。凡言而不可复，行而不可再者，有国者

之大禁也。”

(5) 利器。生产要有工具，打仗要有兵器，中国历来有利器的传统。

孔子说：“工欲善其事，必先利其器。”《吕氏春秋》也认为，使用利器可达到“其用日半，其功可使倍”的效果。利器说的提倡促进中国民众推行、使用先进技术，并使之成为兴邦立业的重要思想。如中国相当一段时间内，在某些技术领域领先于世界各国的情况，就可以证明这一点。

(6) 求实。实事求是，办事从实际出发，是思想方法和行为的准则。

儒家提出“守正”原则，看问题不要偏激，办事不要过头，也不要不及，“过犹不及”，过了头，超越客观形势，犯冒进错误；不及于形势又错过时机，流于保守。两种偏向都会坏事，应该防止。《管子》还认为，凡事应量力而行，“动必量力，举必量技”，“不为不可成，不求不可得”，“量力而知攻”，“不知任，不知器，不可”，“妄行则群卒困，强进则锐士挫”。《管子》还提出了“时空”原则，即办事要注意时间（时机）和地点等客观条件。“事以时举”，“动静”，“开阖”，“取予”，“必因于时也，时而动，不进而静”。不顾时间的变化，用老一套的办法，不注意“视时而立仪”，“审时而举事”，必然招致失败。空间不同，政策措施也应有异，不可将老一套办法到处运用。“以家为乡，乡不可为也；以乡为国，国不可为也；以国为天下，天下不可为也。”

(7) 对策。即在治军、治国、治生等一切竞争和对抗活动中，都必须统筹谋划，正确研究对策，以智取胜。古语“夫运筹策帷幄之中，决胜于千里之外”就是关于对策的形象描述。

《孙子兵法》认为，“知彼知己，百战不殆，不知彼而知己，一胜一负；不知彼，不知己，每战必殆。”《管子》主张：“以备待时”，“事无备则废”，治国必须有预见性，备患于无形，“唯有道者能备患于无形也。”中国古代有许多优秀的对策实例，如田忌和齐王赛马的故事，三国的赤壁之战、空城计，孙膑的“减灶骄敌”等，都是系统运筹的结果。

(8) 节俭。节俭意措崇俭黜奢。孔子主张“节用而爱人，使民以时”。墨子说：“其财用节，其自养俭，民富国治。”荀子也说道：“强本而节用，则天不能贫……本荒而用侈，则天不能使之富。”纵观历史，凡国用无度，荒淫奢费，横征暴敛，必滋生贪官污吏，戕害民生，招致天下大乱。在治生方面，司马迁说：“薄饮食，忍嗜欲，节衣服，”“纤啬筋力，治生之正道也。”汉初有个经营农业的任氏，一反当时“富人争奢侈”之风气，力行“家约”，“折节为俭”，以致“富者数世”，成为闾里的表率，受人赞颂。

四、简单的评述

从以上的介绍中不难发现，几千年的中华文明中，不论是在富国之学，还是在治生之学中，都包含着丰富的治国、治军、待人、处事的思想和方法；蕴含着深厚的管理哲理；充满着辩证的气息。这种博大精深、丰富多彩的实践经验和研究成果，不仅丰富了人类的管理思想库，成为当今世界各国研究管理思想、理论、方法不可缺少的领域，而且迄今仍指导着众多的企业在商海中搏击，在竞争中取胜。如美国的百事可乐公司的高层主管，不少的日本企业领导人都在学习、研究《孙子兵法》，就是一个极好的例证。综合前述三位学者的研究成果，结合现实的经济、社会发展状况，可以总结出现实中的中国管理思想会在以下三个方面体现出它的特色，或是说，会在以下三个方面受到制约或影响。

（1）传统的中国文化，丰富的历史底蕴，依然是中国管理思想发展的基础，植根的肥沃土壤。从理论上看，这里所涉及的文化是一个国家、一个民族中长期形成的共同思想、作风、价值观念和行为准则，具有国家或民族的个性、信念和行为方式。由此可见，文化的最大特点是，它对人们的思维方式、行动纲领会产生决定性的影响，且变化较为困难和需要漫长的时间。从实践中看，20 世纪 70 年代为实现“备战、备荒，为人民”目标的“深挖洞、广积粮，不称霸”方略；20 世纪 90 年代初为回应一部分西方国家的制裁而提出的“韬光养晦”的应对策略；直至 20 世纪末东南亚金融危机中，我国政府镇定自若，顾全大局的“人民币不贬值”的承诺，都深刻地反映、体现着管理思想精髓的中国传统文化色彩的影响。

必须指出的是，在我们学习、继承中国文化优良传统的同时，也必须注意到三千多年来的封建主义制度，百余年来的殖民地、半殖民地社会在中国文化上烙下的深深印记。如经济结构、国民经济发展中出现的“二元”现象（发展中国家存在着双重的经济、技术、金融、社会、政治等结构的一种理论）；市场分割、保护的现象；长官意志、胡乱指挥、轻视法律公道的现象；忽视大生产、市场经济规律、目光短浅、急功近利、小农意识浓厚的现象，都可以在这些“印记”上找到原因、源头。

（2）我国现行的政治体制、经济运行机制、法律框架会对中国管理思想产生重要的影响。如在第九届全国人民代表大会第二次会议上通过宪法修正案中所新修改的内容：“我国将长期处于社会主义初级阶段”，“中国各族人民将继续在中国共产党领导下，在马克思列宁主义、毛泽东思想、邓小平理论指引下坚持人民民主专政，坚持社会主义道路，坚持改革开放，不断完善社会主义的各项制度，发展社会主义市场经济，发展社会主义民主，健全社会主义法制，自力更生，艰苦奋斗，逐步实现工业、农业、国防和科学技术的现代化，把我国建设成为富强、民主、文明的社会主义国家。”“中华人民共和国的社会主义经济制度的基础是生产资料的社会主义公有制，即全民所有制和劳动群众集体所有制”，“国家在社会主义初级阶段，坚持公有制为主体、多种所有制经济共同发展的基本经济制度，坚持按劳分配为主体、多种分配方式并存的分配制度”，“在法律规定范围内的个体经济、私营经济等非公有制经济，是社会主义市场经济的重要组成部分”等，都会对中国社会主义市场经济条件下管理理论、管理方法，乃至组织的管理措施、分配体制、激励措施、用工政策产生直接、重要的影响。

同时也必须认识到，在中国社会主义建设的较长的一段时间中，曾出现过严重的曲折和失误，究其根本原因是对什么是社会主义，怎样建设社会主义这个基本理论问题没有完全搞清楚；对社会主义初级阶段的长期性和这一阶段所特有的社会发展规律没有完全搞清楚。虽然这特殊的历史阶段早已过去，但在几代人的思想深处却留下了深深的痕迹，对中国的政治体制、经济运行机制，甚至对管理理论、管理方法也带来了影响。如僵化的体制，官本位的特色，平均主义（大锅饭）的习气，不注重经济规律，忽视效率和效益的作风，正是这些痕迹和影响的反映，也自然成为建设社会主义市场经济，推行现代化管理必须予以注意的问题。

（3）在学习外国管理理论、管理方法过程中，外国管理理论与方法对中国管理思想的影响。回顾外国管理理论、管理方法对中国管理思想产生影响的历史过程，主要的影响出现在20世纪50年代全盘学习前苏联和改革开放以后大力引进、介绍西方发达国家管理理论、管理方法的两个时期。可以这样认为，真正地建立完整的中国工业体系和按现代化的管理方法对企业实施管理，是在中华人民共和国成立后，引进156个项目和相应的配套设施，全盘学习前苏联开始的。在20世纪50年代，在前苏联政府的帮助下，中国建立了较为完整的工业体系，相应的工业企业管理理论、方法也随着苏联专家的传授，设备的运转，生产工艺过程的运行而传进了中国。回顾起来，虽然前苏联的企业管理理论和方法基本上是依照计划经济的管理模式确立的，企业作为整个国民经济计划体系中的一个加工车间，完成的只是上级下达的生产任务，从不考虑市场的问题，管理理论和方法的注意点仅是生产任务的合理组织和安排。但前苏联企业管理工作的计划周密，强调生产任务时空的衔接，突出基础工作的重要性，以及对技术的严格要求却极大地提高了中国现代化企业的管理水平，并培养和造就了新中国能对现代化的企业实施管理的一代管理人才。

到了20世纪70年代，随着中国开始从西方发达国家引进成套设备、技术，发达国家的先进管理方法也开始进入中国。那时引进的主要是一些管理方法，如价值工程全面质量管理等。到了20世纪80年代，随着改革开放的不断深入，中国开始全面地引进西方发达国家（其中主要又以美国、日本为主）的管理理论和方法。如20世纪80年代开始在大连创办的中美联合培训企业管理人员和高校教师企业管理培训班，就是全面按西方管理理论和方法培训中国人员的开始。改革开放二十多年来，我国现有的管理学专业，特别是MBA的教学理论和体系框架，基本上完全是按美国的管理理论和体系设置的，中国的众多企业也在全面、系统地按西方发达国家的管理理论运作。从整体上看，西方发达国家的管理理论较好地适应了市场经济的运行规律，大大促进了中国企业的转轨变型，加快了中国企业适应市场竞争的进程，提高了中国企业经营管理人员管理的水平和能力。但也必须看到，中国在引进西方发达国家管理理论和方法时，模仿的多，照搬的多，结合中国国情、企业实际情况消化、改造、创新的少，往往造成西方先进的管理理论和方法难以在中国企业经营工作中，在广大干部、职工心中扎根，有时就流于形式，甚至出现负面效应和效果。

因此，系统地总结几十年中国管理工作的经验，认真地结合中国的国情、厂情，科学地、创造性地建立具有中国特色的管理理论和方法，丰富中国的管理思想库，还是一项艰苦而又具有挑战性的工作。

第三节　管理科学的新发展

在前面两节的学习中，接触到的所有理论、所有人物最早的上迄20世纪初，最晚的也是20世纪60年代的了，那么近二三十年，特别是当人类社会进入21世纪，进入知识经济时代后，管理理论将有哪些发展、哪些创新呢?

近二三十年来，与其他学科一样，管理科学也处在不断的变化和发展之中。在20世纪70年代后期至80年代，企业文化的研究和探索曾成为管理理论界众人关注的课题；到了20世纪90年代中期，探索新的管理理念和模式，又引起了管理学界的兴趣和重视；时至今日，面对人类新世纪的来临，面临知识经济可能给各个国家、各个组织，甚至各个人的竞争模式、道路、方法选择带来的挑战，管理理论又在孕育着重大的变革，这应引起世人的高度注意和关切。

一、企业文化问题的研究与探索

20世纪70年代中、后期，美国经济遇到了来自国内外的巨大压力和挑战。从国内看，多年奉行的凯恩斯经济政策的功力日益减退，国民经济发展遇到了凯恩斯经济理论难以自圆其说的“滞胀”（指经济停滞和通货膨胀两症并发）问题。从国外看，第二次世界大战中的战败国日本，在美国自己的扶植下已恢复元气，在世界市场全面出击的同时，重点占领美国市场。日本的家电行业在美国市场上所向披靡，汽车行业美国也全面失守（日本等外国汽车1980年在美国市场的份额达到了25.3%）。在一片“Business Animal”（指日本商人为“商业野兽”）的诅咒声中，一批美国管理学者开始认真地研究和比较美日企业经营管理的内在差异，以图寻找到美国企业缺乏竞争优势的根本原因。在研究的过程中，美国的学者首先发现，美日企业的重大差异在于生产效率增长不同，日本企业的生产效率增长很快，而美国企业的生产效率却几乎处在停滞的状况中，不仅大大地落后于日本，甚至还落后于一些西欧的国家。随之他们又发现，造成生产效率不同的重要原因是日美企业管理水平存在差异。一个有说服力的例子是，一位美国著名公司的副总经理在回答“美国企业在90年代将要面临的关键问题是什么”时，就指出，关键的问题不是技术或投资，也不是规章制度或通货膨胀，关键的问题将是我们如何对这事实作出反应——日本人比我们更懂得怎样管理企业。在进一步的深入研究中，一些专家把注意力集中在对管理理论和思想可能产生重要影响的社会文化上。美国在研究企业文化工作上取得突破性进展的《Z理论》作者威廉·大内就认为：“我把我的目标改成：利用日本与美国的对比力求达到两个目的，一是找出适用于两种文化的基本特点，二是理解由此而形成的模式的区别。”于是，企业文化的比较研究工作就在美国轰轰烈烈地兴起，并逐渐扩展到了世界的一些国家。

（一）企业文化的基本概念

迄今为止，学术界对企业文化的概念并没有形成一致的看法。较为流行的看法是，企业文化是企业内部人们在较长时间内形成的共享价值观、信念、态度和行为准则，它是一个组织特有的传统和风尚，制约着全部的管理政策和措施。由此可见，在一个真正建立起企业文化的企业中，企业文化就像前述的社会文化一样，它会对企业的公众形象、策略和政策、生产和服务、职工的举止和行为产生重要的影响。威廉·大内指出：“这种公司文化包括一整套象征、仪式和神话。它们把公司的价值观和信念传输给雇员们。这些仪式给那些原来就稀少而又抽象的概念添上血肉，赋予它们以生命力，从而能够对一个新雇员产生意义和影响。”“掌握了这种价值观和信念（或者说‘目标和手段’）、宗旨本质的人能够从概括的陈述中推导出无数的具体规则和目标，以适应不断变化的情况。再者，这些具体规则和目标在人与人之间是有一致性的。因此这种理论提供了两个优点：既控制了人们对问题作出反应的方式，又取得了他们之间的协调。”威廉·大内的话准确地描述了建立企业文化的基本过程，既把公司的价值观和信念传输给雇员，从而对雇员产生实质性的影响；也描述了建立企业文化在提高企业管理水平方面的作用，这就是，真正建立起来的优秀企业文化，它能统一企业职工们的思想，以达到控制人们对问题作出反应的方式，协调人们之间的行为，提高组织凝聚力的作用。由此可见，企业文化建设的终极目标是，在组织内部全体人员价值观念、思想高度统一的基础上，形成一支团结、协调的队伍，参与竞争，获取成功。企业文化建设的着力点，依然是抓住了管理工作的核心——对人进行科学的管理，它体现了管理工作的整体性、目标性，是企业高层管理人员（特别是主要负责人）有意识的行为，是企业主要负责人精神、价值观念的体现。

（二）《Z 理论》

《Z 理论》一书的全名是《Z 理论——美国企业界怎样迎接日本的挑战》，1981 年在美国出版，作者是美籍日本人威廉·大内（William Ouchi）。这是研究日美企业竞争实力差距成因，并推导出企业文化问题的开山之作。为配合企业文化理论内容的学习，特对《Z 理论》一书作简要的介绍。

1. Z 理论

威廉·大内使用“Z 理论”作为他的书名，并在书中广泛使用了“Z 理论”、“Z 型管理方式”、“Z 型组织”等词汇，不由使人想到了道格拉斯·麦格雷弋的“X—Y 理论”。大内认为，他在选用字母“Z”时，确实“参照”了麦格雷弋的“X—Y 理论”，与麦格雷弋的观点有“关联”，但从“Z 理论”的理论框架看，“Z 理论”并不是有关人性的研究，而是对管理模式的理论概括。这正如《Z 理论》一书的翻译者孙耀君先生在“译者的话”中所说到的：“大内根据研究的结果，认为日本的经营管理方式一般较美国的效率为高。他因此提出，美国的企业应该结合本国的特点，向日本企业的管理方式学习，形成自己的一种管理方式。他把这种管理方式归结为 Z 型管理方式，并对这种管理方式作了理论上的概括，提出了‘Z 理论’。”大内在书中说：“美国通用汽车的别克装配厂曾是全公司效率和质量最差的工厂之一，但在按近似日本的管理方式重新设计了该厂的管理后，该厂的效率和质量上升为全公司的第一名。这种改造就是我称之为 Z 理论管理方法的基础。简言之，它向人们启示：使工人关心企业是提高生产率的关键。”Z 理论的第一课是信任，即对人的信任，第二课是人与人之间的微妙性，二者不是孤立的。信任和微妙性不仅通过有效的协调提高了生产率，而且还不可分割地联系在一起。在一个健康的社会里，亲密性是一个必要的因素。社会的亲密性一旦瓦解，就会产生恶性循环。人们在某一环境中，如果没有养成对本社团的责任感，总的说来，就会丧失社会感。一个社会，如果在一代人中丧失了培养亲密性的能力，就可能培养出这样的孩子：他们的社会感将永远是薄弱的。最终，我们将成为一盘散沙，彼此之间毫无联系。

因此，Z 理论主要研究了怎样才能使人们通过恰当的管理方式协调起来，以产生最高的效率这样的问题。围绕这一中心问题，讲述了信任、微妙性和人与人之间的亲密性，并认为，若在一个组织中缺少这样三点，没有哪一个“社会的人”能够获得成功。

2. Z 型组织

大内把他所研究的企业管理方式分为了三类，并分别用不同的字母加以区别：用 A 型管理方式代表传统的美国企业管理方式；J 型管理方式代表日本企业的管理方式；Z 型管理方式代表在美国自然发展起来的，但与日本的企业具有许多相似特点的美国企业管理方式，并分别把这三类采用不同管理方式的组织称作A型组织、J型组织、Z型组织。

Z型组织具有以下特点：

(1) 组织内部倾向于长期雇佣制，并具有缓慢的评价和升级过程。

(2) Z型公司一般具有充足的、现代化的情报机构、会计制度、正式计划、目标管理法，以及一切其他正式的、具有A型特征的明确控制方法。但在Z型公司中，这些方法仅仅是为了获得情报而被重视，很少在重要的决策中起作用，他们更乐于在判断过程中恢复敏锐性和主观性，注意在含蓄和明确之间寻求一种平衡状态。

(3) 组织内部的文化已达到了高度的一致性。组织如同氏族，它们是亲密的社会团体，从事经济活动，并通过多种形式的纽带结合在一起，与等级制度不同，也与市场有区别。在类似于氏族的Z组织中，每个人都有效地被告知去做他本人恰恰想做的事，有较高的个人自治感和自由感。

3. A型组织转换成Z型组织的基本步骤

大内认为，为了提高美国企业的生产率，应将A型组织转换成Z型组织，转换的基本步骤是：

第一步：理解Z型组织和个人的作用。用以熟悉Z理论的基本思想，掌握Z型组织的思想实质。

第二步：检查你的公司的宗旨。用以使人了解你工作和生活的价值观，宗旨还可以了解企业战略同管理宗旨之间的联系。

第三步：解释所期望的管理宗旨并使企业领导支持管理宗旨。用以得到组织中最高领导人的直接支持，保证变革的成功。

第四步：通过创立结构和刺激来贯彻宗旨。用以建立一定的结构来引导组织趋向协作和前进，并帮助组织建立长期的观点。

第五步：发展人际关系的技能。人际关系技能在Z型组织中处以中心的地位，发展人际关系技能，用以与委托人、顾客打交道；适应于同僚和同事，正确地进行领导。

第六步：对你自己和系统进行测验。用以为了确保组织革新的成功，进行某些试验来表明是否达到了预期的目的。

第七步：把工会包含在计划之内。Z型组织的成功在很大程度上取决于权力的平等分配，要加强公司经理同工会高级职员之间的联系和交流。

第八步：使雇佣稳定化。管理人员应明确，雇佣的稳定部分是公司政策的直接后果。

第九步：确定一种缓慢的评价和提升的制度。要放慢评价和提升的速度，必须向雇员强调他们长期工作成绩的重要性，使他们忘记短期而做那些对短期或长期都有根本意义的事。

第十步：扩大职业发展的道路。考虑到中年的、中等级别的专业人员或经理进一步提升的前程有限，必须发展非专业化的职业道路，鼓励雇员平级地到其他的并可以学到新东西的有关职务上去，使其能保持热情、效率和满足的程度。

第十一步：为基层的实施作准备。Z型组织的变革是从高层开始的，成功的Z型公司不是通过在基层实行参与管理而匆忙改正老的错误，而是首先在上层花费时间去取得了解和真正地承担责任。

第十二步：找出实行参与的领域。要充分做好组织和协调工作，经理们要为协调不好承担。

第十三步：使整体关系得到发展。整体关系是团结性、内聚力的表现，而内聚力是在共同工作并共享其归属感情的雇员团体中涌现出来的，它是组织一体化的结果而不是原因。

（三）《寻找优势》

《寻找优势》是与《Z 理论》同一时期出版的书籍，它在 1982 年出版，作者是托马斯·彼得斯（Thomas Peters）和小罗伯特·沃特曼（Robert Waterman，Jr.）。这是一本依然在寻求企业文化浪潮中出现的代表作。据称，这本书在出版后曾在美国引起了轰动，并在全世界产生了不凡的影响。这本书的最大特点是，它在对美国 43 家著名公司调查的基础上认为，美国经营最成功的公司比日本公司毫不逊色，而且有独到之处。美国优秀公司大多个性鲜明，有独特的文化、哲学和价值观。这本书在充分肯定美国优秀公司的同时，似乎也感觉到了美国公司盲目学习日本公司管理经验的难度。如作者在书中写道："那时候（1980 年）为萧条停滞所困扰的美国经理们纷纷冒险采用日本的管理方法，完全忘记了两国间的文化差距比宽广浩瀚的太平洋还要大得多。"与《Z 理论》一书相比，《寻找优势》只晚一年出版，但强调美国公司学习本国优秀公司的重要性，理论框架和一些结论也与《Z 理论》有所不同，因而可称为研究企业文化的第二代书籍。为方便学习和研究，下面对《寻找优势》一书作简要的介绍。

1. 优秀的美国公司

《寻找优势》的作者彼得斯、沃特曼经过认真的调查后，得出这样的结论："我们强烈地感到，优秀公司之所以优秀，是因为它们具有一系列独特的文化特质，这使得它们与其他公司大不相同……但通过调查，我们确实发现几乎每一个优秀公司都有一两个很强的领导人，他们似乎对于公司经营成功贡献颇多，起到了头等重要的作用。""不过这里有两点值得注意：第一，看来优秀公司发展起来了自己的文化观念，并且把它们的价值标准同杰出领导人物的实践结合成一个整体，这些共同的价值准则即使在最初培养建立它的那些领导人离开以后仍能在几十年内长期发挥作用。第二，主要经理人员的根本任务是发现、归纳、丰富本组织的价值准则，并充分发挥它的作用，这一点看来也是显而易见的。"十分清楚，彼得斯和沃特曼着重突出了"文化"在造就优秀公司上的重要性，但也未忘记美国管理方式的重要特点——个人的独特作用。

彼得斯和沃特曼还认为，优秀的、革新型的公司具有八个典型的特征：

(1) 乐于采取行动，保持工作的不断进展。许多优秀公司的标准工作方式是"干起来，做出来，试试它"，而且采取许多实际措施保持公司的行动敏捷，防止随着经营规模扩大而难以避免的僵化趋势。

(2) 接近顾客。优秀公司善于向服务对象学习，向顾客提供别人无法比拟的质量、服务和适用耐久的产品。

(3) 自主和企业家精神。优秀的公司培养出许多领袖人物和改革家，提倡创新、试验、进取、自主，打破常规，加强内部竞争。

(4) 通过发挥人的因素来提高生产率。优秀公司把基层的普通职工当成提高质量和生产率的最根本要素。不赞成用“我们如何，他们那些劳工如何”这种态度对待人，也不把资本投资看作是改进效益的主要源泉，把每一位工人看成有思想有主意的人，而不只是一双会干活的手。

(5) 领导身体力行，以价值准则为动力。书的作者引用了 IBM 公司总裁小托马斯·沃森的话进行了解释：“一个组织的基本哲学对它的经营成果的影响，要远比技术力量、经济资源、组织结构、革新和选择时机这类因素大得多。”

(6) 发挥优势，扬长避短。在企业进行多元化经营时，一定要注意公司自我优势的发挥，紧紧地围绕中心业务进行，绝不能随意地进行跨行业多样经营。

(7) 组织结构简单，公司总部精干。优秀公司的基本结构的形式和系统大都精巧简单，高层职能部门比较小，人员也少。并极力反对矩阵式组织机构在大公司中采用。

(8) 宽严相济，张弛结合。优秀公司在管理工作中做到了既高度集中又高度分散。所谓的集中，是在珍视的为数很少的价值准则上狂热的虔诚，比经过洗脑的极端主义正统派成员还有过之而无不及。所谓分散，是最大限度地分析和发扬自主精神、创新精神，保持组织高度的活力，充分发挥人的主动性。

该书的作者认为，在这八个特征中，大部分并无惊人之处，但优秀公司却把发挥人的作用当作自己的使命，把质量和服务标准奉若神明，坚持发展成千上万普通职工持续的首创精神，而终究创造了企业各自的辉煌。

2. 理性模式的缺陷

彼得斯和沃特曼批评了管理工作十分流行的理性模式。他们认为，这种在商学院里就培养出来的定量、理性的思维模式体现得十分正确、十分完美，也企图告诉人们，受过良好训练的职业经理人员会管理好任何工作，能为决策提供绝对妥当、分析性的论证，但这种模式的缺陷却是明显和多方面的。如这种模式不教人们去热爱自己的顾客，看不到调动广大职工积极性的重要性，也不会使广大职工感到工作的意义。这种“见物不见人”的思想和模式虽在第二次世界大战后广泛被人接受，但到了 20 世纪 80 年代就明显难以对付需求的变化、全球的竞争了。更为具体地讲，理性模式的缺陷还体现在以下三个方面：

(1) 缺乏远见，视野狭窄。美国的经理们最为根本性的问题是缺乏远见，缺乏从全面观点来感觉和理解问题的能力。一些表面上看来才华横溢的经理们却往往忘记了他们的真正职责——赚取利润，完成工作，并将本企业推向前进。另一个受到批评的方面是，经理人员往往把人混同资金、机器，毫不关心职工，使工人失去了对工作的乐趣和兴奋。

(2) 过分地依赖于公司总部的象牙塔之中。在美国公司中，经理们过分地依靠上层思考；过分地依赖财务方面的技巧与手法；过分地相信计划。以至于过分地迷恋如下原则：大比小好；只有降低成本才能获胜；分析一切；远离不安分的狂热革新迷；经理的任务就是作决策；控制一切；只要物质刺激方法运用得当，生产率就会上去；加强检验以控制质量，而忽视人的作用；经营就是经营，人不过是一种资源；高层经理比市场更聪明；如果停止增长，一切将结束。

(3) 思维的片面性。在管理过程中，有三个变化因素，或三个基本过程。它们是：确定目标与方向，作出决策和贯彻实施，但理性模式的问题是，它只注重了作出决策这一个因素。管理过程的人为割裂，使人们在日常的管理工作中，只注意了那些自封为探索者、战略家而不会干任何实事的人，却忽视了决策实施过程中不可缺少的人物——实干家；只注意了参与决策的经理人员，而忘记了企业中其他人员的存在。

彼德斯、沃特曼最后的结论是，告诫美国公司的经理应放弃传统的理性模式，注意掌握他们所提出的新理论要点：

(1) 人们需要生活的有意义；

(2) 人们需要有一点自主控制权；

(3) 人们需要正面鼓励和强化，在某种意义上能够把自己看成优胜者；

(4) 实际行动、行为到达一定程度时形成态度、信念，而不是相反。

重视公司，尤其是优秀公司的概念，首先意味着它们独特的文化观念和传统；成功的公司要通过有意识的，但具体说来又是不可预计的逐步演进过程而成长壮大。在八个方面（即前面所介绍的美国优秀公司的八个特征）作出新的努力，去寻找竞争的优势。

（四）简单的评述

可以这样认为，企业文化的思想和理论是在20世纪80年代初形成和发展起来的一种管理思想和理论，是美国的管理理念专家在日美企业管理模式的差异比较中发现、总结出的一种管理理念和方法。企业文化理论的核心是，在充分认识人、尊重人的基础上，通过企业领导人有意识、有目的的活动，结合企业所处国度的社会文化，以及企业经营方式、产品、行业等方面的特点，创立和建立起来的一种从上到下，有别于其他企业的价值观念和价值体系。从总体上看，企业文化的思想和理论还不能作为管理理论发展的一个全新阶段，它只是第二次世界大战以后，“管理丛林”中一株挺拔的“大树”，一朵艳丽的“花朵”。它给予了管理人员新的启迪和方法，也使管理人员更深刻地理解了在管理工作中如何更好地运用管理方法去挖掘人的智慧和潜能，也使管理科学更自然和贴切地回到了对人的科学管理上。

企业文化建立的必备条件是：

(1) 具有特色的国家和民族文化；

(2) 企业领导人本身具有丰富和鲜明的价值观念和价值取向；

(3) 有意识、有目的地倡导和推行；

(4) 较长时间的努力进取和不懈探索。

由于这些必备条件，建立一个企业的企业文化并不是一件容易的事情，这个问题不仅制约着企业文化管理模式的推行，也为企业文化管理模式确立严格、精确的理论框架和体系带来了困难。

二、现代管理的总体发展趋势

21世纪将是一个什么样的世纪？一直是近几年人们热衷研究和探讨的话题。虽然迄今为止还未形成固定、统一的看法，但21世纪将是知识经济的时代，知识将成为这一时代的重要经济要素，恐已无大的争议。因此可以断言，在人类进入新的经济时代，当作为经济要素的知识发挥越来越大的作用的时候，企业的组织形式、管理的理论和方法都将随之发生变化。人们可能已有预感，这些变化正在逼近，管理理论、思想的突破正在孕育之中。

（一）知识经济

知识经济（The Knowledge Economy，亦称 The Knowledge Based Economy）一词是由联合国研究机构和经合组织首先提出来的，并立即在全世界引起了强烈的反响。人们普遍认为，“知识经济”一词恰当地概括了国际经济变化的最新特点和发展趋势。经济合作和发展组织认为，知识经济的提出，是出自对知识和科技在经济增长中作用的深刻认识，知识历来是经济发展核心要素，经济也密切地依赖于知识的生产、传播和利用。但是，在传统的经济概念中，生产取决于劳动力、资本、土地、资源等生产要素，技术或知识被视为外部要素。因此，当代的经济学家都建议修正新古典主义经济学中生产函数的有关概念，将“知识”要素直接列入其中。在这样的概念中，经济增长更直接地取决于知识的投资，知识可以扩大传统生产要素的生产能力，可以提供调整生产要素创造革新产品和改进生产程序的能力。以知识为基础的经济增长新模式鼓励创造新知识和在经济中传播新技术的手段。知识经济的目标是研究、开发和应用新技术。现在的经济重心已从工业经济时代的经验、传统，向获得新技术知识、创造和适用新技术发展的灵活转移。

更为具体地讲，人们普遍地认为，美国近一个时期经济的增长状况已体现出新技术革命的特色，出现了从工业经济向知识经济转移的雏形。从 1991 年算起，美国的经济增长已持续了 90 多个月，且有继续维持其局面的势头。在 20 世纪 90 年代，美国已扭转了 70 ~ 80年代相对衰退的局面，美国占世界 GDP 的比重从 1988 年的 25%上升到 1996 年的 27%。据美国 1996 年的一次调查，45%的美国人自称是“工人阶级”，45%的人自称为“中产阶级”，其余 10%的人属“资产阶级”。从 1989 ~ 1995 年间，年收入在 1 万 ~ 2.5 万美元的家庭中，股票持有者从 13%增至 25%；年收入在 2.5 万 ~ 5 万美元的家庭中，股票持有者从 33%增至 48%，即近一半美国人成为了股东。统计数据还显示，在美国，60%的家庭拥有自己的住宅，50%以上的家庭有了自己的银行存款和股票。究其根本原因，人们认为，产生上述重大变化的深层次原因是：

(1) 美国的经济技术体系发生了变化。美国顺应信息时代的要求，实现了向高新技术（如信息、生物、新材料、新能源、航天）产业的转化，并建立了相应的信息基础设施。据统计，美国的高新技术产业已占 GDP 的 50%，约 25%的人和 80%的企业使用了因特网。

(2) 美国的产业结构发生了重大变化。目前，服务业（即第三产业）的国内生产产值已占美国 GDP 的 70%以上，对 GDP 的贡献率也达到了 80%以上。在服务业就业的人数占就业总人数的比重从 1960 年的 56.2%提高到了 1994 年 73%；与此同时，第一产业和第二产业的比重却分别从 8.5%和 35.5%降至 2.9%和 24%。

(3) 美国的就业人员素质结构发生了重大的变化。美国职工受教育的平均时间从 1948 年的 10 年提高到了 1994 年的 13 年以上，受过高等教育的人员从 14%提高到了 55%。与信息直接和间接有关的高级服务业工人占全美劳动力的比重为 50%左右。美国麦肯锡公司的一项研究成果表明，到 21 世纪初，美国所有工作中，80%以上的工作在实质上将属于脑力劳动。这种变化正如一位美国人所讲到的：“今天的‘知识工作’涉及到包括教育、广告、建筑、研究与发展、媒体制作、销售、制作、会计工作、法律、剧院、计算机软件开发、咨询服务、摄影、卫生工作的更多部分，涉及到社会工作、出版、管理、银行、教会的世界、房地产和大部分政府工作等诸多领域。虽然这些以知识为基础的工作在传统意义上常常是无形的（不能由可确定的量或价格度量），但在现代经济中逐渐成为财富创造和就业的主体。”

从以上的分析中不难看出，实践和理论都在表明，沿袭了近200年的工业经济时代正在向知识经济时代转变，这种转变，不仅会改变资源配给的方式、产业结构的构成、可持续发展的模式、综合国力增强的途径，还会改变人们已熟悉的管理理论、思想和方法。

（二）知识经济时代下的管理科学发展展望

21世纪是人们满怀希望憧憬的新世纪，也是以知识经济为主要特色的新世纪，管理科学在新的世纪会有什么样的变化呢？

1. 对管理工作的新认识

美国的管理大师彼得·德鲁克在论文《从资本主义到知识社会》中认为，从1700年以后开始，在难心置信的短短50年间的技术发明，把技艺的神秘性同有机的、系统的、有目的的知识结合在一起，人类进入了工业革命的时代。虽然在这个时代，工人受到了更为粗暴的虐待，但工厂城镇的婴儿死亡率下降了，生活水平上升了，“工业化从开始就意味着物质的改善”。到了20世纪初叶，泰罗将知识运用到了劳动之中，他通过对劳动进行分析和设计，运用培训的方法，用知识的传授替代了技术的沿袭，用正确的方式、最短的时间和用最好的工具去完成可以被研究、被分析、被分解的劳动组成的简单动作，替代了多少年来被人们普遍认为手工技艺有着不可言传的奥妙，只可能在封闭的世袭圈子中师傅带徒弟的适应手工作坊的技术传授方式。在泰罗将知识运用于劳动的几年后，生产力开始以每年3.5%～4%的速度上升，也就是在这样前所未有的扩展中，发达国家的生活标准和生活质量得到了提高。德鲁克总结道：“新阶段——后资本主义社会阶级的生产力，只有通过运用知识于劳动才能增长。机器做不到这一点，资本也不能做到这一点。实际上，如果单独应用它们的话，很可能是妨碍而不是创造生产力。”这也就是德鲁克认为的生产力革命的阶段。第二次世界大战结束至今，是德鲁克认定的管理革命阶段。他认为，像前述的两个先行者一样，管理革命已横扫全球，已成为世界范围的力量。在这一个阶段，知识已成为今天惟一意义深远的资源。传统的生产要素——土地、劳动力和资本的作用还未消失，但是它们已经成为第二位的要素了。若人们有了知识，就能够容易地得到传统的生产要素。知识已成为实用的获得社会和经济成果的工具。德鲁克讲到，随着管理强有力的推广，人们对管理真正是什么的理解正在加深。他以对经理的定义为例说道：在他第一次开始研究管理时（20世纪40年代），经理被定义为“对下属工作负责的人”，即认为经理是一个工头，管理就是地位和权力。到了50年代初期，该定义改变为“经理是对人们业绩负责的人”。而现在，则把经理看成是，“经理是对知识的应用和知识的绩效负责的人”。

德鲁克指出：“提供知识，去有效地发现现有的知识怎样能最好地应用于产生效果，这是我们所指的管理。”“管理是所有组织的一个生长功能，不管这些组织的特殊使命是什么，管理是知识社会的一个生长器官。”针对这些定义和认识的变化，德鲁克还指出：“这一变化意味着，我们现在把知识看做一个基本的资源。土地、劳动和资本作为限制因素是重要的。没有它们，甚至不可能产生知识，甚至也不能实行管理。而只要存在着有效的管理，即将知识应用于知识，我们总是能得到其他资源。”

2. 第五代管理的理论

第五代管理理论的构建是由美国人查尔斯·萨维奇（Charles Savage）完成的。萨维奇在1990年出版的著作《第五代管理》（Fifth Generation Management）的序言中就指出，自20世纪90年代以来，变化最大的是人们管理和领导企业的方式，计算机和互联网的思维使过去许多深受欢迎的观念被废弃。并认为，需要将第五代管理应用于知识广泛得到应用的组织中。与德鲁克一样，萨维奇也认为工业时代的魅力正在丧失，这主要体现在，工业时代传统的假设、原则和价值观念的主体已经过时，工业时代后期所创造的严格等级制度在面对竞争加剧和合作加强的国际市场上，难以提供必需的灵活性和反应能力，因而必须采用新的管理理论和方法——第五代管理。萨维奇认为，第五代管理的概念和特点是：“第五代管理并不关心以对某人有利的新方法来管理下属。相反，它促使我们对基本概念进行再认识：我们的价值观，态度，对领导方式、工作和时间的假设。它指出了一条精致而简单的道理：我们需要以新的更具有创造性的方式与我们自己——我们的想像、知识、思想和情感——以及其他人进行接触。并且，它假设各种各样的功能组织和公司可以通过虚拟的面向任务的团体来平行地开展工作。简而言之，第五代管理是一个领导方式的问题。它的注意力不应集中于某个人的力量，而应集中在如何锻炼、鼓励和培养其他人方面。它预先假定了一种集成的环境，这一环境使人和公司的最优秀的才能同他人最优秀的才能互相结合。”根据自己的认识，萨维奇依据财富来源、组织类型将人类发展的近代过程划分为四个不同的阶段，即农业时代晚期、工业时代早期、工业时代晚期和知识时代早期，着重比较了工业时代早、晚期与知识时代早期在财富来源、组织类型和管理基本原理方面的差异（见图3-3）。

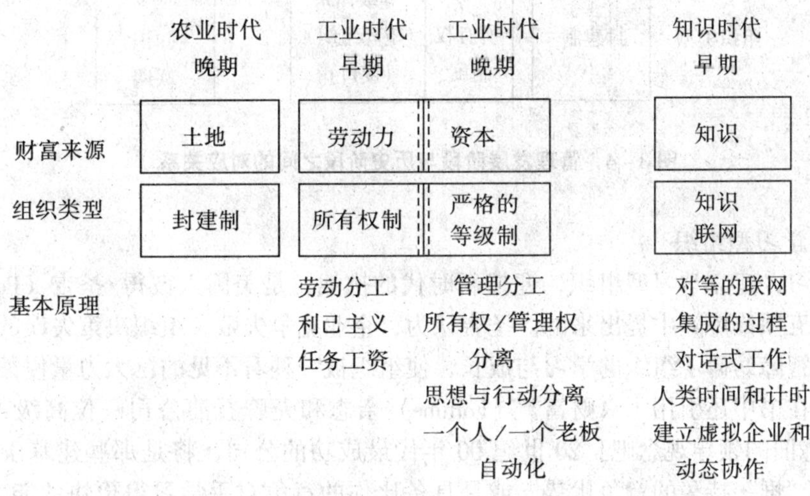

图3-3 不同历史阶段的经济、管理特征

萨维奇根据知识时代早期的特点，提出了“斯密—泰罗—法约尔瓶颈”的看法（见图

3-4)。

萨维奇认为，在企业管理发展的前四个阶段，原材料和信息是连续地从一个职能部门转移到另一个职能部门。第五代管理方式使不同职能部门之间的并行工作成为可能。但要使这种并行工作成为现实，就必须突破亚当·斯密在观察扣针加工后提出的分工假设，以及泰罗在科学管理中提出，并在法约尔的14条管理原则中得到强化的，诸如命令一致性、等级管理、控制范围等假设，从而更好地使企业内部和企业组织间的创造性思想彼此联系，以迎接整体的挑战和机遇；使更多的人利用自己的创造能力、主动性参与到组织的外部环境中，发挥个人的潜在智慧与能力；更加尊重企业团体和个人的价值观念，提高组织的内聚力，营造组织成员间相互尊重、信任和诚实的氛围，去迎接新时代的挑战。

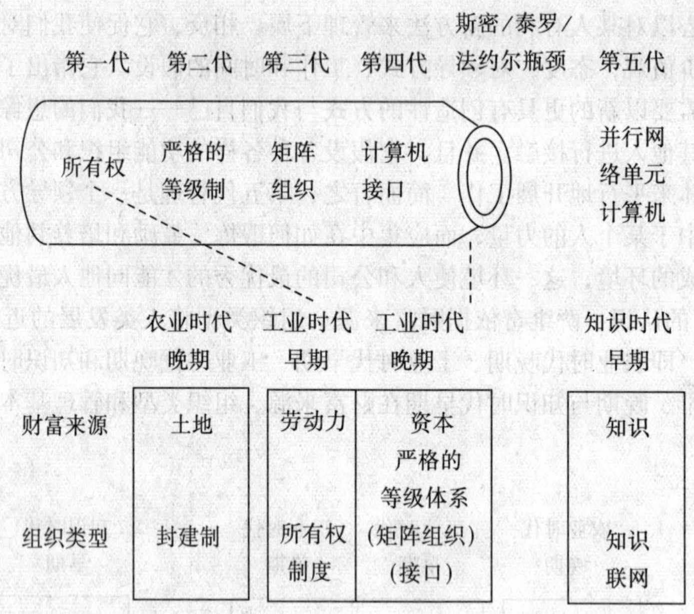

图3-4 管理发展阶段与历史阶段之间的对应关系

3. 建立学习型组织

提倡学习，建立学习型组织，迎接新时代的挑战，是美国人彼得·圣吉（Peter Senge）在著作《第五项修炼》中提出来的。圣吉认为，企业竞争失败，组织决策失误的根本性原因是组织的智障妨碍了组织的学习与成长，使组织被一种看不见的巨大力量侵蚀，甚至吞没了。圣吉在书中还引用了《财富》（Fortune）杂志和壳牌石油公司一位高级主管的话："抛弃那些陈旧的领导观念吧！20世纪90年代最成功的公司，将是那些建基于学习型组织的公司。""惟一持久的竞争优势，或是具备比你的竞争对手学习得更快的能力。"圣吉的结论是："当世界更息息相关、复杂多变时，学习能力也更要增强，才能适应变化。企业不能再只靠像福特、斯隆或华生那样伟大的领导者一夫当关、运筹帷幄和指挥全局。未来真正出色的企业，将是能够设法使各阶层人员全心投入，并有能力不断学习的组织。"

圣吉认为，在学习型组织的领域里，有五项新技术正在逐渐地汇集，使学习型组织正在变为一种创新。他称这五项学习型组织的技能为五项修炼。

第一项修炼是自我超越（Personal Mastery）。圣吉认为，自我超越是学习型组织的精神基础。它是指个人成长的学习修炼，这种修炼就是培养组织中个人不断追求自己终极目标的能力。没有组织中个人的自我超越，就谈不上组织的学习。自我超越的最终目标是如何在生命中产生和延续创造性能力。它的基本工作步骤是：

(1) 建立个人“愿景”（Vision），即个人追求的终极目标。

(2) 诚实地认清自己所面临的现状。现状与“愿景”之间的差距，这是个人和组织产生创造力的来源。

(3) 在努力工作、消除差距的同时，要克服不安、担忧而产生的“情绪张力”，忍受努力工作后成果与努力之间“时滞”考验，不断地实现自我超越。圣吉认为，高度自我超越的人会永不停止学习，它并不意味着个人拥有某些能力，而是一个过程，一种终身的修炼。因此，真正成熟的人不在意短期收益，而专注于一般人无法追求的长远目标。自我超越的目的并不是要求去控制一些事和一些人，而是要超越自己。

第二项修炼是改善心智模式（Improving Mental Models）。圣吉认为，心智模式是人们在长期实践工作中建立起来的认识事物的认知模式。由于人们在日常处理事务的过程中，往往爱以过去的经验或理论，即以已形成的心智模式去处理事务，而不去顾及可能已变化的环境，使问题的处理遭致失败。为改善心智模式，可以采用两种方法：

(1) 反思。放慢思考过程，以便发现自我的心智模式，争取做到边做边想，边想边做。

(2) 探询。要在团体中营造能够使人坦诚陈述见解的气氛，使团体内部个人之间能很好地相互了解对方隐藏在各自解决问题背后的种种假设，以达成共识，减少阻止组织革新的各种障碍。

第三项修炼是建立共同愿景（Building Shared Vision）。圣吉认为，建立共同愿景的主要目的是使组织能培养组织内的成员主动而真诚地奉献和投入，而不仅是被动地遵从，把组织的目标转化为个人奋斗的目标。共同的愿景包括两层含义：体现组织未来发展远大目标的远景；组织远大目标能够被组织全体成员所接受的愿望。建立共同愿景的过程是一个复杂的过程，最为关键的工作是：

(1) 让共同的愿景在组织内部清晰明确起来。共同愿景不是个人愿景的简单汇集，而是组织成员相互探询不断交流的过程，只有通过探询和深入地交流，才能使共同愿景更加清晰和明确。

(2) 善于对冲突进行管理和协调。由于成员间的个人愿景并不一致，共同愿景越清晰，个人愿景之间的冲突就越明显，就越要加强协调，防止共同愿景的夭折。

要做好建立共同愿景的修炼，应努力做好下列工作：

①鼓励个人愿景；②塑造整体图像；③绝非官方说话；④不是单一问题的解答；⑤学习聆听。

第四项修炼是团队学习（Team learning）。圣吉认为，这项修炼建筑在“共同愿景”、“自我超越”修炼之上，其主要目标是发展团体成员整体搭配和实现共同目标能力的过程。团体学习的修炼从“深度会谈”开始，它要求组织的所有成员摊出心中的假设，让思想自由地交流，从而发现远较个人深入的见解。深度会谈要求避免易引起争论，有输、赢含义的讨论。有效深度会谈的确立需要三个条件：

(1) 所有的参与者必须将自己的假设“悬挂”在前面，让别人了解，并接受询问和观察。

(2) 所有参与者必须视对方为工作伙伴。

(3) 必须有一任“辅导者”把握深度会谈的精义与架构，行使过程顾问的职责。

圣吉认为：“团队学习之所以重要，是因为在现代组织中，学习的基本单位是团体而不是个人。”

第五项修炼是系统思考（Systems Thinking）。圣吉认为，系统思考已发展成一套思考的架构，它既具备完整的知识体系，也拥有实用的工具，可帮助我们认清整个变化形态，并了解应如何有效地掌握变化，开创新局。学习型组织的系统观有其自身的特点，这就是：

(1) 学习型组织特别强调系统的结构性，以系统观点来对复杂现象进行解释。解释分为三个层次：事业层次，这是最浅显的层次，只关注事件本身，而不深究事件背后的原因；行为变化形态层次，已深入到根据行为变化的形态，注重观察行为的规律；系统结构层次，这是最深的层次。通过对系统结构的分析与了解，就可以深入地把握事业层次、行为变化形态层次的规律。

(2) 强调系统运行中的时间延滞作用。

(3) 应用系统基模（即系统的基础模型），这是学习如何发现个人自我与组织生活中结构的系统思考的基本方法。

圣吉认为，五项修炼能有效地降低内部的管理成本，增加人们的协同性，加强了人们认识的共同基础，促使人们相互的理解，使协调、沟通、命令、指挥更加容易，有利于组织创新的实现。

4. 人本管理

人本管理是随着行为科学的兴起而兴起的，人本管理就是以人为本的管理，这不仅体现在企业组织最高的经营理念的深刻变化，同时也反映在组织管理方法和手段乃至组织结构上的一系列根本性的变革。如果说人本管理的理论和方法在工业经济的时代还处在不断探索之中的话，那么在20世纪末，它已经成为知识经济时代企业管理的主要特点。

(1)“员工第一”是人本管理的最高理念。企业组织的一切经营活动，首先是人的活动。人本管理的基本就是把人的因素视作企业经营活动中首要的、关键的和决定性作用的因素。应该认识到，如果忽视了人的创造性作用，企业就难以生存和发展。从汉字的结构来看，人处于企业的中心的、居高无上的地位，企业应把人看作比组织更重要。随着消费者主权运动的兴起，人们一度奉行“顾客至上”的经营理念。“员工第一”与“顾客至上”并不矛盾，从某种意义上来说，“员工第一”的思想超越了“顾客至上”的经营理念，因为员工是企业具备竞争能力的起点，也是企业真正能够做到“顾客至上”的关键。

(2) 激励是进行人本管理的主要方式。人本管理在知识经济时代的立足点和核心是人的积极性和创造性的充分发挥。因此，人的知识、能力的提高和创造力的培养是关键，如何建立起让每个员工都有机会发挥其积极性和创造力的激励机制，把提高人的素质与建立以人为中心的经营模式结合起来，激励便成为进行以人为本的管理的主要方式。

(3) 创新是实现人本管理的有效途径。人本管理是知识经济时代管理的主要特点，而创新则是知识管理的灵魂。实现以人为本的管理的有效途径是创新。为了使每一个员工都能充分施展自己的才能，必须围绕着促进人的心理和行为朝着人的全面发展的方向进行全面的管理创新。人力资源管理、企业文化管理、人际管理、沟通管理等将成为人本管理的主要内容。同时以扁平化、柔性化等为主要方向的组织创新势必为员工的潜能的进一步开发和人性的更加完美的发展提供适宜的组织环境。

5. 柔性化管理

柔性化管理表现在两个方面：一是管理方法和手段的柔性化，二是组织结构的柔性化。

(1) 管理手段的柔性化。柔性管理是在研究人的心理和行为规律的基础上采用非强制方式，在人们的心目中产生一种潜在的说服力，从而把组织意志变为自觉的行为。柔性管理的实施是以人的心理和行为规律为依据的，它侧重于非强制性的方式和方法的运用，它对人的影响是潜在的，目的是让人自觉行动。

管理的基本职能是控制，柔性管理的特点是在顺应了人的心理和行为规律的基础上的软控制。控制不单是依靠管理制度和纪律来实现，柔性管理强调的是帮助管理对象设置目标，对管理对象进行心理沟通、人际协调、教育引导和精神激励，因而它是难度很大的管理，也是一种更加深刻、更加高级的管理。

(2) 目标管理。目标管理是一种以人为中心和以工作为中心相结合的管理方式，它通过合理地制定目标、实施目标、依据目标进行考核评价来实施组织管理的任务。目标管理反映了组织管理由状态管理到过程管理，又由过程管理向结果式管理的转变。目标是目标管理的核心，目标不仅是各项管理活动的指南，也是考核评定的依据。

(3) 团队管理。柔性化管理的典型形式是团队管理。在当代欧美国家，团队是对活动进行组织的一种普遍的手段。过去，这种任务单一、人员精干的临时性组织被应用于基层管理的工作设计中。当团队这一组织形式被运用到一个组织的中上层，成为其核心协调手段时，这个组织就实行了团队结构的组织管理模式。

(4) 项目管理。项目管理是对一些大型、复杂和重要项目的一种管理方法。这些项目一般都是相对独立的、阶段性的任务，需要运用多种学科的知识来解决问题，需要跨组织、跨部门的合作。项目进行过程中出现的各种问题多半是贯穿于组织各部门的，它们要求这些不同的部门做出迅速而且相互关联、相互依存的反应。传统的职能组织显然不能造就这种横向协调的需求。项目管理需要建立围绕专一任务进行决策的机制和相应的专门组织。

(5) 弹性工作时间和在家办公。柔性化的管理还表现在弹性的工作时间和弹性工作组等方面。在自主工作思想的影响下，特别是由于因特网的迅速发展，组织的工作制度也逐渐发生了变化，这主要体现在几个方面。

①工作时间缩短。每周的工作时间被大大缩短了，由原来的6~7天压缩到4~5天。

②弹性时间制和弹性工作组。有的组织还采取弹性工作时间，允许员工在特定的时间段内，自由决定上班的时间，或是允许两个或更多的员工通过平均负担的方式来共同做满

一周 40 小时的工作，从而形成弹性工作组，实现工作分担。

③在家办公。员工无需乘车往返公司上下班，在家办公，通过与公司办公室联网的电脑来接洽商务定购活动，填写各种报表，分析处理信息等公务。

(6) 组织结构的柔性化。柔性管理并不是某一种具体的管理方法和手段，而是管理在方法和手段上的一种变化趋势。它与组织结构柔性化不完全相同。当然，柔性化的组织结构重新构建了企业组织，使得企业组织的业务流程和管理流程发生了变化。这种变化要求在管理方法和手段上运用柔性化的原则，对管理对象施加软性的控制和协调。因此，两者在柔性原则的运用上是一致的。不同的在于，前者体现在管理方法和手段上，而后者则体现在组织的建构上。

6. 虚拟化经营

管理运营的虚拟运作就是企业根据市场的需求，将企业外部资源和内部资源整合在一起，以增强企业的竞争优势、提高企业竞争力的一种管理方法或管理模式。虚拟运作的直接表现形式是虚拟企业，但虚拟企业并没有固定的虚拟形态，本质上它只是一种虚拟运作。

(1) 虚拟运作的特点。

①虚拟运作体现了一种从企业外部运筹资源的思路和能力。企业实施虚拟运作，是为了借用企业外部力量，诸如设计、生产、营销网络等等，通过对外部资源的利用，拓展企业可优化配置资源的范畴，使内外部各种资源得以整合，聚变成更强大的综合的竞争优势。

②虚拟运作使企业界限变得模糊。虚拟运作在获取企业外部的资源以弥补企业在某一领域的不足和人才的缺乏时，并不一定拥有与外部资源相对应的实体组织。它突破了企业有形的、自然的组织界限，使得企业界限模糊化。一些具有不同优势的企业为了共同的利益目标走到一起组成所谓的虚拟企业，这些企业可能是供应商、可能是销售商、也可能是同行业中的合作者或竞争者。但虚拟企业不是法律意义上完整的经济实体，不具备独立的法人资格。

③技术协作是虚拟运作的基础，信息共享是虚拟运作的关键。虚拟运作往往以一定的高新技术的开发和应用为基本内容的，由于高新技术研究开发耗资巨大，且风险程度又很高，虚拟运作的企业必须在技术的开发和应用上具有合作的潜力和优势的互补。虚拟运作又是建立在发达的信息网络基础上的合作，虚拟运作的企业之间的信息共享是虚拟运作的关键。使用现代信息技术和通讯手段，采用通用数据进行交换，使合作各方之间都能共享设计、生产以及营销的有关信息，从而保证良好的合作，耦合出较强的竞争优势。

④虚拟运作是动态的协作。在虚拟运作中，企业是根据项目任务和目标利益来决定所利用的外部资源的，因此，虚拟运作是随机的、动态的，虚拟企业之间的合作关系也是流动的、灵活的。

⑤虚拟运作使企业内部的结构发生变化。虚拟运作使企业内部结构发生的变化主要表现在组织结构的扁平化和网络化。企业原有的职能过于细分、中层管理人员过于庞杂的金字塔结构不再适应虚拟运作的要求，企业的主管能够直接与每一工作团队进行交互沟通，并迅速采取应变措施。同时，基于高效的信息传输和对环境变化的快速反应，企业还必须建立一种以信息网络为依托的新型的网络组织结构。

⑥虚拟运作是合作竞争的有效途径。虚拟运作与组织的网络化和战略联盟很相似，但它更自由，所能联结的企业组织的范围更广泛。它不仅可以把价值链上的有关企业联结起来，而且可以把竞争者联结起来。虚拟运作体现了“为竞争而合作，以合作求竞争”的新的战略理念。恰当地将企业自身资源与外部资源相整合不仅能增强企业各自的竞争实力，而且由于虚拟运作而集成的综合优势将使各参与者都能从中得到比各自单干时更多的利益，真正意义上达到“竞合”双赢的目的。

(2) 虚拟化与网络化。组织的网络化实际上是以某一核心企业组织为主体，通过一定的目标，利用一定的手段，把一些相关企业组织成为一个合作性的企业组织群体。在该组织群体中，每个组织都是独立的，它们通过长期“契约”和“信任”与核心组织联结在一起，形成命运共同体。实现组织网络化的手段有多种，但今天的主要工具是现代网络技术。网络型组织是一种全新的企业组织形态，是以协调为主，多企业组织联合体型的扁平组织，它突破层级制组织类型的纵向一体化的特点，组建了由小型、自主和创新的经营单元构成的以横向一体化为特征的网络制组织形式。同时，为了增强市场竞争能力，企业之间的联合和并购也风起云涌，各种企业集团和经济联合体以网络制的形式把若干命运休戚相关的企业紧密联结在一起。这些自20世纪80年代以来通过分立、联合和并购等途径而形成的一种企业间组织结构模式的大量出现，就是在组织结构变革方面呈现出日益强劲的发展势头的网络化趋势。

①网络化的形式。网络化有两种形式：一种是外部网络，即各个独立的企业组织之间的联盟，它具有强大的虚拟功能；另一种是组织内部网络制运作的内部网络，即通过企业重组把企业改组为由若干独立的经营单位组成的网络制组织。层级制组织形式的基本单元是在一定指挥链上的层级，而网络制组织形式的基本单元是独立的经营单位。

②虚拟化与网络化的区别。虚拟化是组织网络化的极端形式，其主要区别如下：

• 对网络技术的依赖程度不同。组织的网络化离开现代网络技术还可以存在，如精益生产方式就是利用看板卡这种比较原始的方式而实现组织的网络化，而组织的虚拟化离开了现代网络技术则寸步难行。

• 成员之间合作关系的维持时间不同。组织的网络化所建立的合作关系较长久，成员之间有着长期共同目标组织的虚拟化所建立的合作关系时间较短，准确说来是一种瞬时关系。

• 能实行虚拟化的组织范围没有实行网络化的组织那样多。

(3) 虚拟化的经营方式。网络化和虚拟化的经营就目前来说，主要表现在外包生产、精益生产、新的战略联盟和虚拟运作等方面。关于战略联盟在此省略。下面我们介绍外包生产和精益生产。

①业务外包。20世纪70年代，美国工业界经过几次纵向一体化的浪潮后，出现了许多巨型企业，这些巨型企业为了控制的需要，几乎生产一种产品的全部零部件，各自都是独立的帝国。这些企业都崇尚“大就是好”，不但零部件全部自己生产，而且不少企业还有自己的矿山，自己的销售网络，直接面对消费者，而对其他企业无所需要，或者需要非常少。由于巨型企业管理的复杂性，导致了这些企业效率低下。于是，一些企业开始反思“大就是好”的经营哲学，他们开始意识到合理地借用其他企业组织的力量可以更有效地

进行生产。业务外包作为一种重要的经营手段应运而生。

A. 对传统的纵向联合、自给自足模式的超越。业务外包是对传统的纵向联合、自给自足模式的超越。业务外包把一些重要但非核心的业务职能交给外面的企业去完成，从而使企业的整个运作提高到最高水平，所需的费用则与目前的开支相等或者有所减少，与此同时，企业还可以省去一些巨额投资。业务外包使现代企业组织结构发生了根本性的变化，它充分调动了知识和革新的力量，超越了传统的那种纵向联合、自给自足的组织模式。业务外包作为一种新的经营方式，是现代企业成功的核心动力。

B. 业务外包的主要领域。就目前而言，业务外包的主要领域是在信息技术领域，几乎每一家实行业务外包的公司都把它的信息部门的某些职能外包出去了，外包可能性仅次于信息技术职能的是财务和人力资源管理；另外，许多其他领域的外包活动也呈增加趋势。

C. 从战略角度看业务外包。

• 认为业务外包意味着某项业务不重要的看法是极其不正确的，不要把业务外包看成是企业放弃责任，实行业务外包要求企业组织的管理具有新的思维方式。业务外包是企业延揽外部特殊人才和能力、筹集外部资源的举措。

• 业务外包的目标不在于获得最有利的交易，而在于获得最佳伙伴，然后再围绕着这种伙伴关系建立一种健全的管理体系，包括在运作方面、策略方面和战略方面的组织联系。

• 企业组织必须为培养掌握新的领导技能的人员投资，使他们能适应业务外包这个新的课题。新的技能包括沟通谈判、战略谋划、项目管理、组织领导以及市场营销等方面的本领。

②精益生产。“精益生产”方式是日本丰田汽车公司的丰田英二和大野耐一在20世纪70年代发明的一种全新的生产方式，它把单件生产与大量生产的优势结合了起来，有效地满足了市场多品种、小批量的需要。

A. 精益生产的关键：准时生产。精益生产的关键支柱是“准时生产”，它意味着及时生产及运送成品上市销售，及时装配组件供成品装配，及时制造零件供组件装配，及时采购原材料供零件制造。它的特点表现在：

•“拉取式生产”。精益生产使过去的推动式的生产变成“拉取式”的生产。大多数的生产都是根据生产计划，在现场按日程进度安排。但由于预测的误差，管理的失误，产生废品以及为修复废品多花的工时，设备故障造成的停工以及出勤情况的影响等，一般来说，企业总是难以严格按计划生产。因此，人们为了使后工序不致停工待料，就要在前工序多生产产品，这就是由前向后推动的方式。有时又由于多生产了某一种零件，或遗漏了生产下一所需的另一种零件，这些都是造成浪费的根源。精益生产的思想是“拉取”方式，后一工序只在必要的时候到前一工序领取必要的物品，而前一工序也只生产要被领取的物品。这种“拉取”的方式，不仅运用在车间内的工序间、车间与车间之间，而且推广到供应商与生产商之间、协作厂与总装厂之间，这就形成了所谓的“准时生产”概念。

• 满足用户需要的时间。精益生产的“拉取”方式就是一切从用户需要出发，最终产品是外部用户——顾客的需要，上一工序（或车间）的工作是内部用户——下一工序（或车间）的需要。精益生产特别强调满足用户需要的时间，过迟或过早，都被认为是不好的事情。从原材料供应商，到协作厂配套零部件，到各个车间、班组之间互相提供的半成品，都需要不早不晚，在准确的时间、准确的地点、提供准确的数量和质量的物品。基于这样的原则，企业组织要重新做出整个厂区各车间相对位置的配置，车间工序之间设施的布置等，使得零部件生产和装配都能以最短途径和最高效率实现。

B. 精益生产的有效管理手段：看板管理。为了实现准时生产、及时供应，精益生产方式采用看板管理，并联合大量的外协厂。不仅内部生产实行看板管理，与外协厂也同样实行看板管理。后工序用看板到前工序去领取必要的零件，前工序只生产看板表明的数量。

• 精益生产使企业之间的组织网络更加可靠。通过外协厂的看板管理，精益生产方式把外协厂有效地结合进来，形成一种强大的企业组织网络。精益生产方式有赖于协作厂的发展，协作厂的产品质量、制造成本和管理素质最终会反映到总装厂家的质量和成本上来，因而在总装厂和协作厂之间应建立起一种相互依存的信任关系。总装厂（网络的核心企业）用互助协作会的形式把协作厂（网络的成员企业）组织起来，定期召开会议，交换意见，沟通信息，帮助协作厂培训干部，提高质量，降低成本，提供低息贷款，改善经营管理。总装厂还派高级经理人员去协作厂任职，对主要的协作厂还采用参股、控股办法，建立起资金联合纽带的关系，使组织网络更加可靠。

（三）简单的评述

从以上的分析和介绍中不难看出，21 世纪必将是一个经济资源主体发生变化，从而导致资源重新配给、重新组合，既有无限机会，也充满竞争和挑战的世纪。从目前看，这种变化才初见端倪，其规律和主要的特征还在人们的探索之中。面临可能产生的种种变化，管理学界的专家们已作出了大量的研究和探讨，与对知识经济规律性的研究与探讨一样，种种的研究成果也还处在探索的阶段，诸多结论和成果也还未成熟，还无定论。但从中不难发现，上述诸多问题的研究已给我们显示出了一些基本的探索方向和可能呈现的规律：

(1) 在新的经济时代中，已在工业经济时代显示出巨大作用的、以泰罗、法约尔理论为基础的管理理论将面临挑战。生产要素配给的差异、知识要素自身的规律会对生产组织形式、人员素质要求、生产规律产生重要的影响，这也必将对研究上述内容的管理理论产生影响，新的管理理论、方法也会在社会发展过程中出现。

(2) 新的管理理论、方法不会对传统的管理过程（即计划、组织、领导、控制）产生重要的影响，但发展更快的科学技术，更为激烈的全球竞争格局，日益提高的消费者自我意识，会改变管理过程中工作的主要内容。如动态的环境会迫使组织增强战略观念，加强计划的动态性；信息业的发达会促使组织采用更为扁平、柔性更强的组织结构；竞争的加剧、复杂的环境一方面会使群体决策更显得重要，另一方面充分发挥组织领导人创造性意识的集权模式也十分关键；虚拟企业的出现、市场网络的信息化会促使控制工作的反应更加迅速，手段必须更为先进。

(3) 知识经济时代的组织和个人更加需要学习，更加需要自我完善，更加需要良好的素质和像信息一样更加公开的坦诚。面临变化，面临竞争，面临挑战的最好方法是组织的团结、凝聚，要做到这些只能是学习、学习、再学习，修炼、修炼、再修炼。

(4) 知识经济时代对管理工作有了新的认识，人本管理、柔性化管理、虚拟运作等形式将成为现代管理的发展趋势。

【本章小结】

1. 管理实践具有悠久的历史，但人类系统地研究并形成管理理论是在19世纪末20世纪初，之后管理理论得到了迅速发展，尤其是二战后，许多学者和管理学家从不同的角度提出了各自的理论和新学说，形成了“管理理论的丛林”。

2. 泰罗的科学管理理论、法约尔的一般管理理论以及韦伯的理想官僚行政组织理论构成了古典管理理论的框架。古典管理理论是以“经济人”假设为前提，其理论有创新性、积极性，也有片面性、局限性。

3. 泰罗在1911年出版的《科学管理原理》的主要内容可概括为：工作定额原理，挑选、培训工人科学化原理，标准化原理，差别计件工资制，计划职能同执行职能相分离、管理职能专业化原理，组织结构的管理控制原理，劳资双方都应该来一次“精神革命”。

4. 法约尔对管理科学最大的贡献是他在1916年出版的《工业管理与一般管理》中确立了管理的定义，构建了管理工作的基本职能，提出了管理工作的基本原则。

5. 韦伯的理想官僚行政组织模式包括劳动分工、权力等级、正式选拔、规章制度、非人格化和职业导向六个方面。

6. 行为管理理论抛弃了以物质为中心的管理思想，以人为中心进行管理理论的研究。在霍桑实验的基础上，梅约创建了人际关系学说，修正了古典管理理论的缺陷，开辟了管理理论研究的新领域，使人们开始关注人的因素，为管理方法的变革指明了方向，为现代行为科学研究奠定了理论基础。

7. 现代管理理论是继科学管理理论、行为科学理论出现之后，西方管理理论和思想发展的第三个阶段，特指第二次世界大战以后出现的一系列学派。孔茨认为当时林林总总的重要管理学派共有10个。它们是：经验主义管理学派、人际关系学派、组织行为学派、社会系统学派、决策理论学派、系统管理学派、管理科学学派、权变理论学派、经理角色学派、经营管理理论学派。

8. 近二三十年，特别是当人类社会进入21世纪，探索新的管理理念和模式，又引起了管理学界的兴趣和重视；时至今日，面对人类新世纪的来临，面临知识经济可能给各个国家、各个组织，甚至各个人的竞争模式、道路、方法选择带来的挑战，管理理论又在孕育着重大的变革。威廉·大内的《Z理论》、托马斯·彼得斯和小罗伯特·沃特曼的《寻找优势》，德鲁克的《从资本主义到知识社会》、查尔斯·萨维奇的《第五代管理》、彼得·圣吉的《第五项修炼》，以及近几年来学术界出现频率较高的人本管理、柔性管理和虚拟化的经营方式等，均应引起世人的高度注意和关切。

【互联网链接与推荐阅读材料】

[1] 管理学理论研究网 http：//www.manage9.com/index.asp

[2] 法约尔．工业管理与一般管理．北京：中国社会科学出版社，1982 年

[3] 巴纳德．经理的职能．北京：中国社会科学出版社，1997 年

[4] 德鲁克．管理：任务、责任和实践．北京：中国社会科学出版社，1991 年

[5] 威廉·大内．Z 理论——美国企业界怎样迎接日本的挑战．北京：中国社会科学出版社，1984 年

[6] 泰罗．科学管理原理．北京：中国社会科学出版社，1984 年

[7] 王积俭．管理学原理．广州：华南理工大学出版社，1995 年

【练习题】

一、填空题

1. 泰罗的________、法约尔的________，以及韦伯的________构成了古典管理理论的________框架。古典管理理论是以________假设为前提，其理论有创新性、积极性，也有片面性、局限性。

2. 泰罗在________年出版的《科学管理原理》的主要内容可概括为：工作定额原理、________、________、________、计划职能同执行职能相分离、管理职能专业化原理、________、劳资双方都应该来一次“精神革命”。

3. 法约尔对管理科学最大的贡献是他在________出版的________中确立了管理的定义，构建了管理工作的________，提出了管理工作的________。

4. 韦伯的理想官僚行政组织模式包括劳动分工、________、正式选拔、________、非人格化和________六个方面。

5. 行为管理理论抛弃了以物质为中心的管理思想，________进行管理理论的研究。在________基础上，梅约创建了________。

二、问答题

1. 泰罗的管理理论和方法的科学性体现在什么方面？

2. 法约尔是如何构建管理科学的理论框架的？

3. 梅约在霍桑实验中最重要的发现是什么？这一发现对管理工作有何实际意义？

4. 试比较管理丛林中各类理论流派的特点与差异。

【管理训练】

走访一家企业，调查与研究企业在推行现代化管理理论与方法工作中，成功与失败的经验与教训，并试用自己学到的理论知识进行总结，分析其原因。

第二篇 管理哲学篇

在错综复杂的管理活动中，管理者是如何认识管理对象的?他们的逻辑思维方法是什么?管理实践和管理认识又是如何发展的?人们通过长期的管理实践，对管理的实质进行科学的分析，对管理活动进行概括和总结，提炼出建立在客观规律基础上的、具有普遍指导意义的一般真理，即管理的基本原理。管理的基本原理有哪些?这些问题都属于管理哲学的重要范畴。本篇由第四章和第五章构成。主要研究管理意识与管理存在、管理认识论原理，管理的逻辑思维方法和管理的十一项基本原理。

第四章　管理认识论

【学习目标】

■正确认识管理意识与管理存在的辩证关系，理解管理认识论原理，掌握管理的逻辑思维方法。

第一节　管理意识与存在

管理认识论的研究对象是人类管理认识的起源、本质、基础、规律和方法等问题。管理意识和管理存在是其中最基本的问题。

一、管理意识

管理意识是指管理主体能动地反映管理客体的活动及其结果。管理意识是人类管理实践的产物，是高度发展、高度组织起来的物质——管理者大脑的机能和属性，是管理世界在管理者大脑中的反映。在管理认识史上，管理者对管理意识本身的认识，一直是管理学和管理哲学的难题之一。管理辩证法否认管理意识、精神的独立存在性，认为管理意识是管理物质的最高产物。

管理认识论认为，管理意识不仅是管理物质的产物，还是社会产物。只有人们在管理活动过程中不断地进行思想的交流和语言的发展，才能使管理者的大脑对管理世界的反映具有抽象和概括的能力，才能形成管理意识。管理意识的发生，经历了一个比较漫长的过程。虽然自从人类有物质生产活动以来，就产生了最早的原始管理意识形态，但是直观地反映管理存在的管理意识，直到19世纪初，在美国著名管理学家泰罗总结了人类长期朦胧的管理意识，提出科学管理理论之后，才真正开始出现。

管理者的管理意识从本质上来说，是人脑对管理世界的反映，管理客体的存在是管理意识的前提和基础，没有被反映者，就不可能存在任何管理主观映象，因此，主观映象具有不以管理意识为转移的客体内容。管理意识作为管理客体存在的反映具有主观的特征，不论是感性的形式还是理性的形式都带有一定的主观意识，不同的管理主体对于同一管理客体的反映具有不同的形式。管理意识对管理客体的反映只能是近似的。

管理意识一旦形成以后就具有强大的能动作用，这种能动作用主要表现在以下三个方面：①管理意识活动本身是一种创造性的活动，管理者在活动以前，活动的成果就已经在管理者的头脑中存在着。②管理意识是一个主动的创造过程，不仅反映着当前的管理对象，而且能追溯到过去，并可以预见到未来。③管理意识作为管理实践活动的指导，能够创造和推动整个管理世界的发展。

二、管理存在

管理唯心论者和管理唯物论者在什么是管理存在上具有完全对立的认识。管理唯心论认为管理者的管理思维、观念和精神是真实的管理存在；但管理唯物论和管理辩证法认为，具体的管理存在都是管理物质的存在，管理存在是在管理者的感觉、感知和思维以外的客观实在，也就是把具有客观实在性的管理物质看成和管理存在是同一的。在管理唯物论者看来，具体管理现实存在的一切总和，都是管理物质，管理存在范畴实质上就是管理物质范畴，管理存在和管理物质是同一的概念。在管理哲学中，管理存在、管理物质和管理客观实在常常在相同的意义上被使用。

管理认识论认为：管理存在是指在管理者的感觉、意识、思维以外，不依赖于管理者的意识及精神活动的管理客观实在，这种管理客观实在可以被管理者的感觉所摄影和反映。管理存在是管理思维以外的客观实在，是第一性的，管理思维是第二性的。管理思维的本质在于：管理思维“在任何时候都只能是被意识的存在”。虽然管理思维对管理存在有密切的依存关系，而任何管理思维也都是存在的，但绝不能说管理思维就是管理存在，管理思维就是管理物质，否则就混淆了管理唯心论和管理唯物论的根本界限。

第二节　管理认识论原理

管理认识论不是单纯研究作为管理认识结果的知识，而是要研究这种知识是如何获得的，认识结果是通过一个怎样的认识过程达到的，也就是说管理认识论不只是研究已经完成了的认识，而且特别要研究认识着的认识。从本质上来看，管理认识论所研究的是人类管理认识活动及其发展规律的理论，所研究的主要问题是管理认识的来源，管理认识的能力，管理认识的形式和过程及管理认识的真理性问题。其中心在于阐明管理主体和管理客体、管理认识和管理实践的相互关系。

一、管理主体

什么是管理的主体？按照马克思主义的主体观，主体是人，但不是任何人都是主体，主体是指有头脑、能思维、从事实践活动和认识活动的人。在管理哲学中的管理是一种活动，作为管理活动的承担者，管理主体当然首先是主体，具有主体的一般本质，即主体的能动性。但需要进一步指出的是，管理主体是主体的人，但不是任何一个主体的人都是管理主体。管理主体是从事管理活动的特殊主体，具有从事管理活动的特殊本质，也就是说，管理主体是指有头脑、能思维、从事管理活动的人，更准确地说，管理主体是指具有管理科学知识和技能、拥有相应权力、从事管理活动的人。了解管理主体的本质和特殊性，把握管理活动的特殊规律，是从事管理活动的基本前提。

1. 管理主体在管理中的地位

管理是一个系统，这个系统由管理主体、管理客体和管理手段这三个基本要素组成，缺一不可。只有三个要素之间有机结合，才构成现实的管理活动。

管理主体是为了实现管理目标、从事一定管理活动的承担者，在管理中处于主导地位。管理不仅是一个系统，还是一个过程，是三个管理的基本要素相结合的过程。管理的三个基本要素在管理中具有不同的地位和作用，而管理主体作为管理的主导因素，管理着要素之间的联系，从根本上说，就是管理主体与管理客体和管理手段之间的联系。

2. 管理主体的知识

管理主体必须具有知识，管理知识对于管理主体具有特别重要的意义。管理是一门科学，也是一门艺术，具有客观规律性。只有掌握了这些规律，管理主体才能在复杂的管理活动中得心应手。不具备管理知识，管理就必然会是一种盲目的活动。管理主体应当具备的知识包括专业知识和社会科学知识等，是综合的、广泛的知识。

3. 管理主体的素质

管理主体的素质是指管理主体应当具有的从事管理活动的内在品质特征。管理主体作为从事管理活动的特殊的主体，既具有一般主体的基本特征，又必须具备管理主体的特殊素质，这是管理活动对管理主体的客观要求。管理主体的素质是在管理活动中逐渐形成的，应当适应管理活动的需要。一般说来，管理主体应当具备的素质包括思想素质、智力素质、专业素质、心理素质和身体素质几部分。还需要注意的是，管理主体的素质不是一成不变的，而应当随着管理实践的发展而相应变化。无论从理论上列举出多少管理者的素质，也概括不了丰富多彩的管理实践对管理主体的要求。

4. 管理主体的能力

管理主体的能力是管理主体知识和素质的外在表现，是管理主体的知识和素质在管理实践中发挥作用如何的具体表征。一般说来，管理主体的能力主要体现在决策能力、组织协调能力、创新能力、识才用人能力、应变能力等方面。在管理活动中，管理主体的能力是其他因素不可替代的，而提高管理主体能力的途径，除了必要的学习和培训之外，善于在管理活动中不断总结管理实践的经验教训是条重要的途径。

5. 管理主体的要素

管理主体的最基本要素有三个：管理主体的职位、权力和责任。作为管理主体都应当具备这些基本要素，而且在管理实践中应当正确处理这三者的关系，才能实现有效的管理活动。管理主体的职位、权力和责任是相互依存、相互联系、相互制约和相互影响的不可分割的整体。管理主体必须做到职位、权力和责任的有机统一，应当避免和防止职位、权力和责任相脱离的现象发生。

二、管理客体

与管理主体相对应的是管理客体，所谓管理客体，是指与管理主体的活动相联系的对象和内容。在管理活动中管理主体是主导的因素，但管理主体的积极性和能动性必须表现在对管理客体的认识和作用上。管理客体是管理主体的行为所指向的一切对象，包括作为被管理者的人，也包括财、物，以及时间、空间和信息等。

1. 管理客体的客观性

管理客体首先具有客观性，也就是说，管理客体是不依赖管理主体的意志而独立存在的。管理客体在管理主体的意识之外，有着自己的特性和活动规律。无论管理主体的态度如何，管理客体都以本来的面目存在并按照固有的规律运动。对于财、物、时间、信息等这些管理客体中物质的因素来说，其客观性是不言而喻的。管理主体在处理涉及这些因素的一切管理活动时，都必须从这种客观存在的事实出发，按照它的客观规律而行事，否则就会造成管理活动的失败。而作为管理客体的人，也是客观的。虽然人的一切活动都是有目的、有意识的，但这丝毫不影响人作为管理客体的客观性。作为管理客体的人，同样具有一定的活动规律，只有按照这些活动规律办事，管理主体才能有效地实现管理的目的。

2. 管理客体的可管理性

管理客体不仅是客观的，具有客观性，而且还是可以管理的，具有可管理性。管理客体的这种可管理性，是它之所以成为管理客体的根本标志。如果管理客体仅仅具有客观性，但不具备可管理性，也就是说，是不可管理的，那么管理客体就无法进入管理活动领域，也无法同管理主体发生功能联系，成为管理的对象。管理客体的可管理性不是先天固有的属性，而是在管理活动中获得和表现出来的。只有当某人或某物与管理主体建立起对象性的关系，成为主体活动的现实客体，才从中获得管理客体的属性。管理客体的可管理性，取决于它本身的客观规律性。一切管理客体之所以是可以管理的，就在于它们本身作为一种客观实在，具有一定的客观规律，它们的存在和发展，不是完全任意和随机的，而是遵循某种规律进行的。否则，管理主体也无法把握它们的现状和趋势，也无法进行有效管理。

3. 管理客体的系统性

按照系统论的观点，物质世界都是系统。管理客体也不是某一项孤立的事物，而是由多种成分构成的复合体，是由人和物以及直接环境这些基本因素组成的一个处于变化中的人工开放系统。从这个意义上来说，管理客体是作为系统而存在、运动和变化着的。管理主体要真正地认识和把握管理客体，就要对涉及到管理客体的一切方面和联系进行全面的研究和系统的分析，用系统的观点看待有关的问题。

三、管理主体和客体的关系

在管理实践和管理活动中，管理主体和管理客体无论在性质、职能或作用方面都具有明显的差异，在一定范围内存在明确的界限，不容混淆。但作为管理活动的两极，管理主体和管理客体又不是各自独立，相互隔绝、互不相关的，而是辩证地联系在一起的。

1. 管理主体与管理客体的相互依存和相互作用

管理主体和管理客体是相互依存和和相互作用的。管理主体之所以成为管理主体，是因为管理活动中管理客体的存在，管理者由于负有管理客体的责任，才具有管理主体的属性。同样的，管理客体之所以为客体也是由于管理主体的存在，是相对于管理主体而言的。因此，没有管理主体，就没有管理客体，也谈不上管理；同样，没有管理客体，管理主体就没有管理对象，管理也就失去了意义。可见管理主体与管理客体之间是互为前提，相辅相成、互为存在的条件。

管理主体和管理客体又是相互影响和作用的。一方面，管理主体影响管理客体。在管理活动中，管理主体的素质对管理客体会产生潜移默化的作用，管理客体发挥作用的程度，在一定意义上取决于管理主体的能力和水平。另一方面，管理客体，特别是被管理者，也在很大程度上影响着管理主体。管理的历史表明，随着管理主体能力的不断提高，管理世界成为管理主体活动对象的范围就越扩大；而管理客体范围的扩大，反过来又会促进管理主体能力的提高。这两个方面的发展都是无限的。在管理主体和管理客体的相互作用中，要解决两个方面的矛盾：一是解决管理主体认识与管理对象的矛盾，使二者相一致；二是解决管理主体主观的意图、目的与管理客观现实的矛盾，使管理主体的主观意图、目的得以实现。人们在管理实践中，能动地认识和改造管理世界的过程，实际上就是管理主体和管理客体相互作用的过程。

2. 管理主体与管理客体角色的相互变换

在整个社会大舞台上，每个人都按社会管理的要求扮演着一定的角色，这种角色既可能是管理主体，也可能是管理客体。在不同的场合、不同的时间、不同的社会管理关系中，人们经常扮演不同的角色，并且根据个人的需要与社会的需要进行协调，变换自己的角色，这就产生了管理主体与管理客体的转化。实际上，社会的各种管理关系，就是由这些角色及其相互变换而构成的。社会中的每一个人都是一个角色集，而管理主体和管理客体只是人们众多角色中的一个社会角色。要注意的是，人的一切角色都是后天获得的，都可能发生变换，但其变换应当遵循服从社会的需要的原则。

3. 管理主体与管理客体地位的相互接近

人在这个世界上，作为主体的地位是绝对的，作为客体却是相对的。在社会主义社会的管理活动中，人的主体性地位得到了进一步的确立和巩固，管理主体和管理客体在社会地位方面是相互接近的。社会主义社会中管理主体与管理客体地位的相互接近主要表现在两个方面：一方面，管理主体不仅仅是生产资料的占有者和监督者，也是劳动者，同劳动者一起构成社会生产的主体；另一方面，管理客体不仅仅是生产的主体，也参与社会管理，也是社会管理的主体。这是社会主义管理下管理主客体关系具有的新特色和新规律。

四、管理实践和认识

所谓管理实践，就是管理者能动地改造世界和探索现实管理世界一切科学性的客观活动。构成管理实践的基本要素，包括管理实践的主体、管理实践的客体和管理实践的手段，管理实践是这些要素相互作用的过程，并具有客观的结果。管理实践的基本特征有客观性、普遍性、能动性、社会历史性以及相对性和绝对性。

1. 管理实践的物质性和客观性

管理活动是客观的活动，是一种感性的物质活动，可以直接或间接地为人们所感知。管理实践的客观性表现在以下几个方面，首先构成管理实践的各个要素——管理实践、管理实践主体和管理实践手段，都是可以感知的客观实在；其次，管埋实践的结果，即通常的“事实”，也是外在于管理者的意识而客观存在的；最后，管理实践的水平、广度、深度和发展过程，都受到客观条件和客观规律的支配。总而言之，管理实践是同管理主体认识活动相区别的客观物质活动。

2. 管理实践的普遍性

管理实践和管理理论都具有普遍性，这也是两者的共性。任何一项管理实践都在其特殊性中包含着一类管理实践乃至所有管理实践的共性，这是管理实践的普遍性。正因为管理实践具有普遍性，人们才能从若干个别的、有限的管理实践活动中认识某一类管理实践的普遍规律。正因为管理实践具有普遍性，概括管理实践经验而产生的管理理论也同样具有普遍性，管理理论是依赖于管理实践对管理客观存在的普遍本质和规律的概括。

3. 管理实践的能动性

管理实践是能动的活动。管理实践是物质性的活动，但物质性的活动并非都是管理实践。客观的物质活动是人和动物共同具有的活动，然而动物的活动不能称为实践，因为虽然动物也以自己的存在和活动改变自然界，但动物没有思想，不会有自觉的能动性。而人是具有理性思维的动物，管理实践是有认识指导、意志支配、感情参与的追求自觉目的的活动。人通过实践支配自然界，而动物受自然界支配。所以应当从人的能动性方面去理解管理实践，只有这种人的自觉的、能动的活动，才具有真正的管理实践意义。管理实践是人类所特有的主体性的活动。

4. 管理实践的社会历史性

管理实践是具有社会历史性的活动，这具有两层含义。其一是说管理实践不是由个人孤立地进行的，而是在一定的社会关系中展开的，作为管理主体的人不是抽象的、孤立的人，而是一定社会关系中的人。凡是人的管理实践，都是社会活动。其二是说，与管理实践的社会性相联系，社会的管理实践必定受一定的历史条件所制约，因而管理实践本身也是发展的，在不同的历史时期，具体管理实践活动的对象、内容和水平都是不同的。也就是说，管理实践又是一种历史的活动，人类的管理实践不会停止在一个水平上，而是不断地随着社会历史的发展而发展。如果离开了社会的联系、历史的发展，孤立、静止地考察人的个别管理活动，就不可能真正理解管理实践。

5. 管理实践的相对性和绝对性

管理实践的社会历史性决定了它的相对性和绝对性。“绝对”的含义是指无条件的、无限的；而“相对”的含义是指有条件的、有限的。管理实践就其总体和发展来说，具有无限性和绝对性，其主要表现是：管理实践的对象是无限发展着的物质世界，管理实践的主体是世代延续的人民群众，而管理实践改造管理客观世界的广度和深度具有无限发展的可能性。但管理实践同时又具有相对性的一面，因为无限的、绝对的实践，只能存在于各种有限的、相对具体的实践活动中。每一项具体的管理实践活动，就其主体、对象和改造能力来说都是有限的、相对的：作为管理实践对象的无限物质世界只存在于各个有限的具体事物之中；在每一项具体的管理实践活动中，进入人们管理活动领域的只是有限的具体事物；而从事管理实践活动的每一个人甚至每一代人，其认识和改造世界的能力都是有限的。因此，人的每一项具体的管理实践活动，都只能在一定范围内和一定程度上改变着管理客观世界，管理实践具有相对性。

管理认识和管理实践具有密切的联系。在管理辩证法看来，管理认识活动和实践活动是管理主体和管理客体相互作用过程的两个方面，具有对立统一的关系。在管理认识和管理实践的相互关系中，管理实践是管理认识的基础，对管理认识起着决定作用。

1. 管理认识产生于管理实践的需要

管理世界中管理形态种类万千，但并不是任何的管理形态都同时进入认识的领域，成为管理认识的对象。管理认识论的研究任务，一般说来，也是围绕着管理者实践的需要这个中心来确定的。管理实践及其需要是不断发展的，永远不会停留在一个水平上。管理实践的发展必然会提出许多新的管理问题，促使管理者去研究和解决，以满足自己的实际需要。因此，管理实践的发展就成为管理认识发展和管理科学进步的直接原动力。

2. 管理实践为管理认识创造必要的条件

管理实践不仅产生了管理认识的需要，而且创造出必要的条件，使管理认识的发展成为可能。管理实践为管理认识提供的条件，包括管理资料、检测仪器和工具、管理经验和方法等。管理经验材料的提供，使管理思维的“机器”有“米”可炊，而管理控制手段的应用，则大大提高了管理者的认识能力，使人们在更高的广度和深度上认识管理世界成为可能。

3. 管理实践使管理认识的发展不断转化为管理现实

管理实践是沟通管理主体和管理客体的桥梁，又使管理认识发展的可能性不断地转化为管理现实。管理认识是管理主体对管理客体的能动反映，只有当管理主体同管理客体相互接触时才能发生，而管理实践则是管理主体和管理客体相互联结的惟一纽带。人们只有通过管理实践，才能接触管理的现象，也只有通过管理实践，才能暴露管理的本质。管理者的一切正确认识，可靠的信息，切实可行的决策，以及作为它们的概括和总结的哲学知识，归根到底都是在管理实践的基础上产生和发展的。只有管理实践，才是获得管理知识的基本途径和来源。

正是由于管理认识来源于管理实践，所以说任何人如果脱离管理实践都是不可能获得真知的。

五、管理的感性认识和理性认识

管理辩证的认识运动，首先是管理实践到管理认识的过程。在这个过程中，管理认识采取了感性认识和理性认识这两种形式，并经历了这两个阶段而实现从管理感性认识到管理理性认识的飞跃，这是管理认识过程的第一次飞跃。而管理认识过程的第二次飞跃就是从管理理性认识到管理实践的飞跃，也是管理精神转变为管理物质的飞跃。虽然人类的认识有感性和理性之分，这是明显的事实，但要全面把握这两者之间的关系就不是一件简单的事情。

（一）管理的感性认识

感性认识是管理认识的第一个阶段和初级阶段，是感性反映即感性直观的阶段，是人们在管理实践的基础上，由感觉器官直接感受到的关于管理的现象、管理形态的外部联系、管理运动和各个方面的认识。管理的感性认识包括三种基本的反映形式：管理感觉、管理知觉和管理表象。

1. 管理感觉

管理感觉是管理的感性认识和管理认识的起点。人的大脑要反映管理客体，必须通过眼、耳、鼻、舌、体等感觉器官同管理客体发生联系，接受管理客体的刺激，从而获取关于管理客体的信息。管理感觉是指通过管理者的各种感觉器官对管理的表面的个别的属性和特性的反映。管理感觉是管理意识和外部世界的直接联系，在管理感觉和管理实践中没有任何其他的中间环节。

2. 管理知觉

管理知觉也是管理主体的意识和管理客体之间的一种直接联系。管理知觉是管理感觉的集合。管理者在获取到各种管理感觉的基础上，把各种管理感觉汇集组合在一起，形成反映管理各方面特性的整体形象，这就是管理知觉。管理知觉的形成依赖于人的大脑的有关机能和结构的组合活动，而这种活动表现为对来自管理客体的感觉信息的加工。管理知觉作为管理感觉信息和材料的组合，表现为对管理空间特性、时间特性和其他外部特征的统一反映，既有关于这一管理客体同其他事物的分立性，又具有关于这一客体自身的整体性，对于管理活动适应环境具有十分重要的价值。

3. 管理表象

管理表象也是管理主体反映管理客体的一种感性形式，不过它是在管理感觉和管理知觉的基础上形成的，具有一定的间接性和概括性，是比管理感觉和管理知觉更高级的感性反映形式。管理表象是管理者对过去的管理感觉和管理知觉的回忆，是曾经作用于管理者感官的某些管理对象在管理者头脑中的形象再现。当管理者的感觉和知觉离开所反映的管理对象后，原来在管理者头脑中形成的印象仍然可以保留。因此管理表象以管理感觉和管理知觉为基础，但又不受管理感觉、管理知觉和现实事物的束缚。

从管理感觉、管理知觉到管理表象，是由个别特性到完整形象，由目前的感觉到印象的直接保留和事后回忆的管理认识过程。这里已经包含着管理认识由部分到整体，由直接到间接的趋势。但整体而言，这些形式仍然是对管理的外部、片面和表面现象的管理认识，仍属于对管理的形态的模拟的描述，属于管理的感性认识阶段。只有当人们在管理实践中引起感觉和印象的东西得到反复多次之后，才能发生管理认识过程的第一次飞跃——从感性认识到理性认识的飞跃。

（二）管理的理性认识

管理的理性认识是管理认识的高级阶段，是管理主体借助于抽象思维把握到的关于管理的本质、管理的全体、管理本质内部联系的认识。管理的理性认识以抽象性、间接性为特点，以管理本质为内容，同感性认识具有质的区别的新阶段。管理的理性认识主要包括三种形式：管理概念、管理判断和管理推理。

1. 管理概念

管理概念是理性思维的一种最基本形式。管理概念是对于同类管理的共同的、一般特性的反映。管理概念不是在头脑中凭空产生的，也不是由客观事物直接给予的，它是在感性反映接收、获得的信息并对信息作直观综合的基础上，由大脑复杂的逻辑思维操作，对直观信息作进一步的加工处理、抽象和概括，把偶然的、易变的、个别的和非本质的东西舍弃，把必然的、稳定的、普遍的和本质的东西集中揭示出来而形成的。管理概念的产生标志着管理的认识已经由感性直观阶段上升到理性思维阶段。管理概念是管理思维的细胞，是基本的管理思维形式。辩证的管理概念体现着管理主体与管理客体、个性与共性、灵活性与确切性等的统一。

2. 管理判断

管理判断是对管理各活动之间的联系或关系的反映，是管理者认识管理客体是否具有某种属性的判明或断定。在逻辑形式上，它表现为管理概念之间的一定联系或关系。管理概念的规定是管理对象规定的反映，当管理判断对管理概念的意义和内容加以揭示、对管理概念的规定加以陈述的时候，也就是对管理对象的一般联系或本质联系加以揭示，对管理对象的规定加以陈述。管理的判断与概念相互依赖，没有管理概念就没有判断，没有管理判断管理概念也就失去了存在的意义。管理判断是展开了的管理概念，管理概念是凝缩了的管理判断。管理的辩证判断反映管理的客观矛盾。管理判断发展的途径是由个别判断到特殊判断，由特殊判断到一般判断，然后在一般判断指导下形成新的判断，如此循环往复以至无穷。管理判断是管理思维掌握管理客体的一种必要形式，管理知识的成果就体现在管理判断中。

3. 管理推理

管理推理同管理概念、管理判断密切联系，是管理思维过程的形式，表现为从已有的管理判断中推出一个新的判断。管理推理是以管理的联系或关系中由已知的符合规律地推出未知的反映形式，它的逻辑形式是以管理判断之间的一定联系或关系来表达的。管理推理同管理概念、管理判断是相互联系、相互促进的。管理判断是管理概念之间矛盾的展开，管理推理则是管理判断之间矛盾的展开。反之，管理推理形成新的管理判断，不断丰富加深管理概念的内容并形成新的管理概念。管理推理的形式是多种多样的，经常运用的有类比推理、演绎推理和归纳推理等。

从管理概念到管理判断再到管理推理，是管理的理性认识由低级到高级的发展，它们之间既有明显的区别和次序，又有不可分割的联系存在于管理者的理性认识当中，三种形式不可能单独地孤立存在，只能是以某一种形式为主，其他形式渗透其中。

（三）管理的感性认识和理性认识的关系

管理的感性认识和理性认识是管理认识过程中的两个不同阶段，不仅有量的区别，还有质的不同，不能将二者混为一谈。但管理的感性认识和理性认识又不是完全各自独立、互不相干的两种形式，而是相互联系、相互渗透和相互依赖的。

1. 管理理性认识依赖于感性认识

管理的理性认识对于管理的感性认识的依赖关系，是管理认识实践的依赖关系在认识发展过程中的体现。一切有关管理的知识都是从管理实践中得来的，管理实践是认识的基础。在管理实践中，管理者首先获取的是管理的直接经验即感性认识，然后才能达到理性思维。如果没有管理的感性认识，管理的理性认识就成了无源之水、无本之木、主观自生的东西了。

从管理认识的内容和顺序上看，管理的感性认识是管理认识的初级阶段，它反映的是有关管理的直观现象，属于个别的、特殊的内容；而管理的理性认识是认识的高级阶段，反映的是管理的本质，属于一般的、普遍性的内容。管理者对管理的认识总是经历着由现象到本质、由个别到一般、由特殊到普遍的过程。只有在接触到一个个管理现象，得到一定感性材料的基础上，管理者才能运用抽象思维，透过管理现象抓住管理的本质，从大量个别的管理中发现普遍的一般的规律性。从这个角度而言，管理的理性认识也必须依赖于感性认识。

2. 管理感性认识有待于发展深化为管理理性认识

管理认识的最终目的是为了改造管理世界，变革管理的理论、体制和方法。因此管理认识的真正目的不是感性直观的反映，而是要通过感觉而达到思维，达到对管理的本质和规律性的认识，即理性认识。管理感性认识最终上升到理性认识，是管理认识的任务所决定的。

管理的感性认识上升到管理的理性认识，是管理认识过程的第一次飞跃，是管理认识过程的质变和深化。从管理的感性认识上升而来的管理理性认识，表面上看起来离管理客体越来越远，而实际上却反映了管理的全体和本质，因此也更接近于客观真理。

3. 管理感性认识和理性认识相互渗透

在管理认识当中，管理的感性认识和理性认识总是相互交织和渗透在一起的，你中有我、我中有你，绝对纯粹的管理感性认识和绝对纯粹的管理理性认识都不可能存在。

管理的感性认识中渗透着理性形式的因素，管理感性认识的主体是社会的人，而社会的人是有理性的，理性必然会在感性的反映中起作用，而不是纯粹的个人自然生理机能的表现。

另一方面，在管理的理性认识中，也渗透着感性的因素。管理的理性认识的各种形式，不是天赋的先天纯粹形式，而是在管理感性认识的基础上形成的。没有管理感性认识的材料，不对感性材料进行抽象、概括，就不可能有概念、判断、推理这些理性形式，理性的认识要以语言这种具有一定声响或文字的感性形式表达出来。

概括地说，管理的理性认识阶段依赖于感性认识阶段，必须以感性认识为基础；而管理的感性认识阶段有待于发展成为理性阶段，必须向理性认识转化。管理的感性认识和理性认识的辩证关系构成一个统一的认识过程，这种统一的基础是管理实践。

管理的感性认识和理性认识的辩证关系表明，由管理感性认识上升到管理的理性认识，是管理认识发展的必然趋势。但是这一进程不是消极的自发过程，而是积极的能动的过程。管理者要正确地实现从管理的感性认识到管理的理性认识的飞跃，必须做到以下两点：首先要勇于管理实践、深入调查，获取丰富和真实的管理感性材料，这是正确实现由管理感性认识上升到管理理性认识的基础；其次还必须遵循正确的途径和方法，要用正确的管理思想去指导管理实践，并坚持一般管理思想和具体管理实践相结合的原则，才能真正实现管理感性认识到管理理性认识的正确飞跃。

第三节　管理的逻辑思维方法

管理认识是一个由管理的感性认识上升到理性认识，由对管理客体的感性掌握到理性掌握的辩证过程。在这个过程中存在一系列认识方法即逻辑思维方法的运用。管理认识在本质上是辩证的，而管理的逻辑思维方法是管理认识本身辩证法的体现。为了正确地实现管理感性认识到管理理性认识的飞跃，做到管理概念明确，判断恰当，推理符合逻辑，从而促进管理理性思维的发展，进而完成向管理实践的飞跃，应当自觉地遵循辩证逻辑，运用科学的逻辑思维方法。把管理辩证法贯穿于理性思维，揭示管理思维形式和过程的辩证法，这就是马克思主义的管理逻辑思维方法。

管理的逻辑思维方法是一个整体，它是由一系列相互联系、相互补充又相互区别的基本方法所组成的。其中主要有管理归纳和管理演绎、管理分析和管理综合、管理抽象到管理具体等方法。

一、管理归纳和管理演绎

管理主体掌握客体，不是停留于对个别管理客体的感性掌握上，而是动态地表现为一个由个别到一般，又由一般到个别的过程。管理归纳和管理演绎就是在这一过程中所运用的，并与这一过程相适应的管理思维方法。管理归纳过程是指从个别管理事实走向一般管理结论的、去异求同的管理思维方法。管理演绎过程是指从一般的管理概念、管理原理走向个别结论的管理思维方法。管理归纳过程是从管理个别到一般的管理思维运动，管理演绎过程是从管理一般到个别的管理思维运动，它们是管理客观现实中个别和一般的辩证关系在思维方法上的反映，是管理认识过程中由个别到一般、又由一般到个别得以实现的两座紧密相连的回环前进的桥梁。

在管理认识过程中管理归纳和管理演绎都有其不可取代的作用，又都有其局限性。这表明，管理认识不能单靠管理归纳或单靠管理演绎。就管理归纳和管理演绎的关系而言，必须将这二者结合起来，让它们相互补充。管理归纳和管理演绎，分别是从个别到一般和从一般到个别的思维运动，二者的运动方向相反，因而是相互对立的，但正因为如此，它们又是相互依赖、相互补充的。管理认识不是单向的运动，不能只从个别到一般，也不能只从一般到个别，所以不能只有管理归纳或只有管理演绎。管理认识是在管理归纳和管理演绎不断相互转化、循环往复的过程中前进的。

管理演绎离不开管理归纳，在辩证的管理思维运动中，管理归纳是管理演绎的基础，管理演绎是管理归纳的前提，它们互为前提、互相促进。管理归纳是管理演绎的基础，是管理演绎的补充。管理演绎从管理一般到个别的运动中，它本身不能为自己准备好作为出发点的一般原则。管理归纳的巨大意义就在于，通过对个别管理的观察研究所概括出来的一般管理知识原则，既是管理归纳的终点，又是管理演绎的起点。由此可见，没有管理归纳就不可能有管理演绎。

管理演绎是管理归纳的前导，是管理归纳的补充。在管理实践基础上进行的管理归纳离不开一般性原理的指导。面对大量的管理经验和管理事实，如果没有管理理论指导，缺乏明确的目的和方向，就不知道该概括什么、如何概括，管理归纳将无从下手。用管理理论指导管理归纳思维活动，这其间已有演绎思维在起作用。管理归纳得到的结论要运用于新的个别管理对象，也要通过管理演绎。离开了管理演绎，管理归纳的结果就无法运用。

只有把管理归纳和管理演绎结合起来，才能在实际的管理认识活动中恰当地运用它们。但还应该看到的是，即使把管理归纳和管理演绎结合在一起，也是有局限性的，它们对于科学的管理思维仍然是不够的，所以还必须把管理归纳和管理演绎同其他管理思维方法结合起来。

二、管理分析和管理综合

在管理认识过程中，管理归纳和管理演绎不是单独被运用的，同时还要运用管理分析和管理综合的方法。管理分析和管理综合同管理归纳和管理演绎一样，同样是相互补充、相互渗透的。作为管理认识客体的任何事物，都是由许多因素、许多属性和规定组成的统一整体，但又是可以分解的。管理事物本身的存在和运动变化，实际就是一个不断分解和综合的过程。管理主体要认识管理客体，就必须把管理客体当作一个统一整体加以掌握，但不单是从现象上，从外部形态上把它当作一个整体加以掌握，而是要从内部结构、从本质规定上加以掌握。这就必须在感性认识的基础上，通过理性思维，运用分析和综合的方法才能达到。

管理分析是在管理思维中把管理认识的对象分解为不同的组成部分、方面、特性和要素等，对它们分别加以研究的方法。管理综合是把分解出来的不同管理部分、方面再组合为一个统一的整体而加以研究的方法。

管理分析和管理综合作为两种方向相反的思维运动，是对立的统一。它们之间是相互依赖、相互渗透、相互转化的。

首先，管理分析和管理综合相互依赖。一方面，管理综合以管理分析为基础，没有管理分析，不了解管理对象的各个部分，不了解管理对象矛盾着的各个方面，就无从进行综合。只有通过管理分析了解和认识了管理对象的各个部分，才能进行管理综合，并通过管理综合深刻地把握管理对象的整体。否则，对管理对象的整体认识就只能是表面的、肤浅的、混沌不清的。另一方面，管理综合是管理分析的前导，管理分析离不开管理综合。在对管理对象进行分析之前，首先需要对管理对象的整体有一个大致的了解和整体的观念，否则就会只见树木不见森林，得不到关于管理对象的整体认识，管理分析也就无从下手。

其次，管理分析与管理综合在一定条件下可以相互转化、相互过渡。一方面，在管理认识的过程中，人们在管理思维中将管理整体分解为各个部分、方面、特征等分别加以认识，一旦抓住了管理对象的本质规定性，管理者的思维活动就会由分析进到综合，从管理对象的规定性出发，将一个个本质规定有机结合起来，形成对管理对象的统一的综合认识。另一方面，人们的管理认识是不断发展的，每一个在管理分析基础上得到的管理综合认识，既是前一阶段管理认识的终点，又是下一阶段管理认识的起点。在管理分析和管理综合相互交替、相互转化的过程中，人们对管理整体和部分的认识相互促进，不断深化和发展。从这个意义上来说，管理主体的管理认识过程是管理分析、管理综合、再管理分析、再管理综合循环往复的无限发展过程。

三、管理抽象到管理具体

管理抽象和管理具体是比管理归纳和管理演绎、管理分析和管理综合更加深刻的认识论范畴。管理分析和管理综合的过程则从感性具体出发，经过抽象上升到思维具体的过程。因此运用管理分析和管理综合的方法，必须贯彻和体现从抽象上升到具体的原则。从管理抽象上升到具体的管理方法，是辩证的管理思维的基本方法。

管理抽象是指管理思维中的一种简单规定，这种规定是管理客体某方面属性在管理思维中的反映。管理者在做这种管理抽象规定时，要把管理对象的各个方面的属性、关系从统一体中分割开来，抽取出来，单独地加以反映。因此，管理抽象规定相对于管理客体的具体性来说，不可避免地具有相对的片面性和孤立性。

管理具体是指管理思维中的具体。这种管理思维中的管理具体，同作为管理客体的表面的、感官能直接感觉到的感性具体有所不同。管理思维中的管理具体有两个最明显的特点：一个是多样性，另外一个是统一性。它是管理矛盾内部各方面的对立统一在思维中的再现。从管理抽象上升到管理具体，是一个辩证的管理思维过程。

管理认识以达到管理思维中的具体为目标，但为此又不能不经过管理思维中的抽象这个环节而离开感性具体的认识。所以，管理思维过程是以感性具体的管理表象为起点，经过管理思维的抽象，使完整的管理表象蒸发为抽象的规定，然后再上升到管理具体，在思维中达到管理具体的再现。这一思维过程包括两个阶段：第一个阶段是从感性的管理具体到管理抽象的规定，第二个阶段是从管理抽象的规定上升到理性的管理具体。

管理思维的这两个阶段是相互依赖、不可分割的。一方面，正如没有管理分析就没有管理综合一样，不经过从感性的管理具体到管理抽象的阶段，就不能进一步从管理抽象上升到理性的管理具体。理性的管理具体是许多管理抽象规定的综合，所以如果没有通过分析得到各种管理抽象规定，就不可能进行管理综合，达到理性的管理具体。另一方面，管理抽象的规定又必须上升到理性的管理具体，否则管理者对管理对象的认识就只能是零散的、片面的，不能把握管理整体的本质和规律，不能在管理思维中再现内容丰富的具体管理对象。可见，管理理性认识的发展必须经过管理抽象这个环节，但又不能停留在这个环节，必须克服管理抽象而上升到理性的管理具体。这是从管理具体出发经过管理抽象而在更高的基础上复归到管理具体的辩证过程。不经过管理抽象，管理者的认识就只有停留在感性阶段；不克服管理抽象，管理者的认识就是片面的，就不能把握管理的具体整体而达到具体的管理真理。

上述的各种管理思维方法，在实际的管理思维过程中是不可分割的。人们只有在管理实践的基础上综合地运用各种方法，才能正确地推进管理思维的辩证运动，才能不断地掌握和重新发现管理的科学真理。

【本章小结】

本章应理解和掌握以下要点：

1. 管理意识是指管理主体能动地反映管理客体的活动及其结果。

2. 管理存在是指在管理者的感觉、意识、思维以外，不依赖于管理者的意识及精神活动的管理客观实在，这种管理客观实在可以被管理者的感觉所摄影和反映。管理意识和管理存在的辩证关系。

3.管理认识论的中心在于阐明管理主体和管理客体、管理认识和管理实践的相互关系。

4. 管理的逻辑思维方法是一个整体，它是由一系列相互联系、相互补充又相互区别的基本方法所组成，其中主要有管理归纳和管理演绎、管理分析和管理综合、管理抽象到管理具体等方法。

【互联网链接与推荐阅读资料】

[1] 管理究围 http：//www.zhuanjia.cn/

[2] 郎灵管理网 http：//www.langling.com

[3] 管理学理论研究网 http：//www.manage9.com/index.asp

[4] 张兆响,司千字．管理学(第一版),第四章,P93～107. 清华大学出版社,2004 年

【练习题】

一、填空题

1. 管理认识过程存在着两次飞跃，其中管理认识的第一次飞跃是从管理的感性认识到管理理性认识的飞跃，而管理认识的第二次飞跃是从 ________ 到 ________ 的飞跃。

2. 管理实践的基本特征有客观性、________、能动性、________ 和 ________。

3. 管理的感性认识包括管理感觉、________ 和 ________ 三种形式。

4. 管理的理性认识包括三种形式，即 ________、________ 和管理推理。

5. 管理的逻辑思维方法是由一系列相互区别，又相互密切联系的方法所组成，其中包括管理归纳和 ________、管理分析和 ________、管理抽象和 ________ 等。

二、问答题

1. 如何理解管理意识的能动作用?

2. 如何理解管理主体与管理客体的内涵?

3. 管理主体与管理客体的关系如何?

4. 管理实践的基本特征是什么?

5. 如何认识管理的感性认识和理性认识的相互联系?

6. 管理的逻辑思维方法有哪些?

三、案例分析

作为管理主体，应该干什么?

蒋华是某新华书店邮购部经理。该邮购部每天要处理大量的邮购业务，在一般情况下，登记订单、按单备货、发送货物等都是由部门中的业务人员承担的。但在前一段时间里，接连发生了多起 A 要的书发给了 B，B 要的书却发给了 A 之类的事，引起了顾客极大的不满。今天又有一大批书要发送，蒋华不想让这种事情再次发生。

请问：如果你是蒋华，应该怎样处理这批书？为什么？

第五章　管理的基本原理

【学习目标】

■本章具有承上启下的作用，要求在充分理解管理的一系列基本概念的基础上，深刻领会管理的基本原理并灵活地运用于管理实践，再进一步思考基本原理在以下各章管理的职能中的具体体现。

忆往昔，主张“全盘西化”论者，并没能使旧中国发达富强起来；解放后，“全面学习苏联”，也使我们尝到了苦头；改革开放以来，既有顽固坚持“计划经济”僵化模式的错误主张，也有“全盘西化”论的回潮；在引进国外先进技术和管理方法的同时，又有盲目推崇或生搬硬套某种或某些管理体制、管理理论和管理方法的倾向，以致并不能迅速而有效地提高我国的管理水平。可见，死抱住某一种管理体制、管理理论或管理方法，都不能“包医百病”。根本原因就在于管理活动有其自身的规律，只有遵循、掌握这种规律(即现代管理的基本原理)，并灵活运用于管理实践，才能实现有效的管理。

管理的基本原理是人们通过长期的管理实践，对管理的实质进行科学的分析，对管理活动的高度概括而总结出来的、建立在客观规律基础上的、具有普遍指导意义的基本真理。

早在古典管理理论阶段，泰罗在《科学管理原理》这一名著中就论述过：“最好的管理确是一门真正的科学，它是以明确的规律、法则和原理为基础的。”“科学管理的基本原理适用于人类的一切活动——从最简单的个人行动到需要最繁杂合作的巨型企业的工作。”“无论何时何地，只要正确地应用这些原理，都会产生十分惊人的效果。”

管理原理与人们通常在管理工作中所确定的管理原则是有区别的。首先，原理与真理、道理相融通，它是客观规律的必然反映，具有客观性；而原则与法则、守则等相类似，它是人们所规定的行动准则，尽管正确的原则也应以客观真理为依据，但也具有一定程度的主观性。其次，原理是对客观必然性的真实刻画，对人们的行动具有指导性与规范性，违背了原理会遭到客观规律的惩罚，但却未必产生所在组织的强制反应；而原则是组织为了加强其约束作用而制定，带有指令性和强制性，违背了原则要受到所在组织的制裁。我们既要认识原理与原则的区别，又要看到二者的联系，当原则经过实践检验被证明完全符合客观真理时，也可以相互转化。在管理实践中，当我们确定管理原则时必须要使之符合相应的原理，也就是要遵循客观规律，避免主观主义；当我们以指令（法令）的形式来加强原则的约束作用，以防止放任自流状态时，也要以教育（诱导）的形式来加强原理的指导作用，以启发人们的自觉意识，更主动、持久地端正人们的行动。

管理原理具有下述特征：

(1) 管理原理较之自然科学的原理更为复杂。后者往往是只包含一个（或少数）自变量和因变量的单纯的原理形式，如数学中 $Y = a + bx$ 的直线方程，物理学中 $S = 1/2\ gt^2$ 的自由落体公式。而管理原理却涉及复杂的自然、社会等诸多因素。比如社会系统有许多门类，各个门类又有许多部门，各个部门又有许多行业，各个行业又有许多单位，各个单位的性质、环境（自然和社会）、规模、装备、人员构成等又千差万别。因此，管理原理必然是舍弃各管理组织之间的差别，经过高度综合概括而提炼出来的具有普遍性、规律性的结论。

(2) 管理原理不是一时一地的经验总结，而是大量管理实践所证明了的行之有效的普遍真理，是任何管理活动都必须遵循的。但普遍性和特殊性二者是辩证的，各种管理组织在运用管理原理时，又必须从自身的实际出发，因地制宜、因时制宜，不能生搬硬套别的管理组织的管理方式和方法。

(3) 管理原理不是一成不变的僵化教条。管理原理一旦形成，固然具有相对的稳定性，但它是随社会经济和科学技术的发展而发展的，并在实践中接受检验，而不断地修正、补充与完善。这是因为，它的形成只能依赖人们当时的认识能力、占有的信息和分析手段而归纳出来的，而客观世界总是不断发展变化和前进的，在新发展、新事实、新情况、新信息、新技术、新手段面前，就必须将其完善与发展。

管理原理是大量管理经验的升华，是对管理活动具有普遍指导意义的真理。掌握并贯彻管理的基本原理，必然会提高管理的科学性。实践证明，遵循管理原理，就能达致有效的管理，而违背管理原理，就势必导致管理的失败。相当一部分企业之所以亏损严重，管理混乱，尽管可能有种种复杂原因，但追本溯源，都是由于违背了管理的基本原理所造成的恶果。掌握并贯彻管理的基本原理，有助于建立科学合理的管理组织、管理制度、管理方式与管理方法，使管理工作程序化、规范化，有章可循，有法可依，并使高层管理者从繁琐的常规性事务中解脱出来，进行重大决策和战略管理。统而言之，认真掌握并切实贯彻管理的基本原理，必能提高管理工作的效率和效益。

对管理基本原理的认识正处于百花齐放、百家争鸣的阶段，尚缺乏系统论述这方面的专著，本书是从较广的范畴，归结为十一项基本原理。

第一节　系统原理

一、系统理论的形成与发展

系统的观念是一种朴素的理论观点，无论在中国古代，还是在古希腊、古罗马的著作中都能找到这一理念的佐证。例如：我国古代战国时期李冰设计修建的都江堰工程，从“鱼嘴”岷江分水工程，“飞沙堰”分洪排沙工程和“宝瓶口”饮水工程等三大主体工程到

120 个附属渠堰工程，相互之间协调运转，互相配合，无不体现着系统思想的萌芽。

古希腊哲学家德谟克利特所著《宇宙大系统》一书是最早使用“系统”一词的著作，而古希腊哲学家亚里士多德关于“整体”大于其各“部分”之和的系统思想，至今依然是系统论的重要观点。

15 世纪以后，随着天文、物理、化学等科学技术的发展，人们在对客观事物的研究中发现，任何事物都是在相互联系中体现出属性。系统的联系规定了每一件事物，从而开始了近代系统理论的发展。

20 世纪 30 年代，科学家在对生物学的研究中提出了机体系统理论，之后，生于奥地利的美国生物学家贝朗塔菲进一步用这种理论来解释社会、人、技术等现象，从而建立了一般系统论。一般系统论提出了整体原则、相关原则、有序原则和动态原则这四大原则，用来观察和分析问题，并应用系统分析方法解决军事和经济管理方面的实际问题。

第二次世界大战以后，随着控制论、信息论和电子计算机的产生，进一步揭示了系统联系的实质，从而使系统理论得到了更飞速的发展。20 世纪 40 年代以后，这些基本理论和具体的操作方法在管理上得到了广泛的应用，使系统的思想成为管理的基本理念，从而使管理进入到现代化的阶段。在以巴纳德为代表的社会系统学派的基础上，又出现了一个社会技术系统学派，该学派认为管理组织既是一个社会系统，又是一个技术系统，两者密切关联且相互影响，因此，一个好的组织是既能满足社会系统的需要，又能满足技术系统的需要。20 世纪 60 年代以后，在管理理论丛林中，又出现了一个把系统理论和系统分析直接应用到管理之中的系统学派，并被孔茨在 1980 年列为西方现代管理十一个理论之一。

由此可见，系统的管理观念在现代管理工作中成为了人们自觉遵守和应用的普遍规律，不管是那一个学派都已经把管理的系统原理作为指导性的共有规律。无论各学派在解释管理理论时偏重于哪个方面，都不能否认管理系统是一个开放的、动态的系统，不仅需要深入的研究其内部的各个影响因素，还要考虑系统外部环境，即更大的系统对管理活动的影响。因此，管理的系统原理的应用对管理科学的科学性和实用性是具有深远影响的。

二、系统的概念

按系统论观点，所谓系统就是由相互作用的若干要素所组成的具有特定功能的有机综合体。系统存在于一切事物之中，在自然界和人类社会普遍存在着各种性质不同的系统。按照不同的标准来分类，可分为：自然系统和人造系统；实物系统和概念系统；封闭系统和开放系统；静态系统和动态系统；复杂系统和简单系统，等等。

一个人体、一个企业、一个事业单位、一个部门、一个国家都可以看成一个系统。系统包括以下的内涵。

1. 系统的要素

要素是构成系统的基本成分，具有多元性的特点，即任何系统都由两个或两个以上的要素构成。不同的要素或不同的组合构成了不同级别的系统，高级系统称为大系统或系统，低级系统称为分系统或子系统。子系统又是大系统的组成部分，它与要素的区别就在于子系统已经具备了系统的基本特性，而一般要素则不具备系统的基本特性。

组成系统的各要素（或子系统）在系统中的地位和作用是不平等的，根据地位和作用的差异，可以把系统中的要素分为三类：

(1) 必要要素：是构成系统必不可少的部分，缺少了它（或它们），就破坏了该系统的存在；

(2) 一般要素：对系统的功能有一定的作用，但不起关键性的作用，如若缺少，也不至于破坏系统的存在；

(3)多余要素:存在于系统中,对系统的功能不起任何的作用,甚至还会起危害作用。

管理要有成效，就必须把握住必要要素，兼顾一般要素，摒弃多余要素。

2. 系统的功能

系统的功能，是指系统在一定的内部条件和外部环境下，具有达到既定目标的能力。系统的功能必须超过各要素（子系统）的功能之和。系统的功能取决于三种因素：

(1) 各要素的质量。若要素的质量都很低劣，则系统的功能无从发挥；

(2) 系统各要素组成的合理性。尽管各要素的质量合格，但若组成是盲目、混乱或数量比例不合理，也不能发挥系统的特定功能；

(3) 各要素间的特定关系。即使前两种条件均已具备，但若要素之间的关系不适宜，也会削弱或丧失系统的功能。对于这一点，只要想到碳元素，既可以组成坚硬的金刚石，也可组成石墨；同样的建筑材料既可盖成美观的大厦，亦可盖成低劣的危楼，就会完全明白其中的道理。

3. 系统的结构

系统的结构，是指系统内部各要素（子系统）相互联系、相互作用而形成的结合方式、排列秩序和比例关系。系统的结构体现着系统的存在方式，它决定了系统的特征和功能。结构的作用体现在三个方面：

(1) 限制，即限制要素不能任意自由活动，而是按系统的统一规则运行；

(2) 筛选，即限制的范围并非是所有的活动，而是有所选择，有所保留，选择和保留那些有利于系统功能发挥的活动；

(3) 协调，即协调各要素及其活动，形成协调一致的“合力”。

4. 系统的环境

系统的环境，是指系统外部的能够影响系统功能的各种因素的总和。根据这些外部因素的特点的不同，可以分为物理、技术环境，经济、管理环境，社会、人际环境等。显然，系统的环境是不断变化的，这就必然对系统的输入（亦即系统与环境间的物质、能量与信息的流通与交换）产生影响，并从而影响到系统的功能。反之，系统的运行状态与活动也会影响到系统环境中的某些因素，从而产生属性与状态的变化。系统与环境间总有一个边界，边界之内的东西就是系统的要素，边界之外的东西就是系统的环境。

三、系统的特性

系统具有如下几个鲜明的特性。

(一) 系统的目的性

每个系统都有明确的目的。人造系统尤其如此。人们为了某一目的来设计系统、建造系统或改造系统。目的不明确，系统就必然产生混乱，没有目的的“管理”是管理的大忌。表面看来，企业存在的目的、生产的目的似乎不成问题，然而在计划经济的僵化体制下，亏损的企业比比皆是，产品积压的现象屡见不鲜，这能叫目的明确吗？但另一方面，多目的的管理也叫无目的的管理。一个时期内只能有一个总目的（当然，总目的之下，可以有若干层次的分目的），多目的只能分散系统的力量，最终一事无成。

（二）系统的整体性

系统的各要素都不能离开整体而孤立存在，反之，整体失去了某些要素也将难以以整体的形态发挥作用。系统的各要素组成系统后与他们单独存在时有性质的不同。系统整体的功能不是各要素（子系统）功能的简单相加，而是超过各要素功能的总和，“三个臭皮匠，凑成一个诸葛亮”就是系统整体性效果的体现，而“三个和尚没水吃”的情况则是破坏了系统整体性的恶果。整体和局部既有统一的一面，又有不一致的一面，从局部看有利的事对整体不一定有利。系统原理要求必须有全局的观点，追求整个系统的功能和效益。管理中必须防止本位主义、分散主义、自由主义，对于管理中产生的问题也要从整体的角度来“诊断”，“头痛医头”、“脚痛医脚”也是管理的大忌。

（三）系统的相关性

系统内的各要素彼此之间是相互影响、相互作用、相互倚赖、相互制约的。系统不是其构成要素的堆积和混合，而是一个有机的整体。这种相关性不仅体现在系统内部各要素之间，还体现在系统与环境之间。如工业企业固然为社会提供了物质产品或劳务，但也形成了“三废”和噪音等环境污染。所以系统中的某一要素发生变化，其他要素也要相应的改变或调整。因此管理对系统的诸要素如人力、物力和财力等有形的资源和信息、企业文化、企业形象、公共关系等无形资源必须统筹协调，才能达到有效管理。

（四）系统的层次性

任何系统都有一定的层次结构，一般来说，这种结构呈金字塔的形状。系统效率的高低很大程度上取决于层次的清晰程度。管理必须发挥各层次（各职能部门）的作用，各司其职，各负其责。上一层次的职责只有两条：一是根据系统的目的向下一层发出指令并检查其执行的结果；二是解决下一层次彼此之间的不协调，但不可干涉下一层次的具体工作，越级指挥。“面对面的领导”、“一竿子插到底”的领导方式破坏了管理系统的层次性，丧失了领导功能。下一层次只能对上一层次负责，也不可放弃职责而“矛盾上交”。

（五）系统的适应性

任何系统都是更大系统的子系统，环境是比本系统更大、更高一级的系统。环境对系统提供发展条件或构成限制条件，系统必然要受到环境的影响和制约，系统必须适应环境的变化而保持自身稳定的运转，并使既定的目标得以实现。企业必须适应社会经济大系统的变化与要求；必须适应广阔的国内市场（或国际市场）的变化与要求；必须随时研究环境的变化，摸清趋势，预测方向，以利于企业的生存和发展。

（六）系统的稳定性

任何一个系统必须保持自身的稳定存在与运作，否则，系统就失去了存在的意义。如同一个人走起路来摇摇晃晃，东倒西歪，还能指望他从事什么活动？一个企业在市场竞争中，根基不牢，运转失灵，也就根本谈不上什么适应性。大至一个国家的方针政策不稳定、朝令夕改；中至一个企业的产品结构变来变去，追逐短期利润而闻风就转产；小至一个人的行为忽左忽右，时而保守，时而冒进，也就破坏了这个系统的稳定性。

四、管理的系统原理

管理的系统原理就是在管理活动中，必须运用系统理论、系统思路、系统工程、系统方法来进行系统管理。按照系统论的观点，管理活动的任务就是协调组织系统中各要素之间、各要素与系统整体之间、系统与环境之间的关系，从而保证组织系统的一系列活动的顺利进行，以确保组织目标的实现。

管理的系统原理要求必须将管理对象当作一个组织系统，进行系统分析，了解组织系统的组成要素和组成结构，了解组织系统的历史和现状，了解组织系统的功能和环境的相互关系以及可能发生的各种变化，确定正确的管理原则、管理手段和管理方法，以达到整体优化的管理。

管理之所以要遵循系统原理，这是由于管理活动的系统性所决定的。管理活动的系统性表现在：

(1) 管理活动是各种管理职能的统一。各种管理职能相互联系、相互促进、相互制约，共同为组织目标的实现而发挥作用。任何一种职能都不能单独决定组织目标的达成与否和 达成的好坏，只有发挥全部管理职能的整体作用，才能确保组织目标的达成。

(2) 管理活动是各种管理对象的协调统一。管理的对象是多方面的，要依靠众多的组织因素共同起作用，才能发挥管理的功效。任何一种组织要素固然有其自身独立的功能，但必须联合起来，才能协调整个组织的活动，达致功能的放大。

简而言之，管理对象的系统性和管理活动的系统性决定了按系统原理来进行管理的必然性和可能性。

要想在管理活动中遵循管理的系统原理，就必须树立以下的几个思想观点。

(一) 目的性观点

目的是管理系统的根本目标，也是管理系统存在的基本依据，没有目的的管理系统是毫无价值的系统。目的不明确或混淆不同的目的,都必然会造成管理系统的紊乱。因此,管理的系统原理强调的第一个观点就是目的性的观点。具体来讲,管理系统的目的性观点要求人们依据管理系统的整体目标及功能设置,要素的数量、位置和结构,建立要素之间的层次结构方式及限制条件;在组织和调整管理系统的结构方式、功能和要求时,强调服从和满足系统的整体性目标,从而使管理系统成为优化的、高效的、充满生机和活力的系统。

理解和掌握管理系统的目的性观点，最基本的就是把握以下的四点：

(1) 管理目标的明确性。确定管理目标的过程，实际上是一个负熵过程，即系统的有序程度。所谓负熵过程，即增强有序化、消除不确定性和混乱状态的过程。目标越明确，熵就越少，管理系统也就越呈有序状态。因此确立清晰的目标，明确系统的目的性，是现代管理的首要职责。

(2) 整体目标的至上性。管理系统是一个具有特定功能和作用的整体，它有特定的整体目标，系统内的各要素（子系统）就是为了完成其既定的目标而协作活动。系统内的各要素（子系统）也有自己特定的目标，但他们都应该根据管理系统整体目标的要求，在总目标的指引下，协同配合，分工合作，达成各自的分目标，以期实现管理系统的整体目标，这就是整体目标的至上性。如果组成管理系统的各要素（子系统），不是维护管理系统的整体目标的至上性，而是各自为政，搞本位主义，甚至为了自身的利益而牺牲整体的利益，那么，该管理系统的整体目标就不可能实现。为此，管理者应该经常检查自己所辖系统中是否存在与系统的整体目标相悖的目标，若有，就应该立即清除。

(3) 整体目标的单一性。任何一个良好的管理系统，其整体目标通常只有一个主要目标。如果一个管理系统中有多个重要目标，必然会造成目标之间的矛盾，从而造成系统功能的分散，资源耗费，很难达到整体目标。

(4) 总/分目标的体系性。管理系统有着整体目标，即总目标；管理系统的诸要素也有自己的目标，称分目标。管理系统目标的确立要实行总目标与分目标相结合，分目标之间、分目标与总目标之间要注意相互的衔接，严格按照总目标与分目标之间的统帅与服从的关系、分目标之间协同与配合的关系，建立管理系统的目标体系，确立总/分目标的体系性，从而使管理活动的开展循序渐进，做到有理、有利、有节。

(二) 整体性观点

现代科学技术的发展使科学活动的对象和人们对它的认识发生了巨大的变化，有机的整体取代了被分割的部分，过去认为是最基本的部分，今天看来，实际上也是一个由各部分组成的整体。世界上的一切事物、现象和过程，几乎都是有机的整体，几乎都是自成系统而又互为系统。客观世界的整体性，正是管理的系统原理的整体性观点的依据。

管理系统的整体性观点包括两层含义：

(1) 现代管理要把重心放在整体优化上，而不像小生产管理那样，忽视管理系统整体的联系、目标和功能；

(2) 管理系统的局部目标和功能是为整体而存在和发挥作用的。

在现代管理中，整体和局部的关系具有复杂的组合方式和交叉效应等多种结果。在大多数情况下，局部同整体的功能、目标和利益并不总是一致的。从局部看是合理的功能、现实的目标、有利的因素，对整体来讲却不一定合理、现实和有利；反之亦然。

现代管理之所以注重管理的整体性，主要是因为管理系统整体具有其组成要素在孤立状态下所没有的新特征和新功能。首先，管理系统若将其要素有机整合，使之产生结构上的质变与功能上的放大，就会出现“$1+1>2$”的情况，也就是说，他的整体功能会超过甚至大大超过各个要素功能的总和；相反，就会出现“$1+1<2$”的情况，即整体功能小于甚至远远小于各个要素功能的总和。这就是管理系统的“组织效应”或“系统的性能、功能不守恒定律”。其次，要素性质的好坏同系统整体的好坏之间并不必然呈正相关，关键是看其是否遵循系统的“组织效应”法则。再次，管理系统的规模越大，结构越复杂，“组织效应”就越大。因此，管理系统原理强调从整体出发，发挥整体效应，并争取局部最佳，从而实现整体效益最佳。

当然在运用管理系统原理的整体性观点时，还必须防止两种倾向：一是借整体代替局部，甚至抹杀局部的目标、功能和利益；二是超越管理系统整体的需要而恶性放大局部的目标、功能和利益，损害整体的效益。

(三) 层次性观点

管理系统的层次性是指组成系统的诸要素之间的立式结构或管理要素结构方式中的等

级体系。

管理系统的层次性观点，一方面强调管理系统的层次对输出系统整体功能具有重大的制约作用。各层次的要素构成大系统时，一般可以放大系统的整体功能，但不能由此而断言管理系统的规模越大越好，层次越多越好。因为系统的功能还要受到系统内部层次的沟通效率的制约。管理系统的规模越大，层次越多，其沟通效率就越低。因而在联结松散、层次繁多的管理系统中，各层次的具体目标与系统的整体目标往往有较大的差距，这种差距不仅会削弱基层或中层管理人员的责任心、进取心和主人翁精神，而且直接导致系统整体功能的下降。因此系统原理的层次性观点要求人们在设计系统时，必须从实际出发，充分考虑到管理系统的规模与层次问题，因地制宜，掌握好适度的原则。

另一方面，强调管理系统的层次性对管理系统的行为效率的发挥起着指导作用。在管理系统的规模和层次确定之后，管理行为是否获得高效率，很大程度上取决于能否分清各层次的责、权、利以及组织的统一指挥功能。一般来说，各层次的责、权、利愈明确，统一指挥的功能愈强，组织就愈有效率。这就要求任何一个层次只对直接上一层负责，只接受上一层次的领导，以防止系统内层次混乱、层次之间的职责相互替代或超越层次现象的出现，提高管理系统的效率。

（四）整分合观点

根据系统原理，管理组织是一个复杂的社会系统，是由相互联系的各个要素（子系统）构成的有机整体，其固有的特性决定了管理者必须在充分了解系统的环境、整体的性质、功能的基础上确立出总体的目标；然后，根据总体的目标进行合理的分工或分解，以形成有序的系统结构体系；最后再按整个系统的内在必然联系科学的进行有效综合。这种对系统“整体把握、科学分解、有效综合”的思想，就是管理系统原理的整分合观点。

整分合观点在管理中的实现，一般要经过整体目标的确立、系统分解和综合协调三个步骤：

第一步，把握整体目标，这是整分合观点实现的前提条件，实质上就是从整体的角度设计组织系统的结构功能，确定系统的总目标。这一步离不开对下列因素的分析：

(1) 对系统环境的分析。根据系统原理，管理组织是一个开放的系统，与外部环境密切相关。系统的环境对系统本身具有影响和制约作用，因此在设计系统结构，确定系统的总体目标时，必须充分了解和分析系统环境的状况以及可能对系统产生的影响，尽可能满足和适应环境的要求。

(2) 对系统本身属性的分析。即包括对管理组织中存在多少组织要素（子系统）；各要素（子系统）的结构、功能怎样；各要素（子系统）之间的关系及相互作用状况怎样等的分析。

第二步，系统的分解。包括两层含义：对组织成员或部门工作而言，是一种分工活动；对目标、计划的贯彻而言，是一种分解活动。因此，系统的分解就是在整体目标的指导下，对计划、任务的分解，对系统内各部门及个人的职责及其相互关系分工的过程。系统的分解要注意以下的问题：

(1) 分解要适度，比例要合理。所谓适度，是指要寻找一个分工的合理界限，即使分工密度接近系统整体效益最好的那个分工最佳点。所谓比例要合理，是指系统内各部门、个人之间的任务、职责及权限分量、比重不要过于悬殊。

(2) 分解要完全。指系统内各构成要素（子系统）的功能必须能有机的结合为系统的整体功能，避免由于分解不完全而造成系统功能残缺的不良后果。

(3) 分解要配套。指分解各要素（子系统）的任务、职责要全面、配套。例如，在给某位员工分解任务、职责时，完成任务、履行职责所必需的权限和条件也要配套分解。

(4) 分解不能有赢余。分解有赢余表明系统内部有多余的要素的状况，这种状况不利于系统整体效益的优化，与整分合的目的相违背。

第三步，综合协调。为了避免系统分解活动所带来的诸如部门间脱节、各行其是、横向协调难等问题，在系统内按照系统的内在联系把各部门、各环节有效的结合起来，协调他们之间的关系，使各部门相互支持、相互配合，使整体的力量集中到整体的目标上来。综合协调主要包括以下工作：

(1) 合理明确系统内部各部门、各环节相互协作与联系的方式。

(2) 处理系统内部各部门间利益以及个体利益与系统整体利益的关系。

(3) 以总体目标去统一各部门的思想和行动。

（五）环境适应性观点

任何系统都存在于一定的环境当中，都和环境有现实的联系。环境对系统的影响可能是有利的、起促进作用的，也可能是不利的、起限制作用的。作为管理者来讲，树立系统管理的环境适应性的思想，就要努力做到以下几点。

(1) 掌握组织活动的环境信息。管理的环境信息有一般环境信息与具体环境信息，潜在的环境信息与“觉察到的”环境信息之分。掌握环境信息，具体的环境信息是重点，潜在的环境信息是难点。潜在的环境信息是一种隐性的信息，这种信息是一种能够提示某一事物、现象未来趋势的，只具有苗头、只呈先兆的“胎动”信息。应善于透过显性信息发现隐性信息，对收集到的有关信息内容进行多角度、多层次、多变量、多方位的分析，运用正向思维、侧向思维和反向思维的方法，以有关的信息之间的差异性来获取隐性信息。对一定的组织来讲，其活动往往只受到与其更为直接与具体的周围环境的作用。这类称之为工作环境或微观环境信息的需求对组织活动更具有现实性，应当列入环境信息输入、处理和利用的重点。

(2) 根据掌握的环境变化信息，调节组织的行为。组织行为的调节有局部自调节和整体自调节、渐进自调节与突发自调节、被动自调节与主动自调节等形式。

(3) 参与对环境的改造。组织系统对自己所处的环境并不是只能被动的适应，无所作为，在一定程度上，通过组织系统的活动，可以施加作用和影响环境。系统对环境的反作用可以通过对环境的选择与对环境的改造这两种形式来加以实现。作为管理者既要看到组织活动能动地作用于环境的可能，又要注意这种作用的局限性，才能在一定的环境中有所作为。

最后，应强调指出：与下述其他原理相比，系统原理是根本原理，具有统辖其他原理的地位。下述其他原理基本上都是从系统原理衍生出来的。现代管理科学势必与系统科学紧密结合起来，系统管理是管理科学发展的主导潮流。

第二节　整分合原理

整分合原理是指现代管理的高效率与高效益，必须在整体规划下，进行明确分工，在分工的基础上再有效综合。这是系统原理整分合观点的必然要求和具体体现。在该原理中，整体规划是前提，科学分工是关键，有效综合是保障。这是因为，不从整体功能出发，分工必是盲目混乱的，但没有分工的整体无非是杂乱的混合物，不能发挥系统的功效；没有分工的协作，就只能是“大锅饭”，每况愈下的低效率；而没有有效的综合，就无法避免因分工而带来的各环节的脱节，横向协作困难，必导致各行其是，难以形成凝聚力，从而降低系统的效率。早在科学管理的阶段，泰罗也论述过：“在详细了解了每一项工作如何完成、并如何分成一个个基本要素的基础上，对劳动加以适当的组织就能提高效率。”

该原理要求：

(1) 充分了解整体的全貌及其运动规律，有统筹的规划；

(2) 明确各个局部应履行的功能，即进行明确的分工；

(3) 在分工的基础上，组织紧密的协作，将局部功能综合、放大成整体功能。

在上述的三个步骤中，(1) 是系统管理的整体设计与整体规划，即所谓的“整”；(2) 是在 (1) 的基础上，对整体任务和目标进行分解和落实，进行明确的分工，即所谓的“分”；(3) 是在 (2) 的基础上进行整体协作和整体综合，即所谓的“合”。

关于整体规划这一前提在系统原理中已经做了详尽的阐述。分工既然是关键，现展开来谈。

马克思曾深刻地指出：一个民族生产力发展的水平，最明显地表现在分工的发展程度上。不仅组织内有分工，整体社会也必然有分工，现代社会有以下四类分工。

(1) 按社会结构进行专业化职能分工。如，工业部门、农业部门、商业部门、行政部门等。“全民皆商”，尤其是党政机关经商是破坏合理的社会分工而不务正业，企业作为一个经济组织不仅管经济，而且管政治、管司法（如调解家庭纠纷）、管教育（如建立幼儿园、子弟学校）、管卫生、管绿化、管运输、管住房等，简直就是一个“小社会”。本来应该是社会办企业，这倒成了“企业办社会”，那么，企业还怎么能集中精力去真正从事经营，去从事本应该承担的社会分工职能呢？

(2) 按资源特点进行专业化区域分工，如资源丰富地区建成原材料、能源基地；有技术和人才优势的地区建成高新技术产业区；有优越地理位置和发达经济基础的地区发展外向型经济，建成外贸出口基地等。一国资源分布和自然条件天然是不平衡的，必有流通互补。我们曾付出高昂的代价企图扭转“北煤南运”的愚蠢做法，片面强调“以粮为纲，以钢为纲”的错误口号导致了各地区自成体系，都违背了区域分工原理，已经受到了客观规律的惩罚。再看看发达国家的情况：美国的农业就是根据不同的自然条件实行专业化分工，建立起小麦、玉米、棉花、牧草等 14 个专业化农业区，构成了高生产率的农业结构，这是美国的农业之所以先进的一个重要原因。号称“钟表王国”的瑞士，用他们自己的话说是：上帝对瑞士特别苛刻，除了阳光和水以外，几乎什么资源都没有。但他们重点生产价值高而消耗材料和能源少的高级手表、精密机床等工业，同时在山地水力资源上大做文章，大力发展水力发电，几乎百分之百的水力资源都已被开发利用，保证了足够的能源供应。

(3) 按产品的结构进行专业化生产分工。社会化大生产是高度专业化生产，必须改变以往“大而全”、“小而全”的生产格局。我国的汽车工业就是一个典型的例证：经过多年的重组与整合，全国现有的100多家汽车厂，还不及日本一个汽车厂的产量，在诸多因素中，专业化生产程度太低是重要原因之一。再以科学研究为例，也应按科学及其构成进行专业化研究分工。现代科学技术的门类已经越来越多，分支纷繁，因此科学研究也必须有明确的分工，即使是同一科学的不同研究单位也要分工，有所侧重，发挥各自的优势进行“特定研究”。例如，内燃机研究方面，英国的卡图公司专以研究燃烧室和燃烧过程而闻名；奥地利李斯特研究所却以研究内燃机噪音和测试技术而著称。但是在我国，专业化研究尚没有成为气候，还存在一窝蜂的一哄而上的现象，“五路大军”的科研体制也没有从根本上改观，互相闭塞，重复研究，使我国有限的科研人力、财力和物力高度分散，这是我国科研水平就整体而言还处于落后局面的重要原因之一。

(4) 按生产作业程序进行专业化操作分工。这一般是指企业的内部分厂之间、车间之间、班组之间以及不同设备之间的作业分工。现代企业已经不是传统意义的工厂了，按企业的经营过程来说，它包括市场研究、产品开发、生产制造、销售、技术服务等诸多部门，而且随着生产自动化的发展，直接生产工人的人数比重日趋下降，科研人员和管理人员的比重日趋上升。仅以生产作业而言，分工也日趋细化了。当然，分工并非是现代管理的终结和目的。分工越细，越易使各环节、各工序在时间和空间、数量和质量上脱节，即协作和综合的难度加大了，就越要求有更加严密的强有力的组织和协调，这就是有分有合，分而后合。这也正是某些缺乏科学管理的企业，实行专业化分工的效能反而不如某些自给自足的“大而全”、“小而全”的企业的根本原因。

所谓“合”，有“整合”、“统合”、联合的含义。比如组建企业集团也是“合”的体现。但目前在我国，一个普遍的现实状况是企业集团的规模偏小，无论是钢铁、航空、出版、旅游，乃至食品、饮料、商业等行业的企业集团，都无法与国外相比。另一个现象就是“集团”满天飞，甚至一个只有百把人、产品单一的企业也冠以“某某集团公司”，这完全是一种滥用。

第三节　责任原理

责任原理与整分合原理有密切联系，可视为整分合原理的子原理。责任原理就是在合理分工的基础上，明确各部门和每个人应分担的义务，并按整体功能的要求认真的履行这些义务。从法律意义上说，不履行义务就要承担责任。

责任不是抽象的概念，而是在数量、质量、时间、安全、效益等方面有严格规定的行为规范。责任的表达形式有规章、条例、目标、计划、定额和职责范围等。确定责任必须完整、明确。如果对责任的规定含混、模糊或缺失、遗漏,就必然出现无人负责的现象。履行责任必须严格认真,如果履行不力、不负责任或放弃责任,就是玩忽职守,与渎职无异。

责任可分为物质责任、经济责任、政治责任等。将重大物质责任、经济责任或政治责任以法律的形式做出规定,就成为法律责任。例如,企业按章纳税是法律规定的经济责任,如果偷税、漏税,就构成违法行为,对此要承担法律责任,法院将依法惩处;企业之间签订的经济合同,一经法律鉴证,双方就承担了法律责任,如果一方违约,就构成了违法。

责任按与实体成果联系的密切程度可分为直接责任与间接责任、实时责任与事后责任。例如，在生产第一线岗位的人一般应负直接责任和实时责任，而在二线岗位和管理部门或指挥部门的人一般应负间接责任和事后责任。在实际工作中，工作岗位离实体成果越远，责任越容易模糊。所谓“领导责任”一说也是很模糊的提法，出了问题时领导者轻描淡写地说一句：“我应负领导责任。”其结果往往是“大帽子底下开小差”，不了了之。

贯彻责任原理要求：

(1) 责任的确定必须以合理的分工为基础。在整分合原理中已经述及分工的效益，分工越细，越易提高劳动的熟练程度，有利于提高生产或工作效率。然而，凡事都有一个限度，过细的分工使人长期从事单调呆板、枯燥乏味的工作，就会影响人的劳动兴趣和积极性，导致降低生产或工作效率。管理工作如果分工过细，往往又会造成责任模糊、协调困难，以至发生相互推诿、互相“扯皮”现象。

现代管理仍在探索合理的分工方式，既做到分工细化，采用先进的流水生产线，又将工作扩大化和丰富化，以期达到既保证高的生产效率，又激发人的劳动热情和兴趣。

(2) 责任必须明确，界限要清楚。一般似乎认为，分工明确，责任也就会明确。但实际上并非如此简单，原因在于分工还只是对工作和职权范围作了形式上的划分，至于工作的数量、质量、时间、消耗、协作等要求，分工本身还不能完全体现出来。所以，就必须在分工的基础上，进一步明确规定每个部门、单位或个人所应负的责任。为此要做到：

①责任应单一性或专业性，全面性或全能性的责任事实上任何人也负不起。

②责任的内容要具体，并有明文规定。只有如此才便于执行、检查与考核。

③责任要包括横向联系的内容。在规定岗位职责的同时，还应规定同其他人和其他部门协同配合的要求，只有如此，才能克服本位主义的倾向，防止因缺乏有效的协作而损害整体的功效。

(3) 责任要落实到人。无论是个人的责任还是部门的责任最终都要由具体的人来承担。只有落实到人，才真正能做到事事有人负责，而不致流于“集体负责”、“人人有责”，而实则无人负责，责任成了一句空话。当然，将责任落实到具体的人，必须同时为之提供履行责任的条件，如授予与责任相适应的权力，给予与责任相适应的利益，提供履行责任所必要的物质条件，选择具有与责任相适应的能力的人来担任相应的职务等（这一点请参阅本章第七节能级原理）。

(4) 责任要形成制度。完善的责任制度才能真正做到事事有人负责、人人各司其职。各种经济责任制就是贯彻责任原理的有力保证。企业的管理制度虽然不同于国家的法律，但广义而言，也具有法律规范的作用，对企业全体员工的行为同样具有约束力。我国企业内部最基本的责任制度就是各种经济责任制，亦即以提高经济效益为目的，实行责、权、利紧密结合的生产经营管理制度。它又可分为两大类：职工个人岗位经济责任制、单位集体经济责任制。前者包括领导人员经济责任制，各类专业、管理人员的经济责任制、工人岗位责任制；后者包括车间、班组经济责任制和职能科室的经济责任制。

健全的责任制度应达到的基本要求是：

①责任内容必须明确、具体，并建立完善的责任体系，要既无漏洞又力戒繁琐；

②必须同时赋予履行责任所必要的权力；

③履行责任的结果要有明显的标识并尽可能数量化；

④履行责任的后果要有反馈的规定，即建立报告制度、奖惩制度，并且要反馈及时，奖惩分明。

(5) 要有检查和监督。责任是组织对个人的约束力。履行责任当然主要靠员工的主人翁责任感。但在一个组织中，成员的个别差异（能力、态度等）是客观存在的，加之情况的变化又往往产生某些个人或单位无力解决的问题。因此，在责任确定之后，又必须有检查和监督。其目的有二：一是防止局部或个人的疏忽、纰漏或错误，以便及时纠正；二是及时发现责任制度本身的不完善或不合理，以便加以修订。

第四节　效益原理

人造系统的首要特点就是具有明确的目的，势必追求某种效益，即在投入一定资源的条件下，要产出尽可能大的效果。现代企业作为独立的商品生产者和经营者，其一般属性是一种盈利性的经济组织，企业生产经营的直接目的就是谋求利润。社会主义企业如果不能取得良好的经济效益，则满足人民需要这一全社会的根本目的也势必落空。

经济效益就是从事经济活动的所得与所费之比，或产出与投入之比，或劳动成果与劳动消耗之比。可用下式表达：

$$经济效益=\frac{系统的所得}{系统的所费}=\frac{系统的有效产出}{系统的全部投入}=\frac{系统的有效劳动成果}{系统的全部劳动消耗}$$

当该值 >1，系统有正效益；

当该值 <1，系统为负效益；

当该值 $=1$，系统为零效益。

经济效果是与经济效益有联系而又有区别的概念，它是企业由投入经过转换而产出的有用成果，通常表现为合格的产品或劳务。显然，废品不构成经济效果，是无效劳动，而且是物化劳动和活劳动的浪费。系统产出的效果有的是有效益的，有的则是无效益的。例如，有的企业生产的产品是符合技术标准的合格产品，但它不符合市场的需要，销不出去，甚至常年积压，不仅增加库存费用，有的还只好报废。我国积压钢材 2 000 万吨，但因品种不对路，每年还要进口数百万吨。所以，只有那些被社会所接受、有益于社会的经济效果，才能作为计算经济效益的依据。

经济效率也是与经济效益既有联系又有区别的概念，它是指单位时间内所取得的经济效果的数量，或单位经济效果所耗用的时间（二者互为倒数）。劳动生产率就是经济效率的综合表示，它以单位时间内所生产的合格产品的数量或生产单位合格产品所耗用的时间来测量。在生产实践中，经济效益与经济效率并不一定总是一致的。例如，企业花费巨额投资购置先进技术设备，从而提高了劳动生产率，但假若由此而节约的活劳动弥补不了物化劳动的增加所引起的总生产成本的上升，那么，效率提高了，效益却降低了。然而，从本质上说来，劳动生产率的提高，就是劳动时间的节约。如把物化劳动、活劳动的消耗和经济效益都转化为劳动时间，二者应是一致的。

为什么社会主义企业也必须追求经济效益？

首先，这是社会主义生产目的的客观要求。作为全社会总的生产目的——满足人民日益增长的物质和文化生活的需要，理应也只能由国家来负责实现，它依靠产品的使用价值来达到。另一方面，作为企业的直接生产目的，天经地义的必然是追求利润，理应也必须由企业自身来负责实现，它依靠产品的价值来达到。这就是社会主义生产目的的两重性。长期以来，我们一方面说要使企业自主经营、自负盈亏，成为独立的商品生产者和经营者，另一方面又说社会主义企业绝不可以“利大大干，利小小干，无利不干”，这岂不是自相矛盾？但两重目的之间，如何才能协调统一呢？这就是两重目的互为手段：国家为实现全社会总的生产目的，必须把几十万、上百万个企业取得良好经济效益作为手段才能真正实现；企业为实现自身的直接目的，必须把生产出满足市场需要（归根结底是人民的需要）的适销对路、物美价廉的产品作为手段才能真正实现。

其次，这是市场经济和价值规律的客观要求。建立社会主义市场经济体制要求大力培育和发展市场体系；价值规律要求生产者尽可能减少劳动时间，以低于社会必要劳动时间而为社会创造出更多的剩余价值。过去，我们曾忌讳谈到剩余价值，认为剩余价值几乎就是剥削的同义词。其实任何社会所创造的剩余价值越多，这个社会就越发达。只不过在资本主义制度下，剩余价值大多被资本家所占有，反映了资本主义的剥削关系。而在社会主义制度下，剩余价值则主要被全民所拥有，反映了社会主义劳动者的互助合作关系。

再次，这是转换国有企业经营机制、建立现代企业制度的客观要求。《中共中央关于建立社会主义市场经济体制若干问题的决定》指出：“建立现代企业制度是发展社会化大生产和市场经济的必然要求，是我国国有企业改革的方向。”现代企业制度的主要形式就是公司法人制度，它的主要特征和进步意义在于：产权关系清晰；权利、责任明确，自主经营，自负盈亏；按市场需要组织生产经营，参与市场竞争，在竞争中优胜劣汰，长期亏损，资不抵债者依法破产。因此，企业必须不断提高经济效益，才有生存和发展的条件。

企业的经济效益一般以利润率为标志。有销售利润率、产值利润率、成本利润率、工资利润率和资金利润率等。相比而言，资金利润率最能从本质上体现企业经济效益的高低。

贯彻效益原理，企业应该做到：

(1) 企业的一切工作都要以提高经济效益为中心。这本是不言自明的事理，但在“左倾”肆虐的年代，却以“阶级斗争为纲”，结果生产混乱，甚至“停工闹革命”，致使国民经济濒临崩溃的边缘；在一段时期内，又提出企业要“以生产为中心”，于是又出现争基建投资、争上新项目、盲目扩大产量，片面追求产值，又使经济失控，产业结构失调，经济效益滑坡。我们要切实接受历史教训，把提高经济效益作为中心来抓；企业要大胆地追求合法盈利，以增强企业的实力并不断改善职工的生活。

(2) 企业要追求稳定、长期的经济效益。在市场经济条件下，企业时刻都要面对激烈的市场竞争，在竞争中优胜劣汰，适者生存是客观规律。如果企业只满足于眼前的经济效益水平，而固步自封，不思进取，不以新产品、新技术、新工艺、高质量、低成本和优质服务来取胜，就会随时有落伍甚至被淘汰的危险。所以企业的领导者和经营者必须有远见卓识，有创新精神，立足现在，放眼未来，不断进行技术革新、技术开发、新产品开发和人才开发，才能增强企业发展的后劲，保证企业有稳定、长期的经济效益。

为保证企业有稳定、长期的经济效益，还必须将职工的物质利益与企业的经济效益紧密挂钩。企业经济效益的根本源泉就在于企业全体职工的积极性、主动性与创造性，必须切实贯彻按劳分配原则，对企业经济效益贡献大的多得，贡献少的少得，使广大职工从切身物质利益出发来共同关心并努力提高企业的经济效益。

(3) 要全面、正确地理解效益原理。效益是个广义的概念，不单纯指经济效益，也包括社会效益、环境效益、政治效益等更广泛的内涵。试看这样的企业：有的不加治理地排出“三废”，严重污染环境；有的生产假冒、伪劣产品，危及人身安全和健康；有的在外贸出口中竞相压价，使外商“渔人得利”，而在外贸进口中弄虚作假，骗取减免关税；有的私录、私印、走私进口黄色音像制品和书刊，腐蚀、毒害青少年；有的泄露技术秘密，使外国人轻而易举地就得到了关键的技术诀窍或工艺配方。这样的企业虽一时可能为企业带来盈利，但却给国家、社会造成损失或危害。

总之，我们所追求的效益应该是：局部经济效益与整体经济效益的统一；微观经济效益与宏观经济效益的统一；短时经济效益与长期经济效益的统一；直接经济效益与间接经济效益的统一；经济效益与社会效益、环境效益、政治效益的统一。

第五节　反馈原理

反馈是控制论的重要概念，有控制必然有反馈。反馈是指由控制系统把信息输送出去，又通过反馈将结果返送回来，并调整输出的信息，从而起到有效控制的作用，凡使作用的结果越来越放大的，称之为正反馈；凡使作用的结果越来越缩小的，称之为负反馈。原因产生结果，结果又通过反馈而成为新的原因，新的原因又产生新的结果……如此周而复始，反馈作为桥梁就构成了因果关系。这种因果关系的相互作用都是为了完成一个共同的功能目的，因此，反馈又在因果性与目的性之间建立了联系。同时，反馈还使系统得以不断调整、改善，以适应环境，从而不断的新陈代谢，充满生机与活力。

现代管理是一项极为复杂的特殊的社会活动，因此反馈的意义也就尤为突出。例如，两个企业之间的竞争，争先恐后、你追我赶，你无我有、你有我优，你弱我强、你强我更强，这就需要正反馈；企业既定的目标和计划，在执行过程中所出现的问题与偏差，则要尽力缩小或消灭，这就需要负反馈。管理是否有效，关键在于是否有正确、灵敏而有力的反馈。反馈的目的就是对各种情况的变化做出应有的反应，并检验决策是否正确。

管理的反馈原理就是指为了保证及时、准确并高效地完成既定的计划，达成组织的目标，必须及时、准确并完整地掌握组织内部和环境的变化，随时随地将系统的运行状态和输出结果与原计划和目标进行比较，以便一旦出现偏差就立即采取行动加以纠正或者是修改计划、调整目标，以确保组织目标的实现。

企业在生产经营活动中，生产活动构成了物流，而管理活动构成了信息流（示意如图5-1)。

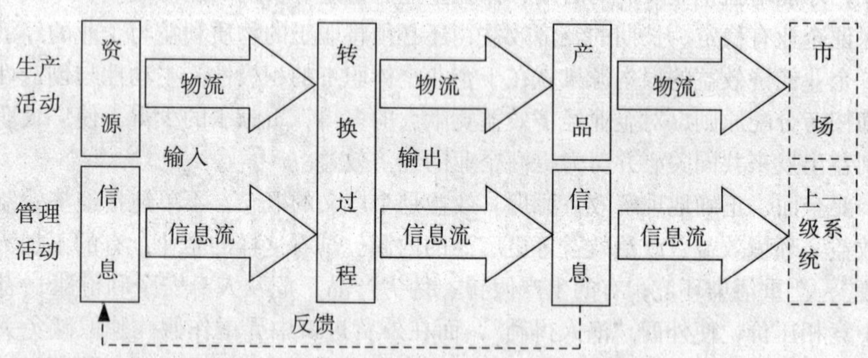

图5-1 生产经营活动的物流和信息流

物流有目共睹，看得见，摸得着，往往容易引起重视，而信息流却容易被忽视。没有物流当然也就没有相应的信息流，但信息流却反映了物流的状态和效果。一个管理系统的反馈控制模型可以表现为两种类型：

一是对系统外部环境的变化追踪调整模型（见图5-2）二是对系统内部活动变化的追踪控制模型（见图5-3)。

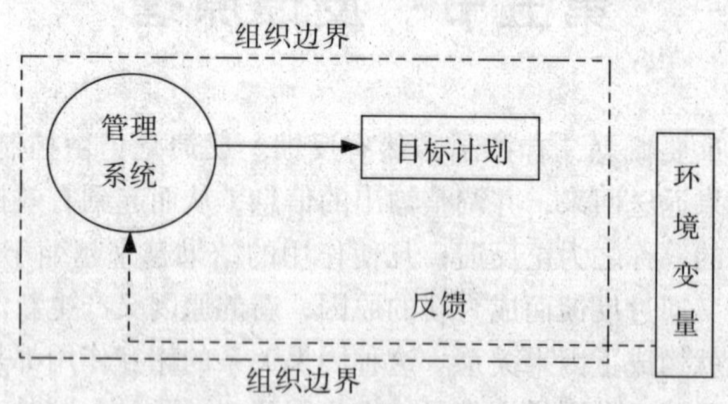

图5-2 环境追踪调整模型

图5-2表明，对组织系统外部环境的追踪了解，获取的环境变化信息，可以通过反馈通道送回管理系统，以此为依据，对原有的目标或计划进行适时的调整。

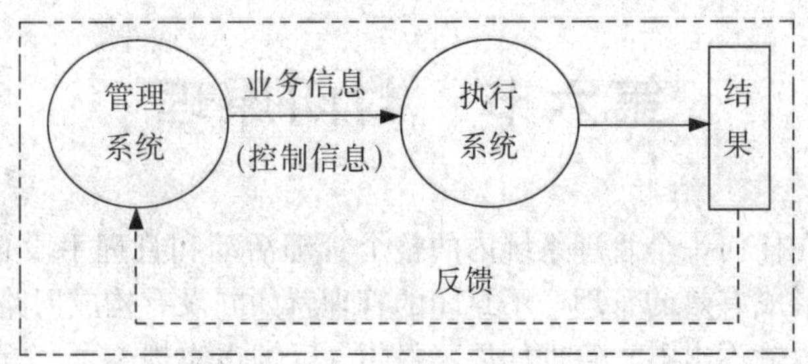

图 5-3 组织内部追踪控制模型

图 5-3 表明，管理系统内执行系统输出业务信息（或控制信息），执行系统执行后的结果，通过反馈通道送回管理系统，以此为依据，管理系统重新向执行系统发出新的业务信息（或控制信息）。

现代管理是从传统的物质管理（有形资源管理）向信息管理（无形资源管理）的飞跃。发达国家无一不是信息产业高度发展的国家，发达国家信息业的从业人员占总从业人员的比例均超过 50%，甚至接近 80%。成功的组织无一不是强化信息管理而取得卓越成绩的，而成功组织的信息管理又必有正确、灵敏而有力的反馈。

如何使反馈信息灵敏、正确和有力呢？要“灵敏”就必须有敏锐的感受器，以便及时发现管理活动与不断变化的客观实际之间的矛盾与偏差；要“正确”就必须有高效能的分析系统，以便有效地“去粗取精，去伪存真，由此及彼，由表及里”的处理各种感受到的信息；要“有力”就必须把处理后的信息化为强有力的行动，以修正原来的运行状态，使之符合变化了的情况，以取得更大的效益。由此可知，反馈包括了三个过程：感受——分析——决断。在小生产的状态下，即使有反馈，这三个过程也都是由一个指挥中心来完成的。但现代管理中，已是一个纵横交织、瞬息万变的动态网络，反馈必然而且已经从指挥中心中分化出来，成为一项独立的活动，各种咨询机构的应运而生就是一个明证。

对于企业来说，用户的反馈是极为重要的。据美国麻省理工学院对美国 150 多个企业的调查研究的结论：成功的技术革新或新产品，60%～80%是来自用户的建议。因此，市场的需要、用户的反馈是企业技术管理的首要环节。传统管理习惯于“平安无事”、“以不变应万变”，现代管理则欢迎“找茬”、“挑刺”，不断更新，不断完善。

现代管理方法中的 P（Plan）－D（Do）－C（Check）－A（Action）循环其实也是一种反馈原理的应用。

反馈原理实质上也是“实践是检验真理的惟一标准”这一马克思主义的基本原理在现代管理中的贯彻和体现。斯大林有一段话说得好：“领导——这不等于写决议和发指示。领导——这就是检查指示的执行情况，……而且检查指示本身，从生动的实际工作的观点来检查这些指示是正确的还是错误的。”

有的管理者只知道发指示、下命令，却从不检查其执行情况，更不想或不愿通过反馈去检查所下达指令的正确与否，或者听不得反馈（尤其是反对）意见，自视唯我高明，自认一贯正确，结果只能是固步自封、闭目塞听，决然达不到有效的管理。

第六节　封闭原理

封闭原理是指在任何一个管理系统内的整个管理活动和管理手段必须构成一个连续、封闭的回路，才能形成有效的管理。不封闭的管理就如同没有构成回路的输电线，即使线再粗、再长、再好也输不出电。管理如果不封闭，反馈也实现不了。管理的封闭原理示意如图 5-4。

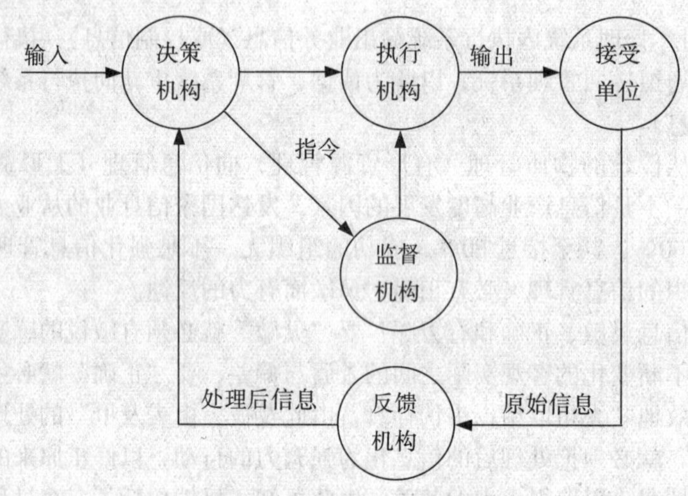

图 5-4　封闭原理示意图

图中显示：由决策机构发出指令，执行机构必须准确无误地贯彻指令，为了保证这一点，应有监督机构对其进行监督。而执行机构的输出，由接受单位（如市场、用户）进行反馈。广义而言，也包含输出、运行过程中的反馈和监督机构的反馈，经过反馈机构的处理，提出修正指令的可供选择的决策方案。

为了实行封闭原理，首先，要健全管理机构、完善管理方法以形成回路来加以封闭。如果只有决策系统而没有反馈系统或咨询系统，或者只有执行机构而没有监督机构，就不能实施强有力的控制，管理目标也就难于实现；如果只有决策，而没有正确地执行，也就没有正确的输出；如果没有反馈机构，输出效果就不能及时反馈，决策系统也就不能调整、修正输出指令。就目前我国的管理现状来说，应大力加强咨询机构、监督机构的建设，从组织上保证决策系统指令的正确执行和决策本身的正确性。

其次，要健全法制，严格各项管理制度，依法管理。这不仅要有执行法，还要有监督法、反馈法、仲裁法、处理法等。对于企业来说，首要的是要切实认真贯彻企业法、公司法等。法不封闭，等于无法。建立健全岗位责任制是贯彻封闭原理的有力措施，但若没有有效的监督，执行结果的好坏也没有赏罚分明的规章，实等于不封闭。即使将规章制度的条文贴满墙，也不过徒有形式而无实效。真正做到奖勤罚懒、奖优罚劣是贯彻封闭原理的有效方法。在人事管理制度上，干部只能升不能降、只能调动不能免职的做法也显然违背了封闭原理。

再次，决策系统应该允许反馈机构和监督机构与自己唱反调，以修正其错误指令。“兼听则明，偏信则暗。”但有些领导者却只准歌功颂德，不准持半点异议，更是背离了封闭原理。还要高度重视咨询机构的作用，充分尊重咨询机构的意见。尤其是提反对意见而又证明是正确的人，要加以重奖，而对于“顾而不问”、曲意奉承或处事圆滑有余、事业心和责任感却甚寡的人应该予以免职。一副对联活画出了这种人的形象：上联是：曲率半径处处相等；下联是：摩擦系数点点为零；横批是：又圆又滑。

最后，还应该注意的是，决不允许执行机构与决策机构唱反调。如果是这样，管理指令会直接折回而根本无回路可言，更谈不上封闭了。这在实践中，表现为执行者对上级指令或者硬顶或者软抗。顶抗绝不是反馈，而只能使决策得不到贯彻，更谈不上实践的检验，根本就无从反馈。还有一种不封闭的表现，就是执行机构自己反馈。大量事实证明，这样做弊端丛生：

(1) 它使信息失真，使决策者真假难辨，企业中流传的“统计加估计，数据蒙书记”就是很生动的写照。这是因为执行者的切身利益关系，而看领导眼色行事或者投其所好，歪曲真相；

(2) 它使信息片面，使决策者容易以偏概全，或者“头痛医头，脚痛医脚”，以致积弊丛生。这是因为，执行者大多陷身于日常事务，缺乏全局考虑，所谓的反馈多是主观片面，或只从眼前出发，只看表面现象而未究底里，难以切中要害；

(3) 它助长“报喜不报忧”，因为自己执行自己反馈，谁肯作茧自缚？则必然是助长说假话、说大话、说空话的恶风，结果是务虚名而招实祸。

当然，封闭原理的所谓“封闭”不能理解为绝对的封闭与孤立，它与系统的对外开放是两个范畴的问题。封闭是指在区别于环境的边界之内，而系统与环境之间又必有联系的接口，正好比一个房间，为了保温与安全，当然必须封闭；但又一定有门窗，以供出入和空气流通一样。又好比一个国家要想迅速发展经济，必须向世界开放，与国际经济接轨；但任何一国的边境又必须采取封闭，以维护自己的独立与安全。系统边界的封闭保证自身结构与功能的稳定性；系统与环境的接口则保证了系统不断随环境的变化而改善自身结构与功能的适应性。这样，系统内部活动有序而又接口顺畅，既实现了内部的严密的封闭管理，又实现了与环境的沟通，从而使系统充满生机与活力。

也就是说，封闭原理的一个特征就是相对性。因为管理系统是社会系统这样的更大系统中的一个子系统，与其他子系统又存在信息、物质、能量等的交流沟通活动，这时又呈开放性。因此，管理系统的“封闭回路”只是相对的。

封闭原理的又一个特征是有条件性。任何管理的“封闭回路”都不是一劳永逸的。它只在特定时间、特定条件下有效。随着时间的推移，一旦情况发生变化，过去的“封闭回路”就会失去效力，调整和产生新的“封闭回路”便成为必要。

此外，还必须注意贯彻封闭原理还要求具备一些基本条件，才能在管理系统中顺利地发挥作用。这些条件是：

(1) 管理系统的相对独立性。是指管理系统在人、财、物的支配上，在目标、计划、组织控制及规章制度的实施上都有不受外界干扰的相对独立权限，从而保证管理指令的下达和有效的信息反馈。

(2) 具有相互制约和相互促进关系的封闭职能机构。一个管理系统一般可分解为指挥机构、执行机构、监督机构和反馈机构四部分。这四个机构在封闭回路中相互制约、相互促进，构成了完整的封闭职能体系，如果不具备这一封闭职能机构体系，管理的封闭回路就不可能形成。

(3) 具有能及时传递信息和灵敏捕捉信息的、最为完善的信息系统。管理活动离不开信息，信息贯穿于管理封闭回路的全过程。为了更有效地为管理活动提供及时、准确的信息服务，独立形成专门的管理信息系统，已成为一切管理活动贯彻封闭原理的前提和保证。

第七节　能级原理

"能级"这个词是借用物理学中的概念。在分子结构中，电子按各自的轨道绕着原子核旋转过程中，是处于分立的不连续的稳定状态，各种状态的电子具有不同的能量，如同梯级一样构成相应的能级。这给予管理理论以深刻的启示。能级原理是指管理的任务之一就是要建立一个合理的能级结构，并按一定的规范和标准，将管理的内容置于相应的能级之中，以实现管理的高效能。

按照能级原理的要求，在管理中应做到：

(1) 合理的组织结构应具有稳定的层次分明的结构，这是进行科学管理的基础之一。稳定的管理结构可分为四个层次，即四个能级：最高层是决策层，是组织的战略、方针的决策集团；第二层是管理层，运用各种管理技术与手段，进行各种职能管理，以实现组织目标；第三层是执行层，执行各种管理指令，进行人力、物力、财力的组织与协调；第四层是操作层，从事具体操作，完成工作任务。四个层次其能级、作用各不相同，如果混淆了能级，就是管理的混乱。稳定的管理能级结构为正立的三角形，如图 5-5 (a) 所示。其余如图 5-5 之 (b)、(c)、(d) 均为不稳定结构。

图中 (b) 是倒三角形结构，直观上就是不稳定的结构；高层人员云集，基层人员奇缺，崇尚空泛议论，缺乏实施与落实。若干名正副处长只领导一两名科员就是典型的此类结构。"精兵简政"倡导了半个世纪，其收效甚微，何故？"兵"是简了不少，但"官"也增了不少，为"官"就要从"政"，又何来简政？这不值得我们深思吗？"精简机构"与"精兵简政"不仅是字义之差，而且有本质之别，只有"精简机构"才是体制与机构改革的根本出路！

图中 (c) 是个菱形结构，其结构内部可以分解为两个三角形，下部的倒三角形与 (b) 无异。这种结构，高、低层人员偏少而中层臃肿膨胀，最坏的情况是中层"坐大"，欺上压下，"挟天子以令诸侯"，其弊端不言自明。

图中 (d) 是个梯形结构，貌似更稳定，实则内部亦可分解为三个三角形，中间的倒三角形也与（b）一样。这种结构，部分层次也有臃肿现象，且极易出现缺乏高层强有力的领导集团，以致指挥不灵，而下层又各行其是。

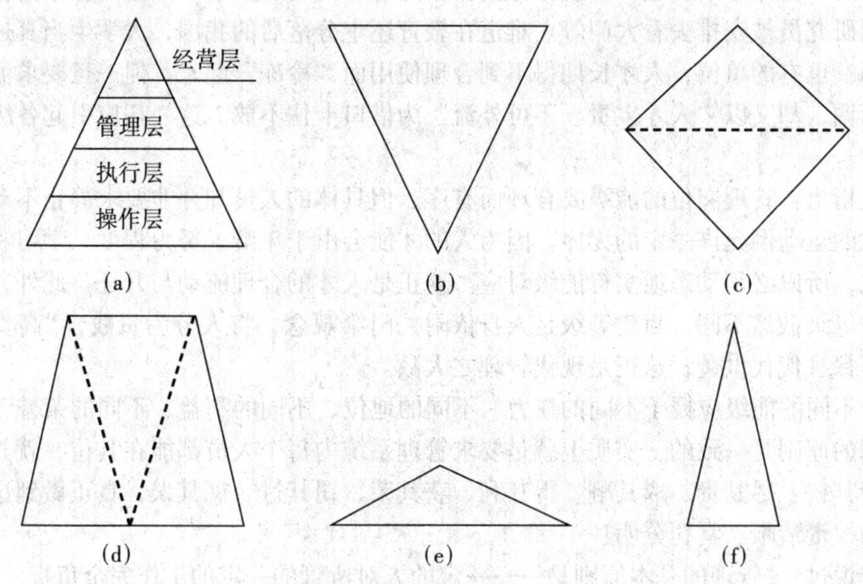

图5－5　管理结构的类型

即使是三角形结构，也会有不同情况。图中（e），顶角过钝，稳定却未必有效。因为其管理幅度过大，若上层领导能力有限则难以驾驭，疏于管理；下层则人浮于事或推诿、“扯皮”，影响管理成效。

图中（f），顶角过锐，直观上就不甚稳定，且管理层次增多，而每一层次的管理人员又可能不足，上下沟通困难且迟缓，容易延误时机，降低办事效率，也易助长官僚主义。

（2）相应的人才应处于相应的能级。各种职位（岗位）对人才能级的要求是不同的，那么不同能级的人就应安排在相适应的职位（岗位）上，这也就是“人尽其才，才尽其用”。高才能的人处于低层次去从事简单平庸的工作，是人才的浪费，必无法施展才干，甚至会“跳槽”；低才能的人处于高层次去从事复杂高难的工作，必不能胜任而贻误工作。人的能力不仅有水平上的差异，而且还有类型上的差别和表现迟早的差别，因此还要注意选择与工作类型相适应的人才。例如，上一节封闭原理中所谈到的，决策人员、执行人员、监督人员和反馈人员四类管理人员中，各应该具备什么样的能力和素质呢？决策人员应具有思维判断能力、洞察想像能力、组织规划能力、勇于创新能力和善于识人、用人和培养下级的能力等；执行人员应具有组织合作能力、冲锋陷阵的精神，忠实坚决、埋头苦干、任劳任怨的品德等；监督人员应具有洞察能力、分析判断能力、对人理解和劝说能力，敢于负责、追求真理、刚正不阿且无权力欲望等。

我国科技干部队伍是“两头小、中间大”：高级、初级科技人员少，而中级科技人员相对较多；我国培养的学生中，本科生占的比重较大，专科生较少，中专生就更少；我国大中型企业中工程师与技术员的比例甚至高达9∶1，这很难说是合理的人才结构。以至于一方面，人才短缺的呼声不绝于耳；而另一方面，相当一部分受过高等教育的人却在从事简单技术工作或一般事务性工作。据报载，一位学化学的女大学生毕业后竟然被安排去清洗厕所；另一位大学毕业生街头摆摊擦皮鞋；还有一位名牌大学毕业生去卖猪肉；某社科院一位副研究员被安排去看大门等。难道在教育还十分落后的我国，大学生当真过剩到如此程度吗？也有的单位，人才长期得不到合理使用而“冷冻”起来，但一旦要求流动或其他单位商调，却又以“人才宝贵、不可外流”为借口卡住不放。这一切应引起各级领导者的重视。

还应指出：管理岗位的能级要合理而有序，但具体的人员却并非要求静止不动。正相反，人才的运动倒允许一定的无序。因为人的才能会由于年龄、努力程度、学习和实践而不断变化，所以必须动态地实行能级对应。这正是人才的合理流动与升迁。此外，管理能级与封建等级截然不同。封建等级是人身依附，门第观念，将人分为贵贱，“高贵者”垄断高官厚禄且代代世袭，这正是现代管理之大敌。

(3) 不同的能级应授予不同的权力、不同的地位、不同的利益、不同的荣誉。这与经济责任制的原则是一致的，实质上就是要求管理系统内每个人员都能在其位、就其职、谋其政、行其权、尽其责、取其酬、得其利、获其荣、罚其过、惩其误，真正做到这样，该是何等的权责清晰、赏罚分明！

列宁说过：“管理的基本原则是——一定的人对所管的一定的工作完全负责。”如何才能做到完全负责？取决于：

①有无完全负责的能力。若无此能力，结果只可能或依赖上级，凡事都请示；或信赖助手，凡事无主见；或应付凑合，敷衍了事，这样就难以做到完全负责。

②有无完全负责的权力。任何管理都必须拥有一定的权力，在无权情况下，只能事事都由上级来决定。那么下级等于虚设，自然也可以不必负责。所以，上级要善于授权给下级。当上级抓权不放或过多干预下级分内工作的时候，就等于是批准下级不必负责。

③有无完全负责的动力。完全负责也意味着要承担全部风险，管理者在承担风险时，必然会将风险与收益进行权衡，这种收益就构成动力。之所以有时上级放权下级反而不要，原因就在于没有这种动力。也就是说，缺乏动力机制，也做不到完全负责。

责任、权力、动力、能力这四者的关系存在着如图 5-6 所示的三角形的关系。

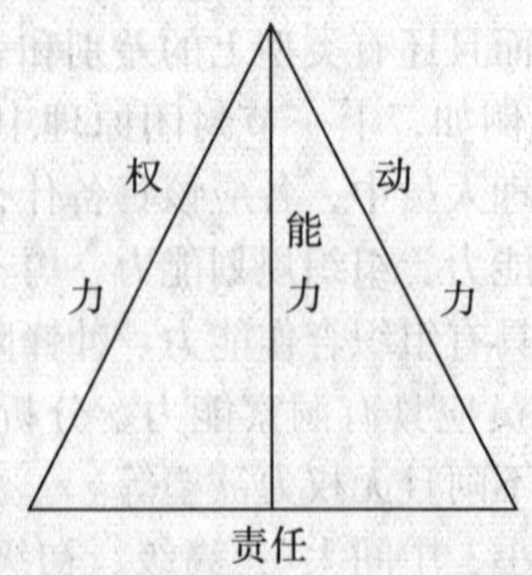

图5-6 责、权、利、能之间的关系

这是一个等边三角形，责任、权力、动力构成三角形的三边，能力是三角形的高。即：

①责任=权力=动力。若不然，如权力<责任，他负不起责任，如权力>责任，效果更坏，会造成权力膨胀、权力滥用。

②能力略小于责任。由于管理科学迅猛发展、科技信息浩如烟海、市场环境更加复杂、国际竞争日趋激烈，对管理者的要求越来越高，与所担负的责任相比，管理者总感到自己能力不够。这种压力客观上也有好处，它可以使管理者用权谨慎，督促自己不断学习，并注意发挥“智囊”和集体的智慧。当然，能力过小则必将影响管理的功效。

第八节　弹性原理

弹性原理是指管理必须保持充分的弹性，留有必要的余地，以适应客观事物可能发生的各种变化，有效地实行动态管理。

弹性原理是系统的适应性的客观要求，也源于管理的动态管理。管理的动态原理有两方面的含义：一是管理组织内部固有的结构、功能运行状态，随着内部各要素及内部的其他条件的变化而适时调整、变化的动态规律。二是管理组织作为更大系统的子系统，随着大系统的运动而运动，随着大系统的变化而变化的动态规律。因此，动态原理受到内外两方面条件的约束。

弹性原理也是根据管理的一系列特性总结出来的：

(1) 管理活动涉及到错综复杂的众多因素，管理活动千头万绪，有时真是“剪不断，理还乱”，比如一座城市的管理涉及到上万种因素，百分之百绝对正确的管理，万无一失，完美无缺的决策是不存在的，因此管理要留有余地。

(2) 管理活动必须按系统原理全面兼顾，不能失之偏颇。管理科学不同于自然科学的主要之处就在于它不能排除任何因素的影响。纵使可以孤立、僵化地研究某些因素，但终究要回到活生生的普遍联系之中。因此，正面、反面都要细察；左邻右舍都要顾及；前因后果更要明鉴。否则就会“棋输一着”或“毁于蚁穴”，而“明察秋毫”、“洞察一切”又谈何容易？因此管理要留有余地。

(3) 管理具有极大的不确定性，管理者与被管理者都是活生生而又千差万别的人，人作为惟一有思维活动的生命，其心理活动比宇宙间的一切现象都要复杂，其行为多变又难以准确预测，任何管理方式和方法都不可能适用于一切情况和一切人，因此管理要留有余地。

(4) 管理是行动的科学，对行动后果负有责任。科学技术本身并不产生直接的后果，只有通过管理这个“桥梁”才对现实世界发生影响。管理中哪怕疏忽一个细节，都可能造成重大的影响，“差之毫厘，失之千里”。应切忌“一失足成千古恨”的结局。“退一步想，留几分心”这句话，除去其市侩哲学的味道，还是可取的。美国许多人公司在研发计划管理中普遍推行目标管理，摒弃由公司直接下达研究计划的刚性方式，而改由公司只提一个规划目标，由下属自己提出研究任务的弹性方式。即使少数选题超出规划，只要有助于出成果，一般也予以认可与支持。因此，为了随机应变，管理要留有余地。

管理弹性一般分为整体弹性和局部弹性两类：

(1) 局部弹性。是指任何管理必须在一系列的管理环节中保持可以调节的弹性，尤其是在重要的关键环节要留有足够的余地。

(2) 整体弹性。是指整个管理系统具有适应环境变化的应变能力或适应性，即具有整体可塑性。

局部弹性是整体弹性的基础，整体弹性是局部弹性的综合。需要指出的是整体弹性的这种综合性并非全部局部弹性的简单相加，而是形成一种整体“新质”，即产生质的飞跃。

运用管理的弹性原理，既要保持局部弹性，更要塑就整体的弹性。

按局部弹性的要求，就不能“一条路走到底”、一种产品干到底、一条措施贯到底、一个方案试到底……

按整体弹性的要求，企业正面对新技术革命的挑战、中国加入“世界贸易组织”所面临的挑战及市场环境和竞争态势的挑战，应具有一套能应变自如的致胜战略和策略。要抓住机遇，迎接挑战，不断改革，不断创新。勤于学习，勇于进取就是提高了个人的整体弹性，从组织的角度来说，对员工进行不同形式的培训，就是帮助员工提高其适应工作的弹性。如日本电器公司（NEC）的“国际研习学校”和松下电器的“海外训练中心”就是蜚声国际的著名例子。有的跨国公司，在人员培训上的投资竟与在科研和技术开发上的投资不相上下。此外，管理者的应变能力也是一种最具活力的弹性，努力提高企业的素质（这包括技术素质、管理素质和人才素质），实行多角化经营，也就提高了企业的整体弹性。日本丰田公司在世界汽车业中声名显赫，但始终在建筑业保持10%的人力、物力和财力的投入；新日本钢铁公司在世界钢铁业中名列前茅，但竟还从事绿色蔬菜的种植，这都是为了增强企业的整体经济弹性。

对于研究机构来说，从机构的建立到研究方向与任务的确定都要具有弹性，如德国著名的拉拉激光研究所，在建所时是国家先给所长一笔钱，由他去招兵买马，出了足够的成果之后，才予以正式的验收，准予正式成立。否则即行解散，人员失业。在研究方向与研究任务的确定上也要机动灵活，比如，内燃机的研究所，有的也研究外燃机。

当然，弹性也有积极弹性和消极弹性，必须正确区分。

(1) 消极弹性。这种弹性的根本特点是“留一手”，不去发挥潜力，如计划指标过低，费用预算夸大，人员积压，规章制度松弛，对整个管理系统采取应付的态度，墨守成规的维持现状，不善于发挥人、财、物的潜能，等等，这是无作为的管理。

(2) 积极弹性。这种弹性着眼于遇事“多一手”，最大限度的开发管理潜力，消除管理资源冗余浪费的现象，使整个管理系统具有灵活应变的特性，如科学计划方法中的滚动计划和备用计划，这是弹性原理正确应用的体现。

正确应用弹性原理的几点要求：

(1) 倡导“积极弹性”的思想。真正有效的管理追求的是积极弹性，只有坚持积极弹性的思想，在系统内建立全面的科学应变体系，才能给管理系统带来真正的生命力。消极的弹性思想是一种逃避现实，不思进取的思想，不利于管理系统本身应变能力的提高。同时因为消极弹性是以低效益和高成本为代价，因而不利于管理系统的未来发展，使管理系统缺乏应有的发展潜力，所以，管理中要提倡“积极弹性”，反对“消极弹性”，化“消极弹性”为“积极弹性”，是正确运用弹性原理的基本要求。

(2) 着重提高关键环节的局部弹性。“抓住关键点”是正确运用弹性原理的另一个要求，抓住重点的前提是关键因素或关键环节的确定。关键因素与关键环节的主要特征是：

①对组织整体目标的实现有至关重要的作用。

②管理活动的薄弱环节。

③不确定性大、控制的难度大。

因此，提高关键环节的局部弹性，应从如下的几个方面着手：

①加强对关键环节未来发展变化概率的科学预测。

②根据预测建立各种科学有效的防范方案与措施。

③严密注意管理活动态势的发展，及时发现问题并采取相应的应对措施来解决问题，真正实现局部管理活动的弹性化。

(3) 增强管理活动的整体弹性。提高管理活动的局部弹性，根本目的是为了增强系统的整体弹性。有了整体的弹性，就有了实现系统整体目标的保证。对系统整体弹性的增强，既可以通过增强局部弹性来实现，也可以直接从整体的角度入手来解决系统的弹性问题。

贯彻弹性原理还要着眼于未来，着眼于长远。要真正认识到：生产是今天，科研是明天，教育是后天。上至国家领导人，下至企事业单位的领导都应积极的考虑明天、后天。“临渴掘井”、“临急抱佛脚”是小生产式的脆性管理，岂能迎接新技术革命、国际竞争和21世纪的挑战？

第九节 动力原理

动力是人类任何社会活动的活力源泉。管理必须提供充足的动力，并正确地加以运用，以达到持续有效的管理，这就是动力原理。

管理活动有三类基本动力：

(1) 物质动力：物质动力是根本动力。社会主义的根本宗旨就是不断提高人民的生活水平，尤其是在劳动还是谋生手段的今天，必须贯彻物质利益原则。无论国家对企业、还是企业对个人都应将经济效益与物质利益联系起来，运用物质动力这个杠杆，来贯彻按劳分配原则。要反对“鞭打快牛”和平均主义的“大锅饭”。但是，物质动力不是万能的，那种认为只要“‘钱’书记作报告，‘奖’厂长作总结”的单纯物质刺激就能完全调动起职工积极性的看法是片面的、错误的。把物质动力单纯地理解为赚钱和奖金，就会走上拜金主义的歧途。

(2) 精神动力：“人是要有一点精神的。”人的精神需求也是强有力的动力。人的理想、信念、爱国主义精神、奉献精神和高尚的道德情操，以及行之有效的思想政治工作和精神鼓励都可以构成精神动力。当然精神动力也不是万能的，林彪之流所鼓吹的“精神万能论”，片面宣扬精神变物质，是精神决定一切的“唯意志论”，造成了极恶劣的影响；空喊“突出政治”，动辄就抓“阶级斗争新动向”的错误的思想政治工作模式也是不能奏效的。反之，认为精神鼓励是空谈，物质刺激才是实在的、鼓吹“金钱至上”，同样也是错误的。我们是社会主义国家，要充分发挥理论的说服力、教育的推动力、文化的渗透力、艺术的感染力、道德的约束力、法律的强制力，来激励人们从事社会主义现代化建设的积极性。

(3) 信息动力：“知识就是力量”。当今社会正向信息化社会迈进，信息是最重要的资源之一，也是重要的动力之一。仅就文字信息而言，早在几十年前，全世界每年发表学术论文就达数百万篇。在信息激增的时代，掌握的信息越多，动力越大。闭目塞听、闭关锁国，不知道自己的落后与差距，怎么可能有奋起直追、顽强拼搏的动力呢？杰出科技工作者的强烈的求知欲望和探索精神正是信息动力的表现。成功的组织视信息为财富，它是竞争的基础，只有洞悉并利用市场信息、科技信息，才能在竞争中脱颖而出。对我们每个人来说，掌握的信息越多，就越有生活的动力。高尔基就曾经说过：“我读的书越多，就越使我和世界接近，生活就越光辉灿烂。”管理就是要充分利用信息动力的作用，发掘人们的创造潜力。

要正确地运用动力原理，首先，三种动力要综合运用，不可偏废，不可单打一。三种动力本来就是相互联系、相互依存、相互促进的。三种动力的运用力度和侧重幅度应因时、因地、因人而异，不能以一种模式到处套用。正如一个医生只用一种处方来医病，必定是个庸医一样，管理者死抱住一种激励模式必定是个拙劣的管理者。而且，对各种激励理论，也应该系统性的综合运用，组成一条激励链，才能真正奏效。

第二，要正确处理个人动力和集体动力的关系。个人和集体各有其自己的三类动力，二者并不是完全一致的，可用图 5-7 来表示个体动力与集体动力的关系。

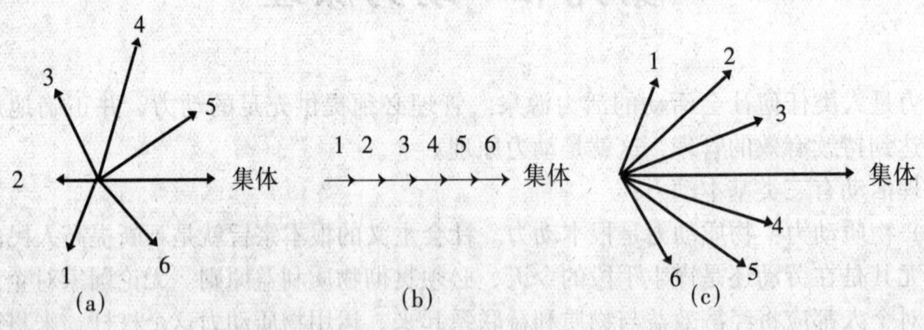

图 5-7 个体动力和集体动力的三种模式

图中 (a) 表示个体充分地自由发展，个体动力挺足，但方向各异，相互有所抵消，综合的集体合力有限。图中 (b) 表示将个体的动力强行硬扭到统一的集体方向上，其主观设想是把个体动力相叠加，可获得大的集体合力，但事与愿违，“强扭的瓜不甜”，使个体得不到自由发展，个体的动力将大大减少，其结果是集体的合力并不理想，有时其合力虽然比（a）种情况为大，但往往不能持久，这是因为约束时间越长，个体动力就越衰减。图中（c）表示让个体在大方向基本一致的前提下充分地自由发展，其集体合力固然不是最理想的，但在三种情况中却是最大的。我们应该深知，能量的转换决不存在百分之百的效率，管理必须对个体与集体的矛盾加以协调和指导，以期获得可能的最佳效果。

第三，要正确处理眼前动力和长远动力的关系。一般来说，个人相对看重眼前动力，集体则相对看重长远动力。应将二者结合起来，既着眼于激励当前的动力，又放眼于保持长久的动力。眼前动力和长远动力是“标”和“本”的关系。现代管理要借鉴中医“急则治标、缓则治本”的原则，对职工的实际困难要切实解决，使他们安心工作，但又必须加强思想教育和业务技术培训，提高技术素质和道德素质，使积极性保持长盛不衰。领导者以身作则、为人表率，也是对职工努力工作的动力鞭策和榜样作用。

第四，发挥动力的作用，应保持适当的刺激强度。对于物质动力，应适当加大刺激强度，如珠海市重奖有突出贡献科技人员的做法取得了积极效果，使大批人才闻风而至。但也不是越大越好，强度太大易使人误认为得来不费吹灰之力而放弃更大的努力；而且，一项科研成果往往是集体智慧的结晶，过分奖励某个人，可能会打击其他人的积极性；同时也不得不考虑科技人员之间的收入差距。

对于精神动力，应坚持不懈地进行生动活泼、卓有成效的思想教育，但切忌生硬、呆板、盛气凌人的说教和花费大量时间去进行。从边际效益的观点来看，讲得越多边际效益越下降，还可能产生逆反心理的负面影响。

对于信息动力，应极大地唤起广大职工学习科学技术、勇于革新和创造的热情，但又要循序渐进，不可操之过急。若感受的压力太大，其动力亦会由于目标的不能实现、动机受挫而衰减。

第十节　80/20原理

该原理最初是由意大利经济学家帕累托（F.Pareto）在研究人口和财富的关系时所提出的。他发现少数人占有大量社会财富，而绝大多数人却只占有少量社会财富。即在特定的群体中，重要因子通常只占少数，而不重要的因子却占多数，即“关键的少数和次要的多数”（如图5-8所示）。这个原理普遍适用。因此只要能控制住具有重要性的少数因子即能控制全局。这个观点经过长期实践，演变至今就成为管理学界所熟知的80/20原理：80%的价值来自20%的因子，而其余20%的价值则来自80%的因子，只要在管理对象的诸多因素中找出“关键的少数”之主要因素，并进行重点管理，就能事半功倍地实现高效率的管理。

其实，80/20原理描述了极为常见的社会、经济现象。例如：

全世界80%的国民生产总值（GNP）来源于20%的国家；

80%的社会财富被20%的人所拥有；

80%的销售额来源于20%的顾客；

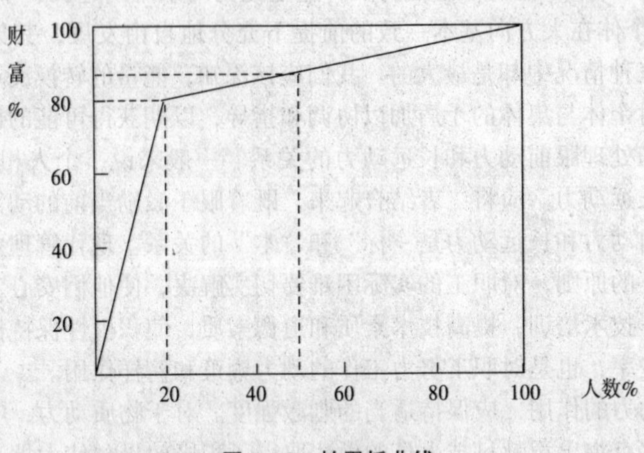

图5-8 帕累托曲线

80%的生产量来源于20%的生产线；

80%的投资被集中用于20%的工程项目；

80%的原材料却只用了20%的资金；

80%的医院病床被20%的患者所占用；

80%的看电视的时间花费在20%的节目上；

80%的看报纸的时间花费在20%的版面上；

80%的阅读书籍取自书架上20%的书籍；

80%的电话来自20%的发话人；

80%的餐馆消费集中于20%的餐馆；

80%的垃圾来自20%的地方；

80%需要补考的学生集中于20%的学生；

教师80%的辅导时间被20%的学生所占用；

学生80%的学习时间用在20%的课程上；

……

此类例子不胜枚举。当然这里所说的80%、20%并不是准确数量上的含义，而是概念意义上的含义。例如，在具体的事物中，可能是90%（甚至更多）和10%（甚至更少）。

80/20原理引导人们把主要精力集中于重点问题的管理，兼顾一般问题的管理，以收到事半功倍、时半效倍的效果。该原理在各项管理中有广泛应用且收效显著。如物资管理中的ABC管理法、质量管理中的主次因素排列图法等都是80/20原理的具体应用。对此可参阅有关的专业管理学教材。

据国外报道，某钟表公司的总裁发觉该公司生产的众多钟表中，约有1/3的品种的销售额只占公司总销售额的4%，即决定停止这些品种的生产，而增加占销售额比重大的品种的生产，其后该公司利润大幅增加；某部门的主管人员因患病而遵医嘱半休，每天只工作三、四小时。然而他惊奇地发现，在这三、四小时内所做的事无论是在数量上还是在质量上都与以往每天花费八、九小时所做的事没有两样。其原因就在于在时间少的压力下，他被迫抓紧处理重要问题，而摆脱繁琐的事务性工作，却收到了意想不到的显著效果。

第十一节 人本原理

人是管理活动的核心。管理的主体是人。而管理的对象中，对人的管理乃是管理的本质。现代管理已把人看作企业的资源而不是成本。因此，吸引、留住、激励各种人才是管理中首先要考虑的问题。因为人是社会进步的原动力，是企业自下而上发展的根本。人类社会发展的历史告诉我们，今后谁拥有了人才，谁就能在竞争激烈的世界上取得领先地位。以人为本的管理原理就是要阐述人本管理的实质和内容、人本管理在科学管理中的演变以及人本管理的方式。

一、人本原理的实质

所谓以人为本的管理原理，就是强调以人为中心的管理思想。这里有三层意思：第一，人力资源是各种生产要素组合中的核心资源；第二，在管理活动中要充分发挥人的主观能动性；第三，要充分尊重人的个性化发展。以人为本的管理思想就是要把关注人并满足和实现人的正当、合理的需求和欲望，充分发挥人的主观能动作用，提高人的满意度作为管理目标。统而言之，人本原理就是要充分尊重人的生命、人格、尊严、自由和发展，充分发挥人的积极性、主动性和创造性，在更高层次上实现组织和个人的双重目标。

在一个组织系统里，人既然是最核心、最关键、最活跃的要素，那么，人本原理就是系统原理应有之义；而整分合原理、反馈原理、弹性原理都是以人作为主导因素；能级原理、责任原理、动力原理则完全以人作为目标对象来加以研究和实施的。与人本管理相关或相近的概念还有人性化管理、柔性管理，与此相对立的则是制度化管理、刚性管理。

二、“人本原理”的发展历程

（一）人本原理在科学管理中的演进

1.“经济人”的假设与管理

“经济人”假设源于以泰罗为代表的科学管理时代。泰罗的全部管理理论和研究工作的目的都是致力于挖掘作为机器附属物的劳动者的。如：动作研究、时间分析、劳动定额的设置等，其精心设计出来的最合理的操作程序，使工人掌握标准化的操作方法，实行刺激性的工资报酬制度，使工人通过提高他们的劳动生产率获得更多的报酬，从而在劳动中表现出较高的积极性，其根本目的就是要达到理想中的最高劳动生产率。泰罗制的管理思想承认了工人从事劳动有他们经济利益需要的合理性，主张按这种客观存在的利益要求，采取适当的管理措施去调动工人的劳动积极性。还应该说，泰罗也注意到人的心理因素在管理中的作用。这些都是他倡导的科学管理的进步性。但是，泰罗的科学管理总的看来是建立在后人归纳的“经济人”假设的基础上，遵循的是效率、技能的原则，注重用物质利益的诱惑来换取职工的服从，并用权力和命令来推行“胡萝卜加大棒”的管理方式。所以他所倡导或所代表的那个时代的管理就必然带有一个严重的缺陷：劳动关系变成了金钱交换关系，劳动者凭借拿多少钱干多少事的雇佣思想来决定他们的工作数量与质量；管理上则通过以事、物为中心把工人束缚在机器上面，较少考虑到生产中的人际关系，把工人当成物的附属物。这样的管理，就不可能较全面地调动工人的劳动积极性。

2.“社会人”的假设与管理

梅约教授等人根据著名的“霍桑实验”所创立的“人际关系学说”认为，工人不是单纯追求金钱收入的，还有追求人与人之间的友情、安全感、归属感和受人尊重等社会心理方面的需要；工人的劳动生产率的提高不仅受到物质条件或物质环境的影响，而且还与他们在劳动过程中的情绪、态度、士气有关，最能影响劳动生产率的是企业管理当局同工人之间，以及工人相互之间的社会关系。因此，对于工人劳动效率的增进和士气的提高，管理当局必须既考虑到工人的物质技术方面，又照顾到其社会方面。按照这个管理思想，新的管理方法就强调管理者应具有处理人际关系的技能，要从多方面去激励劳动者的劳动热情，通过让员工参加生产和经营管理上的一些决策，增加员工对企业的归属感等。这些认识有其科学进步的意义，是对人的认识的一个突破性转变，即从“经济人”到“社会人”的转变，或有人说的从“物质人”到“心理人”的转变，但其基本出发点仍然是把劳动者作为管理的客体。

3.“主体人”的理论和管理

20世纪70年代，人们通过分析和研究日本在企业管理中的成功经验，认识到员工在企业生产经营活动中的重要作用。美国人弗兰克·安东尼在《日本经济奇迹的奥秘》一书中对日本企业家把人的价值注入到企业经营管理之中，从而构成了一个以人为中心的企业，还做了如下深远意义上的评价：“这种以人为中心的经营管理思想和培养这种思想的社会所构成的，不仅是一种新型的资本主义，而且是一种最适于把资本主义制度带进充满压力和矛盾的21世纪的资本主义。”管理中从以物为中心到以人为中心，成为现代管理的一个主导思想，是管理当局对人的认识推进的结果，是与西方企业产权制度的演变同步发展的，是集体式、参与式、开放式的管理取代传统管理体制下个人专权、封闭式的家长制管理的一个结果，也是随着劳动者素质的提高，他们的积极性、创造性、个性、才能等在组织活动中越来越显示出重要的作用，促使管理当局日益重视人的因素的一个结果。

（二）“人本管理”在中国管理思想中的体现

中国古代的管理思想已经开始重视人的因素了，关于主张以人为本、以民为本的思想可谓比比皆是，并形成了一个丰富的思想体系。这个思想体系可归纳为以下几个方面：

(1) 民本与君道。作为管理者的“君”，代“天”理民，要受到“天命”和“民本”的双重约束。孔子就极力主张“行仁德之政”，荀子认为“天叙有典，天秩有礼，天命有德，天讨有罪”，而且，“君者舟也，庶人者水也，水则载舟，水则覆舟。”并更清楚地指出人之可贵：“水火有气而无生，草木有生而无知，禽兽有知而无义，人有气有生有知亦有义，固最为天下贵也。”管子认为国家之“本”是人。他强调，“以人为本，本理则固，本乱则国危”，“凡治国之道，必先富民。”孟子认为：管理万民，要“民为贵，社稷次之，君为轻。”并“为民上而不与民同乐者，亦非也，乐民之乐者，民亦乐其乐，忧民之忧者，民亦忧其忧。”这都指明了君道与民本具有利益上的相关性，治理国家，管理万民，要以民为本，遵从人民的意愿。值得注意的是，儒家思想中的人本，是一种集体的人本，不同于西方文化中个体的人本。西方人本主义主张“个体本位”，主张社会生活中个人权利的不容侵犯和个体利益的满足。而儒家的人本主义又称“民本”，它主张“群体本位”，重视团体利益，而这正是当代企业文化中值得发扬的内容。

(2) 民本与民心。民本思想，要通过实行爱民政策取得民心来加以体现。“得天下者有道，得其民；得其民有道，得其心；得其心有道，所欲与之聚之，所恶勿施尔也。”(孟子语) 顺乎民心，不但要“己所不欲，勿施于人”(孔子语)，而且应“取于民有度，用之有止”(管子语)。

(3) 民本与民情。得民心的前提是要察民情。察民情，要疏通上下之间的信息通道，“倾耳虚心，伫忠正之说，言之而是，虽在仆隶、刍荛，犹不可弃也。言之而非，虽在王侯卿相，未必可容。其义可观，不责其辩；其理可用，不责其文。”(李世民，《帝范》) 管理者具有这种纳谏进见之胸怀、气度，不“防民之口甚于防川”，才能较全面地、真切地了解下情，避免言路堵塞的情况出现。“国亦有郁，主德不通，民欲不达，此国之郁也。国郁处久，则百恶并起，而万灾丛至矣，上下相忍也，由此出矣。”而唯有“人主贤”，才能出现直抒己见的“人臣之言刻”，“敢直言而决郁塞也。”(吕氏春秋·恃君览) 管理者应自倡并给予下属以议政的自由权，实行参与管理。这种思想在我国秦代就有记载，可窥见出我国古代管理思想之灿烂发达。

(4) 民本与人欲。关于人欲，我国先秦诸子就有了深刻的认识。杨朱曰：“生民之不得休息，为四事故，一为寿，二为名，三为位，四为货。”(列子·杨朱)“义与利者，人之所两有也，虽尧、舜不能去民之欲，虽桀、纣亦不能去民之义。”(荀子·大略) 先贤们把人欲分为两类：一类是人所固有的归自然属性的本能之欲；另一类是归社会属性的人伦之欲（包括对表现人伦差别的“位”、“名”的追求和对超越物欲层次的伦理道德需求），并认为人欲是“人之常情”，连天都要从民欲的，治人者要做的是：“使其欲利不克其好义也，使其好义不胜其欲利也。”(荀子·大略)

(5) 民本与御民。我国古代管理的人性假设有“人性善”与“人性恶”之分。孟子力图从“性善论”中为统治者实现“仁政”寻找理论根据，而荀子则力图从“性恶论”中为统治者实行“法治”提供理论基础。孟子说人性本善，实际上他是从人的肯定性的一面来鼓励、安慰人，“仁政”诉诸人的天良；荀子说人性本恶，实际上他是从人的否定性一面来鞭策人、警醒人，“法治”则诉诸于人的理性。有的人说，性善说更具理想性，性恶说更具现实性。基于对人性假设理解的不同，那么对人的统治在手段、对象、功能上就有区别。仁政的管理手段是礼治、教化、德化，法治的管理手段是法制、奖惩；仁政的管理对象是人心（人的精神、心理、思想、价值观念等），而法治的管理对象是人的行为；仁政的管理功能是引导型的，而法治的管理功能是防范型的。

复旦大学的苏东水教授在对中国传统管理思想和西方现代管理理论进行深入的研究和探讨之后，总结了管理的本质是“人为为人”，进而在此基础上，提出管理的主体是人。并把这一思想明确为“以人为本，以德为先，人为为人”十二个字，从而形成具有东方管理特色的管理理论——“主体人”的理论。“主体人”的理论要求现代组织领导者必须以人为本，不能把员工简单地维系于经济利益或者社会效益这种过于现实或过于虚无缥缈的丝线上，应考虑到员工的独立完整的个性和人格，尊重和爱护员工，要“惟贤是举”，培养和造就人才来管理企业。

“以德为先”的“德”是指人的品德、修养。“以德为先”是指“修己安人”，要求管理者必须有健全、良好的品格，以作为企业员工的表率。管理者应清醒地认识到如今的员工是“参加”到这个组织中来。员工在组织内的存在只是分工上的不同，或者说是扮演角色的不同。因此，员工扮演角色的好坏不仅是关系到员工个人的绩效和报酬，也对组织整体绩效的好坏产生影响。

“人为为人”——苏东水教授认为：每个人首先要注重自身的行为修养，“正人必先正己”，然后从为人的角度出发，来充分控制和调整自身的行为，创造一种良好的人际关系和激励环境，使人们能持久地处于激发状态下工作，主观能动性得到充分发挥。“人为”和“为人”是高度的统一体，互相联系并互相转化。“人为为人”事实上代表一种高度的道德准则——有理性的利他行为。在这一思想的指导下，领导者与员工之间应形成一种“同舟共济”的关系。现代企业组织理论更强调在组织中形成一种团队合作的精神，这种精神实质上就是通过“人为为人”支撑起来的。在这种共同境界里，企业的生存与发展离不开员工辛勤的工作，员工工作上的成就与进步不仅影响其自身的生活和事业，同样也是企业成长与发展的基础，这也是企业应达到的最高目标。

三、人本原理在管理中的应用

1. 员工是企业的主体

真正把员工视为企业主体，体现人在劳动生产中的重要作用，是管理实践和理论逐步发展的结果。20世纪末期，美国企业界推广实施“ES战略”，即员工满意战略（Employees Satisfaction）。该战略认为，企业的员工应被看成是企业的内部顾客。一个企业必须要让外部顾客满意，因为这是企业谋取盈利的源泉，然而更重要的是，让企业的内部顾客即自己的员工满意。因为顾客的满意度是取决于员工的工作和服务，员工的工作服务水平相应地又取决于员工自身的满意度，这种满意度水平的高低同企业提供给员工的激励手段和具体措施是休戚相关的。因此，管理者必须从多方面去激励员工，引导他们的行为，使其符合企业的要求；重视员工在企业中的作用，逐渐形成以人为中心的管理思想。当然，“员工满意战略”并不排斥“顾客满意战略”。对于外部顾客的人本管理则应视顾客作为“人”的需要，提供人性化设计的产品和富有人情味的服务。

2. 参与管理

参与管理的目的在于唤起每个员工的集体意识和集体努力，这样才可能有效达到企业的目标。参与管理的成功需要遵循三个基本原则。这就是：

（1）相互支持的原则。即管理人员要设身处地考虑下属人员的处境、想法和希望，让下属自觉认识到自己的人才地位，支持下属实现目标的任何想法，下属在此时则会更合作，更感到被尊重，因而干劲也就更大。

（2）团体决定的原则。既然让员工参与管理，那么就一定要在集体讨论的前提下由集体一起做出决定，在对决定的执行进行监督时，则应采取团体成员相互作用的方式，只有这样才算得上真正的参与。

(3) 高标准要求的原则。即必须制定高的目标要求，这一任务也应该由各个团体自发地进行，因为高的目标要求一方面可激发员工们的想像力，另一方面也是企业资源有效整合的根本要求。

3. 管理是为人服务的

人本原理强调管理以人为中心，管理是为人服务的，管理就是服务。人是管理的主体，就要尊重人的权益，理解人的价值，关心人的生活，并且提供可靠的途径，创造优厚条件，使人在企业中得到发展，实现人的目标。创造满意的员工，才能保证企业生产经营活动得以顺利进行，企业的效益才能获得最大的回报。人在企业中的满意是企业在市场竞争中的制胜法宝，企业为人服务，人为企业奉献，企业才会有生机和活力。企业发展进步需要不断完善自我，员工个人的发展也要在企业的发展中得以实现。良好的管理不仅能确保企业健康发展，也为员工的自我完善，实现自身价值创造了条件。

4. 创造良好的环境

从某种意义上说，以人为本的管理就是创造一个能让人全面发展的场所，间接地引导他们自由地发展自己的潜能。这样的环境对组织内部而言主要有两个方面：一为物质环境；二为文化环境，即组织拥有特别的文化氛围，创建优秀的企业文化。组织要努力创造良好的物质环境和文化环境，以利于组织成员的个人目标和组织目标的双重实现。

5. 尊重人性，寻求员工个性化发展

尊重人性是人本原理的核心。人本原理要求对人的管理必须遵循人性化思路。在一个企业中，从一个员工到一个团队、从上级部门到下级部门、从主管到普通员工，所有作为个体的人在其人格上都是平等的。尊重人性特点，即尊重人本身所具有的生理、心理、行为特点，是对人的潜力的开发与管理的出发点，也是共同的终极目的。因此，在企业中，追求“共同参与、共同发展、共同分享”是十分必要的。就企业的人力资源管理而言，认识人性是人力资源开发与管理的前提和基础；尊重人性是人力资源开发及管理制度实施的核心内容和具体体现；以人为本是人力资源开发与管理的目的和追求。只有认识到人性才谈得到尊重人性，根据人性特点制定、实施各种管理方式，才能达到以人为本。遵循人性化管理思路，要求在企业里与人有关的政策、制度的制定和实施，应该全面认识员工的特点及其表现，并在其制定的各种制度中予以体现，并且应该灵活地、人性化地去把握和实施；应该创造一种员工自由表现自己、不断创新、张扬个性的氛围；就员工而言，应该具有积极地、民主地共同参与企业各种活动的心态和要求。

6. 人与组织共同成长

所谓组织要与个性化全面发展的个人一起成长，就是说组织本身的发展应与以人为本管理方式相适应，即组织体系、架构以及运作功能都要逐步凸显以人为本的理念，改变金字塔式层级结构，逐步建立学习型组织，从而极大地激发人的潜能并使之成为组织发展的内在动力。组织与个人共同成长的最终目标实质上是在个人的个性化全面发展的基础上建立一个真正的以人为本管理的组织。

四、实行人本原理应注意的几个方面

(1) 人具有“复杂人”的社会角色。即人在同一时间内会有多种的需要和动机，人不单纯是“经济人”，也不可能单纯是“社会人”或“自我实现人”，人是包括可能还不止这三个人性假设在内的、呈完整意义和有着复杂的需要、动机的人。

(2) 员工是人而不只是资源。人力资源开发不应有单纯的功利性观点，组织中人的全面发展和完善是人本原理运用所追求的理想境界和终极目标。

(3) 员工的心理、动机、能力和行为是可以影响、改变、塑造的。这种影响、改变、塑造可来自管理者本身、组织系统和社会环境，组织及其管理者对员工心理、动机、能力和行为的影响、改变和塑造，既可通过为员工创造优良的工作、生活条件，使员工从德、能、勤诸方面具备完成其工作任务的能力素养，也要对员工所从事的工作本身及其所需德、能、勤的适应性进行控制。

(4) 人本管理形式可多样化。人本管理的具体形式是以人为本的管理思想得以贯彻、发展的结果，客观上也有待于人本管理思想因素在组织中的生长。思想教育、企业文化建设、工作扩大化、工作丰富化、工作弹性化、工作轮换制、工作享受化、工作自治化以及目标管理、信息沟通、人力资源评估、共同决策、心理咨询与心理平衡方法、社会推动等等都是人本管理的具体形式。

总之，在管理活动中的人本原理是现代管理活动客观规律的反映，是人们对管理活动合乎规律的理性认识。贯彻人本原理不能仅停留在协调或只顾引进上，而应充分培育、发掘现有人员的潜力，千方百计调动现有人员的积极性、主动性和创造性，最大限度地利用好现有人力资源，以此来推动企业各方面管理工作获得最大效益，实现企业特定的管理目标。

以上十一项基本原理并不是彼此孤立的，而是相互包容、相互联系、相互依赖、相互作用的。在管理实践中，应该综合地掌握并运用这些原理，才可使管理系统成为一个生机勃勃的有机整体，并不断衍生出各种适应环境变化的新的管理制度、管理手段与管理方法，从而大大提高管理效能。

同时，管理原理既不是僵化的教条，也不是万能的“灵丹妙药”，企图照搬教条来解决各种管理活动中千变万化的实际问题，是不可能的。正确的态度是将其作为管理行动的指南，灵活地创造性地运用于错综复杂的管理实践中去。必须牢记：具体问题具体分析是马克思主义的活的灵魂。

【本章小结】

本章应理解和掌握以下要点：

1. 管理的基本原理是反映管理活动客观规律的、具有普遍指导意义的基本真理。

2. 系统的概念、要素、功能、结构与环境以及系统的特性。

3. 系统原理所必须树立的几个观点；系统原理是根本原理，具有统辖其他原理的地位。

4. 整分合原理的概念；现代社会的四类分工。

5. 责任原理的概念；正确贯彻责任原理的要求。

6. 效益原理的概念；社会主义生产目的的两重性；贯彻效益原理的要求。

7. 反馈原理的概念；正确贯彻反馈原理的要求。

8. 封闭原理的概念；正确贯彻封闭原理的要求。

9. 能级原理的概念；正确贯彻能级原理的要求。

10. 弹性原理的概念；正确贯彻弹性原理的要求。

11. 动力原理的概念；正确贯彻动力原理的要求。

12.80/20 原理的概念；80/20 原理在社会、经济中的表现。

13. 人本原理的实质；中国古代管理思想中的“人本管理”；正确贯彻人本原理的要求。

【互联网链接与推荐阅读资料】

[1] 管理学名著精华 http：//zhiyonwnew.www81.cn4e.com/

[2] 管理学理论研究网 http：//www.manage9.com/index.asp

[3] 王积俭．管理学原理．华南理工大学出版社，1995 年

[4] 孙永正等．管理学．清华大学出版社，2003 年

[5] 潘大钧．管理概论教程．经济管理出版社，1999 年

[6] 芮明杰．管理学：现代的观点．上海人民出版社，2002 年

【练习题】

一、问答题

1. 原理和原则有什么区别？什么叫管理的基本原理？

2. 如何理解系统的三类要素？系统具备什么样的特性？

3. 什么叫管理的系统原理？遵循系统原理必须树立什么样的思想观点？

4. 为什么说系统原理是根本原理？它与其它各项原理有什么样的相互联系？

5. 什么叫整分合原理？应如何正确地进行现代社会的四类分工？这方面我们有什么教训可供借鉴？

6. 什么叫责任原理？“分工明确，责任就会明确”的说法对不对？贯彻责任原理有什么要求？责任原理和整分合原理有什么关系？

7. 什么叫效益原理？经济效益、经济效果和经济效率有什么区别？如何正确贯彻效益原理？

8. 什么叫反馈原理？如何正确贯彻反馈原理？

9. 什么叫封闭原理？如何正确贯彻封闭原理？封闭与对外开放是否矛盾？为什么？

10. 什么叫能级原理？如何正确贯彻能级原理？能级原理和经济责任制的基本原则有什么联系？

11. 什么叫弹性原理？如何区分局部弹性和整体弹性、积极弹性和消极弹性？贯彻弹性原理有什么要求？

12. 什么叫动力原理？管理活动有哪三类动力？如何正确地贯彻动力原理？

13. 什么叫80/20原理？在管理实践中应如何正确贯彻80/20原理？举出五种不同于书中所述的符合80/20原理的社会、经济现象。

14. 人本原理的实质是什么？他与其他各项基本原理有什么关系？如何正确贯彻人本原理？

15. 管理的十一项基本原理与管理的各项职能原理有什么关系？待学完以下各章后，再回头审思：管理的基本原理是如何体现在管理职能中的？

二、综合案例分析

查克·斯通曼的一天

查克·斯通曼真的相信那句老话“早鸟得虫”。这一天是星期二，清晨，他比往常早一个小时就起来了。先是作20分钟原地不动的骑车运动，接下来是洗澡、穿衣、吃早饭、快速地浏览晨报。当查克驱车上路时，他看了一眼手表，5：28！从家里开车到上班地点只需15分钟。查克是勒那食品公司奥马哈工厂的经理。勒那公司生产牛肉和猪肉产品，以私有商标卖给60~70家大型超级市场连锁店。

一边开着车，查克的思绪一边回到昨天晚上。昨夜，查克和他的妻子安妮外出吃饭，庆祝他们结婚15周年纪念日。他们回忆起他们的初次约会（那是由双方的朋友安排的），他们俩事先都没抱多大希望。他们还谈起一些老朋友，他们之间已经多年没有通过信了。昨天晚上的谈话使查克萌生出一种怀旧感，他的思绪开始漫游。他想到他是怎么最后来到奥马哈，经营一家肉类加工厂，手下管着650名工人的。

查克1979年毕业于伊利诺伊大学，获商学学士学位。毕业后他进入勒那食品公司，一直干到今天。开始是在芝加哥工厂作生产计划助理，在后来的12年中，他逐级晋升——高级生产计划员、生产领班、轮班工长。查克和安妮喜欢奥马哈，打算在这里把他们的两个儿子抚养成人，安妮最后利用她的统计学学位在奥马哈投资公司找到一份保险统计员的工作。

查克今天早上的心情特别好，最后的生产率报告表明，奥马哈工厂超过了堪萨斯城工厂和伯明翰工厂，成为公司人均劳动生产率最高的工厂。经过10个月的经营，奥马哈工厂已成为公司所属7家工厂中获利最多的工厂。昨天，查克在与上司的通话中得知，他的半年绩效奖金为23 000美元，而过去，他最多只拿到过8 500美元。

查克决定今天要把手头的许多工作清理一下，像往常一样，他总是尽量做到当日事当日毕。除了下午3：30有一个幕僚会议以外，整天的其他时间都是空着的，因此他可以解决许多重要的问题。他打算仔细审阅最近的审计报告并签署他的意见，并仔细检查一下工厂TQM计划的进展情况。他还打算开始计划下一年度的资本设备预算，离申报截止日期还有不到两个星期了，他一直抽不出时间来做这件事。查克还有许多重要的事项记在他的“待办”日程表上；他要与工厂厂长讨论几个雇员的投诉；写一份10分钟的演讲稿，准备应邀在星期五的商会会议上致辞；审查他的助手草拟的贯彻美国职业安全健康法（OSHA）的情况报告，工厂刚接受过安全检查。

查克到达工厂时是5：45，他还没走到自己的办公室，就被会计总监贝斯拦住了，查克的第一个反应是：她这么早在这里干什么？很快他就搞清楚了。贝斯告诉他工资协调员昨天没有交上来工资表，贝斯昨晚一直等到10：00，今天早上4：30就来了，想在呈报的最后期限之前把工资表造出来。贝斯告诉查克，实在没办法按时向总部上报这个月的工资表了。查克作了个记录，打算与工厂的总会计师交换一下意见，并将情况报告他的上司：公司副总裁。查克总是随时向上司报告任何问题，他从不想让自己的上司对发生的事情感到突然。

最后，在他的办公室里，查克注意到他的计算机在闪烁，一定是有什么新到的信息。在检查了他的电子邮件后，查克发现只有一项需要立即处理。他的助手已经草拟出下一年度工厂全部管理者和专业人员的假期时间表，它必须经查克审阅和批准。处理这件事只需10分钟，但实际上占用了查克20分钟的时间。

现在首先要办的事是资本设备预算。查克在他计算机的工作表程序上，开始计算工厂需要什么设备以及每项的成本是多少。这项工作刚进行了1/3，查克便接到工厂厂长打来的电话。电话中厂长说在夜班期间，三台主要的输送机有一台坏了，维修工要修好它得花费45 000美元，这些钱没有列入支出预算，而要更换这个系统大约要花费120 000美元。查克知道，他已经用完了本年度的资本预算，于是，他在10：00安排了一个会议，与工厂厂长和工厂会计师研究这个问题。

查克又回到他的工作表程序上，这时工厂运输主任突然闯入他的办公室，他在铁路货车调度计划方面遇到了困难，经过20分钟的讨论，两个人找到了解决办法。查克把这件事记下来，要找公司的运输部长谈一次，好好向他反映一下工厂的铁路货运问题，其他工厂是否也存在类似的问题？什么时候公司的铁路合同到期重新招标？

看来打断查克今天日程的事情还没有完，他又接到公司总部负责法律事务的职员打来的电话，他们需要数据来为公司的一桩诉讼辩护，奥马哈工厂一位前雇员向法院起诉公司歧视他。查克把电话转接给他的人力资源部。查克的秘书又送来一大叠信件要他签署。突然，查克发现10：00到了，会计师和厂长已经在他办公室外面等候。3个人一起审查了输送机的问题并草拟了几个选择方案，准备将它们提交到下午举行的幕僚会议上讨论。现在是11：05，查克刚回到他的资本预算编制程序上，就又接到公司人力资源部部长打来的电话，对方花了半小时向查克说明公司对即将与工会举行的谈判的策略，并特别征求他对与奥马哈工厂有关的问题的意见。挂上电话后，查克下楼去他的人力资源部长办公室，他们就这次谈判的策略交换了意见。

查克的秘书提醒他与地区红十字运动的领导约定共进午餐的时间已经过了，查克赶紧开车前往约定地点，好在不过迟到了10分钟。

下午1：45，查克返回他的办公室，工厂厂长已经在那里等着他。两个人仔细检查了工厂布置的调整方案，以及通道面积是否符合专为残疾雇员制定的法律要求。会议的时间持续得较长，因为中间被三个电话打断。现在是3：35，查克和工厂厂长穿过大厅来到会议室，幕僚会议通常只需要1个小时，不过，由于劳工谈判和输送系统问题的讨论拖得很长，这次会议持续了2个多小时，当查克回到他的办公室时，他觉得该回家了。他和安妮今晚要在家中招待几位社区和企业的领导人。

开车回家的时间对查克来说仿佛用了1个小时而不是15分钟，他已经精疲力竭了。12个小时以前，他还焦急地盼望着一个富有成效的工作日，现在这一天过去了，查克不明白："我完成了哪件事？"当然，他知道他干完了一些事，但是本来有更多的事他想要完成的。是不是今天有点特殊？查克承认不是的，每天开始时他都有着良好的打算，而回家时都不免感到有些沮丧。他整日就像置身于琐事的洪流中，中间还被不断地打断。他是不是没有做好每天的计划？他说不准。他有意使每天的日程不要排得过紧，以使他能够与人们交流，使得人们需要他时他能抽得出时间来。但是，他不明白是不是所有管理者的工作都经常被打断和忙于救火，他能有时间用于计划和防止意外事件发生吗？

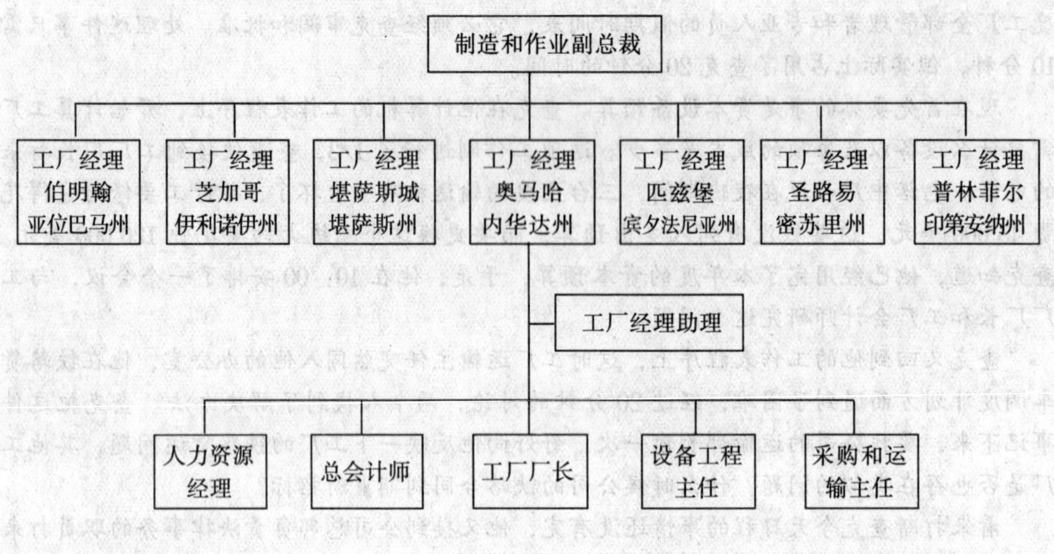

查克·斯通曼的一天

问题：

1. 与一般管理者的工作相比，你怎么看查克的工作？查克属于成功管理者还是有效管理者？

2. 用明茨伯格的管理者角色理论评价查克的活动。

3. 用管理职能理论评价查克的活动。

4. 在本案例中查克运用了哪些管理基本原理来进行管理？运用得如何？

5. 查克在完成他的职责上是有效率的吗？是有效果的吗？请说明理由。

第三篇
管理职能篇

法国著名的管理学专家亨利·法约尔构建了管理的五项要素即管理的职能：计划、组织、指挥、协调和控制。他认为："管理"既不是一种独有的特权，也不是企业经理或企业领导人的个人责任。它同别的基本职能一样，是一种分配于领导人与整个组织成员之间的职能。本篇在前人研究的基础上做了一些增设，将管理职能确定为决策、计划、组织、领导、协调、控制和创新七种职能。下面各章围绕这些管理职能中的管理原理展开系统论述，使读者树立正确的管理理念，运用于管理实践，正确而有效地行使各项管理职能，以达到管理的目标。

第六章 决 策

【学习目标】

理解决策的含义、分类，了解决策的过程及有效决策的影响因素，了解决策在管理中的地位和作用；掌握定性、定量两类决策方法的具体运用，了解决策的发展趋势。

决策是人类思维活动的一部分。从日常生活到工商企业的经营管理，从工程建设到政治活动，都充满各种各样的决策。每天我们都要做决定，决定什么时候吃晚饭，吃什么？虽然这不是什么大问题，但这样的决策我们已经作过成百上千个。这种简单的决策通常被处理得相当快，以至于你并没有意识到它就是决策。

决策是管理的核心，几乎管理者所做的每一件事都包含决策，可以认为，整个管理过程都是围绕着决策的制定和组织而展开的，决策充满了管理的整个过程之中。西蒙甚至强调，管理就是决策。可见决策在管理中的重要性。

第一节 决策的基本概念

一、决策的概念

决策，是指组织或个人为了实现某种目标而对未来一定时期内有关活动的方向、内容及方式的选择或调整过程。这个概念表明，决策的主体既可以是组织，也可以是组织中的个人；决策要解决的问题既可以是组织或个人活动的选择，也可以是对这种活动的调整；决策选择或调整的对象，既可以是活动的方向和内容，也可以是在特定方向下从事某种活动的方式；最后，决策涉及的时限，既可以是未来较长的时期，也可以是某个较短的时段。

美国管理学家西蒙认为决策是为了实现一定目标，从若干个可行方案中选择一个方案的分析判断过程。在管理学的研究中，决策是作为决策制定过程来理解的，而不仅仅指选择方案，即做出决定抉择的那一时刻的行为。

从上述概念中可看出，决策具有以下几个特点：

第一，决策要有明确的目标。决策可能是为了解决某个问题，也可能是为了实现一定目标。没有目标就无从决策，没有问题也就不需要决策。因此，决策前必须明确所要达到的目标，而且必须将局部的目标置于组织的总体目标体系中，如果目标模糊或整个目标体系杂乱无章，那就根本谈不上合理的决策了。在决策时要注意两点，首先要解决的问题必须十分明确；其次要达到目标必须有一定标准可以衡量比较。

第二，决策要有若干个可行的备选方案。“多方案抉择”是科学决策的重要原则，没有选择就没有决策。而要能有所选择，就必须提供可以相互替代的多种方案。如果只有一个方案则无从比较其优劣，也就没有选择的余地，就不存在决策。

第三，决策要进行方案的综合分析和评估。每个备选可行方案，都会对目标的实现发挥某种积极作用和影响，也会产生消极作用和影响。管理者必须掌握充分的信息，对每个备选方案进行可行性研究。可行性研究是决策的重要环节。决策方案不但必须在技术上可行，而且应当考虑社会、政治、道德等各方面的因素，还要使决策结果的负面影响缩小到最小的范围。这样才能在多个备选方案中选择一个较为理想的合理方案。

第四，决策是一个过程。决策不仅仅指选择方案即做出决定、选择的那一时刻的瞬间行为，而是为了实现组织的目标，由组织整体或组织的某个部分做出的对组织未来一定时期内有关活动的方向、内容及方式的选择过程。并且执行之后又会进入下一轮的决策。因此，决策是一个循环过程，贯穿于整个管理活动的始终。

二、决策在管理中的地位和作用

决策在管理中具有重要的地位和作用。

1. 决策是管理的基础

决策是从多个备选方案中选择一个合理方案作为未来行为的指南。决策是计划工作的核心，没有决策就没有合乎理性的行动。而计划工作的特点之一是计划工作的主导性，它是进行组织工作、人员配备、指导与领导、控制等工作的基础。因此，从这种意义上说，决策是管理的基础。

2. 决策是决定组织活动成败的关键

一个组织的一切工作成效的大小，首先取决于决策的正确与否。决策正确，可以引导组织的工作走上正轨，提高效率，达到预期成果；决策错误，则一切工作都会徒劳无功，甚至效率越高，损失越大。因此，决策职能是管理过程的首要职能。

3. 决策贯穿于管理的过程始终

任何管理组织、管理环节和管理人员都必须进行决策，决策贯穿于所有管理活动的始终，贯穿于各种职能活动之中，决策是管理活动的核心。一切管理工作，归根到底都是围绕着制定决策——执行决策——实现决策目标这个过程进行。决策职能在管理中的地位如图 6-1 所示。

4. 决策是管理的科学性和艺术性的统一

管理既是一门科学，又是一门艺术。而决策作为管理的首要职能，它是一种有目的的、自觉的、创造性的高级思维活动。决策并非主观武断、盲目拍板，而是要深刻分析，把握住客观规律，从而做出科学的决断；决策又必须能熟练运用管理原理并通过巧妙的构思来达到预定的目标，即体现出高超的管理艺术。因此，可以说，正确的决策是科学性和艺术性的统一。

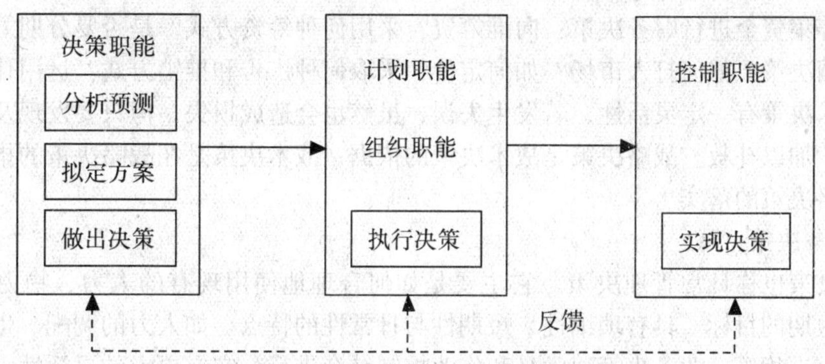

图6-1 决策职能在管理中的地位

决策是行为的选择，行为是决策的执行，正确的行为来源于正确的决策。对于每个主管人员来说，不是去考虑有没有必要做出决策，而是如何作出更好、更合理、更有效的决策。不同管理层次上的决策，其影响范围不同。因而，改进管理决策、提高决策水平，应当成为各级主管人员注意的重要问题之一。

第二节 决策的类型与特点

一、决策的类型

根据所要解决的问题的性质和内容等方面的不同，决策可以分为不同的类型。按不同的决策类型来采取相应的决策方法才能做出正确的决策。

（一）按决策所处的地位（或重要性）分类，可分为战略决策、战术决策和业务决策

1. 战略决策

战略决策是指关系到组织的生存和发展、调整组织的活动方向和内容，对组织重大的、全局的、长远的问题的决策。战略决策解决的是“做什么”的问题。这是根本性的、有决定意义的决策。如果战略决策失误，即使战术决策正确，也难免遭受重大损失。战略决策一般涉及的时间比较长，范围比较广，内容比较抽象，主要是为了适应组织外部环境而做出的决策。就企业而言，今后的发展方向、经营规模、经营目标、经营方针、新产品开发、新技术的采用、技术引进和技术改造、市场的开拓、新建或扩建生产能力、企业的转向或联合等等，都属于战略决策。

2. 战术决策

战术决策也称策略决策。它是为了保证实现战略决策所作的具体决策，是解决如何有效地运用组织的资源，是带有局部性的决策。战术决策解决的是“如何做”的问题，是执行性决策。战术决策一般涉及的时间比较短，范围也比较窄，内容却比较具体，主要是考虑近期的外部环境和解决内部的组织协调问题。例如，一个企业为了研制和推出新产品，考虑如何筹集资金进行财务决策：向谁筹资？采用何种筹资方式？是否要分期筹集等。也要考虑营销决策：如何打入市场？如何定价？采取何种广告和推销方式？运用什么营销渠道等。战术决策有一定灵活性，若发生失误，虽然也会造成损失，但只要发现及时，仍可改变策略，加以补救。战略决策是战术决策的依据；战术决策是在战略决策的指导下制定的，是战略决策的落实。

3．业务决策

业务决策也称日常管理决策。它主要是如何合理地使用现有的人力、物力和财力资源，实现短期的目标。具有琐细性、短期性与日常性的特点。如人力的调配、生产任务的安排、库存进货等。业务决策通常是和作业控制结合进行。它有更大的灵活性，若发生失误可以马上采取补救措施，不致造成太大的损失。业务决策虽然处理一些细节问题，但如果延误时日，久拖不决，积重难返，也会影响全局，造成重大损失。

（二）按拟定决策的层次分类，可分为高层决策、中层决策和基层决策

1．高层决策

高层决策是指由组织的高层负责人所做出的决策。这些决策一般多是带有根本性的、长期性的战略决策。如公司的总经理、工厂的厂长所做出的决策。在市场经济的条件下，对一个经营型企业来说，多数属于经营决策。

2．中层决策

中层决策是指组织的中层管理人员所做出的决策。这些决策一般多是在其职权范围内的具体的战术决策和管理决策，如公司的部门经理、工厂分厂的厂长、职能处（科）室负责人所做出的决策。

3．基层决策

基层决策是指组织中的基层管理人员所做出的决策。这些决策一般多是涉及具体工作的业务决策、日常技术决策和作业决策。如小型企业的车间主任、工段长、车间调度员所做出的决策。

表 6－1　高层决策、中层决策和基层决策的比较

决策种类	高层决策	中层决策	基层决策
性质差别	非定型化多，定型化少	定型化多，非定型化少	基本定型化
层次差别	战略性的多	业务性的多	执行性多
决策的复杂程度	复杂	比较复杂	比较简单
决策的定量化程度	大部分无定量化、具有风险性	大部分定量化，小部分无定量化	全部定量化
肯定程度	不完全确定	肯定	很肯定

（三）按涉及时间的长短分类，可分为中长期决策和短期决策

1．中长期决策

中长期决策是指在较长时期内（一般为一年至十年，甚至15年、20年或更长时间）才能实现的决策。中长期决策一般都关系到大量的投资，也关系到比较长期的收益，因此在决策时，需要考虑货币的时间价值。显然，中长期决策多属于战略决策或较长期才能实现的战术决策。

2．短期决策

短期决策是指在一年以内短期可实现的决策。短期决策一般不需要或只需要很少的投资，在决策时一般也不考虑货币的时间价值。但是，短期决策要和中长期决策相互配合，相互衔接，前者要以后者为目的，后者要依靠前者来逐步实现。

（四）按决策的性质（或所处的条件）分类，可分为确定型决策、风险型决策和不确定型决策

1．确定型决策

确定型决策是指决策所面临的条件和因素是确定的，人们对决策信息的掌握非常充分，有多种可供选择的方案，每个方案都有一个确定的结果。这类决策很简单，只要比较各个不同方案的结果，就可以选择出最优方案。例如，要加工某个部件，可以安排在甲、乙、丙三个车间进行，但三个车间的生产效率不同，就可以选择生产效率最高的车间来生产；某厂所需的原材料，可以从甲、乙、丙三地购买，三地质量和价格又相同，就可以选择运输距离最短的地方来购买，以节省运费。但有时计算各种方案的结果却并不容易，需要分析很多因素才能做出抉择。

2．风险型决策

风险型决策是指人们对决策信息的掌握不够充分，客观上存在一些不可控因素，所以一个方案的执行会遇到两种以上的不同情况，从而有不同的结果，但对可能出现的各种情况的概率却可以计算或估计，从而可以通过比较各方案的期望值而做出决策。例如某厂为了扩大某产品的生产能力，可以采取扩建厂房、改建厂房和对外转包三种方案，而市场需求量却有高、中、低之别，但根据统计资料，可以知道市场需求量出现的概率，从而就可以根据三种方案的损益值的比较来做出决策。因为决策总是面向未来，而未来总有很多不确定因素，人们难以充分认识。所以风险型决策在人类决策中占很大比例。

3．不确定型决策

不确定型决策是指决策所面临的条件和因素不确定，人们对决策信息的掌握非常少，一个方案的执行在不同的情况下可出现不同的结果，而且不能估算其出现的概率，也无法计算其期望值，只能靠决策者的经验、胆识和判断能力做出决策。

（五）按决策是否有例行性分类，可分为程序性决策和非程序性决策

1．程序性决策

程序性决策也称重复性决策或规范性决策。是指经常重复发生的、结构清晰、能按固定程序、方法、规范和标准来进行的决策。

由于这类问题经常出现，因而可以规定出一套程序，建立起一套决策模式，甚至可以由计算机代为处理。属于此类决策的多属业务和技术决策，例如，产品质量、设备故障、现金短缺、合同的履行、原材料采购、运输路线的选择等。现代的程序化决策技术，几乎都包含在“运筹学”和“管理信息系统”这两种技术体系之中。

2. 非程序化决策

非程序化决策也称一次性决策。这种决策具有极大的偶然性和随机性，很少重复发生，无先例可循，具有大量不确定性因素，却可能有重大影响的问题，主要依靠决策者的经验和才智来做出的决策。由于这类问题无章可循，也无固定的模式，属于例外问题，因此，除了个人的决策才能之外，还可以通过敏感性分析或进行模拟以取得有价值的数据，利用计算机作辅助信息处理，但最终还是由决策者拍板。属于此类决策的多是战略性决策和有重大影响而新颖的战术决策。例如，重大工程项目投资、重大政策的制定、重要的人事任免等。然而在现代技术条件下，非程序性决策问题尚不能简捷地转化为数字模型并由计算机自动处理。

西蒙认为对例行问题，可以程序化到制定出一套处理这些决策的固定程序，当它出现时，不需要再作决策，只按例行程序处理即可。而对例外问题却是真正要求主管人员倾尽全力，费尽心血去正确决策。

必须强调指出：管理人员若几乎每天都忙于做出各种各样的决策，往往是管理不善的征兆。而且这两类决策并非是真正截然不同的两类决策，而是像光谱一样的连续统一体，在统一体的一端是高度程序化的决策，另一端是高度非程序化的决策，而其间包含着不同程度的“灰色”的各种决策。

（六）按决策的时态分类，可分为单项决策和序贯决策

1. 单项决策

单项决策也称静态决策或原有决策（单级决策）。是指对问题的决策一次确定，无需再随事物的发展进程和可能发生的变化进一步采取应变对策。例如，对某种新工艺的采用，不管新工艺成功与否或成效如何，也不再考虑进一步的对策。

2. 序贯决策

序贯决策也称动态决策或追踪决策（多级决策）。是指对问题不是只做出一个，也不是只作一次决策，即在原有决策做出后，如发现客观情况发生变化，或在主观估计上有所失误，就要对原决策做出修正，修正后的决策就叫序贯决策。例如，上述例子，确定采用新工艺，倘若不成功就转回来采用旧工艺或转为向外购入该种零件进行补救。

（七）按决策目标的多少分类，可分为单目标决策和多目标决策

1. 单目标决策

单目标决策是指只求达到单一目标的决策。这种决策问题单一、容易做出抉择，但往往带有片面性，容易以偏概全。如筹资决策就只是为了获得所需要的资金；日常调度就只是为了完成日产量。

2. 多目标决策

多目标决策是指同时达到多个目标的决策。这种决策比较困难，多见于战略决策。如设备更新决策，就不仅要求设备效率高，而且要加工质量好、耗能少、费用低、使用安全和维修方便等一系列目标。

（八）按决策所采用的方法分类，可分为定量决策和定性决策

1. 定量决策

定量决策是指采用数学方法，数学模型并利用计算机来进行定量分析所做出的决策。定量决策多属程序性决策。

2. 定性决策

定性决策是指对难于用数量表示而主要运用决策者的经验、智慧来进行定性分析、评价所做出的决策。定性决策多属于非程序性决策。

此外，还可以按决策的内容分为：产品决策、技术决策、组织决策、销售决策、财务决策、人事决策等。

按管理层次划分决策类型，是为了引导各级管理人员，按照自己的职权范围来进行所应做出的决策。决策职能的划分要与组织职能相适应，不同层次的管理人员其决策类型各有其侧重点。各级管理层次所进行的决策简单的示意如图 6-2。

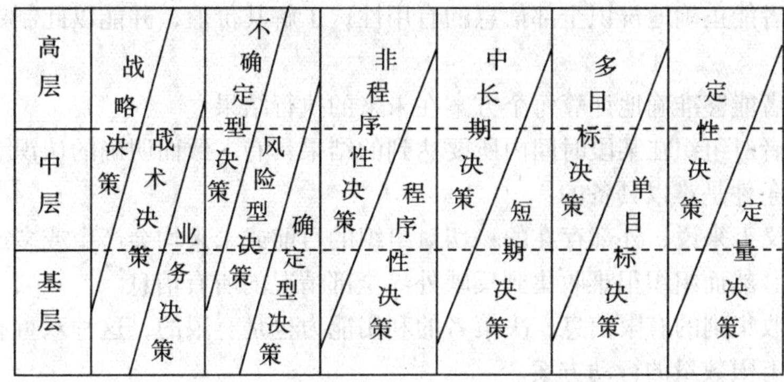

图 6-2 各管理层次的决策类型（比重）示意图

二、决策的特点

选择或调整组织在未来一定时期内有关活动方向、内容及方式的决策具有下述主要特点。

（一）目的性

决策要求有明确而具体的决策目标。任何决策都必须根据一定的目标来做出，决策首先要确定组织的活动目标。目标是组织在未来特定时限内完成任务程度的标志。没有目标，人们就难以拟订未来的活动方案；目标模糊，人们就无法以目标为标准评价方案，更无从选择方案，也就没有依据来监督检查活动的效果。

（二）可行性

决策的目的是为了指导组织未来的活动。组织的任何活动都需要利用一定资源。缺乏必要的人力、物力和技术条件，理论上非常完善的方案也只能是空中楼阁。因此，决策方案的拟定和选择，不仅要考察采取某种行动的必要性，而且要注意实施条件的限制。

（三）选择性

决策的实质是选择，必须要有两个以上的备选方案，以便比较选择。没有选择就没有决策。事实上，为了实现相同的目标，组织可以从事多种不同的活动。这些活动在资源要求、可能结果以及风险程度等方面均有所不同。因此不仅有选择的可能，而且有选择的必要。从本质上说决策目标与决策方案也都是经由选择而确定的。在实践中人们总结出两条规则：一是在没有不同意见之前，不要做出决策；二是如果看来只有一种行动方案，那么这个方案可能就是错误的。

（四）合理性

选择行动方案的原则是合理性原则，而非最优原则。决策追求的是最可能的优化效应。人们做任何事情，都不可能做到十全十美。对于决策者而言，同样不能以最理想方案作为目标，而只能以可以足够好地达到组织目标的方案作为准则，即在若干可行的备选方案中选择一个合理的方案。最优决策只是理论上的幻想，因为它要求：

（1）决策者了解与组织活动有关的全部信息；

（2）决策者能正确地辨识全部信息的有用性，了解其价值，并能以此制定出没有疏漏的行动方案；

（3）决策者能够准确地计算每个方案在未来的执行结果。

（4）决策者对组织在某段时间内所要达到的结果具有一致而明确的认识。

然而这些条件是难以具备的：

（1）从广义上来说，外部存在的一切对组织的目前或未来均会产生或多或少，或直接或间接的影响，然而组织很难收集到反映外界全部情况的所有信息。

（2）对于收集到的有限信息，决策者的利用能力也是有限的，这种双重有限性决定了企业只能制定有限数量的行动方案。

（3）任何方案都需要在未来付诸实施，而人们对未来的认识能力和影响能力是有限的，目前预测的未来状况与未来的实际状况可能有着非常显著的差别，因此是有风险性的。

（4）即便决策方案的实施带来了原来预期的结果，这种结果也不一定就是组织实现其最终目标所需要的。

因此，对于任何目标，都很难提出全部的可行方案，并且根据目前的认识确定未来的行动总是有一定风险的，也就是说，各行动方案在未来的实施结果通常是不确定的。在方案的数量有限、执行结果不确定的条件下，人们只能根据已知的全部条件，加上人们的主观判断，作出相对满意的合理选择，而不可能得到最优方案。

（五）过程性

决策是一个过程，而非瞬间行动。决策的过程性特点可以从两个方面去考察。

首先，决策不仅仅是一项决策，而是一系列决策的综合。通过决策，组织不仅要选择业务活动的内容和方向，还要决定如何组织业务活动的具体展开，同时还要决定资源如何筹措，结构如何调整，人事如何安排。只有当这一系列的具体决策已经制定，相互协调并与组织目标相一致时，才能认为组织的决策已经形成。

其次，这一系列的决策中的每一项决策，本身就是一个包含了许多工作，由众多人员参与的过程，从决策目标的确定，到决策方案的拟定、评价和选择，再到决策方案执行结果的评价。这些诸多步骤才构成了一项完整的决策，这就是一个决策的“全过程”。为了研究的方便，我们虽然在理论上把这些工作划分成不同阶段，然而在实践中，这些工作往往相互联系、交错重叠、难以截然分开。

（六）风险性

决策必然是对未来的事物而作，而未来总是包含着不确定的因素。那种有十足把握，不需冒一点风险就能选出十全十美的最优方案的决策，即使不是没有也是极少见的。一般来说，越是可能有高收益的方案，所包含的风险因素也越大。因此，一个管理者在作决策时，要有敢冒风险的精神。当然，决策并非赌博，敢冒风险不等于靠运气，不等于蛮干，而必须要保持清醒的头脑，审慎地估计决策方案的风险程度：估计到最坏的可能性并拟定出相应的对策，使风险所造成的损失不致引起灾难性的后果；应考虑到是否已到了非冒更大风险的地步；还应对决策的时机是否成熟做出准确判断。这都有助于决策者将风险尽可能地减至最小。

此外，决策方案实施一段时间后，要对其效果进行评价，以检验决策的正确性，对偏差及时加以修正；还要注意对新出现的情况和未曾预料到的情况进行分析、判断，以便做出新的决策或补充完善原有的决策方案。我国正在不断深化的经济体制改革，就是一个不断由评价前一阶段改革的成果和失误，明确进一步改革的重点和方向，然后再开始新一轮改革。这样一个循环渐进的过程，被形象地称为“摸着石头过河”。但是，对实践经验的总结必须将其上升为理论高度，再去指导实践，而不是一味地依赖于有“石头”可摸。

（七）动态性

决策的动态性与过程性相联系。决策不仅是一个过程，而且是一个不断循环的过程。作为过程，决策是动态的，没有真正的起点，也没有真正的终点。我们知道，决策的主要目的之一就是使组织活动的内容适应外部环境的要求。然而我们知道，外部环境是在不断发生变化的，决策者必须监视并研究这些变化，从中找到可以利用的机会，据此调整组织的活动，实现组织与环境的动态平衡。

第三节　决策活动的基本程序及其分析

一、决策活动的基本程序

作为过程的决策包括了许多阶段的工作，决策的核心是在分析、评价、比较的基础上，对活动方案进行选择。选择的前提是拟定多种可行方案。要拟定可行方案，首先要判断调整组织活动、改变原先决策的必要性，制定调整后应达到的目标。所以决策过程包括了提出问题、确定目标、科学预测、拟订方案、评价方案、选择方案、实施方案、反馈检验八个阶段。

（一）提出问题

决策是为了解决管理过程中产生的问题，实现组织活动和内外部环境的动态平衡。在对组织内部状况的了解及对外部环境的分析基础上，发现问题即发现现有状况与所要达到目标之间的差距，研究组织活动中存在的不平衡。关键要思考以下几个方面的问题：

(1) 组织在何时何地已经或将要发生何种不平衡？这种不平衡会对组织产生何种影响？

(2) 不平衡的原因是什么？其主要根源是什么？

(3) 针对不平衡的性质，组织是否有必要改变或调整其活动的方向与内容？

（二）确定目标阶段

决策目标是决策者对未来一段时期内要达到的目的和结果的判断。目标可以是解决某个问题，或是完成某项任务，或是达到某种目的。目标必须具体明确，明确目标是一切决策的起点，没有目标的决策是盲目的决策。因此目标要力求准确、具体、尽可能量化；要切合实际，不要脱离实际而无法实现；如果是多目标决策，应明确主次目标。

而目标是否可行，必须通过环境研究来加以确认。环境研究首先是研究组织的外部环境，面临的挑战与机会，然后再分析组织的内部条件，清醒地认识组织的长处和短处，优势和劣势，实事求是的确定目标。进行环境研究，可以用传统的调查研究方法；可以用抽样统计方法，对调查对象进行总体估计；可以利用预测技术对决策对象的未来趋势进行预测；可以把收集到的信息资料进行综合的环境分析。如果环境研究的结果确认原定目标不切合实际，就应该有勇气加以修正；如果确认原定目标切实可行，就进入决策的下一阶段。

（三）拟订方案阶段

决策目标明确以后，就应拟订能够达到目标的各种备选方案。备选方案是指可供进一步选择的可行方案。备选方案不可能是一个，但也不可能太多。因此，备选方案是带有概括性、典型性和代表性的几个可能的方案。概括性是指所拟定的备选方案包括了所有可能的方案，典型性和代表性是指各方案之间互相排斥。在拟定备选方案的过程中，一个很重要的问题就是尽量找出限制性因素，遵循限定因素原理，对一些备选方案进行选择。

为了保证决策的质量，在拟订方案时，要满足整体详尽性和相互排斥性的要求。整体详尽性是指要将各种可能实现的方案尽量都考虑进去，避免遗漏了可能是最佳的方案；相互排斥性是各种可行方案之间要彼此独立，避免相互包容，当然更不可为了显示周全或为了从中选择而强拼硬凑出不三不四、不伦不类的方案来。因此在拟订方案时应尽可能地把所有能达到目标的独立方案都包括进来，如果做不到这一点，那么最终选出的方案就可能不是最令人满意的方案。当然，由于人的认知能力的限制，真正做到天衣无缝的整体详尽性是很困难的，但人们绝不可以放弃这种努力。

可供选择的方案越多，被选方案的相对满意程度就越高，决策就越有可能完善。因此，在拟订方案阶段，要广泛发动群众，充分征求群众的意见，充分利用组织内外的专家和各种咨询机构，采用召开诸葛亮会等方式，发动专家们献计献策；尽可能地采用运筹学方法、模拟技术等方法来寻求可行方案。

（四）评估方案阶段

在这一阶段，是对已经拟定的若干备选方案进行详尽的技术经济论证。对多个可行方案进行评价时不能仅凭个人的主观好恶，而应采取科学的态度、依据科学的标准进行，综合评价各个方案的技术合理性、可行性、经济性、适应性以及它对社会和环境的影响。评估时，首先要有一个统一的评价标准，否则就难以进行客观的比较。评价标准是看哪一个方案最有利于达到决策目标。评价的依据有三个：经验、实验、分析与研究。可分为两大类评价（或决策）方法：主观决策方法和计量决策方法。最常用的评估方法就是可行性研究（可行性分析）。此外，还可以采用系统分析、边际分析、敏感性分析、风险分析和决策树方法等决策技术来进行方案的评估和比较。为了系统地进行评价，可在评价时确立两个尺度：一个是“必须达到的目标”，另一个是“希望达到的目标”，这种评价的结果有助于决策者对各项方案进行判断决策。评价各方案的可行性的同时要分析各个方案可能出现的问题、困难、障碍、风险，并制定相应的防范应变措施。

此外，运用决策的技术性方法时，对于确定性决策，求解方法已相当成熟；但对于非确定型（包括完全不确定型和风险型）决策，求解方法尚不完备，甚至有的还只是停留在理论探讨，而未步入实用阶段。因此，现有数学模型所提供的结果还大都只能作为决策的参考。这就提醒我们：对一个决策者来说，既要改变以往单凭个人经验而主观随意地“拍板”的做法，也要防止陷入“数字”的泥坑，而轻易地单纯以数学上的“最优解”来代替综合决策。

（五）方案选择阶段

在这一阶段，决策者对经过评估的各种备选方案权衡其利弊、得失，做出判断，选出“最好”的方案。然而，值得注意的是，选择出的“最好”方案也并非就是尽善尽美，往往仍难免有某些不足之处；而被舍弃的方案也并非就一无是处，往往也总有某些可取之处。所以，在实际决策中，还需要对优选出的方案进一步的修订与完善，博采取长，合而为一，或形成一个新的综合性方案。况且，目前尚无对它们进行综合评价的绝对可靠的方法和指标体系；加之只进行定量指标的比较又不能反映诸多非定量因素的影响，所以，在实际决策中，最终的决断还得依靠决策者的经验、素质和才智。也正因为如此，决策者的个性、心理素质、习惯倾向、价值观以及在组织中的地位，甚至家庭关系、社会关系等等都会对他的决策发生牵制或影响。

决策者在具体选择方案时要注意三个方面的问题：

(1) 要统筹兼顾，不要走极端。要看看每个方案的优缺点，避免在实施中走弯路；

(2) 要注意反对意见。如提出的方案被成员一致通过，则方案一般不能执行，因为人是有限理性的，大家都说它好说明它本身是不好的。

(3) 要有决策的魄力。因为最终选择的方案是满意方案，是会有人不满意的，所以在必要时要当机立断，对各种备选方案进行总体权衡后，由组织决策者挑选一个最满意的方案。

（六）方案实验阶段

有些决策其后果重大，影响深远，在普遍实施之前，需要进行局部实验，以验证方案的可靠性。在我国，经常采用试点的方式进行实验（如扩大企业自主权试点、改革劳动用工制度试点等不胜枚举）。这在原则上是可取的，不过其要害问题是选点的代表性。如果随便抽取几个点进行实验，就像在一个巨大的总体中只抽取少数几个样本，是没有意义的。必须在真正具有代表性的点上进行实验，才具有真正的实用价值。有时为了使实验效果更加明显，需同时设立“对照组”进行对比实验；有时为了减少实验次数，更快地得出结果，应用“正交实验法”来进行选点和实验。

对实验结果还要进行可靠性分析。方案的可靠性是用可靠度或失效率来表示的。所谓可靠度是指方案达到预期效果的概率；失效率是未达到预期效果的概率。在实验初期，由于方案尚未被有关人员理解和接受，或方案本身还存在某些缺陷，或外界存在着某些干扰因素（自然的或人为的），所以，实验结果的可靠度可能并不理想。这时，不要仓促下结论，而应该分析实验结果的变化规律，并找出可靠度不高的原因，并尽量加以排除。待实验结果的可靠度趋于稳定时，方可对方案做出可靠性评价。如证明方案确实不可行，就应通过反馈，重新拟订方案。

（七）普遍实施阶段

决策方案在局部实验中能稳定地取得较好效果后，就可以加以推广，普遍实施。为了使方案实施能真正贯彻落实，必须做好方案的宣传和组织工作。首先，要使方案及其执行计划做到组织成员人人皆知，并明确决策的意义、实施的步骤、方法和要求，以便统一思想，统一行动；其次，要组织好实施决策所需的各种资源，包括人力、物力和财力资源；最后，要建立严格的责任制度和监督机构，将责任层层落实。但是面上的情况毕竟要比点上的情况复杂得多，所以实验证明可行的方案在普遍实施中未必就一定不会出现问题。因此，在这一阶段要十分注意实施情况的信息反馈，实行追踪，必要时针对情况的变化对原有决策进行修正，进行动态的序贯决策。当出现下列情况之一时，就应该进行序贯决策：

(1) 原有决策目标错误；

(2) 目标正确，手段错误并且其错误程度危及了目标的实现；

(3) 原决策基本正确，但客观形势发生了变化，要求调整原来的目标；

(4) 原决策正确，但执行中的某一环节出现重大失误并且足以危及目标的实现。读者可以自行举例说明上述的四种情况并思考应如何进行序贯决策。

实施阶段的监控可以利用正常的统计系统或管理信息系统（MIS），以便一旦发现偏差，就及时采取措施加以纠正，以确保实现决策目标。

（八）反馈检验阶段

决策实施后，应检验和评价实施的结果，检验是否达到预期的目标，总结经验教训，为今后的决策提供信息和借鉴，这一步骤也称为“后评价”。

二、影响决策有效性的因素

在上述过程中组织的决策受到以下因素的影响。

（一）环境因素

环境对组织决策的影响是不言而喻的。这种影响表现在以下几个方面：

首先，环境的变化使组织面临新的情况，组织为了应对这些新情况，就要进行决策。比如，就企业而言，稳定的环境下，今天的决策主要是昨天决策的延续，而环境急剧变化，企业就需要对经营方向和内容经常进行调整。

其次，环境的特点影响着组织活动的选择。位于垄断市场上的企业，通常将经营重点放在内部生产条件的改善、生产规模的扩大以及生产成本的降低等方面；而处在竞争市场上的企业，则需要密切注视竞争对手的动向，不断推出新产品，努力改善营销宣传，建立健全销售网络。

第三，对环境的习惯反应模式也影响着组织的活动选择。即使在相同的环境背景下，不同的组织也可能做出不同的反应。而这种调整组织与环境之间关系的模式一旦形成，就会趋向固定，限制着人们对行动方案的选择。

第四，环境中的其他行动者及其决策也会对组织决策产生影响。决策者在决策时，要考虑各种环境因素，且决策会受到制约，决策如果脱离了环境或对环境因素认识不足，在执行时就会遇到困难，甚至无法执行。

（二）组织文化

组织文化是组织的指导思想、经营理念和工作作风，包括价值观念、行业准则、道德规范、文化传统、风俗习惯、典礼仪式、管理制度以及企业形象。它不单包括思想和精神方面的内容，也包括社会心理、技能、方法和组织自我成长的特殊方式等各种因素，是组织长期形成的，共同拥有的价值体系。

从决策方面来说组织文化会对决策的制定和执行都产生重大影响，新上任者的决策，一般来说是必须要考虑组织现有的文化。组织文化制约着包括决策制定者在内的所有组织成员的思想和行为。组织文化是构成组织内部环境的主要因素，通过影响人们对变化、变革的态度，对决策产生影响和限制作用。而任何决策的制定，都会在某种程度上否定过去；任何决策的实施，都会在某种程度上给组织带来变化。组织成员对这种可能的变化怀有抵御或欢迎两种截然不同的态度。涣散、压抑、等级森严的组织文化容易使人们对组织的事情漠不关心，不利于调动组织成员的参与热情；团结、和谐、平等的组织文化则会激励人们积极参与组织的决策。在保守、怀旧、僵化的组织中，人们总是根据过去的标准来判断现在的决策，总是担心在变化中失去什么，从而对将来发生的变化产生怀疑、害怕甚至是抵御的心理和行为；相反，在具有开拓创新氛围的组织中，人们总是以发展的眼光来分析决策的合理性，总是希望在可能产生的变革中得到什么，因此渴望变化，支持改革。显然，后一种组织文化有利于新的决策的实施，前一种组织文化则会成为新决策实施的障碍。因此，决策时必须考虑到组织文化的阻力以及为克服这种阻力而必须付出的代价。

（三）过去决策

在实际管理工作中，决策问题大多都是建立在过去决策的基础上的，是追踪决策，是对初始决策的完善、调整或改革；是非零起点的，过去的决策是目前决策过程的起点。过去选择的方案的实施，不仅伴随着人力、物力、财力等资源的消耗，而且伴随着内部状况的改变，带来了对外部环境的影响。因此决策者必须考虑过去决策对现在的延续影响。即使对于非程序化决策，决策者由于心理因素和经验惯性的影响，决策时也经常考虑过去的决策，问一问以前是怎样做的。所以，过去的决策总是有形无形地影响着现在的决策。这种影响有利有弊，利是有助于实现决策的连贯性和维持组织的相对稳定，并使现在的决策建立在较高的起点上；弊是不利于创新，不适应剧变环境的需要，不利于实现组织的跨越式发展。

过去的决策对现在的决策的制约程度，取决于它们与决策者的关系，这种关系越紧密，现在的决策受到的影响就越大。如果过去的决策是由现在的决策者制定的，而决策者通常要对自己的选择及其后果负管理上的责任，因此会不愿意对组织活动进行重大调整，而倾向于仍把大部分资源投入到过去方案的执行中，以证明自己的一贯正确。相反，如果现在的主要决策者与组织过去的重要决策没有很深的渊源关系，则会易于接受重大改变。

（四）决策者对风险的态度

风险是指失败的可能性。由于决策是人们确定未来活动的方向、内容和目标的行动，而人们对未来的认识能力是有限的，目前预测的未来状况与未来的现实状况不可能完全相符，因此在决策指导下进行的活动，既有成功的可能，也有失败的危险。任何决策都带有一定程度的风险性。

组织及其决策者对待风险的不同态度会影响决策方案的选择，愿意承担风险的决策者，通常会未雨绸缪，在被迫对环境做出反应以前就采取进攻性的行动，并会经常进行新的探索。不愿意承担风险的决策者，通常只会对环境做出被动的反应，事后应变，他们对变革、变动表现出谨小慎微，会受到过去决策的限制。例如：招聘总经理以年龄为参考条件，可能考虑的是年龄对决策者的风险态度的影响的一般规律。

（五）决策的时间紧迫性

美国学者威廉·金和大卫·克里兰把决策划分为时间敏感型决策和知识敏感型决策。时间敏感型是指那些必须迅速而尽量准确的决策（战争中经常出现）。如美国“9·11”事件发生时消防、救援指挥官的决策，这类决策对速度的要求甚于质量。知识敏感型讲究决策的质量，对时间的要求不是非常严格。这类决策的执行效果主要取决于决策质量，而非速度。制定这类决策是要求人们充分利用知识，做出尽可能正确的选择。如“9·11”后美国政府对恐怖主义的行动政策。

组织决策中的战略决策，基本属于知识敏感型决策，这类决策着重于运用机会，而不是避开威胁，着重于未来，而不是现在。选择方案时，在时间上相对宽裕，并不一定要求必须在某一时间完成。但是，也可能出现这样的情况，外部环境突然发生了难以预料和控制的重大变化，对组织造成了重大威胁。这时，组织如不迅速做出反应，进行重大改变，则可能引起生存危机。这种时间压力可能会限制人们能够考虑的方案数量，也可能使人们得不到足够的评价方案所需的信息，同时，还会诱使人们偏重消极因素，忽视积极因素，仓促决策。

第四节　决策方法

为了保证影响组织未来生存和发展的管理决策尽可能的正确，必须利用科学的方法。现代决策技术发展了大量的决策方法。从总体上说可以归纳为两类：主观决策方法、定量化决策方法。

一、主观决策方法

主观决策方法，也称决策的“软”方法，是指在决策过程中，决策者根据已掌握的情况和现有资料，直接利用专家们的知识和经验，提出决策目标及实现目标，并做出评价和选择的方法。主观决策法的具体形式很多，包括程序化决策方法、适应性决策方法、创造性决策方法等。其优点是：方法灵便，通用性大，容易被一般管理者接受，而且特别适合于非常规决策，同时还有利于调动专家的积极性，提高他们的工作能力。其局限性表现为：由于它是建立在专家个人直观的基础上，缺乏严格论证，易产生主观性，而且还容易受决策组织者个人倾向的影响。主观决策方法简单易行、经济方便，日常生活中大量的决策采用的是主观决策法。

这里主要介绍德尔菲法、头脑风暴法、哥顿法。

（一）德尔菲法

德尔菲法是在20世纪40年代由O·赫尔姆和N·达尔克首创，经过T·J·戈尔登和兰德公司进一步发展而成的。1946年，兰德公司首次用这种方法来进行预测，后来该方法被迅速广泛采用。为消除成员间相互影响，参加的专家可以互不了解，德尔菲法依据系统的程序，采用匿名发表意见的方式，即专家之间不得互相讨论，不发生横向联系，只能与调查人员发生关系，通过多轮次调查专家对问卷所提问题的看法，经过反复征询、归纳、修改，最后汇总成专家基本一致的看法，作为预测的结果。这种方法具有广泛的代表性，较为可靠。

德尔菲法的具体实施步骤如下：

（1）组成专家小组。按照课题所需要的知识范围确定专家。专家人数的多少，可根据预测课题的大小和涉及面的宽窄而定，一般不超过20人。

（2）向所有专家提出所要预测的问题及有关要求，并附上有关这个问题的所有背景材料，同时请专家提出还需要什么材料。然后，要求专家做出书面答复。

（3）各个专家根据他们所收到的材料，提出自己的预测意见，并说明自己是怎样利用这些材料并提出预测值的。

（4）将各位专家第一次判断意见汇总，列成图表，进行对比，再分发给各位专家，让专家比较自己同他人的不同意见，修改自己的意见和判断。也可以把各位专家的意见加以整理，或请更权威的其他专家加上评论，然后把这些意见再分送给各位专家，以便他们参考后修改自己的意见。

（5）所有专家的修改意见收集起来，汇总，再次分发给各位专家，以便做第二次修改。逐轮收集意见并为专家反馈信息是德尔菲法的主要环节。收集意见和信息反馈一般要经过三、四轮，在向专家进行反馈的时候，只给出各种意见，但并不说明发表各种意见的专家的具体姓名。这一过程重复进行，直到每一个专家不再改变自己的意见为止。

（6）对专家的意见进行综合处理。

这种方法的优点主要是简便易行，具有一定科学性和实用性，可以避免会议讨论时产生的害怕权威随声附和，或固执己见，或因顾虑情面不愿与他人意见冲突等弊病；同时也可使大家发表的意见较快收敛，参加者也易接受结论，具有一定程度综合意见的客观性。

但缺点是由于专家一般时间紧，回答往往会比较草率，同时由于预测主要依靠专家，因此归根到底仍属专家们的集体主观判断。此外，在选择合适的专家方面也较困难，征询意见的时间较长，对于需要快速判断的预测难于使用等。尽管如此，本方法因简便可靠，仍不失为一种人们常用的定性预测方法。

（二）头脑风暴法（Brain Storming）

头脑风暴法又称智力激励法，是现代创造学奠基人美国奥斯本提出的，是一种通过小型会议的组织形式，诱发集体智慧，相互启发灵感，最终产生创造性思维的程序法。它把一个组的全体成员都组织在一起，使每个成员都毫无顾忌地发表自己的观念，既不怕别人的讥讽，也不怕别人的批评和指责，是一个使每个人都能提出大量新观念、创造性地解决问题的最有效的方法。

头脑风暴法的实施步骤：

(1) 准备阶段。事先对所议问题进行一定的研究，弄清问题的实质，找到问题的关键，设定解决问题所要达到的目标。同时选定参加会议人员，一般以5~10人为宜，人数不宜太多。然后将会议事宜提前通知与会人员，让大家事先做好准备。

(2) 热身阶段。这个阶段的目的是创造一种自由、宽松、祥和的氛围，是大家得以放松，进入一种无拘无束的状态。先由有趣的话题或问题开始，让大家的思维处于轻松和活跃的境界，随后轻松导入会议议题。

(3) 明确问题。主持人扼要的介绍有待解决的问题。介绍时须简洁、明确，不可过分周全，否则，过多的信息会限制人的思维，干扰思维创新的想像力。

(4) 重新表述问题。经过一段讨论后，大家对问题已经有了一定的理解。这时，为了使大家对问题的表述能够具有新角度、新思维。负责人对发言纪录进行整理和归纳。找出富有创意的见解，以及具有启发性的表述，供下一步畅谈时参考。

(5) 畅谈阶段。畅谈是头脑风暴法的创意阶段。导引大家自由发言，自由想像，自由发挥，使彼此相互启发，相互补充，真正做到知无不言，言无不尽，畅所欲言，然后将会议发言记录进行整理。为了使大家能够畅所欲言，需要制订规则：第一，不要私下交谈，以免分散注意力。第二，不妨碍他人发言，不去评论他人发言，每人只谈自己的想法。第三，发表见解时要简单明了，一次发言只谈一种见解。

(6) 筛选阶段。会议结束后的一二天内，向与会者了解大家会后的新想法和新思路，以此补充会议记录。然后将大家的想法整理成若干方案进行筛选。经过多次反复比较和优中择优，最后确定1~3个最佳方案。这些最佳方案往往是多种创意的优势组合，是大家的集体智慧综合作用的结果。

头脑风暴法实施过程中有四条基本原则：

第一，排除评论性批判，对提出观念的评论要在以后进行。

第二，鼓励“自由想像”。提出的观念越荒唐，可能越有价值。

第三，要求提出一定数量的观念。提出的观念越多，就越有可能获得更多的有价值的观念。

第四，探索研究组合与改进观念。除了与会者本人提出的设想以外，要求与会者指出，按照他们的想法怎样做才能将几个观念综合起来，推出另一个新观念；或者要求与会者借题发挥，改进他人提出的观念。

头脑风暴法的正确运用，可以有效的发挥集体的智慧，这可能比一个人的设想更富有创意。

（三）哥顿法（综摄法，Syncretism）

哥顿法是美国人哥顿在1964年提出的方法。这种方法的指导思想是，把要研究的问题适当抽象，以利于开阔思路。会议主持者并不把要解决的问题全部摊开，只把问题抽象地介绍给大家，要求海阔天空地提出各种设想。例如要研究一种新型割稻机，则只提出如何把东西割断和分开，大家围绕这一问题提方案。会议主持者要善于引导，步步深入，等到适当时机，再把问题讲明，以作进一步研究。

二、定量化决策方法

定量化决策方法，也称作决策的“硬”方法。它的核心是把同决策有关的变量与变量、变量与目标之间的关系，通过建立数学模型，通过计算求得答案，以此供决策者决策参考。其中包括线性规划、决策树法、期望值法等。定量决策方法在条件具备时一般较客观、准确性高，便于采用计算机辅助计算，并进行多方案选优。这类决策方法的优点是：第一，提高了决策的准确性、最优性和可靠性；第二，可使领导者、决策者从常规的决策中解脱出来，把注意力专门集中在关键性、全局性的重大复杂的战略决策方面，这又帮助了领导者提高重大战略决策的正确性和可靠性。其局限性表现为：第一，对于许多复杂的决策来说，仍未见可以运用的简便可行的数学手段，在许多决策问题中，有些变量是根本无法定量的；第二，数学手段本身也太深奥难懂，很多决策人员并不熟悉它，掌握起来也不容易；第三，采用数学手段或计算机，花钱多，一般只用在重大项目或具有全局意义的决策问题上，而不直接用于一般决策问题。

这里主要介绍三种不同类型决策采取的方法：

（一）确定型决策方法

运用这种方法评价不同的经济效果时，人们对未来的认识比较充分，了解未来市场可能呈现某种状况，能够比较准确地估计未来的市场需求情况，从而可以比较有把握地计算各方案在未来的经济效果，并据此做出选择。

未来确定条件下的评价方法也很多，比如量本利分析法、内部投资回收率法、价值分析法等。这里主要介绍量本利分析法。

量本利分析法也叫盈亏平衡分析，是企业进行产品决策常用而有效的方法。这是一种确定性决策。它是根据产品的产量（销量）、成本和利润三者之间的关系，分析各种方案对企业盈亏的影响，以使对成本和产量进行控制，做出正确经营决策的一种定量分析方法。产量、成本、利润之间的关系如图6-3所示。

生产任何一种产品的成本一般都包括固定成本和变动成本两部分。固定成本是指总额不随产量的变动而变动的生产费用，如厂房租金、设备折旧、管理费等；变动成本是指总额随产量变动而变动的生产费用，如原材料、燃料、动力费用等；固定成本与变动成木之和就构成了总成本。图中的C线是成本函数；R线是收入函数；图中A点是R线与C线的交点，在这一点上，销售总收入与总成本相等，称盈亏平衡点。A点相对的Q_0是盈亏平衡时的产（销）量，当 $Q > Q_0$ 时，企业盈利；当 $Q < Q_0$ 时，企业亏损；当 $Q = Q_0$ 时，企业保本。故有下列的方程式：

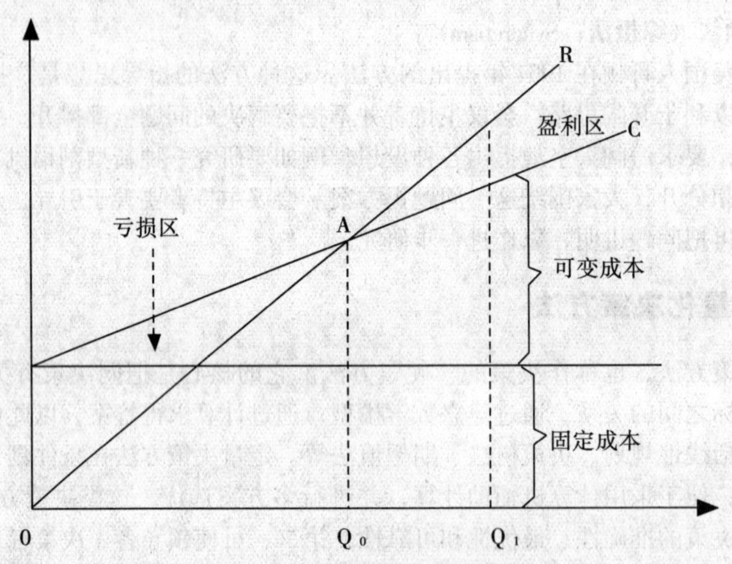

图 6-3　量本利分析示意图

$$C = F + VQ$$
$$R = PQ$$
$$M = R - C = (P - V)Q - F$$

公式中：C—总成本；

R—销售总收入；

M—销售利润额（税前）；

F—固定成本总额；

V—单位变动成本；

Q—产量（假设也等于销量）；

P—销售单价。

当 $M = 0$ 时，则不盈不亏（保本），即盈亏平衡点时，其产量为：

$$Q_0 = F / (P - V)$$

量、本、利分析主要可以用来解决下列问题：

(1) 某种产品的产量为多少时，可达到盈亏平衡？已如上式所示。

(2) 同一种产品在不同产销水平时，其盈亏情况如何？

(3) 在产品单价、单位变动成本既定的情况下，需要多少产量（Q_1）才能获得预定的目标利润（M_0）？其公式为：

$$Q_1 = (F + M_0) / (P - V)$$

(4) 当产品单价、销售量既定的情况下，变动成本应控制在什么水平 (V_1)，才能获得预定的目标利润 (M_0)? 其公式为:

$$V_1 = P - (F + M_0) / Q_1$$

(5) 当产品单位变动成本、销售量既定的情况下，如何制定产品售价 (P_1) 才能获得预定的目标利润 (M_0)，其公式为:

$$P_1 = (F + M_0) / Q_1 + V$$

此外，还可以解决许多与此相关的问题，如变动成本上涨或销售价格下降某一百分数时，应如何决定产销量等。下面举例说明其应用。

【例 6-1】某机械厂生产一种产品，每台售价 150 元，年固定成本总额为 200 万元，单件变动成本 100 元；该厂现有生产能力为 4.5 万台，产销平衡；由于该产品畅销，欲扩大生产，拟购置一批新设备，每年需增加固定成本 20 万元，但变动成本可以节约 10%；同时，为有利于竞争，拟降低售价 6%。(1) 该厂盈亏平衡产量是多少? (2) 目前的年利润有多少? (3) 扩大生产的方案是否可行?

解: (1) 盈亏平衡产量:

$Q_0 = F / (P - V) = 2\,000\,000 / (150 - 100) = 40\,000$ (台)

(2) 现有产量下的年利润:

$M = (P - V) Q - F = (150 - 100) \times 45\,000 - 2\,000\,000 = 250\,000$ (元)

(3) 扩大生产的可行性:

在 F 增加 20 万元、V 降低 10%、P 降低 6% 的情况下，新的盈亏平衡产量 Q'_0 为:

$Q'_0 = (2\,000\,000 + 200\,000) / [150 (1 - 6\%) - 100 (1 - 10\%)] = 43\,138$ (台)

如果保持原来的利润水平，新的生产能力 (Q_1) 应为:

$Q_1 = (2\,200\,000 + 250\,000) / [150 (1 - 6\%) - 100 (1 - 10\%)] = 48\,040$ (台)

也就是说，只有生产能力（销量）超过 48 040 台时，扩大生产的方案才是可行的。如果要提高利润，产量还必须继续增加，否则就应该维持原方案。

在应用量本利分析方法时，应该注意的是，这是一种静态的方法，事实上用于垫付固定成本和变动成本的资金是可以增值的，因此，要考虑到资金的时间价值。

(二) 风险型决策方法

主要介绍决策树法。

决策树法，是用树形图表示决策问题的一种方法。它主要用于风险型决策。特别是对于多级决策来说，它可以使一个复杂的多级决策问题简单明了，因此是一种极有价值的决策方法。

决策树法通常使用下列符号:

□ 表示决策点，从它引出的分枝叫方案分枝；

○ 表示客观的自然状态点，从它引出的分枝叫概率分枝；

// 表示剪枝，即舍弃该方案。

决策树从左向右展开，在最后的概率分枝上标上损益值，再用逆推法将损益值乘以概率，成为自然状态点的期望值，然后比较各方案分枝的期望值，来决定方案的取舍。

下面，举例说明决策树法在单级决策和多级决策中的应用。

1. 单级决策

【例6-2】某电冰箱厂为提高产品质量，增强竞争能力，以便在市场三种不同的销售状态下均能取得较好效益，拟采取两个方案（中外合资或国内联营）来达到目的。两个方案的盈亏状况和有关数据列于表6-2。问应采取哪一方案？

表6-2 方案盈亏表 （单位：万元）

方案 \ 概率 \ 状态	畅销	一般	滞销
	0.5	0.3	0.2
合资	3 500	1 200	-5 000
联营	6 500	-3 000	-5 600

解：第一步：画出决策树（见图6-4）。

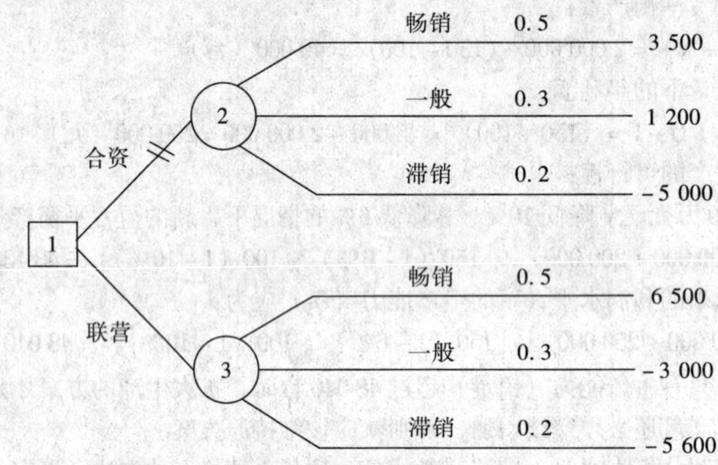

图6-4 单级决策的决策树

第二步：计算盈亏期望值。

②点：$3\,500 \times 0.5 + 1\,200 \times 0.3 - 5\,000 \times 0.2 = 1\,110$（万元）

③点：$6\,500 \times 0.5 - 3\,000 \times 0.3 - 5\,600 \times 0.2 = 1\,230$（万元）

第三步：比较取舍（剪枝）。

显然，联营方案将比合资多盈利120万元（1 230 - 1 110）。选择联营方案，剪去合资方案。

2. 多级决策

【例6-3】某公司为扩大产品销售量，拟建设新厂并服务十年，但面临三种可供选择的方案：

A. 建一座大厂。如果销路好，则可以完全占领市场，并获很大收益；但销路差，则会亏损。

B. 建一座小厂。即使销路差，仍可以收回投资，并获一定收益；但若销路好，则会被竞争对手占领市场，不仅失去机会，还可能因竞争使原有效益降低。

C. 先建一座小厂，若销路好再加以扩建。这看上去似乎稳妥，但同样的生产能力，两次投资的总和要大于一次投资；又由于没能及时占领市场，可能会给对手可乘之机，最终影响收益。

供决策的预测资料如表 6-3 所示。该问题的决策树如图 6-5 所示。

表 6-3　方案收益值　（单位：万元）

<table>
<tr><th rowspan="3">销售状况</th><th rowspan="3">概率</th><th colspan="4">方案及收益</th><th colspan="3">投资</th></tr>
<tr><th rowspan="2">A</th><th rowspan="2">B</th><th colspan="2">C</th><th rowspan="2">A</th><th rowspan="2">B</th><th rowspan="2">C</th></tr>
<tr><th>前三年</th><th>后七年</th></tr>
<tr><td>销路好</td><td>0.7</td><td>100</td><td>40</td><td>40</td><td>95</td><td rowspan="2">300</td><td rowspan="2">140</td><td rowspan="2">200
（追加）</td></tr>
<tr><td>销路差</td><td>0.3</td><td>-20</td><td>30</td><td>30</td><td>30</td></tr>
</table>

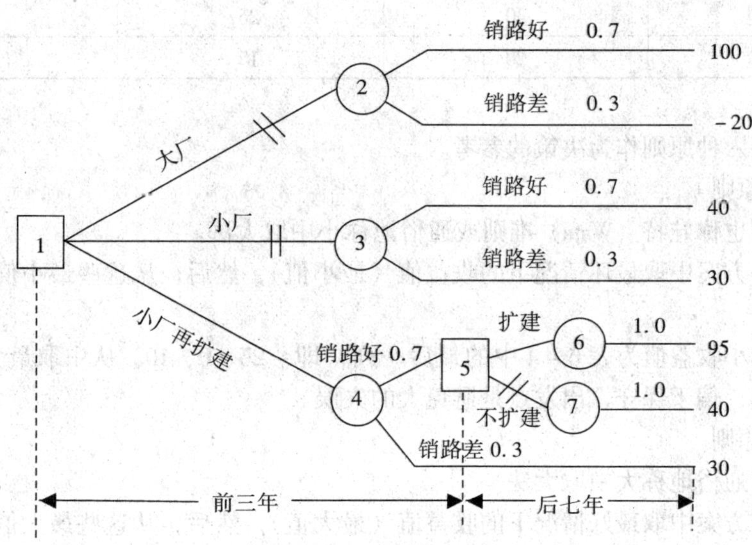

图 6-5　多级决策的决策树

解：各结点的期望值计算如下：

②点：$(100\times0.7-20\times0.3)\times10-300=340$（万元）

③点：$(40\times0.7+30\times0.3)\times10-140=230$（万元）

⑥点：$95\times1.0\times7-200=465$（万元）

⑦点：$40 \times 1.0 \times 7 = 280$（万元）

因为 $280 < 465$，所以，剪枝，舍去不扩建的方案。

④点：$(465 \times 0.7 + 40 \times 0.7 \times 3 + 30 \times 0.3 \times 10) - 140 = 359.5$（万元）

比较②、③、④点，可见先建小厂三年后若销路好再扩建的C方案为最好方案。

（三）不确定型决策方法

不确定型决策由于其环境条件、未来趋势都处于不确定型状态，又无法估计各种情况下其结果发生的概率，此类决策就只能依靠决策者的主观判断。因此，与个人的决策行为和行为偏好有极大关联。不过，仍然可以采取一些“模糊”的定量方法和一些公认的决策原则，以供方案选择时的参考，试举例加以说明：

【例6-4】某企业准备生产一种新产品，估计市场对该产品可能出现高需求、中需求和低需求三种情况，但三种情况的概率无法测知。现已提出了三个方案：新建车间、扩建原车间、对原车间进行技术改造。三个方案在不同市场需求情况下的收益值如表6-4所示。应如何选择最优方案?

表6-4 方案收益值（单位：万元）

方 案	自 然 状 况		
	高需求	中需求	低需求
新 建	60	20	-25
扩 建	40	25	0
改 造	20	15	10

可按以下六种原则作为决策的参考。

1. 悲观原则

悲观原则也称娃特（Wata）准则或通俗地称小中取大法。

先从每一方案中取最坏情况下的收益值（最小值），然后，从这些最小值中取最大值的方案。

本例中最小收益值为表6-4中的最后一列，即-25、0、10。从中取最大值的方案，即为改造方案，偏于保守，出发点是避免大的失误。

2. 乐观原则

乐观原则通俗地称大中取大法。

先从每一方案中取最好情况下的收益值（最大值），然后，从这些最大值中取最大值的方案。

本例中最大收益值为表6-4中的最前一列，即60、40、20。从中再取最大值的方案，即为新建方案，要冒更大的风险，但也存在高收益的机遇。

3. 务实原则

务实原则也称赫威茨（Hurwicz）准则，又称乐观系数法。

该原则既不持悲观也不持盲目乐观的态度，而是根据经验和有关预测资料先确定一个乐观系数P（其实也就是主观概率），将各方案的最大收益值乘以P，再将最小收益值乘以

(1 - P)，得到一个乐观期望值，最后，再比较各方案的乐观期望值，选择最大乐观期望值的方案。

本例中，设乐观系数为 0.6，则各方案的乐观期望值 E 分别为：

新建方案：$E_1 = 60 \times 0.6 + (-25) \times (1 - 0.6) = 26$（万元）

扩建方案：$E_2 = 40 \times 0.6 + 0 \times (1 - 0.6) = 24$（万元）

改造方案：$E_3 = 20 \times 0.6 + 10 \times (1 - 0.6) = 16$（万元）

从中取最大乐观期望值的方案，即为新建方案。

4. 中庸原则

中庸原则通俗地称折中取大法。

该原则对市场状况的估计，是以一般（即中需求）作为最可能的状态，并给予两倍的加权，其高需求、中需求、低需求的收益值分别以 a、m、b 表示，则有：

中庸期望值 $E = [(a + 2m)/3 + (2m + b)/3]/2 = (a + 4m + b)/6$

按此求出各个方案的中庸期望值，从中选择最大期望值的方案。

本例中，三个方案的中庸期望值 E 分别为；

新建方案：$E_1 = (60 + 20 \times 4 - 25)/6 = 19.2$（万元）

扩建方案：$E_2 = (40 + 25 \times 4 + 0)/6 = 23.3$（万元）

改造方案：$E_3 = (20 + 15 \times 4 + 10)/6 = 15$（万元）

从中取最大中庸期望值的方案，即为扩建方案。

5. 机会均等原则

机会均等原则也称拉普拉斯（Laplace）准则或等概率原则。

该原则假定各种自然状态出现的机会是均等（即概率相等）。设有 n 种状态，则每种状态出现的概率各为 1/n，以此作为权数乘以各种状态的收益值，就可得到等概率期望值，然后，从中选择最大期望值的方案。

本例中，有三种自然状态，即 n = 3，三个方案的等概率期望值 E 分别为：

新建方案：$E_1 = 60 \times 1/3 + 20 \times 1/3 - 25 \times 1/3 = 18.3$（万元）

扩建方案：$E_2 = 40 \times 1/3 + 25 \times 1/3 + 0 = 21.7$（万元）

改造方案：$E_3 = 20 \times 1/3 + 15 \times 1/3 + 10 \times 1/3 = 15$（万元）

从中取最大等概率期望值的方案，即为扩建方案。

6. 最小后悔原则

最小后悔原则也称为沙维基（Savage）准则或机会损失分析法，通俗地称大中取小法。

该原则是基于这样一种想法：只有当未来的某一自然状况出现时，才能确知哪个方案最好，如果决策者原来所选择的不是这个方案，就会后悔。每一种自然状态下的最大收益值与各种方案之差即称为后悔值（机会损失），每一方案在不同的自然状态下有不同的后悔值，从中取其最大的后悔值；然后在各方案的最大后悔值中，取其最小的后悔值，作为选择方案。

本例中，三个方案的后悔值计算，如表 6 - 5。

表6-5　后悔值计算表　　（单位：万元）

后悔值＼方案	自然状态			最大后悔值
	高需求	中需求	低需求	
新　建	60－60＝0	25－20＝5	10－（－25）＝35	35
扩　建	60－40＝20	25－25＝0	10－0＝10	20
改　建	60－20＝40	25－15＝10	10－10＝0	40

表中可见，对于三个方案的最大后悔值，新建方案是发生在低需求状态；扩建方案是发生在高需求状态；改造方案也是发生在高需求状态。在最大后悔值中取最小后悔值的方案，即为扩建方案。

本例中，按上述六种原则进行决策的根据，以及选择出的方案汇总列于表6－6。

表6－6　六种决策原则汇总表　　（单位：万元）

决策原则＼决策根据＼方案	悲观原则		乐观原则		实务原则		中庸原则		机会均等原则		最小后悔值原则	
	最小收益值	决策	最大收益值	决策	乐观期望值	决策	中庸期望值	决策	等概念期望值	决策	最大后悔值	决策
新建	－25		60	√	26	√	19.2		18.3		35	
扩建	0		40		24		23.3	√	21.7	√	20	√
改造	10	√	20		16		15		15		40	

第五节　决策的发展趋势

随着科技的蓬勃发展，当今管理活动日益复杂化，管理决策面临的任务就是如何更有效地把握动态的今天，以掌握不定的未来。现代科学管理决策呈现出以下几个发展趋势。

一、群体决策逐渐取代个人决策

面对现代管理活动宏大规模生产的大量的动态信息，任何一个天才的管理者个人都无法收集、分析、整理、归纳、综合、判断并做出最后的选择。单独靠个人无法做出合理有效的决策。面对瞬息万变的复杂的内外部环境，管理者要做出正确的科学的决策，不但要有高速自动化的信息收集、信息处理以及信息分析、归纳与综合，而且还要有庞大的、密切合作的、组织有序的、各种各样的专家组成决策集团发挥整体的功能，只有这样才能做出科学正确的决策。

二、决策方法由定性决策趋向定性与定量相结合

定性决策向定性与定量结合的决策发展是当代管理决策活动发展的必然趋势。把现代科学中的系统工程学、仿真技术、电子计算机理论、科学学、预测学，特别是当代新数学（运筹学、布尔代数、博弈论、排队论、对策论、模糊数学等）引入决策活动，推动了定性决策向定量决策的发展。人们现在将大量的常规性管理决策，经过严密的系统理论分析，配合当代仿真技术，转化成一定程序的确定型决策。但许多战略性、关键性问题的决策，属于非常规性决策。虽然它同常规性决策相比数量要少一些，但它在社会政治与经济的管理中却占有非常重要的地位。由于处理这类问题非常复杂，所以，在历史上对于诸如国家、政治、经济、军事等重大问题的决策，多是由“权势加超群的才能”做出的，很难把握这一过程的规律。近代决策研究中，有人试图把这类问题全部规范化。但实践证明，这只能是空想。决策的本质是人的主观认识能力，因此它就不能不受到人的主观认识能力的限制。所以，要想把一切现实因素均能给以定量化的描述，那只是一种理想。近代决策活动的实践表明，尽管定量的数学分析结合电子计算机在决策活动中能将许多因素进行比人的头脑更精密的高速的逻辑演算、分析、归纳、综合与论证，但是，它绝不能代替人的创造性思维。但人类的决策想全部用定量的方法解决碰到的不可逾越的困难时，不得不又向直观的定性方法求助。决策管理的发展在从决策方法实现数字化、模型化、计算机化的第一次飞跃的基础上，又在进行第二次飞跃，即决策方法向以创造性逻辑思维与定量分析法相结合的方向飞跃。这一结合更加便于在不确定性中捕捉确定性的规律。在非模式活动中发现某种相对稳定的模式。管理决策的活动在遵循着定性、定量、定性与定量相结合的道路上前进。决策活动的定量发展与普及，为管理决策活动的科学化奠定了基础，而定性与定量的结合将把管理决策的科学推向更高的发展阶段。

三、单目标决策向多目标决策发展

单目标向多目标综合是决策活动的又一发展趋势。人类认识的发展是无限的，人类的欲望也是无穷的，科学技术的发展，生产的日益扩大，为人类带来了巨大的物质利益与现代精神文明。但是，由于人类对自然缺乏更深入的认识，在单目标决策活动的指引下，第一步实施的结果显然是取得了“辉煌的”胜利，但是如果再向前迈进第二步，甚至第三步，大自然就会无情地报复人类。火电厂烧去了大量的煤，取得了热能，发出了电力，造福于人类。但是，烧煤排出的煤烟造成了大气污染，排出的煤渣造成了危害。所以，在现代管理决策活动中，人们开始同时对决策实施后潜在的长远影响进行分析与研究，并设法变害为利，取得多目标综合收益的决策效果。这就是单目标向多目标综合决策发展的理论与现实的基础。但对于一个复杂的广泛牵连的管理系统，划定系统的边界并把握它长链条的约束是一个相当困难的事情。面对具体的决策问题，如何划定被决策系统的边界不是一件容易的事。对决策对象边界划定以后，通过边界与外界的每一种联系即约束，都会构成一种目标。就约束来说，有的是直接的约束，有的是通过长系统链带来的约束。比如为了

多挖煤，多建矿井就是直接的约束，而多建井又受到资金、设备、人力、设计能力、技术人员培养等约束，随之而来的是矿区建设、生活物资供应、土地占用、环境生态破坏、交通建设、运煤方法与能力、港口码头建设等。这些因素正是煤炭开发目标的相关目标，不考虑这些相关目标，挖出的煤不但不能及时运出，反而还会堆积，大量占用土地，不但得不到良好的经济效果，而且会带来一系列的不良后果。所有这些都说明一个问题：管理决策活动的目标不是单一的，而是要容纳更广阔的社会的、非经济的领域。这意味着目标本身也构成了一个难以确定的庞大系统。它进一步说明了单目标决策向多目标综合是管理决策活动向前发展的必然趋势。

四、管理决策发展为向更远未来服务的战略决策

单目标决策的实施会随着科学和生产的发展越来越显示出它的弱点、不足以至于错误。这些弱点、不足和错误造成的后果，以及长远的危害将抵消甚至超过近期带来的利益。为了扩大种植面积，增加粮食产量，开垦草原，破坏森林，粮食所增无几，然而却大大改变了环境气候条件，开垦的草原变成了沙漠，风沙内侵，危害内地城乡，最后还要影响到粮食本身；反过来又驱使人们不得不花费更高的代价进行沙漠改造和植被种植。所以，从集中着眼于当前的决策，同时又向更长远的未来考虑，是决策科学发展的又一趋势。战略是对全局的一种规划和谋略，管理决策发展为更远未来服务的战略决策，是人们在时间序列上认识长系统链约束的必然结果。比如教学大纲，如果不作为长远未来的考虑，经过学校培养出来的学生掌握的知识绝大部分是陈旧过时的，不能适应社会的需要。

为了使决策活动的时域向远延伸，决策者不但要把握过去的和现在的信息，而且要经过科学的预测，通过时间序列系统链的约束分析，掌握未来的信息，理性地认识遥远的未来。决策是对未来实践的方向、原则、目标、方法等所做的决定，所以，决策从本质上说是未来的，而未来又是有多种可能性的。要决策，就要认识、把握向遥远延伸的不定的未来。可见，管理决策向遥远未来发展是一种必然的趋势，管理决策必然发展为更远未来服务的战略决策。

【本章小结】

本章应理解和掌握以下要点：

1. 决策是组织或个人为了实现某种目标而对未来一定时期内有关活动的方向、内容及方式的选择或调整过程。特点：目的性；可行性；选择性；合理性；过程性；风险性。

2. 决策按照所要解决的问题的性质和内容，可以分为许多类型。按不同的决策类型来采取相应的决策方法才能做出正确的决策。决策职能的划分要与组织职能相适应，不同层次的管理人员其决策类型各有其侧重点。

3. 决策过程包括了提出问题、确定目标、科学预测、拟订方案、评价方案、选择方案、实施方案、反馈检验八个阶段。

4. 现代决策技术发展了大量的决策方法。从总体上说可以归纳为两类：主观决策方

法、定量化决策方法。主观决策方法包括德尔菲法、头脑风暴法、哥顿法等。定量化决策方法包括量本利分析法、内部投资回收率法、价值分析法、决策树法、不确定型决策法。

【互联网链接与推荐阅读资料】

[1] 管理 100 http：//www.manage100.net

[2] 郎灵管理网 http：//www.langling.com

[3] 管理咨询研修中心 http：//vip.mmrc.net

[4] 张顺江．中国决策学．北京：当代中国出版社

[5]（美）迈克尔·波特．竞争优势．北京：华夏出版社，1997 年

【练习题】

一、填空题

1．按决策的性质分，有确定型决策、不确定型决策和 ________。

2．公司的设备更新决策、新产品定价决策、财务决策等应属于 ________。

3．西蒙在《管理行为》一书中提出了决策的“有限理性标准”和 ________原则。

4．科学决策的本质特征是将 ________ 贯穿决策过程。

5．应该说决策是平衡收益、成本和 ________ 的过程。

6．盈亏平衡点分析是在把生产总成本划分为固定成本和变动成本的基础上，分析成本、产量和 ________ 三者关系的计量方法。

7．不确定型决策无法预知各种自然状态出现的 ________。

8．将每项行动所产生的最大和最小收益加权平均选择最佳方案，采用的原则是 ________。

9．一个组织经营的成败，很大程度上取决于 ________ 的正确与否。

二、单项选择题

1．决策所涉及的问题一般与（ ）。

A．将来有关　　B．过去有关

C．现在有关　　D．过去、现在、将来都有关

2．在决策中起决定性作用的应该是（ ）。

A．决策技术　　B．外部环境的影响

C．信息的准确及时　D．决策者

3．战略决策主要是谋求（ ）。

A．组织目标的实现

B．从两个以上的可行方案中选择一个最佳方案

C．组织内部条件、外部环境和目标三方面的动态均衡

D．组织工作的正确指导

4. 决策工作的结果有多种，每种都有客观概率，这属于（）。

A. 不确定型决策　　B. 非程序化决策

C. 战术决策　　D. 风险型决策

5. 决策的定量方法是（）。

A. 依靠人们的知识、经验和判断能力来进行决策的方法

B. 运用数学方法，建立数学模型来进行决策的方案

C. 确定型、不确定型和风险型决策的方法

D. 一系列科学的处理过程

6. 对某种自然状态概率为“1”的决策是（）。

A. 风险型决策　　B. 确定型决策

C. 程序化决策　　D. 非程序化决策

7. 某企业生产某种产品，固定成本为160 000元，单位变动成本为10 000元，每台售价12 000元，试计算该产品的盈亏平衡点是（）。

A. 14台　　B. 12.5台　　C. 7.3台　　D. 80台

8. 决策过程的第一步是（）。

A. 确定目标　　B. 发现问题

C. 搜集信息　　D. 调查研究、分析情报资料、找出问题

9. 不确定型决策和风险型决策的主要区别在于（）。

A. 风险的大小　　B. 可控程度

C. 能否确定客观概率　　D. 环境的稳定性

10.（）旨在实现组织内部各环节活动的高度协调和资源的合理使用，以提高经济效益和管理效率。

A. 战略决策　　B. 管理决策

C. 业务决策　　D. 确定型决策

11. 在不确定型决策中，采用（）可保证决策者至少可获得某一收益，不会有亏损。

A. 小中取大原则　　B. 大中取大原则

C. 等可能性原则　　D. 赫威茨准则

12. 决策树的优点在于（）。

A. 直观简洁　　B. 简化决策过程

C. 便于解决多阶段问题　　D. 上述三方面均有

13. 主要根据决策人员的直觉、经验和判断能力来进行的决策是（）。

A. 确定型决策　　B. 不确定型决策

C. 程序化决策　　D. 非程序化决策

14. 决策树的基本原理是以（）为基础，进行最佳选择决策。

A. 损益矩阵　　B. 客观概率

C. 可行方案　　D. 期望值

三、判断题

1. 决策本质上是一个系统的过程，而不是“瞬间”的决定。（）

2. 只要按科学的决策程序进行决策，就能做出正确的判断。( )

3. 程序化决策解决的是以往无先例可循的新问题，通常是有关重大战略问题的决策。( )

4. 没有目标，就没有决策。( )

5. 在管理决策中，通常不考虑决策本身的经济性。( )

6. 现代决策理论既重视科学的理论，又重视人的积极作用。( )

7. 有效的决策工作需要有创造力和革新精神。( )

8. 决策就是要选择一个最好的方案去实现组织的目标。( )

9. 盈亏平衡点分析法适用于风险型决策。( )

10. 战略决策就是长期决策。( )

11. 决策一定要遵循严格的程序，不能随意跳过任何一个阶段，否则决策就会失误。( )

12. 决策目标确定以后，还需根据客观条件的变化进行调整。( )

13. 决策的正确与否很大程度上决定了组织的兴衰存亡，所以决策只能成功不能失败。( )

四、问答题

1. 什么是决策，简述计划与决策的关系。

2. 简述决策的性质。

3. 简述影响决策科学性的因素。

4. 如何进行决策？决策的基本步骤是什么？具体包含什么内容？

5. 科学决策过程包括多个步骤，你认为哪一个步骤最难执行？为什么？

6. 现代决策方法有哪些？决策树法的具体内容是什么？

五、案例分析

既要重“名”又要重“实”

争创名牌是我国经济发展的必然趋势，也是社会主义市场经济深入发展的必然选择。一个公司、一个企业集团，只有以“一流的技术、一流的管理、一流的产品和一流的服务”为宗旨，才能塑造出一流的企业形象。在这种形象下生产或经营的名牌产品，才是有源之水、有本之木。

据报载：根据独立国际市场调查机构1999年年中对中国城镇零售监测统计，高露洁牙膏的市场销售额已跃居中国第一。这是高露洁继1997、1998年连续2年获得国内贸易部商业信息中心日用品千店市场综合占有率监测统计为“中国质量第一”之后，再次取得的又一个“第一”。至此，两大市场调查权威机构同时证明：“高露洁牙膏——中国销售第一”。高露洁进入中国市场短短的几年中，正是实施了名牌战略，在成功之道上才取得了今天的显著成效。

西方经济学中，把消费者购买行为比作消费者的投票行为，货币就是选票。要让消费者手中的“货币选票”心甘情愿地、长期地投放在某一个商品或某一个品牌上来，那绝不是仅靠广告的功能所能做到的。那么，高露洁牙膏的市场销售额跃居中国第一靠的是什么？

一、以一流的质量和服务，占领中国市场

随着中国改革开放的不断深入，越来越多的世界名牌产品进入了中国市场，高露洁是其中的佼佼者。近年，这一世界口腔保健品牌在中国可谓家喻户晓，其成功的关键是高露洁一流的质量和服务。

高露洁棕榄公司于1991年首先与广州洁银日用化工厂共同成立了中美合资广州高露洁有限公司，并于次年在广州经济技术开发区共建占地7万平方米、建筑面积达3万平方米的新厂房。在中国，高露洁公司累计投资了1亿美元，通过从美国、德国、瑞士等国引进先进技术和设备，并采用了先进的OMP模式进行严格的全面质量控制。据了解，OMP为美国最先用于药物生产的质量管理标准，并有认证机构，作为政府对药物质量控制的规范。高露洁棕榄公司是率先将其引入牙膏生产领域的生产企业之一。毫无疑问，经过了OMP认证的产品则意味着其品质达到了较高的水准。

作为一家跨国的消费品生产企业，高露洁棕榄公司十分重视与消费者的沟通。于是，在1998年4月设立了消费者服务部，以专业、关怀的方式为消费者服务，聆听消费者的投诉、答复消费者的咨询、了解消费者的需求，追求最终"令消费者真正满意"的世界名牌战略。据了解，高露洁消费者服务部门是采取集中处理消费者来函的办法分类整理，逐一回复；安装消费者电脑反馈系统（CRS），进行完善的文案管理；开通消费者免费咨询电话，从而改变了以往只能通过信函和亲临公司拜访才能沟通的方式，为消费者节约了时间，提供了便利；通过高露洁公司的产品包装，使消费者知道服务部的电话号码及联系地址。这一切都是消费者和高露洁公司之间建立一种互惠互利的关系，赢得高露洁公司在中国的信誉，以及高露洁产品在中国消费者中的信誉。正如高露洁棕榄公司的掌门人鲁本·马可先生对中国新闻媒体表示："我们对广州高露洁公司的财务状况非常满意。我们随时准备着进一步加大对中国的投资。""留在中国市场里谋求发展是绝对的，我想不出理由高露洁会放弃中国市场。"他再次表示："我们非常高兴将中国总部和生产工厂设在广州，将高露洁的微笑带给了所有中国人。"

二、口腔保健专家的形象定位

1992年9月，当第一支由广州高露洁公司生产的高露洁牙膏投放市场时，似乎是作为特殊高薪阶层的高消费象征。鲜艳亮丽的红白图案和手感轻软的塑料挤压管，都给人以耳目一新的感觉。高露洁用专业医生和对比实验构成的电视科普广告，以其强大的专业说服力深深打动了广大观众。同时，为满足不同消费对象、层次的需求，在短短的三四年时间，高露洁这一世界品牌的牙膏、牙刷，以及护肤护发用品、衣物护理用品，专门营销高露洁品牌的零售商、批发商和分销商已经遍布中国的400多个城市，实现了高露洁在中国的营销战略目标。更重要的是它有强大的技术力量作为支撑。仅设在美国新泽西州的高露洁研究和发展部门的总部，就拥有100多位具有博士学位的专家，他们有些是牙医，有些是微生物、化学、化工、病理学、药物学及其他专业的科学专家。在中国，高露洁也设有技术部，培养、启用国内人才，进行产品及原材料的研究与发展。由此，不断推出适合中国消费者需求的产品，目的是让人人享有口腔卫生保健，拥有"甜美的微笑"。

高露洁公司推广过程中，非常重视与中国医学机构进行联系、合作，携手开拓口腔保

健产品市场。中国口腔医学会是中国口腔医学科学技术工作者的学术性群众团体。1996年开始，高露洁公司就积极地和该学会合作，成为该学会1996年成立时的第一个朋友，承诺要为中国口腔医学事业的发展做出贡献，并共同举行了多项活动，从而在实践中改变了许多中国老百姓的牙防观念。每逢每年的全国“爱牙日”活动，高露洁公司作为世界头号的口腔保健用品公司当仁不让，投入相当大的人力、财力。另外还大力在中国的牙科行业推出各式各样的牙防健齿活动和赞助计划。

高露洁的决策者及其员工们深知，树立有高度社会责任感的企业公民形象，赢得消费者乃至社会大众的信任与尊重，对于企业的成功至关重要。每年，高露洁棕榄公司投入数千万元，除了致力于少年儿童的口腔保健的知识教育外，还参加了各项慈善活动，包括捐助贫困母亲、“希望工程”、捐款救灾、资助“国际微笑行动”，为患有唇裂、颚裂等畸形残疾儿童和少年，进行免费外科整形修补手术和康复治疗，让“甜美的微笑”重现在他们天真可爱的脸上。

高露洁是世界名牌产品，它一跨入中国的市场就以口腔专家的形象定位。经短短几年的拼搏，如今在中国城镇的零售市场销售额、市场占有率均获得第一。高露洁真可谓赢得了中国消费者的认可。

三、人才是最重要的资源

高露洁公司十分重视人才，每年从各类优秀大学招聘具有强烈的进取心、创造性、具备领导才能、出色的分析能力、良好的语言交流能力，并具有优秀合作精神的人。公司根据生产经营的实际需要和员工的表现、潜质及接受能力，安排员工接受各种培训、教育。通过独特培训、教育把他们培养成为一流的管理人才。

高露洁关怀员工的承诺就是通过种种计划和奖励在工作中有业绩的个人和集体。1995年推行“你可创新”奖励计划就是其中一项，它真诚为每个员工营造施展才华的机会，最有效地挖掘员工的创造力，凝聚每位员工的创新建议。为此，每位员工都可能因个人或团队的创新成功及努力而获得提名及奖励。至1998年年底，短短三四年里，提名人数达到3 000人次、提名项目达1 300多项。1996年的“磷钙国产化”、1998年的“牙刷镭射包装”项目，在众多项目中脱颖而出获得年度的全球奖。每个项目的成功是团队合作精神的集中体现、智慧的结晶。

四、志在长线、立足基础

高露洁作为全球最大的专业生产口腔保健用品公司，自1990年初进入中国市场以后，除积极组建合资公司，生产世界品牌产品外，还一直注重培养与消费者的感情，产品的推广计划带有浓重的公益色彩，具有相当巨大的企业亲和力。在中国积极支持国家到2000年人人享有初级口腔卫生保健的总体目标，成为第一家在中国推行口腔教育计划的公司，包括：在技术研究和社区教育计划等领域中与国家教育委员会合作，推行社区预防和口腔自我保健宣传教育等计划；尤其是1995年在中国发起的“甜美的微笑，光明的未来”口腔护理教育计划，这是一项取得相当成功的计划。它是由牙科专业人员参与，利用富有趣味的“兔子牙医”作为口腔保健知识传播形象，编写了故事书、教师宣传画、年历等多种形式的培训教材和多种影像资料，对象选择7~9岁的儿童，帮助孩子们建立自我口腔意识，主动地预防口腔疾病，使他们终生拥有“甜美的微笑”。这项口腔保健教育计划，在短短的三四年中，已使22个省250个城市的2 500万名1~3年级小学生受惠，普遍受到广大家长、师生及口腔界的欢迎和赞赏。为此，1998年9月中国口腔医学会向高露洁棕榄公司主席兼总裁马可先生颁布了名誉理事证书，以褒奖他及其高露洁棕榄公司为中国口腔保健事业作出的重要贡献。

高露洁在华投资策略是：志在长线、立足基础。把今天的对儿童口腔保健教育与明天的中国市场拓展有机地结合，外资企业的这一做法，是否多少能给我们的企业一些有益的启迪呢？

即要重“名”，又要重“实”，这就是高露洁成功赢得中国市场的诀窍。

问题：

1．高露洁的决策者们根据中国的市场环境特点作出了哪些决策？这些决策取得了怎样的效果？

2．高露洁是如何一步步取得中国市场的？

3．高露洁即要重“名”，又要重“实”的策略对我国企业海外投资决策有什么启示？

【管理训练】

沙漠求生

2002年6月15日，有一架飞机在沙漠中发生意外，你和一部分的生还者，面临生死存亡的选择。

事件背景1：

事发在当天上午10点，飞机要在位于美国西南部的沙漠紧急着陆；

着陆时，机师和副机师意外身亡，余下你和一群人幸运的没有受伤。

事件背景2：

出事前，机师无法通知任何人有关飞机的位置；

不过从指示器知道距离起飞的城市120公里；

而距离最近的城镇，是西北偏北100公里，该处有个矿场。

事件背景3：

该处除仙人掌外，全是荒芜的沙漠，地势平坦。

失事前，天气报告气温达华氏108度（约摄氏42度）。

事件背景4：

你穿着简便：短袖恤衫、长裤、短袜和皮鞋。

口袋中有十多元的辅币、五百多元纸币、香烟一包、打火机和原子笔各一支。

为了求生，你们可以选取表6-7中15种物品带离飞机。你要假设所有人的生存要依靠选取的物品。

步骤：

阶段1——不允许讨论，以个人的意见，列出应取物品的先后顺序（1~15）；

阶段2——全组每个人都选好以后，再进行小组讨论，列出全组应取物品的先后顺序。

表 6－7 “沙漠求生”记分表

物 品 名 称	个人决定		小组决定		专家答案
	次序	误差	次序	误差	
1. 手电筒（4 个电池大小）					
2. 大折刀					
3. 当地航空图					
4. 塑料雨衣					
5. 磁石指南针					
6. 薄纱布 1 箱					
7.0.45 口径手枪（装有弹药）					
8. 降落伞（红色和白色）					
9. 盐片一瓶（1 000 片）					
10. 每人 4 公升清水					
11. 书一本，名为《沙漠中可食的动物》					
12. 每人太阳眼镜一副					
13. 伏尔加酒 4 公升					
14. 每人外套一件					
15. 化装镜 1 面					
总 分					

误差的计算：是专家的数字减去个人或小组的数字，将所有误差的绝对值加总就是你的得分。

第七章　计　划

【学习目标】

理解计划的概念，了解计划的分类，掌握计划的编制程序，正确运用计划工作原理，理解目标管理的思想和程序，理解时间管理的内涵及步骤。

每一位管理人员在管理任何工作时，都行使着几项可以辨认的职能。例如，他必须确定组织的目标，决定必须做什么，如何完成，什么时候付诸实际行动。在做出这些决定时，必须看到未来采取的行动——不论这个行动是明天的还是明年的。为此他必须向前看，把未来予以明朗化，制定出将会影响到未来的行动方案。法约尔把管理的这方面工作叫做计划。计划是一项重要的管理职能，组织中的各项活动几乎都离不开计划，计划工作的质量也集中体现了组织管理水平的高低。

本章主要从计划的概念、性质、编制流程、原理、计划的具体工作方法等方面进行阐述。

第一节　计划的概念及其性质

一、计划的概念

在日常的工作和生活中，我们经常能看到或听到“计划”这个词。大到国家的五年计划，小到我们身边的生活计划，计划几乎无处不在。我们经常有这样的体会，如果能在行动前对整件事情有一个周密的筹划，对要做的事情内容及怎么去做都能了然于胸的话，那我们往往能以更大的信心和把握投入到事情中去，而结果的成功率也会高了许多。

实际上，只要把我们进行个人计划时的考虑扩展到整个组织的范畴中，我们也就能基本知道作为管理的基本职能之一——计划的定义了。

计划是根据组织内外部的实际情况，权衡客观需要的主观可能，通过科学的预测，提出在未来一定时期内组织所要达到的目标以及实现目标的方法。有时人们也用计划工作来表示计划的内涵。计划工作就是预先决定做什么、讨论为什么要做、确定何时做、何地做、何人做以及如何做，即通常所说的5W1H。

计划是管理整体的一部分，贯穿于管理全过程中，它包括预测未来的可能结果以及相应的措施。一个组织的存在必有其一定的目标。目标的实现有赖于一系列计划的制定和执行，计划起着指导组织循序渐进地实现组织目标的作用；同时，作为一个存在与发展的个体，组织和外部环境相互作用，紧密联系，而计划的目的就是要使组织适应变化的环境，并使之占据更有利的环境地位，进入一个完全不同的环境。

二、计划的性质

计划在管理工作中具有承上启下的作用。一方面，计划是决策的逻辑延续，为决策所选择的目标活动的实施提供了组织实施保证；另一方面，计划又是组织、领导、控制等管理活动的基础，是组织内不同部门、不同成员行动的依据。根据计划以上的实际作用，计划具有以下性质：

（一）计划的目的性

任何组织任何时候都必须具有生存的价值，存在的使命。组织是通过精心安排的合作去实现目标而得以生存和发展的。计划工作旨在促使组织目标的实现。在组织通过决策活动确立了存在的使命和目标后，计划工作就是对确立的目标在时间上和空间上进一步的展开和细化。时间上的展开和细化是指计划工作把决策所确立的目标和行动方式分解为不同的时间段的目标和行动安排；空间上的进一步展开和细化是指计划工作把决策所确立的组织目标和行动方式分解为组织内不同的阶层、不同的部门、不同的成员的目标和行动安排。组织正是为了通过有意识的合作，来完成群体的目标而生存的。因此，组织的各种计划及其各项计划工作都必须有助于完成组织的目标。

（二）计划的主导性

计划是进行其他各项管理工作的基础，并贯穿于整个管理过程。计划要为全部的组织活动确立必要的目标，管理人员确立组织框架，选择领导方式，制定激励制度，实施有效控制都离不开计划的指导。计划必须在组织、领导和控制工作之前进行。

未来的不确定性和环境的变化使行动有如大海航行，如果我们要时刻保持正确的航向，那么就必须明白自己所处的位置，明确自己行动的目标。这不仅要求组织的一般成员了解组织的目标和实现目标的行动安排，而且更要求组织的主要领导人员明确组织的目标和实现目标的行动路径。计划工作的目的就是使所有的行动保持同一方向，促使组织目标实现。所以，计划工作是整个管理工作的基础，在整个管理工作的过程中起到主导的作用。

（三）计划的普遍性和秩序性

虽然组织的各个管理人员由于所处的层次、部门不同，工作的性质和内容不同，但计划是全体管理人员的一项职能。计划的核心是决策，而各级主管人员的工作中始终存在着决策问题，因而计划是各级主管人员的一个基本职能。所有管理人员，从最高管理人员到第一线的基层管理人员都要制定计划，作计划工作，所以计划具有普遍性。

当然，计划的普遍性中蕴含着一定的秩序。虽然所有的管理人员都制定计划，作计划工作，但第一线的基层管理人员的计划工作，不同于高层管理人员制定的战略计划。在高层管理人员计划组织的总体方向时，各级管理人员必须随后据此拟定他们的计划，从而保证实现组织的总体目标。另外，组织的总体目标不可能是某一部门通过某一次活动就能完成的，而是需要不同部门的系统活动相互协作和补充才可以完成。

（四）计划的经济性

又称效益性或效率性，是指计划要讲究经济效益。计划的任务不仅要确保组织目标的实现，还要从众多的方案中选择最优的资源配置方案，以合理利用资源和提高效率。计划要讲效率，要考虑投入与产出之间的比例。计划的经济性可以用计划对组织目标的贡献来衡量。贡献是指扣除了在制定和实施这个计划时所需要的费用及其他开支后，所得到的剩余。在计划所要完成的目标确定的情况下，同样可以用制定和实施计划的成本及其他连带成本（如计划实施带来的损失、计划执行的风险等）来衡量效率。如果计划能得到最大的剩余，或者如果计划按合理的代价实现了目标，那么这样的计划是经济的。

实现目标的途径有多种，我们必须从中选择尽可能好的办法，以最低的费用取得预期的效果，保持较高的效率，避免不必要的损失。计划强调协调、强调节约，计划中的重大安排都需要经过经济和技术的可行性分析，这样可以使付出的代价尽可能的合算。

三、计划的重要性

计划对组织的经营管理活动起着直接的指导作用，但一个计划对组织的工作可以起积极作用，也可能起消极作用。一个好的计划即科学性、准确性很强的计划，对于组织的工作将起到事半功倍的作用。计划的重要性主要表现在以下几方面：

（一）弥补不确定性和变化带来的问题

计划是面向未来的，而未来又是不确定的。计划工作的重要性就在于如何适应未来的不确定性。计划工作可以让组织通过周密细致的预测，尽可能地变“意料之外的变化”为“意料之内的变化”，用对变化的深思熟虑的决策来代替草率的判断。即使将来的事情是确定的，也需根据已知事实的基本数据计算采用哪种方案能以最低的代价取得预期的结果。

（二）有利于管理者把注意力集中于目标

计划可以使人们的行动对准既定的目标。由于周密细致、全面的计划统一了部门之间的活动，主管人员才能从日常的事务中解放出来，将主要精力放在随时检查、修改、扩大计划上来，放在对未来不确定的研究上来。这既能保证计划的连续性，又能保证全面地实现奋斗目标。

（三）有利于更经济地进行管理

组织在实施目标过程中，各种活动会出现协调不一、联系脱节的现象。良好的计划强调经营的效率和一贯性，可避免上述现象的发生，使组织经营活动的费用降至最低限度。计划能细致地组织经营活动，是有效地、经济地组织经营管理活动的工具。

（四）有利于进行控制

计划和控制是一个事物的两个方面。未经计划的活动是无法控制的，计划是控制的基础。若没有既定的目标和规划作为衡量的尺度，管理人员就无法检查组织目标的实现情况，也就无法实施控制。控制活动即是通过纠正脱离计划的偏差来使活动保持既定的方向。控制中几乎所有的标准都来自计划。

因此，计划工作是一个指导性、科学性和预见性很强的管理活动，同时也是一项复杂而又困难的工作。

四、计划的类型

按照不同的标准，计划可分为不同的类型，各种类型的计划不是彼此割裂的，而是由分别适用于不同条件下的计划组成的一个计划体系。

（一）按计划所涉及的时间长短划分

按计划所涉及的时间长短，可分为长期计划、中期计划和短期计划。长期计划是指规定组织较长时期（通常五年以上）的目标及发展方向的计划。短期计划通常是指一年以内的计划，具体规定了组织的各个部门在较短的时期内应从事何种活动，从事该活动应达到何种要求。中期计划则介于长期计划和短期计划之间。这三种计划相互衔接，反映事物发展在时间上的连续性。

（二）按计划所涉及的范围划分

按计划所涉及的范围，可分为战略计划、策略计划和行动计划。战略计划是指应用于整个组织，为组织设立总体目标和寻求组织在环境中的地位的计划。一般由组织高层领导人制定，时间跨度较大，内容也较抽象概括，其目的在于使组织资源的使用与外界环境的机会和风险相适应。

策略计划是为实现战略计划而采取的手段。一般由中层管理人员制定，时间跨度较短，内容也较具体，它是实施总战略计划的步骤和方法。

行动计划是为了帮助组织逐步且系统地实施战略计划和策略计划而编制的短期的、具体的计划。它一般由基层管理人员制定，往往涉及到每一天工作活动的安排。根据计划应用的重复程度，可分为单一计划和常用计划。单一计划是指针对某一特定行动的方案或设想。常用计划则是在某一段时间内常用的计划，它包括政策、标准的操作程序和规则。

（三）按组织的职能划分

按组织的职能，可分为业务计划、财务计划和人事计划。作为经济组织，企业业务计划包括产品开发、物质采购、仓储后勤、生产作业以及销售促进等内容。财务计划和人事计划是为业务计划服务的，也是围绕着业务计划展开的。财务计划研究如何从资本的提供和利用上促进业务活动的有效进行。人事计划则是分析如何为业务规模的维持或扩大提供人力资源的保证。

（四）按计划的明确性程度划分

按计划的明确性程度，可分为指导性计划和具体性计划。指导性计划只规定一些重大方针和行动准则，而不限于明确的特定的目标或特定的活动方案。这种计划可为组织指明方向，但并不提供实际的操作指南。具体性计划则具有明确的目标和可操作的行动方案。组织通常根据面临的环境的不确定性和可预见性程度的不同，选择制定这两种不同类型的计划。

（五）按计划的表现形式划分

按计划的表现形式，可分为使命（宗旨）、目标、战略、政策、程序、规则、规划、预算。

使命（宗旨）。组织存在必然有一定的使命或者宗旨，它可以是组织存在的根本原因，也可以是组织的发展意向。组织的使命或者宗旨，是社会赋予它们的基本职能，用以回答组织是干什么的以及应该干什么这类问题。

目标。目标是在目的或任务指导下，提出整个组织所要达到的具体目标。目标不仅仅是计划工作的终点，而且也是组织工作、领导以及控制等活动所要达到的结果。

战略。战略是为了达到组织总目标而采取的行动和利用总资源的总计划，重点是指明发展方向和决定资源配置的优先次序。

政策。政策是指组织在决策时或处理问题时指导及沟通思想活动的方针和一般规定。在制定和执行政策时，必须具有一贯性和完整性。

程序。程序规定了处理问题的例行方法、步骤，即办事手续。程序详细地说明完成某种活动的准确方式，是为确保政策的落实而制定的。

规则。规则是根据具体情况采取或不采取某个特殊的或特定的行动。在通常的情况下，一系列规则的总和构成程序。

规划。规划是为实现既定方针所必需的目标、政策、程序、规则、任务分配、执行步骤、使用资源以及其他要素的复合体。

预算。预算是一种数字化了的计划，把预期的结果用数字化的方式表现出来就形成了预算。预算是控制组织经营活动不可缺少的内容，是使组织的各级计划协调统一的重要手段。

第二节　计划的编制与审定

一、计划的编制

计划的编制作为一项独立的工作，有自身的程序标准和工作步骤。虽然计划的类型和表现形式各种各样，但科学的计划编制所遵循的步骤却具有普遍性。一项计划的编制一般包括三个方面的工作：计划环境的分析和预测、制定实现目标的行动方案并择优、计划方案的细化。具体可分为八个步骤，如图 7－1 所示。

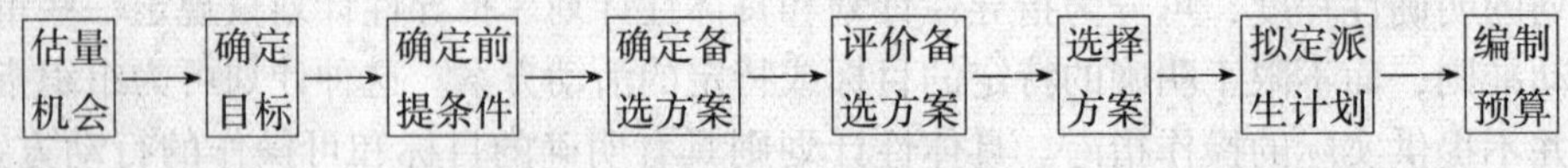

图 7－1　计划流程图

以上八个步骤在某一具体计划编制工作中不一定全部经过，可以根据实际情况来决定哪些步骤可以省略，哪些步骤可以同时进行，哪些步骤必须进行。

（一）估量机会

首先管理者应该对环境中的机会做一个扫描，确定能够成功的机会。管理者应该考虑的内容包括：组织期望的结果、存在的问题、成功的机会、把握这些机会所需的资源和能力、自己的长处、短处和所处的位置。估量机会是在实际的计划工作开始之前就着手进行，是对将来可能出现的机会加以估计，并在清楚全面地了解这些机会的基础上，进行初步地探讨。严格地讲，估量机会不是计划工作过程的一个组成部分，但却是计划工作的真正起点。

（二）确定目标

计划工作的第一步是在估量机会的基础上为组织及其所属的下级单位确定计划工作的目标，即组织在一定时期内所要达到的效果，它是组织的出发点和归宿。确定目标通常应包括：指导资源最合理的分配；充分发挥全体职工的积极性和潜力；达到经营活动的最佳效果；促进组织内部团结成一体，对外享有良好的声誉。计划目标是让计划的执行者明白该计划想完成什么，什么时候完成，完成的标准如何。我们在选择计划目标时要注意三个问题：

（1）确定目标的内容和顺序。对计划确定的各个目标应该有一个重要性顺序，因为不同的目标和目标的完成顺序将采用不同的政策和行动，分配不同的资源。

（2）确定达成目标的时间。即确定什么时间实现目标，合理的目标达成时间应该按“许诺原理”来确定。

（3）目标要有明确的科学指标。计划的目标不能含糊不清，应该明确、细化、数字化。这就需要建立一套计划指标体系，用以全面反映组织活动的成效。不仅要有数量指标，还要有质量指标；不仅要有实物指标，还要有价值指标；不仅要有绝对数指标，还要有相对数指标等。

（三）确定前提

确定前提是确定整个计划活动所处的未来环境，也就是计划实施时的假设条件。由于计划受到未来一些变动的重要的限制因素的影响，所以必须在制定计划时对它们进行预测和假定。对前提条件的认识越清楚、越深刻，计划工作就越有效，组织成员就越彻底的理解和同意使用统一的计划前提条件，组织计划工作就越协调。因此，预测并有效地确定计划前提条件有重要意义。

由于未来是极其复杂的，管理人员要把一个计划的将来环境的每个细节都做出假设，不仅不切合实际而且得不偿失，因此，计划前提的确定应该选择那些对计划工作具有关键性的、有战略意义的、对计划执行情况最有影响的因素。最常见的对前提条件的预测方法是德尔菲法。

（四）确定备选方案

解决一个问题往往有不同的方法，同样，一个计划往往同时有几个可供选择的方案。可供选择的方案数量越多，备选方案的相对满意程度就越高，行动就越有效。要尽可能地发掘出多种高质量的方案，必须集思广益、开拓思路、大胆创新。通常，一目了然、最显眼的方案并不是最好的；另外，仅是在过去的计划方案基础上略加修补或稍加变换也难以得到最好的方案。

同样重要的是对方案的初步筛选，减少备选方案数量，以便对一些最有希望的方案进行仔细的分析比较。

(五) 评价备选方案

确定了备选方案后就要根据计划的目标和前提条件，通过考察、分析来对各种备选方案进行评价。评价备选方案的尺度有两个方面：一是评价的标准；二是各个标准的相对重要性。显然，前期计划目标和确定计划前提的工作质量，将直接影响到方案的评价。

在评价各种方案的过程中，我们要考虑以下几点：

(1) 认真考察每一个计划的制约因素和隐患。

(2) 要用总体的效益观点来衡量计划。

(3) 既要考虑到每一计划的许多有形的可以用数量表示出来的因素，又要考虑到许多无形的不能用数量表示出来的因素。

(4) 要动态的考察计划的效果，不仅要考虑计划执行所带来的利益，还要考虑计划执行所带来的损失，特别注意那些潜在的、间接的损失。

(六) 选择方案

选择方案是指在经过评价的备选方案中，确定最优方案。这是决策过程的实质性阶段，是计划程序中具有决定意义的关键一步。为了保持计划的灵活性，选择的结果往往可能会选择两个甚至两个以上的方案，并且决定首先采取哪个方案，并将其余的方案也进行细化和完善，作为后备方案。

选择方案是依靠经验、试验和在可行性研究的基础上进行的。经验在抉择的过程中起着重要的作用。但单凭经验又往往会造成抉择的失误，因为客观情况的变化不可能完全符合过去的经验，经验是过去的，而选择却是为将来而作的。需要注意的是，经验作为选择的基础，不仅是指管理者的个人经验，也包括组织群体的经验，还应包括别人的经验。

对于依靠经验、可行性研究都不能做出选择的问题或后果重大的方案选择，可通过试验的方法来加以决定。在常规的试验中，要尽量的减少试验量，以节约人力、财力和物力，试验的同时可以吸收以往的经验。同时，试验的条件尽可能和未来的实施条件一样，防止试验成功，但据此做出选择加以推广后却是失败的现象。

(七) 拟定派生计划

完成选择之后，计划工作并没有结束，还必须帮助涉及计划内容的各个下属部门制定支持总计划的派生计划。派生计划是总体计划下的子计划。几乎所有的总体计划都需要派生计划的支持和保证，完成派生计划是实施总体计划的基础。

比如：当一家公司决定开拓一项新的业务时，这个决策是要制定很多派生计划的信号，比如雇佣和培训各种人员的计划、筹划资金计划、广告宣传计划等。

(八) 编制预算

计划的最后一步工作是把计划转变成预算，使计划数字化。计划必然涉及到资源的分配，只有将其数量化后才能汇总和平衡各类计划，分配好资源。因此，预算可以成为汇总各种计划的工具。同时，预算也可以成为衡量计划工作进度的重要标准。

二、计划的审定

在完成计划的初步编制后，还要进行计划的审定。计划的审定主要是评价所制定计划的完整性和计划的可行性。如果在计划的审定过程中，发现计划的某一部分有缺陷或不合适，就要立即进行修改，以使计划更加行之有效。

计划的审定可由上级审定、同事审定，也可由群众进行审定。如果经常从事计划的审定工作，管理者可以根据审定要求将一些问题列成清单，作为检查考核表。检查表中可以包括以下问题：

计划与该组织的目标是否一致？

计划是否符合政府政策？

计划前提的假设是否现实？

具体预算与计划的预期收益是否平衡？

能否及时取得完成计划所需的资源？

完成计划的日期是否现实？

计划中各工作的负责人是否能胜任？

……

计划审定通过后，该项计划可作为正式计划付诸实施。

第三节　计划工作的原理

计划工作作为管理的基本职能活动之一，在遵循管理的基本原理的基础上，也有自身独特的规律性。在管理实践中，虽然不同性质的组织总是根据内外环境确定目标，并选择适合的计划方法，但无论采取何种计划方法，都必须遵循计划工作的基本规律和原理，即限定因素原理、许诺原理、灵活性原理、改变航道原理和综合平衡原理。

一、限定因素原理

限定因素是指妨碍组织目标实现的因素，在其他因素不变的情况下，仅仅改变这些因素，就可以影响到组织目标的实现程度。限定因素原理可以描述为：主管人员越是能够了解对达到目标起主要限制作用的因素，就越能够有针对性的拟定各种行动方案。这好比用以盛水的木桶，其实际盛水量取决于桶壁上最短的木板条，因此，此原理也被形象地称作“木桶原理”。

限定因素原理表明，在计划工作中要求组织的主管人员在制定计划时，必须全力找出影响计划目标实现的主要限定因素或战略因素，有针对性地采取得力措施。因为影响计划目标实现的可能有许多因素，但每一个因素对目标实现的影响程度可能不尽相同，根据帕累托的八二原理——关键的少数和次要的多数，对计划目标的实现起重要作用的只有少数主要的因素，因此，主管人员没有必要考虑所有的影响因素，只要找到影响目标实现的主要限定因素，有针对性地采取措施就可能提高计划的效率。

二、许诺原理

许诺原理是指任何一项计划都是对完成各项工作所做出的许诺，许诺越大，实现许诺的时间就越长，实现许诺的可能性就越小。这一原理明确了计划期限的问题，即合理的计划工作要确定一个未来的时期，以便在此时期内能够实现当前的许诺。

各种计划期限的长短，是计划管理工作中经常碰到的问题。经实际调查，企业普遍采用长期计划，而且作为优秀管理的某种标志。计划期限的长短取决于组织的特点及计划本身的任务，因而需要根据具体的情况进行具体的分析。对计划而言，计划期限的长短以制定者对未来认识的可能性以及现有计划任务的可能为限。若对遥远的将来无从想像、判断和预测，就应缩短计划期限。简言之，计划期限的长短取决于计划任务能有效的实现或应足以实现或可能实现今日决策（即今天所作的计划）所许诺的任务。

现举例来说明：由于出现了意想不到的原材料大幅度涨价，某企业为了保证实现年度生产经营计划中的利润目标，需要补充制定一个投产新产品以增加销售收入的计划。那么，这个计划的期限需要多长时间呢？根据许诺原理，这个计划的期限取决于从增加订货到最后实现销售收入的最短周期。对于该企业来说，假设条件为：从接受订单、签订供货合同到完成产品设计需要两个月的时间；进行生产准备、投产到生产出规定数量的产品需要两个月的时间；产品通过铁路发运到对方收货需要一个月的时间；货款结算周期一般也要一个月的时间。这样，该计划的完成共需要六个月的时间，因此，计划期限应定为半年，也既是说，该计划开始的时间至少要在六月底以前。

计划期限的长短还与为计划支出的费用直接相关，计划及其所依赖的预测工作往往要花费较多的金钱，因此费用也成为计划期限的约束。企业中长期投资一般都需要相应的计划，以利于预算。

按照许诺原理，计划必须有期限的要求。实际上，在大多数的情况下，完成期限往往是对计划最严厉的要求。既不能随意缩短计划的期限，以使计划有落空的危险，也不能把计划期限定的太长，因为假如你实现许诺所需的时间长度比你可能正确预见的未来期限还要长，那么计划本身所冒的风险必然也就增加。一个管理者，如果没有足够的把握（如获得充足的资源等)，那就应该断然地减少许诺或将许诺的期限缩短。

三、灵活性原理

计划必须具有灵活性，即当出现意外情况时，有能力改变方向而不必花太大的代价。灵活性原理即计划中体现的灵活性越大，由于未来意外事件引起损失的危险性就越小。这是管理的基本原理中弹性原理在计划工作中的应用引伸。

对于主管人员来说，灵活性原理是计划工作中最主要的原理。因为制定计划时如果不把变化包括进去，便可能形成一种僵化的行动方法。解决这个问题常用的方法是制定计划时就考虑各种可能的变化并制定备用计划，另一种常用的方法是及时修订计划本身，以适应已出现的或将要出现的环境的变化（定期检查也有效)，滚动式计划便是有效修订计划的方法，而且还可以促进各种不同期限的计划的衔接，增加了计划的灵活性。

但是，计划的灵活性只是在一定程度内是可能的，它的限制条件是：

(1) 不能总是以推迟决策或计划的时间来达到计划的灵活性。因为未来的不确定性是客观存在的，不可能完全预料到，如果一味的等待收集更多信息，以便将未来可能发生的问题考虑周全，那就会丧失机遇。

(2) 使计划具有灵活性是要付出相应的代价的。倘若由于计划的灵活性而得到的收益还不足以补偿其费用支出，就不符合计划的效率性，是不可取的。

(3) 某些情况下，往往根本无法使计划具有灵活性。某个派生计划的灵活性，可能导致全盘计划的变更，甚至有落空的危险。比如，企业的销售计划在执行过程中遇到困难，如果允许其灵活处理，则可能危及全年的利润计划，从而又影响到新产品开发计划、技术改造计划、财务收支计划等一系列方面。在这种情况下，管理者的正确做法应该是在权衡利弊之后，动员一切力量，克服一切困难，来确保销售计划的完成。

灵活性原理是针对制定计划而言的，即制定计划时要留有必要的余地。至于执行计划时，则一般不应有灵活性，比如生产作业计划的执行必须准确、严格，否则就会产生停工待料或在制品大量积压的现象，使生产秩序陷于混乱。

四、改变航道原理

计划制定出来以后，管理者就要管理计划，促使计划的实施，而不能被计划所管理，必要时可以根据当时的情况作必要的检查和修订。改变航道原理是指在计划总目标不变的前提下，实现目标的路线（途径）可以因情况的变化而随时改变。这就如同轮船或飞机在航行中，要经常核对航线，一旦遇到障碍就可改变航线，绕道而行到达既定的目的地。

计划是针对未来的，而未来则是不确定的，并可能随时发生变化，那么，制定出来的计划就不能无论情况如何变化，仍然保持一成不变。尽管管理者在制定计划中，对未来可能发生的情况进行了预测，并制定了相应的应变措施，但由于人的认知能力的局限，不可能面面俱到，这就使计划往往赶不上变化，以至总有一些问题是预见不到的。任何完善的计划也都可能有疏漏。所以，管理者必须经常地检查计划，如果发现情况已经发生变化，必须调整、修改计划或重新制定计划，以便顺利的达到预期目标。制定计划的目的是为了行动。计划管理的全过程中，制定计划还只是开始，大量的工作还在贯彻和执行之中，因此，管理者也必须十分重视信息反馈，运用反馈原理，密切注视计划实施过程中出现的偏差，以便采取措施，加以纠正或调整。

总之，计划工作为将来承诺得越多，管理者定期地检查现状和预期前景以及为保证所要达到的目标而重新制定计划就越重要。

改变航道原理与灵活性原理不同，灵活性原理是使计划本身具有适应性，而改变航道原理是使计划执行过程具有应变能力。

五、综合平衡原理

综合平衡原理是指计划工作中，必须在各个方面、各个环节、各种资源和各种指标上，组织起相对的平衡和恰当的比例关系。

计划工作是在客观事物的变化之中，谋求相对的、暂时的平衡和统一。组织在运行过程中，各环节、各部门往往在人力、财力、物力、信息等资源的分配方面存在着矛盾，存在着不平衡现象，这是自然的，但是这些不平衡影响着组织活动的顺利进行，影响着组织资源的合理利用，客观上就要求通过计划的综合平衡来解决这些矛盾，求得相对、暂时的平衡。

计划的综合平衡包括纵向平衡和横向平衡。对企业来说，纵向平衡是指总公司、分厂、车间之间在人员、物资、资金、产量、质量、品种等方面的平衡；横向平衡是指供应、生产、销售各环节之间的平衡。

综合平衡不能简单地在现有条件上进行平衡，应该加强薄弱环节，克服不利因素，在创造有利条件的基础上进行平衡。为此，在各种资源的分配上，要有必要的保证。

第四节　计划方法

计划工作效率的高低和质量的好坏很大程度上取决于所采用的计划方法。人们在长期的管理实践中总结出许多有效的计划工作方法，下面简要介绍三种常用的计划方法。

一、滚动计划法

滚动计划法是一种定期修订未来计划的方法。在计划工作中，管理者很难准确地预测将来影响组织经营所面临的经济、政治、社会、技术、产业、市场等的各种变化因素，而且计划期越长，这种不确定性就越来越大。因此，若机械地按几年以前制定的计划实施，则可能导致巨大错误和损失。为了避免这种不确定性可能带来的不良后果，提高计划的有效性，可采用滚动计划法。

滚动计划法是根据计划的执行情况和环境变化情况定期修订未来的计划,并逐渐向前推移,使短期计划、中期计划有机的结合起来。具体做法是,用近细远粗的方法制定计划。

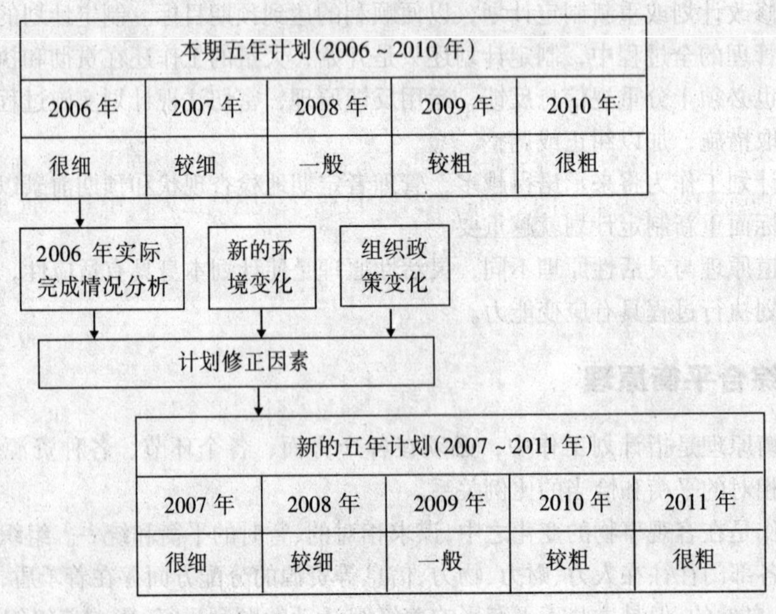

图7-2　滚动计划法

由图 7-2 可以看出，在计划期的第一阶段结束后，要根据该阶段计划的实际执行情况和外部与内部有关因素的变化情况，对原计划进行修订，并根据同样的原则逐期滚动，每次修订都使整个计划向前滚动一个阶段。

滚动计划法的缺点是加大了计划编制和实施工作的任务量，但在计算机时代的今天，其优点已变得十分明显。主要优点如下：

(1) 滚动计划法使计划更加切合实际。滚动计划相对缩短了计划时期，加大了计划的准确和可操作性，从而提高了计划的质量。

(2) 滚动计划法使长期计划、中期计划与短期计划相互衔接，短期计划内部各阶段相互衔接。这就保证了能根据环境的变化及时地进行调节，使各期计划基本保持一致。

(3) 滚动计划法大大加强了计划的弹性，提高了组织的应变能力。

二、目标和目标管理

目标管理（Management by Objectives，MBO）是美国著名管理学家德鲁克首先提出的。1954 年，他在《管理实践》一书中首先提出“目标管理与自我控制”的主张，随后在《管理——任务、责任、实践》一书中对此作了进一步阐述。后来经许多管理学者的发展完善，目标管理为许多组织所运用。

目标管理并不是一种单纯的计划方法，有人认为它是一种管理思想，有人认为它是一种管理方法，但目标管理可以告诉我们怎样做好计划。

（一）目标管理的基本思想

目标管理强调以目标为中心的管理。德鲁克认为，并不是有了工作才有目标，而是相反，有了目标才能确定每个人的工作，所以“企业的使命和任务，必须转化为目标”。目标管理强调明确的目标是有效管理的首要前提，目标的确定是一切管理活动的开始，组织目标是组织行为的导向，同时也是任务完成情况的考核依据，因此管理者应该通过目标对下级进行管理。当组织高层管理者确定了组织目标后，必须对其进行有效分解，转变成各部门以及各个人的分目标，管理者根据分目标的完成情况对下级进行考核、评价和奖惩。

目标管理强调以人为中心的主动式管理。目标管理强调以人为中心，通过工作的目的性、管理的自我表现控制、个人的创造性来进行管理，强调由管理者和被管理者共同参与目标的确定和目标体系的建立。这样，不仅能使目标更符合实际，更有可行性，而且更有利于激发各级人员在实现目标过程中的积极性和创造性。

（二）目标的性质

组织目标是指组织欲达成的未来的一种状态，一种结果。目标具有如下性质。

1. 目标的层次性

组织要生存下去，必须有目标。组织目标形成一个有层次的体系，范围从广泛的战略性目标到特定的个人目标。这个体系的顶层是组织的远景和使命，第二层次是组织的任务，也即组织的总目标和战略。目标体系的基层包括分公司的目标、部门和单位的目标以及个人目标等。在组织的层次体系中不同层次的主管人员参与不同类型目标的建立。

2. 组织中各级、各类目标构成一个网络

组织的目标通常是通过各种活动的相互联系、相互促进来实现的，因而目标和具体的计划通常构成为一个网络。要使一个网络具有效果，就必须使各个目标彼此协调，互相支援，互相连接。

3. 目标的多样性

所谓组织目标的多样性，是指总目标的不同侧面的反映，或者总目标可以用不同的指标来全面地反映。例如，一家企业的总目标为在某一市场上占有绝对优势的地位，那么这一目标可用市场占有率、利润率、成本降低率等来表示。但目标的多样性，并非越多越好，如果目标数目过多，无论其中哪个没受到足够的注意，都会导致计划工作的成效不大。因此，在考虑追求多个目标的同时，必须对目标的相对重要性程度进行区分。

4. 目标的可考核性

要使目标有意义，目标就必须是可考核的。目标考核的途径是将目标定量化。目标定量化往往可能损失组织运行的效率，但是对组织活动的控制、成员的奖惩将会带来很多方便。

（三）目标管理的过程

孔茨认为，目标管理是一个全面的管理系统，使许多关键管理活动结合起来，并且高效地实现组织目标和个人目标。

概括地说，目标管理是一种综合的以工作为中心和以人为中心的系统管理方式。它是一个组织中的上级管理人员和下级管理人员以及员工共同制定组织目标，并具体展开到每个部门、每个层次、每个成员，与他们的责任和成果相联系，明确规定他们的主要职责，并用这些措施作为管理、评价和决定对每个单位、部门、层次和成员的贡献和奖励报酬的依据。

目标管理的过程如下：

(1) 制定目标。实行目标管理，首先要建立一套完整的目标体系。组织最高管理层在考虑了组织的自身条件、外部环境和可利用机会的基础上，首先确定组织在一定期间内，应当完成和能够完成的总目标。然后，将组织总目标转交下级人员进行充分讨论并且加以修正；经过上下级一起讨论，初步确定总目标和各个成员的分目标，再返回到领导层进行决策。经过了上下往返的过程之后，组织内部上下左右各自都有了具体的目标，从而形成一个上下衔接、具体、切实可行的目标体系。

(2) 实施目标。这个阶段主要是员工的自我管理和自我控制。组织中各层次、各部门的成员为达成分目标，必须从事一定的活动，活动中必须利用一定的资源。为了保证他们有条件开展目标活动，上级主管人员必须授予相应的权力，使之有能力调动和利用必要的资源。根据例外原理，上级主管人员只对重大的问题过问和干预，上级的管理主要表现在指导、协助、提出问题、提供情报以及创造良好的工作环境。

(3) 目标完成检查和评价。对各级目标的完成情况和取得的结果，要根据事先确定的检查时间定期进行检查。检查的依据是事先确定的目标。

对于最终结果，应当根据目标进行评价。评价既包括上级对下级的评价，也包括下级对上级、同级关系部门相互之间以及各层次自我的评价。组织根据评价结果对成员进行奖惩。凡按期完成目标任务、成果显著的单位和个人，应给予表彰和奖励，以便进一步改进工作，鼓舞士气，为搞好下一期的目标管理而努力；对不按期完成目标任务的单位和个人，给以必要的惩罚。

（4）新的循环。在对结果评价和成员行为奖惩的基础上，为组织成员及各个层次、部门的活动制定新的目标，开始新的目标管理的循环。

（四）目标管理的优点与缺点

目标管理的优点：

（1）有助于提高管理水平。目标管理是一种结果式的管理，这种管理方式促进了组织总目标的实现，有效提高了组织管理的效率。

（2）有利于暴露组织机构中的缺陷。目标管理可使主管人员把组织的作用和结构搞清楚，从而尽可能地把主要目标所要取得的成果落实到对实现目标负有责任的岗位上。

（3）有利于调动人们的积极性、创造性和责任心。目标管理使人们不再只是做工作、执行指导和等待指导与决策，他们都是有着明确目的的个人。

（4）有利于进行更有效的控制。管理控制的主要问题之一是要懂得如何进行监督，而一套明确的可考核的目标就是管理者了解如何进行监督的最好指导。

总之，目标管理可以造成一种全体职工都关心组织的整体目标的局面，从而得到一种组织的活力和生机，大大改善组织的素质。

虽然目标管理有很多优点，但它也有很多缺点。

（1）目标管理看起来很简单，但要把它付诸实施还需要对它进行大量的了解和认识。

（2）目标设置困难。真正可考核的目标是很难确定的，特别是有些定性目标难于定量化。

（3）强调短期目标。在大多数的目标管理计划中，主管人员通常设立的是短期的目标，因为短期目标易于分解。强调短期的目标可能会使短期目标和长期目标脱节。

（4）不灵活。计划是面向未来的，计划制定后还要不断进行调整，目标随之也要改变。而目标的改变可能导致目标前后不一致，从而给目标管理带来困难。

尽管目标管理在现代管理中还存在一些欠缺，但一旦被主管人员所认识，并在此基础上灵活运用，则目标管理在现代管理过程中将起到很大的作用。

三、甘特图

甘特图（Gantt chart）是在20世纪初由亨利·甘特创立的，也叫线条图或横道图，是一种用线条来安排生产或工程进度的方法。

甘特图的思想是：管理者把总的计划目标分解成人们能够理解和执行的、具有相互关系的一项项活动（或事件），然后用条状图来表示各项活动实际工作状况和计划要求之间的差距，从而帮助管理者制定纠偏措施，达到控制的目的。甘特图由二维坐标构成，其横坐标表示时间，纵坐标表示活动，线条表示在整个期间上计划的和实际的活动完成情况。甘特图直观地表明任务计划在什么时候进行，以及实际进展与计划要求的对比。

图7-3是一个图书出版的甘特图。时间以月为单位表示在图的下方，主要活动从上到下列在图的左边。计划需要确定书的出版包括哪些活动，这些活动的顺序，以及每项活动持续的时间。粗黑色的线条表示计划的活动顺序，浅色的线条表示活动的实际进度。甘

特图作为一种控制工具，帮助管理者发现实际进度偏离计划的情况。在本例中，除了打印长条校样以外，其他活动都是按计划完成的。根据甘特图，管理者可采取纠正措施，或加班赶出延迟的时间，或保证以后不再有延迟发生。

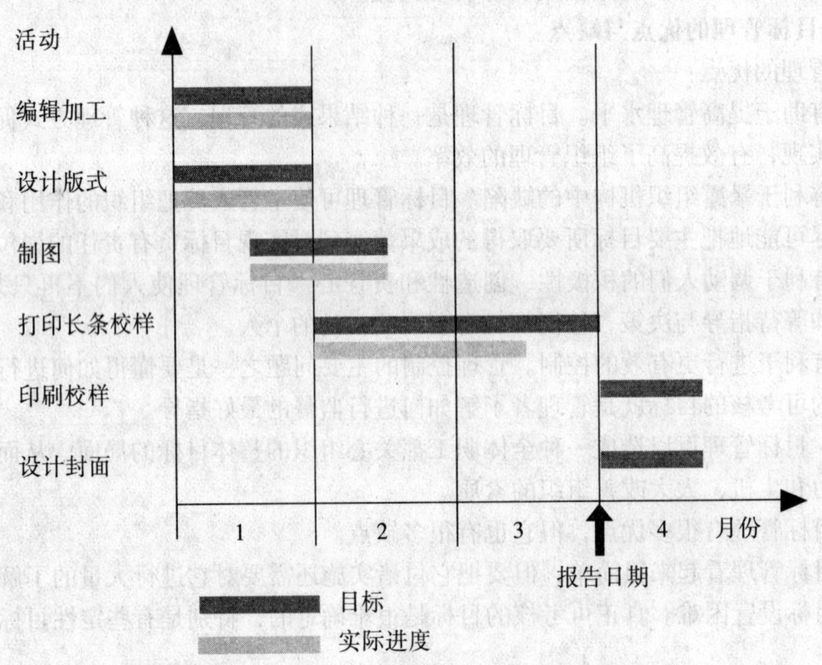

图 7-3 图书出版甘特图

资料来源：斯蒂芬·P·罗宾斯，《管理学》，中国人民大学出版社，1997 年

甘特图也可用表格的形式表示，其应用实例见表 7-1。

甘特图的优点是形象、直观、简明、易懂，易于编制。管理者可以直接从图中看出各项活动的开始时间、终了时间、各项活动的先后顺序，以及活动的计划和进度，这对控制计划进度、改进管理工作有很大的帮助。因此到目前为止，甘特图仍然是小型项目中常用的工具。即使在大型工程项目中，它也是高层管理者了解全局、基层安排进度时有用的工具。

但甘特图也有它的缺点：虽然从甘特图上可以清楚地看出在某一时刻实际进度与计划要求之间的差距，但它无法表明产生这种差距的原因；无法确定在众多差距出现的情况下，哪些差距是管理者应当着力去解决和控制的关键点；甘特图虽然清楚地反映了各个局部的状况，但它无法表明各项活动之间的相互影响和逻辑关系，对于一些应加以控制的局部应控制到什么程度，也缺乏明确的交代。因此，甘特图难以给管理者提供全面的情况，对于复杂的项目来说，甘特图就显得不足以适应。

表 7－1 对某公司管理咨询的调查工作计划（2005年1～7月）

序号	项 目	负责人	计划执行	1月	2月	3月	4月	5月	6月	7月
1	了解公司情况	张玲	计划	⇨						
			实绩	➡						
2	向公司有关人员介绍咨询要求	李平	计划	⇨						
			实绩	➡						
3	获取有关资料	张玲 李平	计划	⇨	⇨					
			实绩	➡	➡					
4	设计调查表格	张玲 李平	计划		⇨	⇨				
			实绩		➡	➡				
5	发放调查表格及收回	李平 陈明	计划				⇨	⇨		
			实绩				➡	➡		
6	对调查表格进行整理	李平 张玲	计划						⇨	
			实绩						➡	
7	撰写调查报告	张玲	计划							⇨
			实绩							➡

第五节 时间管理

时间管理本质上是一种个人的时间计划，当然，也可把它看作是制定个人工作计划的一个指南。科学地排出活动的先后顺序，并给予每项活动以适宜的时间的管理者，其工作效率总是很高的，他们知道在什么时间该干什么事以及每件事该花多少时间。

一、时间管理概述

时间是世界上最充分的资源，每个人都拥有24小时的一天。然而时间又是世界上最稀缺的资源，每个人只能拥有24小时的一天。高效的管理者有一个共同特点，他们都是管理时间的高手，而低效率的工作人员则无一例外地都不善于管理时间。彼得·杜拉克曾说：不能管理时间的人，就不能够管理一切。

时间对任何人而言都是重要资源，对管理人员更是珍贵；然而在环境的压力下，一般人常会放弃自己职业上应做的事，而去解决一些突发事件或干扰最大的事，结果把生活步调弄得天天都在应付突发的紧急情况，无形中牺牲了许多生活及工作上的乐趣和享受。

时间不能存储，不能留下来，你只有安排、管理时间。时间管理就是事件的选择与规划。时间管理是指个人在一定时间内，以正确的处事观念，以正确的处世方法，善于利用和开发自己的时间资源，全力于自己的目标奋斗，最终使自己的成就达到最大。

二、时间管理的一般步骤

进行时间管理的前提是你必须清楚知道你要实现的目标有哪些？实现每个目标要采取哪些活动？时间管理的本质就是给予每一项活动分配科学的时间。若没有活动，没有事情要做，就没有进行时间管理的必要。

一般来说，有效的时间管理遵循以下几个步骤：

第一步，列出目标，按照重要性排列顺序。

时间管理的目的是让你在最短时间内实现更多你想要实现的目标。每个人的目标都是多样化的，有主要目标，有次要目标，有长期目标，有近期需要实现的目标。为此，你必须把你的目标列出来，找出一个核心目标，并依次排列重要性，然后依照你的目标设定一些详细的计划，你的关键就是依照计划进行。把目标按照表 7-2 排出先后顺序，如下所示：

表 7-2　目标重要程度分级表

重要性	
非常重要	
重要	
不太重要	
不重要	

按照表 7-2 中的重要性将各目标赋予相应的优先级，非常重要的目标优先级最高，不重要的目标优先级最低，处于同等重要层次的两个目标，具有相同的优先级。

第二步，对每一目标列出实现目标所需进行的各种活动，并分派优先级。

首先列出实现每一目标所需进行的活动，然后根据活动的重要性和紧急性排列（活动的重要性和紧急性的等级描述见表 7-3）。如表 7-4 所示，非常紧急又非常重要的活动优先级最高。不紧急又不重要的活动的优先级最低，其余可以依据经验判断，也可利用权数判断，每一活动的权数是其紧急性排列的权数与按重要性排列的权数两者的乘积。

表 7-3　各种活动程度等级的描述

重要性	衡量标准	紧急性	衡量标准
非常重要	必须做	非常紧急	必须马上做
重要	应当做	紧急	应当赶紧做
不太重要	可能有用，但不是非做不可	不太紧急	推迟一段时间再做也行
不重要	没有任何效果	不紧急	时间不作为考虑的因素

表 7-4 活动的优先级表

重要性	紧急性			
	非常紧急	紧急	不太紧急	不紧急
非常重要				
重要				
不太重要				
不重要				

一般地，人们第一个要做的一定是紧急又重要的事情，通常这些都是一些突发困扰，一些灾难，一些迫不及待要解决的问题。但是当你天天处理这些事情时，表示你的时间管理并不理想。因为成功者花最多时间在做最重要，可是不紧急的事情，这些都是所谓的高生产力的事情。然而一般人都是做紧急但不重要的事。你必须学会如何把重要的事情变得很紧急，这时你就会立刻开始做高生产力的事情了。

第三步，按照优先级安排活动所需的时间和日程。

优先级高者安排在最近的日程里，活动的难度和复杂性大的给予较多的时间，同等级的活动按先易后难的顺序。这样的时间、日程安排也就是日计划。

第四步，实施及反馈。按照日计划进行实施，尽量在规定的时间内完成相应的任务，确因客观原因无法按期完成的，可考虑其他解决办法。

当然，个人的时间管理并非绝对按上述步骤进行。在活动的一定期限内可依据某人的习惯或效率周期灵活安排。比如，按效率周期原则，每个人每天的效率周期、每周的效率周期、每月的效率周期都不一样。把最难解决的事情安排在效率最高的时间段中，在效率高的时间段多安排一些活动内容，等等，都能提高自己的整体办事效率。

不管你采取何种方法，只要重视了时间管理并根据自身的情况进行了时间管理，你的工作就会变得高效、有序，你就将成为一个好的管理人员。

【本章小结】

本章应理解和掌握以下要点：

1. 计划是一项重要的管理职能，贯穿于管理的全过程。计划是根据组织内外部的实际情况，权衡客观需要的主观可能，通过科学的预测，提出在未来一定时期内组织所要达到的目标以及实现目标的方法。计划对组织的经营管理活动起着直接的指导作用。

2. 按照不同的标准，计划可分为不同的类型。按计划所涉及的时间长短，可分为长期计划、中期计划和短期计划；按计划所涉及的范围，可分为战略计划、策略计划和行动计划；按组织的职能，可分为业务计划、财务计划和人事计划；按计划的明确性程度，可分为指导性计划和具体性计划；按计划的表现形式，可分为使命（宗旨）、目标、战略、政策、程序、规则、规划、预算。

3. 科学的计划编制所遵循的步骤具有普遍性，具体可细分为八个步骤：估量机会；确定目标；确定前提；确定备选方案；评价备选方案；选择方案；拟定派生计划；编制预算。

4. 计划工作遵循一定的原理：限定因素原理、许诺原理、灵活性原理、改变航道原理和综合平衡原理。

限定因素原理是指主管人员越是能够了解对达到目标起主要限制作用的因素，就越能够有针对性的拟定各种行动方案。

许诺原理是指任何一项计划都是对完成各项工作所做出的许诺，许诺越大，实现许诺的时间就越长，实现许诺的可能性就越小。

灵活性原理即计划中体现的灵活性越大，由于未来意外事件引起损失的危险性就越小。

改变航道原理是指在计划总目标不变的前提下，实现目标的路线（途径）可以因情况的变化而随时改变。

综合平衡原理是指计划工作中，必须在各个方面、各个环节、各种资源和各种指标上，组织起相对的平衡和恰当的比例关系。

5. 计划的方法有很多种，本章主要阐述了三种计划的方法：滚动计划法、目标管理和甘特图。

滚动计划法是一种定期修订未来计划的方法；目标管理是一种综合的以工作为中心和以人为中心的系统管理方式；甘特图是一种用线条来安排生产或工程进度的方法。

6. 时间管理本质上是一种个人的时间计划。时间管理的一般步骤包括：列出目标，按照重要性排列顺序；对每一目标列出实现目标所需进行的各种活动，并分派优先级；按照优先级安排活动所需的时间和日程；实施及反馈。

【互联网链接与推荐阅读资料】

[1] http：//www.manage100.net

[1] http：//www.ymxi.net

[3] 纲目．有效的目标管理．中信出版社，2002 年

[4] 斯蒂芬·P·罗宾斯．管理学（第七版）．中国人民大学出版社，2003 年

[5] 格莱恩·布兰德．一生的计划：如何卓有成效地树立目标和制定计划．新华出版社，2003 年

[6] 福塞思．商业计划．华夏出版社，2004 年

【练习题】

一、填空题

1. 按计划的明确程度，计划分为 ________ 计划和 ________ 计划。

2. 计划具有以下性质：目的性、________、普遍性和秩序性以及 ________。

3. ________ 是指应用于整个组织，为组织设立总体目标和寻求组织在环境中的地位的计划。

4. 一项计划的编制一般包括三个方面的工作：计划环境的分析和预测、制定实现目标的行动方案并择优、________。

5. 计划的审定主要是评价所制定计划的 ________ 和计划的 ________。

6. ________ 原理明确了计划期限的问题，即合理的计划工作要确定一个未来的时期，以便在此时期内能够实现当前的许诺。

7. 滚动计划法的具体做法是用 ________ 的方法制定计划。

8. 目标管理是一种综合的以 ________ 为中心和以________ 为中心的系统管理方式。

二、单项选择题

1. 确立目标是（）工作的一个主要方面。

A. 计划　　B. 人员配备　　C. 领导　　D. 控制

2. 计划工作的起点是（）。

A. 确定目标　　B. 估量机会

C. 确定前提　　D. 确定备选方案

3. 新产品的开发计划属于（）计划。

A. 业务　　B. 综合　　C. 财务　　D. 人事

4. 下列（）不属于目标管理的优点。

A. 有利于提高管理水平

B. 有利于调动人的积极性、责任心

C. 有利于长期目标的实现

D. 有利于暴露组织结构中的缺陷

5. 强调在制定计划时要留有余地，不能满打满算的计划工作原理是（）。

A. 限定因素原理　　B. 许诺原理

C. 灵活性原理　　D. 改变航道原理

6. 计划工作中（）需要对环境做出正确预测。

A. 确定目标　　B. 确定前提

C. 估量机会　　D. 确定备选方案

7. 管理者不能从甘特图中直接看出（）。

A. 活动的开始时间　　B. 各项活动之间的相互影响和逻辑关系

C. 活动的终了时间　　D. 活动的计划和进度

8. 行动计划一般由组织中的（）制定。

A. 高层管理者　　B. 中层管理者

C. 基层管理者　　D. 作业人员

三、问答题

1. 计划在管理中的地位怎样？它与其他管理职能的关系又是怎样？

2. 计划的编制分为哪几个步骤？为什么科学的计划流程能够提高计划工作的有效性？

3. 计划制定得好是否一定能够带来效益的增长？

4. 什么是目标管理？其优缺点是什么？

四、案例分析

乔森家具公司五年目标

乔森家具公司是乔森先生在20世纪中期创建的，开始时主要经营卧室和会客室家具，取得了相当的成功。随着规模的扩大，自70年代开始，公司又进一步经营餐桌和儿童家具。1975年，乔森退休，他的儿子约翰继承父业，不断拓展卧室家具业务，扩大市场占有率，使得公司产品深受顾客欢迎。到1985年，公司卧室家具方面的销售量比1975年增长了近两倍。但公司在餐桌和儿童家具的经营方面一直不得法，面临着严重的困难。

（一）董事长提出的五年发展目标

乔森家具公司自创建之日起便规定，每年12月份召开一次公司中、高层管理人员会议，研究讨论战略和有关的政策。1985年12月14日，公司又召开了每年一次的例会，会议由董事长兼总经理约翰先生主持。约翰先生在会上首先指出了公司存在的员工思想懒散、生产效率不高的问题，并对此进行了严厉的批评，要求迅速扭转这种局面。与此同时，他还为公司制定了今后五年的发展目标。具体包括：

1. 卧室和会客室家具销售量增加20%；
2. 餐桌和儿童家具销售量增长100%；
3. 总生产费用降低10%；
4. 减少补缺职工人数3%；
5. 建立一条庭院金属桌椅生产线，争取五年内达到年销售额500万美元。

这些目标主要是想增加公司收入，降低成本，获取更大的利润。但公司副总经理托马斯跟随乔森先生工作多年，了解约翰董事长制定这些目标的真实意图。尽管约翰开始承接父业时，对家具经营还颇感兴趣。但后来，他的兴趣开始转移，试图经营房地产业。为此，他努力寻找机会想以一个好价钱将公司卖掉。为了能提高公司的声望和价值，他准备在近几年狠抓一下经营，改善公司的绩效。

托马斯副总经理意识到自己历来与约翰董事长的意见不一致，因此在会议上没有发表什么意见。会议很快就结束了，大部分与会者都带着反应冷淡的表情离开了会场。托马斯有些垂头丧气，但他仍想会后找董事长就公司发展目标问题谈谈自己的看法。

（二）副总经理对公司发展目标的质疑

公司副总经理托马斯觉得，董事长根本就不了解公司的具体情况，不知道他所制定的目标意味着什么。这些目标听起来很好，但托马斯认为并不适合本公司的情况。他心里这样分析：

第一项目标太容易了——这是本公司最强的业务，用不着花什么力气就可以使销售量增加20%；

第二项目标很不现实——在这领域的市场上，本公司就不如竞争对手，决不可能实现100%的增长；

第三、第四项目标亦难以实现——由于要扩大生产，又要降低成本，这无疑会对工人施加更大的压力，从而也就迫使更多的工人离开公司，这样空缺的岗位就越来越多，在这种情况下，怎么可能降低补缺职工人数3%呢？

第五项目标倒有些意义，可改变本公司现有产品线都是以木材为主的经营格局。但未经市场调查和预测，怎么能确定五年内我们的年销售额达到500万美元呢？

经过这样的分析后，托马斯认为他有足够的理由对董事长所制定的目标提出质问。除此之外，还有另外一些问题使他困扰不解——一段时期以来，发现董事长似乎对公司已失去了兴趣；他已50多岁，快要退休了；他独身一人，也从未提起他家族将由谁来接替他的工作；如果他退休以后，那该怎么办呢？托马斯毫不怀疑，约翰先生似乎要把这家公司卖掉。董事长企图通过扩大销售量，开辟新的生产线，增加利润收入，使公司具有更大的吸引力，以便在出卖中捞个好价钱。“如董事长真是这样的话，我也无话可说了。他退休以后，公司将会变成什么样子，他是不会在乎的。他自己愿意在短期内葬送掉自己的公司，我能有什么办法呢？”

问题：

1. 你认为约翰董事长为公司制定的发展目标合理吗？为什么？

2. 结合本案例，你认为计划工作中制定目标时需注意哪些基本要求。

3. 假如你是托马斯，如果董事长在听取了你的意见后同意重新考虑公司目标的制定，并责成你提出更合理的公司发展目标，你将怎么做？

【管理训练】

请用甘特图为你的大学学习与生活做一个时间管理计划。

第八章　组　织

【学习目标】

理解组织、组织结构的定义、组织设计的十项原理，了解组织的各项职能、组织结构设计的影响因素，掌握组织的各种理论、管理层次与管理幅度的关系、组织结构的特点、优缺点和适用范围，了解组织变革的原因及阻力，组织创新、组织的发展趋势。

组织是管理的基本职能之一。人类社会中，除了纯个人性质的某些活动之外，几乎所有的人类活动都要依靠众人的协同合作。无论多么简单的工作，为了达到某一明确的目标，需要两个人以上的协作劳动时，就会产生组织问题。管理的决策和计划职能确定了组织的具体目标，在对实现目标的方案作了安排之后，就需要凭借合理的组织结构来统筹安排各种资源，以保证组织目标的实现。

第一节　组织概述

一、组织的概念

组织可以从不同的角度去理解，古今中外的管理学家也对此做出了各种不同的解释。巴纳德认为组织就是有意识地加以协调两个以上的人的活动或两种力量的协作系统。孔茨则把“组织”定义为“正式的有意形成的职务结构或职位结构”。

我们通常所说的组织，有时是指它的名词形式，即组织就是由两个或两个以上的个人为了实现共同的目标而结合起来协调行动的有机整体；有时是指它的动词形式，即组织就是通过设计和维持组织内部的结构和相互之间的关系，使人们为实现组织的目标而有效地协调工作的过程。

管理学中所讨论的组织是动态的组织活动和相对静态的社会构造实体的统一，其实质是特殊的人际关系。即组织就是为实现某一共同目标的一群人通过分工与合作，运用不同层次的权利和职责，按照一定的方式所组成并与外部环境相适应的有机组合体。

组织一般具有以下四个特征：

（1）目标。即组织成员一致努力以求达成的共同目标。目标是组织存在的前提，因为任何组织都是为了某种目标而存在的。“某某公司”的目标是通过为社会提供产品或劳务而获取盈利，大学的目标是为了培养高级科学、技术与管理人才。即便是一个非正式组织，也有其隐含的目标：保护成员并满足其心理需求。

（2）分工与合作。即组织成员通过分工而专门从事某项职能工作，这是由组织目标所决定的。一个组织为了达到目标，需要有许多部门，每个部门都专门从事一种或几种特定的工作。企业为了达到经营目标，有采购、生产、销售、财务、人事等许多部门；大学里有教学、科研、人事、财务、总务等许多部门，这就是一种分工。各个部门之间又要相互配合，才可以发挥组织的作用。体育馆里的观众有相同的目的，但没有分工与合作，这就不是一个组织。

（3）秩序。即通过有关的规则设定所形成的不同层次之间的权力与职责关系。在分工的基础上，为了实现组织目标，就要赋予每个部门与每个人相应的权力，但同时也要明确各部门与每个人的责任。组织成员都要履行自己的职责，也就必须拥有履行职责的必要的权力，有权无责，或有责无权都不利于达成组织目标。

（4）适应性。管理的系统原理告诉我们组织不是封闭的，而是开放的系统。开放的系统必然要受到外界环境的影响。外部环境很复杂，每个因素都会对组织产生或大或小，或直接或间接的影响。如果一个组织不能适应环境，这个组织总有一天要崩溃或解体。不能适应市场需求的企业总有一天要破产。

二、组织职能

组织职能作为管理职能之一，它的实践体现就是组织工作，就是指在组织目标已经确定的情况下，将实现组织所必须从事的各项工作或活动进行分类或组合，划分出若干个部门，根据管理幅度原理，划分出若干管理层次，并把监督每一类工作或活动所必需的职权授予各层次、各部门的主管人员，以及规定上下左右的协调关系。此外，还需要根据组织内外的诸要素的变化，不断地对组织结构做出调整和变革，配备相适应的人员，以确保组织目标的实现。以上这些就是管理学中组织的工作职能范围。

具体来说，主管人员的组织工作职能主要包括以下几方面的内容。

1．组织设计

组织设计是指确定合理的组织结构形式，建立相应的组织系统，规定各个部门的划分、职责及相互关系。组织系统既是组织设计的结果，也是行使组织职能的工具。任何组织系统都包含必不可少的五项要素：人员、职位、职责、相互关系和信息沟通。组织设计包括组织职能分析、职位设计、部门设计、管理层次和幅度设计、决策系统设计、执行系统设计、行为规范设计等多个方面。

2．人员配备

人员配备是指根据组织结构中的职位配备适当人员。使其在适当的岗位上、从事适当的工作，并授予相应的权力。应是以岗聘人，而不是因人设岗。它包括人员的选聘、考评和培训等内容。

3．组织运用

组织运用是指组织系统制定目标，并对目标进行分解，将其落实到各个部门、各个人；为各部门制定工作标准、办事程序和办事规则；建立科学检查、考核和报告制度；在此基础上开展具体的管理活动，使组织系统有效的发挥其整体功能的过程。

4．组织变革

组织变革是指根据组织的外部环境和内部条件的变化以及在组织运作中发现的问题，及时进行组织变革，推进组织发展，调整组织结构，更新组织系统，以完善组织功能。任何组织都是社会环境的一部分，复杂多变的环境对组织效果的影响非常之大，以至于没有十全十美的组织。组织要继续发展就必须根据环境的变化，实施相应的变革。

管理的组织职能曾被认为是管理职能的同义词，至今也仍然有人主张管理职能就是广义的组织职能。尽管从现代管理的角度来看，“组织”和“管理”二者所涉及的范围和研究角度是不同的，但如果没有组织职能，就无法进行组织和计划，就不能进行有效的指挥、协调和控制，管理也就成了一句空话。

三、组织理论

组织理论是关于组织的一种思维方式。组织理论是深入而准确地洞察和分析组织的方法，这种观察和思维方式是以组织设计和行为的方式及规律为基础的。组织学者研究这些规律，并加以定义和衡量供我们使用。随着时代的发展，对管理的看法也在不断演进。组织理论的发展大体经历了三个阶段：传统组织理论、行为科学组织理论、现代的系统和权变的组织理论。

（一）传统组织理论

传统组织理论（也称古典组织理论）是着重从组织内部来说明其特征，重视组织的效率，把组织看成是与外界隔绝的封闭系统。因而不能预期环境的不确定性和今天组织所面临的变化。科学管理理论的代表人物如泰罗、法约尔、韦伯等也都是这种组织理论的倡导者。泰罗创立的科学管理，要求组织决策和工作设计都要对个别情形进行仔细研究。而法约尔提出的14项管理原则中就提出了如“所有的下级只从一个上级那里接受命令”和“相似的活动应该集中在一个管理者的领导下”的统一命令、统一指挥的组织观点。韦伯指出一个组织应该是“科层结构”(是一种金字塔形的结构)。

传统组织理论的主要观点是：

(1) 组织是一个目标体系。整个组织有总目标，以下有层层分目标，组织的任务就是实现特定的目标。

(2) 组织是一个分工的体系。组织结构中，不管是哪一级单位，都要根据分工原则来加以区分和设计。

(3) 组织是一个权、责的体系。组织中，有明确的权力分配和职责要求，按规定的职务去进行工作。

(4) 组织是一个科学体系。组织结构中，有固定的管理层次，上、下级之间有层层管制的关系。

(5) 组织是一个规章体系。组织的每一个成员都必须严格依规章制度和各种法令办事。

(6) 组织是一个协调体系。组织的功能就是协调人们的活动和同一级单位之间的关系，以实现组织的目标。

传统组织理论是以“经济人”假设为前提的，强调的是以工作为中心，封闭、集权化的组织。认为组织就是由合法的管理权威进行计划和控制的机械性系统。这种理论的缺点表现为：为了固守死板的规章制度而影响成员个性的发展，削弱人的创造性；组织中的权威和严格控制、组织成员的职位之间的“非人化”的关系，会使成员产生紧张和不安的情绪，导致兴趣低落，人际关系淡薄，以致影响工作成效；可能助长某些形式的独裁和专制，这又会使组织职能失调，向上沟通受阻，容易出现非理智、非感情的控制，对成员的行为产生负面影响；机械、封闭式的结构缺乏弹性和适应能力，难以适应外部环境的变化等。

（二）行为科学的组织理论

这种理论是以古典组织理论为基础，同时又吸取了心理学、社会学的观点。这种组织理论着重从人的因素来说明组织结构，重视人的心理反应，认为组织是一种社会心理系统。行为科学的代表人物如梅约、马斯洛等，社会系统学派的代表人物巴纳德等是这种理论的倡导者。其主要观点是：

(1) 组织是一个心理与平衡的系统。成员以及群体的心理反应对组织都有影响，应该保持成员与组织双方需求之间的平衡。

(2) 组织是一个有影响力的系统。组织中上级与下级以及同级成员之间的交流和沟通产生了相互影响，权力不是构成影响力的惟一因素。

(3) 组织是一个沟通的系统。成员之间的沟通不仅是循着层次结构和协调途径沟通，更重要的是循着人际关系的渠道沟通。因此，组织也可看成是一个沟通网络。

(4) 组织是一个人机配合的系统。构成组织的人、事、物、财、时间五种因素中，除人之外，均属机械因素，而人是能动因素。必须使各因素之间适当协调和配合，否则无法实现组织目标。

(5) 组织是一个个性总和的系统。成员在个性心理特征以及认知、态度上的差异势必在组织内部产生各种冲突，组织的任务之一就是协调、处理这些冲突，使之统一行动，组织的功效才能得以发挥。

(6) 组织是一个包容非正式群体的系统。组织内，除正式群体外，还不可避免的会产生非正式群体。如运用得法，可成为组织的动力；如运用不当，会成为组织的阻力。

这种组织理论是以“社会人”和“自动人”假设为前提的。它的特点是：认识到组织是一种开放的系统；在集权与分权的关系上，主张适当的分权，使组织成员能更多的参与决策以提高积极性；从组织形式看，主张部门化。其优点是注意到了组织内人的重要性，强调了人的行为过程对组织的影响。但这种理论由于过分重视人的心理状态以及对组织内部的影响，因此，既忽略了传统组织的权责关系、组织规章、组织结构的基本作用，也忽略了组织与社会环境之间的相互关系。

（三）现代的系统和权变的组织理论

现代组织理论着重于组织与环境之间的相互影响与适应的研究，认为组织是一种与环境相互作用的开放系统。系统管理学派的代表人物如约翰逊、卡斯特等人，权变理论学派的代表人物卢珊斯等人就是这种理论的倡导者。其主要观点是：

(1) 组织是社会大系统的子系统。它与社会环境之间相互依赖、相互作用，社会环境的变化会对组织产生影响，使组织结构必须做出相应的调整，进行组织变革与发展，以保持组织与社会环境之间的适应与平衡。

(2) 组织本身也是一个复杂的系统，它由许多子系统组成：目标与价值子系统、技术子系统、管理子系统、结构子系统和社会心理子系统，这些子系统之间又相互依赖、相互影响。

(3) 组织是一个维持适应的系统。组织不仅要与社会环境维持高度适应的关系，内部各子系统之间也要维持高度适应的关系。因此组织不是静态固定的，而是动态变化的。传统组织理论强调的是管理子系统；行为科学理论强调的是社会心理子系统；管理科学学派强调的是技术子系统，应将注意力集中于一切子系统及其相互关系上。

总之，传统组织理论是将组织看成封闭、稳定、机械式的系统。基本上是靠等级结构、权力集中、严格控制来协调人的活动，实施专制、任务型管理。而现代组织理论是将组织看成开放、适应、有机式的系统，通过广泛的参与、权力分散、自我控制来协调人的关系，实施民主的人际关系型管理。

四、组织的重要性

组织包围着我们并以多种方式改变着我们的生活。组织到底有什么作用呢？组织，绝不是仅仅为了简单地把个体力量集合在一起，而是为了实现个体力量的汇聚和放大。一个组织为了有效地发挥和利用其人、财、物资源，必须妥善地开展组织设计与变革工作。表8-1列出了6个方面的原因说明组织重要性。

表8-1　组织的重要性

组织的重要性
1. 组合所有的资源以达到期望的目标和结果
2. 有效地生产商品和服务
3. 为创新提供条件
4. 适应并影响变化的环境
5. 为所有者、顾客和雇员创造价值
6. 适应多样化、伦理、职业形态以及雇员的激励与协调等
7. 进一步的挑战

首先，组织将资源组合在一起完成特定的目标。回顾一下2004年的夏季奥运会，在希腊雅典赢得东道主之后，雅典的奥委会不得不筹备120亿美元的资金、成千上万的工作人员和志愿者、安全卫生服务、赛场的各项活动、计算机技术与广播服务等其他多种类型的资源，所有这些都为了夏季奥运会这个目标，而没有其他城市和国家的帮助。

组织也生产顾客想以竞争价格获得的商品和服务，企业寻求创新途径以便更加有效地分配产品和服务。一种方式是通过运用现代的制造技术和新的信息技术，重新设计组织结构和管理实践也能够增进效率。组织产生创新的动力而不是依靠标准的产品和陈旧的工作方式。学习型组织的趋向反映了在组织所有领域改进的愿望。计算机辅助设计和制造以及新信息技术有助于促进创新。

组织适应并影响迅速变化的环境，有些大型企业拥有专门的部门负责监视外部环境并找出适应或影响环境的方式。今天，一个最重要的变化就是全球化，例如，为了试图影响环境，可口可乐与罗马尼亚最大的瓶装软饮料公司 Ci - CoS.A. 联营，使之在欧洲市场上与百事可乐形成强有力的竞争。通过所有这些活动，组织为所有者、顾客和雇员创造价值。管理者需要清楚哪些经营活动创造价值而哪些不创造价值。一家公司只有当创造的价值大大超过所耗资源的成本时才是盈利的。

最后，组织也必须应付和适应今天劳动力多样化的挑战，即更加注重伦理和社会责任、改变职业生涯模式，以及找出有效的办法激励雇员完成组织的目标。组织改变着我们的生活，信息充分的管理者也能改变组织。对组织理论的系统研究和理解能够使管理者们去设计组织并使其更有效地发挥作用。

第二节　组织设计

一、组织设计

组织设计，是根据组织目标及工作的需要确定各个部门及其成员的职责范围，确定组织结构。组织设计包括机构设计和结构设计。机构设计是在分解目标活动的基础上，分析为了实现组织目标需要设置哪些岗位和职务，然后根据一定的标准将这些岗位和职务加以组合，形成不同的部门。结构设计是根据组织业务活动及其环境特点，规定不同部门在活动过程中的相互关系。组织设计的目的就是发挥整体大于部分之和的优势，使有限的资源形成最佳的综合效果。

(一) 组织结构

组织结构是指组织成员为完成工作任务、实现组织目标，在职责、职权等方面的分工、协作体系。它是由组织的目标和任务以及环境的情况所决定的。它对组织内部的正式指挥系统、沟通系统具有直接的决定作用，对组织中的人的社会行为等也有影响。组织结构的类型很多，但任何一种组织结构都存在着三个互相联系的问题：管理层次的划分、部门的划分、人员的配备。

组织结构有以下特征：

(1) 整体性。组织是一个实现目标的工具，并且是以整体人员协同行动才能达成其目标。

(2) 复杂性。是指组织分化的程度。它包括纵向复杂性、横向复杂性和空间复杂性。纵向复杂性是指组织层次的划分程度；横向复杂性是指所有职能部门的划分程度；空间复杂性是指工序、设备的分布程度。组织的复杂性还体现在分工后的协调。执行与控制，集权与分权等都涉及人与人、部门与部门之间的协调。分工越细，协调也越困难。

(3) 正规化。即组织活动的法制化、制度化。正规化组织应该在较大程度上利用规章制度来指导员工和管理者的行为。组织依靠规则和程序、政策引导员工行为的程度。有些组织仅以很少的这种规范准则运作，有些组织却具有各种规则指示员工可以做什么、不可以作什么，一个组织使用的规章条例越多，其组织结构的正规化程度就越高。

(4) 集权与分权。即组织中的决策权集中于哪一职权等级。在一些组织中，如果决策权主要由高层经理做出，则组织的集权水平高，反之，如果决策权授予处于较低组织层次人员，则分权水平高。

(5) 相关性。组织必有标准化的趋势，如组织理想、行为规范的标准化；任务、职责的标准化；工序、流程的标准化。而人又是千差万别的，人的种种个别差异与标准化之间又势必要讲求协调。组织所面临的两大矛盾体系就是：一是成员的个人需要能否与组织目标一致，二是能力与权力之间能否真正平衡，以使个人的才智得以充分发挥。这成为任何组织都迫切需要解决的问题。

(二) 组织结构的设计

组织结构的设计就是把为实现组织目标而需要完成的工作，划分为若干性质不同的业务工作，再把这些工作组合成若干部门，确定各部门的职责与职权，并进行合理的人员配备。要想组织工作尽可能做到有效，设计出一个健全、合理的组织结构是十分必要的，从组织管理的实践中我们看到，设计好一个科学合理的组织结构，对提高组织绩效和经济利益起着重大的作用。

一个企业采用不同的组织结构，会得到完全不同的组织效果。优秀的组织结构，能够做到机构简单、高效、职能分工合理而明确，即高效又统一，既发挥了个人的积极性、创造性，又能保持高度和谐和统一。反之，不合理的组织结构就会导致机构臃肿、人浮于事、效率低下。组织内因为职责不清、职能重叠而扯皮，形成有权无责而滥用权力，有责无权而消极怠工。大凡成功的企业，都有运行顺畅的优秀的组织结构；相反，一切失败的企业大都存在着不合理的组织结构。因此恰当的认识和设计组织结构，对实现组织目标是十分重要的。

二、影响组织设计的因素

组织设计是为了合理的利用组织中有限的资源，组织劳动。而组织活动总是在一定的环境利用一定的技术条件，并在组织总体战略的指导下进行的。每一组织内外的各种变化因素，都会对其内部的组织结构设计产生重大的作用。组织结构设计不能不考虑这些因素的影响。

(一) 规模因素

组织规模即组织的大小。组织规模不同所设计的组织结构形式也会不同，这是由组织结构的特征所决定的。参与全球竞争的跨国公司应采用大规模的组织结构，而不适用仅在国内市场生产销售产品的企业的组织结构。因为全球竞争需要大量的资源和规模经济所带来的效益。大规模的公司组织较小型公司更复杂的，更标准化，具有更高程度的专业化和横向、纵向的分化，规则条例也更多，因而能够完成复杂的工作和生产复杂的产品。

20世纪60年代，管理学家伍德沃德对英国南部的100多个公司进行了深入的调查研究。他们发现，组织设计与其本身的关系大体为：①组织规模越大，工作就越专业化；②组织规模越大，标准操作化程序和制度就越健全；③组织规模越大，分权的程度就越高。

（二）战略因素

战略是组织发展的总目标，它涉及到一定时期内组织的全局方针、主要政策与任务的安排，它决定着本组织在一定时期内的活动方向和水平，它是制定策略和计划的标准。组织结构必须服从组织所选择的战略的需要。适应战略要求的组织结构，为战略的实施，进而为组织目标的实现，提供了必要的前提。

组织战略的选择一方面决定了组织的任务、采用技术和所处的环境，而这些因素又影响着组织的结构设计。另一方面一旦战略形成，组织工作的重点、各部门与职务在组织中的重要程度都会改变，组织结构就要做出相应的调整，以适应战略实施的要求。

（三）环境因素

任何组织作为社会系统中的子系统，都处在一定的环境之中，这些外部环境必然会对组织的结构产生一定程度的影响。在不同环境中的两个单位的组织结构会有相当大的差别。处于相对稳定环境中的组织会采用机械式的相对稳定的组织结构。即采用规章制度、工作的高度专业化和集权式的领导来安排组织的活动。处在不稳定或不可预测环境下的组织，因为环境经常性的快速变化，要求其组织结构也具有相对灵活的动态性，以适应环境的变化。即使同一组织内部下属的不同部门，也可能因各自所处的环境不同而采用不同的组织结构。比如生产部门的组织结构较为机械化，而销售部门的组织结构较为动态化。

环境的变化主要会影响组织结构的选择、组织中职务与部门的设计及各部门间的关系。

（四）技术因素

技术不仅仅是指组织中有形的生产技术，还包括系统信息技术和人才的教育培训。组织活动需要利用一定的技术来完成。技术以及技术设备的水平不仅影响组织活动的效果和效率，而且会影响组织的管理层次、管理人员的管理幅度，工作人员的素质要求以及生产工人与管理人员的比例。随着信息技术和计算机技术的飞速发展，把企业带入一个网络时代，加剧了竞争的全球化进程，必将改变组织结构的设置，组织各部门的工作形式和性质，这就要求组织在管理上不断创新设计出合适的组织结构，以适应竞争形式的需要。比如，计算机技术引发的经营革命，对组织结构的冲击非常大，它使组织结构更趋于有机式，“虚拟运作”下的“虚拟办公室”、虚拟科研机构、虚拟董事会、网络市场营销等，彻底改变了传统的组织结构。

三、组织设计的原理

为了有效地发挥组织职能、合理设计并适时调整组织结构，正确地进行组织工作，必须遵循管理的基本原理，以及组织工作的原理。组织受到发展规模、制定战略、所处环境和采用技术等因素的影响，设计的组织会有所不同。但任何组织在进行组织设计时所遵循的原理都是一样的。

（一）目标统一性原理

目标统一性原理是指组织结构的设计、组织形式的选择以及人员配备等组织工作的各个环节都必须有利于组织目标的实现。任何一个组织，都是由它特定的目标决定的，组织中的每一部分应该都与既定的目标有关系，否则它就没有存在的意义。例如，大学的目标是培养高级专门人才。那么，它的组织机构、组织形式和人员配备，从教务、科研、实验室、图书馆和实习工厂一直到人事、财务、总务和学生食堂等所有的部门以及教师的人数和编制，都是围绕着这一目标而设置的。每一个部门又有自己的分目标来支持组织总目标的实现，这些分目标又成为组织机构进一步细分的依据。为此，目标层层分解，机构层层建立，直至每一个组织成员都了解自己在总目标的实现中应承担的义务，这样建立的组织机构才是一个有机整体，才能为保证组织目标的实现奠定组织基础。绝不能照搬其他组织的固有机构，也不能片面强调“上下对口”而设置一些与组织目标无关的机构。

这一原理要求在组织结构设计中组织不仅要有明确的目标，而且组织内各职位的目标必须与组织的整体目标相一致。要做到以事为中心，因事设机构、职务，再为职务配备合适的人员，做到人与事高度配合。避免因人设事、因人设职的现象。

（二）分工、协作原理

分工、协作原理是指组织机构的设计和组织形式的选择越是能充分反映完成组织目标所必需的各项工作任务的分工以及彼此间的协作，那么，这种组织机构就越是有效。这来源于管理的整分合原理。在组织结构设计中坚持分工协作的原则，就是要作到分工合理、协作明确。对各个部门和员工的工作内容、工作范围、相互关系、协作方式和方法等，都要做明确的规定。通过分工，人们可以专心从事某一方面的工作，对工作更加熟练，以利于提高管理该的质量和效率；在实行专业分工的同时，又要十分重视部门的协作配合，加强横向协作，以发挥管理的整体效率。

在现实的管理工作或组织工作中，违背这一原理的具体表现有：一是分工不明确，以至于每一件事都有不少人在管，但每一个人对这一件事似乎都不管，造成互相插手或互相推诿、互相干扰或互相扯皮的现象；二是协调不力，只有分工而无有效的协调，以至于形成各行其是，彼此脱节的现象。总之，只有分工没有协作，分工就失去意义；而没有分工就无所谓协作，它们之间是相辅相成的。在进行组织设计时，必须同时兼顾这两方面。

（三）管理幅度原理

管理幅度原理是指一个管理者能有效地指挥和控制直接下属的人数有一个客观的限定。根据这一原理，管理者必须确定合理的管理幅度。一个管理者受知识、经验、时间、精力、条件等因素的限制，能够有效地、直接地领导的下级人数总是有限的，超过了一定的限度，就会降低管理的效率。管理幅度原理实质上是组织结构的起因，在一定程度上它决定了组织的层次和管理者的人数。在组织中超过一个管理幅度，就要增加一个管理层次，这样设计的组织才更有效率。合理的管理幅度取决于多种因素，例如工作类型主管人员以及下属的能力等。管理幅度的大小影响和决定着组织的管理层次以及主管人员的数量与配备等重要的组织问题。所以，每一个组织、每一个主管人员都应该根据影响管理幅度的具体因素来慎重而正确地确定合理的管理幅度。

（四）精干高效原理

精干高效原理既是组织结构设计的最重要原则，又是组织结构相互联系和运转的要求。精干高效，即在有利于顺利地达成组织目标的前提下，减少管理层次、管理人员和管理活动的时间，提高管理的效率。机构精简、人员精干才能实现管理的高效率。企业内机构的精简能使协调工作量减少，避免推诿扯皮现象，员工间沟通就顺畅了；人员素质的提高，能使个人承担更多的工作量。工作效率大大提高，管理成本自然会降低。

（五）统一指挥原理

统一指挥原理是指组织的各级机构以及个人必须服从一个上级的命令和指挥。只有这样，才能保证命令和指挥的统一性，避免多头领导和多头指挥，使组织的决策得以贯彻和执行。

根据这一原理，上级指示从上至下逐级下达，不许越级指挥，下级只能接受一个上级的指挥，只向一个上级汇报并向他负责，这样就在上下级之间形成了一个“指挥链”，在这条链上，上级既能了解下属的情况，下属也易于领会上级的意图。从而就可以使政令畅通，提高管理的有效性。否则，如果两个或两个以上的领导人同时对一个下属或一个工作行使指挥权力的话，那么下属人员就会无所适从，形成所谓“上面千条线，下面一根针”的局面，引起管理的混乱和效率的低下。

统一指挥是组织工作中的一条重要原则。组织内部的分工越细，越深入，统一指挥原理对保证组织目标的实现的作用越重要。只有实施这条原理，才能防止政出多门，遇事相互扯皮、推诿，才能保证有效的统一和协调各方面的力量和各部门的活动。统一指挥原理在实践中也可能会产生一些问题，如缺乏横向联系和必要的灵活性等。为弥补这一缺陷，往往规定主管人员有临机处置权，但事后要向主管上级汇报。

（六）权责对等原理

权责对等原理是指组织中各种职责和职权必须相等。职权可以委任给下属，授予他们一定的权力，同时规定他们在限定的范围内行使这种权力。而且同一级机构和人员在职责、职权和工作各方面应大致均衡，不宜偏多或偏少。这就要求在组织结构设计时，既要明确各管理层次的职责范围，又要赋予其完成职责所必需的管理权限。职权是与组织内的一定职位有关的，而与担任该职位的任职者没有直接的关系。某人被辞退，离职者就不再享有该职位的任何权利，职权仍保留在该职位中，并授予新的任职者。这是管理的能级原理和责任原理的必然要求。

权责对等原理要求在进行组织结构设计时，既要明确规定每一管理层次和各个部门的职责范围，又要赋予完成其职责所必需的管理权限。职责与职权必须协调一致，要履行一定的职责，就应该有相应的职权。即若某人得到了某种权力，他也就承担了一种相对等的责任，授权而不授责就会导致滥用职权。授责而不授权，实际上也无法承担应有的责任。

在一般企业中，其管理人员可以分为两类：直线指挥人员和职能管理人员。直线指挥人员，直接负责完成企业组织的目标，拥有对下级实行指挥和命令的权力，并对所管辖的工作负全部责任。而职能管理人员，是直线指挥人员的参谋，只能对下级机构进行业务指导、提供建议，但无指挥之权，更不能对下级机构直接进行指挥和命令，只是协助直线指挥人员。

这样做有利于保证指挥命令的一致，但是妨碍了专家和职能人员专业技能的发挥。直线人员对职能人员提出的建议可接受也可不接受，忠告可听也可不听。这就不能保证组织及时地采纳正确意见。为此，可将职能部门的功能加以扩大，扩大的方法有三种：

(1) 强制性磋商。上级直线指挥人员可授权某一职能部门，让下级直线人员在采取某项行动之前，必须事先和该职能部门商量，否则不予受理和批准，以加强职能部门的发言权和影响力。如引进某新技术和新产品，必须征求下级技术部门意见。但是这种强制性磋商并不限制上级主管对事情的最后判断和决定。

(2) 赞同性职权。上级要求下级在采取行动之前，不仅必须征求职能部门的意见，而且必须得到职能部门或专家的同意。例如职工晋级、提升要得到企业的人事和劳动部门的同意。这种做法能使有关专家有机会纠正直线人员的错误，避免失误和损失。

(3) 功能性职权。功能性职权是指上级直线指挥人员将某一方面的权力完全下放给某一职能部门，该部门可直接行使直线指挥权，向下级直线人员下达命令，效力等同于上级直线主管。例如，安全人员可在危及安全的情况下，让工人停产，并强制车间采取安全措施。功能性职权理论上是希望专家在自己的业务领域内握有实权，而打破一般组织中直线指挥人员和职能人员的界限，以实现有效的管理。然而过多的职能性职权必将破坏统一指挥原理，削弱直线人员的职权乃至威信；功能性职权的无限扩大，无疑又形成了“多头领导”，最终自然会导致管理混乱。因此，如何正确处理直线人员和职能人员之间的关系是组织机构运行中的一个极其重要的问题。

（七）才职相称原理

才职相称原理是指委派最适当的人员去担任最适当的职务，完成最适当的工作，以“人尽其才，才尽其用”。这也是管理的能级原理的必然要求。正如能级原理中所阐述的那样，若才高职低，即让高才能的人去从事简单、平庸的工作，既无法施展其才干，造成人才的浪费，又可能使他被迫“跳槽”，造成人才的流失；若才低职高，即让无德无才的人去担任重要的职务，从事复杂、高难的工作，既无法胜任而贻误工时，又可能由于他的瞎指挥，使其下属无所适从，并产生离心倾向，甚至怨声载道。人员使用得是否适当在很大程度上决定着组织的管理成效。尤其是高层管理人员的任用恰当与否，更对于组织的成败有决定性的影响。

贯彻才职相称原理，就必须做到：

(1) 坚持“因事择人”、反对“因人设事”；

(2) 尽可能按人的个性特征（如兴趣、气质、性格、能力等）来分配合适的工作，这是由于人的个性不同，对工作的适应性不同，工作的效果也就不同；

(3) 用人标准要定得适当，标准定得过高、过于苛求或定得过低、“滥竽充数”，都不利于工作；

(4) 采用适当的方式来挑选人才，如民主推选、考试择优、试用观察等。

（八）适当的授权原理

适当的授权原理是指在组织规模日益庞大的情况下，原来的职权划分已不适应需要，必须实行适当的授权，即上级将部分事项的决定权授予下级，使下级在一定的监督之下有一定的自主权和处理权。但是，授权并不意味着将责任也同时下授，即授权是将部分权力转移给下层，但不是把责任也同时转移下去。最终结果完成好坏的责任还必须由上级来承担，因此，授权不等于授责，更不等于有意识的推卸责任。授权不等于放任不管，授权以后上级仍必须保留适当的对下属的检查、监督、指导与控制的权力，以保证下属正确地行使职权。授权是为了充分调动下属的积极性，以更好地实现组织的整体目标而必须采取的一种手段。因此，授权不是上级的个人行为，而是一种组织行为。所有的授权都可以由授权者收回。职权的授予者不会因为把职权授予出去而从此永久失去职权。

适当的授权是对下属的信任，让下属有权处理其工作范围内的问题，充分的相信下属，将得到下属的尊敬和信任，下属不需要监督也会尽力做好工作。适当的授权有利于调动下属的积极性，发挥下属的聪明才智，运用其想像力和创造力做好工作。适当的授权可以减轻上级的工作负担。这既能够是上级有时间和精力去处理组织的重大问题，又有利于培养下属的工作能力，加速下属的成长。

授权应该遵守下列原则：

(1) 视能授权。应以被授权者的才能大小和水平高低为授权与否或大小的依据。在授权前，必须明确本单位的工作任务，仔细分析其难易程度，以使职权授予最合适的人选。一旦发现下属不能胜任时，应及时的收回授权。办事有功者应该受奖赏，但不可因此就“以功授权”，否则可能会贻误大事。

(2) 明确授权事项。授权时，授权者必须向被授权者明确所授权事项的责任、目标和权力范围，这不仅有利于下属完成任务，而且可避免下属推卸应负的责任。

(3) 适度授权。这是评价授权效果的一个重要因素。授权过少，等于没有授权，会造成上级的工作过多，下属积极性受挫。授权过多又等于放弃权力，会造成工作杂乱无章，甚至失去控制。尤其是重大决策权，不可轻易下授。授权要做到下授的权利刚好满足下属完成工作任务，不可无原则放权。

(4) 不可越级授权。越级授权是上层领导者把本来属于中层管理人员的权力直接授予下级。这样会使中层管理人员的积极性受挫，造成他们的工作被动或部门间的矛盾。

(5) 适当控制。授权后要进行适当的控制，不可撒手不管，应建立一套健全的控制制度，制定工作标准和报告制度，以便能在不同的情况下迅速采取补救的措施。当然，若授权之后，上级仍是频繁地不厌其烦地检查工作，是授权不足的表现。因此主管人员在向下级授权之后，应该充分信任他，也就是“用人不疑，疑人不用”。

（九）集权与分权相结合原理

集权与分权的比例原理是指为了保证有效地管理，必须实行集权与分权相结合的领导体制，该集中的权力必须集中，该下放的权力尽量下放。应按组织的实际需要来决定集权与分权的程度，这样才能够加强组织的灵活性和适应性。

集权是指决策权在组织系统中较高层次上一定程度的集中；分权是指决策权在组织系统中较低层次上一定程度的分散。在组织中，集权和分权是相对的，没有绝对的集权，也没有绝对的分权。如果高层管理者将他的职权全部授予给下属，那他就不再是管理者，没有管理者组织也就不存在。因此，某种程度的集权对组织来说是必要的。如果高层管理者将权力都集中在自己的手中，就意味着没有下属，因此组织也不存在。因此，一定程度的分权同样也很重要。为了使组织系统有效地运行，就必须将集权与分权相结合，确定他们之间的合理比例。

一般来说，这个比例可以根据各个管理层次拥有决策权的情况来确定：

(1) 决策的数目。若高层决策数目越多，则集权比例越大；反之，若低层决策数目太多，则分权比例越大。

(2) 决策的范围。若低层决策的范围越广，涉及的职能越多分权比例越大；反之，集权比例越大。

(3) 决策的重要性。若较低层做出的决策无关紧要，则集权比例较大；反之，若较低层做出的决策事关重大且影响面广，则分权比例较大。

(4) 决策的审核。若上级对低层决策的审核程度越低，则分权比例大；若做出决策后，还需呈报上级审批，分权比例就小一些；若在做出决策前就必须请示上级，则分权的比例就更小。低层在决策时要请示的人越多，分权的比例就越小。

总之，集权与分权的比例应视其实际情况而定。但不管是偏于集权还是分权，其考虑的出发点都是如何保证决策的迅速性、正确性以及有利于实施，从而顺利地达成组织目标。

(十) 弹性结构原理

弹性结构原理是指组织机构和人员既要保持相对的稳定性，不要轻易变动，又必须随组织的外部环境和内部条件的变化，根据长远目标做出相应的调整，即保持应有的弹性。这是管理的弹性原理的必然要求。任何组织都是一个开放的社会子系统，在其活动中，都与外部环境发生一定的相互联系和相互影响，并连续接受外来的“投入”而转变为“产出”。一般来说，组织要进行实现目标的有效的活动，就要求必须维持一种相对平衡的状态，组织越稳定效率也将越高。但是，不但组织本身是在不断运动的，组织赖以生存的环境也是在不断变化的，当组织结构相对地呈现僵化状态时，组织效率低下，无法适应外部环境并有可能危及组织的生存时，组织的调整和变革就不可避免了。只有通过调整和变革，才能给组织重新输入活力，带来效率的大幅度提高。

弹性组织结构原理包括两方面的内容：

(1) 组织结构有弹性。使部门结构具有弹性的方法有：

①根据任务和完成组织目标的需要，定期审查组织内任何一个部门存在的必要性，如果已经不必要，就应改组。

②根据环境和任务的要求成立若干工作小组。如新产品研究开发小组、调资小组等。一个问题产生后，将解决问题的有关人员，从各单位抽出，组成专门工作小组，问题解决后小组就应该解散。

(2) 职位有弹性。使职位具有弹性可采用以下一些方法：

①按任务的目标的需要设岗，而非因人设岗。一个人的职位责任不是一成不变的，而应根据不同时期的组织目标和分配的任务而改变职责。

②干部的定期更换。即要求干部都有一定的任期，不能无限制地担任下去。目的是增强干部的能力素质，增强干部的弹性，也给更多的人提供机会。

③实施职工一专多能、一人多岗，使岗位人员有弹性。

④实行多种用工制度，使组织内人员具有弹性。

四、组织设计的内容

组织设计的实质是通过对管理活动进行分工，将不同的管理人员安排在不同的管理岗位和部门中，通过他们在特定环境、特定相互关系中的管理作业使整个组织有机地运转起来。分工包括纵向分工和横向分工。纵向分工是根据管理幅度的限制，确定管理系统的层次，并规定各层次管理人员的职责和权限。横向分工是根据不同标准，将组织中的管理活动分成不同岗位和部门。并根据分工配备相应的管理人员。因此组织设计包括三个方面的内容：管理层次的划分；部门的划分；人员的配备。

（一）管理层次的划分

组织的高层管理者由于能力、精力和时间的限制，需要委托下属人员分担其管理工作。这就减少了他必须直接从事的业务量，但同时增加了他协调下属关系的工作量。因此就出现管理者能够直接有效的管理多少下属的问题，根据管理者所能管理的下属数量，就可以确定组织结构的层次。

1. 管理幅度与管理层次

管理幅度又称管理宽度或管理跨度，是指一个领导者能直接而有效地管理下属人员的数目。上级直接领导的下级人数多，称之为管理幅度大或跨度大；反之，则称之为管理幅度小或跨度窄。管理幅度是有限的，当超过限度时，管理效率随之下降。因此，管理者就必须有一个适当的管理幅度，超过这一幅度，就应该委派工作给下一级管理者而减轻上层领导的负担，也就是说要增加一个管理层次。管理层次描述企业纵向结构特征，是指从企业最高一级管理组织到最低一级管理组织的各个组织等级。每一个组织等级即为一个管理层次。管理层次受到组织规模和管理幅度的影响。它与组织规模成正比，组织规模越大，成员越多，则层次越多；在组织规模一定的前提下，管理层次与管理幅度成反比关系：管理幅度大，管理层次就少；反之，管理幅度少，管理层次就多。管理幅度和管理层次的反比关系决定了两种基本的管理组织结构形态：高尖结构和扁平结构。

高尖结构形式是指管理幅度较窄,管理层次较多的高、尖、细的金字塔形结构。这种结构管理幅度较小,主管人员能够有充分的时间和精力,对下属进行面对面地、深入具体地领导。具有管理严密、分工明确,上下级易于协调的优点。但层次增多,需要配备较多的管理人员,彼此之间的协调工作也急剧增多,容易出现互相扯皮的现象,并且各层次上的管理费用也随之增多;层次增多,信息的上传下达要经过多个层次,影响信息传递速度,并容易发生失真与误解;层次增多,因为管理严密,又影响到下级人员的主动性和积极性;最后过多的管理层次也往往容易使计划与控制工作复杂化。在最高领导层本来是明确的、完整的计划,经过自上而下逐层分解细化,有可能失去原先的明确性和协调性。且由于管理层次和主管人员的增加,以及计划工作的复杂性和信息沟通的困难,使得控制工作的难度也随之加大。一般来说,组织希望尽可能减少管理层次,但这要受制于管理幅度。

扁平结构形式扁而平，管理层次较少，而管理幅度较大。扁平结构出现较晚，它是在行为科学学派发展起来之后，得到这一学派肯定和提倡的形式。扁平结构由于管理层次较少，同高层结构比较起来，它的信息传递速度快、失真少，便于高层领导了解基层情况，且管理费用低。管理幅度较大，使主管人员对下属不可能控制过多，从而有利于下属发挥主动性和创造精神。扁平结构的缺点：管理幅度大，领导人员负荷重，精力分散，难以对下级进行深入具体的领导；管理幅度越大，对领导人员的素质要求就越高。

2. 影响管理幅度的因素

管理幅度并非越大越好。因为管理幅度大，上级主管需要协调的工作量就大。当直接指挥的下属数目呈算术级数增长时，上级主管需要协调的关系呈几何级数增长。法国管理学家格雷丘纳斯（V. A. Graicunas）早在 1933 年就提出了这一理论。他在理论上把上下级关系分为三种类型：

(1) 直接的单一关系：指上级直接、个别地与下属的联系；

(2) 直接的组合关系：指上级与其下属人员的各种可能组合的联系；

(3) 交叉关系：指下级彼此之间的关系。

基于这种分析，他提出了一个可以用在任何管理幅度下，计算上下级人际关系数目的数学公式：

$$C = n(2^{n-1} + n - 1)$$

式中，C——可能存在的人际关系系数；

n——管理幅度。

依据上面的公式，可以得到一个关系：

n	1	2	3	4	5	6	7	8	9	10	…
C	1	6	18	44	100	222	490	1 080	2 376	5 210	…

根据这一公式，当直接下属人数（管理幅度）为 2 时，关系数为 6；当增加至 5 时，关系数急升为 100；当增加至 8 时，关系数竟剧升为 1080！这说明随着下属人员的增多，相互联系的总量急剧增加，组织内部关系迅速变的复杂，因而管理工作也变的更加复杂。因此欲增加管理幅度，要慎思而行。不过这一公式没有涉及上下级关系发生的频率和密度，使其实用性受到了质疑，因为频率和密度也是确定管理幅度必须考虑的因素。

根据上下级关系原理，从组织管理工作的特点这个角度，来寻找直接影响上下级关系复杂程度，又比较容易进行观察和评价的因素：

(1) 管理工作的性质。包括上下级管理工作的复杂性、变化性和下级工作人员工作的相似性。如果上下级管理工作复杂多变、富于创作性，就需要经常接触、深入调查、反复磋商，从而耗费较大的精力，管理幅度自然就少一些；简单重复性的工作和较为稳定的、变化不大的工作，管理幅度则可大一些。如果下属人员的工作越相似，那就越便于主管人员进行管理，扩大管理幅度是可行的。

(2) 人员素质状况。领导人员和下级人员的素质状况，都会对管理幅度产生影响。领导者年富力强、经验丰富、工作起来效率很高，精力很充沛，管理幅度大些，也能胜任。如果下级人员的素质也很好，能够准确地理解上级的意图，自觉、主动、独立地完成自己的任务，无须上级花费很多时间进行指导和监督，这就能进一步加大上级领导的管理幅度。因此，加强领导者自身修养和下级的培训，提高双方的工作能力，是使上下级接触频率降低、时间减少，从而扩大管理幅度的有效措施。

(3) 下级人员职权合理和明确程度。主管人员对下级合理授权，使其职责明确、责权一致，训练有素的下级就可以放开手脚，在职权范围内独立的进行工作，既能充分发挥积极性和创造性，也有利于减轻上级领导的负担。如果委派的任务为下级力所不及，授权过度，或者授权不足，下属就不得不经常地向上级请示汇报，主管人员为此也就必须耗费大量时间去指导和监督下级的活动。

(4) 计划和控制的明确性及其难易程度。下属的任务多数是由计划规定并依据他来实施的。因此，如果计划指定的详细具体，切实可行，下级人员就容易了解自己的具体目标和工作任务，通过计划来指导业务活动，不必事事请示领导。另外，计划的实施离不开控制，需要上级对下级的实施执行情况进行检查。当用以衡量工作绩效的标准是具体的、定量化的标准时，偏离计划的情况就容易显现出来了，既便于上级及时采取措施加以纠正，也便于下级自我调节。

(5) 信息沟通的效率和效果。上下级指之间的信息沟通、是必不可少的，若能提高沟通的效率和效果，显然可以减轻领导者为此而承受的时间负担。例如，在沟通方式上，口头和书面形式相结合，经理对下级的要求尽可能采用目视管理的方式；下级提出的问题与建议也尽量以书面形式简要提出，这就要比那种所有计划、指示、命令都由经理亲自传达或口头交代的方式效率高、效率好。尤其是沟通效果，对管理幅度影响更大。

(6) 组织变革的速度。组织不是一成不变的，但是，各个企业因具体条件不同，变革速度却有快慢之分。变革速度慢，意味着企业政策比较稳定，措施比较详尽，组织成员对此也较为熟悉，形成了习惯，能够按照既定程序和要求妥善地处理各种问题，从而减轻了上级人员的负担。

(7) 组织在空间上的分布状况。随着商品经济的发展，企业规模和市场范围日益扩大，企业组织形式和经营方式日益多样化。因此，管理幅度设计就越不得不注意企业组织在空间上的分布状况。特别是那些地区性、全国性和跨国公司，组织单位和成员不在同一地区，上下级之间即使能够依赖现代通讯及交通手段来保持联系，也不如十分集中的企业那样方便、省时。

以上七个因素在不同企业以及不同时期，对管理幅度的影响是很不相同的。组织设计人员必须从实际出发，认真进行具体分析。

(二) 部门的划分

管理的整分合原理指明：欲提高组织效率，必须按照整体规划，实行明确的分工，在分工的基础上，进行有效的综合。这种科学的综合，就形成了我们通常所说的部门。划分部门是将整个管理系统分解，并再分解成若干个相互依存的基本管理单位，基本管理单位是在管理活动横向分工的基础上进行的。分工标准不同，形成的管理部门以及各部门之间的相互关系也会有所不同。但整个过程都是以工作为中心，归根到底是为了更合理的分工，其目的在于有效地达成组织的目标。

1. 部门划分的原则

部门划分应遵循整分合原理、责任原理和组织设计的十项原理。具体原则有以下几项：

（1）目标性原则。即划分出的部门，应具备组织所要求的全部职能，以确保组织目标的实现。部门的划分和设置应以组织的总目标为导向，对一切妨碍组织目标达成的部门和单位应撤销或合并，而对于必不可少的部门又必须重点建设，不可空缺。作到每类职能都应有相应的部门来履行这种职能。当某种职能关联到两个以上的部门时，就应将每一部门所负责的部分，加以明确规定。

（2）最少部门原则。组织要求的职能应该齐备，并不等于说部门就应该越多越好。正相反，组织结构要精简，部门必须在确保实现组织目标的前提下，力求维持最少。但是部门过少又会使得某些职能无法完全实施。部门设计要以效率为前提，做到精干高效。现实中，往往出现部门林立的现象，或者为了平衡与对等，在上层以下的一切部门都按完全相同的模式来划分成刻板式的部门结构的现象。

（3）弹性原则。这是组织工作中弹性结构原理的体现。即划分部门应随业务的需要和环境的变化而增减，不存在着"永久性"的部门。不能说一个部门只能设置不能撤销，只能扩大不能精简。应根据组织的需要增设或撤销部门。对于临时性的工作或特定的任务，可设立临时部门或工作组来解决，一旦工作完成，临时部门应立即撤销。

（4）平衡性原理。即各部门职务的分派应尽量平衡，以避免忙闲不均，工作量分摊不均。常见的情况是，某些部门疲于奔命，忙得焦头烂额；另一些部门却寂寞难耐，闲得心烦意乱。

（5）监督部门与业务部门分设的原则。即考核、检查、监督等部门的人员不应隶属于受其检查、监督的部门。这是一条重要原则，可以避免检查人员有意袒护的"偏心"和惧怕危及自己的"私心"，真正发挥检查职务的作用。

2．划分的方法

组织随其目标的不同、组织活动的性质不同而千差万别，但大量事实证明，划分部门的标志与方法却具有普遍适用性。部门化是将工作和人员组织成可以管理的单位的过程。部门划分方法主要有以下几种：

（1）按人数划分部门。完全按人数的多少来划分部门是最原始最简单的划分方法。军队中的师、团、营、连等就是按此划分的。在高度专业化的现代化社会，这种方法越来越少。这主要是因为人们的文化水平和科技水平普遍提高，每个人都可能掌握某种专门技能，把具备某种专业技术的人组织起来去做某项工作比单靠数量组织起来的人们有更高的效率。在现代社会中这种划分方法有渐被淘汰的趋势。但这并不排除在某些基层单位的部门划分中仍然适用。

（2）按时间划分部门。按时间划分部门是基层组织常用的一种方法。它一般是在正常的工作日不能满足工作需要时所采用的一种划分部门的方法。如某些企业要连续生产，那么就按早、中、晚三班制来划分部门。此外，交通、通讯、医院、供电等组织也采用这种轮班制的方法来划分部门。这种划分方法主要是基于人类生理的需要和工作时间的需要以及经济和技术方面的需要。这种划分方法给管理带来的问题主要是容易造成监督不力、效率有可能降低以及费用增加问题。

（3）按职能划分部门。按职能来划分部门是许多组织广泛采用的一种方法。这种方法是按专业化分工原理，以工作任务的性质为基础来划分部门。这些职能部门包括了组织的全部基本职能。不同的企业，他们的性质、所属行业、产品也会不同，但他们维持组织生存所必备的基本职能大致相同。企业除了生产、销售、财务这些基本职能之外，还需要一些保证生产经营顺利进行的辅助性或次要职能，如人事、公关、法律等职能。图8-1是以企业为例的职能部门结构图。

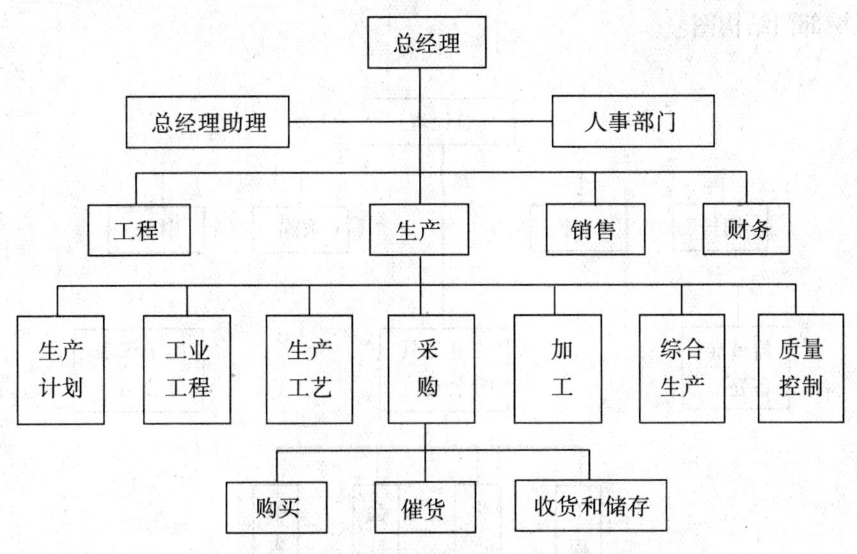

图8-1 职能部门结构图

按职能划分部门的优点是：它遵循了专业化分工原理，有利于充分发挥专业职能，提高管理的专业化程度，提高管理人员的技术水平和管理水平；它逻辑性强，各部门在各自的职能管理者的领导下工作，有利于维护高层负责人的权威信，维护组织的统一性；它使各部门职能明确，对直线部门有保证作用，有利于工作人员的培训，并为上层主管提供了严格控制的手段。

(4) 按产品划分部门。由于不同的产品在生产、技术、市场、销售等方面可能不同，就出现了根据不同的产品种类来划分部门的需要，与职能部门不同，它是根据产品作了分割，以便给予产品经理足够的自主权和控制权。这种划分部门的方法在多品种生产的大型组织中比较流行。图8-2是以企业为例的产品部门结构图。

这种方法的优点是：有利于更好地发挥人员的专业特长，发挥专用设备的技能，及时反馈信息，有利于部门内的协调；同时，它使部门的主管人员将注意力集中于产品上，十分有利于提高产品质量、改进产品和开发新产品。对企业来说，这都是提高经济效益的重要手段。

这种划分方法的缺点是：它要求更多的管理人员具有全面的才能和综合管理能力；部门和总部中的职能部门有可能重复设立而增加费用；各产品部门的独立性强而整体性差，削弱了总部的有效控制等；这后一点应注意，为了避免失控，按产品划分部门的组织，要把必要的决策权和控制权掌握在总部手里。

(5) 按区域划分部门。对地区分散的组织或全球化经营的组织来说，按区域划分部门是比较普遍的方法。当组织的地理位置分布在不同的地区，而各地区的政治、经济、文化、科技等因素都会影响到组织的运行，把该区域所有的组织活动集中由一个管理者来负责是很重要的。对于政府机构，几乎全世界所有国家都是按区域来划分部门的，对于企业来说按区域划分部门是为了调动各个地区的积极性，取得地方化经营的优势效益。图8-3是企业区域部门结构图。

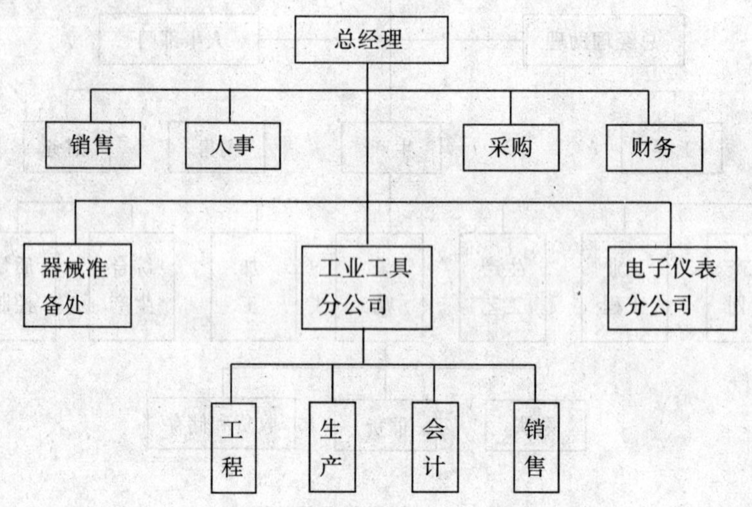

图8-2 产品部门结构图

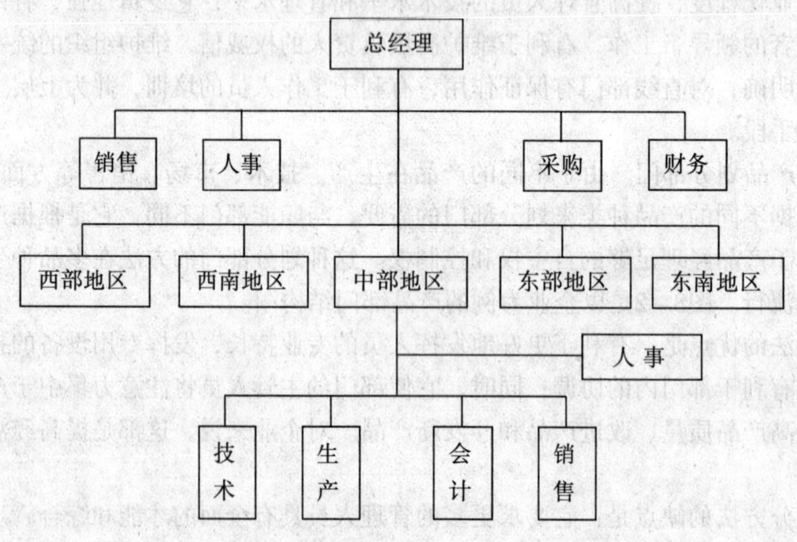

图8-3 区域部门结构图

按区域划分部门有利于各部门因地制宜地制定政策，进行决策，提高组织的适应性和有效性，还有利于培养和训练全面管理的人才；有利改善区域内的协调，可以明显地降低成本，并可以更好地适应当地市场和为当地顾客服务。

按区域划分部门的缺点是：同按产品划分部门的方法一样，也要求更多的管理人员具有全面的才能和综合管理能力；部门和总部中的职能部门也有可能重复设立而增加费用；各区域部门同样也是独立性强而整体性差，增加了总部控制的难度；地区之间不易协调，容易发生越区行使职权的现象。

(6) 按过程划分部门。按过程划分部门是把组织任务分为若干个阶段，按这些阶段来划分部门。而每一阶段往往是使用一些专用设备，所以对企业来说，也可以说是按设备来进行划分。这在企业中是常用的划分部门的方法。在生产流程连续性比较强、自动化程度比较高的组织，也可按照工艺流程和生产线来划分。如在机械制造企业里，往往都有铸工车间、锻工车间、机加工车间、装配车间等。

按过程（或设备）来划分部门的优点是：能有效而经济地利用人力、设备、厂房等资源；人员的培训比较容易，也为发挥专业人员的特长提供了方便；部门间的关系清晰，责任明确，简化了协调工作。

这种划分方法的缺点是：若某一部门出现问题，将直接影响到整个组织目标的完成，也就是说刚性较大。这就要求各部门必须步调一致，紧密衔接；并要有顺畅的沟通渠道和完善的信息反馈系统；高层主管要对各个部门实际严格控制。

(7) 按服务对象划分部门。按顾客来划分部门是出现较晚的一种划分方法，这是专业化发展的一种产物。这种划分方法的依据是每个部门所服务的顾客都有一类共同的问题和要求，因而需要各自的专家才能给以更好的解决，组织力求争取的顾客特点类型也可以用来组合工作人员。这也是不同类型组织比较普遍采用的方法。例如，一所医院在病人不多时，可以为各种年龄、性别的人看病。但病人一旦激增，这种作法就显出效率不高的弊端，由此就分离出儿童医院、妇科医院、眼科医院、口腔医院、肿瘤医院、传染病医院等等；百货公司也一样，它按顾客分成团体供应部、妇婴用品部、儿童用品部，以及更细化的各类专柜等。

按顾客划分部门的方法能充分满足各类对象的要求，有良好的社会效益；由于顾客专一化，可以采用专业化水平较高的人员或设备，工作效率高。但由于过分专门化，有可能使专业人员和专用设备得不到更充分的利用；它必须是在“卖方市场”的条件下才有适用的基础。

以上介绍的是一些划分部门的基本方法。在实际运用中，设计组织的横向结构，即划分部门都应该根据自己的具体条件，选择能够最有利于达成组织目标的划分方法。应该指出：划分方法并不是惟一的，即并不要求各层次的业务部门都毫无例外地选择同一种划分方法；而且，在同一个组织或同一个组织层次上，也常采用两种或以上的划分方法。例如，大学里，在中间管理层次上，按专业领域划分为系、所；按职能划分为教务、科研、人事、外事、财务、总务等处；按服务对象划分为研究生院、成人教育学院等；按过程（设备）划分为计算机中心、实验中心等。这种混合划分部门的方法，往往更有效地实现组织目标。

五、组织结构的基本类型

组织结构是为了便于管理，实现组织宗旨和目标，表明组织内各部分的排列顺序、空间位置聚集状态、联系方式以及各要素之间相互关系的一种模式。每个组织都要分设若干管理层次和管理机构，它是执行组织职能的体制，使系统中的物流和信息流顺畅流通。组织结构是随着生产力和社会的发展而不断发展的。每一种组织结构形式都不具有普遍意义，组织应该结合自身的实际，灵活选择并运用这些结构形式。常见的组织结构有：直线型、职能型、直线职能型、事业部制、矩阵制等多种形式。

（一）直线型组织结构

直线型组织结构是出现最早、最简单的一种结构，是一种集权式的组织结构。其特点是：组织中的各种职务按垂直系统直线排行，各级主管人员对所属下级有直接的指挥权，组织中的每一个人只能向一个上级报告，彻底贯彻统一指挥原则。并且它要求企业领导精明能干，具有多种管理专业知识和生产技能知识。其结构形式如图 8-4 所示。

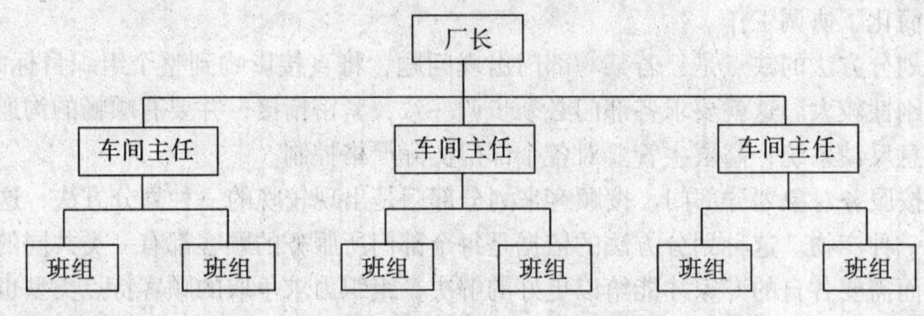

图 8-4　直线型组织结构

直线型组织的优点是结构设置简单，管理费用低，联系简捷；权力集中，责任分明，信息沟通方便，决策迅速，指挥灵活；上下级关系清楚，维护纪律和秩序比较容易，便于统一指挥，集中管理。其缺点是管理工作简单粗放，成员之间和组织之间缺乏横向联系。每个成员只听上级指示而往往忽视与其他成员的协作，部门间的协调性较差；在组织规模较大的情况下，所有的管理职能都集中由一人承担，往往由于个人的知识及能力有限而感到难于应付，以致顾此失彼；由于缺少职能参谋，往往事物性工作也要由管理人员亲自处理。

直线型组织结构只适用于那些没有必要按职能实行专业化管理的小型组织或者是现场的作业管理。

（二）职能型组织结构

职能型组织是以工作方法和技能作为部门划分的依据。通过将专业技能紧密联系的业务活动归类组合到一个单位内部，可以更有效地开发和使用技能，提高工作效率。职能型组织结构的特点是：组织内除设直线指挥者之外，还设有专业化分工的职能部门，分担某些职能管理的业务。这些职能部门在自己分管的业务范围内有权向下级下达命令和指示。因此下级人员除了要接受上级直线主管的指挥外，还要服从上级职能部门的指挥。其结构形式如图 8-5 所示。

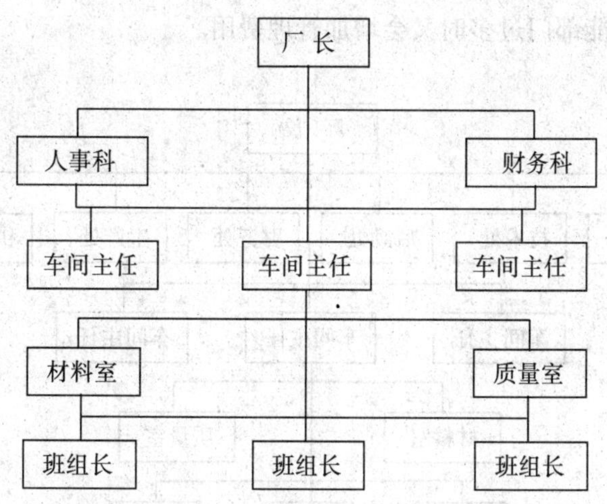

图 8-5　职能型组织结构

职能型组织结构的优点是：有利于发挥职能部门的专业管理和专家的作用；减轻主管人员的负担，且由于专业职能分工的结果，使管理者的选用和培养较为容易；有利于最高管理者做出统一决策。该组织结构的缺点：违反了组织中的统一指挥原理，形成了多头领导，容易出现命令的矛盾和重复，使下级无所适从；不利于明确划分直线人员和职能部门人员的职责权限，易造成争权卸责，并导致管理的混乱；职能部门之间专业的差异，造成沟通和协调性较差；每个人都向纵深方向发展自己的专业，不利于培养全面的管理人才。

职能型组织形式的早期倡导者是泰罗，他所设计的八个职能工长分别是生产调度、工艺、成本核算、员工培训、生产准备、技术指导、检验和维修工长。由于职能工长制妨碍了统一指挥原则而未被实行。职能型组织结构通常只在单一类型产品或少数几类产品面临相对稳定的市场环境的企业中采用。

（三）直线职能型组织结构

直线职能型组织结构综合了直线型组织结构和职能型组织结构的优点，它是在坚持直线指挥的前提下，在各级主管之下，设置了相应的职能部门，分别从事专业管理，作为该级主管的参谋，实行主管统一指挥与职能部门参谋、指导相结合的组织结构形式。也就是说设置了两套系统，一套是按统一指挥原则所组成的直线指挥系统；一套是按专业化原则所组成的职能参谋系统。职能部门拟定计划、方案，以及有关指令，统一由直线部门批准下达，职能部门无权直接下达命令或进行指挥，只起到参谋、指导作用，直线部门的人员对下级的工作实行指挥，并负全部责任。各级直线部门实行逐级负责，高度集权。直线职能型组织结构形式如图 8-6 所示。

直线职能型组织结构的优点是：它保持了直线制集中统一指挥的优点，又吸收了职能制发挥专业管理的长处，从而提高了管理工作的效率；使直线主管部门无须担心技术问题，有精力和时间去从事重要的决策；工作效率高，组织具有较高的稳定性。该组织的缺点是：权力集中于高层管理者，下级缺乏必要的自主权；各职能部门之间的横向联系差，容易产生矛盾，致使上层领导者的协调工作量增大；组织系统的刚性较大，对环境的适应能力较差，设置的职能部门过多时又会增加管理费用。

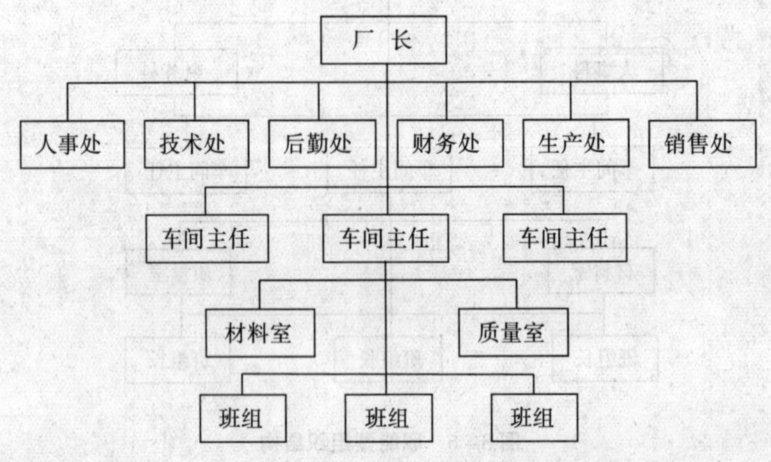

图 8-6　直线职能型组织结构

尽管直线职能型组织结构存在若干缺点，但在国内的各类组织中还是被广泛采用，我国大部分企业，甚至机关、学校、医院都普遍采用这种结构。它实际上是一种集权式的组织结构，因此不适于规模大的组织以及需要创新的组织。

（四）事业部制组织结构

事业部制组织结构也称“斯隆模型”，最早出现于 20 世纪 20 年代的美国通用汽车公司，被欧美和日本各大企业普遍采用。它是在企业规模大型化、企业形式多样化、市场竞争激烈的条件下，出现的一种分权制的组织模式。是按照企业所经营的事业，包括按产品、按地区、按顾客等来划分部门，设立若干事业部。按照“集中决策，分散经营”的原则，即在集权领导下，实行分权管理。各事业部在企业统一领导下，拥有自己的产品和独立的市场，拥有一定的经营自主权，实行独立经营、独立核算。事业部既是受公司控制的利润中心，具有利润生产和管理的职能，又是产品责任单位或市场责任单位，对产品设计、生产制造及销售活动负有统一领导的职能。事业部制组织结构形式如图 8-7 所示。

事业部制结构具有许多显著的优点：这种组织结构既有高度的稳定性，又有良好的适应性；有利于最高领导层摆脱日常行政事务，集中精力作好企业大政方针的决策。同时又能使各事业部发挥经营管理的积极性和创造性，从而提高企业的整体效益；这有利于培养全面管理人才，高层领导的管理幅度便可以适当扩大。

该结构的不足之处在于：各个事业部都需要设置一套齐备的职能机构，因而用人较多，费用较高；各事业部自主经营、独立核算，考虑问题往往从本部门出发，忽视整个企业的利益，影响各事业部间的协作；由于事业部几乎就相当于一个独立的组织，对这一级的主管人员的水平要求较高，人才的选用相对困难。

事业部制结构主要使用于品种多样化、各有独立的市场，而且市场环境变化较快的大型企业。这种组织形式在国外早已相当普及，但在我国，刚刚在少数联合公司和大企业采用。需要指出的是：当企业规模较小时无法采用此种组织结构，因为事业部除了要有自己的设计制造部门外还要有自己的市场。只有当企业规模相当大时，其下属单位够得上一个完整的企业机构时才宜采用。

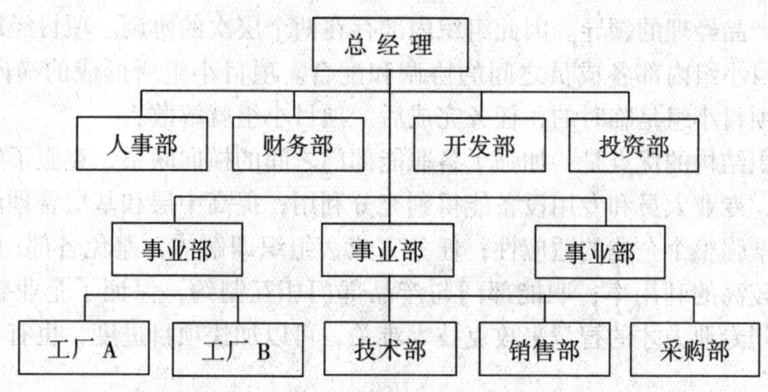

图 8-7 事业部制组织结构

（五）矩阵型组织结构

矩阵型组织结构，是把按职能划分的部门和按产品（或项目、服务等）划分的部门结合起来组成一个矩阵，同一名员工既同原职能部门保持组织与业务上的联系，又参加产品或项目小组的工作。为了保证完成一定的管理目标，每个项目小组都设负责人，在组织的最高主管直接领导下进行工作。所以矩阵型组织结构是由纵、横两套管理系统组成的。它将按职能划分的垂直领导系统和按项目划分的横向领导系统相结合，形成矩阵形式的组织结构。矩阵型组织结构如图 8　8 所示。

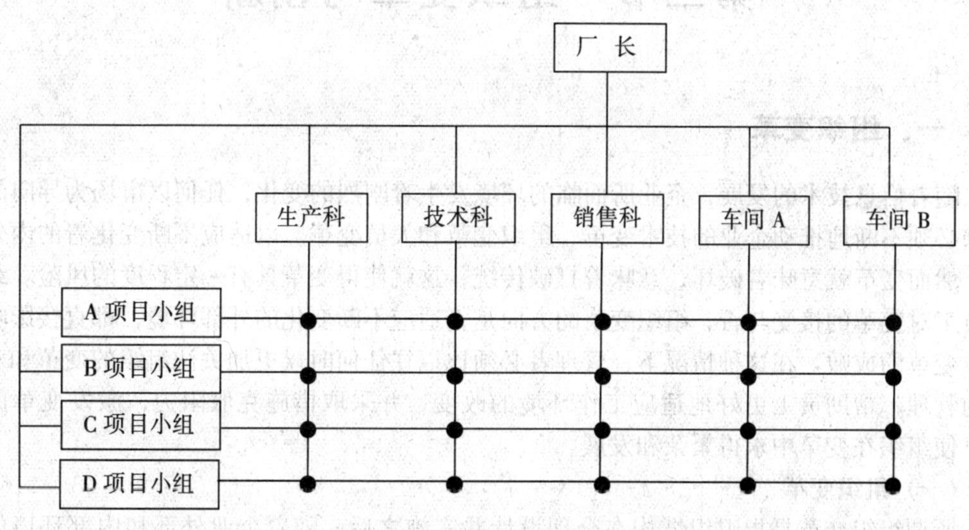

图 8-8 矩阵型组织结构

在矩阵型组织结构中一个职工（部门）有两位领导。职能制结构遵循的是一个职工（部门）只有一个上级领导的管理原则，矩阵结构则突破了这一原则。比如为开发某种新产品，从各职能部门调集有关的不同专业人员，组成工作小组，由产品经理负责。参加该项目的有关人员，在执行日常工作任务方面，接受原部门的垂直领导；在执行具体规划任务方面，接受产品经理的领导。因此组织内部存在两个层次的协调。项目经理和职能部门经理之间，项目小组内部各成员之间的协调和配合。项目小组所形成的横向联系灵活多样，一般来说项目小组是临时的，任务完成后，项目小组就解散。

矩阵型组织结构的优点是：加强了各职能部门之间的横向联系，克服了纵向系统横向联系差的缺陷，专业人员和专用设备能得到充分利用；提高中层和基层管理的灵活性及工作效率，从而增强整个企业的适应性；任务完成，组织即解体，避免各部门的重复劳动，人力、物力有较高的利用率；职能部门与产品部门相互制约，保证了企业整体目标的实现；集中各部门专业人才的智慧来攻克技术难关，可以加快项目进度，也有利于锻炼和培养人才。

矩阵型组织结构的缺点是：由于纵向、横向双重领导存在，若协调不力，处理不当，容易产生责任不清、多头指挥的混乱现象；组织的稳定性较差，按产品或项目成立的组织，其成员经常变动，人事关系不稳定，同时小组成员来自个职能部门，任务完成后仍要回去，容易产生临时观点，影响其积极性和主动性。

矩阵型组织结构适合应用于因技术发展迅速和产品品种较多而具有创新性强、管理复杂的特点的企业。如军工工业、航天工业（飞机、导弹）公司采用这种组织结构形式，具有突出的优越性。一般工业企业中的科研、新产品试制和规划工作，也可运用这种形式。

第三节　组织变革与创新

一、组织变革

随着信息技术的发展，企业所面临的环境发生着剧烈的变化，任何以市场为导向的企业都必须不断地推动企业的技术变革、组织变革和人员变革。以适应不断变化着的内外环境。然而变革就意味着破坏，意味着打破传统，这就使得变革具有一定程度的风险。组织内员工对变革的接受与否，组织变革的方向是否适应不断变化的外部环境，都直接影响着企业变革的成败。在这种情况下，管理者必须比以往任何时候更加关注组织的变革和对变革的管理，帮助员工更好地适应工作环境的改变，并采取措施克服阻力，激发变革的动力，使组织在变革中求得繁荣和发展。

（一）组织变革

所谓组织变革是指组织结构在合理设计并实施之后，随着企业外部和内部环境的变化，对组织结构中不适应的地方进行调整和修正，甚至是对整个组织进行重新架构。一般来说包括三个层面的变革：组织结构的变革、人员变革、技术变革。

一般来说，组织变革的原因有以下几方面。

1. 企业经营环境的变化

企业经营环境的变化包括国民经济增长速度的变化、产业结构的调整、政府经济政策的调整、科学技术的发展引起产品和工艺的变革等。企业组织结构是实现企业战略目标的手段，企业外部环境的变化必然要求企业组织结构做出适应性的调整。

2. 企业内部条件的变化

企业内部条件的变化主要是指：①技术条件的变化，如企业实行技术改造，引进新的设备要求技术服务部门的加强以及技术、生产、营销等部门的调整。②人员条件的变化，如人员结构和人员素质的提高等。③管理条件的变化，如实行计算机辅助管理，实行优化组合等。

3. 企业本身成长的要求

企业处于不同的生命周期时对组织结构的要求也各不相同，如小企业成长为中型或大型企业，单一品种企业成长为多品种企业，单一企业成长为企业集团等。

一般来说，企业中的组织变革是一项“软任务”，即有时候组织结构不改变，企业仿佛也能运转下去，但如果要等到企业无法运转时再进行组织结构的变革就为时已晚了。一旦企业出现经营状况下降、信息交流不畅、机构臃肿、职工士气低落等征兆，就应该及时进行组织诊断，判定企业组织结构是否有变革的必要，及时进行组织变革。

（二）组织变革的阻力

任何变革都面临着动力和阻力问题。这是对待变革所表现出来的两种不同的态度及方向相反的作用力量。这两种力量的强弱对比，从根本上决定了变革的进程、代价乃至成败。组织变革就是要改变那些不能适应企业的内外部环境，阻碍企业可持续发展的各种因素如企业的管理制度、企业文化、员工的工作方式、工作习惯等。这种变革必然会涉及到企业的各个层面，引起企业内部个人和部门利益的重新分配。因此，必然会遭到来自企业各个方面的阻力。

所谓阻力，则是人们反对变革、阻挠变革甚至对抗变革的制约力。下面我们分别对组织变革中阻力的来源、产生原因及排除阻力的方法进行分析。

1. 组织变革中阻力的来源

变革的阻力可能来源于个体、群体，也可能来源于组织本身甚至外部环境。

（1）个人层面。人们对待组织变革的态度与其个性有十分密切的关系。个体对变革的阻力可能因习惯、就业安全需要、经济收入变化、对未知状态的恐惧以及对变革的认知存有偏差等而引起。那些敢于接受挑战，乐于创新，具有全局观念，有较强适应能力的人，变革的意识较为强烈。而那些有强烈成就欲望的人或是一些因循守旧，心胸狭窄，崇尚稳定的人不希望有太大的变革，对变革的抵触情绪较大。除此之外，由于变革会打破现状，破坏已有的均衡，必然会损害一部分人的既得利益，这类人常常是组织变革的最大抵触者，他们常常散布谣言，制造混乱，甚至采取强硬措施抵制变革。个人层面的阻力主要是来源于员工的个性心理和经济利益的驱使，阻碍变革的力度较小，但却是构组织变革阻力的基本单元。

(2) 组织层面。在组织层面上产生变革阻力的因素有很多，既包括组织结构，规章制度等显性阻力，还包括了组织文化，氛围，员工的工作习惯等隐性阻力，由于组织变革会对组织内部各部门，各个群体的利益进行重新分配，那些原本在组织中权利较大，地位较高的部门和群体必然会将变革视为一种威胁。为了保护自身利益常常会抵制变革。相对组织内的显性阻力而言，组织内的隐性阻力就更加隐蔽，而且一时间难以克服。组织内的文化，员工的工作方式已经成为一种工作习惯。在长期的工作中，员工与员工之间，员工与领导之间，员工与组织之间已经形成了某种默契或契约，一旦实行变革，就意味着要改变员工已经形成的工作关系和工作方式，必然会引起员工的不满。从本质上说，组织问题是错综复杂、相互关联的，但某一期间的变革通常只能针对有限的一些问题而展开，这样就不可避免地会形成系统内部各要素相互牵制的制约力。

2. 组织变革阻力产生的原因

(1) 企业员工在个人利益和整体利益上难以取舍。一般而言，企业变革的目标就是要追求企业整体利益的最大化，这与组织内各个利益主体的根本利益是一致的，但是，组织利益最大化的实现需要各利益主体的有效组合，这样就必然会对组织内的各个主体的权利和利益进行重新分配。由此，一些群体和个人的既得利益就会有所损失。这就要求企业的员工要有一种舍小家、顾大家的全局意识，从组织的整体利益和全局利益去看待变革的意义。然而，在现实社会中，一些领导和员工只顾自己的个人利益和短期利益，盲目抵制变革使得企业的变革难以有效的实施。

(2) 员工不了解变革的意义，对变革的发动者缺乏信心。在组织变革的过程中，一些员工对企业变革的紧迫性认识不足，认为变革没有必要，企业推动变革是多此一举，并且会对自己的利益造成损害。更有甚者，为了维护个人利益，常常捏造事实，散布谣言。还有一些员工认为变革很有必要，但对变革发动者发动变革的动机和实施变革的能力产生怀疑，他们中有的认为变革是发动者为了私利的获得而进行的伎俩，有的认为发动者的知识和能力不足以实现既定的目标。

(3) 员工对变革的后果不确定。在实施变革的过程中，一些员工虽然认识到了变革的迫切要求，但却不能准确的把握变革实施的后果，他们常常会对变革产生各种猜疑，认为变革有可能达不到预期的效果，很可能会对组织，个人的利益产生损害。这类人常常认为变革是在冒风险。因此这里，在变革的过程中，他们常常依附于群体的态度倾向，有的甚至公开抵制变革。

(4) 员工对自己的能力产生怀疑，认为变革是对自己的一种威胁。企业的变革常常伴随着技术变革、人员变革。每一次变革的实施都对企业内的员工提出了更高的要求。先进生产线的引进，办公自动化的建立，新技术的应用都要求员工不断的提高自己的知识和能力，以适应企业变革的需要。而一些员工担心自己的技术已经过时，一旦企业发生变革，自己就会被淘汰或是地位遭到挑战，因此，他们宁愿维持现状。这类人，常常是那些墨守成规，进取心较差的员工或是企业中的高龄员工。

3. 排除组织变革阻力的方法

(1) 企业的人力资源要为组织变革服务。员工的个性与其对待变革的态度有着密切的关系，因此，企业在招聘的过程中，就应该引入心理测评，通过测评招聘一些有较强适应能力，敢于接受挑战的员工。其次，在组织变革的过程中，企业要加强对员工的培训，提高员工的知识水平和技能水平，使得企业的人力资源素质和企业变革同步推进。再次，在企业的日常经营过程中，企业应该树立一种团体主义的文化，培养员工对组织的归属感，形成一种愿意与企业同甘共苦的企业文化。

(2) 加强与员工的沟通。让员工明白变革的意义。在变革实施之前，企业决策者应该营造一种危机感，让员工认识到变革的紧迫，让他们了解变革对组织，对自己的好处，并适时的提供有关变革的信息，澄清变革的各种谣言，为变革营造良好的氛围。在变革的实施过程中，要让员工理解变革的实施方案，并且要尽可能的听取员工的意见和建议，让员工参与到变革中来。与此同时，企业还应该时刻地关注员工的心理变化，及时与员工交流，在适当的时候可以做出某种承诺，以消除员工的心理顾虑。

(3) 适当地运用激励手段。在组织变革的过程中适当运用激励手段，将达到意想不到的效果。一方面，企业可以在变革实施的过程中，提高员工的工资和福利待遇，使员工感受到变革的好处和希望。另一方面，企业可以对一些员工予以重用，以稳住关键员工，消除他们的顾虑，使他们安心的为企业工作。

(4) 引入变革代言人。变革代言人即通常所谓的咨询顾问。由以上分析我们已经知道，在变革的过程中，一些员工认为变革的动机带有主观性质，他们认为变革是为了当局者能更好地谋取私利。还有一些员工认为变革发动者的能力有限，不能有效地实施变革。而引入变革代言人就能很好的解决上述问题。一方面，咨询顾问通常都是由一些外部专家所组成，他们的知识和能力不容置疑。另一方面，由于变革代言人来自第三方，通常能较为客观的认识企业所面临的问题，较为正确的找到解决的办法。

(5) 运用力场分析法。力场分析法是卢因于 1951 年提出来的，他认为：变革是相反方向作用的各种力量一种能动的均衡状态，对于一项变革，企业中既存在变革的动力，又存在变革的阻力，人们应该通过分析变革的动力和阻力，找到变革的突破口。

(6) 培植企业的精神领袖。在企业变革的过程中，如果企业有一位强力型的领导者，相对而言，变革的阻力就会很小。由于企业的精神领袖通常具有卓越的人格魅力和非常优秀的工作业绩。因此由他们发动变革，变革的阻力就会很小。当然，客观而论，在企业中培植精神领袖并不一定是一件好事，但是组织变革的过程中确实能起到立竿见影的效果。

变革过程是一种破旧立新，自然会面临推动力与制约力相互交错和混合的状态。变革管理者的任务，就是要采取措施改变这两种力量的对比，促进变革更顺利进行。具体的力量改变措施有三类：一是增强或增加驱动力，二是减少或减弱阻力，三是同时增强动力与减少阻力。有实践表明，在不消除阻力的情况下增强驱动力，可能加剧组织中的紧张状态，从而无形中增强对变革的阻力；在增加驱动力的同时采取措施消除阻力，会更有利于加快变革的进程。

(三) 组织变革的程序

组织变革是一个牵涉面广、工作量大、十分敏感而复杂的过程，必须进行全面的规划与设计，制定科学的程序，有步骤地进行变革，才能达到改革的日的，否则就会造成管理工作的混乱和损失。

科学完整的组织变革程序，应该包括三个阶段：①诊断阶段；②计划和执行阶段；

③评价阶段。

评价的结果，又要反馈到第二阶段，对变革的计划做出必要的修正。每一个阶段，又包含了一些较小的步骤。这些程序和步骤，可大致归纳如表 8-2。

表 8-2　组织变革的程序和步骤

阶段	步骤	工作内容
诊断	1. 确定问题	提出组织结构需要变革的目标和问题
	2. 组织诊断	收集资料和情况，进行组织结构分析
计划与执行	3. 提出变革方案	制订几个可行的改革方案，供领导抉择
	4. 制定改革方针	确定改革的指导原则、方式和策略
	5. 制定改革计划	制定改革步骤、力量的组织，试点和推行
	6. 实施计划	实施改革计划
评价	7. 评价效果	检查、分析、评价改革的效果和存在的问题
	8. 信息反馈	及时反馈，对原定改革方案和计划作修正

二、组织创新

如今的时代是一个“不创新，则灭亡”的时代，企业组织要成功的开展竞争，就必须不断的创造新的产品或服务，企业要成功，最重要的是要有一个能够激发员工创新力的组织。任何组织机构，经过合理的设计并实施后，都不是一成不变的。它们如同生物的机体一样，必须随着外部环境和内部条件的变化而不断地进行调整和变革，才能顺利地成长、发展，避免老化和死亡。组织创新就是应用行为科学的知识和方法，把人的成长和发展希望与组织目标结合起来，通过调整和变革组织结构及管理方式，使其能够适应外部环境及组织内部条件的变化。

组织创新的内容随着环境的变动与组织管理需求发展方向等的改变而有所不同。一般涉及到以下一些方面：

(1) 功能体系的变动。即根据新的任务目标来划分组织的功能，对所有管理活动进行重新设计。

(2) 管理结构的变动。对职位和部门设置进行调整，改进工作流程与内部信息联系。

(3) 管理体制的变动。包括管理人员的重新安排、职责权限的重新划分等。

(4) 管理行为的变动。包括各种规章制度的变革等。

上述开发工作往往需要经历一定的时间，从旧结构到新结构也不是一个断然切换的简单过程，一般需较长的过渡、转型时期。所以，作为领导者要善于抓住时机，发现组织变革的征兆，及时地进行组织开发工作。以企业为例，企业组织结构老化的主要征兆有：企业经营业绩下降；企业生产经营缺乏创新；组织机构本身弊端显露；职工士气低落，不满情绪增加等。当一个企业出现上述征兆时，应当及时进行组织诊断，以判断企业组织结构是否有开发创新的需要。

组织创新是组织所进行的一项有计划、有组织的系统变革过程。它应当遵循以下基本原则：

(1) 必须按照组织管理部门制定的规划来进行。

(2) 应当使组织既能适应当前的环境要求和组织内部条件，又能适应未来的外部环境要求以及未来的内部条件的变化。

(3) 应当预见到知识、技术、人员的心理和态度的变化，以及工作程序、行为、工作设计和组织设计的改变，并根据这些变化，采取相应的措施。

(4) 调整必须建立在提高组织的效率和个人工作绩效的基础上，促使个人和组织的目标达到最佳配合。

三、组织发展趋势

人类社会正在逐步告别农业经济和工业经济社会，进入知识经济时代，知识经济影响着人类社会的方方面面，包括人们的思维模式、工作方式和生活方式，甚至包括企业的组织结构。随着社会的发展和时代的变迁，传统的组织结构已经不能适应当今时代尤其是日后变化迅速的经营环境，知识经济知识管理组织变革，已成为大势所趋。综观国内外企业组织结构已经发生了很大的变化，其发展的主要趋势可概括为：扁平化，小型化，弹性化，虚拟化，网络化五种趋势。

(一) 扁平化

古典的或传统的企业组织结构多为尖高型，如今已不能适应现代企业的要求。组织结构由尖高转向扁平，已经成为企业发展的必然要求。所谓扁平化，就是减少中间层次，增大管理幅度，促进信息的传递与沟通。尖高型组织结构的优点是：结构严谨、等级森严、分工明确、便于监控等。但是，随着社会的发展和时代的变迁，特别是经济全球化进程的加快和市场竞争的加剧，这种组织结构的弊端已日益显露，出现了机构臃肿、人员膨胀、管理成本上升、效率低下、信息传递不畅等现象。这些都严重影响到人才的开发和利用。

近年来，西方一些发达国家正在着手对这种尖高型的组织结构进行改革，趋势之一就是削减层次，实现组织结构的扁平化。辩证唯物主义告诉我们，任何事物都具有两重性。扁平型组织结构也有其弊端，如管理跨度加大后使得上司的负担加重，有可能会出现失控的危险。我们的任务在于权衡利弊，兴利除弊。人们经过权衡比较后认为扁平组织利大于弊。其主要优点是：

(1) 由于管理层次减少，管理人员也就相应地会减少，这不仅可以大大降低人工费用，同时还有助于实现工作的内容丰富化。

(2) 管理跨度加大，迫使上司必须适度授权，上司放权下属就能自主，这对开发员工潜能和发挥员工的创造性极为有利，上司放权、放手、放心，才能换来下属尽职、尽责、尽力。

(3) 削减中间层次，缩短了上下层的距离，既可以提高信息传递的速度，又可以提高领导决策的效率，还可以促进上下级之间的沟通，一举多得。

(4) 更重要的是层次减少，人员精干后，加大了员工的工作责任，增大了工作职位的挑战性，迫使员工自我加压，促使人才快速成长。

就我国目前的情况来看，多数企业组织基本上还属于尖高型结构，虽然这与我们传统文化有一定的联系，但已经无法适应发展市场经济和迎接知识经济的要求，严重地束缚了员工的手脚，极大地挫伤了下属的积极性，阻碍了人才健康成长，不利于优秀人才的脱颖而出，其弊端已日益突显，到了非改不可的时候。按照扁平化的原理变革传统的组织构架，已成大势所趋，势在必行。

（二）小型化

改革开放以来，中国企业组织结构已经发生了积极的变化，但是目前仍然不尽合理，重复设置、大而全、小而全的问题至今仍未得到根本解决，企业专业生产、社会化协作体系和规模经济的水平都还较低，市场竞争能力不强。原因是长期以来，我们有很多企业一直在追求组织规模，因为规模决定级别，级别决定待遇。但今天这种一味追求企业组织规模的做法已经不合时宜了。面对日趋复杂多变的信息时代，压缩企业规模，划小核算单位，已经成为现代企业的一种时尚，正在受到企业界的青睐和推崇。在竞争激烈的今天，众多企业家对“船小好掉头”的认识越来越深刻。随着传统观念的逐渐破除，企业的组织结构将会逐步走向小型化。资产运营、委托生产、业务外包等已经成为企业组织小型化提供了实现的条件。例如，中国云南玉溪烟厂除了保留烟丝核心技术外，其他诸如过滤嘴、烟卷纸、包装等全部外包给乡镇企业。据悉，世界有些资产几十亿、几百亿美元的大公司也不再直接组织生产，而开始走委托生产之路，甚至连销售也采取一次性买断的做法，千方百计地降低企业运行成本。特别是企业用工制度的改革为建立小型化组织提供了人事保证。固定工人数锐减，合同工、季节工、计时工、计件工等在增多，减人增效已经成为众多企业的选择。

（三）弹性化

所谓弹性化，就是说企业为了实现某一目标而把在不同领域工作的具有不同知识和技能的人集中于一个特定的动态团体之中，共同完成某个项目，待项目完成后团体成员各回各处。这种动态团队组织结构灵活便捷，能伸能缩，富有弹性。随着知识经济的日益临近，企业内部知识共享呼声越来越高，知识共享、人才共用已经成为当今时代的特点之一，传统的刚性管理已经不能适应现代企业的发展，弹性组织便应运而生。我们中国的情况也是如此。改革开放20多年来，由于跨国经济的发展和企业集团的壮大，一种跨地区、跨部门、跨行业、跨职能的团队出现了。例如，某一单位开发出一种新的产品，由于他自身不具备其他方面的优势，于是就在全社会范围内选择最佳的生产厂家、销售公司和供应商等联合组成临时项目机构，任务完成后自行解体。这种机动团队的优点是灵活机动、博采众长、集合优势，不仅可以大大降低成本，而且能够促进企业人力资源的开发，还推动着企业组织结构的扁平化。近年来，香港一些企业已经不再按专业设置科室，而是改为按任务设置科室，除办公室、人力资源部等必设的常设机构外，其他非常设机构一律随着任务的变化而变化。意大利 Oticon Denmark 公司创造的“面条式”组织结构，内部关系看似杂乱无章，但实际上一切都是按计划进行的。

（四）虚拟化

未来学家托夫勒说：在知识经济时代，经营的主导力将从经营力、资本力过渡到信息力和知识力。到了知识经济时代，大量的劳动力将游离于固定的企业系统之外，分散劳动、家庭作业等将会成为新的工作方式，虚拟组织将会大量出现。电脑软件及其网络技术的蓬勃发展，将加快这一时代的到来。届时再不必去建造庞大的办公大楼，取而代之的是各种形式的流动办公室，20 世纪 80 年代人们大为不解的“皮包公司”届时将司空见惯、习以为常。据了解，美国、加拿大等国的大型跨国公司的科技人员目前在家办公的人数已达 40%以上。组织形式将由以往庞大合理化的外壳逐渐虚拟，流动办公、家庭作业必将受到广泛青睐。随着组织结构的虚拟和家庭作业人数的增多，如何利用网络技术来实施管理将成为企业领导者和管理者需要认真解决的新课题。

（五）网络化

企业组织结构的网络化主要体现在四个方面：一是企业形式集团化。随着经济全球化和经营国际化进程的加快，企业集团大量涌现。企业集团是一种新的利益共同体，这种新的利益共同体的形成与发展，使得众多企业之间的联系日益紧密起来，构成了企业组织形式的网络化。二是经营方式连锁化。很多企业通过发展连锁经营和商务代理等业务，形成了一个庞大的销售网络体系，使得企业的营销组织在网络化。美国的麦当劳已在全世界 54 个国家或地区建起了连锁店。日本的花王公司 80%的产品是靠在世界各地设立的近 30 万个零售点销售出去的。德国的西门子公司已在 190 个国家和地区建起了商务代表处。三是企业内部组织网状化。过去尖高型的组织结构特点是直线构架、垂直领导、单线联系，很多机构之间老死不相往来。由于企业组织构架日趋扁平，管理层次养活跨度加大，执行层机构在增多，每个执行层机构都与决策层建立了直接联系的关系，横向的联络也在不断增多，企业内部组织机构网络化正在形成。四是信息传递网络化。随着网络技术的蓬勃发展和计算机的广泛应用，企业的信息传递和人际沟通已逐渐数字化、网络化。

综上所述，知识经济进入企业形态和功能将要发生重大变化，传统的人事管理方式也要进行相应的变革。企业信息网络的建立，促进了信息论的流通，使得每个人都能纵观全局，高层与基层更容易沟通，中间层次的功能逐渐淡化，中层管理人员将逐渐退出管理领域。企业的高层领导也不能继续充当预言家和裁判长，而要成为一位设计师，必须能设计出灵活多变、充满活力的组织体系。只有这样，才能使自己的企业在竞争日趋激烈的时代里永远立于不败之地。

四、新型组织结构介绍

根据组织发展的五种趋势，相应出现一些新的组织结构类型，如：团队建设、虚拟组织、网络组织、学习型组织等。

（一）团队建设

20 世纪 60 年代至 70 年代中期，日本创造了经济腾飞的奇迹，迅速成为世界经济大国，企业国际竞争能力跃居世界首位。以此为契机，以美国为首的西方国家对日本企业展开了深入的研究，并得出结论：日本企业强大竞争力的根源，不在于其员工个人能力的卓越，而在于其员工整体“团队合力”的强大，起关键作用的是日本企业当中的那种新型组织形式——团队。

团队建设是依据现代组织理论中的行为学派的有关指导原则而在企业中实施应用的一种新型组织形式。传统的组织理论都是属于“人—人”模式，其特点是人与人直接沟通，制度意识比较薄弱。而团队组织则是一种“人—制度—人”模式，它强调组织的整体目标高于个人目标。

团队具有以下三方面的特点：

(1) 在团队与其成员之间的关系方面，团队表现为团队成员对团队的强烈归属感与一体感。团队成员强烈地感受到自己是团队的一员，愿意为团队的利益与目标尽心尽力。团队成员对团队具有无限忠诚，绝不允许有损害团队利益的事情发生。在处理个人利益与团队利益的关系时，个人服从团队，宁愿牺牲私利与小利。归属感与一体感主要来源于团队利益目标与其成员目标的高度一致。

(2) 在团队成员之间的关系上，表现为成员之间的相互协作，共为一体。团队成员彼此把对方都视为“一家人”。成员之间互敬互重，待人礼貌谦逊；相互宽容，容纳各自的差异性、独特性；彼此信任，待人以诚，相互间能托以重任；相互帮助，在工作上相互协作共同提高，在生活上彼此关怀。团队成员在互动过程中逐渐形成了一系列的行为规范，一方面他们和谐相处，充满凝聚力；另一方面他们又彼此促进，为了团队的成功他们常指出对方的缺点及进行对事不对人的争执，其终极目标都是为了促成更好的合作，追求团队的整体绩效。

(3) 团队成员对团队事物的态度方面，表现为团队成员对团队事务的尽心尽力以及全方位的投入。一方面，团队在发展过程中及处理团队事务时，努力争取团队成员的全方位投入，培养成员的责任感，让成员参与管理、共同决策、全力行动，不但让成员发挥体力，还运用脑力和心力，以充分调动其积极性、主动性、创造性；另一方面，团队成员把团队的事视为自己的事，干事积极主动不仅尽职尽责，而且尽心尽力，认真勤勉，充满活力与热情。

作为一个新生事物，团队种类繁多，名目不全，也难免良莠不齐。上面所论述的三个特性也只能当做理想中的团队特色（也可称为团队精神），它是团队建设的发展方向和参照系。判断一个组织是不是团队，其依据是团队成立的宗旨和内容，不必死用以上几点去套框框。

（二）虚拟组织

随着科学技术的进步、信息网络技术的飞速发展，市场竞争中急剧的变化成为企业必须着手应付的市场现实。产品生命周期日趋缩短、产品趋于多样化、变革步伐加快，而变革方向却变得无章可循。在这种环境下，出现了一种动态组织结构——虚拟组织。

虚拟组织指两个以上的独立实体，为迅速向市场提供产品和服务而在一定时期内结成的动态联盟。它不具有法人资格，也没有固定的组织层次和内部管理系统，而是一种开放的组织结构，因此可以在拥有充分信息的条件下，从众多的组织中通过竞争招标或自由选择等方式精选出合作伙伴，迅速形成各专业领域中的独特优势，实现对外部资源整合利用，从而以强大的结构成本优势和机动性完成单个企业难以承担的市场功能，如产品开发、生产和销售。虚拟组织中的成员可以遍布在世界各地，彼此也许并不存在产权上的联系，不同于一般的跨国公司，相互之间的合作关系是动态的，完全突破了以内部组织制度为基础的传统的管理方法。

虚拟组织有如下特征：

（1）虚拟组织具有较大的适应性，在内部组织结构、规章制度等方面具有灵活性。虚拟组织是一个以机会为基础的各种核心能力的统一体，这些核心能力分散在许多实际组织中，它被用来使各种类型的组织部分或全部结合起来以抓住机会。当机会消失后，虚拟组织就解散。所以，虚拟组织可能存在几个月或者几十年。

（2）虚拟组织共享各成员的核心能力。虚拟组织是通过整合各成员的资源、技术、顾客市场机会而形成的。它的价值就在于能够整合各成员的核心能力和资源，从而降低时间、费用和风险，提高服务能力。如波音777型客机开发小组的某些成员具有互补性核心能力，某些成员具有协同操作能力，而另一些成员则能提供进入非波音公司市场的途径。

（3）虚拟组织中的成员必须以相互信任的方式行动。合作是虚拟组织存在的基础。但由于虚拟组织突破了以内部组织制度为基础的传统的管理方法，各成员又保持着自己原有的风格，势必在成员的协作中出现问题。但各个成员为了获取一个共同的市场机会结合在一起，因此，他们在合作中就必须彼此信任，而当信任成为分享成功的必要条件时，各成员间就形成了一种强烈的依赖关系。

随着信息技术的发展、竞争的加剧和全球化市场的形成，没有一家企业可以单枪匹马面对全球竞争。由常规组织过渡到虚拟组织是必然的，虚拟组织日益成为公司竞争战略的核心工具。这种组织形式有着强大的生命力和适应性，它可以使企业准确有效地把握住稍纵即逝的市场机会。但是，我们还应该看到，尽管宣传使用虚拟组织的概念十分容易，但是虚拟组织的组成与运作并不简单，最为明显的是实施上的困难。

（三）网络型组织

随着信息技术的快速发展，网络技术的广泛应用使得企业与外界的联系增强了，企业的经营地理范围不再局限于一个国家、一个地区，而是通过互联网与世界相连，世界成为名副其实的“地球村”。正是基于这一条件，企业可以重新审视自身机构的边界，不断缩小内部生产经营活动的范围，扩大与外部单位之间的分工协作。这就产生了一种基于契约关系的新型组织结构形式，网络型组织。

网络型组织结构是一种只有很精干的中心机构，以契约关系的建立和维持为基础，依靠外部机构进行制造、销售或其他重要业务经营活动的组织结构形式。被联结在这一结构中的各经营单位之间并没有正式的资本所有关系和行政隶属关系，只是通过相对松散的契约（正式的协议契约书）纽带，透过一种互惠互利、相互协作、相互信任和支持的机制来进行密切的合作。由于网络型组织的大部分活动都是外包、外协的，因此，公司的管理机构就只是一个精干的经理班子，负责监管公司内部开展的活动，同时协调和控制与外部协作机构之间的关系。网络型组织结构极大地促进了企业经济效益质的飞跃；实现了企业全世界范围内供应链与销售环节的整合；实现了企业充分授权式的管理。

【本章小结】

本章应理解和掌握以下要点：

1. 组织就是为实现某一共同目标的一群人通过分工与合作，运用不同层次的权利和职责，按照一定的方式所组成并与外部环境相适应的有机组合体。它的特征是：目标、分工与合作、秩序、适应性。主管人员的组织工作职能包括：组织设计、人员配备、组织运用、组织变革。

2. 组织结构是指组织成员为完成工作任务、实现组织目标，在职责、职权等方面的分工、协作体系。它是由组织的目标和任务以及环境的情况所决定的。

3. 组织设计的原理有：目标统一性原理；分工、协作原理；管理幅度原理；精干高效原理；统一指挥原理；权责对等原理；才职相称原理；适当的授权原理；集权与分权相结合原理；弹性结构原理。

4. 组织结构形式有许多种，每种形式各有千秋，有优点也有缺点，在选择组织结构形式时，必须根据本企业的具体情况按照各种结构的特征选择最合适的，而且随着环境的变化和企业的发展，也要对企业结构进行重新设计和配置。

5. 组织变革是组织结构在合理设计并实施之后，随着企业外部和内部环境的变化，对组织结构中不适应的地方进行调整和修正，甚至是对整个组织进行重新架构。包括：组织结构的变革，人员变革，技术变革。变革的原因在于：企业经营环境的变化；企业内部条件的变化；企业本身成长的要求。组织创新就是应用行为科学的知识和方法，把人的成长和发展希望与组织目标结合起来，通过调整和变革组织结构及管理方式，使其能够适应外部环境及组织内部条件的变化。

6. 随着社会的发展和时代的变迁，知识经济知识管理组织变革，已成为大势所趋。组织发展的主要趋势可概括为：扁平化、小型化、弹性化、虚拟化和网络化五种趋势。

7. 本章的难点与重点在于组织结构的设计。企业在经营变化的环境中，既要保持企业内部的相对稳定性，还要适应市场经济的变化环境，调整其结构，以实现企业的发展战略目标。

【互联网链接与推荐阅读资料】

[1] 远见中国 http://www.mediagroup.com.cn/cmg/gb/magazine/index.jsp

[2] 中国知识管理中心 http://www.kmcenter.org

[3] 席酉民教授个人网站 http://www.ymxi.net/

[4] 彼得·圣吉．第五项修炼——学习型组织的艺术与实务．上海：上海三联出版社，1998年

[5] F·赫塞尔本．未来的组织——51位著名咨询大师勾勒的未来组织模式．四川：四川人民出版社，2004年

【练习题】

一、填空题

1. 组织是把共同工作的群体和个人构造成一个________来达到一定的目标。

2. 职能部门化是把相同或类似的________归并在一起，作为一个职能部门。

3. 许多管理者常犯的一个通病是给予下属较多的________和较少的权力。
4. 在组织中权力________的长处在于可以同意指挥，同意步调，效率和节约。
5. 职能职权是明确限于一定事务的，通常由________部门对其他部门行使的权力。

二、选择题

1. 人类社会之所以需要正式的组织机构是由于（ ）。
A. 它在无休止地变革　　B. 人们需有效地协作以达成群体的部标
C. 需要寻求最佳组织结构　　D. 便于发挥少数精英的才智
2. 把从事相同或类似活动的工作安置在一个部门的部门划分方式是（ ）。
A. 产品部门化　　B. 用户部门化
C. 职能部门化　　D. 过程部门化
3. 管理人员不愿授权的一个原因是（ ）。
A. 害怕失败　　B. 害怕下属干得太出色
C. 让下属对决策负责　　D. 宁可避免风险和不确定型
4. 解决直线与参谋间冲突的一个主要方法是（ ）。
A. 赋予直线管理人员职能职权　　B. 让直线人员更多地依靠参谋人员的知识
C. 允许直线人员压制参谋人员　　D. 把直线与参谋的活动结合起来
5. 把组织任务分解成更小的组成部门，称为（ ）。
A. 组织结构　　B. 劳动分工
C. 组织设计　　D. 分散化
6. 专业化的利益包括（ ）。
A. 增加转换时间　　B. 发展专业化设备
C. 增加培训时间　　D. 发展职工多方面技能
7. 职能部门化的一个主要缺点是（ ）。
A. 需要较多的综合管理人员　　B. 易产生本位主义
C. 管理成本上升　　D. 使高层管理部门增加了困难
8. 产品部门化的优点包括（ ）。
A. 便于区域性协调　　B. 有助于集中用户的需要
C. 能提高决策速度和有效性　　D. 简化了培训
9. 银行设立商业信贷部属于（ ）。
A. 职能部门化　　B. 用户部门化
C. 地区部门化　　D. 过程部门化
10. 统一命令原则是指（ ）。
A. 每人只能有一个上司　　B. 责权对等
C. 责任不可委任　　D. 反映组织系统的相互关系
11. 组织中权利集中的优点具体表现为（ ）。
A. 形成政策和行动的一致性　　B. 有利于快速决策
C. 有利于激发下属的工作热情　　D. 决策更符合所在地的实情

三、判断题

1. 随着组织规模的扩大，发展工作专业化的压力也随之增加。( )
2. 职能部门化更适合大型的或多元化经营的公司。( )
3. 一个组织不能同时应用多种不同基础的部门化。( )
4. 授权即上级把权力委任给下级的组织过程。( )
5. 扁平型组织的管理跨度要小些。( )
6. 参谋部门通常应是专业性质的，参谋人员都应是某些业务的专家。( )
7. 组织是人类社会最常见、最普遍的现象。( )
8. 组织结构设计即寻求与该组织相适应的统一的最佳形式。( )
9. 直线参谋结构即通常所谓的直线职能制。( )
10. 在矩阵结构中，组织成员有可能接受双重或多重领导。( )
11. 一项工作越是专业化，从事该项工作的职工培训就越容易。( )
12. 职能部门化通常更适合较小的组织。( )
13. 授权后不利于管理者执行更具有竞争性的任务。( )
14. 层次与幅度两者成反比例关系。( )
15. 当组织处于不稳定的环境之中，较宽的管理幅度能够确保更有效的管理。( )

四、问答题

1. 简述组织的概念及效用。
2. 简述管理的组织职能。
3. 什么是组织结构，什么是组织结构设计?
4. 组织设计时要考虑哪些因素?
5. 简述组织设计的内容。
6. 简述管理层次及其影响因素。
7. 简述管理幅度及其影响因素
8. 简述组织设计的十大原理。
9. 简述划分部门的方法，你认为哪种方法比较好?
10. 如何正确发挥参谋的作用。
11. 职权、职位和职责的关系是什么?
12. 简述直线职能制组织结构及其优缺点。
13. 简述事业部制组织结构的优缺点。
14. 直线制组织结构与职能制组织结构有什么区别?
15. 什么是组织变革? 组织变革的内容有哪些?
16. 什么是组织创新?
17. 简述影响组织变革的因素。
18. 简述组织发展的趋势。
19. 有哪些排除组织变革阻力的方法?

五、案例分析

杜邦公司组织机构的改革

美国杜邦公司（Du Pont Company）是世界上最大的化学公司，建立至今，已近200年的历史。200年来，尤其是20世纪以来，为适应市场的变化和企业的经营特点，企业的组织机构经过多次变革。杜邦公司所创设的组织机构，反映了企业组织机构发展演变的一般特点，并一度成为美国各公司包括著名大公司效仿的模式。

一、成功的单人决策及其局限性

历史上的杜邦家族是法国富埒王室的贵族，1789年在法国大革命中衰败，老杜邦带着两个儿子伊雷内和维克托逃到美国。1802年，儿子们在特拉华州布兰迪瓦因河畔建起了火药厂。由于伊雷内在法国时是个火药配料师，他的同事又是法国化学家拉瓦锡，加上美国历次战争的需要，工厂很快站稳了脚并发展起来。

整个19世纪中，杜邦公司基本上是单人决策式经营，这一点在亨利这一代尤为明显。

亨利是伊雷内的儿子，军人出身，由于接任公司以后完全是一副军人做派，所以人称“亨利将军”。在公司任职的40年中，亨利挥动军人严厉粗暴的铁腕统治着公司。他实行的一套管理方式，被称为“恺撒型经营管理”。这套管理方式实际上是经验式管理。公司的所有主要决策和许多细微决策都要由他亲自制定，所有支票都得由他亲自开，所有契约也都得由他签订。他一人决定利润的分配，亲自周游全国，监督公司的好几百家经销商。在每次会议上，总是他发问，别人回答。他全力加速账款回收，严格支付条件，促进交货流畅，努力降低价格。亨利接任时，公司负债高达50多万美元，但亨利后来却使公司成为此业的领头羊。

在亨利的时代，这种单人决策式的经营基本上是成功的。这主要是因为：①公司规模不大，直到1902年合资时才2 400万美元；②经营产品比较单一，主要生产火药；③公司产品质量占了绝对优势，竞争者难以超越；④市场变化不很复杂。单人决策之所以取得了较好效果，这与“将军”的非凡精力也是分不开的。直到72岁时，亨利仍不要秘书的帮助；任职期间，他亲自写的信不下25万封。

但是，正因为这样，亨利死后，公司的经营终于崩溃了。亨利的侄子尤金，是公司的第三代继承人。亨利是与公司一起成长的，而尤金一下子登上舵位，缺乏经验，晕头转向。他试图承袭其伯父的作风经营公司，也采取绝对的控制，亲自处理细枝末节，亲自拆信复函，但他终于陷入公司的错综复杂的矛盾之中。1902年，尤金去世，合伙者也都心力交瘁，两位副董事长和秘书兼财务总监终于相继累死。这不仅是由于他们的体力不堪重负，还由于当时的经营方式已经与时代不相适应。

二、集团式经营的首创

正当公司濒临危机，无人敢接重任，家族拟将公司出卖给别人的时候，三位堂兄弟出来力挽家危，廉价买下了公司。三位堂兄弟不仅具有管理大企业的丰富知识，而且有在铁路、钢铁、电气和机械行业中采用先进管理方式的实践经验，有的还请泰罗当过顾问。他们果断地抛弃了“亨利将军”的那种单枪匹马的管理方式，精心地设计了一个集团式经营的管理体制。在美国，杜邦公司是第一家把单人决策改为集团式经营的公司。

集团式经营最主要的特点是建立了“执行委员会”，隶属于最高决策机构董事会之下，是公司的最高管理机构。在董事会闭会期间，大部分权力由执行委员会行使，董事长兼任执行委员会主席。1918年执行委员会有10个委员、6个部门主管、94个助理，高级经营者年龄大多在40岁上下。

公司抛弃了当时美国流行的体制，建立了预测、长期规划、预算编制和资源分配等管理方式。在管理职能分工的基础上，建立了制造、销售、采购、基本建设投资和运输等职能部门。在这些职能部门之上，是一个高度集中的总办事处，控制销售、采购、制造、人事等工作。

执委会每周召开一次会议，听取情况汇报，审阅业务报告，审查投资和利润，讨论公司的政策，并就各部门提出的建议进行商讨。对于各种问题的决议，一般采用投票、多数赞成通过的方法，权力高度集中于执委会。各单位申请的投资，要经过有关部门专家的审核，对于超过一定数额的投资，各部门主管没有批准权。执委会做出的预测和决策，一方面要依据发展部提供的广泛的数据，另一方面要依据来自各部门的详尽报告，各生产部门和职能部门必须按月按年向执委会报告工作。在月度报告中提出产品的销售情况、收益、投资以及发展趋势；年度报告还要论及五年及十年计划，以及所需资金、研究和发展方案。

由于在集团经营的管理体制下，权力高度集中，实行统一指挥、垂直领导和专业分工的原则，所以秩序井然，职责清楚，效率显著提高，大大促进了杜邦公司的发展。20世纪初，杜邦公司生产的五种炸药占当时全国总产量的64%～74%，生产的无烟军用火药则占100%。第一次世界大战中，协约国军队40%的火药来自杜邦公司。公司的资产到1918年增加到3亿美元。

三、充分适应市场的多分部体制

可是，杜邦公司在第一次世界大战中的大幅度扩展，以及逐步走向多元化经营，使组织机构遇到了严重问题。每次收买其他公司后，杜邦公司都因多元化经营遭到严重亏损。这种困扰除了由于战后从通货膨胀到通货紧缩之外，主要是由于公司的原有组织对成长缺乏适应力。1919年，公司的一个小委员会指出：问题在于过去的组织机构没有弹性。尤其是1920年夏到1922年春，市场需求突然下降，使许多企业出现了所谓存货危机。这使人们认识到：企业需要一种能力，即易于根据市场需求的变化改变商品流量的能力。继续保持那种使高层管理人员陷入日常经营、不去预测需求和适应市场变化的组织机构形式，显然是错误的。一个能够适应大生产的销售系统对于一个大公司来说，已经成为至关重要的问题。

杜邦公司经过周密的分析，提出了一系列组织机构设置的原则，创造了一个多分部的组织机构。

在执行委员会下，除了设立由副董事长领导的财务和咨询两个总部外，还按各产品种类设立分部，而不是采用通常的职能式组织如生产、销售、采购等。在各分部下，则有会计、供应、生产、销售、运输等职能处。各分部是独立核算单位，分部的经理可以独立自主地统管所属部门的采购、生产和销售。

在这种形式的组织机构中，自治分部在不同的、明确划定的市场中，通过协调从供给者到消费者的流量，使生产和销售一体化，从而使生产和市场需求建立密切联系。这些以中层管理人员为首的分部，通过直线组织管理其职能活动。高层管理人员总部在大量财务和管理人员的帮助下，监督这些多功能的分部。

问题：

1．亨利在早期的杜邦公司中建立了怎样的管理组织？

2．杜邦公司的早期组织结构为什么是有效的，而后来却不适应了？

3．尤金的堂兄弟对公司组织结构进行了哪些改革？改革的效果如何？

4．从杜邦公司组织机构改革的实践中得到了什么启示？

【管理测试】

你的权利倾向如何？

观　　点	不赞同		两可	赞同	
	极不赞同	基本不赞同		基本赞同	极为赞同
1．与人打交道的最好方式是告诉他们想听的话	1	2	3	4	5
2．当你要某人为你做某事时，最好说明这样要求的真实理由而不是似乎更好的理由	1	2	3	4	5
3．完全信任他人的人只会自找麻烦	1	2	3	4	5
4．不在这儿那儿走些捷径是很难赶到前面的	1	2	3	4	5
5．可以最万无一失地假定，所有的人都有邪恶的念头，只要时机得当，它就会暴露出来	1	2	3	4	5
6．一个人只能采取合乎道义的行动	1	2	3	4	5
7．大多数人本质是好的、善良的	1	2	3	4	5
8．对撒谎绝不能原谅	1	2	3	4	5
9．大多数人对父亲的死亡比对个人财产的丧失更容易忘却	1	2	3	4	5
10．一般而言，人们不受强迫是不会卖力工作的	1	2	3	4	5

这项测试是用来计算你的马基雅维里主义分数。为了求出你的得分，将问题1、3、4、5、9和10的得分加起来，而对其他4个问题，将问题得分反转，即5变成1，4变成2，2变成4，1变成5。然后合计你10个问题的全部分数。

第九章　领　导

【学习目标】

■领导是管理工作的一个重要职能。在实际的管理工作当中，即使组织有着完美的计划、合理的组织结构、完备的控制系统，但如果缺乏有效的领导对组织活动进行协调，对组织成员进行激励和引导，也很容易产生混乱，从而影响组织的效率和效果。本章应理解和掌握领导及激励的相关概念和理论。

第一节　领导的性质和作用

领导是管理的重要职能，如果不能有效地进行领导，就无法调动起员工的积极性，组织的目标自然也就无法达到。由此可见，领导的水平往往与组织的生存和发展息息相关。

一、领导的概念

谈到领导一词，人们往往把它理解为组织的领导者或管理者，如企业的经理、公司的总裁等。实际上，“领导”一词有两种含义，作为名词理解时指的是领导者，而作为动词理解时指的是领导者的领导行为或领导活动。本节首先对后者的概念和定义加以介绍。

领导的概念多达十几种，目前尚未形成统一的和公认的定义。对于什么是领导，不同的学者和不同的著作有不同的认识和表述，下面列举出一些有代表性的观点：

领导是一种引导下属的活动，达成共同目标的行为。

领导是一种影响力，是说服他人热心于一定目标的能力。

领导是控制、指挥、协调多种工作关系和人际关系的行为系统。

领导是对组织内部的群体或个人施加影响去实现组织目标的活动过程。

领导是促进下属充满信心、满怀热情去完成任务的艺术。

由此可见，从不同的角度去定义领导，领导可以是一种行为、一种能力、一种系统、一个过程甚至是一种艺术。但无论角度和出发点如何，各种表述的内容都涉及到以下两重含义：一是领导是两个人或更多人之间的一种关系，而其中的影响力和权力处于不平衡的分布状态；二是领导的目的是通过他人来达到组织目标。本书认为，领导是一种影响力，是通过指导和影响下属或组织成员为实现一定预期目标而努力的各种活动的过程。

此外要注意的是，领导与管理是有区别的。一般而言，领导是为组织活动指明方向、开拓局面的行为，而管理则是为组织活动建立秩序、维持动作的行为；领导主要解决的是管理过程中的战略性问题，而管理则主要解决组织活动的效率问题；领导是管理职能中的一项，而管理还包括计划、组织、协调和控制等一系列其他职能。

二、领导的权力

领导的实施离不开对权力的运用。权力是指一个人影响他人的能力。在进行领导行为时，领导者将权力作为实现目标的手段。在 1959 年，弗伦奇（French）和瑞文（Raven）分别发表了论文，把领导者的权力划分为以下五个基础或来源：法定权力、奖励权力、强制权力、专家权力、模范权力。

（一）法定权力

法定权力指的是组织中正式等级制度中的职位所规定的相应权力。这种权力通常因职位而产生，而这种职位是被组织成员所接受和认可的合法地位，因此，从某种意义上说法定权力就是职权。如在企业的日常经营管理当中，各个部门的员工都会按照本部门经理的要求进行工作，因为他们知道部门经理是本部门的负责人，拥有指导他们工作的权力。法定权力贯穿于整个组织的等级体系，可以说，所有的管理人员都拥有法定权力，也需要运用法定权力来完成他们的工作。

（二）奖励权力

奖励权力是指能够给予人们所期望的利益或报酬的权力。这些利益和报酬可以是人们认为有价值的任何东西。在组织当中，管理者对其下属员工追求的利益，如给予表扬、增加工资或奖金、晋升职位以及安排理想的工作职位等等，拥有的决策权力便属于奖励权力。管理者对于员工报酬和利益的控制手段越多，以及这些报酬对员工的重要程度越高，管理者拥有的奖励权力也就越大。

（三）强制权力

强制权力与奖励权力是一对相对而又类似的概念。由于管理者拥有的能够剥夺他人奖励或施加惩罚的权力，因此能对员工形成物质上、精神上的威胁，从而产生服从的压力，这就是强制权力。在组织管理当中，管理者对下属员工的强制权力包括批评、扣减工资或奖金、降职、分派不愿意做的工作等手段。要注意的是下属员工对他的工作或报酬的重视程度也会对强制权力产生影响。而奖励权力和强制权力与法定权力是密切相关的，管理者所处职位决定的法定权力往往也就决定了奖励权力与强制权力的大小。

（四）专家权力

专家权力来源于领导者拥有比下属更多的、并且是组织需要的专长、技能和知识，领导者具有指导下属员工完成工作任务、实现个人或组织目标的能力。专家权力的拥有要依赖于个人的教育、培训和经验。随着知识经济的发展，专门的知识和技能的作用越来越重要，而专家权力也由此而成为领导者权力的重要来源。

（五）感召权力

感召权力来源于领导者的个人魅力或吸引力。追随者纯粹出于对领导者的喜爱或者对领导者的某些方面，如个性、背景和态度等方面具有认同感而受他的影响。感召权力虽然不像法定权力、奖励权力和强制权力那样具有强制性，但同样能对他人产生重大的影响力，可以激发他人的极大热情和忠诚。

在以上的五种权力来源中，从个人和组织两个角度可以将权力的来源划分为两类：法定权力、奖励权力和强制权力是组织意义上的，属于管理者工作的一部分，组织的政策、规章制度和有关工作程序对这些权力进行了相应的描述与规定；而专家权力和感召权力则属于个人意义上的，与领导者的素质和个性等个人因素紧密相关。

三、领导者与管理者的区别

正如管理与领导存在区别，管理者与领导者具有不同的内涵，也不能混为一谈。不少人常常把管理者等同于领导者，而这样的看法是有所局限的。

沃伦·贝内斯（Warren Bennis）和波特·南斯（Burt Nanus）认为："一个管理者是使事情正确，而一个领导者则做正确的事。"也就是说，管理者关注的是政策的执行，而领导者做的则是阐明政策；前者是只见树木不见森林，后者则是从更广阔的角度看事情。

根据德鲁克的观点，有效的领导者并不做太多的决策，他们关注的是对组织有比较重大影响的决策，往往从更具一般性和战略性的角度思考问题。

而斯蒂芬·P·罗宾斯则认为，管理者是被任命的，他们拥有合法的权力进行奖励和惩罚，其具有的影响力来源于管理者所处的具体职位所赋予的正式权力。相反，领导者可以是被任命的，也可以是从一个群体中自然产生的，领导者的影响力不一定来源于职位赋予的正式权力，对于不处于管理职位的领导者而言，他们对其他人的影响力更多地来源于非正式的权力。

由此可见，"所有的领导者都是管理者"这样的表述是不正确的。从本质上看，管理者主要是通过合法的和强制性的权力对他人施加影响，而领导者可能运用合法的和强制性的权力影响他人，但更多的是以个人的影响力如专家权力、感召权力实现对他人的影响。而且，领导者具有对他人的影响力，但这并不意味着他（她）必然同样具有计划、控制或组织的卓越能力，并不是所有的领导者都具备成功完成其他管理职能的能力，因此并非所有的领导者都处于具体的管理岗位上，一个人可能是领导者但不是管理者。如非正式组织中的领导者，并非是组织赋予他们职位和权力，但他们却能对组织的成员有相当的影响力。相反的是，由于领导也是管理的一项重要职能，那么理想的管理者必然应当具备相应的领导能力。因此，我们可以这样表述：在理想情况下，所有的管理者都应该是领导者。

四、领导的作用

在现实当中有些企业，拥有大量的专业技术人才，在计划、组织、控制等方面的管理人员素质很高，管理手段也很先进，但组织内部动作却人心涣散、内耗丛生，企业经营状态不佳。其中的原因并不是由于技术或人才不重要，而是因为缺乏有效的领导者，或者说是因为没有对企业进行适当的领导。领导者是企业组织的核心，领导工作的作用主要表现在以下几个方面：

(一) 指挥作用

在企业组织的经营运作中，领导者要头脑清醒、胸怀大局，要能高瞻远瞩、运筹帷幄，且能认清企业所处的环境和形势，为组织的未来发展制定目标，并且帮助下属理解组织的目标以及实现目标的途径。作为领导者，不是站在员工的后面指手画脚、耀武扬威，而要通过自身的行为，影响并带领下属为实现组织目标而心甘情愿地共同努力，才是真正起到指挥的作用。

(二) 协调作用

领导作用的第二个方面是指领导者要对组织内部和外部各种关系进行协调。在组织内部，决策的正确、计划的科学、机构的合理、组织的完善、控制的有效都要依靠不同成员去完成。而组织的成员由于在知识、能力、性格、价值观等方面存在种种差异，对组织目标的理解和认识，以及在工作当中表现出来的态度自然也会有所不同。因此，领导者需要对员工在思想上发生的各种分歧、在行动上出现的偏离目标的情况进行协调，使成员步调一致地实现组织目标。此外，组织外部的环境变化对企业的生存和发展也有着重大影响，领导者要帮助企业对外部变化加以调整和适应，使企业能保持相对稳定的发展。

(三) 激励作用

激励是促进组织和成员个人发展的重要手段。组织中的成员具有不同的需要和动机，领导者要在工作当中帮助员工尽可能地满足他们的需要，诱发他们积极工作的热情，增强组织的凝聚力。在激励过程中，领导者还要注意个人目标和组织目标存在不一致的方面，要帮助员工正确地理解组织目标，把二者有机地结合起来，并创造有利的环境，使在实现组织目标的同时能最大限度地满足员工的个人需要。

指导组织发展的前进方向和步伐，引导不同组织成员朝向一个共同的目标，协调组织成员在不同时空的贡献，激发组织成员的工作积极性、主动性和创造性，这便是领导者在组织工作当中必须发挥的具体作用。

第二节　领导者素质和领导理论

一、领导者的素质

领导者是否具有不同于他人的特征或特质？或者说一个好的领导者应当具备哪些条件？要回答这些问题，实际上就是要确定领导者到底有没有必备的素质，如果有的话，到底是什么。

西方研究领导者素质的理论是“领导特质理论”，按照领导特质理论对领导特质来源所作的不同解释，可以分为传统特质理论和现代特质理论。传统特质理论认为领导者所具有的特质是由遗传决定的，是与生俱来的特质；而现代特质理论则认为领导者的特质是在实践中形成的，是可以通过教育来培养和改变的。

实际上，早期对领导的研究主要就集中于分析领导者所具备的品质，许多学者都提出了不同的观点。如拉尔夫·M·斯托格迪尔（Ralph M. Stogdill）在1948年通过研究就提出了领导者应具备的特质和技能：

(1) 五种体质特征，包括精力、外表和身高等；

(2) 四种智力与才干特征，包括智力、判断力、自信心等；

(3) 六种与任务有关的特征，追求成就的干劲、毅力和首创精神等；

(4) 九种社会性特征，包括合作精神、人际交往能力、行政管理能力等。

然而在这些早期的不同学者的研究中，无法总结出关于领导者特质的相互一致的模式。究其原因主要是由于研究的情境不同，而每种情境对领导者都有不同的需求，这自然不大可能得出一致的结论。

与以往在不同情境中对领导者与非领导进行比较的研究不同，近期的对领导特质的研究采用了比较在相同情境中有效和无效的领导者的领导效果和特质的办法，得到的结论比早期的研究成果更为一致和更有说服力。近期对有效领导特质的研究分为三类，第一类依据领导者在组织中的实际表现来对其进行评估，这些研究表明，一定的领导特质与组织绩效密切相关；第二类主要通过下级、上级和自我评价来对领导者的有效性进行评估，研究表明，上级和下级在领导行为的评估上存在一定的一致性，而领导者的自我评价则与其他人的评价关系不大；第三类主要是对低绩效的领导者进行评估，研究结果发现了无效领导者的一些特质，如自大、情绪不稳、不能信赖等。

在1990年，伯纳德·贝斯和拉尔夫·斯塔格蒂尔在斯塔格蒂尔早期研究的基础上，对1949年至1990年间发表的300多项领导特质研究成果进行了概述和整理，并据此划分出五个领导特质的维度：应急能力、适宜性、责任感、情绪稳定性和智能。这五个维度构成领导者的个性结构模型，被广大管理学家和心理学家所认可，具有一定代表性。表9-1列出了五个维度中具有代表性特质和技能。

表9-1　成功领导者的特质与技能

特　质	技　能
适应环境	才智
对社会环境的警觉	概括能力
野心和成就定向	创造性
果断	老练、机智
合作性	擅于演说
决断	知识渊博（与工作任务有关的）
可靠	组织性
支配性（影响他人的愿望）	善于说服人
精力（较高的活动水平）	社交技能
耐力	
自信	
忍耐压力	
承担责任的意愿	

可见，作为一个领导者的确有一些必须具备的素质和条件。结合我国的实际情况，优秀的领导者应当具备的条件包括思想素质、业务素质、管理技能和心理身体素质。

1. 思想素质

领导者应品行端正，响应政府政策，遵守社会法律法规和企业规章制度；有强烈的事业心、责任感和创业精神；有良好和思想作风和工作作风，能一心为企业服务，公正廉洁、以身作则，谦虚谨慎、戒骄戒躁、严于律己、实事求是、不弄虚作假；有勇于不断创新的胆识；有较高的情商，具有影响他人的魅力，发扬民主作风、平易近人、和蔼可亲；能密切联系群众，关心员工需求、与员工同甘共苦。

2. 业务素质

领导者应掌握现代企业管理的相关知识和技能，主要包括：

(1) 懂得市场经济的基本原理，掌握邓小平关于建设有中国特色的社会主义市场经济理论；

(2) 懂得管理的基本原理、方法和各种专业管理的基本知识，还要学习管理学、会计学、统计学、市场营销、财政金融和外贸等方面的知识，还要及时了解国内外管理科学的发展动态；

(3) 懂得生产技术和有关自然科学及技术科学的基本知识，掌握本行业的科研和技术发展方向和动态以及行业的发展和变化规律，了解本企业产品的结构原理、生产制造过程，熟悉产品的用途和性能；

(4) 懂得思想教育工作、心理学、人才学、行为科学以及社会学等方面的知识，以便能有效地激发员工士气，协调人际关系，充分调动员工的积极性和创造性；

(5) 能熟练运用计算机、信息管理系统和有关的系统网络，掌握现代管理的方法和手段，能及时了解并处理有关的信息。

3. 管理技能

领导者不但应具备一定的业务素质，还应具备较高的管理和领导技能，具体要求如下：

(1) 较强的分析、判断和概括能力。领导者应思维敏捷、触类旁通，能在纷繁复杂的事务中，透过现象看清本质，抓住主要矛盾，运用逻辑思维，进行有效的归纳、概括、判断，找出解决问题的基本方法。

(2) 科学的决策能力。决策，特别是经营决策的正确与否，对企业的生产经营效果影响巨大。而决策又是领导者多种能力的综合体现，任何正确的决策都来源于周密细致的调查和准确而有预见性的分析，来源于丰富的科学知识和实践经验，来源于集体的智慧和领导者勇于负责的精神的恰当结合。

(3) 组织、指挥和控制能力。领导者应该了解组织设计的基本原则，如因事设职、责权一致、命令统一等，熟悉并善于应用各种组织力量，协调利用人力、物力、财力等组织资源，充分调动全体成员的积极性，以达到综合平衡，取得较好的组织效果。控制能力则要求领导者在企业实现预定目标的过程中，要善于发现问题并且采取适当的措施进行纠正，以确保目标的顺利实现。

(4) 沟通、协调企业内外各种关系的能力。领导者要善于与人交往，善于倾听各方面的意见，善于同具有不同意见的人接触、合作共事。对上要尊重，争取帮助和支持；对下要谦虚，平易近人，信任下属，处处关心下属员工的成长和发展；对内要有自知之明，了解自己的长处和短处；对外要热情、公平和客观。

(5) 探索和创新的能力。领导者对已经做过的工作要及时总结经验、吸取教训，善于听取各种不同的意见，从中获取有益的东西。对新事物要敏感、富有想像力、思路开阔，善于提出新设想、新方案，对工作能提出新目标，同时鼓励下属去实现目标。

(6) 知人善任的能力。领导者要重视人才，善于发现、培养和使用人才。要重视教育和提高下属的业务能力，勇于启用新人，要学会用人之长、记人之功、容人之短，最大限度地发掘人才的潜能。

4. 心理和身体素质

领导者要具备一定的心理素质和身体素质才能胜任领导职务。其中心理素质包括追求、意志、情感、风度和能力五个方面：

(1) 追求，指领导者应该有崇高的事业理想、坚定的信念、积极向上的价值观和强烈的社会责任感；

(2) 意志，指领导者应该有克服困难的巨大能力和百折不挠的坚持意志；

(3) 情感，指领导者在承担职位时能体现出热爱岗位、热情待人、乐观向上等积极情感，避免冷漠、虚伪、嫉妒等消极的情感；

(4) 风度，指领导者应该具有宽容大度、机智幽默、高瞻远瞩等个人魅力；

(5) 能力，指领导者应该具有高度的直觉能力、思维能力和创新能力等。

而领导者要对组织活动进行有效的协调和指挥，不但需要足够的心智，还需要具备强健的身体，才能有充沛的精力去完成高强度的工作。

二、领导集体的构成

组织的领导者往往不是指一个单独的个人，而是指一个群体，也即人们常说的“领导班子”或领导集体。

领导集体中，为首的领导者特别重要，他在领导过程中起着核心的作用。但现代企业的生产经营活动和所处的环境异常复杂和多变，单单依靠一个人的才智和能力是有限的，很难有效地组织和指挥企业的生产经营活动。所以必然需要其他人来分担，形成具有不同专才的领导集体，才能使企业卓有成效地运转。

一个具有合理结构的领导班子，不仅能使每个成员人尽其才，做好各自的本职工作，而且还能通过有效的组合，发挥系统效应，产生巨大的集体力量，使企业持续稳定的发展下去。领导集体的结构一般包括年龄结构、能力结构、知识结构和性格结构等四个方面。

（一）年龄结构

年龄不仅是人的生理功能的标志，也是人的知识、经验的标志，不同年龄的人具有不同的知识、智力和经验。组织领导班子的年龄构成，是不仅关系到个体，还关系到群体的创造力、生命力以及继承和发展的重要因素。

不同年龄段的领导者有不同的特点，合理组合，能取长补短，更好发挥集体的作用。一个合理的领导班子应当是由老年、中年和青年相组合，并向年轻化的趋势发展。老年领导者经验丰富、老成持重，但创新精神一般不如中青年领导者；中年领导者趋于成熟，有一定工作经验，但对新事物的敏感程度不如年轻人；青年领导者精力充沛，敢于进取和创新，但阅历较浅，经验不足。三者有机结合，有利于发挥各自的优点。

而领导集体的年轻化，是现代社会发展的客观需要，是组织现代化大生产的要求。因为现代社会处于高度的发展之中，知识的老化和更新周期越来越短，而年轻人比老年人在吸收新知识、接受新事物上具有更多的优势。但要注意的是，年轻化并不等于青年化，不是说领导集体的成员年龄越小越好，而是指要保持一个合理的老、中、青比例，有一个与管理层次相适应的平均年龄界限。既要防止领导老化，又要保证领导者的新老交替，保持领导班子的稳定性和连续性。一般情况下，越是基层领导者越应年轻些，而在高层，领导者的年龄可相对大些，但也要注意尽可能扩大青年的比例。

（二）知识结构

知识结构包括两方面的含义：一方面指知识的纵向水平，即领导集体中不同成员的知识水平构成；另一方面指知识的横向组合，即成员的知识专业结构。

领导班子的成员都应当具备较高的知识水平。在现代企业中，大量的先进科学技术被采用，而在复杂多变的经营环境中，企业为了生存和发展，其领导者必须具备广博的知识。没有较高的文化知识素质，就不能满足现代企业发展的需要。随着我国社会经济的发展，企业员工的文化水平不断提高，各类组织的领导者都在向知识型转变。

现代企业的经营涉及到专业性和技术性很强的各项工作，而管理业务本身的专业分工也决定了领导班子应由具备相关方面专业知识的人才组成。形成一个合理的专业结构，才能使领导集体成为具有综合业务管理能力的群体。由此可见，领导班子成员的专业化是现代企业经营管理的客观要求。

（三）能力结构

领导班子的有效性不仅与领导者的知识水平有关，还与领导者运用知识的能力密切相关。运用知识的能力是一个内容十分广泛的概念，包括创造能力、决策能力、判断能力、分析能力、组织能力、指挥能力、协调能力、控制能力等。每个人的能力各有不同，有的人善于思考分析问题，提出好的意见和建议，但不善于组织工作；有的人善于处理人际关系，协调和解决矛盾，但不善于分析和决策；而有的人善于理解和执行上级的决策计划，但不善于指挥等。因此，企业的领导集体应该包括不同能力类型的人，既要包括具有高超创造能力的思想家，具有高度组织能力的组织家，还要具有实干精神的实干家，才能形成最优的能力结构，在企业管理中发挥作用。

（四）性格结构

性格组合对于领导集体的结构合理化也是十分重要的。性格不合的领导班子往往摩擦不断，容易产生严重的内耗。从理论上讲，领导者可以根据不同的性格特点进行组合。一个理想的领导集体，应当是不同性格互补和配合，总体上具备多方面良好性格的群体。有的领导者应有魄力，办事果断；有的头脑冷静，善于出谋划策；有的百折不挠，坚忍不拔；有的任劳任怨，恭谨谦让等等，这样才能相互补充，协调一致，形成一个结构优化、富有效率的领导集体。

三、领导理论

(一) 领导行为理论

领导才能与追随领导者的意愿都是以领导者的具体领导方式为基础的。因此，许多学者把研究重点渐渐从领导者的内在特征转移到领导者的外在行为上，希望能找到有效领导的关键性因素，这就是领导行为理论。其中著名的经典领导行为理论包括勒温的三种领导方式理论、密歇根大学的领导行为理论、俄亥俄州立大学的二元四分图理论以及管理方格理论。

1. 勒温（P. Lewin）的三种领导方式

心理学家勒温进行了一系列的实验，发现了三种不同的领导行为模式，这三种模式对下属的态度和工作效率有明显不同的影响。这三种领导行为的模式是：权威型、民主型和放任型。

(1) 权威型的领导。这种领导者是支配型的，依靠权力和强制命令让下属服从。他们在决策中不允许下属参与，为下属完全安排好工作，并且把权力和责任揽于一身。

(2) 民主型的领导。这种领导者一般以理服人，以身作则，他们在决策中鼓励下属进行讨论，会提醒下属注意一些影响工作的因素，并且鼓励下属发表自己的意见和建议。

(3) 放任型的领导。这种领导给予下属完全的自由，让下属自己做出工作的所有决定。从实质上而言，这种领导者并没有真正实施领导。

表 9-2 对这三种领导的行为特征进行了全面的总结。

表 9-2　权威型、民主型和放任型领导的行为特征

行　为	权威型	民主型	放任型
决策	由领导者一人做出	集体决策	没有规定——给群体或个人完全的自由
制定计划	由领导者一人做出	集体收集信息进行	没有系统的计划
选择工作方法和手段	由领导者一人做出	领导者建议——集体选择	由个人决定
进行任务分配和工作安排	由领导者命令	集体决策	领导者不参与
绩效评估	由领导者一人做出	客观评价	不进行评估——其他群体成员进行自发的评估

而下属在三种领导方式下的工作效率和态度也不一样，以下是研究所得的一些结果：

(1) 在这三种领导方式中，下属最喜欢民主型的领导者，因为这类型的领导者能够使下属的积极性和创造性得到充分的发挥。与现代组织的支持性、开放性一致，目前的管理趋势是倾向于采取民主型的领导方式，如参与式的管理。

(2) 权威型的领导者与放任型的领导者比较的话，下属更喜欢后者。对下属而言，混乱与压制相比，他们更喜欢混乱。

(3) 权威型的领导者容易使下属产生好胜或者冷漠的行为，这些行为被认为是权威型领导所导致的失败感的反应。

(4) 随着领导者的行为类型从权威型向放任型转变，下属的行为也会由冷漠向好胜转变，而放任型的领导者会产生最大限度的好胜行为。

(5) 权威型领导的生产率短期有较高的增长，略微高于民主型领导，但从长期来看，权威型领导的生产率最终会明显低于民主型领导。而放任型领导的生产率是最低的。

2. 俄亥俄州立大学的二元四分图理论

美国俄亥俄州立大学的学者通过研究，把领导者绩效的影响因素划分为两个方面：关心组织导向和关心人的关系导向。

关心组织导向是指领导者更重视组织的生产目标，把更多的精力放在制定工作标准，制定规章制度和相应的工作程序，确定和分配员工工作任务等方面，倡导员工服从命令。

关心人的关系导向指领导者更倾向于信任、尊重、体贴和支持员工。关心人的领导者能够倾听下属的意见，与下属进行双向的多重沟通，能够平等地对待员工，关心他们的福利和满意度。

由这两个独立的导向维度，产生四种典型的领导行为，可以用四分图的形式来表示，如图 9-1 所示。

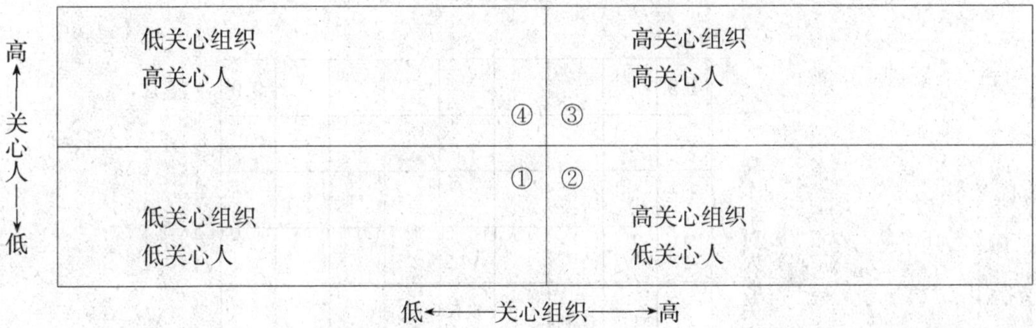

图 9-1　二元四分图

二元四分图中的四种领导类型以及相应的效果如下：

①低关心组织，低关心人型。一般来说，这种双低的领导类型的领导效果最差，常常伴随着员工的低绩效、较低的工作满意度和较高的流动性。

②高关心组织，低关心人型。仅仅以组织工作为核心，是以员工的较低工作满意度和较大流动性换来暂时的较高工作绩效，但很难长时间维持。

③高关心组织，高关心人型。一般来说，这种双高领导类型效果最好，工作绩效、员工的满意度都较高，而人员流动性则较低，应该是领导者努力的理想方向。

④低关心组织，高关心人型。单单关心人，不注意组织工作的领导属于人际关系型的领导，通常员工的满意度较高，人员流动也少，但代价是组织的工作绩效降低。

3. 密歇根大学的领导行为理论

在俄亥俄州立大学研究的基础上，美国密歇根大学社会研究中心的学者也进行了类似的研究，即确定领导者行为特点以及它们与工作绩效的关系。

密歇根大学的研究提出了与俄亥俄州立大学提出的关心人和关心组织两个维度相类似的两种领导行为，分别称之为员工导向和生产导向。

生产导向的领导者强调工作任务以及完成任务的技术或方法，一般都制定严格的工作标准，告诉员工完成任务的方法、认真组织员工完成并对员工的工作情况进行密切监督。这类型的领导者主要关心的是群体任务的完成情况，他们把群体成员看作是达到目标的工具。

员工导向的领导者强调员工的个人需要和人际关系的融洽，他们与下属之间是一种支持的、友好的关系。这类型的领导者在决策中注意发挥团队的作用，以亲切、体贴的态度去考虑下属的需要，并鼓励下属去完成较高的目标。

密歇根大学研究者的结论是员工导向的领导者有较好的工作效果，生产率和员工满意度都较高，而生产导向的领导者则往往伴随着较低的生产率和员工满意度。

4. 管理方格理论

在俄亥俄州立大学和密歇根大学研究的基础上，美国管理学家布莱克（Robert R. Black）和穆顿（Jane Mouton）发展了领导风格的二维观点，以“对人的关心程度”和“对生产的关心程度”为基础，提出了管理方格理论。

管理方格理论可以用一张九等分的方格图来表示，见图 9－2。

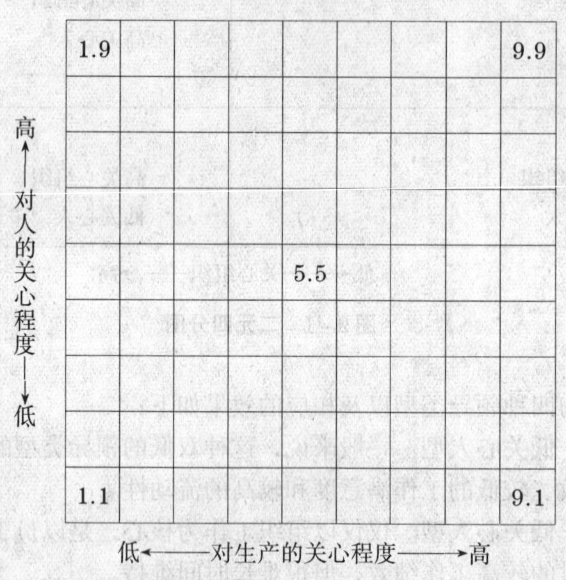

图 9－2　管理方格图

图中的横坐标表示领导者对生产（工作）的关心程度，纵坐标表示对员工的关心程度，各自划分为九个等级。每个方格就表示关心生产和关心人这两个基本因素以不同程度相组合的一种领导方式，一共有 81 个“管理方格”，也即有 81 种不同的领导类型。图中列出的是五种典型的领导类型。

1.1 型领导：贫乏型的管理，这类型的领导者对工作和员工都极不关心，只付出最小的努力来完成工作，即只做一些维持自己职务最低限度的工作。

9.1 型领导：任务型的管理，这类型的领导者只重视工作和任务的效果，而忽略了人的因素，不关心员工的需要和发展。该种领导者一般采取专制和独裁手段对下属的工作进行控制，员工一般只能奉命行事。

1.9 型领导：一团和气型的管理，这类型领导的领导方式与 9.1 型的相反，领导者对人的因素极为关心，重视员工的需要和感情，强调保持人际关系的和谐，认为只要员工满意，工作绩效自然会提高，但往往忽略了工作的效果和效率。

5.5 型领导：中庸型的管理，该类型的领导者对工作和人的因素都保持一定的关心，既要维持足够的工作效率，又要保持一定的员工士气，希望能保持两者的和谐与妥协，以免顾此失彼。但这种领导者往往缺乏进取心，乐于维持现状，所以被称为中庸型的领导。

9.9 型领导：团队型的管理，这类型的领导者对工作和人的因素都极为关心，既高度重视组织的各项工作，又能通过沟通和激励与群体合作，让下属员工共同参与管理，使工作成为员工的自觉行为，从而获得较高的工作效率与员工满意度。

多数研究者认为在以上几种领导方式中，9.9 型是最理想、最有效的领导类型，但这种领导方式是很难达到的，所以应该对领导者加以培训，推动他们向这一理想方向发展。实际上，这五种典型的领导类型仅仅是理论上对某种极端情况的描述，在现实工作中，很少有纯粹的某种方式。因此，不能一概而论是哪一种方式最优，最有效的领导方式不是一成不变的，而是要依据具体情况而确定的。

（二）领导权变理论

领导的权变理论比领导特质和领导行为理论更为复杂，领导的有效性受到领导者的个性特征、被领导的特征以及环境因素的影响。换言之，领导和领导者是某种既定环境的产物，可以用以下公式表示：

$$S = f(L, F, E)$$

其中 S 代表领导方式，L 代表领导者的特征，F 代表被领导者的特征，E 代表环境。

根据权变理论，领导者的行为应该根据环境因素的变化而变化。这方面有代表的理论包括“路径—目标理论”、菲德勒的权变理论和卡曼（A.K. Karman）的领导生命周期理论。

1. 路径—目标理论

路径—目标理论是由美国管理学家罗伯特·豪斯和马丁·埃文斯（Martin Evans）提出的。该理论认为，领导者的工作是要帮助下属达到他们的目标，并提供必要的指导和支持来确保各自的目标与群体或组织的目标一致。“路径—目标”的概念就是指有效的领导者应为下属明确指出实现工作目标的途径，并为下属清理各种障碍，从而使下属实现目标的过程更为容易。从本质上说，路径—目标理论解释了领导行为对下属的动机、满意度、努力程度和工作绩效的影响，并说明了这种影响会随着情境因素的变化而变化。该种理论的要点包括领导方式、情境因素两大部分。

（1）领导方式。豪斯的路径—目标模型根据领导在指导下属建立目标、选择途径的过程中的不同表现，区分了四种最基本的领导风格类型：指令型、支持型、参与型和成就导向型。

①指令型的领导。指令型的领导者会让下属明确知道他的期望，对下属的工作提出具体的要求，把要做什么和应该怎样做清楚地告诉下属。同时，制定下属的工作绩效标准和工作程序，要求下属遵守相应的规章制度和时间进度。

②支持型的领导。支持型的领导者是友好的、平易近人的，他关心下属的需要和福利，平等对待下属，并且创造出一个公平和融洽的工作环境。

③参与型的领导。参与型的领导鼓励下属参与决策和共同行动，采用咨询式的管理方式，征求下属的意见并采纳他们的建议，在工作中建立起一种相互帮助的环境。

④成就导向型的领导。成就导向型的领导者会给下属制定具有挑战性的工作目标，追求较高的工作绩效，期望下属实现自己的最佳水平，并对下属达到较高标准的能力充满信心。

路径—目标理论的研究显示，在各种不同的情境中，这四种领导风格会在同一个领导者身上出现，因此该理论认为领导者的领导风格是能够相应改变的。

(2) 情境因素。为什么一种领导方式在一些情境中很有效，但在其他的一些情境中却不起作用？路径—目标认为有两个情境因素会影响领导行为和下属工作绩效之间的关系，这两个因素分别是下属的特点和环境的特点。

① 下属的特点包括三个方面的内容：能力、归因方式、需要与动机。

能力是指下属完成任务的能力，不同工作能力的下属适合不同的领导方式。如工作能力较差的下属适合指令型的领导方式；而工作能力较强的下属会不喜欢这种领导方式，而且也没有必要使用指令型的领导方式。

归因方式是指下属看待环境与行为结果之间关系的方式，一般有内部归因与外部归因两种。内部归因是指个体认为行为的结果是自身行动造成的，而外部归因则指个体认为行为的结果是由于外部的运气和机会导致的。研究结果表明，倾向于内部归因的下属对参与型的领导更满意，而倾向于外部归因的下属对指令型的领导更满意。

需要和动机是指下属的需要、动机和个性特征会影响他们对领导方式的接受程度和满意程度。例如，对安全感有较高需求的员工更喜欢指令型的领导，而对成就感有较高要求的员工则对成就导向型的领导更满意。

② 环境的影响来自三个方面：工作任务、正式权力系统、工作群体。

研究者把工作任务分为常规性任务与非常规性任务两种。研究结果表明，对于常规性的任务而言，由于任务本身是固定明确的，不需要太多的指导，因此下属更欢迎支持型和参与型的领导方式，而对于非常规性任务，由于任务存在多变因素，下属则更喜欢指令型的领导，因为指令型的领导方式能够帮助他们把含糊多变的任务清晰化。

正式权力系统包括完成任务必须遵守的规章制度、政策和工作程序以及工作情境的压力。研究结果表明，任务的规章、程序越多越明确，那么指令型的领导方式就越容易引起下属不满；而在较大的工作情境压力下，指令型和支持型的领导能增加下属的满意度。

而工作群体的特征也会影响下属对领导方式的接受程度。

路径—目标理论说明在不同情境下存在不同的问题，为最终实现组织的目标，领导者就必须融合多种不同的领导方式，在不同的领导方式中寻求平衡和配合。

2. 菲德勒的权变理论

美国管理学家菲德勒（Fred E. Fiedler）提出的权变理论指出，各种领导方式都可能在一定的环境中有效，而这种环境是内部和外部多种因素的综合作用体。

(1) 领导方式。菲德勒设计了一种测量领导者领导方式的问卷，测量领导者对最不喜欢共事的同事（Least - preferred co - worker，简称为 LPC）的态度和评价。如表 9 - 3 所示，问卷的主要内容是 16 组形容词，每组中的两个词意思是相对的，用于描述一个人的心理状态。LPC 问卷要求领导者对最难共事的同事进行描述，每组词中最积极的回答赋予 8 的分值，最消极的回答赋予 1 的分值。所有分值加起来就是一个领导者的 LPC 分数。

表 9 - 3　菲德勒的 LPC 问卷

快乐	8	7	6	5	4	3	2	1	不快乐
友善	8	7	6	5	4	3	2	1	不友善
拒绝	1	2	3	4	5	6	7	8	接纳
有益	8	7	6	5	4	3	2	1	无益
不热情	1	2	3	4	5	6	7	8	热情
紧张	1	2	3	4	5	6	7	8	轻松
疏远	1	2	3	4	5	6	7	8	亲密
冷漠	1	2	3	4	5	6	7	8	热心
合作	8	7	6	5	4	3	2	1	不合作
助人	8	7	6	5	4	3	2	1	敌意
无聊	1	2	3	4	5	6	7	8	有趣
好争	1	2	3	4	5	6	7	8	融洽
自信	8	7	6	5	4	3	2	1	犹豫
高效	8	7	6	5	4	3	2	1	低效
郁闷	1	2	3	4	5	6	7	8	开朗
开放	8	7	6	5	4	3	2	1	防备

不同的 LPC 得分反映了领导者不同的领导风格。菲德勒把 LPC 分数高的领导者称为人际关系取向型，他们以相对积极的态度描述最难共事者，希望与下属建立一种良好的人际关系。LPC 得分低者被称为工作任务取向型，他们关心的是工作，主要目标是完成任务。菲德勒运用 LPC 问卷将绝大多数领导者划分为两种风格，但也有一小部分领导者处于二者之间，这些人的领导风格较难确定。

要注意的一点是，菲德勒认为一个人的领导风格是固定不变的，这根路径—目标理论有着根本的不同。

(2) 环境因素。根据 LPC 分数对领导者的风格进行分类之后，菲德勒开始研究什么类型的领导是最有效的领导。他发现领导的风格与有效性取决于许多环境因素，其中三个主要环境因素是：领导者与下属的关系、任务的结构和领导者的职权。

①领导者与下属的关系，指的是领导者与其领导的工作群体之间的关系，也就是下属对领导者的信心、信任和尊重的程度。如果下属越尊重和信任领导者，那么领导者完成任务的过程中就越容易让下属追随和听从，领导环境就越好；反之，领导环境就越差。

②任务的结构，指的是任务的明确程度，完成任务的步骤的复杂程度以及人们对任务的负责程度。当下属所承担的工作任务清晰明确，并且有例行化的工作程序时，领导者对工作质量较易控制。一般说来，任务越明确、下属的责任心越强，领导环境就越好，反之，则越差。

③领导者的职权，指的是领导者能够通过规章制度、奖励措施和强制手段来影响下属的能力。领导者拥有的实有权力越大，就越容易使下属成员遵从他的指挥，领导环境越好，反之，则越差。

菲德勒对1200个团体进行了抽样调查，得出以下结论，如表9-4所示。

表9-4 菲德勒模型

<table>
<tr><td>人际关系</td><td>好</td><td>好</td><td>好</td><td>好</td><td>差</td><td>差</td><td>差</td><td>差</td></tr>
<tr><td>任务结构</td><td>简单</td><td>简单</td><td>复杂</td><td>复杂</td><td>简单</td><td>简单</td><td>复杂</td><td>复杂</td></tr>
<tr><td>职权</td><td>强</td><td>弱</td><td>强</td><td>弱</td><td>强</td><td>弱</td><td>强</td><td>弱</td></tr>
<tr><td></td><td>Ⅰ</td><td>Ⅱ</td><td>Ⅲ</td><td>Ⅳ</td><td>Ⅴ</td><td>Ⅵ</td><td>Ⅶ</td><td>Ⅷ</td></tr>
<tr><td>环境</td><td colspan="3">好</td><td colspan="3">中等</td><td colspan="2">差</td></tr>
<tr><td>领导目标</td><td colspan="3">高</td><td colspan="3">不明确</td><td colspan="2">低</td></tr>
<tr><td>低 LPC 领导</td><td colspan="3">人际关系</td><td colspan="3">不明确</td><td colspan="2">工作</td></tr>
<tr><td>高 LPC 领导</td><td colspan="3">工作</td><td colspan="3">不明确</td><td colspan="2">人际关系</td></tr>
<tr><td>最有效的方式</td><td colspan="3">低 LPC</td><td colspan="3">高 LPC</td><td colspan="2">低 LPC</td></tr>
</table>

领导环境决定了领导方式。在环境较好的Ⅰ、Ⅱ、Ⅲ和环境较差的Ⅶ、Ⅷ情况下，采用低 LPC 领导方式，即工作取向的领导方式比较有效。在环境中等的Ⅳ、Ⅴ、Ⅵ情况下，采用高 LPC 的领导方式，即人际关系取向的领导方式比较有效。

由于菲德勒认为个体的领导风格是稳定不变的，因此在提高领导者的有效性时实际只有两种途径：一是更换领导者以适应领导环境，如用人际关系取向的领导者替代工作取向的领导者；二是改变环境以适应领导者，如通过重新构建任务或提高或降低领导者的职权以改变环境。

3. 卡曼的领导生命周期理论

美国哈佛大学的阿吉里斯（C. Argyris）提出的“不成熟——成熟”理论认为，一个人由不成熟到成熟的过程会发生七个方面的变化：①从被动到主动；②从依赖到独立；③从行为局限到行为扩大；④从兴趣浅薄到兴趣浓烈；⑤从只有现在的观念到包括过去和未来的观念；⑥从附属地位到同等或优越地位；⑦从不明白自我到认识自我、控制自我。

美国俄亥俄州立大学心理学家卡曼把二元四分图理论与阿吉里斯的理论结合起来，创立了领导生命周期理论。这个理论指出，有效的领导者所采取的领导形态和被领导者的成熟度有关，成熟度指被领导者的年龄、经验、技能、教育程度、成就感和自我控制能力，这包括了工作成熟度与心理成熟度，心理成熟度尤其重要。工作行为、关系行为与成熟度存在非线性关系，形成了四种领导方式：命令式、说服式、参与式和授权式。

被领导者的成熟度水平不同，领导方式也应该有所变化，否则就会影响领导效果。它们的关系表现为：当被领导者的成熟度高于平均以上时应采用低关系、低工作的领导方式（授权式）；当被领导者成熟度一般时，应采用高关系、低工作的领导方式（参与式）或者高关系、高工作的领导方式（说服式）；当被领导者的成熟度低于平均水平以下时应采用低关系、低工作的领导方式（命令式）。其关系如图 9-3 所示。

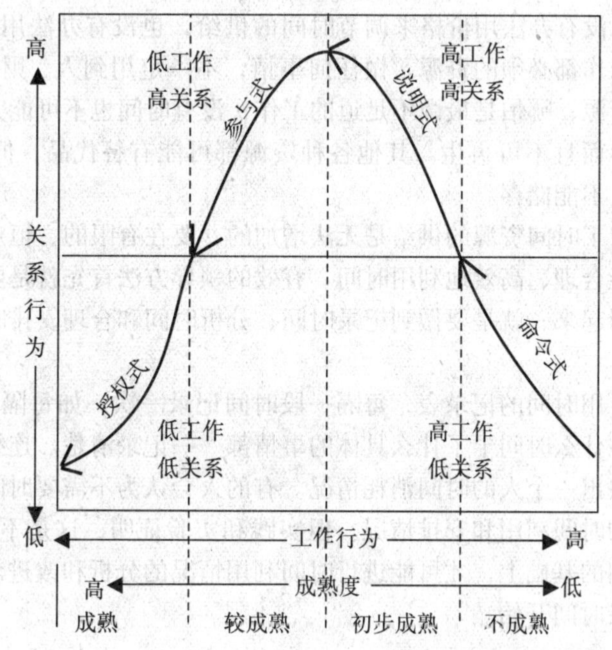

图 9-3 领导生命周期理论模式

由图可见，随着被领导者从不成熟到成熟的发展，领导方式应按以下顺序进行变换：命令式──→说服式──→参与式──→授权式。也就是说领导者要根据不同对象采取不同的领导方式，并不断提高下属的成熟程度，以取得较好的领导效果。

四、领导方法

领导方法是指领导者在指挥下属完成组织目标的过程中，思考问题、处理问题和指导工作时的具体方式和方法。有不少领导者，工作勤勤恳恳却业绩平平，这往往就是由于缺乏适当的领导方法和工作方法。

不少领导者往往被以下三个难题困扰，苦于有效解决：

（1）总感到时间不够，但又往往不能由自己支配。无论是上班还是下班，无论是在单位里还是在家里，不少领导者总是感觉有处理不完的或大或小的事情，经常忙忙碌碌却总也应付不过来。

(2) 总被困于日常事务之中，似乎无法解脱。许多领导者往往习惯于遇到什么问题就解决什么问题，在日常的事务中疲于奔命，无时间来认真思考和解决组织真正重大的问题。

(3) 总感到虽然自己全心全意地去为公司着想，但却不被认同和理解。

领导者如何才能解决以上三个难题呢？实际上就是要采用有效的领导方法和工作方式。

(一) 高效地利用时间

时间是管理的对象，又是一种紧缺的资源，它具有以下特点：第一，时间的供给是恒定的，不具有弹性。没有办法用价格来调节时间的供给，也没有办法用金钱来购买时间。第二，时间是所有工作都必须的资源。做任何事情，不一定用到人、财、物等其他资源，但却不能缺少时间资源，哪怕是最微不足道的工作，没有时间也不可能完成。第三，时间没有其他的替代品，而且不可再生。其他各种资源都可能有替代品，但时间是无法替代的，而且容易损耗，不能储存。

时间的特点决定了时间资源的供给是无法增加的，要在有限的、恒定的时间内做更多的事情，领导者只能合理、高效地利用时间。有效的领导方法首先就是要对时间进行良好的管理和安排，概括起来，就是要做到记录时间、分析时间和合理安排时间。

1. 记录时间

记录时间就是要用时间的记录表，每隔一段时间记录一次，如每隔 10 分钟、20 分钟等为一个间隔，把在什么时间干了什么具体的事情都一一记录清楚。连续一周或几周的统计就可以准确地反映出一个人的时间消耗情况。有的人会认为不需要时间记录，只要凭记忆也可以知道自己的时间利用和安排情况。但实践和实验证明，这是不够准确和可靠的。只有在准确记录时间的基础上，才可能进行时间利用情况的分析和改进。所以，要合理利用时间，必须从记录时间开始。

2. 分析时间

在时间记录的基础上，可以对时间的利用情况进行分析和处理。人们主要通过以下三个问题来对相应时间的利用价值进行诊断：

(1) 这件事如果不做，会有什么后果？如果回答是没有任何重大影响，那么就应该立即停止做这类事情。

(2) 在记录的活动中，哪些可以请别人去做，会有相同的结果甚至于更好的结果？这些事情是可以由他人帮助处理的，就交给他人进行。

(3) 自己是否在浪费别人的时间？对消耗了别人的时间又没有效果的事情进行识别并停止该类活动，这不但是对自己时间利用效率的提高，也有助于其他人对时间进行有效利用。但浪费别人时间的事项，往往难于仅凭记录表识别出来，而要通过他人的真实评价来识别。

在对时间记录进行相应的分析和处理之后，领导者可以在一定程度上消除时间浪费，并对自己真正可以利用的时间有准确的了解。但这样还不够，领导者还要对时间进行合理的安排，才能真正达到高效地利用时间。

3. 合理安排时间

领导者合理安排时间的方法主要有以下几种：

（1）时间ABC管理法。基本原理就是80/20原理，根据事情价值的重要性不同，领导者可以把事项进行分类，对于重大的事项重点注意，并花费相应较多的时间。归根到底，就是把有限的时间根据事情的重要性进行分类管理、重点管理。

（2）时间目标管理法。把目标管理的方法应用在时间的管理上，把预定目标逐步分解成分目标，并确定相应的利用时间标准，以层层目标的实现达到总目标和时间要求。

（3）时间信息管理法。实际上是运用动力原理，发挥精神动力和信息动力的作用。采用形象鲜明的格言和警句，以造成强烈的时间观念，时刻提醒自己培养管理好时间的习惯。如日本企业非常注意节约时间，在他们的电话簿上常常可以看到这样的告诫："勿说空话、废话！""讲话勿超过三分钟！"等。

（二）安排合理的工作次序

有些领导者被困于日常事务中无法脱身的原因之一是过于固守已形成的工作习惯，整天忙于处理各种规章制度规定的有关事项，而无法判断手头工作的轻重缓急了。实际上，领导者应以一定的判断准则来决定处理工作的先后次序，把主要精力从日常琐事中剥离开来，干更有价值、更有意义的事情。在决定工作次序时，领导者要注意以下几点。

1．着眼于将来

领导者的工作不可能完全脱离过去，因为现在是过去所作决策和行动的后果，故着眼于将来有两重含义。一是对于过去的失误，领导者要从过去的决策和行动中吸取经验教训，并将其作为将来决策和行动的依据和指导，并尽可能弥补已经造成的损失。但由于过去已经发生，不可能再给组织带来效益，所以领导者在工作中的重点应集中于未来的工作，避免被过去的事占用过多的时间和精力。第二重含义是对于过去的成功，领导者也要客观地评价和看待，着眼于将来。许多领导者成功后，反而在事业上停滞不前、少有突破，归根到底就是沉溺在过去的辉煌中，沾沾自喜，不思进取和开拓。

2．遵循例外原理，充分授权

事必躬亲会使领导者疲于奔命，因此领导者应着重处理规章制度所没有规定的例外、重大事项，凡是有规定的只需按章办事即可。此外，领导者还要通过建立健全规章制度，进行充分的授权，让下属分担相应的工作，从而把精力集中到应该处理的地方。

3．不以压力大小作为工作次序的标准

领导者往往会按照工作压力的大小来安排工作的先后次序，但实际上，这容易造成领导者对开拓性工作的忽略，是一种短视的做法。因为来源于眼前的困难形成的紧急事项，往往给领导者造成很大的压力，而开拓性的工作是为了组织的长远发展，表面上来看形成的压力相对较少。如果领导者以压力大小作为决定工作先后的标准，那么必然会重视紧急事项的处理，而忽略事关组织长远发展的真正重大事项。

（三）有效地作出贡献

领导者的贡献不被认同和理解，那么领导者的贡献也就失去了实际的意义和价值。要使自己的工作得到下属的认同和理解，领导者就要注意以下几点。

1．了解他人的需要

组成组织的成员是不同的个体，有着不同的需要和特点。领导者在进行工作之前，应对相关成员的不同需要和特点进行深入的了解。在这样的基础上，领导者才可能准确把握上级的意图和方向，才可能确定下级的工作态度和方式，并以此作为工作的依据。只有这样，领导者才能使自己的工作被上级接受、被下属支持，领导者的贡献才会得到他人认同。否则，一切只从自己的需要和工作方式出发，不考虑他人的理解程度和接受程度，领导者往往只是费力不讨好，既得不到相应的认同和支持，工作效果也将大打折扣。

2. 建立和蔼融洽的人际关系

建立和蔼融洽的人际关系，是增强领导者影响力、增加领导工作效果的有效途径。在和谐友好的氛围下，领导者的工作能够得到更多的支持和认同。当然，这种和谐的人际关系应当建立在互相尊重、互相关心、互相帮助、互相合作共同为组织目标作出贡献的基础上，而不是从亲戚、朋友或个人的私利出发，追求个人利益的满足。

3. 掌握有效开会的技巧

会议是领导者进行日常管理的一种重要工作，是一种必要的工作方法。西方学者所做的相关研究表明，管理者40%甚至于更多的时间都花费在各种会议上。对于我国的领导者而言，主持与参与各种各样的会议更是一件避免不了的事情。会议占用了领导者乃至参加会议者的大量时间，所以领导者应该掌握有效开会的技巧。首先要注意的是，领导者应当确定主持或参与会议是否必要。实际上，不少没必要的会议占用了领导者大量的时间和精力，领导者应识别这些会议并加以拒绝。如果的确有召开会议的必要，那么领导者也应该掌握提高会议效率的办法，其中行之有效的经验有：

(1) 确定参加会议者的名单并编制会议的议程；

(2) 事先通知与会者会议的主题和议程；

(3) 开会过程中注意紧紧围绕会议的主题，并按照议程的安排进行。如果出现偏离会议目的的发言和讨论，是无效的时间占用，应当打断和制止；

(4) 讨论陌生的问题时，应由熟悉情况的专家先向与会人员介绍相关信息，在此基础上再加以讨论，才能达到预期目的；

(5) 给予与会人员充分发表意见的机会；

(6) 养成准时开会和开短会的习惯。研究表明，在开会和讨论时，脑力的最佳状态只能保持45分钟，超过一个小时，与会者的注意力就会分散；

(7) 做好会议的记录，作为日后执行和检查的依据；

(8) 要考虑会议的成本。日本企业提出会议成本的计算公式：

$$会议成本 = 2A \times B \times T$$

公式中，A为职工平均工资的3倍，B为参加会议的人数，T为会议时间。实际上，公式中计算的只是开会的间接成本，召开会议本身还有相应花费的直接成本。因此，领导者应该把开会所得的收益与花费的成本进行比较，如果花费的成本高于会议取得的收益，就应该考虑是否应取消会议。

五、领导艺术

领导者的工作效率和效果除了受领导方法的影响外，很大程度上还取决于他们的领导艺术。领导艺术是一门博大精深的学问，其内涵极为丰富。而领导艺术与领导方法又是有所联系、相应相承的。对于希望提升自己的工作效率和领导效果的领导者而言，至少有以下几个方面是值得注意的。

（一）领导者要成为组织改革的领路人

面对当今激烈的外部竞争，企业只有不断进行改革和创新，才能在残酷的环境中生存和发展下去。企业要想获得改革和创新的成功，需要领导者作为领路人，不断开放自我、改造自我、锐意进取，并不断鼓励下属充满信心、接受挑战才可能达到。许多成功的企业，其领导者都发挥了关键的作用，他们对企业的现状有清晰的了解，对行业的发展有敏锐的洞察，不沾沾自喜、墨守成规，而是锐意进取、永远保持着一种创新的激情。

领导者在带领企业的变革和创新时，首先要认清企业内外的各种机会、威胁、优势和劣势。领导者要利用各种渠道收集信息，认真分析研究，确定企业的发展战略和变革途径。领导者还要对企业的改革和创新实行科学化和民主化的决策和管理，取得下属的支持。领导者并不是超越群体的孤胆英雄，真正的改革领导人应当善于发现和鼓励员工所蕴藏的改革热情、勇气和智慧，并利用榜样的力量去带动全体成员实现组织的目标。

（二）领导者要掌握协调人际关系的艺术

领导活动本身的主要内涵就是通过协调人际关系，进而协调人与物、人与事的关系。协调人际关系的艺术包括三个方面：一是协调同上级关系的艺术，要摆正自己的位置、尊重上级，实事求是、不弄虚作假，各司其职、互相支持；二是协调与同级关系的艺术，要真诚相待、平等相处，互相尊重、互相协作，谦虚忍让、求大同存小异、加强沟通；三是协调与下级关系的艺术，要平易近人、不耻下问，适当授权、知人善任，公平客观、赏罚分明。而要真正做到各方面人际关系的协调，必须要注意以下三个基本的原则。

1．尊重他人

要建立良好协调的人际关系，首先要注意的就是尊重他人。管理心理学的研究表明，尊重是人的基本需要，是一种普遍的心理需求。尊重的需要体现在人人都希望得到他人的认同、领导的赞赏、同事的支持等。因此，领导者无论是与上级、同级或是下级相处时，要时刻注意到他人的这种需要，并尽量使他们获得被尊重和被重视的满足感。在实际工作当中，对他人的尊重体现在以下几个方面：一是要尊重他人的人格和尊严；二是要尊重他人的意见；三是要尊重他人的劳动成果；四是要尊重他人的权力。只有这样才能形成自己良好的人际关系氛围，取得良好的工作环境。

2．信任他人

领导者要建立协调的人际关系，还必须要形成互相信任的氛围。相互之间的信任是领导者与上下级以及同级之间保持良好互助关系的基本条件。领导者要得到他人的信任，除了要以身作则，言而有信、言出必行之外，还需要通过对他人的信任来达到。领导者要相信他人、体谅他人，包括上司、同级与下属，要为他人着想，要推功揽过、主动承担责任，才能赢得他人的信任和支持。

3．理解他人

领导者要建立良好的人际关系，还要做到的一点是理解他人。领导者要通情达理，以理服人、以德启人、以情动人。领导者只有设身处地地了解不同成员的思想、感情和需要，并且真正关心和理解他人的需要和要求，才能形成团结融洽的组织气氛和协调的人际关系。

(三) 领导者要成为沟通的能手

没有人与人之间的信息交流，就不可能有领导。领导者在实施指挥和协调职能时，必须把自己的想法、感受和决策等信息传递给组织成员，同时，为了进行有效的领导，领导者也必须了解成员的反应、感受和困难。因此，领导者必须成为沟通的能手，善于沟通是一种重要的领导艺术。领导者要做好沟通工作，以下几个方面是必须注意的。

1. 领导者要善于倾听

领导者要与员工形成有效的沟通，很重要的一条是要善于倾听。许多领导者往往习惯于发号施令，常常把员工当作接受自己指令的客体，而忽视了员工自身的主动性和能动性。实际上，倾听员工意见是很重要的，日本企业家松下幸之助就把自己的经营艺术概括为“细心倾听他人意见”。

倾听下属的意见具有以下几个方面的意义：一是能了解不同方面的情况和看法，集思广益，开阔领导者的眼界和思路；二是能使下属感受到被重视和被承认，加深彼此的信任，促进组织气氛的和谐融洽；三是能有效地激励下属的工作热情，使其服从领导者的决策和指挥；四是有助于及时发现并解决工作中存在的问题。

倾听的价值很大，但倾听的技巧并不复杂，作为一个善于倾听意见的领导者，应注意以下几个问题：

(1) 不要随意打断对方的谈话。领导者要养成尊重他人的良好品质和行为习惯，不要随意插话、打断对方的思路，也不要迫不及待地解释、质问。

(2) 要善于观察分析对方的感情和态度。领导者不仅要听取对方的谈话内容，还要仔细观察对方说话的情态，捉摸对方谈话的弦外之音和想表达的真实想法和感受。善于倾听的领导者应当理解讲话者的面部表情、语言声调，甚至身体语言包含的真实含义。

(3) 要让对方有充分的安全感。领导者要消除谈话者的心理威胁和障碍，让对方能够开启心扉。领导者在谈话时要控制自己的情绪，把主动权留给对方，不要过多或过早地表明自己对问题的看法和态度，要让下属充分地表达自己的意见和感情。

2. 领导者要坦诚对待下属

领导者要成为沟通高手，除了要善于倾听下属的意见之外，还要注意在日常工作和接触中对他人坦诚以待。领导者要让上级和下级都能获得企业和组织内部的真实信息，了解工作的真实情况。如果领导者欺上瞒下，对上级弄虚作假、对下属掩盖实情，只能打击组织成员的士气。只有在了解企业的实际情形之后，组织上下的成员才能团结一致，形成巨大的同心力和凝聚力。也只有在这样的基础上，领导者才可能拥有一个良好的沟通氛围。

(四) 领导者要掌握授权的艺术

领导者要掌握的另外一项领导艺术是适当的授权，在实际操作当中，授权的意义体现在以下两个方面。首先授权对授权者，即领导者本身有利：适当的授权能使领导者摆脱过于繁重的具体工作职责，集中精力思考企业生存和发展的战略性问题；能使领导者和组织的业绩得到提高，被授予权力的下属感受到上级领导的信任，会加倍努力工作；还能使领导者得到下属的敬重和爱戴。其次，授权对下属的激励作用则更明显：适当的授权可以给予下属施展才干的机会，能够激励下属的工作热情；能够使下属拥有更多处理自己工作的自主权，帮助下属获得成长和发展的机会；被授予权力后，下属可以取得较高的业绩，从而获得较高层次的精神需要的满足。可见适当的授权对于授权者与下属而言都具有积极的意义。

授权并不是简单地把领导者的权力移交给下属，也不是所有的授权都能产生积极的效果。领导者在进行授权时还要掌握一定的方法和技巧，才能产生积极的授权效果。实现积极授权要注意以下几个关键问题。

1. 授权之前要做好妥善的研究和准备工作

领导者在授权之前应当做好详尽的调查和研究工作，根据下级能力的强弱、知识的高低以及本身的兴趣，并要考虑下级对授权的意愿和承受程度，以此选择责任和权力授予的最适当人选。

2. 授权要明确

领导者在进行授权时，要明确规定授权的范围。这包括两方面的含义，一是要让下属明确自己的权力和责任，有哪些条件可以利用，有哪些原则需要遵循。同时也要让其他相关人员了解到授权的发生，包括组织内部各个层级和各个部门的相关人员，也包括组织外部与授权下属会发生工作联系的客户、供应商等相关个体或团体。否则的话，授权不明确，下属不知所措，也无法得到相关人员的支持和协助，无法有效地开展工作；还有可能造成授权缺乏约束，甚至与相关政策规定相抵触，给领导者造成不必要的麻烦。

3. 授权要循序渐进

领导者要注意的第二个授权原则是要循序渐进地授权，根据具体情况和下属的成熟程度来决定授权的程度，并提供相应的支持。领导者在授权时要注意防止两种错误倾向：一种是以为授权后就万事大吉了，对于仍然需要指导和帮助的下属，撒手不管等于推卸责任，可能影响下属工作任务的实现，造成下属的挫折感和失败感。另外一种倾向是授权以后，领导者却不停地询问和检查，这样容易造成下属对授权者的反感，认为领导对自己不信任。因此领导者要根据实际情况、循序渐进地授权，及时给予下属必要的支持和指导，及时解决授权过程中出现的问题和困难，并鼓励下属大胆地进行工作。

4. 授权要做好培训工作

领导者在授权之前应当根据实际工作的需要，对下属进行相应工作技能和方法的培训。缺乏系统有效的培训工作，员工不了解基本的工作原则和方法，也就不可能成功地完成任务。所以领导者在授权时要对下属进行必要的培训和考查，以确保下属具备完成工作任务的能力。对于一些相对不成熟的下属而言，这方面工作更显得必要。

5. 授权要允许下属的失误

领导者还要注意一点，那就是即使在明确授权范围，做好培训工作之后，下属对于授权的工作任务也并不是万无一失的，他们仍可能犯某些错误，给组织造成损失。领导者要有容忍下属一定程度的失误，并把造成的损失看成下属成长过程中应交的学费，让下属在实践中得到磨炼和成长。当然，这并不意味着对所有的错误都不需要负责任。

6. 授权不能越级进行

任何领导者在进行授权时，只能向自己的直接下属授予权力和责任，不能越级进行，否则的话，必然会造成中层领导者的被动局面，增加管理层次和部门之间的相互矛盾。

（五）日常工作的领导艺术

领导者在日常工作中经常要运用表扬、批评等方式。在这些方面也需要一定的技巧，简单叙述如下。

1. 要注意时效性

领导者在进行批评和表扬时，要注意批评和表扬的时间和效果有一定联系。当下属在行动之后，能马上或尽可能短期之后得知他们行动的后果，那么表扬或批评对下属所起的作用也是最大的。如果领导者对下属的行动结果反应迟缓，会削弱表扬或批评所起的正强化或者负强化作用，那么表扬和批评也就失去应有的意义。所以领导者要注意表扬和批评的时效性，及时对下属的行动结果做出反应。

2. 对事不对人

领导者在表扬或批评下属时，还要注意针对的对象应该是下属与工作有关的行为，而不是下属个人特征。不能凭主观印象，尤其是批评是时不能进行人身攻击，而应该实事求是，围绕下属员工与组织目标和工作有关的行为进行相应的表扬或批评。

3. 要掌握场合

领导者在批评和表扬下属时要注意发生的场合和下属的情绪。尤其是批评的时候，要考虑到下属的自尊心，一般不要在公开场合以及被批评者下级在场的情况下进行。总而言之，领导者要以客观公正的态度，采取适当的方式和手段，并消除可能的负面影响，表扬和批评才能发挥应有的激励或制约作用，取得良好的效果。

第三节　激　励

激励作为一种调动人的积极性的行为，自古以来就存在，只要存在着人群，也就有激励的活动在起着或大或小的作用。企业是人的集合体，企业的生产和经营需要依靠人来进行，企业经营的各种要素要在人的利用下才能发挥作用；企业的管理既是对人的管理，也是通过人来管理的。因此，只有使企业的员工保持旺盛的士气，高涨的热情，企业才能实现较好的业绩。而这一切需要管理者通过激励来引导人们完成。

一、激励的含义

美国管理学家贝雷尔森（B. Berelson）给激励所下的定义为："一切内心要争取的条件、希望、愿望、动力等都构成了对人的激励。它是人类活动的一种内心状态。"在管理理论中，多数研究者把激励理解为激发动机、诱导动机、调动人们积极性的行为，实质上是把激励理解为狭义的正面激励。

从广义的观点来看，激励既应包括从正面激发、诱导一定群体和个人朝向组织所期望的行为，也应包括约束和惩罚组织所不希望的行为等反面激励。如美国管理学家孔茨就把激励形象地形容为"胡萝卜"和"大棒"，认为"奖励和惩罚仍然是有力的激励因素"。

实际上，正面激励与反面激励是互相联系的，正面激励隐含着反面激励，如未达到一定业绩者不能获得相应的奖励和报酬；而反面激励中也隐含着正面激励的内容，如一旦被处罚者消除了错误的行为，处罚会随之消除，并有机会获得相应的奖励。因此，激励应当从正面激发鼓励和反面惩罚约束两种意义上来理解才是全面的、科学的。我们可以把激励定义为对人的一种刺激，是促进和改变人的行为的一种有效手段。而激励的过程就是领导者或管理人员引导或促使群体或个人产生有利于组织目标行为的过程。

无论是哪一种含义的激励，都具有以下特点：

(1) 激励是一种内在心理过程。激励引起行为，为行为所体现，但激励本身并不能直接加以观察或测定。

(2) 激励的对象是人。激励的对象是组织中的成员或群体，而不能是其他的事物。如不可能对一台机器、一种设备进行激励。

(3) 激励效果的强弱表现为人的积极性的高低。而成员积极性的高低要通过相关的工作绩效来加以判断。

二、激励的要素和过程

激励是一个非常复杂的过程，它从个人的需要出发，到实现目标和满足需要而结束，中间涉及许多因素。从大的方面看，激励过程主要有四个组成要素：需要、动机、行为、目标。激励的过程模式如图 9-4 所示。

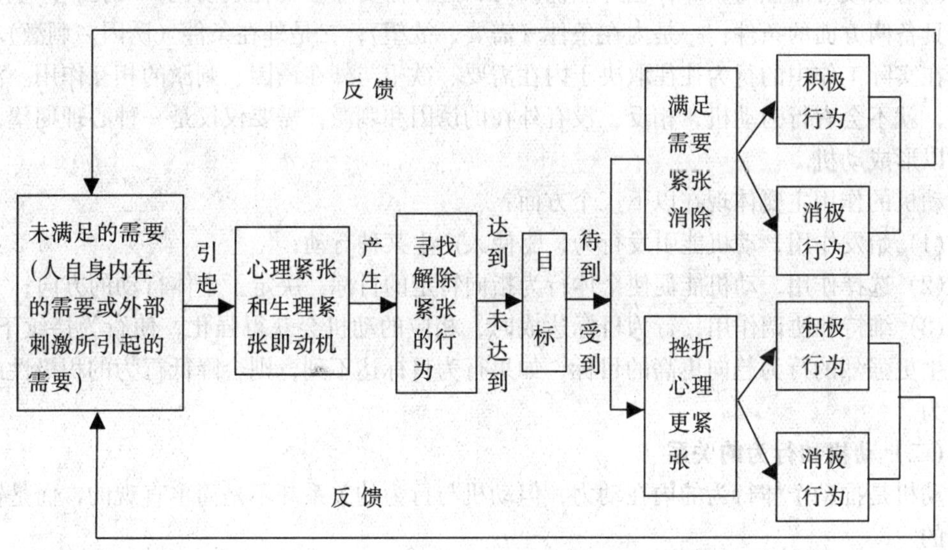

图 9-4 激励过程的基本模式

由模式可见，需要产生动机，动机引发行为，行为指向目标。在激励的过程中，几个要素起着主要的影响作用。

（一）需要与动机

1. 需要

需要是人的积极性的源泉，组织成员所有行为的产生，归根到底都是为了满足某种需要。因此，要激发员工的积极性，并实现组织的目标，就必须了解员工的需要，做到按需激励，这也是领导工作的重点。那么，什么是人的需要呢？需要是人们对自身生存和发展所必须的条件和达到的理想状态在心理上的反映，简单地说，就是人们对某种目标的渴求。

人的需要有三个来源：第一个来源是生理状态的变化引起的需要，如饥饿时对食物的需要；第二个来源是外部因素诱发的需要，如个体对某种新款式服装的需要；第三个来源是心理活动引起的需要，如对事业成就感的需要。

需要根据不同的划分标准，可以分为不同的种类。从需要的起源分，可以把需要分为自然需要和社会需要；从需要的对象划分，可把需要分为物质需要和精神需要。

2. 动机

需要是动机产生的基础，人的需要只有转化为追求一定目标的动机，才能产生具体的实践行为。所谓动机，就是人们为了满足某种需要，达到某种目标，而导致产生某种行为的想法的心理过程。

当人们感到某种东西缺乏时，就会产生相应的需要，并引起心理的紧张和不安，从而产生满足需要的冲动。但是这种心理状态可能仅仅是一种期望，只有当外界存在满足这种需要的对象或可能性时，即存在外在诱因时，这种需要才会转化成动机。可见，产生动机应当具备两方面的条件：一是内在条件（需要、欲望），二是外在条件（诱因、刺激）。而个体在实际工作中的行为往往取决于内在需要、欲望与外在诱因、刺激的相互作用。没有需要，就不会有行为动机，相反，没有外在的诱因和刺激，需要仅仅是一种心理期望，也不足以形成动机。

动机的作用主要体现在以下三个方面：

(1) 始发作用，动机能引发行为，驱使人产生某种行动；

(2) 选择作用，动机能促使个体行为指向特定的目标，决定了个体行动的方向；

(3) 维持和协调作用，行为目标达成时，相应的动机会获得强化，使行为持续下去，或产生更强烈的行为趋向更高的目标，如果行为目标达不到，则会降低行为的积极性或停止行为。

（二）动机和行为的关系

动机是推动个体行为的内在动力，但动机与行为的关系却不是简单直观的，而是错综复杂的。

1. 动机与行为的不对应关系

动机与行为不是简单的线性关系，也就是说动机和行为并非总是一一对应的关系。同一动机可以引发不同的行为，同一行为也可能出自不同的动机。所以一个人的内在动机与外在行为可能一致，也可能不一致。因此，既不能简单地以行为去推断动机，也不能绝对地由动机去判断行为。

2. 动机强度与工作效率的关系

动机强度对个体的行为会产生直接的影响。有关研究结果表明：动机越强，产生推动行为的力量就越大，但行为的效果——工作效率却并不一定随着动机强度的增大而变得越来越好。动机强度一般与行为效果有一个适宜的水平，只有处于这一水平的行为所达到的工作效率才是最高的。

最适宜的行为动机强度水平由两个因素决定：一个是动机的强度，另外一个是工作的复杂程度。动机不足或过强都会使工作效率下降，动机不足，激发力量就不够，个体神经活动不够兴奋，工作效率就低；动机过强，神经活动过于兴奋，注意力不集中，对外界刺激过度敏感，也会影响工作效率。一般来说，简单的工作需要的动机水平是上升的，而复杂的工作需要的动机水平是下降的。因为复杂的工作要求工作者注意细节，专心致志，动机太强反而会使行为不够沉稳，不够精细和准确，不利于工作的完成。

三、激励理论

由激励相关内容的介绍，我们可以知道，激励的实质在于影响人们的需要，促使其按照组织所期望的方式行事。因此，激励理论的研究大多是围绕着人的需要及相关特性而展开的。

（一）需要层次理论

1. 需要层次理论的内容

美国心理学家马斯洛（A. Maslow）的需要层次理论是提出最早、影响最大的一种激励理论。1943年马斯洛在《人类动力理论》一文中初步提出这一理论，在1954年出版的《动机与人格》一书中作了进一步阐述，并在以后的著作中作了进一步的补充和发挥。马斯洛的需要层次理论有三个要点：

（1）需要层次。马斯洛把人类的需要划分为五个层次：

①生理需要。这是指人类为了维持生存而必须满足的基本生活要求，如衣食住行、空气和水等。马斯洛认为，这是人类最基本的需要，也是需要层次的基础。如果这些需要得不到满足，人类就无法生存，也就谈不上其他方面的需要。

②安全需要。这是指人类寻求保护自己以免受到危险与威胁的需要。当一个人的生理需要得到基本满足之后，取而代之的是安全的需要。安全的需要可以分为两类：一类是目前的安全需要，另一类是对未来的安全的需要。对目前的安全需要，是指个体要求在现在的社会生活的各个方面能有所保证，如就业安全、社会生活中的人身安全、生产过程中的劳动安全等；对未来的安全需要，就是希望未来的生活能有所保障。未来具有一定的不确定性，所以人们追求未来的安全：如病、老、伤、残后的生活保障等。

③ 社交需要。社交需要也称为归属与爱的需要或社会需要。当生理需要和安全需要得到一定保障之后，人们便产生社交的需要。马斯洛认为，人是一种社会性、有感情的动物，人在生活和工作中都不是独立地进行的。因此，人们总是希望与别人进行交往，希望与伙伴和同事之间保持良好的人际关系，希望在社会生活中受到别人的注意、接纳、关心和友爱，希望归属于一个群体，避免孤独。

④ 尊重需要。尊重需要包括自尊和受人尊重。当一个人开始满足社交的需要以后，他（她）通常不只是满足于做群体中的一员，而是产生尊重的需要。希望受到别人的肯定

和好评，希望别人尊重自己的人格和劳动，对自己的工作、人品、能力和才干给予承认并给予公正的评价。希望自己在同事之间有较高的地位、声誉和威望，具有一定的影响力。

⑤ 自我实现需要。马斯洛认为这是人类最高层次的需要。这种需要是指人们实现个人理想和抱负、最大限度发挥个人潜力并取得成就，实现自我价值的需要。这种需要往往是通过胜任感和成就感来获得满足的。所谓胜任感就是能够担当与自己的能力和才干相适应的工作，工作具有挑战性，自己的能力可以在工作中得到发展，工作能取得好的成果。所谓成就感是指在自己的工作中可以进行创造性的活动，由于获得成功而体验到的一种满足感。

(2) 需要层次的关系和规律。一般而言，生存和安全需要属于较低层次的、物质方面的需要；社交、尊重和自我实现的需要则属于较高层次的需要。马斯洛认为，人的需要遵循递进的规律，在较低层次的需要得到满足之前，较高层次的需要的强度不会很大，更不会成为主导的需要。人在同一时期，可能存在几种需要，但只有一种需要占主导地位，其他需要则处于相对从属的地位。当其中的低层次需要得到相对满足之后，就不再成为激励的主要力量，而下一个较高层次的需要就占据主导地位，成为行动的主要动力。五种需要的关系可以用图 9－5 表示。

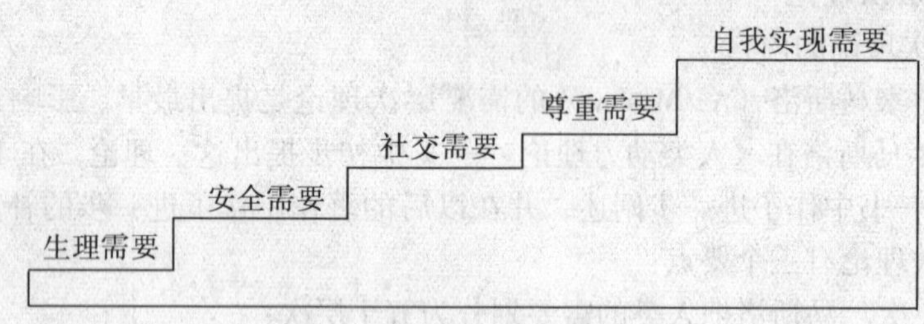

图 9－5　马斯洛的需要层次模型

(3) 需要的个体差异。马斯洛还认为，由于个体的需要结构发展不同，这五种需要在各人身上形成的优势位置也不相同。但任何一种需要并不会因为高层次的需要获得满足就消失，只是对行为的影响作用减少而已。人们往往是五种需要同时存在，只是各自的需要强度不同，会有不同的需要结构。

2. 对马斯洛需要层次理论的评价

(1) 马斯洛需要层次理论的价值。马斯洛的需要层次理论具有一定价值，首先马斯洛把人丰富多彩的需要按层次进行了归类，为研究人类行为提供了一个比较科学的理论框架；其次马斯洛指出人们的需要从低级向高级发展的趋势，符合人类心理发展的过程，提示了人类行为的激励规律，有一定的实用价值。

(2) 马斯洛需要层次理论的缺陷。对于马斯洛需要层次理论的缺陷，国内外的学者都有不同的意见，这些意见大概可以归纳为以下几点：

①对需要层次的分析过于简单、机械。五种需要由低向高的排列只是揭示了人类行为的大致规律，不能反应人类需要之间的复杂关系，人类需要的发展还受到多种因素的影响，如生产力发展水平、人们的文化发展程度、信仰、心理因素等。

②把人类的基本需要归纳为五个层次不够完善。事实上，马斯洛自己也发现五个层次不够，曾经试图加以补救，如加上求知的需要，审美的需要等，但并未能获得普遍认可。

③马斯洛需要层次理论的理论前提是错误的。需要层次理论是以人本主义为理论基础的，马斯洛假设人都是自私的，人的需要都是本能的活动，人的一切行为都是出于人的利己本能。这些看法不符合社会实际。

（二）ERG 理论

阿尔德弗（C. P. Alderfer）于 1969 年提出对马斯洛需要层次的修正理论，称为“生存、关系、成长论”，也称为 ERG 理论。

1. 需要层次的划分

阿尔德弗认为马斯洛的五个需要层次可以简单地划分为三个层次，但这三个需要层次的满足并不是按照严格的从低级到高级的顺序进行。

(1) 生存需要（Existence），相当于马斯洛理论的生理需要和安全需要，如对衣、食、住、工作条件等的需求，这种需要一般只有通过金钱才能满足。

(2) 关系需要（Relation），相当于马斯洛理论的社交需要和尊重需要。具体包括与同事、上级和下属和睦相处，建立良好的人际关系。

(3) 成长发展需要（Growth），相当于马斯洛理论中的自尊需要和自我实现的需要。包括个人能够对自己充满信心，在事业上有所发展，施展自己的才能。

2. 关于三种需要的主要论点

阿尔德弗对三种需要的关系主要有以下说明：

(1) 三种需要并不是天生就有的本能。马斯洛认为人的需要是一种天生的本能，但阿尔德弗认为这三种需要并不都是天生的，生存需要是生而具有的，但关系需要和成长发展需要是通过后天学习形成的。

(2) 二种需要不是严格按照从低到高的顺序发展的。阿尔德弗认为人们在满足较低层次需要之后，会追求较高层次的需要，并称之为“满足——上升”趋势，这一观点与马斯洛理论相近。但阿尔德弗认为人们也可能在低级需要未获得满足的情况下，就先发展了较高层次的需要。并且在较高层次的需要不能满足时，人们会转向追求较低层次的需要，也就是所谓的“挫折——倒退”的发展趋势。

(3) 各个层次的需要获得的满足越少，则这种需要越为人们所渴望与追求。如满足生存需要的工资越低，人们就渴望得到越多的工资。

ERG 理论从分类上并没有把马斯洛的需要层次理论向前推进，但在具体说明需要层次的关系上部分弥补了马斯洛需要层次理论的不足，更符合实际。

（三）成就需要理论

美国哈佛大学心理学家麦克利兰（David Mcclelland）在 20 世纪 50 年代提出了成就需要理论。

1. 需要层次的划分

麦克利兰不是全面地按层次区分人的需要，而是在人的基本生理需要已经得到满足的条件下，把人的主要需要划分为三种：权力需要、友谊需要和成就需要。

(1) 权力需要。权力需要是影响和控制别人的一种欲望和驱动力。权力是管理成功的基本要素之一，个人权力的一般发展过程要经过依赖别人→相信自己→控制别人→自我隐退等不同阶段。

(2) 友谊需要。友谊需要是保持社会交往和人际关系和谐的重要条件，但具体到每个人对友谊的需要是不同的。

(3) 成就需要。成就需要是人们追求成功的驱动力。麦克利兰认为具有挑战性的工作及事业的成就会引发人的快感，振奋人的精神，对行为起着主要的影响作用。

2. 关于三种需要的主要论点

麦克利兰的理论要点如下：

(1) 不同的人对三种需要的排列层次和所占比重是不同的，个人行为主要决定于被环境激活的需要。成功的经理强调高成就的需要，越是高层的经理越是如此，而对友谊、交往的需要相对较低。

(2) 具有强烈的成就需要的人把个人的成就看得比金钱更重要。这种人事业心强，从成就中所得到的乐趣和激励超过物质激励，把报酬只看作是衡量成就大小的一种标志。

(3) 具有高成就需要的人对企业和国家的发展有举足轻重的作用，而且通过教育和培训可以造就出具有高成就需要的人才。

(四) 双因素理论

美国心理学家赫兹伯格（Frederick Herzberg）在1959年提出激励——保健理论，简称双因素理论。20世纪50年代后期，赫兹伯格对一些企业进行了调查，在调查中他设计了许多问题，如什么时候你对工作特别满意，什么时候你对工作特别不满意等。在研究了调查结果后，赫兹伯格提出了激励的双因素理论。

1. 双因素理论的主要论点

赫兹伯格认为使员工感到满意的因素与使员工感到不满意的因素是不相同的。使员工感到不满意的因素往往是由外界环境引起的，使员工感到满意的因素通常是由工作本身产生的。

赫兹伯格通过对1 844人次的调查发现，造成员工非常不满意的原因主要有以下几个方面：公司政策、管理和监督方式、工作条件、人际关系、地位、工资、工作安全性等。赫兹伯格认为，即使这些因素得到了改善，也只能消除员工的不满、怠工与对抗，员工不会因此变得非常满意，也不能激发他们的工作积极性。赫兹伯格把这些因素称为保健因素，因为这与保健的作用一样，只能维持目前的状况，如同讲卫生可以防病但不能治病一样。

赫兹伯格又通过对1 753人次的调查发现，使员工感到非常满意的因素主要有以下几项：工作富有成就感、工作成绩能得到认可、工作本身具有挑战性、职务上的责任感、个人在职业上发展的可能性等。这类因素的改善能够激励员工的工作热情，从而提高生产率，如果处理得不好也不至于会引起员工很大的不满。赫兹伯格把这类因素称为激励因素。这两类因素如表9-5所示。

表 9-5　保健因素与激励因素

保健因素（环境）	激励因素（工作本身）
金钱	工作本身
监督	赏识
地位	进步
工作安全	成长的可能性
工作环境	责任
人际关系	成就
公司政策	

赫兹伯格认为传统的“满意”与“不满意”互为对立的观点是不确切的，“满意”的对立面应该是“没有满意”；而“不满意”的对立面应该是“没有不满意”，如图 9-6 所示。

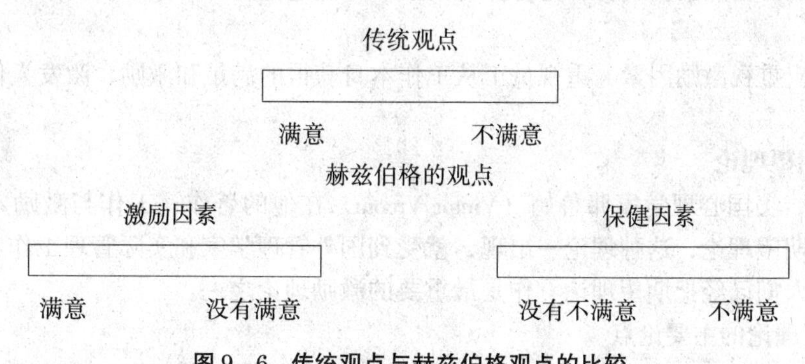

图 9-6　传统观点与赫兹伯格观点的比较

2. 对双因素理论的评价

(1) 双因素理论的贡献。双因素理论的积极意义主要体现在两个方面：

第一，明确了满足各种需要所引起的激励效果是不一样的，采取某项激励措施并不一定能带来员工的满意，也不等于劳动生产率就能提高。

第二，要真正调动员工的积极性，不仅要注意物质利益和工作条件等外部因素，更重要的是要注意工作本身的因素，给予员工成长发展的机会，才能真正起到激励的作用。

(2) 双因素理论的局限性。虽然赫兹伯格的双因素理论在国内外有很大的影响，但它也受到了种种的批评，归纳起来主要有以下四个方面：

第一，对赫兹伯格理论的普遍性和代表性表示怀疑。认为赫兹伯格所调查的对象是工程师、会计师等专业技术人员，他们在工资、安全、工作环境等方面条件较好，但不能代表一般的员工。

第二，对赫兹伯格理论的客观性表示怀疑。认为赫兹伯格在调查时，问卷的方法和题目有缺陷：首先，把好的结果归于自己的努力，而把不好的结果归于外部条件的作用是人的一般心理状态；其次，问卷缺乏满意尺度的标准，人们对任何事物总不会是那么绝对，要么满意，要么不满意，一个人很可能对工作一部分满意一部分不满意，或者比较满意，这在他的问题中无法反映出来。

第三，对理论的可靠性表示怀疑。认为人是非常复杂的，即使是对工作满意，也不等于工作效率就高，反之，在感到不满意时，工作效率也未必就低，而赫兹伯格认为满意和工作效率的提高有必然的联系，并没有进一步分析与证实满足感与工作效率高低的实际关系。

第四，赫兹伯格将保健因素和激励因素截然分开是不妥当的。因为保健因素和激励因素、外部因素和内部因素都不是绝对的，它们可以互相联系并相互转化。

3. 双因素理论在管理中的应用

虽然赫兹伯格的双因素理论还存在待推敲之处，但应用到实际的管理工作当中，对管理者在对人的激励和管理上还是具有一定的借鉴意义。

(1) 注意区别保健因素和激励因素。管理者要注意到激励措施和手段可能产生不同的效果，有的仅仅可以消除不满，有的才可能真正让员工满意。

(2) 重视保健因素。具备和完善保健因素，才能避免员工产生不满情绪，这是激励的前提条件。

(3) 更应重视激励因素。重视员工从工作本身获得的满足和激励，激发人们自觉地工作和成长。

(五) 期望理论

1964年，美国心理学家弗鲁姆（Victor Vroom）在他的著作《工作与激励》中提出并全面论述了期望理论，这种理论一出现，就受到国外管理学家和实际管理工作者的普遍重视。目前，人们已经把期望理论看作是最重要的激励理论之一。

1. 期望理论的主要论点

期望理论认为：人之所以从事某项工作并尽力达成组织目标，是因为这些工作和组织目标会有助于他们达成自己的目标，对自己有价值。也就是说，只有当人们预期到某一行为能给个人带来有吸引力的结果时，个人才会采取这一特定的行为。

弗鲁姆认为，某一活动对个人的激发力量的大小取决于他所能得到结果的全部预期价值乘以他认为达成该结果的期望概率。可用下述公式表示：

$$M = V \times E$$

其中，M——激励力量，代表激发出人的内在潜力，调动积极性的强度；

V——目标效价，是人对某一目标的重视程度与评价高低，即达成目标后对满足个人需要的价值大小；

E——期望值，是指人们根据自己的经验对实现某种结果的可能性的主观判断，也即达成目标并导致某种结果的概率。

这个公式实际上指出了人们对待工作的态度取决于对以下三种联系的判断：

(1) 努力与绩效的联系，即个体感觉到自己通过一定程度的努力而达到某一绩效水平的可能性。人总是希望通过一定的努力能够达到预期的目标，如果个体认为通过自己的努力达到预期绩效水平的概率较高，就可能激发出较强的工作积极性，反之，如果个体认为目标过高，通过努力也很难达到绩效标准时，就会失去信心，导致工作消极。

（2）绩效与奖励的关系，即个体对达到一定工作绩效水平或目标后可以获得的理想奖励结果的信任程度。人总是希望取得成绩后能够得到相应的奖励，包括提高工资、发放奖金等物质方面的奖励，也包括表扬、得到信赖和提高威望等精神方面的奖励。如果个体认为取得绩效后能够获得合理的奖励，就会产生较大的工作热情，反之则会失去工作的积极性。

（3）奖励与个人目标的关系，即达到绩效后所获得的奖励对个体满足自身需要的重要程度或吸引力。人总是希望自己获得的奖励能满足自己的需要。由于不同的个体在年龄、社会地位、价值观、经济条件等方面都存在着差异，他们必定有不同的个人目标和需要，因此采取同样的奖励措施对不同个体可以产生的激励力量也必然不同。

期望理论认为，一个人从事工作的动机强度取决于对以上三种联系的判断，只有员工认为自己经过努力能够达到所要求的绩效，达到绩效后能获得具有吸引力的奖励，他们才会努力的工作。

2. 期望理论在管理中的应用

期望理论在管理实践中得到普遍应用，管理者在激励员工的过程中应注意以下几点：

（1）要正确制定有吸引力的激励目标。恰当的目标能激励人的工作热情。因此组织所制定的目标，要尽量与员工的物质和精神需要相联系，使他们看到实现组织目标对达到个人目标的作用和利益，以提高目标的效价。如每月奖金的多少不仅意味着当月的收入状况，还与年终分配、工资级别和获得荣誉称号挂钩，会大大增加目标的效价。

（2）将个人的工作绩效与组织的奖酬挂钩。在取得预期绩效后能得到适当的奖励，会强化个体的积极行为。管理者要切切实实地把员工的工作效果与奖励联系起来，对达到目标的员工落实相应的奖励，以提高目标的效价。管理者要抓住对员工效价最大的激励措施，并且还要教育员工把个人利益与组织利益和社会利益结合起来。

（3）适当控制期望概率与实际概率。期望概率既不是越大越好，也不是越小越好：当期望概率过高时，实际情况如果达不到会产生挫折感，而期望概率过低，又会减弱激励目标所激发的力量。所以管理者应对期望概率与实际概率加以控制，当员工的期望概率过高时，应劝其冷静，而当员工的期望概率过低时，要增加信心，适当加大。而且实际概率要与效价相联系，效价大，实际概率可以小些，而效价小，实际概率则可以大些。

（六）公平理论

公平理论是美国心理学家亚当斯（J. S. Adams）于20世纪60年代首先提出来的，也称为社会比较理论。这种理论主要研究报酬的公平性对人们工作积极性的影响。

1. 公平理论的主要论点

公平理论的主要观点是人们在取得成绩并获得报酬以后，不仅关心自己所得报酬的绝对量，而且还会关心自己所得报酬的相对量。也就是说，人们将通过种种比较来判断其所获报酬的公平性和合理性，比较的结果将直接影响其今后工作的积极性。比较的途径主要有两种，一是横向比较，二是纵向比较。

所谓的横向比较，就是将“自己”与“他人”相比较来判断自己所获得的报酬的公平性，从而作出相应的反应。可用下式进行说明：

$$\frac{Qp}{IP}=\frac{Qx}{Ix}$$

其中，Qp——自己对所获报酬的感觉；

Qx ——自己对他人所获报酬的感觉；

Ip ——自己对个人所作投入的感觉；

Ix ——自己对他人所作投入的感觉。

其中所作投入包括个人所受的教育、能力、努力程度、时间等因素，报酬包括金钱等物质奖励，表扬、赏识等精神奖励以及工作安排等因素。而“他人”包括本组织中的其他人以及别的组织中的其他人。此式相等，此人认为报酬是公平的，他可能会因此而保持工作的积极性和努力程度。

当此式为不等式时可能出现两种情况：

$$\frac{Qp}{Ip}<\frac{Qx}{Ix}$$

在这种情况下，此人觉得组织的奖励措施不公平，他可能要求增加自己的收入或减少自己今后的投入以便使式子的左方增大，趋于相等，以取得心理上的平衡；或者他可能要求组织减少比较对象的收入或者让其今后增大努力程度以便使右方减小，趋于相等。此外，他也可能另外找其他人作为比较对象以达到心理的平衡。

$$\frac{Qp}{Ip}>\frac{Qx}{Ix}$$

在这种情况下，此人觉得自己得到较高的报酬或付出的努力较少，一般来讲他不会要求减少报酬，而有可能自觉增加投入量，如多做些工作。但过一段时间后，他就会重新评估自己的技术和工作情况，从而对高报酬心安理得，于是其产出就会恢复到原来的水平。

除了横向比较以外，人们还常会做纵向的比较，把自己目前的状况和过去进行比较。

$$\frac{Qpp}{Ipp}=\frac{Qpl}{Ipl}$$

其中，Qpp ——自己对目前所获报酬的感觉；

Qpl ——自己对过去所获报酬的感觉；

Ipp ——自己对个人目前所作投入的感觉；

Ipl ——自己对个人过去所作投入的感觉。

比较的结果同样有三种，一是式子左右两边相等，则此人认为激励措施基本公平，积极性和努力程度可能保持不变。当式子不等时会出现以下两种情况：

$$\frac{Qpp}{Ipp}<\frac{Qpl}{Ipl}$$

当出现此种情况时，此人会感觉不公平，工作积极性可能会下降，除非管理者给他增加报酬。

$$\frac{Qpp}{Ipp} > \frac{Qpl}{Ipl}$$

当出现此种情况时，此人一般不会感觉不公平，也不会觉得自己所获得的报酬过高，从而主动提高工作的积极性。因为他会觉得是自己的经验和能力有了进一步的提高而获得较高报酬的。

2. 公平理论在管理当中的应用

虽然公平理论的基本观点普遍存在，但管理者在实际运用中却很难把握，主要有以下原因：首先，公平的感觉与个人的主观判断有关，人们总是倾向于过高估计自己的投入，而过低估计自己所得的报酬，对他人的投入与报酬的评估则恰好相反。其次，公平的感觉与个人所持的公平标准有关，上面所采取的公平标准是贡献率，也有的是采取需要率或平均率的。例如有人认为助学金应当改为奖学金才合理，有人认为应当平均分配才公平，也有人认为应当按经济困难程度和需要程度来分配才适当。最后公平的达到与评定人有关，绩效由不同的评定人来评定，会得出不同的结果，而组织内往往不是由同一个人进行评定，因此会出现松紧不一、回避矛盾、抱有成见等现象。因此管理者在运用该理论时，应注意以下几点：

(1) 明确影响激励效果的不但有报酬的绝对值，还有报酬的相对值，要注意实际工作的绩效与报酬之间的合理性。

(2) 要注意员工的心理平衡，引导员工树立正确的公平观。

(3) 努力消除员工不公平的感觉。虽然绝对的公平不存在，但是管理者要在工作任务的分配、工资与奖金的评定以及工作业绩的评价等方面尽可能做到客观、公正、合理，以保证有效调动员工的积极性。

(七) 强化理论

1. 强化理论的主要论点

强化理论是由美国心理学家斯金纳（B. F. Skinner）首先提出的。斯金纳认为无论是人还是动物，为达到某种目的，都会采取一定的行为，当这种行为作用于环境，而行为的结果对他或它有利时，这种行为就会反复出现，当行为的结果不利时，这种行为就会减弱或消失，这说明是环境对行为强化的结果。运用到管理当中 ，管理者要采取各种强化方式，以使员工的行为符合组织的目标。强化有多种类型。

(1) 正强化、负强化、惩罚与衰减。根据强化的性质和目的，强化可以分为正强化（积极强化）、负强化（消极强化）惩罚与衰减（自然消退）几类。

所谓正强化，是指用某种有吸引力的结果来进行强化，实际上就是奖励那些符合组织目标、组织需要的行为，以便使这些行为得到进一步的加强，使员工在类似条件下愿意重复这些行为，从而有利于组织目标的实现。正强化的手段包括工资、奖金等物质奖励，也包括表扬、晋升、改善工作关系、给予学习和成长的机会等精神奖励，是管理中常用而有效的激励方式。

所谓负强化，就是预先告知某种不符合要求的行为或不良绩效可能引起的后果，使员工避免因这类行为而导致不希望的后果。如果员工按照要求的方式行事，则可以回避这种不希望的后果，从而也增加了按要求行事的行为重复出现的可能性。如工厂规定的午餐时间是一个小时，管理人员对某个超出规定时间的工人进行了严厉的训斥，其他工人会为此而尽量按照厂方的规定用午餐，以免受到同样的处罚，这便是一种负强化。负强化和正强化的目的都是为了使希望的行为得到加强和重复，但两者使用的手段是不同的。

所谓惩罚是以某种带有强制性和威胁性的结果来造成一种使人不快乃至痛苦的环境，或者是取消现有的令人愉快和满意的条件，以表示对某一不合要求的行为的否定，从而消除该种行为重复发生的可能性。常用的惩罚手段有批评、降薪、降职、罚款、开除等。

所谓衰减是指撤销对原有行为的强化，或者对于某种行为不予以理睬，以表示对该行为的轻视或否定。由于在一定时期内连续不加以强化，则该行为将逐渐降低出现的频率，以至于最后消失。如某企业原规定推销员每增加一定订货量就给予一定的奖金，但过一段时间后企业认为这样做开支太大，于是又取消了这个规定，这样推销员就不再努力地扩大销路了。由于取消了强化，导致推销员努力开拓销路的行为消失就是一种衰减。

(2) 连续强化和间隙强化。根据强化的时间特征可把强化分为连续强化和间隙强化。

所谓连续强化，是对特定时间内出现的每一个组织需要的行为都给予强化。

所谓间隙强化是经过一段时间的间隔才强化一次。根据强化时间的间隔不同还可以分为固定时间间隔强化和变动时间间隔强化。前者如职工每月定期发放工资或学生定期考试，后者如职工不定期的升级和学生不定期的抽查考试。间隔强化按反应比例又可以分为固定比例强化和变动比例强化。前者如计件工资，后者如按销售货物的难易程度对销售人员进行不同的奖励。

不同强化方式的效果是不一样的，有的只要给予强化刺激，反应很快，立竿见影，但刺激一旦消失，行动也马上随之消失，如连续强化和固定比例强化。有的反应稍慢，但刺激消失行为却不会马上消失，如变动时间间隔强化和变动比例强化。每种强化方式所起的效果都不是绝对的，管理者不仅要注意强化的刺激内容，也要注意强化的方式。

2. 强化理论在管理中的运用

管理者在运用强化理论时应注意遵循以下几条原则：

(1) 因人而异采用不同的强化方式。个人的不同需要和个性差异决定了强化措施的多样性。某种强化措施或强化方式可能对一部分人有效，对另一部分人则未必有效，甚至于完全无效。

(2) 采用大目标、小步子的强化方法。即把总目标分为若干步骤，一步一步实现，每完成一步，实现一个小目标，都给予及时的强化。这样不仅易于目标的实现，而且通过不断的激励可以增强员工的信心。如果目标一次定得太高，会使人觉得很难达到，也就较难调动起他为达到目标而做出努力的积极性。

(3) 以正强化为主要的强化手段。正强化一般不会产生负面作用，而负强化运用不适当的话会产生一定的负面效果，所以应当以正强化为主，负强化为辅，以产生更好的效果。美国的一些大公司，如福特汽车公司、国际电话电报公司、IBM 等公司都普遍倾向于使用正强化的办法来激励员工。

(4) 及时反馈与强化。要通过各种形式和途径，及时将工作或行为的结果告知行动者，无论结果的好与坏。好的结果，能鼓舞信心，防止行为的衰退，促使其继续努力；坏的结果，可以促使其分析原因，以利于采取纠正措施。

四、激励的原则

所有的激励理论都是一般而言的，每个员工都有自己的特征，在需求、个性、期望和目标等方面各不相同。因此领导者在进行激励的时候要科学地掌握和运用各种激励理论，以有效地激发员工的潜能，使组织目标与个人目标达到统一，并有效地提高组织的经营效率。正确激励的原则主要有以下几个方面。

1. 满足需要原则

需要是激励的起点和基础，离开了需要的满足，就谈不上激励。所以管理者进行激励的起点应当是满足员工的需要。但员工的需要存在着个体差异和动态性，会因人而异、因时而异。因此管理者要对员工的需要进行实际调查和具体分析，以便切实清楚地了解员工的真实需要，不能自以为是、主观武断地推测员工的需要，违反了满足需要原则，而据此采取的激励措施也会缺乏实效。但满足需要原则并不是意味着对员工所有需要都百分之百的满足，而是应当进行具体分析，在分析时要注意需要的性质差异，并有所区别地加以满足和处理：

(1) 合理的需要与不合理的需要。管理者要设法满足员工合理的需要；而不合理的需要包括不正当的需要与不现实的需要两类，管理者要进行说服教育，让员工予以放弃。

(2) 当前能解决的需要与一时解决不了的需要。对于员工的合理需要，管理者要分清哪些是当前有可能解决的，对此要加以重视，尽快解决；对于当前没有条件满足的需要，管理者要对员工说明具体的情况和原因，并创造条件，逐步解决。

(3) 一般需要与特殊需要。对于员工的合理需要，管理者还要区别哪些是员工一般的、共性的需要，哪些是特殊的、个别的需要。对前者，管理者应当制订完善统一的规章制度和激励办法，并保证其实施来普遍满足员工的需要；对后者要视其具体情况，特殊对待，鼓励、扶持有卓越才能的员工脱颖而出，为组织作出更大贡献。

2. 物质激励与精神激励结合原则

员工的需要从性质上可以分为物质激励和精神激励两大类，与此相适应，激励方式也应当是物质激励和精神激励的结合。随着生产力水平的发展和员工素质的提高，管理者应该把激励的重点逐渐转移到满足较高层次的需要，如社交需要、尊重需要和自我实现需要的精神激励上去，但也要兼顾好物质激励。管理者要以物质激励作为激励工作的基础，把精神激励作为激励的根本，在两者结合的基础上，逐步过渡到以精神激励为主的激励方式上去。

3. 正强化与负强化结合原则

管理者要认识到，正强化与负强化都是管理中必要而有效的手段，通过树立下面的榜样和反面的典型，形成良好的风气，产生无形的压力，能使群体和个人的行为更加积极和富有生气，更有利于组织目标的达到。但由于负强化具有一定的消极作用，容易产生挫折心理和挫折行为，管理者在应用时要结合使用正强化和负强化，但要注意以正强化作为主要的手段，负强化作为辅助手段，以取得较好效果。

4. 客观公正原则

员工会不时进行相互比较和社会比较，以衡量自己所获得的报酬是否公平，衡量的结果会极大地影响员工的士气和工作效率。所以在激励中如果出现奖励不当或者是惩罚不当的现象，就不可能产生真正意义上的激励效果，反而会产生消极作用，造成不良的后果。因此，管理者在进行激励时，一定要以客观公正作为工作的原则，做到奖罚分明、不论亲疏、一视同仁，使员工心安理得、心服口服，取得良好的激励效果。

5. 目标合理原则

在激励中如何设置目标是一个十分关键的环节。目标的设置首先应当以体现组织目标作为要求，否则的话，即使员工激励得再好，也可能因为偏离组织目标而失去价值和意义。其次，目标的设置应当结合员工的实际需要，并且具有一定的刺激性和合理的实现概率。这样才能达到满意的激励强度，收到良好的激励效果。

【本章小结】

本章应理解和掌握以下要点：

1. 领导是一种影响力，是通过指导和影响下属或组织成员为实现一定预期目标而努力的各种活动的过程。

2. 领导的作用主要体现在指挥、协调和激励几个方面。

3. 领导理论主要可以分为领导行为理论和领导权变理论两大类，其中著名的领导行为理论包括勒温的三种领导方式理论、密歇根大学的领导行为理论、俄亥俄州立大学的二元四分图理论以及管理方格理论，而具有代表性的领导权变理论包括“路径—目标理论”、菲德勒的权变理论和卡曼的领导生命周期理论。

4. 结合我国的实际情况，优秀的领导者应当具备的条件包括思想素质、业务素质、管理技能和心理身体素质。

5. 激励的过程就是领导者或管理人员引导或促使群体或个人产生有利于组织目标行为的过程。

6. 激励的主要理论包括需要层次理论、双因素理论、公平理论、期望理论和强化理论等。

【互联网链接与推荐阅读资料】

[1] http://www.51trainer.com/index.asp

[2] http://zhiyonwnew.www81.cn4e.com/

[3] http://www.mba.org.cn/

[4] 周三多，陈传明，鲁明泓．管理学——原理与方法（第三版），第4章，P134~153. 复旦大学出版，1999年

[5] 王积俭．管理学原理(第一版),第2章,P19~59. 华南理工大学出版社,1995年

[6] 云冠平，胡军，黄和平．管理学（第一版），第1章，P1~11. 暨南大学出版社，1990年

【练习题】

一、填空题

1. 通过精神或物质上的威胁来强迫服从的一种权力是________。

2. 领导行为二元四分图的纵轴与横轴分别代表________与________。

3. 领导集体的结构包括年龄结构、________、________与性格结构。

4. 领导者的权力来源有法定权力、________、________、专家权力与________五种。

5. 管理方格图的纵坐标和横坐标分别是________和________。

6. 通过描述最难与之共事的人来测定领导风格的方法是________。

7. 双因素理论把影响人的行为与动机的因素分为两类________与________。

8. ________理论认为通过奖励等手段对员工的某一行为进行鼓励和肯定，可使该行为重复出现和加强。

9. 增加报酬以增强所希望的行为的强化方式为________，按周给付薪金的强化方式属于________，对销售员每做成一笔交易就给予一定奖励属于________。

10. 路径—目标理论区分了四种基本的领导风格类型，分别是________、________参与型和________。

11. 麦克利兰把人的需要分为________、友谊需要和________三种。

12. 菲德勒区分的三种领导情景因素分别是________、________和________。

二、单项选择题

1. 通过组织中等级制度所赋予的权力是（ ）。

A. 专家权力　　B. 感召权力　　C. 表率权力　　D. 法定权力

2. 领导者和非领导者的差异在于领导者具有一些可以被确认的基本特质，持有这种观点的理论被称为（ ）。

A. 领导特质理论　　B. 管理方格理论　　C. 领导权变理论　　D. 领导行为理论

3. 以信息或知识为基础的权力是（ ）。

A. 法定权力　　B. 奖励权力　　C. 专家权力　　D. 强制权力

4. 假设领导者不能改变领导风格来适应情景的理论是（ ）。

A. 路径—目标理论　　B. 期望理论

C. 领导生命周期理论　　D. 双因素理论

5. 根据领导生命周期理论，领导风格随着下属成熟程度不同而不同，对于高度成熟的下属，领导者应当采取（ ）的领导风格。

A. 高工作，高关系　　B. 低工作，低关系

C. 高工作，低关系　　D. 低工作，低关系

6. 强调下属的领导理论是（ ）。

A. 路径—目标理论　　B. 菲德勒权变理论

C. 领导生命周期理论　　D. 领导特质理论

7. 任务导向型的领导行为在下述因素中最关心的是（ ）。

A. 下属的意见、感情　　B. 下属的满意程度

C. 工作群体的团结　　D. 下属的执行情况

8. 如果领导风格不适应领导情景，菲德勒认为应该（ ）。

A. 改变情景以适应领导风格

B. 改变领导风格以适应情景

C. 环境的动态变化最终会适应领导风格

D. 放弃该工作

9. 马斯洛的需要层次理论把人的多种需要划分为五个层次：生理需要、( )、社交需要、( ) 与 ( )。

A. 安全需要　　B. 生活需要　　C. 尊重需要

D. 自我实现需要　　E. 工作需要

10. 期望理论认为激励力量的大小取决于达到目标的效价和期望值两个因素：( )。

A. 目标效价越小，激励力量越大

B. 目标效价越大，激励力量越大

C. 期望值越大，激励力量越大

D. 期望值越大，目标效价越小

11. 双因素理论认为以因素属于激励因素的有：( )。

A. 工作成就感　　B. 工作环境

C. 与上下级关系　　D. 公司政策

12. 外在的成就象征，如职称、专用车位等可以满足（)。

A. 生理需要　　B. 安全需要　　C. 社交需要　　D. 自我实现需要

13. 薪金和工作条件属于 ( )。

A. 保健因素　　B. 激励因素　　C. 成长因素　　D. 生存因素

14. "挨饿的艺术家"与下述哪一理论相矛盾? ( )

A. 期望理论　　B. 强化理论　　C. 需要层次理论　　D. 公平理论

15. 期望理论的提出者是 ( )。

A. 泰罗　　B. 弗鲁姆　　C. 马斯洛　　D. 赫茨伯格

16. 当人们发现和他人相比，自己的报酬偏低，会采取以下哪种措施以消除不公平的感觉? ( )

A. 减少自己的投入　　B. 设法使他人减少投入

C. 增加自己的投入　　D. 设法使他人增加报酬

17. 激励过程的出发点是 ( )。

A. 紧张感　　B. 目标

C. 未得到满足的需要　　D. 不满意

18. 在应用期望理论改进对下属的激励工作时，首先应当（)。

A. 确保报酬优厚　　B. 确实实现目标所需的业绩表现

C. 确保公平　　D. 判断下属想要的成果

19. 动机与行为的关系表现如下：( )。

A. 可以单凭动机来推断可能的行为
B. 相同的行为背后存在相同的动机
C. 不同的动机可能导致相同的行为
D. 相同的动机一定导致相同的行为

20. 以追随者对领导者的认同感为基础的影响力属于以下哪种权力来源？( )

A. 专家权力　　B. 感召权力　　C. 法定权力　　D. 奖励权力

三、判断题

1. 领导者的影响力来自于法定权力。( )
2. 所有的领导者都是管理者。( )
3. 理想状态下的管理者都应当是领导者。( )
4. 领导和管理实际上是同一概念。( )
5. 专家权力来源于组织等级制度中的职位。( )
6. 强制权力、奖励权力、法定权力是由组织规定和控制的。( )
7. 按照菲德勒的理论，领导人的领导风格是固定不变的。( )
8. 根据管理方格理论，1.1 型领导者对生产和人的因素都很少关心。( )
9. 根据领导生命周期理论，低工作低关系的领导风格不一定是无效的。( )
10. 根据领导生命周期理论，领导风格应当随着下属成熟程度不同而不同。( )
11. 最有效的领导行为是对人和生产都高度关心。( )
12. 需要产生动机，动机支配人的行为。( )
13. 个体的所有动机都能引发行为。( )
14. 根据公平理论，员工工作的积极性不受其所得报酬的绝对值影响，只受其所得报酬的相对值影响。( )
15. 个体的所有需要都能形成动机。( )
16. 根据双因素理论，保健因素是内在因素，可以激发人的进取心，提高员工的满意度。( )
17. 根据需要层次理论，五个层次的需要可以同时存在并产生相同的激励作用。( )
18. 根据公平理论，当员工获得相同的报酬时，员工会感到他们被公平地对待。( )
19. 自我实现需要是马斯洛需要层次理论的最高层次需要。( )
20. 在双因素理论中，激励因素实际上就是与工作本身相关的因素。( )
21. 安全需要可以通过家庭和团体关系，以及工作中的友好关系得到满足。( )

四、问答题

1. 领导的实质和作用是什么？
2. 领导的权力来源有哪些？
3. 说明领导者与管理者的区别。
4. 领导集体的结构包括哪些方面？
5. 领导权变理论的基础是什么？
6. 领导者在进行授权时要注意哪些问题？
7. 解释激励的过程。

8. 简述马斯洛的需要层次理论。

9. 简述双因素理论的主要内容。

10. 期望理论的主要内容是什么？应用时应当注意什么？

11. 公平理论对管理者有什么提示？

12. 激励的原则有哪些？

五、案例分析

（一）哪种领导类型最有效

ABC公司是一家中等规模的汽车配件生产集团。最近，对该公司的三个重要部门经理进行了一次有关领导类型的调查。

1. 安西尔

安西尔对他本部门的产出感到自豪。他总是强调对生产过程、出产量控制的必要性，坚持下属人员必须很好地理解生产指令以得到迅速、完整、准确的反馈。每当安西尔遇到小问题时，他会放手交给下级去处理，当问题很严重时，他则委派几个有能力的下属人员去解决问题。通常情况下，他只是大致规定下属人员的工作方针、完成怎样的报告及完成期限。安西尔认为只有这样才能导致更好的合作，避免重复工作。

安西尔认为对下属人员采取敬而远之的态度对一个经理来说是最好的行为方式，所谓的“亲密无间”会使下属人员纪律松懈。他不主张公开谴责或表扬某个员工，相信他的每一个下属人员都有自知之明。

据安西尔说，在管理中的最大问题是下级不愿意接受责任。他讲到，他的下属人员可以有机会做许多事情，但他们并不是很努力地去做。

他表示不能理解他的下属人员以前如何能与一个毫无能力的前任经理相处，他说，他的上司对他们现在的工作运转情况非常满意。

2. 鲍勃

鲍勃认为每个员工都有人权，他偏重于管理者有义务和责任去满足员工需要的学说，他说，他常为他的员工做一些小事，如给员工两张下月在伽利略城举行的艺术展览的入场券。他认为，每张门票才15美元，但对员工和他的妻子来说却远远超过15美元。通过这种方式，也是对员工过去几个月工作的肯定。

鲍勃说，他每天都要到工场去一趟，与至少25%的员工交谈。鲍勃不愿意为难别人，他认为艾的管理方式过于死板，艾的员工也许并不那么满意，但除了忍耐别无他法。

鲍勃说，他已经意识到在管理中有不利因素，但大都是由于生产压力造成的。他的想法是以一个友好、粗线条的管理方式对待员工。他承认尽管在生产率上不如其他单位，但他相信他的雇员有高度的忠诚与士气，并坚信他们会因他的开明领导而努力工作。

3. 查里

查里说他面临的基本问题是与其他部门的职责分工不清。他认为不论是否属于他们的任务都安排在他的部门，似乎上级并不清楚这些工作应该谁做。

查里承认他没有提出异议，他说这样做会使其他部门的经理产生反感。他们把查里看成是朋友，而查里却不这样认为。

查里说过去在不平等的分工会议上，他感到很窘迫，但现在适应了，其他部门的领导也不以为然了。

查里认为纪律就是使每个员工不停地工作，预测各种问题的发生。他认为作为一个好的管理者，没有时间像鲍勃那样握紧每一个员工的手，告诉他们正在从事一项伟大的工作。他相信如果一个经理声称为了决定将来的提薪与晋职而对员工的工作进行考核，那么，员工则会更多地考虑他们自己，由此而产生很多问题。

他主张，一旦给一个员工分配了工作，就让他以自己的方式去做，取消工作检查。他相信大多数员工知道自己把工作做得怎么样。

如果说存在问题，那就是他的工作范围和职责在生产过程中发生的混淆。查理的确想过，希望公司领导叫他到办公室去听听他对某些工作的意见。然而，他并不能保证这样做不会引起风波而使事情有所改变。他说他正在考虑这些问题。

问题：

(1) 你认为这三个部门经理各采取的是什么领导方式？这些领导方式都是建立在什么假设的基础上的？试预测这些领导方式各将产生什么结果？

(2) 是否每一种领导方式在特定的环境下都有效？为什么？

（二）华东输油管理的激励方式

华东输油管理局有8000多名职工，1万余名职工家属，管理着沧临、濮临和鲁宁三条输油管线，担负着华北、胜利、中原三大油田生产的原油的输送任务。这样一条地下大动脉，在我国经济建设中有着重要的战略意义。但在管线建成投产后的一段时间内，出现了职工不安心工作、劳动纪律松懈等问题。基层单位的领导常常花费很大气力做思想工作而收效并不大。通过调查、分析找出了问题的原因。从客观原因上看，输油生产有着与其他企业不同的点多、线长和分散等特点，四个输油公司和20多个输油泵站，70%以上建在远离城镇的乡村。正是这种特殊性，给生产第一线的职工带来了一系列困难，如购粮买菜、子女上学、幼儿入托、家属就业、食堂伙食花样少和质量差，以及业余文化生活单调等。从主观原因上看，一些单位的领导片面强调“先生产，后生活”甚至把生活后勤工作和生产对立起来，这样，就形成了落后的生活后勤和广大职工、家属生活方面的需要不能相适应的矛盾，并逐渐上升为影响职工思想情绪、影响生产的主要矛盾。例如在几个问题比较突出的泵站，有20%以上的职工向领导提出请调报告；有的由于食堂办的差，50多个职工竟有30多个煤油炉，做小锅的人数远远超过了在食堂就餐的人数；有的由于吃菜困难，职工中脱岗买菜的现象时有发生；有的为了买一斤盐、一支牙膏也要跑几里路。通过分析知道，广大基层职工对搞好生活后勤工作，解除后顾之忧的需要是当时的主导需要。

华东输油管理局弄清楚了职工及其家属的主导需求后，采取了一系列积极措施：要求各个单位必须把职工的生活后勤工作纳入议事日程；利用各泵站内的空闲土地发展蔬菜生产，解决职工吃菜难的问题；选送了几批炊事员外出进行技术培训，提高烹调技术水平；选送了一批具有高中、初中文化水平，有一定特长的青年职工到师范学校培训，充实教师队伍，为各幼儿园、托儿所配备了必须的教具、玩具和用品，解决了入托难的问题；组织各单位的职工家属兴办集体福利事业，为职工生活提供方便；积极联系生活物资送货到基层；各单位积极进行绿化，为职工创造优美、舒适的工作、学习和生活环境。同时还积极丰富基层的文化生活，逐步解决基层业余文化生活单调、枯燥的问题。通过这一系列措施的落实，原来存在的问题陆续得到不同程度的解决，从而调动了职工的积极性，促进了工作，保证了生产。

问题：

请根据相关的激励理论分析华东输油管理局的行为。

【管理训练】

领导游戏——迷宫

形式：10～15人一组

时间：60分钟

材料：粉笔或标记笔

场地：教室或空地

应用：

(1) 理解沟通的重要性

(2) 学习沟通的方式和技巧

目的：

1. 考验学员的记忆力与沟通能力。

2. 找出沟通过程中经常出现的问题以及探索出解决这些问题的方法。

程序：

1. 讲师先确定一条穿梭时空隧道的路线，在迷宫中画出，给学员看两分钟，然后立即擦干净。

2. 讲师应事先将路线画在纸上，以便活动结束时对照，但不告诉学员。

3. 讲师给学员20分钟作计划。当计划时间一到，学员将不允许用任何语言表达形式进行沟通。学员全体开始进入迷宫。

4. 当第一个学员踏入错误的路线时，讲师吹哨子，该学员退出迷宫并排列在队列的最后面。

5. 第二位学员开始尝试。

6. 如果第二位学员犯了第一位学员所犯错误时，讲师将扣该队10分。讲师记录该队完成该队完成项目的时间。

讨论：

1. 讲师宣布小组成绩、所用时间以及被扣除的总分。

2. 讲师讲解项目管理的要点。

3. 在受到限制的环境下，你们是怎样进行沟通的？

4. 当你走错的时候，你会有什么反应？

5. 是否将信息进行了有效的反馈?

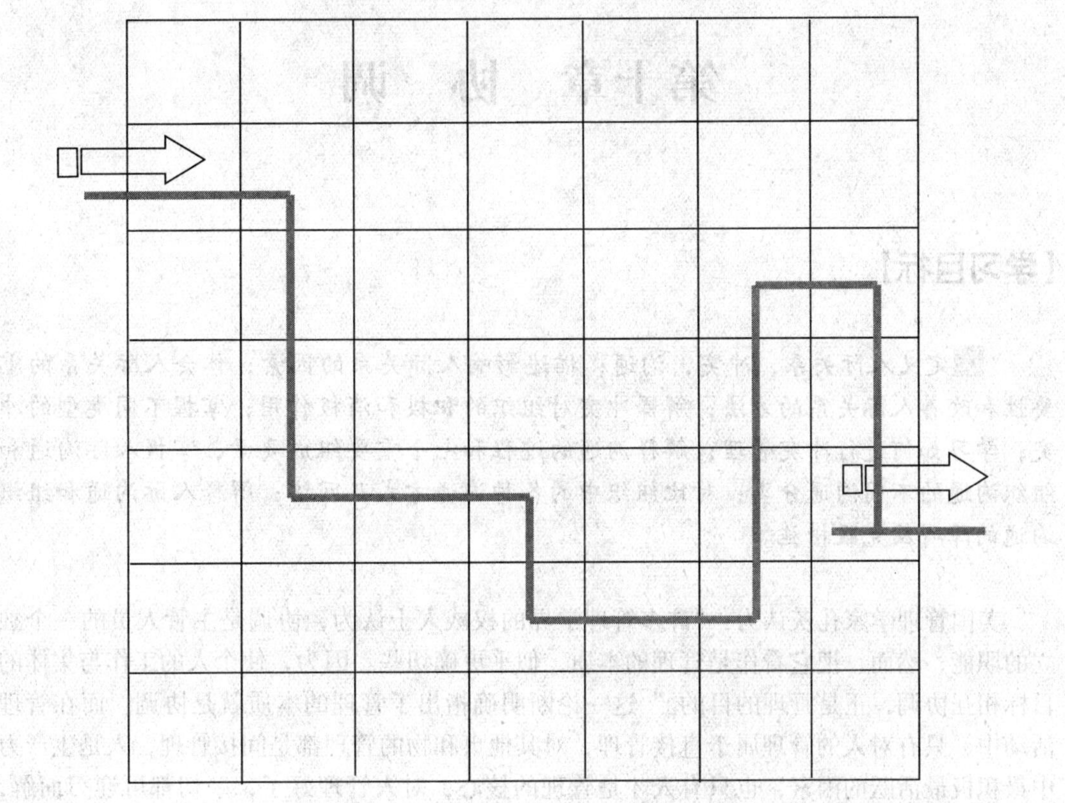

第十章　协　调

【学习目标】

定义人际关系，冲突，沟通；描述影响人际关系的因素；体会人际关系的重要性和改善人际关系的方法；解释冲突对组织的积极和消极作用；掌握不同类型的冲突；学习如何进行冲突管理；解释沟通的过程和七个重要组成要素；掌握人际沟通和组织沟通的不同沟通分类；对比组织中的各种沟通方式及网络；解释人际沟通和组织沟通的障碍及克服措施。

美国管理学家孔茨认为："许多管理学界的权威人士认为，协调是主管人员的一个独立的职能；然而，把它看作是管理的本质，似乎更确切些。因为，使个人的工作与集体的目标相互协调，正是管理的目的。"这一论断明确指出了管理的本质就是协调。而在管理活动中，只有对人的管理属于直接管理，对其他事和物的管理都是间接管理，人是生产力中最积极最活跃的因素，也只有人才是管理的核心，对人管理好了，一切都可迎刃而解，而对人的管理主要是协调。本章将主要从人际关系、冲突和管理沟通三部分进行阐述。

第一节　人际关系

一、人际关系概述

（一）人际关系定义

在这个新潮涌动的时代，多元、多变、多层的社会环境组成了无数形形色色的人际关系网，而上下、左右、四面八方的人际沟通，又构成了人生的立交桥、关系网，生活在社会中的每一个人都要同他人发生各种各样的关系，这种关系经常受到各自的职务、心理特征的制约，并伴随一定的心理体验和反应。这种人与人之间相互交往和联系的状态，称为人际关系。人际关系本质上是一种社会关系，这种特殊的社会关系不仅影响人们的心理状态，而且对社会群体的社会实践发生重大作用。

（二）人际关系的意义

据有关专家估计，在现代社会，一个人事业成功的15%是靠他的专业知识和技能，其余85%则来源于人际关系和为人处事的能力，因此，人际关系和沟通已成为现代人生活中不可缺少的重要组成部分。正确处理人际关系，对于缓解紧张情绪，提高群体士气和工作效率，具有重要意义：

1. 人际关系对人们身心健康的影响

人类的某些疾病，如高血压、神经衰弱、偏头痛等，都与人际关系的失调有密切关系。在原始社会里，原始人主要同自然搏斗，人际关系单纯，所以，原始人很少患心理疾病。随着生产力的发展，社会组织结构层次增多，人际关系复杂，不仅人们的体力要适应工作环境，心理也要适应社会环境，所以，人们的心理疾病也越来越多。著名心理学家丁瓒教授曾经指出：人类的心理适应，最重要的就是对人际关系的适应。人际关系协调了，心理疾病就不治而愈。好的人际关系使人心情愉快，且能提高工作效率。

2. 人际关系对工作效率的影响

在一个组织中，人与人之间感情融洽，心情舒畅，员工情绪饱满，人际关系良好，群体士气高昂，员工工作的积极性和创造性就能得到很大提高，从而提高工作效率；相反，人与人之间关系紧张，相互猜疑，彼此戒备，人际关系差，就会影响工作效率。因此，管理者必须重视改善人际关系，为群体成员创造一个轻松愉快的人际环境，这不仅有利于提高工作绩效，而且有利于员工身心健康和自我发展与提高。

3. 人际关系对群体的影响

人际关系是群体的基础。人际关系是否协调反映出群体的好坏。群体内成员之间、成员与领导之间以及领导与领导之间的人际关系好，这个群体的凝聚力就强；相反，人际关系紧张，摩擦不断，矛盾重重，群体就会涣散。

二、人际关系的需求倾向

每个人都需要和他人交往，需要是人们相互交往的根本原因，但不同的人对人际关系有不同的心理需求，这就形成了人对人际关系需求的基本倾向。一般来说，人对人际关系的需求可分为三类。

（一）支配的需求

支配需求是人们为了满足支配欲与依赖心理而建立起来的一种人际关系，即在权力基础上建立并维持良好关系的欲望。其行为特征表现为：运用权力和权威，去超越、控制、支配与领导他人；与此相反的行为特征是：抗拒权威，忽视秩序，受人支配，追随他人等。支配欲与依赖心人人都有，只是因为环境和能力差异造成了个体的支配欲和依赖心理的强弱不同而已。支配欲较强的人往往支配那些依赖心较强的人，从而形成支配与被支配的人际关系。

（二）包容的需求

包容需求是人们为了谋求一定的社会的、物质的和精神的生活条件而建立起来的一种人际关系，既希望与别人来往、结交，又想与他人建立并维持和谐关系的愿望。基于这种动机而产生的人际行为特征为：交往、沟通、参与、亲和等；与此相反的人际行为特征为：孤立、退缩、排斥、疏远等。一个社会的人，不管在什么历史或时代背景条件下，在他所生活的各个阶层和不同的工作岗位上，都有被自己称为朋友的人，只是交往的密切程度和时间长短不同而已。

(三) 情感的需求

情感的需求是人们为了满足爱的需要而建立起来的人际需求关系，即在感情上希望与他人建立并维持良好关系的愿望。其行为特征表现为：喜爱、亲密、同情、热情等；与此相反的是憎恨、厌恶、冷漠等。情感需求在人的心理发展过程中，始终存在，只是在不同的年龄阶段，需要不同内容的爱。所以爱具有动力和平衡的作用，可以使人保持心情愉快和人格健全。人如不能形成积极的情绪体验，将出现人格上的异常现象。

心理学家舒兹（W. C. Schutz）根据上述三种人际关系需求，将人的行为反应分为主动表现和被动期待两种，从而划分出六种基本人际关系倾向，见表 10－1。

表 10－1 六种基本人际关系倾向

行为反应	人际需求	
	主动表现	被动期待
支配	支配他人	期待别人引导自己
包容	主动与人交往	期待别人接纳自己
感情	对人表示亲密	期待别人对自己亲密

三、人际交往的动机

人际交往是有价值的，因为它有助于实现很多重要目标。我们的自我感觉来自于与他人的沟通，所有的人都是因性格和情绪的不同而有不同的人际需要。无论是直接的还是间接的人际交往活动，都是人类必然会出现的一种社会活动。它的必然性来源于人的需要所决定的合群倾向。合群倾向是人际交往的驱动力，是人际沟通的心理基础。人的合群倾向和行为蕴含着多种动机，这些动机又来自人的多种需要。

(一) 生存

人为了求得生存需向大自然索衣求食，这只有依靠群体的合作才能实现。穿的衣服和吃的食物都来源于他人的劳动。为了生存，人需要合群，合群使人在自然面前更加强大。

(二) 安全

人要生存，必须能够防御自然侵害及他人侵犯，这就需要与人联合。对现代人而言，安全涉及的范围更为广泛，希望考试顺利，职业称心稳定，危机时有人救助，希望自己受到社会保护，不被社会遗忘和抛弃。这些促使人们投身于群体，因为只有在群体中才能使人的安全感获得满足。

(三) 归属

人有丰富的情感，并且不甘寂寞，希望与人交流。做出了成绩渴望得到别人的赞誉，遇到烦心事，又想得到别人的理解和帮助，通过这种情感向一定的对象发泄，既可从中得到补偿，又可获得心里归属与情感寄托。归属动机促使人们追求友谊和爱情，促使人们与他人交往，并加入多种不同的团体。

(四) 社会对比

每个企业员工都有这种体会，每到月底，得知自己的生产完成以后，也希望知道他人的生产完成情况，如果自己优于别人，会感到自豪，如果低于别人，则容易感到惭愧。这是通过与周围人比较即社会对比来评价自己的。

(五) 自我实现

每个人都有发挥自己长处、发挥自己潜能的愿望，并且希望受到他人的称赞、尊重，达到自我实现，而只有置身于团体，才能吸引别人的注意，同时不断发展和完善自己。

四、影响人际关系的因素

在群体中，人与人之间总会建立各种各样的关系，然而，虽然同处于一个群体之中，人与人之间关系的密切程度却各不相同。人际关系的建立受各种因素的影响。社会心理学的研究证明，影响人际关系的密切程度的因素主要有以下几个方面。

(一) 个人因素

一个心胸坦荡、性格活泼开朗、性情温和、宽厚、富有同情心和善解人意的人，易受到群体其他成员的欢迎，因而也易与他人建立良好的人际关系。相反，一个性格孤僻、缺乏感情、刚愎自用、目空一切，或生性敏感多疑的人，则难以与人相处，因此也就很难形成良好的人际关系。

(二) 人际因素

1. 距离远近

人与人之间在地理位置上越接近，越容易形成彼此之间的密切关系。例如，住在同一栋大厦的邻居，在同一车间工作的工人或在同一办公室工作的人员等，比较容易形成人与人之间的密切关系。美国社会心理学家费斯廷格等人曾对住在同一楼房里的家庭彼此成为亲密朋友的情况进行了研究。研究表明，住在同一楼房里的邻居，地理位置越近，越容易建立友谊关系。住在同一层楼上的人比住在不同楼层的人成为朋友的可能性更大。甚至居住在同一层楼上，两户之间的距离在形成这一关系上也有差别。这一研究表明，交往的频率与距离的远近之间成反比例的关系。但物理距离并不是形成人际关系的主要因素，它只是影响人际关系的各种因素之一。在其他条件相同的情况下才会表现出物理距离的作用。在企业管理中应当考虑这个因素对形成人们之间关系的影响。

2. 交往频率

交往频率是指人们互相接触次数的多少。一般来说，人与人之间交往的频率越高，越容易形成较密切的关系。因为交往的次数越多，越容易形成共同的经验，有共同的话题和共同的感受。尤其对于素不相识的人来说，地理距离和交往的频率在形成人际关系的初期起着重要的作用。但是，西方社会心理学的研究夸大了交往频率对于形成人际关系的作用，认为交往频率在某种程度上起决定作用，把研究的重点放在计算交往的次数上，而忽略了人与人之间交往的内容，这种观点是片面的。实际上，人与人之间交往的内容常常比交往的频率有更重要的意义。

3. 相似性

俗话说：“物以类聚，人以群分。”人与人之间若对某种事物有相同或相似的态度，有共同的理想、信念和价值观，就容易产生共鸣，形成密切的关系。如果追究“人以群分”的原因，就会看到这往往是由于他们对某些事物具有相同的看法和态度造成的，因此，态度的相似性是建立人际关系的一个重要因素。一位心理学家做了下述的实验：让被测试者阅读一张态度调查表，这张调查表上记录着与被测试者素不相识的人们对某一事物的各种态度（实际上，调查表是由实验者编造出来的），然后问被测试者喜欢何种态度的人。统计的结果表明，被测试者都喜欢与自己态度相似的人。

4．需要的互补性

不仅具有态度相似性的人之间会形成友好关系，而且需要、性格等完全相反的人之间也会形成友谊关系。在现实生活中往往会看到这样的情况，脾气暴躁的人和脾气随和的人会友好相处；独断专行的人和优柔寡断的人会成为好朋友；活泼健谈的人和沉默寡言的人会结成亲密的伙伴。这是由于双方在气质、性格上都各有优点和缺点，彼此之间可以取长补短，互相满足双方的需要，由此，需要的互补性也是形成人们之间良好关系的一个重要因素。

（三）组织文化因素

一个组织是强调搞好关系，形成和气的团体，重视处理人际关系，靠拉票联系感情来获得认可，还是强调做好工作，实现组织目标，重视政绩和能力，鼓励通过扎实工作、勤劳创新来获得组织认可，实现自我价值，简言之，一个组织是“关系型”还是“工作型”，都会对人际关系产生不同的导向作用，也直接影响人们处理人际关系的方式。

（四）社会因素

社会因素是影响人际关系的客观外在因素。人们的生活方式及价值观、社会风气、道德风尚、社会经济发展水平等都直接或间接的影响人际关系。一般来说，社会经济文化繁荣，人们生活富足，社会风气好，人际关系就密切；相反，如果社会动荡，人心不稳，金钱至上，道德沦丧，你争我夺，则人际关系恶化。

五、改善人际关系的理论和技术

我们之所以研究人际关系，目的就是为了改善人际关系，形成良好的人际交往氛围。为此，国外的社会心理学家提出了许多改善人际关系的理论和技术。

（一）海德的平衡理论及改善技术

1958 年，海德用认知的平衡结构理论，详细地表示出人际关系的平衡与不平衡模式，即为“P－O－X”模式。包括三个因素，“P”代表一个知觉主体，“O”代表另一个知觉主体，“X”代表知觉对象。P、O、X 三种成分的相互作用可以组成一个认知场。对于知觉者而言，这个认知场有时是平衡稳定的，有时是不平衡不稳定的。在人际关系的平衡结构的四种模式中（见图 10－1），P、O、X 相关或正相关，因此人际关系结构出现认知的平衡，如：

(1) P 喜欢 O，O 喜欢 X，于是 P 也喜欢 X；

(2) P 喜欢 O，O 不喜欢 X，于是 P 也不喜欢 X；

(3) P 不喜欢 O，O 不喜欢 X，于是 P 喜欢 X；

(4) P 不喜欢 O，O 喜欢 X，于是 P 不喜欢 X；

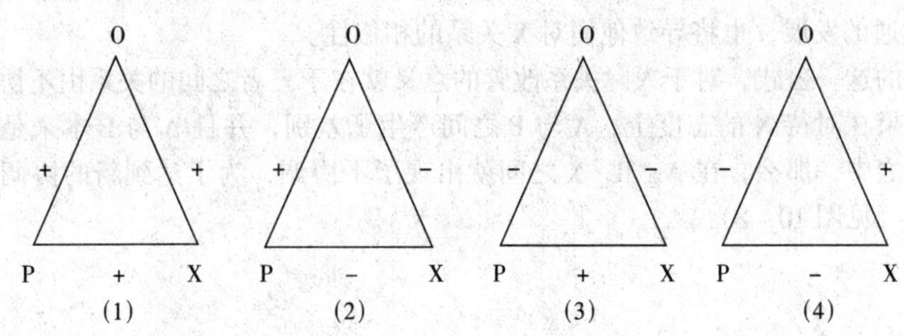

图 10-1 平衡结构的四种模式

图注：+表示其关系肯定（喜欢）的正关系；-表示具有否定（不喜欢）的负关系

在人际关系的四种不平衡结构模式中（见图 10-2），P、O、X 不相关或负相关，因此人际关系结构出现认知的不平衡。如：

(1) P 喜欢 O，O 不喜欢 X，而 P 喜欢 X；

(2) P 喜欢 O，O 喜欢 X，P 则不喜欢 X；

(3) P 不喜欢 O，O 喜欢 X，但 P 也喜欢 X；

(4) P 不喜欢 O，O 不喜欢 X，P 也不喜欢 X（负相关）。

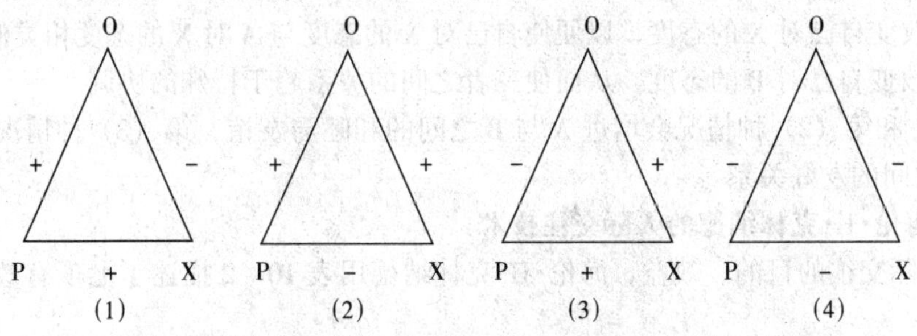

图 10-2 不平衡结构的四种模式

海德认为：平衡的情况是令人愉快的，在非平衡的状态中，知觉者感到紧张和压力，从而产生了恢复平衡的力量。恢复认知结构平衡的途径之一就是知觉者改变对知觉对象的态度，如 P 改变对 X 的态度，从而也改善了另一个知觉主体 O 的关系，即能恢复认知结构的平衡。海德还认为，人际关系改善的动力在于人们有恢复认知结构平衡的需求，此理论常被用来解释人际关系的变化情况及改善技术依据。

（二）纽科姆的沟通活动理论及改善技术

在海德平衡理论的基础上，社会心理学家纽科姆（T.M.Newcomb）推广到了人际沟通的领域，更加明确地讨论了人际关系的改善问题。

纽科姆的理论也称为“A-B-X”模式。A 表示知觉主体，B 表示另一知觉主体，X 表示与 A，B 都有关系的客体。当 A 和 B 对 X 的关系相似或相同时，将产生 A 与 B 之间的依恋性。相反，当A和B对X的关系有差别时，将产生A与B之间的不和睦。同样，A与B之间沟通的发展，也将导致他们对X关系的相似性。

纽科姆的这一公式，对于人际关系改善的意义就在于三者之间的关系由不协调到协调的转变。如果在对待X的态度上，A与B之间产生了差别，并且A与B本来是处在相互肯定的关系之中，那么，在A，B，X之间就出现了不协调，为了达到新的协调，可能的方法有三种（见图10－3）：

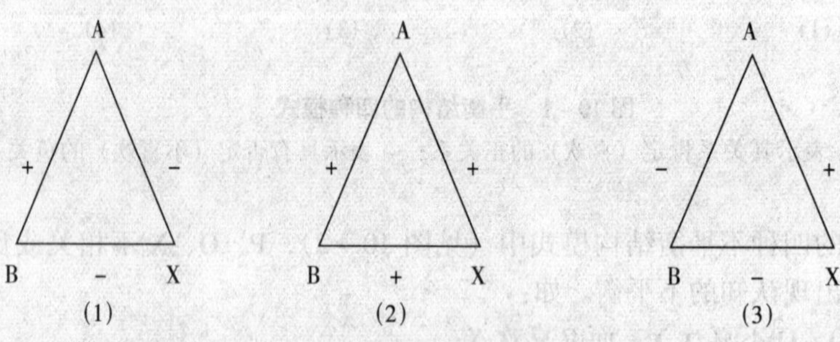

图10－3　恢复平衡结构的三种模式

在图10－3的恢复人际认知平衡结构的三种模式中：

(1) A改变自己对X的态度，以便使自己对X的态度与B对X的态度相类似；

(2) B改变自己对X的态度，以便使自己对X的态度与A对X的态度相类似；

(3) A改变自己对B的态度，从而使三者之间的关系趋于特殊的协调。

第（1）和第（2）种情况会增进A与B之间的和睦与友谊，第（3）种情况则可能破坏A与B之间的友好关系。

(三) 海伦·H·克林纳德的人际交往技术

根据人际交往的目的、效益，海伦·H·克林纳德用表10－2描述了七项有效的人际交往技术。

表10－2　七项有效的人际交往技术

	技术	目的	技术简述	技术效益
1	寻求积极因素	鼓励你喜欢的行为	寻找、回答你喜欢的行为，让他人确切知道你喜欢什么，为什么喜欢	他人会感觉受到赞赏，更积极地去做你希望他去做的事（如工作中更具效果、更有效率）
2	倾听与反馈	对心情不佳者的应答	以不打断谈话者信息的方式倾听，并保证准确的交流	他人会感到得到了理解、尊重，愿意说明问题，愿意真诚，不采取抵御态度，能看到问题的实质
3	积极交流	对给你带来问题的人的应答	以鼓励合作解决问题的方式，让他人知道他的行为给你带来问题	他人会改变你所不满意的行为，而不感到愤恨、有戒心或对抗

续表

4	解决相同问题	变冲突为合作	寻找双方都同意的方式解决包括需求冲突的问题	他人在解决问题时会给予合作，并帮助寻找和实施解决冲突的方法，以满足组织或个体的需要
5	主动给予咨询	影响他人	在对方没有提出要求的情况下，以能被接受的方式提出意见和看法。这种技巧也可用来推销产品和提供方案	使对方倾听你的意见，赞成你的忠告或建议
6	被要求咨询	帮助他人解决问题	帮助那些有问题和想从你这里得到帮助或建议的人	他人会了解问题的实质，并为这些问题找到满意的解决方法，而不是处理表面现象
7	发展个人能力	成功地把握自己	管理自己的思想、感情和行动	你将能建设性地处理自己的情感，做出你希望做出的改变，选择技巧，培养习惯，并向自己确定的目标前进

六、群体人际关系改善的心理学技术

改善人际关系的心理学技术的目的是改变人们的自我意识水平、移情能力和社交技能，是针对人际关系不良、相对易变的原因发展起来的，以此改善群体成员之间的人际关系状况，增进团体效率。而人认识正确与否，将直接影响人际关系的好坏。尤其是领导者，如果不能洞察团体成员之间的真正需求与感情，就无法建立团体内良好的人际关系。观察团体中的成员可以发现，有些人善于体会别人的心意，有些人往往只关心自己的地位和安全，还有些人只想引人注意，影响别人以至于与人交往也不能听取别人的意见，这样就容易导致误解，有意或无意的伤害别人。洞察别人的需求与情感的能力，是可以通过训练培养的。下面介绍国外心理学家提出的有一定效果的几种改善人际关系的心理学技术。

（一）敏感性训练

敏感性训练法有许多不同的名字，比如感受性训练法、实验室训练法等。这些都是希望经由无结构的（即非标准化）团体互助，以改变行为的一种方式。

敏感性训练团体有多种形式，其中最普遍的是训练团体，一般是把受训团体（通常5人到15人）集中到远离日常工作场所的某一地方，配一名心理学家，但他和一般的教授角色不同，他要经常保持沉默，好让参与者在没有地位高低的情况下，都能自由自在地讨论。时间通常为一到四周，对受训者不布置特别的任务，没有一定的议程，只让他们自由交谈关于此时此地所发生的事，但不涉及工作上以及思想上的问题或自我差距。

该训练采取非指导性，因此受训者开始时感到不知何去何从，然后逐渐陷入不安、焦躁、厌烦、不快等情绪状态。让受训者从观察与参与中学习，而不只是说。专业指导参与者创造机会，让他们积极发表意见。

通过训练，受训者体会到：在此时此地的情绪混乱状态中，撕去伪装的面具，将平时自己不太愿意承认的愤怒、不安等情绪表露出来，让他们更清楚地看到自己的本来面目，了解了自己的同时也看到周围其他人跟自己一样陷入痛苦的情绪状态，于是逐渐能够体会到别人的感情。

由于在日常生活中，人们受多种社会联系束缚，不能表现出真实自然的自己，而其他人为了获得良好的人际关系，也常常不能给予切合实际的反馈，在这种不真实的环境里，人们很难知道自己的真实状况，以及行为恰当与否，导致自我意识水平、移情能力和社交技能越来越差，而训练团体的活动给受训者提供了一个不同于平常的特殊环境，因此有助于改变人们人际关系的状况。

（二）角色扮演

角色扮演是一种摆脱既定角色关系束缚的个体训练法，就是模拟某些现实的问题场面，让一个人扮演各种不同的角色，站在不同的立场处理事情，以期了解别人的需求和感受，从而改变待人的态度。在人际交往的过程中，假如每一个人都能站在别人的立场上来思考问题，势必可以减少很多不必要的误会和冲突，而维持彼此和谐的人际关系。角色扮演法，比如，一个上级扮演其下级的角色，听从他人的指挥，执行任务，有助于他了解命令的口气将使人感到不愉快，从而改变说话的语气。

第二节　冲　突

一、冲突概述

（一）冲突的定义

冲突是社会生活中普遍存在的各种矛盾的反映，指两个或两个以上的社会单元在目标、礼仪、认识上互不相容或互相排斥，产生心理或行为上的矛盾，从而导致抵触、争执或攻击事件。

（二）冲突观念的变迁

长期以来，对于组织中的冲突有三种不同的观点。第一种观点认为应该避免冲突，冲突本身表明了组织内部的机能失调，我们称之为冲突的传统观点（traditional perspective of conflict）。由于这种观点认为冲突只有坏处，而没有好处，所以称为“单一”观点（unitary perspective）。第二种观点为冲突的人际关系观点（human relation perspective of conflict），即认为冲突是任何组织不可避免的必然产物，但它并不一定会导致不幸，而是可能成为有利于组织工作的积极动力。由于这种观点认为冲突是不可避免的，所以又被称为兼职者观点（pluralist perspective）。第三种观点也是最为新型的观点，认为冲突不仅可以成为组织中的积极动力，而且其中一些冲突对于组织或组织单元的有效运作是绝对必要的，我们称之为冲突的相互作用观点。

1. 传统观点

从19世纪末至20世纪40年代中期的观点认为冲突总是不利的，并且常常会给组织造成消极影响，冲突成为暴力、破坏和非理性的同义词。由于冲突是有害的，因此应该尽量避免。冲突是功能失调的结果，管理者有责任在组织中清除冲突。

2. 人际关系观点（兼职者观点）

从20世纪40年代末至70年代中期，人际关系的观点在冲突理论中占据统治地位。该观点认为冲突是必然的，因而不可避免地存在于所有组织之中。由于冲突是不可避免的，因此应该接纳冲突。这一观点使冲突的存在合理化。冲突不可能被消除，有时它甚至会为组织带来好处。

3. 相互作用观点

人际关系观点接纳冲突，而相互作用的观点则鼓励冲突。该观点认为，和平、融洽、安宁、合作的组织容易对变革和革新的需要表现为静止、冷漠和迟钝。因此，它的重要意义在于：这能够使组织敢于自我批评和不断创造，并保持旺盛的生命力。从相互作用观点可以看出，认为冲突都是好的或都是坏的的看法显然并不恰当也不够成熟。冲突是好是坏取决于冲突的类型。具体而言，我们有必要对功能正常和功能失调的冲突进行区分。

二、组织中不同层次的冲突及原因

按组织中冲突发生的层次看，有两种类型的冲突：个人层次冲突以及群体冲突。

（一）个人层次冲突

1. 个人的心理冲突

个人心理冲突是指当一个人面临两种互不相容的目标时，感到左右为难的一种心理体验。心理学家勒温按照接近和回避这两种倾向的不同结合，又把个人心理冲突划分为四种类型。

（1）双趋型冲突。这是指一个人同时想达到两个相反的互相排斥的目标。由于这两个目标本身“背道而驰”“不可兼得”，所以它们不可能同时实现，这就会引起内心的矛盾。这种冲突的基本模式如图10－4所示。

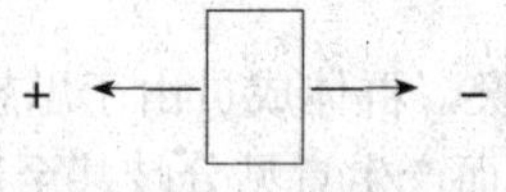

图10－4 双趋型冲突

说明：“□”代表个人，“＋”、“－”代表目标，箭头表示一个人想达到或接近目标的方向

（2）双避型冲突。当一个人面临两个需要同时回避的目标时，会产生双避型冲突，在这种情况下，这个人认为两种目标都是他人或社会强加的，都不愿意接受。这种冲突的基本模式如图10－5所示。

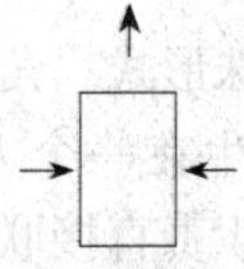

图10－5 双避型冲突

(3) 趋避型冲突。当一个人想要接近一个目标，而同时又想回避这一目标时，就会产生这种冲突，即既希望获得，又担心遇到风险，害怕承担责任或付出代价。这种冲突的基本模式如图 10－6 所示。

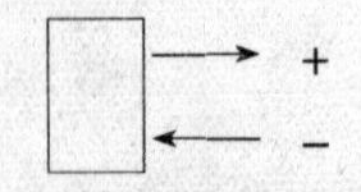

图 10－6　趋避型冲突

(4) 双重趋避型冲突。它是两种趋避型冲突混合而成的一种复杂模式，如图 10－7 所示。

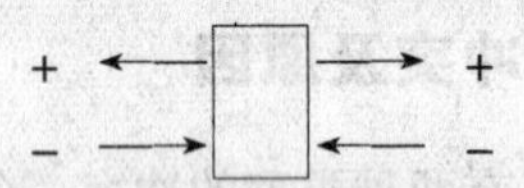

图 10－7　双重趋避型冲突

2. 群体中个人之间的冲突

群体中个人之间的冲突形式多种多样，冲突方式不尽相同，形成的原因错综复杂。不同的认识可能引起冲突。群体成员在知识、水平、经验和经历等方面都存在着差别，对同一问题的认识不一致是常有的。比如对工作任务的分配、目标的设计意见不一致都会造成冲突。

(1) 性格的不同引起冲突。人的性格是多种多样的，每个群体成员都有独特的心理习惯，有的内向，有的外向，有的性格暴躁，有的性格温和，有的爱静，有的好动，他们之间难免会引起冲突。

(2) 思想观念不同可能引起冲突。群体成员由于思想观念、生活方式、自身地位和职责、所关心的利益、兴趣各不相同而产生意见分歧甚至冲突。

(3) 价值观不同可能引起冲突。价值观是人们对周围事物的是非、好坏、善恶的评价。在同一群体内，有的成员注重荣誉地位，有的注重工作成绩，有的以经济实惠为重。不同的价值观可能在如何处理某个问题上发生冲突。

(4) 信息来源不同引起的冲突。由于信息来源不同，掌握信息的多寡不同，对信息的理解不同，可能引起冲突。比如，行政主管掌握的信息一般多于其他成员，在做出决策时由于掌握信息的程度不同，可能造成做出的判断和决策不一致。

3. 角色冲突

角色冲突是个人层次冲突的一种特殊形式。角色是指个人所处的位置，要求个人必须执行的一组相关活动，角色冲突通常发生在一个人被要求扮演两种或两种以上的不一致的、矛盾的或绝对排斥的角色时，它与职责直接联系。研究表明，角色冲突与个人的行为和组织的绩效存在一定的必然联系：角色冲突往往与员工对工作的不满意程度，缺乏组织认同感，失去对工作的信心等成正相关关系，最终甚至会导致员工不得不离开原来的工作岗位。而角色模糊（conflict ambiguity）所产生的效果与角色冲突十分相似，也必然导致员工对工作的不满。

1961年，侃亨（Kahn）曾就角色冲突和角色模糊问题在美国进行过全国性的调查。被调查对象包括725名男性工人和另外53名从六个不同工业地区挑选的人员。该调查把角色冲突理解为，某一角色同时面临着两种压力，以至于满足了一方的要求就不可能满足另一方的需要的情形，并分解出了四种不同类型的角色冲突。

(1) 同一指令者的矛盾要求（interceder conflict）：指的是同一指令者要求角色接受者同时充当两种或两种以上的矛盾或不一致的角色。如要求下属做出在不违反规定的情况下无法完成的工作，但同时又严格维护规定。

(2) 来自不同指令者的矛盾要求：当一个指令者与另一个指令者的行为要求不一致时，指令接受者就面临这一类型的冲突。如中层管理者经常面临来自总经理和来自工人的两种不同的期望。

(3) 个人充当的不同角色之间的冲突（inter - role conflict）：当个人同时充当了两种或两种以上的角色，而两种角色的期望不一致时就会出现的冲突。如经理人员的管理者角色通常会与其充当的家庭角色相互冲突。从某种意义上来说，这一类角色冲突是由于资源的有限性引起的。

(4) 角色与个体间的冲突（inter - role conflict，person - role conflict）：当角色的要求与个人的能力、态度、价值观或行为不一致时，容易出现这类冲突。它可能是个人的能力超过了角色要求而出现的要求不足，也可能是由于角色要求过度而出现的一种冲突情形。

4. 角色要求过度（role overload）

角色要求过度是在角色冲突中经常出现的一种非常复杂的冲突类型。侃亨认为它是一种个人与角色之间的冲突，也可理解为来自不同指令者的矛盾要求和角色与个人冲突相结合的一个复杂的、新型的冲突。当一个组织的成员被要求充当来自多个指令者的适当的角色，而他的能力又不可能做到这一点时，这就是角色要求过度。角色要求过度可以分为量上的过度和质上的过度两种。前者指的是角色扮演者被要求在一定的时间内从事过多的工作，而后者指的是角色扮演者被要求从事他的能力或技术无法完成的工作。

在组织中角色要求过度的现象是相当普遍的。如经理人员经常处于长时间持续的压力状态下，这就是数量型要求过度。正因为此，他们不得不安排一定的优先顺序，并按照他们认为的事情的重要程度来履行其角色要求。

5. 角色模糊

角色模糊是近来一个备受关注的概念。它指的是对一个给定的角色的期望或规定缺乏明确的理解和认识。组织的成员要求知道自身角色的期望的信息，即如何获得角色，该角色的最终结果是什么等。当有关角色的信息不存在或这些信息无法有效沟通时，角色模糊就出现了。

（二）群体冲突

群体间或部门间由于任务不清、职责不明、奖惩不公等原因，常常引起相互牵制、埋怨和扯皮的现象，导致群体之间的冲突。造成群体间冲突的原因主要有以下几方面。

1. 工作配合

主要包括两个相互关联的群体在前后相继、上下相连的环节上，一方的工作不当会造成另一方工作的不便、延滞；或者一方的工作质量影响到另一方的工作质量和绩效；或者由于职责不明造成职责出现缺位，出现谁也不负责的真空，造成相互推诿甚至敌视；或者双方因工作目标、对时间的看法和人际关系等方面的差异造成群体难以有效合作，甚至造成意见分歧和冲突。

2. 沟通不畅

群体之间的目标、观念、时间和利用资源等方面的差异是客观存在的，而如果沟通不够，或沟通不成功，会加强隔阂和误解，造成群体间的对立和矛盾加深。

3. 奖励不公

奖励是为了调动部门和群体的工作积极性。但奖励也会有失公平。比如，有些部门是靠牺牲其他部门的利益来实现自己的目标的，比如生产部门削减成本、降低费用会受到奖励，但这会造成销售部门难以向顾客提供满意的产品和服务，妨碍销售部门目标的实现。再比如，销售部门为了扩大销售额和市场份额而大幅降价，但大幅降价可能会影响财务部门利润指标的实现。

4. 有效资源分配

组织不会平均分配资源，而是按各部门的工作性质、岗位职责、在组织中的地位以及组织目标等因素分配资金、人力、设备、时间等资源，不会绝对公平，因此部门之间在资源的分配如预算分配、人力资源分配等方面会产生分歧和矛盾。

三、冲突的影响

冲突是组织中不可避免的必然现象，它既有不利的一面，同时又有对组织管理有利的一面，一个组织存在许多冲突并不能说明该组织经营不善，而没有冲突也不能证明就是好事，下面我们将对冲突的利与弊做一个分析。

（一）消极影响

如果组织冲突处理不当，或者产生原因及性质具有危害性，则组织冲突会带来一些消极性影响：①使人产生情绪压力，影响精神健康；②冲突会使群体和个人之间的相互沟通和交往减少，形成僵持的消极成见；③冲突双方为了在冲突中取得胜利，会采取各种措施增强自身实力，这些措施可能会促进双方的合作，也可能会加强双方的竞争，损害双方利益，导致组织整体实力下降；④剧烈冲突导致工作满意度和绩效下降，成员的责任感和忠诚度受到影响，组织不能正常运转，影响组织目标的实现。

（二）积极影响

冲突也会给企业带来积极的影响，表现如下：①冲突促使成员表明自己的观点，促进意见交流，有利于暴露组织中存在的问题，完善管理制度；②冲突使人们认识深化，引发创新性思维；③冲突有利于消除某些分歧，增强群体凝聚力；④冲突有助于促进个人之间和群体之间的竞争，增强组织活力，提高组织对环境的适应能力。

四、冲突与组织绩效的关系

（一）二者之间的关系

美国学者布朗（L. Dave brown）发现在冲突水平与组织绩效之间存在一种倒U型关系模型（见图10-8）：冲突水平太低，组织革新和变化困难，组织难以适应环境，其行为受阻；冲突水平太高，导致局面混乱，危及组织生存。

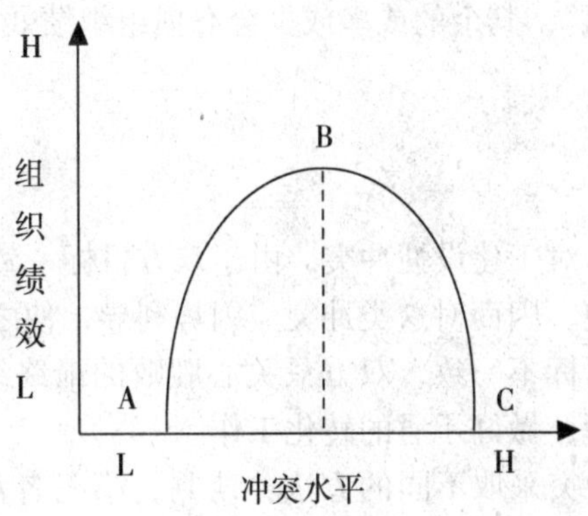

图10-8 冲突水平与组织绩效的倒U型关系模型

由倒U型关系模型图可知，当冲突水平适中时才能起积极作用，这一情况可以用表10-3表示，因此布朗认为，管理者与其花费大量精力来防止和解决组织中的各种不协调行为，不如在组织中维持一个适度的冲突水平。

表10-3 冲突与组织绩效的关系

状况	冲突水平	冲突类型	组织内部特征	组织绩效
A	低或无	破坏性	冷漠、迟钝、对变化反应慢、缺乏新观念	低
B	适当	功能性	生命力强、自我批评、不断革新	高
C	高	破坏性	分裂、混乱、无序、不合作	低

尽管组织保持适度的冲突可以导致高的组织绩效，但组织中的不同意见并不一定总能让人忍受，也很少受到鼓励。调查表明，营利性组织和非营利性组织中的管理者对冲突的反应是不同的，一般来说，营利性组织中的管理者可能会否认冲突的存在，并采取回避，抑制或妥协的方法来解决，因而很容易导致集体思维的陷阱，所以，营利性组织中的管理者更需要冲突管理的培训。

（二）影响冲突与组织绩效关系的因素

（1）冲突的类型。适度的现实性冲突可以反映组织内存在的某些问题，如组织结构，奖励制度等问题，而及时考察，有效地解决这些问题可改善组织绩效，增强组织适应能力；任何非现实性冲突（即情绪性冲突）都有损组织绩效，冲突参与者仅仅是为了释放进攻性紧张状态。

(2) 冲突水平的高低。只有适当的冲突和不满才能刺激个人的创造力，促进成员进行自我批评，接受新鲜事物，提高组织的革新能力，而过高或过低的冲突都会阻碍组织的正常运行。

(3) 冲突者的反应和对策。发生冲突后，双方可能出现多种不同反应：合作、对抗、妥协、回避等，这些不同的反应和策略会影响到冲突与绩效之间的关系。双方之间只有采取合作策略才能导致“双赢”，其余的或多或少会有损组织绩效。

五、冲突管理

(一) 处理冲突

(1) 分清冲突的性质。对于建设性冲突，由于双方目标一致，都希望寻求实现目标的最佳途径，都愿意取长补短，因而对这类冲突应因势利导，使之成为推动工作的动力。对于破坏性冲突，由于双方目标不一致，双方只关心胜败的最终结果，听不进对方的意见，因此对这类冲突要谨慎处理，做好矛盾的转化工作。

(2) 针对不同类型的冲突采取不同的方法：谈判、第三者裁决、妥协、拖延、合作、压制冲突、转移目标和进行教育等。对于个人的心理冲突，要比较优劣，尽快选择，从烦恼中走出来；解决群体中个人之间的冲突，要使群体成员敢于发表意见，使上下左右信息畅通，沟通方便，以增进了解和友谊。为防止和减少群体之间的冲突，要做好群体教育和疏导工作，提倡顾全大局和协作精神，反对本位主义。要制定较高目标，动员各群体为实现目标而努力工作；要加强信息沟通，增进彼此了解，达到谅解与信任；要公平待人，增强奖励、评价与利益分配的公正性。同时，在冲突发生时，可以通过双方协商、请第三者仲裁或请主管部门出面从组织上消除矛盾，解决问题。

(二) 激发冲突

由上述分析我们知道，组织中冲突过多会对组织有影响，同样，冲突过少也会带来许多弊端，而且往往易被人忽视，过少冲突对组织最大的影响是群体成员之间的完全一致和集体思维，也就是说一个或多个成员往往会被迫服从于群体中大多数人的思维模式，而没有任何争论和分歧。因此，许多专家主张在组织中应当存在一定的冲突，并且要将冲突控制在适当的水平，这就需要采取一定的方法来激发冲突，强化管理。以下是激发冲突的常用方法。

1. 激励合理合法的竞争

在激励合理合法的竞争时，必须考虑到竞争的双重作用。竞争可以分为对抗性竞争和非对抗性竞争，对抗性竞争又可以分为良性对抗性竞争和恶性对抗性竞争，在作为诱发冲突手段的时候不能采用恶性对抗性竞争，以防竞争双方陷入你死我活的争夺，违背引入竞争机制的原意。

2. 利用外部刺激

也有人将其称之为“鲶鱼效应”。为诱发内部建设性冲突，引入一定的外部刺激是有必要的，一方面可以调整内部人员结构，另一方面可以对内部人员施加一定的压力。但须注意，并非所有的外部刺激和威胁都有利于组织成员努力实现自己的目标。

3. 主动进行组织变革

如果发现人员流动率低，缺乏创新和竞争意识，有人对改革进行阻挠等情况时，管理人员需要发动变革，包括委任态度开明的管理者，摈弃高压专制，允许不同意见；鼓励竞争，对个人和集体增加工资和奖金；重新编组，调动人事，改变沟通路线，对原有的陈规陋习提出挑战，形成新的价值观和思维方式，增强组织活力。

第三节 管理沟通

一、沟通概述

（一）什么是沟通

作为管理者，掌握有效沟通的技巧是不容忽视的一件事，沟通是指将某一信息传递给对方，并期望对方做出预期反应的过程。它强调意义的传递，要使沟通传递成功，意义不仅要得到传递，而且要被理解。良好的沟通常常被错误的解释为双方达成一致意见，而不是准确理解信息的意义，如果对方持不同意见，就认为对方未能完全理解，事实上这是一种错误的倾向，有效沟通并不等同于意见一致。

管理沟通包括了人际沟通和组织沟通两大方面，前者是指存在于两人或多人之间的沟通，后者指组织中沟通的各种方式、网络和系统等。

（二）沟通过程

沟通过程由七个要素组成：信息源、信息、编码、通道、解码、接受者和反馈（见图10-9）。此外，还必须注意，整个沟通过程还受到噪音和信息过滤的影响。

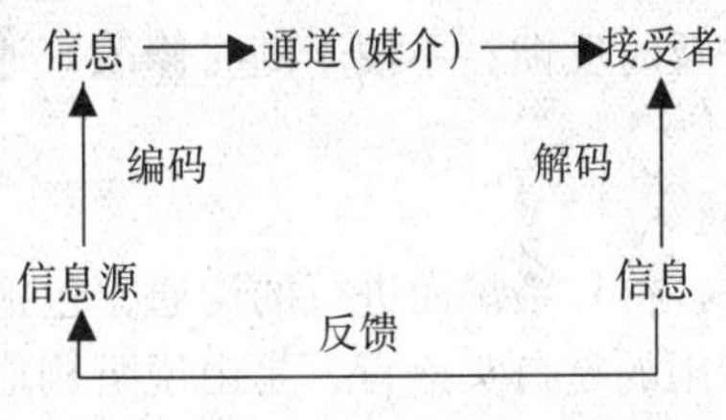

图10-9　沟通过程

首先我们先来解释这几个重要的组成要素。信息源指信息的发送者，是沟通过程的起点。编码指将所传递的信息以适当的代码进行反映，以表示出信息的本意，例如，选择适当的词语来表达某个句子的含义等。通道即沟通的媒介或渠道，如声音、光电、书报、影视、人以及动物等。信息接受者收到信息之后，将编码的信息进行翻译，转换成能够了解的信息符号，即所谓的解码。沟通过程的最后一个环节是反馈，即用来检验是否成功达成了沟通的原意，或者说对方是否理解了沟通的本意。

整个信息沟通过程还将受到噪音和信息过滤的影响，导致沟通失真，而难以达到沟通的目的。噪音是指信息传递过程中的干扰因素。典型的噪音包括难以辨认的字迹，电话中的静电干扰，接受者的疏忽大意，以及生产现场中设备的背景噪音等。应当注意，所有对理解造成干扰的因素无论是内部的还是外部的都意味着是噪音。信息过滤是指发送者有意操纵信息，以使信息显得对接受者更为有利，如一名管理者汇报给上级的信息都是上级期望听到的，这就是在过滤信息。

二、沟通的类型及方法

沟通的形式有很多，可以按照不同的依据从不同的角度进行分类，可以是通讯工具之间的沟通，如通讯卫星与地面接收站之间的沟通；可以是人与机器之间的沟通，如人机对话；也可以是人与人之间的沟通，如直接对话。下面我们将分别从人际沟通和组织沟通两方面来分析沟通的类型。

（一）人际沟通的类型及方法

1．口头沟通和书面沟通

(1) 口头沟通指运用口头表达的方式来进行的信息传递和交流，如谈话、讨论、会议、对话、演说、口头指示、汇报和电话等。其优点是比较灵活、简便易行、速度快、有亲切感，双方可以自由交换意见，便于双向沟通，而且在交谈时可借助于手势、体态、表情来表达思想，有利于对方更好地理解信息。其缺点是受时空限制，人数众多的大群体无法直接对话，沟通过后保留的信息较少。通常用于传递一般性的、暂时性的、有关例行工作的信息。

(2) 书面沟通指用书面形式进行的信息传递和交流，它使口头商定的内容成为正式的文本形式，尤其是大量口头商定所无法表现的复杂细节的书面化，使得双方都有了安全感。如文件、简报、信函、布告、会议记录、合同授权书等。其优点是具有准确性，比较正式，信息可以长期保存，便于察看核对，可减少因一再传递、解释所造成的信息失真。其缺点是不够灵活，难以获得及时反馈，不便于随时修改。通常用于传递重要的、需要长期保存的信息。

2．语言沟通和非语言沟通

(1) 语言沟通指借助于语言符号系统而进行的沟通，包括口头语言、书面语言等。在面对面的直接交往中，通常所用的是口头语言，是由说听构成语言交流情境的。

(2) 非语言沟通指借助于非语言符号系统进行的沟通。研究结果显示，在面对面的成功交流中，言语本身远非信息沟通的主要部分。实际上，成功的信息沟通中只有7%与语言有关，35%由语音语调所致，剩下的都是非语言符号系统的功劳，如身体动作（手势、表情、体态）、目光接触（眼神、眼色）、空间运用（身体距离）、图像（办公室内的陈设、悬挂的证书、肖像）等。朱尔德通过他在不同国家进行的调查研究提出了一份有趣的报告。通过对在不同地方的咖啡屋喝咖啡的情侣的研究，发现他们在每小时的亲昵触摸率为：盖斯维尔（佛罗里达州）：2次；巴黎：110次；圣胡安（波多黎各首都）：180次；伦敦：0次。至于体态，在表达时有一些最基本的规则。但要注意，单独的体态在很多时候是毫无疑义的，必须结合到具体的环境中才有意义。下面列出一些体态的基本意义：

- 没有眼神交流的沟通——试图隐瞒什么
- 摇晃一只脚——厌烦
- 把铅笔等物放进嘴里——需要更多的信息
- 说话时捂着嘴——说话没有把握或撒谎
- 脚置于朝着门的方向——准备离开
- 触摸耳朵——准备打断别人
- 紧握双手——焦虑
- 紧握拳头——意志坚定、愤怒
- 双手紧合指向天花板——充满信心、骄傲
- 跷二郎腿——舒适、无所虑
- 眨眼过于频繁、不停地做吞咽动作、冒虚汗、频繁地耸肩——撒谎
- 全部抬起眉毛——不信任
- 半抬起眉毛——惊讶
- 半低垂眉毛——疑惑
- 完全低垂——生气

（二）组织沟通的类型及方法

1．正式沟通和非正式沟通

(1) 正式沟通指通过组织明文规定的渠道进行的与工作相关的信息传递和交流。如组织与组织之间的公函往来，组织中上级的命令、指示按系统逐级向下传送，下级的情况逐级向上报告，下级组织内部规定的会议、汇报、请示、报告制度等。正式沟通的优点是效果较好，有较强的约束力，易于保密，重要的信息一般都采用这种沟通方式。其缺点是：因为依靠组织系统层层传递，所以速度较慢、而且不够灵活。

亚利克斯·贝费拉斯于 1948 年进行了用网络来模拟群体沟通过程的研究。把沟通网络基本上分为五种类型：链式、轮式、环式、全通道式、Y 式（见表 10－4）。链式表示信息逐级传递，可以向上或向下传递，遵循正式的命令系统。轮式表示有一个领导者居于中心地位，和其他成员有密切的联系。环式表示没有领导者，所有成员都处于相同的层次。全通道式表示所有成员相互之间都有联系，权力分散，沟通速度快。Y 式表示四级层次，类似于领导通过秘书向其他成员传递和得到反馈的沟通过程。在一个等级森严和权威性管理模式的组织中，会有一种强烈的倾向，使得整条联系纽带以链式和 Y 式的方式垂直地连接在一起。但任何组织的内部又必然存在部门之间的协调和合作问题。因此，正式组织也有许多平行沟通，但这一般会导致公司畸形发展或低效率，其原因是：伴随着平行沟通，将产生由于权力或地位不确定而引发的问题；不同部门经常不能理解其他部门的任务和问题；不同部门工作人员观点的差异会引发诸如生产与营销、专业人员与非专业人员之间的冲突等。

值得注意的是，公司中的信息流在以下情况中的运行似乎是最有效的：地位是获得尊重的一种手段，而不是简单地“归于某人”；很难绘制出一张正式的固定的组织机构图；管理层次少，信息链上的交点也少。

表 10-4 正式沟通网络类型比较

网络类型	链式	轮式	环式	全通道式	Y 式
信息传递速度	适中	简单任务快，复杂任务慢	慢	快	适中
信息正确性	高	简单任务高，复杂任务低	低	适中	较高
核心人物的形成	适中	很高	低	很低	较高
解决问题难易程度	简单问题效率高	简单问题效率高	复杂问题有效	复杂问题有效	--
满意度	适中	低	高	很高	适中
对环境变化适应性	慢	慢	快	快	慢
结构图					

在现实的组织中，正式的机构图上绘制的只是真正信息网上的一部分。例如，正式的机构图无法标出销售经理在与人力资源经理产生不和的情况下，只能通过与人力资源经理的副手套近乎而从侧面获得必需的人力资源信息；也无法描述雇员们喝咖啡时所形成的工间小憩式的交流网，正是通过类似的沟通渠道，组织中的信息得以自由地从一个人传到另一个人。这便是非正式沟通。

(2) 非正式沟通是指不由组织的层级结构限定的，在正式沟通渠道以外进行的信息传递和交流。如职工之间私下交谈，传播小道消息等。它不受团体监督的约束，自行选择沟通的渠道和内容，一般是建立在团体成员人际关系上，通过人际关系的疏密程度来决定沟通的形式和内容，具有不稳定性、随机性和不负责任等特点。非正式沟通的优点是沟通方便、内容广泛、方式灵活、速度快，而且由于在这种沟通中比较容易表露思想、情绪和动机，因而能提供一些正式沟通中难以获得的信息。缺点是信息的准确性和可靠性欠缺，容易歪曲事实、以讹传讹。非正式沟通一般有以下几种形式（见图 10-10）：单线式，通过一传一直到最后的接受者；流言式，消息由一个人主动传递给其他一些人；偶然式，消息由一个人偶然传递给另一个人，又随机传给其他人；集束式，一个人将消息有选择地传给他的一个朋友，他的朋友又有选择性地传给别人。

2. 纵向沟通和横向沟通

(1) 纵向沟通，又称为垂直沟通，包括下行沟通（downward communication）和上行沟通（upward communication）。

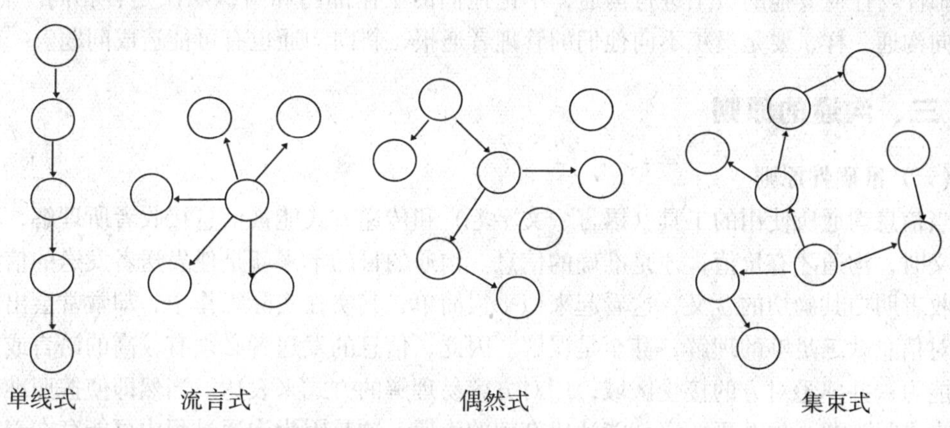

图 10－10　非正式沟通网络

①下行沟通。任何一种信息从管理者流向下属人员的沟通，都可称为下行沟通。下行沟通常用于通知、命令、协调和评估下属。当管理者将目标和任务分派给员工时，就是运用了下行沟通。管理者也常通过下行沟通方式，向员工们颁发职务说明书，通告组织的政策和程序，指出需注意的问题，或者评估他们的业绩。下行沟通可以采用我们前面介绍过的各种沟通方法。

②上行沟通。管理者依靠下属人员获取的信息、有关工作的进展和出现的问题，通常需要上报给管理者。上行沟通就是信息从下属人员流向管理者的沟通。它使管理者能了解下属人员对他们的工作、同事及整个组织的看法。管理者也需依靠上行沟通来获得改进工作的意见。上行沟通的一些例子，如下属提交的工作绩效报告、合理化建议、员工意见调查表、投诉程序、上下级讨论和非正式的牢骚会。在牢骚会上，员工有机会提出问题，与他们的上司甚至高层管理代表一起讨论。

组织中使用上行沟通方式的程度，与该组织的文化有关。如果管理者能够创造一个相互信任和尊重以及参与式决策和向员工授权的氛围，则组织中会有许多的上行沟通，因为员工会在决策过程中提出许多意见。而在一种高度刻板、专权的环境中，上行沟通虽然仍会发生，但是在沟通的风格和内容方面却会受到很大的限制。

(2) 横向沟通，是平行沟通（lateral communication）和斜向沟通（diagonal communication）的总称。

①平行沟通是指在同一组织层次的员工之间发生的沟通，在当今时常动荡多变的环境中，为节省时间和促进协调，组织常需要横向的沟通。例如，跨职能团队就急需通过这种沟通方式形成互动。不过，要是员工不向管理者通报他们所做出的决策或采取的行动，则会造成冲突。

②斜向沟通。斜向沟通是发生在同时跨工作部门和跨组织层次的员工之间的沟通。当

信用部门的信用分析师就某顾客的信用问题直接与地区销售经理沟通时，就是斜向沟通的情形，因为这两个人既不在同一部门，也不属于同一组织层次。从效率和速度角度看，斜向沟通是有益的。电子邮件的普及更促进了斜向沟通。现在许多组织中，一个员工可通过电子邮件与任何其他的员工进行沟通，不论他们的工作部门和组织层次是否相同。然而，与横向沟通一样，要是员工不向他们的管理者通报，斜向沟通也有可能造成问题。

三、沟通的原则

（一）准确性原则

当信息沟通所使用的工具（语言、文字等）和传递方式能被信息接收者所理解，不产生歧义时，沟通才有价值，才是准确的信息。沟通的目的本来就是使发送者发送的信息能被接收者明白其确切的含义，这看起来似乎很简单，其实在实际工作中，却常常会出现接收者对信息缺乏足够的理解，甚至是误解。因此，信息的发送者必须有较高的语言或文字表达能力，并熟悉对方的接受区域，用对方容易理解的方式来表达。当然即使按照准确性原则来进行沟通，也并不一定就能达成有效的沟通，这是因为沟通过程中可能存在着种种障碍，对此，将在下面进行讨论。

（二）完整性原则

沟通本身是手段而并非目的，因此在沟通过程中，要使信息尽可能完整。这包括两个方面的问题：一是信息本身要完整，目的、要求、根据、措施都应齐备；二是信息传递程序要完整，不要割断或跳跃，即不要越过管理层次而传递信息（比如越过下级管理人员而直接向有关人员发指示、下命令等），这会使下级主管人员陷于被动，并且也违反了统一指挥原理。如果情况是在紧急情况下（如下令撤离危险场所），才有必要越级沟通。

（三）及时性原则

在沟通过程中，不论是下行沟通还是上行沟通或横向沟通，都应注意及时性原则。这可以使组织新近制定的政策或措施能很快得到下级和成员的理解与支持，同时也可以使上层主管及时传递信息，以防止时过境迁，信息起不到应有的作用。

（四）非正式组织策略性运用原则

这是指领导者应利用非正式组织和非正式沟通来补充正式组织和正式沟通，以提高沟通效果。比如，通过家访、个别谈话、私人访问和交朋友来辅助正式组织做好组织的协调工作。但是不负责任或恶意诽谤的小道消息对组织往往有不利的影响，然而小道消息的盛行反映了正式渠道的不畅，因而就应加强和疏通正式渠道，并在不违背组织原则的前提下，尽可能通过适当渠道把信息传递给员工，这是防止那些不利于组织的小道消息传播的有效措施。

四、沟通的障碍

（一）影响人际有效沟通的障碍

1．空间设计

工作场所的空间设计会影响员工的沟通模式。如果是某个组织想要促进员工个体间的关系，就该在空间上将员工安排得紧密一些。一般地说，近距离的员工有更多接触的机会，易于形成较持久的关系。显然，无论你是办公室职员、大学教授，还是战斗机驾驶员，你与其他人距离越近，则与他们所进行的沟通就越多。

对于不同国家的人而言，空间距离有着不同的意义。一个英国人与人交谈时希望保持一定的距离；阿拉伯人在与人交谈时几乎可感觉到对方的鼻息；而日本人在大笑时总是要捂住嘴，以免口气触及对方。在任何可能的情况下，要尽量从这一文化背景出发，在沟通时使对方感到亲切。考虑到文化背景的不同而区别对待固然重要，但是，在沟通中考虑到个体的差异并灵活应变则更为重要。有时候，区分实际的物理距离和心理距离是有必要的。有的建筑空间的设计会造成心理上的沟通障碍。而另一些设计，诸如接待室、室内喷泉、电梯等，可以将来往的人流吸引到某个公共空间，从而促进沟通。

现在许多组织都采用了“开放式办公室”的设计以增进组织成员之间沟通的数量和质量。但是，这种开放式的设计有时也会导致员工间过多的接触。员工在需要交流的同时，也有对私人空间的需要，组织没有看到这种需要的空间设计往往是以员工满意度和生产率的牺牲为代价来换取员工间的沟通。

2. 当事人信度及权力

无论沟通的目的是告知还是说服，信息的可信度将在很大程度上决定该信息是否会被接收者接纳。信息的可信度是指信息源发出的信息可以被相信的程度。它取决于两个因素：一是信息源对于该信息所涉及领域所具有的专业知识，二是信息接收者信赖信息源（不带有任何隐藏目的）的程度。在任何组织中，维护自己的可信度是个体获得长期成功的关键。一旦个体丧失了可信度，他就失去了对他人施加影响的能力，而且会处于被孤立和受攻击的地位。

信息发送者和接收者之间权力的不平衡也会阻碍沟通。例如，组织中的上级对下级所具有的奖惩权力会影响垂直传递的信息的沟通。其中，自上而下的信息沟通叫下行沟通，尽管现在有不少成功的企业高级主管会抽出时间与一线员工交流，但大部分情况下信息还是沿着组织的权力等级逐级下传的。可以想像，信息在这个过程中有很多被曲解的可能性，因此，信息源经常对信息被接受的情况作检查和监控是非常必要的。在上行沟通中，下级往往是受限制的。在上级的权力面前感到不安的员工会有一种“报喜不报忧”的倾向，于是，上级无法获知真实的情况。类似的情况是，对工作有疑问的下级因为害怕自己会在上司面前显得缺乏能力，不愿意要求指导或援助，从而使上级难以对下属的能力做出准确的估价。

此外，在轮式沟通中，在一个相对处于边缘地位的成员（如新来的员工）和处于中心地位的成员（如非正式群体的中心人物）之间进行的沟通，这个新到者如果不愿暴露自己对中心人物的无知，就会产生沟通障碍。而中心成员长期以来形成的共同知识和语言也会使新到者感到难以理解，从而导致沟通障碍。

3. 当事人的价值观及参照视角

信息接收者的信念和价值观影响着他理解信息的模式。一个很在乎自己的表现的人会很重视任何积极的反馈信息。信息接收者的参照视角也影响沟通的进行。当管理者把外界环境视为危机时，会较少地提问，较少地洞察他人的异议，较少地关心他人的意见，危机感导致沟通通道的压缩，而当沟通必须迅速完成时这种趋势更加明显。

当沟通发生在不同的职能部门之间时，各部门成员所采用的截然不同的参照视角会使沟通过程变得很复杂。例如，销售部门的员工往往从收入的角度来分析信息，而生产部门的员工从成本的角度分析信息，不同的参照视角使他们把注意力集中于不同的信息，从而需要花费更多的时间沟通。

4. 过滤

过滤（filtering）指故意操纵信息，使信息显得更易被接受。例如，当有人向上级的管理者陈述的都是该管理者想听到的东西时，这个人就是在过滤信息。这种现象是否经常在组织中出现？答案是肯定的。当沿着组织层次向上传递信息时，为避免高层人员信息超载，发送者需要对信息加以浓缩和综合。而浓缩信息的过程受到信息发送者个人兴趣和对哪些信息更重要的认识的影响，因而也就造成了信息沟通中的过滤现象。

过滤的程度与组织的层级数目和文化有关。在组织中，纵向层次越多，过滤的可能性就越大。要是组织较少依赖刻板的层级安排，代之以更强调协作、合作的工作安排，那信息过滤的问题就会减弱。另外，组织中越来越多地使用电子邮件沟通方式，使沟通更加直接，避免了中间环节，从而也减少了过滤。最后，组织文化通过奖励系统，对这类过滤行为起到或鼓励或抑制的作用。组织中的奖励越是注重形式和外表，管理者就越会有意识按照对方的品味调整和改变信息。

5. 选择性知觉

选择性知觉（selective perception）是指人们根据自己的兴趣、经验和态度而有选择地去解释所看到或所听到的信息。沟通过程中，接受者会根据自己的需要、动机、经验、背景及其他个人特质而选择性地去看或去听传递给他的信息。解码的时候，接受者还会把自己的兴趣和期望带到信息中。如果一名面试主考官持有女性总是重家庭甚于事业的观点，那他就可能在女性求职者中“看出”这种情况，无论该求职者是否真的认为自己是这样的人。

6. 情绪

在接收信息时，接受者的感觉也会影响到他对信息的解释。一个人在高兴或痛苦的时候，会对同一信息做出截然不同的解释。极端的情绪更可能阻碍有效的沟通。这种状态常常使我们无法进行客观而理性的思维活动，而让一种情绪性的判断取而代之。因此，最好避免在很沮丧的时候对一信息做出反应，因为此时已经无法清晰地进行思考了。

7. 信息超载

如今管理者常常抱怨信息超载。伴随着接收电子邮件、电话、传真以及参加会议和阅读专业资料的需要，形成了如此巨大的数据，以致人们无力处理和传送这些信息。当一个人所得到的信息超过了他能整理和使用的容量时，会出现什么情况呢？他们会倾向于筛选掉、轻视、忽略或遗忘某些信息，或者干脆放弃进一步处理的努力，直到超载问题得以解决。不论何种情况，结果都是信息缺失和沟通效果受到影响。例如，一位营销经理去西班牙出差一个星期，由于在那里无法进人他的电子邮箱，结果回来后，他竟发现有 600 封邮件等着他！他不可能全部阅读这些邮件，并一一回复，他面临了信息超载问题，这也就是一个人面对的信息超过了他的处理能力。

8. 防卫

当人们感到自己正受到威胁时候，他们通常会以一种防卫的方式做出反应，这降低了取得相互理解的可能。这种防卫表现在对对方的言语攻击、讽刺挖苦、品头论足，以及怀疑对方的动机等行为上。当一方将另一方的意思理解为威胁性的时候，他就经常会以有碍有效沟通的方式做出反应。

9. 语言

同样的词汇，对不同的人来说，含义是不一样的。年龄、教育和文化背景是三个最明显的因素，它们影响着一个人的语言风格以及他对词汇的界定。威廉·伯克莱（William Buckley）是作家、记者，德雷博士（Dr. Dre）是打击乐艺术家，两人都说英语，但各自的用词是截然不同的。

在一个组织中，员工常常有不同的背景，有不同的言语习惯。在同一组织不同部门中工作的人员，甚至还会有各自的行话（jargon）——一组人员内部沟通中所用的专业术语或技术语言。

还要认识到，你我可能同说一种语言，但我们在语言的使用上却并不一致。信息发送者常常认为自己所用的词汇和短语在接受该信息的人心中也有同样的含义。这当然是错误的假设，常会造成沟通的障碍。了解每个人怎么使同一用语的含义发生变化，有助于减少沟通障碍。

10. 民族文化

沟通差异不仅产生于各人沟通中所用的语言不同，也可能产生于他们作为其中一分子的民族文化的不同。人际沟通不可能在全世界范围内以同样的方式进行，让我们比较一下倡导个人主义的国家（如美国）和强调集体主义的国家（如日本）的差异。在美国，沟通类型倾向于以个人为中心，而且语义明确。美国的管理者喜欢用备忘录、通报、职务报告及其他正式的沟通手段来阐明他对某一问题的看法。美国企业主管人员可能会隐瞒某些信息，为的是让自己看起来比别人懂，低层的员工们也如法炮制，采取类似的行为。

在强调集体主义的国家如日本，有更多的相互间的互动关系，而且人际间的接触更倾向于非正式的。与美国管理者不同，日本管理者在有关问题上更多是先以口头协商方式与下属们沟通，然后再起草一份正式的文件说明已达成的共识。日本人看重协商一致的决策，因而开放式的沟通是其工作环境的一个内在构成要素，而且，更多的是采用面对面的沟通方式。

文化差异会影响到管理者对沟通方式的选择。这些差异要是没有得到很好的认识和认真的考虑，那么极有可能成为有效沟通的障碍。

（二）影响组织有效沟通的障碍

(1) 代码障碍。如基层作业员工对上级使用的名词术语不理解，如秘书误解经理的语气或手势等。

(2) 物质障碍。如销售部经理与旅行中的销售代表失去联系，又如停电使计算机文件发送中断等。

(3) 利益障碍。如部门经理隐瞒本部门实际存在的问题，向上级汇报时报喜不报忧，并压制员工向上级反映情况、阻挠上级调查研究等。

(4) 心理障碍。如下级对独裁式管理者的反感，如管理层对员工的意见和建议持消极态度等。

(5) 技能障碍。如某车间主任向员工传送企业的质量工作会议精神，却无法将其与本车间的日常工作与员工的切身利益联系起来，提不出具体的工作目标等。

(6) 超载障碍。如位于信息沟通中间环节的中层管理者面对的信息量过大，超过其处理能力，致使某些信息未能及时传送等。

(7) 程序障碍。如销售代表需要调查某客户的账号，却不知道如何与财务部门联系，应当与谁接触等。

(8) 机制障碍。如企业沟通系统设计存在缺陷或激励作用不充分，管理者无法得到所需要的信息，下属也不愿向上级反映情况等。

五、有效沟通技能

前面我们分析了影响人际和组织有效沟通的障碍，那么管理者该如何克服呢？

(一) 运用反馈

很多沟通问题是由于误解或理解不准确而直接造成的。如果管理者在沟通过程中使用反馈回路，则会减少这些问题的发生。这里的反馈可以是言语的，也可以是非言语的。当管理者问接受者："你明白我的话了吗？"他得到的答案就代表着一种反馈。当然，良好的反馈并不仅仅包括是或否的回答。管理者为了核实其发送的信息是否被接收和正确理解，可以询问有关该信息的一系列问题。但最好的办法是，让接受者用自己的话复述这一信息。如果管理者听到复述的话正如他的本意，则理解与准确性就有了保证。反馈还包括了比直接提问或让接受者概述该信息更为微妙的一些方法。如综合评论会使管理者了解到接受者对信息的反应。

当然，反馈并不一定要以言语的方式来表达，因为行动胜于言语。比如，有销售主管通过电子邮件向雇员传发了月份销售报告填报的新规定，要求所有的销售代表都要按时上报，于是，到时有些人没有提交报告，这位销售主管无疑就得到了反馈。这一反馈表明，销售主管对自己当初的指令应该阐述得更清楚。同理，当你面对一群人演讲时，你从观察他们的眼神及其他非言语的线索中，就会了解到他们是否接受了你的信息。

(二) 简化用语

由于语言可能成为沟通的障碍，因此，管理者应选择好措辞并注意表达的逻辑，使发送的信息清楚明确，易于接受者理解。管理者不仅需要简化语言，还要考虑到信息所指向的听众，以确保所用的语言能适合于该类信息的接受者。记住，有效的沟通不仅需要信息被接收，而且需要信息被理解。通过简化用语，尽量使用与接受者一致的言语方式来发送信息，这可以增进理解。比如，一家医院的院长在沟通时应尽量使用清晰易懂的词汇，并且在对医务人员传递信息时所用的语言应该和对办公室工作人员的不同，在理解其含义的群体内使用行话，有助于促进理解，但在该群体之外使用行话则会造成诸多问题。

(三) 积极倾听

在别人说话时，我们是听者。但很多情况下，我们并不是在倾听。倾听是对含义的一种积极主动的搜寻，而单纯的听则是被动的。在倾听时，接受者和发送者双方都在进行着思索。

我们中的不少人并不是好听众。为什么？因为做到这一点很困难，而且常常要在个体表现出主动性时才会取得满意的效果。事实上，听的一方比说的一方更疲劳。与单纯的听不同，积极倾听是指不带先入为主的判断或解释，而是对信息完整意义的接受，因此它要求听者全神贯注。一般而言，人们说话的速度是平均每分钟150个单词，而倾听的速度可达到每分钟超过400个单词。二者之间的差值显然留给了大脑充足的时间，使其有机会神游四方。

提高积极倾听的效果，可采取的一种办法是让自己处于发送者的位置，因为不同的发送者在态度、兴趣、需求和期望方面各有不同，采用此方法可以使接受者更易于准确理解某一信息的真正内涵，认真聆听他人所说的话，而并不急于对信息做出自己的判断，这使得接受者不致因为过早不成熟的判断或解释而使听到的信息失真，从而提高了自己获得所沟通信息的完整意义的能力。

（四）控制情绪

管理者并不总是能以完全理性化的方式进行沟通，我们知道，情绪会使信息的传递严重受阻或失真。当管理者对某件事很失望时，很可能对所接受的信息发生误解，并在表达时不够清晰和正确，在这种情况下，管理者需要暂时停止进一步沟通，等平静后再进行。

（五）有效授权

1. 分工明确

你要确定授权的是什么以及授权给谁，并提供明确的信息，告知给予他什么权力，你希望得到什么结果，以及你对时间及绩效方面的要求，除非别无选择只能使用某种专门方法，或只在要做什么以及期望获得什么结果上达成协议，否则应该让被授权者自己决定采用什么方法。着眼于目标，并且给下属充分的自由，使他们对如何达到目标做出自己的选择与判断，可以增进你与员工之间的相互依赖，激励员工的工作积极性，强化对结果的责任感。

2. 具体指明授予的权限范围

每一授权活动都是与限制相伴随的。你所下放的是在某些条件下处理问题的权力，你应该明确指出这些条件是什么，使下属十分明确地知道其权限范围，成功地表达这一信息，可以使你和下属对被授权的权限范围及未经进一步许可能够走多远达成共识。

3. 允许下属参与

确定完成某项工作必须拥有多大权力的最好办法，是让负责此项任务的下属参与决策。但要注意，参与中会存在一系列潜在问题，下属在评估自己能力时可能会带有利己倾向，某些下属的人格特点可能倾向于扩张自己的权力，使其超出需要的范围。

4. 通知其他人授权已经发生

不仅管理者和被授权的下属要明确知道授权的内容，与授权活动有关联的其他人，包括组织内外的人员，都应当被告知，尤其需要通报的信息，包括授权给谁、任务与权力大小。若不通知其他相关人员很可能造成冲突。

5. 建立反馈控制机制

这样做使下属能够及时汇报工作进展情况以及遇到的主要困难。控制机制可以监督下属的工作进程，增加尽早发现重大问题的可能性，保证任务按预期的要求完成，还可以确保下属不滥用权力，正确执行组织的决策。

（六）进行有效训导

训导是指为了强化组织规范和规章而由管理者从事的活动。需要进行训导的员工行为有旷工、迟到、滥用病假、不服从领导、不使用安全设施、欺骗上级，虚报信息等。我们知道，处罚可以减少或消除不良行为，却并不一定会导致好行为的出现。然而，惩罚和训导的负面影响并不能成为取消它们的充分理由。很多管理实践表明，对问题员工的处理，使用训导手段有时是很必要的。要使训导更加有效，可以采用以下几个技巧。

(1) 用平静、客观、严肃的方式面对员工。在平时，管理者通过自由、放松、非正式的方式可以促进许多人际交往活动，因为这样的环境能使员工感到无拘无束。然而，训导的实施与这些情境完全不同，应该以平静、客观、严肃的语气来表达你的意见，同时避免愤怒和其他情绪反应，但也不要以开玩笑的方式来减缓紧张的压力，这类举动会使员工感到困惑，因为它们传递了相互矛盾的信息。

(2) 具体指明问题所在。当面对员工时，拿出你针对具体问题的记录，向他出示违规发生的时间、地点、参与者及其他任何环境因素。要确保使用准确的语言界定过失，而不是仅仅引证公司的规章制度和劳动合同。你应该表达的并不是逾越规则这件事本身，而是违规对工作集体的绩效造成的影响，具体阐明它对员工个人的工作绩效、对单位的工作效果以及对其他同事造成的不良影响，以此作为这类行为不应该再度发生的理由。

(3) 对事不对人。批评应该指向员工的行为而不是人格特征。

(4) 允许员工陈述自己的看法。无论你拥有什么样的事实支持你的谴责，正确的工作程序应该是：给员工一个机会陈述自己的看法，即从他的角度来看，发生了什么事？为什么会发生？他对规则、条例和环境的理解是怎样的？如果你与员工在这方面的观点差异极大，恐怕你需要做进一步的调查。

(5) 保持对讨论的控制。在很多人际交流活动中，你希望开放式的对话，希望抛开控制而制造一种双方平等的沟通气氛，但在实施训导时不能这样。为什么？因为违规者会利用一切机会，换句话说，如果你不进行控制，他就会控制。训导的定义指出，对员工的训导是在权力基础上的活动，要想巩固组织准则和规程，管理者就必须进行控制，让员工从自己的角度陈述所发生的事情，以便抓住事实真相，但不要让他们干扰训导或使你偏离目标。

(6) 对今后如何防范类似错误达成共识。训导应当包括对改正错误的指导，要让员工谈谈他们今后确保违规过失不会再犯的计划。对于严重的违规，让他们拟定一个改进行为的分步计划，然后安排以后见面的时间表，以评价他们每一次的进步。

【本章小结】

本章应理解和掌握以下要点：

1. 人际关系是指人与人之间相互交往和联系的状态，本质上是一种社会关系，这种特殊的社会关系不仅影响人们的心理状态和工作效率，而且对社会群体的社会实践发生重大作用。

2. 人对人际关系的需求可分为三类：支配的需求、包容的需求和感情的需求。

3. 人际交往是有价值的，因为它有助于实现很多重要目标。合群倾向是人际交往的驱动力，是人际沟通的心理基础。人的合群倾向和行为蕴含着多种动机，这些动机有来自人的多种需要，包括生存、安全、归属、社会对比和自我实现。

4. 影响人际关系的密切程度的因素主要有以下几个方面：个人因素、人际因素、组织文化因素以及社会因素。

5. 国外的社会心理学家提出了许多改善人际关系的理论和技术，本章介绍了海德的平衡理论，即“P－O－X”模式及改善技术；纽科姆的沟通活动理论，即“A－B－X”模式及改善技术；海伦·H·克林纳德的七项有效的人际交往技术。

6. 改善人际关系的心理学技术的目的是改变人们的自我意识水平、移情能力和社交技能，可以通过敏感性训练和角色扮演法来改善。

7. 冲突是社会生活中普遍存在的各种矛盾的反映，指两个或两个以上的社会单元在目标、礼仪、认识上互不相容或互相排斥，从而产生心理或行为上的矛盾，最终导致抵触、争执或攻击事件。长期以来，对于组织中的冲突有着三种不同的观点，即传统观点、人际关系观点（兼职者观点）和相互作用观点。

8. 按组织中冲突发生的层次看，有两种类型的冲突：个人层次冲突以及群体冲突。个人层次冲突包括个人的心理冲突，群体中个人之间的冲突，角色冲突，角色要求过度和角色模糊。

9. 冲突是组织中不可避免的必然现象，它既有不利的一面，同时又有对组织管理有利的一面。美国学者布朗发现在冲突水平与组织绩效之间存在一种倒U型关系模型：冲突水平太低，组织革新和变化困难，组织难以适应环境，其行为受阻；冲突水平太高，导致局面混乱，危及组织生存。

10. 进行冲突管理，不仅要处理冲突，分清冲突的性质，还要针对不同类型的冲突采取不同的方法：谈判、第三者裁决、妥协、拖延、合作、压制冲突、转移目标和进行教育等，而且许多专家主张在组织中应当存在一定的冲突，并且要将冲突控制在适当的水平，因此，就需要采取一定的方法来激发冲突，强化管理。

11. 沟通是指将某一信息传递给对方，并期望对方做出预期效果的反应的过程，它强调意义的传递。管理沟通包括了人际沟通和组织沟通两大方面，前者是指存在于两人或多人之间的沟通，后者指组织中沟通的各种方式、网络和系统等。

12. 沟通过程由七个要素组成：信息源、信息、编码、通道、解码、接受者和反馈。此外，还必须注意，整个沟通过程还受到噪音和信息过滤的影响。

13. 人际沟通分为口头沟通和书面沟通，语言沟通和非语言沟通。口头沟通指运用口头表达的方式来进行的信息传递和交流，如谈话、讨论、会议、对话、演说、口头指示和汇报、电话等；书面沟通指用书面形式进行的信息传递和交流，如文件、简报、信函、布告、会议记录、合同授权书等。语言沟通指借助于语言符号系统而进行的沟通，包括口头语言、书面语言等；非语言沟通指借助于非语言符号系统进行的沟通。

14. 组织沟通分为正式沟通和非正式沟通，纵向沟通和横向沟通。正式沟通指通过组织明文规定的渠道进行的与工作相关的信息传递和交流，正式沟通网络基本上分为五种类型：链式、轮式、环式、全通道式、Y式。非正式沟通是指不由组织的层级结构限定的，在正式沟通渠道以外进行的信息传递和交流，非正式沟通一般有单线式，流言式，偶然式和集束式四种渠道形式。纵向沟通，又称为垂直沟通，包括下行沟通和上行沟通。下行沟通是指信息从管理者流向下属人员的沟通，上行沟通就是信息从下属人员流向管理者的沟通。横向沟通，是指平行沟通和斜向沟通的总称。平行沟通是指在同一组织层次的员工之间发生的沟通，斜向沟通是发生在同时跨工作部门和跨组织层次的员工之间的沟通。

15. 沟通的原则有：准确性原则、完整性原则、及时性原则和非正式组织策略性运用原则。

16. 影响人际有效沟通的障碍有空间设计，当事人信度及权力，当事人的价值观及参照视角，过滤，选择性知觉，情绪，信息超载，防卫，语言和民族文化。

影响组织有效沟通的障碍有代码障碍，物质障碍，利益障碍，心理障碍，技能障碍，超载障碍，程序障碍和机制障碍。

17. 有效沟通技能有：运用反馈，简化用语，积极倾听，控制情绪，有效授权和进行有效训导。

【互联网链接与推荐阅读资料】

[1] 北京大学管理案例研究中心 http://mccp.pku.edu.cn/cindex.asp

[2] 管理学名著精华 http://zhiyonwnew.www81.cn4e.com/

[3] 中国 MBA 网 http://www.mba.org.cn/

[4] 郭朝阳．冲突管理：寻找矛盾的正面效应．广东经济出版社，2000 年

[5]（美）桑德拉·黑贝尔斯，里查德·威沃尔．有效沟通．华夏出版社，2002 年

【练习题】

一、填空题

1. 沟通网络包括______、______、______、______和______五种网络结构形式。

2. 人际交往的动机有______。

3. 按组织中冲突发生的层次看，有两种类型的冲突：______和______。

4. 销售部经理与旅行中的销售代表失去联系，或停电使计算机文件发送中断等称之为______障碍。

5. 一个人将消息有选择性地传给他的一个朋友，他的朋友又有选择性地传给别人的非正式沟通渠道形式称之为______。

6. 心理学家勒温按照接近和回避这两种倾向的不同结合，把个人心理冲突划分______、______、______和______四种类型。

二、单项选择题

1．最为民主最为畅通的沟通方式是（ ）。

A．轮式沟通　　B．Y式沟通　　C．链式沟通　　D．星型沟通

2．区分冲突是功能正常还是功能失调的指标是（ ）。

A．群体的工作态度　　B．群体的工作目标

C．群体的工作绩效　　D．群体的工作能力

3．将沟通分为人际沟通、群体沟通和组织沟通是按照（ ）。

A．沟通媒介的不同　　B．沟通对象的不同

C．沟通信息的传递方向的不同　　D．沟通的信息是否有反馈

4．（）属于口头沟通。

A．小道消息传播　　B．书面沟通　　C．体态语言　　D．媒介沟通

5．工会与管理层之间的冲突属于（ ）。

A．人际冲突　　B．部门冲突　　C．组织冲突　　D．群体冲突

6．信息发送者有意操纵信息以使信息显得对接受者更为有利的情形称为（ ）。

A．选择性知觉　　B．信息过滤　　C．晕轮效应　　D．投射

7．（）不属于人际关系的需求。

A．包容需求　　B．支配需求　　C．感情需求　　D．交往需求

三、判断题

1．在管理活动中，只有对人的管理属于直接管理，对其他事和物的管理都是间接管理。（ ）

2．人与人之间在地理位置上越接近，越难以形成彼此之间的密切关系。（ ）

3．社会因素是影响人际关系的客观外在因素。人们的生活方式及价值观、社会风气、道德风尚、社会经济发展水平等都直接或间接的影响人际关系。（ ）

4．1958年海德用认知的平衡结构理论，详细的表现出人际关系的平衡与不平衡模式，即为“A－B－X”模式。（ ）

5．相互作用的观点则鼓励冲突，认为和平、融洽、安宁、合作的组织容易对变革和革新的需要表现为静止、冷漠和迟钝。（ ）

6．角色冲突是个人层次冲突的一种特殊形式，它与职责直接联系，研究表明，角色冲突与个人的行为和组织的绩效存在一定的必然联系。（ ）

7．营利性组织和非营利性组织中的管理者对冲突的反应是不同的，一般来说，非营利性组织中的管理者可能会否认冲突的存在，并采取回避、抑制或妥协的方法来解决，因而很容易导致集体思维的陷阱，所以，非营利性组织中的管理者更需要冲突管理的培训。（ ）

8．良好的沟通即意味着双方达成一致意见。（ ）

9．全通道式表示所有成员相互之间都有联系，权力集中，沟通速度快。（ ）

10．过滤的程度与组织的层级数目和文化有关。在组织中，纵向层次越多，过滤的可能性就越大。（ ）

四、问答题

1. 为什么人际关系对一个成功的管理者而言非常重要?
2. 影响人际关系的因素有哪些?
3. 为何组织需要适当的冲突?
4. 冲突对组织绩效有什么影响作用?
5. 为什么达成一致意见并不意味着是有效的沟通?
6. 管理者如何使非正式沟通方式为己所用?

五、案例分析

跨越国界

墨西哥裔美国女职员 Angelica Gnrza 已经在一家跨国医疗产品公司的人力资源部工作了 10 年。她所在的那家美容品工厂位于 Baja California 的 Tijuana，那是一个与加利福尼亚州圣地亚哥接壤的墨西哥北部大城市。那些位于墨西哥与美国交界地区的工厂都是一些外资企业，主要是为了利用墨西哥当地的优惠政策和廉价劳动力而建立的。

在 Tijuana 的工厂是美国 USMed 公司众多工厂中的一个。美国 USMed 公司还有六个在美国的工厂，分别建在美国的东北部、中西部和佛罗里达州。Angelica 除了把她大部分时间用来管理这家工厂以外，也负责位于 Chula Vista 公司的行政机构的人力资源工作。那里规模虽小，却很重要。这个工厂有 34 个美国人，12 个在墨西哥，22 个在美国。此外，这个工厂还雇用了 1100 个当地的墨西哥人。

Angelica 与公司在国内外的其他人力资源经理很少联系。Angelica 认为，USMed 公司缺乏一套能全面有效地处理公司人力资源问题的政策和战略。

对 Angelica 来说，在墨西哥的角色转换并不容易。她在美国获得的经验和知识对她在墨西哥的工作一点帮助也没有。她的美国籍同事们对 Tijuana 的工厂运营仅有模糊的了解，而且他们还缺乏与墨西哥员工进行沟通和了解的兴趣。由于 Angelica 具有墨西哥的家庭背景，她对墨西哥员工的文化和价值观有一定的了解；又由于她懂西班牙语，所以她能够与墨西哥员工进行完全的、无缝隙的沟通和交流。但是，如果公司的美方管理人员就此认为她能够与墨西哥员工进行完全的、无缝隙的沟通和交流，那就错了。事实上，Angelica 和那些墨西哥员工之间存在很多文化上的差异，而那些美国籍经理对此并不了解。

“现在让我回想起来，我还惊奇当时我面对的情况，我的意思是当时我找不到一点头绪。你惟一能发现的就是：人们认为墨西哥裔美国人与墨西哥人在一起工作是最合适的。我猜想，是不是因为我是一个墨西哥裔的美国人，所以我就应该知道如何去融合这两种完全不同的文化。”Angelica 这样说。

由于上述原因，Angelica 经历了很多挫折和误解。她尝试着去调解美国总部和墨西哥分公司的管理活动，却经常会导致美国同事的不理解，这些同事并不赞成她的建议和观点。更糟糕的是，她还遇到了由于她的尝试所带来的墨西哥本地人的各种反应：由于 Angelica 是一个美国人，因此她经常被误解，有时甚至遭到那些墨西哥本地人的憎恨；同时，她还失去了美国总部的支持。

“我发现那两个做了五年会计工作的墨西哥女员工对我很憎恨，在她们眼中，我惟一可以感到优越的就是我是美国人。在墨西哥人眼中，美国人是比他们高一等或其他什么的。此外，她们还憎恨我的到来。她们认为，她们不能得到好的工作的原因，就是因为我们从她们那儿抢走了工作。所以，作为一个刚到当地的女职员，我被她们仔细打量了一番。我不能从她们那儿得到什么信息。她们几乎不给我提供任何她们能提供的信息和帮助。而且，当我试图从她们那儿获得什么东西时，她们就会开始吹毛求疵。

“我现在回想起来，我们的到来对他们墨西哥本地人来说可能是很恐惧的事。因为我们知道来这儿我们应该做什么，怎么做。USMed 公司对此是很明确的，如果你不能做到，你就会失去工作，也就是你必须做好它，否则就被解雇。而要使这些墨西哥人按照这些规章制度和操作程序来做是十分困难的。改变是困难的，要他们完全遵守这些规定则更困难。”

Angelica 知道当地的条件和墨西哥的文化风格使员工们不能胜任工作。扩建后的墨西哥组装厂有了许多变化，包括公司新的期望和部分墨西哥籍经理的加入。刚开始，这些有潜力的墨西哥雇员们总是不熟悉公司的新期望，如果想要他们达到期望，就需要培训他们。当两种文化相遇时，培训是一种不错的方法。从 Angelica 在公司的角色来说，她把自己更多地看作是美国人而不是墨西哥人，虽然她与她的美国同事又有所不同。她认为自己是把美国的培训、期望和文化风格带过来的人。

“是的，我是一个美国人，我的意思是我是一个美国经理，我从美国来，但是为了消除未来的误解和可能发生的问题，我不得不适应新的环境。作为一个墨西哥裔美国人，我认为到墨西哥工作会比较容易，因为我对这儿的文化有一点了解。但想不到的是，那里竟然是一个真正的文化碰撞，那是一群来自与我不同的社会经济形态的人，大部分人来自农场，来自一些边远城市，那儿没有厕所和浴室。Tijuana 基本上也没有什么基础设施。相比十年以前，现在好多了。我们过去在上班时常常要穿过当地居民的后院和很脏的马路，沿路都是狗的尸体。我想，如果你现在去 Tijuana，与十年前墨西哥组装厂刚建时相比，你会发现现在有许多合格的墨西哥籍经理、兼管人员和文职人员，熟练掌握两种语言的工程师和秘书也遍地都是。

“当我发现我是圈子里惟一的女性时，感觉很糟糕。同样感觉糟糕的是在墨西哥人的圈子里工作，我发现我所遇到的墨西哥男人都看不起我，仅仅因为我是女人。同样的，在他们眼中，我惟一可以感到优越的就是我是一个美国人。如果我是一个墨西哥籍妇女，我就可能会遇到更多的问题。比如：我的工作会更多，要与那个墨西哥籍男经理差不多。而且他还会告诉我，早在哪儿弄错了，或者这样做是不对的，或者别的什么。具体来说，计算每年的薪水时，他喜欢按 365 天计算，而我则以 52 周计算。这是两种不同的方法，结果当然会有一点不同，但我是按照看报告的美国人希望看到的方式做的。”

问题：

1．要使一个美国雇员在墨西哥组装厂或者其他国外机构有效率地融合工作，你认为最需要什么样的能力？

2．不理解文化的差异性会有什么代价？处理好内部的文化差异问题会获得什么好处？

3．从人力资源的角度看，Angelica 在墨西哥组装厂碰到的形形色色的问题中，最具挑战性的问题是什么？

4．Angelica在国外的工厂工作，在与人共处这个问题上，她的经验和观点能告诉我们什么？

【管理游戏】

沟通游戏——聪明的小明

形式：集体参与

时间：10分钟

材料：无

场地：教室

应用：

(1) 容易发生虎头蛇尾的事情

(2) 习惯按主观臆断去做事的人

(3) 让人明白聆听的重要性

目的：

使学员明白倾听的重要性

程序：

1．讲师念出下面一段话：

“小明特别聪明，心算能力特别强。有一天，老师出了一道心算题目考他：

(1) 有一辆公共汽车，车上有28个人。到了一站上了18个人，下了3个人；

(2) 到了另一站上了5人，下了20人；

(3) 然后又上了16人，下了2人；

(4) 到了另一站又上了4人，下了18人；

(5) 之后上了7人，下了4人

(6) 到了下一站上了2人，下了5人；

(7) 最后上了6人，下了10人。”

2．这时讲师停下来，不说话，望着学员。看看学员有什么反应。这里一定有学员说出答案：28人。

3．讲师宣布：不错，车上还有28人。但是，我的问题是：“这辆车停了多少站？”有人答出来吗？

讨论：

1．为什么我们认真听了、努力算了，答案却是错的？我们为什么断定，别人一定会问这个问题呢？

2．我们为什么没有耐心听完讲师的问题再说出答案呢？

第十一章　控　制

【学习目标】

■控制职能是管理者日常的重要职能，对组织目标的实现是必不可少的一项职能。组织在设立目标和制定计划之后，为保证实际活动的情况按照预定的计划和标准进行，就要将实际完成情况与预定的计划指标进行比较，并不断加以调整，纠正执行过程中出现的偏差，以确保组织目标的实现。本章应理解控制的概念和过程，并掌握和运用控制的方法和原理。

第一节　控制概述

控制是管理的重要职能。对于任何一个组织，无论计划制定得多么完善，没有控制就难以保证一切活动按照计划执行。计划和控制密切相关。在计划实施的过程中，有效的控制系统可以使各项活动朝着组织设定的方向进行，从而确保组织目标能够最终达到。

一、控制的概念和必要性

所谓控制，就是根据事先制定的标准，检查和监督各项活动的进行情况，若出现偏差就分析原因，并加以纠正或调整，以确保组织目标实现的过程。由此可见，控制就是管理者保证计划有效执行的过程。

控制作为管理工作的最后一环，是管理过程不可分割的一个部分。管理中的计划、组织、领导等其他职能，必须依靠控制职能才能有效地进行。如果缺乏控制，即使有合理的组织结构、有高效的领导方式与激励机制，即使计划仍然可以制定出来，但这不能保证所有的组织活动会按照计划执行，也不能保证组织的目标可以实现。控制作为管理最重要的职能之一，其必要性主要体现在以下几个方面。

1. 外部环境变化的需要

在本书的前面章节中已经介绍了环境对组织的生存和发展的重大影响，而环境的变化对组织的计划同样有很大的影响。组织的计划从制定到执行有一定的时间跨度，在这段时间内，组织的外部环境可能由于种种原因而发生改变，从而影响到已定计划和目标的实现。如果组织面对的是一个完全静态的环境，各种外部条件完全不会发生变化，那么管理者可以年复一年、日复一日地用相同的方式进行管理和组织，那么控制工作甚至于计划工作都可能成为多余的东西。但实际上，这样的环境是不存在的，可以说，组织外部的一切每时每刻都在发生改变。而健全和完善的控制系统有助于管理者及时了解环境变化的原因和程度，对原来的目标和计划进行相应的调整，使组织能适应环境生存并发展下去。

2. 组织内部变化的需要

组织内部的变化主要指组织结构的变化。组织内外各种因素的改变，都有可能引起组织结构的重新组合和配置，也会打破原有的组织内部各部门间的协调与配合。有效的控制系统有助于克服组织结构改变引起的计划执行障碍，使组织的计划和目标得以顺利的实现。

3. 员工差异的需要

计划要依靠员工去执行和实现，而不同的员工个体存在种种差异，如不同的才能、动机和工作态度，组织内还可能存在成员之间对计划和目标的理解角度及认识程度的差异。因此他们的工作结果可能与计划或者管理者的预期产生偏差，这必然会对目标的实现产生影响。因此，加强对员工的工作控制是非常重要的。

要注意的是，控制并不是组织中某个部门或某个层次的管理者单独具有的职能，组织中所有层次的管理者都应当承担控制的职责，只有在对已经完成的工作与计划所应达到的标准进行控制，才能保证他的工作正确地进行。而控制系统越完善，组织目标的实现就越容易。

二、控制与计划的关系

控制工作与计划工作密切相关，它们的关系具体体现在以下几个方面：

1. 计划为控制提供了衡量的标准，没有计划，控制就成了无本之木；而控制是计划得以实现的必要保证，没有必要、适当的控制，计划等于是一纸空谈。

2. 计划和控制的效果分别依赖于对方。计划越明确、详细和完整，控制工作就越容易进行，而控制越准确、全面和深入，就越能保证计划的顺利执行，并能提供更多的反馈信息，从而提高计划的质量。

3. 一切有效的控制方法首先就是计划方法，如预算、政策、程序和规则等，而设计控制系统或选择控制方法也取决于计划本身的要求。

4. 计划本身必须有一定的控制，如对计划的程序、质量等实施控制，这样才能保证计划的质量；而控制工作本身也需要有一定的计划，如对控制的内容、方法及手段等要进行一定的计划，否则控制工作将难以进行。

总而言之，计划是控制的前提和依据，而控制是实现计划的手段和保证。也就是说，计划虽然早于控制而存在，但计划目标并不会自动实现，一旦计划付诸实施，控制就贯穿于整个实施过程中。

三、控制的内容

美国著名管理学斯蒂芬·P·罗宾斯认为控制的内容或者说控制的对象主要有人员、财务、信息、作业和组织的总体绩效等五个方面。

1. 对人员的控制

管理者必须通过其员工的工作来实现组织的目标，因此员工是否按照管理者所制定的计划去工作是很重要的。为了做到这一点，就需要对员工进行控制。对员工进行控制的最直接和简明的方法就是直接巡视和员工评估。

直接巡视就是管理者在日常工作中观察员工的工作，如果发现问题就采取措施马上纠正。比如，管理者发现一位员工操作机器不当，就指明正确的操作方法，并让员工按正确的方式操作。

而对员工进行系统化的评估，是当今被普遍采用的员工管理方法之一。对员工的表现进行定期或不定期的评估：根据评估的结果，对绩效良好的员工进行相应的表扬或奖励，使其维持或加强良好的表现；对绩效差的员工进行批评或处分，纠正或防止其出现不良的工作行为。

2. 对财务的控制

企业作为营利性的经济组织，其首要目标是获取一定的利润，以便维持企业的生存和运转。为实现这一目标，就离不开财务控制。管理者通过审核各期的财务报表，保证企业一定的现金存量来支付各种费用，保证企业的债务负担不至于过重，保证各项资产都得到有效的利用等。如各种财务比率指标，如流动比率、资产负债比、资产周转率、投资利润率等，是管理者经常运用的内部控制手段，用以考核组织在利用资产、管理负债和库存方面的效率。要注意的是，财务控制并非局限于企业使用，非营利性的组织也用各种控制手段如预算控制来控制成本和提高效率。

3. 对信息的控制

信息是管理的工具又是管理的对象，管理者需要信息来完成他们的工作。不精确的、不完整的、不及时或过多的信息会给管理者的工作造成障碍，降低组织的效率。现代社会已开始步入信息化的时代，当今各种组织对信息的管理和控制的质量也显得越来越重要，甚至直接关系到组织的生存和发展。组织对信息进行良好的控制，就要建立有效的管理信息系统，以便能为管理者提供及时的、准确的和适当的信息。

4. 对作业的控制

所谓作业，就是指从劳动力、原材料等资源到最终产品和服务的转换过程。组织的成功在很大程度上取决于它在生产产品或提供服务的质量，组织的作业质量直接影响到组织提供产品和服务的能力。组织常见的作业控制有生产控制、质量控制、设备控制、原材料采购控制等，实际上就是通过对组织作业各个过程的控制来保证组织提供的产品或服务的质量。

5. 对组织绩效的控制

组织绩效是指一个组织的整体效果，无论是组织内部的人员或组织外部的人员或组织（如投资者、供应商、贷款银行及政府部门）都很关注组织的绩效。要有效实施对组织绩效的控制，关键在于如何科学地评价和衡量组织绩效。但衡量一个组织的整体效果并没有一个单一的指标，生产率、产量、员工士气、利润、市场占有率、组织的适应性等都有可能成为组织绩效的衡量指标，管理者要根据组织的目标取向来维持和改进组织的整体效果。

第二节 控制类型

在组织中，按控制不同的性质、内容和范围，可以把控制划分为许多不同的类型。研究控制的类型，根据实际情况选择控制类型，对进行有效的控制是十分必要的。

一、预先控制、同期控制和事后控制

根据控制手段开始的时间点不同，可以分为预先控制、同期控制和事后控制。

1. 预先控制

预先控制也称为前馈控制或事先控制，是一种在工作开始之前就进行的控制。其特点是能在偏差发生之前就采取各种措施，预防和减少偏差产生，尽可能避免预期问题的出现。

预先控制是期望防止问题的发生而不是出现问题后再补救，也就是俗语说的“防患于未然”，具有未来导向，是管理者最希望采取的控制类型。预先控制的实例很多，如工厂在需求旺季到来之前，提前购置设备和原材料，安排人员，增大产量，以防止到时产品供不应求，如学生入学之前的考试和体检等。要使预先控制可行与有效，必须具备以下条件：

(1) 对计划和控制系统要进行彻底认真的分析；

(2) 要确定对系统具有影响的变量及它们之间的相互关系，制定相应的系统模型；

(3) 要经常检查系统模型，了解已确定变量及其关系的有效性与现实性；

(4) 要及时收集变量数据，并输入系统模型；

(5) 要准确评定变量可能产生的差异；

(6) 要采取相应的措施。

可见管理者要分析大量可能引起计划变动的因素，并要确定这些因素将如何引起工作的变动，变动的幅度有多少，然后提前加以修正，最终才可能避免偏差的发生。由此，管理者还必须及时收集相关的准确信息，这在多变的现实当中往往很难达到。因此管理者总是不得不借助于另外两种类型的控制。

2. 同期控制

同期控制也称现场控制、过程控制或现时控制，顾名思义，就是一种在工作进行过程中同步进行的控制。其特点是在工作进行的过程中，一旦发生偏差，管理者马上采取纠正措施。同期控制的主要目的是在发生重大损失之前及时纠正偏差，改进本次活动而非下一次活动的质量。

同期控制较多地用于对生产经营活动现场的控制，通常由基层管理者执行。基层管理者在工作现场观察、监督下属的实际工作，针对下属工作中出现的问题，进行指导，保证活动按规定的政策、程序和方法进行。在进行同期控制时，指导和监督应当尽量遵循计划中确定的组织方针、政策与标准，临时确定或由个人主观确定新标准，会导致标准的多样

化，无法统一测量和评价。此外，现场指导和控制的内容应当与被控制对象的工作特点相适应，对简单重复的体力劳动采取严厉的监督可能导致好的效果。但对于创造性的劳动而言，控制的重点应当转向如何创造出良好的工作环境，并使之维持下去。在这种情况下，如果仍然实施严格的监督，可能会造成被控制对象的工作效果更加远离组织的目标和要求。还要注意的是，同期控制的效果取决于现场管理人员的个人素质、工作能力和领导方式等个人因素，对管理人员的要求较高。如工厂的质量检验人员由技能和知识较好的有经验的工人担任，效果比较好，而纠正违反交通规则者的行为效果和交通警察的个人工作态度关系密切相关。而实际行动与管理者作出反应之间肯定会有一段延迟时间，对控制效果有一定影响，但这种延迟是非常小的。

3. 事后控制

事后控制也称为反馈控制，是一种在工作结束之后进行的控制。事后控制是最主要的一种传统控制方式，其特点是发生在行动之后，根据已取得的行动结果的信息，对比标准进行比较、分析和评价，并以此作为下一步行动的依据。其目的并非是改进本次行动，而是力求“吃一堑，长一智”，改进下一次行动的质量。

事后控制的例子很多，如传统的产品质量检查，把不合要求的次品和废品选出来，以保证出厂产品都能符合质量标准，还有人事的考评以及对各类财务报表的分析等都是典型的事后控制。与预先控制与同期控制相比，事后控制具有两方面的优势，一是事后控制为管理者提供了关于行动结果究竟如何的真实准确信息，另一方面事后控制可以提供员工工作绩效评价的相关信息，提高员工的积极性。事后控制对提高组织的经营管理水平发挥了很大作用。但这类控制的主要缺点在于管理者获得信息或采取纠正措施时，整个活动已经结束，偏差或损失已经产生，对组织的损害也已形成，这部分的损失已无法补偿。

二、集中控制与分散控制

根据控制的结构不同可以把控制分成集中控制和分散控制。

1. 集中控制

集中控制是指由一个集中控制机构对整个组织进行控制。集中控制是指控制指令的发出、信息的处理都来自集中的控制机构，由集中的控制机构对整个组织的活动进行控制。

集中控制的优点是方式简单，便于整体协调，具有统一的总体目标；缺点是信息传输效率较低，容易导致决策的延误，而且适应性较差。

2. 分散控制

分散控制是指由若干分散的控制机构来对组织进行控制。分散控制是一种分级控制，控制指令的发出、信息的处理都是分散和多中心的，由各个局部控制机构根据部门的实际情况，对部门进行控制。

分散控制的优点是信息传输效率较高，具有较大灵活性，而且个别控制机构的失误不会影响整个控制工作的进行；缺点是局部控制机构间的横向联系较差，整体协调困难。

三、直接控制和间接控制

根据控制采用的手段不同可以将控制分为直接控制和间接控制。

1. 直接控制

直接控制是指通过行政命令和行政手段对被控制对象直接进行控制。采取行政手段是一种最直观和最简单的控制办法。但在实际的管理活动中，由于存在信息反馈的时滞性，信息过多无法科学全面地处理等原因，直接控制的办法往往不能取得最优的效果。此外，直接控制忽略了组织中人的因素，不利于发挥员工的积极性和创造性，人的潜力和能动性也无法表现出来。

2. 间接控制

间接控制是指通过间接的手段，如各种经济手段对被控制对象进行控制。经济手段包括税收、信贷、价格等经济措施和经济政策。如企业内部将奖金与绩效挂钩的分配政策，以及运用思想工作手段，形成良好的风气及价值观，以有效地控制员工的行为，都属于间接控制。一般说来，间接控制方式能较好地调动组织中人的积极性和主动性，有利于组织达到较优的效果。

四、正式组织控制、群体控制和自我控制

按照控制的主体不同可以把控制分为正式组织控制、群体控制和自我控制。

1. 正式组织控制

正式组织控制是由管理人员通过设计和建立起来的正式机构或规定来进行控制，如规划、预算和审计都是正式组织控制的典型例子。组织通过规划指导组织成员的活动，通过预算来控制消费，通过审计来检查各部门或个人是否按照规定进行活动，并提出更正措施。例如，对在禁止吸烟的地方抽烟的职工进行罚款，对违反操作规定的工人给予处分等，都属于正式组织控制的范畴。

2. 群体控制

群体控制是由非正式组织发展和维持的控制，通常基于群体成员公认的价值观念和行为准则等行为规范而形成。虽然非正式组织中的行为规范并没有明文的正式规定，但非正式组织的成员都清楚地了解规范的内容，并且会自觉遵循这些规范以获得其他成员的认可或认同，以巩固自己在非正式组织中的地位。否则的话，就可能受到其他组织成员的排挤和反感，有可能被驱逐出该组织。群体控制在一定程度上影响着员工的行为，处理得好会有利于达成组织目标，如果处理不当，则会给组织造成很大的危害。

3. 自我控制

自我控制是指个人有意识地按照认可的某一行为规范进行活动。如一个诚实正直的员工不愿意把组织的财物据为己有，就可能是由于本身的品质，而不单单是害怕组织对此的处罚。这就是一种有意识的个人自我控制。自我控制能力的高低取决于员工个人本身的素质水平，具有良好修养的人一般自我控制能力较强，顾全大局的人比仅仅重视自己局部利益的人有较强的自我控制能力。

要注意的是，正式组织控制、群体控制和自我控制这三种控制有时是相互一致的，有时是相互矛盾和抵触的，这主要取决于组织文化对组织成员的教育及吸引程度。有效的控制系统应当综合利用三种类型，并使它们保持和谐，防止冲突，以取得较好的控制效果。

根据划分标准的不同，控制还可以分为许多不同的种类。如按照控制的内容不同，控

制可以划分为人事控制、资金控制、物资控制、质量控制、成本控制等；按照控制具体方式的不同，控制可以划分为程序控制和目标控制等，本节就不再逐项介绍。

第三节 控制的过程

虽然按不同的标准，控制可以划分为许多类型，控制的具体要求也有所区别，但控制的过程大致上是相同的，任何一项控制工作可以说都离不开三个基本环节的工作：确立标准、衡量绩效、纠正偏差。

一、确立标准

（一）控制标准

控制的第一个重要步骤是确立各种控制标准。标准是控制的基础，是检查和衡量工作及其结果的尺度。没有完整的标准体系，衡量绩效或纠正偏差就失去了客观的标准和依据，无法对活动进行评价，控制工作也就无从谈起。

控制标准可以是定量的，也可以是定性的，要根据具体的控制要求来定。在实际控制工作中，定量化的标准更能确保控制的准确性。常见的标准主要有以下四种：

(1) 时间标准，主要反映工作的时间进度的各种标准，如完工日期、工程周期、工时定额等；

(2) 价值标准，即货币标准，用来反映组织的经营状况，如产品标准、收益标准、资金标准等；

(3) 实物标准，即非货币标准，主要从量的方面规定工作和活动应达到的水平，如耗用的原材料、雇用的劳动力、生产的产品产量或提供的服务数量等；

(4) 质量标准，主要规定工作应达到的范围、水平，或者产品、服务应达到的品质标准，如产品等级、合格率等。

（二）控制标准的要求

制定控制标准是控制工作的前提，标准制定的科学与否以及水平的高低，直接关系到整个控制工作的有效性。一个好的控制标准，必须要满足以下要求：

(1) 简明性，标准应通俗易懂，便于员工理解和接受；

(2) 适用性，标准的制定应以计划为基础，有利于组织目标的实现；

(3) 可行性，制定的标准既不能过高，也不能过低，标准过高，经过努力也无法实现，会挫伤员工的积极性，而标准过低，控制也就失去了本来的意义；

(4) 一致性，标准之间不能相互矛盾，而应当是一致的、相辅相成的。

（三）控制标准的制定方法

组织根据控制对象的不同，制定相应标准的方法也不一样。一般说来，常用的控制方法主要以下有三种：

(1) 统计方法，相应的标准称为统计标准，也称为历史性标准，是通过分析组织经营在历史上各个时期的数据或对比同类组织的水平，用统计学方法来确定的。数据可能来源于组织的历史统计，也可能来源于外部的其他组织。用统计方法制定的常见标准有：市场占有率、投资回报率等。

利用本组织的历史性统计数据确定某项工作的标准，具有简便易行的优点，但据此制定的标准可能与同行业的卓越水平，甚至是平均水平产生偏差，在这种条件下，即使企业的各项工作都达到了标准的要求，也有可能造成劳动生产率的相对低下，制造成本的相对高昂，从而造成经营成果和竞争能力低于竞争对手。为克服这种局限性，管理者在根据历史数据制定未来工作标准时，必须充分考虑到整个行业的平均水平，并要对竞争对手的经营状况和经验加以研究和对比。

(2) 工程方法，相应的标准称为工程标准，严格来说，也是一种用统计方法制定的控制标准。不过工程标准不是通过对历史数据的分析来得到，而是通过对实际工作当中的控制对象进行全面的科学分析，并根据以此得到的技术参数和实测数据进行定量的分析而制定出来的标准。用工程方法制定的常见标准有：劳动间隔、维修间隔等。

(3) 经验估计法，是由富有经验的管理人员根据经验、判断来确定标准。因为实际的工作并不是都有历史统计资料作为参考，而工作的质量和成果也不是都能用统计数据表示，对于新从事的工作，或者是缺乏统计资料和数据的工作，可以根据管理人员的经验、判断和评估作为建立标准的基础。在某种意义上来说，经验估计法是统计方法和工程方法的补充。

二、衡量绩效

衡量绩效是控制工作的第二个阶段，就是要衡量、对照及测定实际工作情况与标准之间的差异，找出相关的偏差信息。这个过程包括对工作进度情况的了解，对事前制定标准与实际执行情况的差异分析等工作内容。为了能及时、正确地提供反映偏差的信息，管理者在衡量绩效的过程中，应当注意采取适当的衡量方法。常见的衡量方法有以下几种。

（一）直接观察

直接观察是由管理人员亲临工作现场，通过观察实际工作的过程或与工作人员交谈来了解工作的实际情况，如走动管理就是一种常用的直接观察方法。直接观察提供的是关于实际工作的最直接和最深入的第一手资料，可以避免信息层层传递引起的信息失真或遗漏，但比较费时费力。

（二）口头汇报

管理者可以通过正式或非正式的口头汇报获取的信息来衡量实际工作的绩效，如各种会议、一对一的谈话、电话交谈等。口头汇报的优点在于方便快捷，并且能够得到立即的反馈，但缺点在于不便于存档和以后反复使用，而且口头汇报传递的信息容易受到汇报者个人主观因素的影响。

（三）书面报告

书面报告是把实际工作的情况用一定的方法加工处理后得到的文字资料，如各种会计报表和经济报表。书面报告比口头汇报的形式更加精确和全面，而且易于分类存档和查找。

在实际工作当中，要根据具体的情况决定到底采取哪一种衡量方法，为提高信息的可靠程度，甚至可以结合使用多种衡量方法。

三、纠正偏差

控制工作的第三个步骤是纠正偏差，也就是在前面两个阶段取得的偏差信息的基础上，进一步分析偏差产生的原因，并制定和实施必要的纠正措施，使活动进展的实际情况与计划相一致。在纠正偏差过程当中，管理者要注意以下几个方面的问题。

（一）确定偏差产生的原因

偏差的产生有两大方面的因素，一方面可能由于原有计划、目标或标准的制定不科学而导致，包括制定得过高或过低；而另一方面如果原有的计划、标准正确，也有可能是由于执行计划过程中的工作失误而产生。管理者必须针对这两类不同性质的偏差做出及时而准确的判断，以便采取相应的纠偏行动。对于计划制定不周而引起的偏差，管理者可能要重新修订计划与目标。而对于执行计划的工作失误引起的偏差，则要更进一步具体分析偏差的性质和产生来源，以确定进一步的对策。因为有些偏差可能反映了执行工作中的严重问题，对组织活动会产生重大的威胁，需要采取重大的纠偏措施；而另一些偏差可能只是一些偶然或局部因素引起的，不一定会对组织活动产生重大的影响，可能只需小幅度的纠偏甚至于不需采取纠正措施。再进一步分析，有些偏差可能由内部因素引起，而有些偏差则是由组织外部因素引起的。

纠正偏差的措施是在偏差原因分析的基础上制定的，同一性质的偏差可能由不同原因造成，因此纠正偏差的指导方向也可能完全不一样。如销售额的下降，原因可能是宏观经济因素引起的需求疲软，可能是销售部门的工作不力，也可能是竞争对手采取某种新的竞争策略，还可能是组织的销售目标制定得不合理等，管理者应根据具体情况具体分析，采取相应的措施，才能取得有效的控制效果。

（二）提高纠正偏差工作的效率

纠正偏差的工作，要经过发现差异、寻找原因、进行修正等多个环节，任何一个环节的延迟都有可能造成纠偏行动的延误，影响控制工作的效果。因此，在纠偏工作中，要注意加强员工的时间意识，提高各个工作环节的效率。

（三）采取适当的纠正措施

实际工作中的纠正偏差措施有许多种类，应当根据具体分析的原因来加以选择使用。一般而言，纠正偏差的措施有以下几种。

1．调整和修正原有计划或标准

活动结果显示的偏差过大，有可能是来自原有计划的安排不当，目标偏离实际，或者标准的制定不合理。计划或标准制定盲目乐观，目标过高难以达到，形成的偏差称为负偏差；反而言之，计划或标准的制定过于保守，目标过低太易于达到，在这种情况下，出现的偏差称为正偏差。前者容易造成员工的挫折感，而后者不利于提高组织的经营成效。所以管理者应当根据偏差的性质，对原有计划、目标或标准重新进行修订和调整，使其合理化，符合实际的情况，以达到组织利益的最大化。

2．改进组织工作

如果计划、目标或标准是合理的，偏差是由于实际工作的不理想而产生，如组织机构不协调、生产的技术条件落后、员工工作技能落伍等。那么，管理者就应当采取一定的措施来有针对性地改进组织的工作，如重新调整组织机构、调整责权利关系、改进生产或管理技术、培训员工等，以减少偏差的产生，促进组织目标的实现。

第四节　有效控制的基本原则

控制牵涉的范围十分广泛，既包括对人的控制也包括对物的控制。要保证以较少的人力、物力、财力与时间来充分实现对组织的有效控制，管理者就必须全面了解控制工作的一些基本原则。

一、以人为中心的控制原则

实施控制的主体是各级管理人员，而无论是哪种类型和性质的控制工作，对控制的客体特别是对物质资源的控制，更是要通过组织的全体成员的活动去实现。因此，控制应当是以人为中心的控制，绝不能“见物不见人”。

控制要做到以人为中心，就要注意做到以下几点：

(1) 控制的目的、意义和要求为全体组织成员所理解。只有控制的目的、标准合情合理、易于理解，员工理解实施控制的原因，达成对控制工作的认同时，控制系统才能起到积极的推动作用，并实现控制的目标。

(2) 要采用积极而有效的控制技巧。管理者在进行控制的过程中，要注意控制的技巧，如利用有效的领导艺术、语言艺术、批评艺术，坚持使用客观公正的控制态度，形成对员工的有效控制。

(3) 要鼓励员工参与目标的制定。在计划职能的执行中，员工参与目标的制定，有利于计划的实施与实现，在进行控制的过程中，员工参与目标制定同样能增加他们对控制工作的认同和支持，并接受监督，从而达到控制工作的目标和要求。

二、系统控制原则

在本书前面章节的系统原理学习当中，我们知道组织和管理活动本身就是一个系统，进行管理必须要遵循系统的原理。与此相适应，控制也必须遵循系统原理。控制的系统原则就是说控制工作也是系统的控制，要运用目的性、整体性、相关性、层次性、发展性和适应性的系统观点来进行。首先，各级控制的目的应当明确，控制的措施和手段都应为控制目标的实现服务；其次控制工作进行时要用联系的、全面的观点，要注意到组织整体控制的目标而不是本部门或本层次的控制目标；此外，控制还要有发展的动态观点，要注意到长远的趋势，使控制措施具有预防性和预测性，而不仅仅是考虑目前的状态。总而言之，控制的系统原理就是在控制工作的各个过程当中，要考虑各方面和各层次的要求，使各方面的活动和目标协调一致，从而达到整体的、系统的优化。

三、反映计划要求原则

控制的目标是为了实现计划，控制是实现计划的保证。而组织的每一项活动、每一项计划都有其自身的特点，因此，为完成某种活动、实现某项计划而进行的控制工作都应当有所不同。在如何确定控制的标准以及确定什么标准、控制哪些关键点、如何收集信息及收集什么样的信息、采用什么方法来评定工作绩效以及由谁来实施控制等方面，都需要根据不同计划的特殊要求和具体情况来进行设计。控制工作越是能考虑到各种计划的特点，就越能更有效地发挥作用。

四、组织适宜性原则

组织适宜性原则是指控制工作应当符合组织结构设计的要求，而组织结构设计得越健全合理，就越有助于控制的顺利进行。组织结构是阐明组织内部成员任务的主要手段，组织结构的类型不同，对组织成员的职务、职责、权力等的规定也不一样，因此执行计划和进行控制必须以具体的机构特点、人员配置和任务性质为依据。例如生产部门、采购部门与财务部门的职能工作不同，控制也必然各不相同。所以在设计控制系统时，要考虑到不同的工作性质、内容、范围和要求，选择不同的控制类型，建立不同的控制标准，采用不同的控制方式，做到有的放矢才能取得成效。

五、控制关键点原则

控制关键点的原则是指为了进行有效的控制，需要特别注意根据各种计划来衡量工作绩效时有关键意义的那些因素。对于管理人员来说，随时注意计划执行情况的每一个细节是没有必要的，这通常都是浪费时间和精力。他们应当也只能将注意力集中到对于计划执行中的一些主要因素上。而事实上，控制了关键点，往往也就控制了全局。

控制工作当中对于控制关键点的强调，也反映了提高控制工作效率的要求。管理人员如果能针对较少的范围来调查实际的偏差及其产生的原因，那么控制工作所付出的代价将会减少，而控制工作的效率自然也会提高。

六、控制例外原则

控制的例外原则指管理人员要把主要精力放在集中控制那些超出一般情况的例外偏差，也就是那些特别好或特别差的情况上。由于管理人员是不可能也不必要对所有的活动进行控制，因此管理者要注意对例外的关注。

不过强调控制例外，单单注意例外情况是不够的，还需要结合控制关键点的原则。因为在偏离标准的各种情况中，有些事关重大，有些则无关紧要。例如，产品的利润率下降了1%可能对企业业绩产生重大影响，而企业的管理费用超出预算5%则可能对整体业绩影响不大。所以管理者在实际的控制活动中，应该把注意力集中到关键点的例外偏差上，把关键点原则和例外原则结合使用。

七、控制趋势原则

控制趋势原则又称预防性原则，即有效的控制应当是在问题发生之前，也就是要控制现状所预示的趋势。对于管理人员来说，有时候控制现状比较容易，而控制现状预示的变化趋势则相对困难。

一般说来，趋势往往容易被现状所掩盖，不易被察觉，也不易被控制。但由于趋势是多种复杂因素综合作用形成的结果，是在一段较长时间内逐渐形成的，对管理工作的成效也起着长期的影响和制约。还要注意的是，如果当趋势已经十分明朗时才进行控制，就会为时已晚。因此，有效控制的关键就是要从现状中提示出变化的倾向，也就是在趋势刚刚显露出苗头时，管理者就要善于敏锐地洞察到。这也是一种管理的艺术。

八、灵活性原则

控制的灵活性原则就是指在面对已经改变了的环境、出现了计划的变更或失败或者出现了其他预见不到的情况时，如果仍然要保持控制的有效性的话，那么控制系统必须具有灵活性。也就是说控制应当保持足够的弹性以适应环境的变化，在任何情况下，控制工作都能有效地进行。

在实际的操作中，控制应当从实现目标的目的出发，采用多种灵活的形式来达到控制的目的。一些正规的控制工具，如预算、监督、报告等，都有自身的不完善之处，比如有时数据、报告、预算会同实际情况有很大的差别，如果管理者过分依赖这些控制的工具，就有可能导致控制的失灵。所以管理者要实行弹性控制，也就是要拥有可以应付变化的各种对策和后备力量，通过制定能随机应变的控制方式和做法，如弹性预算、滚动计划、跟踪控制等方法灵活地进行资源的调配和随机控制。

九、经济性原则

控制的经济性原则是指控制所支出的费用一定要小于控制所带来的收益的增加。也就是说，要把控制实施所需的费用与实施控制后所获得的成果进行经济分析和比较，只有通过控制所获得的价值大于进行控制所需费用时，才选择实施控制。

这个要求虽然看来简单，但做起来却并不简单。管理者往往很难确切判断某个具体的控制系统是否值得以及其费用的支出到底是多少，而设计和分析控制效益本身也需要大量的成本支出。美国的一些大企业，每年花费在精心设计控制系统和详细分析上的费用达数百万美元。而小企业很显然是负担不起这种费用的。可见，由于费用因素的限制，管理者只能在他们认为重要的领域中选择一些关键因素来进行控制。

十、客观性原则

控制的客观性原则是指有效的控制系统需要有客观的、准确的和适用的标准。虽然在管理和控制的工作中有许多的主观因素存在是必然的，但是在进行控制时，尤其是在对员工的绩效进行评价时，如果凭主观因素进行，管理者或员工的个人因素都会影响对业绩的判断而使其不够准确。所以管理者应采用客观的计量方法，尽量避免个人偏见，用可以测量和考核的标准来实现对员工业绩控制的有效性。

第五节　控制的方法

在管理的实践活动中，对于不同的控制对象、控制内容和控制条件，往往会采用不同的控制方法。控制的方法可以分为许多种类。以企业组织为例，常见的控制方法有以下几种。

一、预算控制方法

（一）预算的作用

预算是用于计划组织未来支出的有效工具，是一种具体化、数量化的计划，是用数字来表示预计的结果。预算也是一种控制的方法和手段，而且是在管理中使用最广泛的控制方法之一。人们通过预算的使用情况来评价工作效果，并且由于有了预算，组织的各项活动都受到控制。预算实际上是用货币作为计量单位，把计划规定的活动表现出来。由于组织的任何业务活动都几乎是伴随着资金运动进行的，通过预算，使员工的各种活动都不超越预算所规定的范围和指标，实际上也就是对员工的活动进行控制。预算清楚表明了计划与控制之间的紧密联系，是一种转化为控制标准的计划。企业组织的预算一般是以货币为计量单位，也有用实物量表示的。

预算在组织当中的作用主要体现在编制上，实际上就是控制过程的第一步——制定控制标准；而预算本身是以数量化的方式表明管理工作的标准，因此可以根据此标准来衡量工作的成效，并找出偏差，即控制过程的第二步；然后采取相应的措施来纠正偏差，也就是控制过程的第三个步骤。预算的作用主要有以下四个方面：

（1）预算可以明确工作目标；

（2）预算可以协调各部门之间的关系；

（3）预算可以控制组织的日常活动；

（4）预算可以作为考核业绩的标准。

（二）预算的种类

预算在形式上是一整套的财务报表及其附表，按照内容不同，预算可以分为经营预算、投资预算和财务预算三种。

1. 经营预算

经营预算是指对企业日常发生的各项基本活动所作出的预算，主要包括销售预算、生产预算、原材料采购预算、直接人工预算、制造费用预算、管理费用预算、单位成本预算等。其中最基本的是销售预算，对销售情况进行正式的预测以及详细的说明，可以说是预算控制的基础，其他各项预算都是在销售预算的基础上编制的。

2. 投资预算

投资预算是对企业各类投资活动所作出的预算，一般包括对固定资产的购置、改造、更新如新建厂房、购买机器设备等，以及其他方面的投资如上新的产品项目等。投资活动有长期的，也有短期的，但都涉及企业资本支出这一企业最主要的投资限制因素。因此企业的投资预算制定应当做到具体和明确。尤其是长期投资的预算，投资回收的期限很长，投资预算应当与企业的战略和长期计划紧密地联系在一起。

3. 财务预算

财务预算是反映企业计划期内预计的现金收支、经营成果和财务状况的预算，主要包括现金预算、预计收益表、预计资产负债表。而企业各项经营预算和投资预算的内容都可以折算成货币金额反映在财务预算内，所以财务预算也称为总预算。

（三）预算控制的一般程序

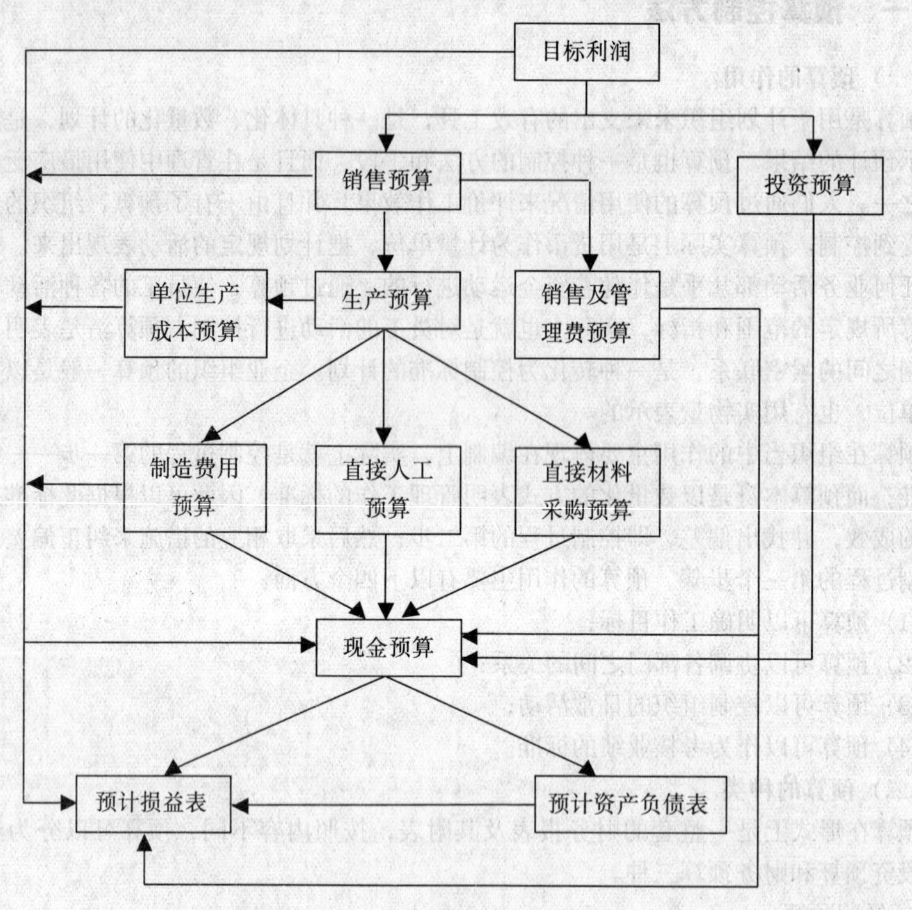

图 11－1 企业预算体系

对于企业而言，进行预算控制一般需要经过以下程序：

（1）深入了解企业过去财务年度的预算执行情况和企业在未来年度的战略规划，以此作为企业制定新一期预算的重要依据。

（2）围绕企业的战略规划和企业内、外环境条件，按照企业各种预算之间的关系，制定企业的总预算。

（3）将企业总预算层层分解，由各个部门、基层单位以及个人参照制定本部门和本岗位的预算，上报企业高层管理部门。

（4）企业高层管理者在综合企业各个部门实际上报的预算之后，根据企业总目标和总预算对部门预算进行调整，之后再将最终确定的预算方案下发企业各部门执行。

（5）组织贯彻落实预算确定的各项目标，在实施过程中予以监督和控制，及时发现问题并采取相应的措施。

（四）预算的局限性

预算是用来编制计划和进行控制的一种手段，但预算工作本身存在一定的局限性，而且在实际的预算工作中往往存在着一些不良的倾向，使预算控制有失效的危险。

（1）预算只能控制可以计量的、特别是可以用货币单位计量的业务活动。对于组织那些不能计量的活动，如企业文化、企业形象等方面的改善无法促使管理者加以重视。

（2）预算编制过于繁琐。对于管理中极其细微的支出都作出详尽的规定，导致管理人员丧失管理自己职权范围内活动必需的自由。实际当中的预算细致程度应当根据授权程度来决定，过繁过细的预算会使授权名存实亡。

（3）预算目标取代组织目标。预算是实现组织目标的一种手段，但在实际的操作当中，有些管理人员往往容易把预算目标置于组织目标之上，热衷于使本部门的费用不超过预算，却忘记了自己的首要职责是实现组织的目标，造成各部门间以及局部利益与整体利益间协调的困难。例如，某企业的销售部门为了不突破销售费用的预算，节省广告支出和降低宣传资料的印刷费用，结果反而造成产品的推广不利，丧失了潜在的顾客和市场。

（4）预算掩盖了某些管理人员效率的低下。由于预算有按先例递增的习惯，在编制预算时，人们往往把上一期支出的费用作为下一期预算的基数，而且在传统的预算审批中，申请的预算金额多半会被削减。因此有些管理人员就会大大提高预算的费用，使申请数在审批时即使被削减了，列入预算的费用仍然能高于实际所需的数量，从而造成组织的费用支出增加，同时也掩盖了某些部门和管理人员效率低下的问题。

（5）预算不可更改。在实际运用中，计划一旦数量化成为预算之后，往往给员工造成一种不可更改的感觉。这容易使预算控制缺乏必要的灵活性，不利于组织最终目标的达到。

（五）有效预算的保证措施

预算是一种很好的控制工具，但要使预算控制有效地发挥作用，还必须注意做到以下几点：

（1）高层管理部门的支持。要使预算的编制和执行有所成效，就必须得到组织高层管理部门的全力支持。高层管理部门的积极支持甚至必要时参与预算的编制工作，把预算牢固地置于计划工作的基础之上，并鼓励和控制各下属部门编制和维护各自的合理预算。下属部门在了解到上层对预算工作的重视和支持后，对预算的编制将更加重视，也会更努力地提高预算的质量。

（2）全面充分的信息。要使预算发挥应有的作用离不开充分和全面的信息，首先，在预算编制时，如果没有准确、全面的信息，管理人员不可能做出合理的预算。其次，在预算的执行过程中，管理者也需要及时、充分的信息以了解预算进行的真实情况，以便进行相应的控制和调整。因此，要保证预算的有效性，就为各级预算制定者和相应的管理者提供高质量的信息。

(3) 采用灵活的预算编制方法。传统的预算编制方法一般都是以基期（如上年）的各种项目的支出和费用为基础，然后再根据计划期内各种因素的变动情况和趋势用增量预算法或减量预算法，对各项费用进行相应的增加或减少，从而得到新一期的具体预算。这样的编制方法实际上是建立在以下三个假设的基础上：一是基期的支出和费用项目都是合理的及有必要的，二是基期的支出和费用项目本期也继续存在，最后是基期的支出和费用项目本期将具有相应的规模。很显然，这样的编制出来的预算不一定符合实际，缺乏必要的适应性与弹性，并且可能造成组织部门的效率低下。因此可以通过以下编制弹性预算或运用零基预算的方法对预算编制的效果加以改善。

①弹性预算。根据控制的灵活性原则，控制要保持一定的灵活性和弹性，以适应环境的变化。运用到预算编制方面，制定弹性预算，就是要给予预算的费用跟随另一变量（通常为产量或销量）的变化而改变的幅度。弹性预算与固定预算最大的不同在于预算本身具有弹性，可以作机动调整和变动。弹性预算的做法是，首先对各类费用项目进行分析，并以此确定各项费用与产量或者销售量变化的关系。因为在生产经营当中，某些费用是固定的，不会随着产量或销量的变化而改变的，如折旧费、厂房维护费等固定费用；某些费用会随着产量或销量的变化而发生轻微的改变；有些费用则是完全可以改变的，会随着产量和销量的变化发生较大的改变。然后在对不同性质的费用进行分析的基础上，制定不同的产量或销量幅度，对不同种类费用确定不同的变化幅度，有些维持不变，有些相应增减或多或少的幅度，使各类费用预算和销量或者产量能够保持一定的合理关系，从而提高预算的适应性和合理性。

②零基预算。零基预算方法与传统以基期为预算制定的基础和依据具有完全不同的预算编制思路。零基预算的基本原理是任何一个预算期或计划期开始时，把所有的管理活动都看作重新开始，即以零为起点来观察和分析一切的经营和管理活动，任何费用项目的预算制定，都不考虑它们基期的开支情况，而是从零开始重新考虑各项费用开支的必要性及其预算的具体数量。

由于零基预算是由零为起点，重新观察和分析所有的活动和项目，因此编制零基预算的主要缺点在于所投入的人力、物力和时间较多，而编制的工作量也比较繁重。另一方面，零基预算的优点也很明显。一是零基预算的方法由零为起点的做法，能使预算的制定不受现行的和传统的预算的限制，能充分调动各级管理人员的积极性和创造性；二是重新考虑各项费用支出的必要性和金额，有利于克服随意性支出，促使各级人员精打细算，合理使用资金，提高资金的使用效果。总而言之，零基预算是提高组织预算和控制水平的有效方法，管理者可以根据组织的具体情况考虑采用。

二、会计控制方法

会计控制是利用会计原理和方法，从价值角度对组织活动进行综合性的控制。会计控制的实质是利用货币形态对组织的各项活动进行监督和调节，与组织中的各个部门、管理过程的各个环节都有紧密的联系，是一种综合性的管理控制手段。

（一）会计控制的内容

会计控制的主要内容是对资金的控制，运用各种会计资料，如分类账、明细账、财务报表等，通过会计核算和会计分析来发现管理活动发生的偏差，分析其产生的原因，并采取相应的措施加以纠正。会计控制工作主要包括以下几点：

（1）资金收支计划，按照年、季、月等时间单位编制货币资金的收支计划，作为组织资金使用和调度的依据。

（2）收入控制，对组织所有的经营收入进行及时相应的账目登记，保证其来源清楚、数额准确，作为组织经营状况分析的基础。

（3）支出控制，制定严格的审批制度和支付程序，对组织各项费用、成本的支出都要进行相应的授权，作为对组织资金控制的关键手段。

（4）库存控制，对组织的库存物品、资金进行定期或不定期的检查核对。

（二）会计控制常用的比率分析

在会计控制当中，常常使用以下一些比率指标，作为考察组织相应方面成效的依据。

（1）流动比率，指流动资产占流动负债的比重，作用是衡量组织偿付短期债务的能力。其计算公式为：

$$流动比率=\frac{流动资产}{流动负债}\times 100\%$$

（2）速动比率，指速动资产占流动负债的比重，速动资产是指流动资产减去存货等非速动资产后的余额，是对资金流动性的一种更精确的检验。其计算公式为：

$$速动比率=\frac{速动资产}{流动负债}\times 100\%$$

（3）资产负债率，指全部资产中负债所占的比重，用于衡量企业偿还债务的能力。其计算公式为：

$$资产负债率=\frac{负债总额}{资产总额}\times 100\%$$

（4）销售利润率，指销售收入中所能实现的利润所占比重，反映了组织获利能力的高低。其计算公式为：

$$销售利润率=\frac{净利润总额}{销售收入总额}\times 100\%$$

（5）存货周转率，指存货资产与销售收入的关系，反映组织存货利用效率的高低。其计算公式为：

$$存货周转率=\frac{销售收入总额}{存货总额}\times 100\%$$

（6）投资收益率，指组织投资额与其所获取利润的关系，用于量度资产创造利润的效率。其计算公式为：

$$投资收益率 = \frac{利润总额}{投资总额} \times 100\%$$

上述是在会计控制中较为常见的几种财务比率的简单说明，有关比率的具体详情，以及除此之外的许多其他的比率，有关的财务和会计课程有详细的说明，本书不再加以介绍，请参阅其他专著。

三、统计控制方法

统计控制方法是运用各种统计原理和统计手段，对组织活动进行分析，找出偏差及其发生的原因，并加以控制的方法。

利用统计报表就是一种经常采用的统计控制方法。统计报表本身就具有检查和监督的作用，实际上是用一种直观的和易于理解的方式，如用图解或曲线图形来表示各种统计数据，使管理者能了解到数据揭示的问题。管理者可以根据各种统计报表、统计记录和统计指标，通过统计整理和汇总分析，来衡量计划和工作的进程和完成情况，并采取相应的控制措施。统计报表的制定关键在于要掌握和收集组织运作各个方面的数据和资料，包括历史资料和预测资料。

四、时间控制方法

时间是管理的基本对象之一，也是控制工作的一个重要方面。管理者通过适当的时间控制方法，可以使组织对组织计划的进程和管理工作的进展作出适当的安排，从而有助于按期实现组织的计划与目标。时间控制的方法主要有甘特图法和计划评审法。

甘特图法是一种用图示的办法来表示时间进度、计划数和实际完成数，从而掌握工作进度与时间期限的一种日程管理图表。甘特图是管理者掌握和控制工作进度的有效办法，在本书前面章节中已有相关论述，本节就不再重复。

计划评审法又称时间事件网络分析，是甘特图结合了关键路线法的进一步发展。计划评审法的基本原理是利用网络分析法，对计划的制定和执行进行定量分析，把组织的各项计划分解成各种事项分支，即计划的分项，以点和线代表各工作项目和活动的情况，以寻找完成工作的最佳方法。基本步骤如下，一是将某个活动或项目分解成各种作业工序，二是要根据作业工序的前后顺序编制成网络图，三是确定每项作业工序所需的时间，四是找出作业的关键路线，最后以关键路线作为控制重点来调动资源。典型的计划审计法技术分析要涉及成百上千大量的事项，需要大量人力和计算机技术的支持。

五、审计控制方法

审计控制方法也是常用的控制方法之一，它包括财务审计和管理审计两类。

财务审计是由专职的机构和人员，如会计师事务所和审计人员，依照相关法律规定对审计单位的财政、财务收支及有关经济活动的真实性、合法性和效益性进行审查，评价经济责任。财务审计是一种促进宏观调控独立性的经济监督活动，主要目的是为了维护财经法纪，并且促进企业改善经营管理，提高经济效益。财务审计的主要方法有：

（1）监督盘点。即审计人员监督财产、物质和货币的盘点，在盘点过程中，审计人员还抽查其数量和质量。

（2）抽样审查。即由审计人员从为数众多的审计对象中，抽取某些样本进行详细核查。

（3）发函询查。即向与被审计对象有往来的单位或个人发函调查，核对应收应付款项。

（4）反复对证。即以原始凭证为依据，将其同有关的实物、单位、个人以及其他原始凭证相对证。

（5）凭证检查。即对会计凭证、会计账目和会计报表的审查。

而管理审计是以管理的基本原则为评价准则，系统地考查、分析和评价一个组织的管理水平和管理成效。管理审计的步骤为，首先了解被审计单位或部门的业务性质、管理制度和程序，第二步是确定审计所需要的各种资料；第三步是收集各种业务活动记录；第四步是向各级管理人员进行具体的调查；第五步是核实各种资料并分析调查所得的结果，对调查对象进行评价；第六步是综合各项评价结果，提出审计结论。通过系统可靠的调查和分析，管理审计可以有助于组织存在的问题和缺点的克服和改善。

审计有由组织外部的上级或其他人员来进行的外部审计和由组织自身专门设立的审计部门设立的审计部门来进行的内部审计。为了保证审计工作的有效性，审计工作时应按以下原则进行：

（1）独立性原则。审计监督部门应能独立行使职权，不受其他机构或个人的干涉。

（2）客观公正原则。审计一定要站在客观角度，实事求是、不偏不倚，公正地作出评价和结论。

（3）政策性原则。审计工作的各个环节都必须符合国家的法律和方针政策。

（4）群众性原则。审计工作要依靠群众、信任群众、动员群众，才能真正查明事实真相。

（5）经常性原则。审计工作应当经常化进行，并形成制度。

六、人员控制方法

人是管理的客体，也是管理的主体，管理者运用各种人员控制方法控制员工的行为，让员工按期望的方式进行活动，以实现组织的计划和目标。

对人员进行控制的主要手段有：人员的选择、工作和职务设计、员工绩效评价、员工培训、确定组织报酬、建立组织文化等。在本书的其他章节中有所介绍，本节就不再重复论述这些内容。

【本章小结】

本章应理解和掌握以下要点：

1. 控制的概念，控制就是根据事先制定的标准，检查和监督各项活动的进行情况，若出现偏差就分析原因，并加以纠正或调整，以确保组织目标实现的过程。

2. 控制的内容主要有人员、财务、信息、作业和组织的总体绩效等五个方面。

3. 根据不同标准，控制可划分为不同类型，根据控制手段开始的时间点不同，可以分为预先控制、同期控制和事后控制。

4. 控制的过程可分为三个基本环节的工作：确立标准、衡量绩效、纠正偏差。

5. 有效控制的基本原则包括以人为中心原则、系统控制原则、反映计划要求原则、组织适宜性原则、控制关键点原则、控制例外原则等十项。

6. 控制的主要方法有预算控制、会计控制、统计控制等。

【互联网链接与推荐阅读资料】

[1] http：//www.ymxi.net/

[2] 斯蒂芬·P·罗宾斯．管理学（第四版），第19章，P475~492. 中国人民大学出版社，1997年

[3] 哈罗德·孔茨，海因茨·韦里克．管理学（第十版），第20章，P378~392. 经济科学出版社，1998年

[4] 周三多，陈传明，鲁明泓．管理学——原理与方法（第三版），第16~17章，P455~497. 复旦大学出版，1999年

[5] 徐国华，张德，赵平．管理学（第一版），第6章，P142~169. 清华大学出版社，1998年

[6] 王积俭．管理学原理（第一版），第9章，P416~483. 华南理工大学出版社，1995年

【练习题】

一、填空题

1. 控制的基本过程为 ________、________、________。

2. ________________ 强调防止错误的发生。

3. ________________ 强调改进下一次行动的质量。

4. 控制的最基本目的在于 ________________。

5. 常见的控制标准有 ________、________、________、________。

6. 制定标准的方法有 ________、工程方法与 ________。

7. 预先控制又称 ________，而事后控制又称 ________。

8. 常见的预算有以下几种 ________、________、________。

二、单项选择题

1. 控制工作开展的前提条件是（ ）。

A. 建立控制标准　　B. 分析偏差原因

C. 明确问题性质　　D. 采取纠正措施

2. 某企业到了2月底，发现甲产品第一季度的生产计划才完成了40%，便采取日夜轮班的方式以完成计划；发现乙产品供大于求，价格下降，立即决定停止生产。这些措施（ ）。

A. 均为事后控制

B. 均为预先控制

C. 前者为事后控制，后者为预先控制

D. 前者为预先控制，后者为事后控制

3. 对于管理者而言，最理想的控制类型为（ ）。

A. 事后控制　　B. 预先控制

C. 同期控制　　D. 反馈控制

4. 用标准去衡量绩效属于控制过程的第（ ）步。

A. 一　　B. 二　　C. 三　　D. 四

5. 控制的最基本目的在于（ ）。

A. 寻找错误　　B. 衡量员工绩效

C. 确保计划的实现　　D. 控制员工的行为

6. 标准应当（ ）。

A. 用货币金额表示　　B. 越高越好

C. 保持一致　　D. 无需考虑计划要求

7. 进行控制的第一个步骤是确立标准，以下哪一种有关确立标准的说法有错误？（ ）

A. 标准应当考虑实际情况　　B. 标准应当考虑可行性

C. 标准之间应当保持一致　　D. 标准都应当以货币表示

8. 正在生产线上监督工人操作机器的工长实施的是（ ）。

A. 预先控制　　B. 同期控制　　C. 事后控制　　D. 前馈控制

9. "治病不如防病"，这一说法指的是（ ）。

A. 预先控制　　B. 同期控制　　C. 事后控制　　D. 反馈控制

10. 为使控制工作有效，控制系统应当（ ）。

A. 符合组织结构的要求　　B. 反映计划的要求

C. 具有灵活性　　D. 以上都对

三、判断题

1. 计划是控制的前提和依据，没有计划就没有控制。（ ）

2. 预先控制又称前馈控制，具有未来导向。（ ）

3. 衡量绩效是控制活动的最终目的。（ ）

4. 成语所说的"亡羊补牢"就属于现场控制。（ ）

5. 在预算界限内实施控制应优先于达到组织目标。（ ）

6. 确立标准是控制过程的第一个步骤。( )

7. 衡量绩效是控制过程的最后一个步骤。( )

8. 控制应该强调例外，这就是控制关键点的原则。( )

9. 进行控制时标准的制定应当越高越好。( )

10. 控制过程中的纠正纠正偏差有可能是针对具体活动，也有可能针对计划或衡量这些活动的标准。( )

四、问答题

1. 什么是控制？控制的必要性体现在哪些方面？

2. 按控制的时间可以把控制分为哪些类型，它们各自有什么特点？

3. 控制与计划的关系如何？

4. 控制的基本过程如何？

5. 有效控制的原则有哪些？

6. 控制方法有哪些？

7. 控制的常见标准有哪些？

8. 控制关键点原则与控制例外原则的具体含义是什么？

五、案例分析

查克停车公司

查克·皮克是查克停车公司的所有者。查克停车公司是美国南加州的小企业，每年的营业额大约有100万美元，有雇员100多人，其中大部分是兼职的。查克停车公司的业务是提供停车服务。

查克停车公司的业务主要有两项：一项是为私人举办的晚会提供停车服务，另一项是在一个乡村俱乐部不断办理停车经营特许权合同。这个乡村俱乐部要求有2~3个服务员，每周7天都如此。但是查克停车公司的主要业务来自私人晚会。每周至少为几十个晚会提供停车服务。最忙的周六晚上，可能要同时为6~7个晚会提供停车服务，每一个晚会要能需要3~15位服务员。查克每天的工作就是拜访那些富人或名人的家，评价道路和停车设施，并告诉他们需要多少个服务员来处理停车问题。一个小型的晚会可能只要3~4个服务员，花费大约400美元，而一个大型的晚会停车费用可能高达2000美元。

私人晚会和乡村俱乐部的合同都涉及到停车业务，但两者的收费方式却很不相同。私人晚会是以合同出价的方式进行的。查克首先估计需要多少服务员为晚会服务，然后按每人每小时多少钱给出一个总价格。如果顾客愿意接受，查克就会在晚会结束后寄出一份账单。在乡村俱乐部，查克根据合同规定，每月付给俱乐部一定的租金来换取停车场的经营权。而查克收入的惟一来源是服务员为顾客服务而获得的小费。因此，在私人晚会服务时，查克绝对禁止服务员收取小费，而俱乐部服务时小费是查克的惟一收入来源。

问题：

1. 你认为查克的控制问题在两种场合下是否相同，为什么？

2. 列举查克在乡村俱乐部和私人晚会可能采取的控制类型：

A. 预先（前馈）控制　　B. 同期控制　　C. 事后（反馈）控制

第十二章　创　新

【学习目标】

理解创新概念、类型与特征；了解创新工作的原则与过程；正确区分技术创新、组织管理创新和制度创新的内容。

组织、领导与控制是保证计划目标的实现所不可缺少的。从某种意义上来说，它们同属于管理的“维持功能”，其任务是保证系统按预定的方向和规则运行。但是，管理是在动态环境中生存的社会经济系统，仅有维持是不够的，还应不断调整系统活动的内容和目标，以适应环境变化的要求，这就是正常被人们所忽视的“创新职能”。管理需要维持，更需要创新。

第一节　创新的含义及类型

一、创新概念的产生与含义

无论对于国家还是对于企业，创新都是至关重要的。虽然大多数人同意这种说法，但是创新的论题仍是一个经常引起争议的话题。这主要是因为在理论上还没有形成一个关于创新的比较一致的定义。不同的研究者从不同的角度或从与创新相关的不同因素出发，对创新下了具有特定的定义。因此，我们有必要了解创新概念的产生及内涵。

创新这一概念是由美籍奥地利经济学家约瑟夫·阿罗斯·熊彼特（Joseph Alois Schumpeter，1883～1950）首先提出的，并在其1912年德文版《经济发展论》一书中首次使用了创新（innovation）一词。他将创新定义为“新的生产函数的建立”，即“企业家对生产要素之新的组合”，也就是把一种从来没有过的生产要素和生产条件的“新组合”引入生产体系。按照这一观点，创新包括技术创新与组织管理上的创新，因为两者均可导致生产函数的变化。一般认为，熊彼特的创新概念大致是指：一项创新可看成是一项发明的应用，也可看成发明是最初的事件，而创新是最终的事件。在他看来，企业家的职能就是要实行创新，引进“新组合”，从而使经济获得不断的发展。他还认为，创新是一个经济范畴，而非技术范畴，它不是科学技术上的发明，而是把已发明的科学技术引入企业中，形成一种新的生产能力，具体来说，创新包括以下五种情况：

(1) 引入一种新产品，就是消费者还不熟悉的产品，或提供一种新的产品质量。

(2) 采用一种新的生产方法，就是在有关的制造部门中未采用过的方法。这种新的方法并不需要建立在新的科学发现基础之上，可以是以新的商业方式来处理某种产品。

(3) 开辟一个新的市场，就是使产品进入以前不曾进入的市场，不管这个市场以前是否存在过。

(4) 获得一种原料或半成品的新的供给来源，不管这种来源是已经存在，还是第一次创造出来的。

(5) 实行一种新的企业组织形式，例如建立一种垄断地位，或打破一种垄断。

后来，许多研究者对创新进行了定义，有代表性的定义有如下几种：

(1) 创新是开发一种新事物的过程。这一过程从发现潜在的需要开始，经历新事物的技术可行性阶段的检验，到新事物的广泛应用为止。创新之所以被描述为是一个创造性过程，是因为它产生了某种新的事物。

(2) 创新是运用知识或相关信息创造和引进某种有用的新事物的过程。

(3) 创新是对一个组织或相关环境的新变化的接受。

(4) 创新是指新事物本身，具体说来就是指被相关使用部门认定的任何一种新的思想，新的实践或新的制造物。

(5) 当代国际知识管理专家艾米顿对新事物的定义是：新思想到行动（new idea to action）。

由此可见，创新概念包含的范围很广，既涉及到技术性变化的创新，如技术创新、产品创新和过程创新，也涉及到非技术性变化的创新，如制度创新、政策创新、组织创新、管理创新、市场创新和观念创新等。

显然，创新具有多个侧面。有的东西之所以被称作创新，是因为它提高了工作效率或巩固了企业的竞争地位；有的是因为它改善了人们的生活质量；有的是因为它对经济具有根本性的影响。但创新并不一定是全新的东西，旧的东西以新的形式出现或以新的方式结合也是创新。

创新是生产要素的重新组合，其目的是获取潜在的利润。经济中存在着潜在的利润，但并不是人人都能发现和获取的，只有从事创新的人才有可能得到它。从事创新活动、使生产要素重新组合的人称为创新者。在这里，创新者并不是指发明家，而是企业家。企业家必须具备三个条件：一是要有发现潜在利润的能力；二是要有胆量，敢于冒风险；三是要有组织能力。

二、创新与相关概念的比较

要弄清创新概念的涵义，我们认为将创新与其他几个相关的概念进行比较是必要的。

1. 创新与发明创造

许多人认为创新就是发明创造，实际上这两个概念是不同的。按中国《辞海》的定义：发明即“创新的事物，首创新的方法”；创造即“创造前所未有的事物”。德国柯林教授对发明的定义是：“所谓发明是通过技术表现出来的人的精神的创造，是征服自然利用自然而产生的效果。”日本1987年《专利法》规定：“所谓发明是利用自然法则对技术思想的高度创造。”世界知识产权组织1979年制定的发展中国家《发明示范法》规定：“发明是发明人的一种能在实际中解决技术领域内某一特有问题的技术方案。”董福忠主编的《现代管理技术经济大词典》总结道：“发明是利用自然科学原理或自然规律，是人的一种思维活动，是解决某一领域内所有存在的问题的具有创造性的技术解决方案。”

由此可见，发明是指研究活动本身或它的直接结果，而创新是发明的商业化过程或商业化结果。一般地，发明优于创新，两者的关系可简洁地表达为：创新 = 发明 + 开发。

2. 创新与研究开发

研究开发是科学研究与技术开发活动的统称，简称为R&D（research and development）。它是指为了增加知识储备，包括关于人类文化和社会的知识并探索其新的应用而进行的系统的创造性工作。经济合作与发展组织（OECD）对R&D的定义是：“研究和实验开发是在一个系统的基础上的创造性工作，其目的在于丰富有关人类、文化和社会的知识宝库，并利用这一知识进行新的发明。”它是创新的前期阶段，是创新的投入，是创新成功的物质和科学基础。但常有人误认为：只要有研究开发活动，便有创新；研究开发活动越多，创新便越多，故把研究开发和创新看作是同一回事。其实，有研究开发并不一定有创新，创新也不一定非要有研究开发活动。当然，研究开发活动，总是有助于创新的。因为研究开发活动是创新的前期工作，前期工作做得越多，就越有利于后期工作。因此，现在人们常以研发经费的多少来衡量一个国家、一个地区、一个部门或一个企业对创新的重视和投入程度，并把研究开发活动看作是创新的关键部分。

3. 创新、模仿与扩散

创新、模仿与扩散这三个概念既相互联系又相互区别，但要区别这三者也很困难的。

模仿是指某个企业首先采用一种新技术之后，其他企业以它为榜样，也相继采用该种新技术的行为。在“创新理论”的创始人熊彼特看来，模仿不能算是创新。但是，后来人们发现，模仿是创新传播的重要形式之一。没有模仿，创新的传播可能十分缓慢，创新对社会经济发展和人类进步的影响将会大大减少。例如，大多数家用电器产品是欧美国家企业创新的产品，但日本企业通过改进创新，使这些产品的经济性、适用性和可靠性等都得到显著提高，受到了消费者的青睐。第二次世界大战后，日本经济的迅速发展与日本人善于模仿是分不开的。

模仿又分为创造性模仿和简单性模仿。前者是对原创新者的创新加以改进，后者则仅仅是简单的复制。由于在现实中大多数模仿不是简单性模仿，而是带有一定的创造性，所以诺贝尔经济学奖获得者，英国著名经济学家希克斯认为，“模仿者也应被看作是某种创新家”。

扩散是指创新的产品、技术、方法和思想等被其他企业或集团通过合法手段采用的过程。扩散是一件对全社会都有益的事情。创新的潜在价值一般都通过扩散逐渐实现。正是因为有创新到模仿再到扩散，才引起了产业结构的改变。

三、创新的类型

由于创新主体不同，创新主体所处行业、技术水平、规模、环境以及创新程度不同，创新就必然表现出不同的类型。同时，人们为了研究的需要也经常从自己的研究出发，对创新进行分类。下面我们将重点介绍几种比较常见的分类方法和类型。

1. 按制度状态分类

按这种分类方法，创新分为程序化创新和非程序化创新。

程序化创新是指事先有计划，开发活动遵循既定的路径和程序的创新。非程序化创新可以分为两类：一类是消极性创新，它是指创新之所以开展起来主要是因为创新者偶尔有资金来支持；另一类是痛苦性创新，它是由于创新者失败引起的。

2. 按创新的程度分类

按这种分类方法，创新可分为全新性创新和改进性创新。

全新性创新是指采用新原理、新设计构思，研制生产全新型产品或服务的创新活动。改进性创新是指应用新原理、新设计构思，对现有产品在结构、材质、工艺等某一方面有重大改进，显著提高产品性能或扩大使用功能的创新活动，包括运用新方式改变服务内容或提高服务质量的创新活动。

3. 按组织方式分类

按这种分类方法，创新可分独立创新、联合创新和引进创新。

独立创新是创新者自行研制并组织生产和销售。独立创新的特点是易于协调和控制，但同时要求创新者具有一定的技术、生产及组织管理能力。国外大型企业大多有自己的研发机构、雄厚的人力和物力资源，因而其研究工作特别是涉及该公司特殊产品与技术的研究，多以自身力量进行，因为这样既可保密，又不使肥水外流。例如，日本的制造业公司，57%拥有自己的研发队伍；德国制造业拥有自己的研发队伍的企业占33%。

联合创新是由若干单位相互合作进行的创新活动。联合创新往往具有攻关性质，可以更好地发挥各方的优势。但这种创新活动涉及面较广，组织协调及管理控制工作比较复杂。然而，随着科学技术的发展、高新技术的兴起，许多重大创新，无论从资金、技术力量以及该项目内容的复杂性，并非一家企业所能承担，因此，联合创新日趋重要。联合的伙伴不仅是本国的，而且有跨国联合，在欧洲，这种国际合作尤为普遍。从联合的伙伴关系看，主要有以下三种：

(1) 企业与企业间的联合创新；

(2) 企业与科研机构的联合创新；

(3) 企业、高等院校及研究机构间的联合创新。

引进创新是从事创新的单位从本单位外引进必要的技术、生产设备或其他软件，在此基础上进行的创新。这种创新开发周期相对较短，创新的组织实施有一定的参照系，风险性相对较低。但是这种方式初期需要有较多的经费投入，并需对引进的技术等进行认真的评估及消化。

实践中，企业在具体从事创新活动时，以上几种创新类型可以并用，兼而有之。例如，对一些重大项目的引进，既要立足国内解决一些不需引进的部分，又要引进关键技术。在引进的同时，往往要组织各方协同攻关，尽快完成消化吸收工作，并在此基础上进行创新。

4. 按SPRU分类法分类

英国苏塞克斯（Sussex）大学的科学政策研究所（Science Policy Research Unit，简称SPRU）将创新分为渐进的创新、根本性的创新、技术系统的改革和技术—经济范式的变更。

这种分类方法是由 SPRU 于 20 世纪 80 年代提出的，因此也称作 SPRU 分类法。

（1）渐进的创新是指渐进的、连续的小创新。这些创新常出自直接从事生产的工程师、工人、用户之手。渐进的创新所涉及的变化都是建立在现有技术和生产能力之上的变化和用于现在的市场和顾客的变化。通常，渐进的创新对产品成本、可靠性和其他性能都有显著的影响。虽然单个看每个渐进的创新所带来的变化是小的，但它的重要性不可低估。这是因为：一是许多大创新需要有与它相应的若干小创新辅助才能发挥作用；二是一些创新虽然在规模及科学突破上较小，但却可能具有很大的商业价值；三是渐进创新的累积效果常常促使创新发生连锁反应。

（2）根本性的创新是指在观念上和结果上有根本突破的创新，通常是指企业首次向市场引入的、能对经济产生重大影响的创新产品或技术。它一般是研究开发部门精心研究的结果，常伴有产品创新、过程创新和组织创新的连锁反应。这类创新要求全新的技能、工艺，以及贯穿整个企业的新的系统组织方式。根本性创新还常常引起产业结构发生变化，从而彻底改变竞争的性质和基础。由于它改变了产品的基本特征，也就决定了以后的竞争格局和创新格局。比如，内燃机和网络的出现就是如此。

（3）技术系统的变革是指会产生深远意义的变革，导致了新部门出现并影响现存的几个经济部门，以及伴随新兴产业出现的创新。这时，不但有根本性的创新、渐进的创新，还会有技术上有关联的创新群的出现。

（4）技术—经济系统范式的变更是指既伴随着许多根本性的创新群，又包括许多技术系统的变革的创新。例如，蒸汽机、电力、电子技术、计算机等就属于这种创新。这种创新不仅创造新的产品而且创造新的产业门类，几乎影响到经济的每一个部门，并改变人们的常识。

第二节　创新的特性

美国福特公司前总裁亨利·福特深有体会地说：“不创新，就灭亡。”现在，人们也逐步认识到了创新的重要性。可以说，创新是企业在激烈市场竞争中求生存求发展的必然选择，是企业活力之源，是经济发展、生产率提高的基本驱动力。在新的时期，面对新的任务、新的机制、新的环境，我们更要十分重视创新。为了使我们更积极致力于创新，更合理有效地组织创新，我们有必要了解创新的特性，以利于因势利导。一般而言，创新具有如下一些特性。

一、创新具有高风险性

创新活动涉及许多相关环节和众多因素，从而使得创新的结果呈现出不确定性，这意味着创新带有较大的风险性。

美国的一份研究报告曾经断言，美国国内的每十个专利中，只有一个能变成创新。以产品创新为例，在现实中，许多企业的产品成功率往往都较小，即使在西方发达国家，比如美国，企业产品开发成功率也只有20%～30%。

创新之所以是一项高风险的活动，原因有三：一是因为创新特别是技术创新需要相应的大量投入，而且这种投入有时不仅局限于研究开发阶段，还可能延伸到生产经营管理阶段和市场营销阶段，如投资生产设备、培训生产工人、开辟营销网络等。二是信息具有不对称性。一般说来，创新者都知道自己所创新的内容和方向，但并不知道其他人或其他企业正在从事哪些活动。那么，就有可能会出现这样的可怕后果：自己花费了巨大投入已经或将要搞出的创新，最终发现只不过步了他人的后尘，失去了抢占市场的先机。更为可怕的是，创新者花费巨资进行的创新可能最终被证明是毫无价值的。例如，为了抢占高清晰度电视研制的先机，日本人用了20年时间、投资了16亿美元，以模拟技术为基础来研制，结果是所有的努力都白费了，因为采用模拟技术生产的电视机与全数字技术生产的高清晰度电视机相比，技术档次、质量水平及清晰度等方面都相差甚远。三是创新的利润回报事先很难估计。

二、创新具有高回报率

一般说来，在经济活动中高风险与高收益是并存的，创新活动也是如此。也就是说，尽管创新的成功率较低，但成功后可赚取的利润是相当可观的。据统计，我国在“六五”期间批准的发明奖项目，累计增收节支就达300亿元，其中有32项效益达26.6亿元。1987年的34项国家进步特等奖、一等奖项目经济效益累计达20亿元以上。1997年火炬计划国家级和地方级项目共实现年产值1 200亿元，年销售收入1 060亿元。

通过创新来获取高额收益并使自己迅速壮大的企业的最成功的例子可能是微软公司。微软公司是1975年由比尔·盖茨率领一班精英才子创办的，从事计算机及软件开发。微软公司创办之初，产品只有一种，人员仅有三名，年收入仅有1.6万美元。这样的公司在美国是微不足道和毫不起眼的。但由于比尔·盖茨等人不断地创新使得微软一跃成为风靡全球的巨型高科技公司，获得了巨大的经济效益。到1995年，年收入达60亿美元，所实现的利润比另外十大软件公司的利润总和还多。到1998年，微软公司的总资产尽管只有100亿美元，只有美国通用汽车公司2 200亿美元总资产的5%左右，但是微软公司的市场价值却高达2 000亿美元，相当于通用汽车公司的4倍，比尔·盖茨本人也成为全球的商界新贵，一跃成为世界个人财富榜上的首富。

正是因为创新具有高的回报率，同时又具有高风险，世界上许多国家相继建立了风险投资公司，向创新者提供风险性贷款，以便促进创新。许多企业，也正是看到了创新可以获得高额收益而进行着各种创新，特别是技术创新，以求得持续发展。

三、创新具有创造性

在这里，创造性是指创新活动与以前所进行的活动相比，前者有着实质性特点和显著的进步。创新具有创造性，还可以理解为创新必须是创造性构思的结果。

创新既然是把新技术应用于生产经营活动中的一个过程，它就必须具有创造性。这种创造性首先表现在它所应用的技术是以前所未使用的新技术，或者是现有技术中的某些改进，从而使旧技术更加完善，应用效果有明显的提高；其次表现在创新过程之中，创新过程是企业家对生产要素重新组合的过程，在这个过程中，企业家创造性地把新技术应用于生产经营的实践活动中，实现技术形态的转化。

不具有创造性的创新是原有技术的低级重复，难以生产出满足变动中的市场需求的商品，难以提高企业的竞争能力。只有具有创造性的创新，才能使创新者占领竞争的制高点，赢得竞争的胜利。有必要指出，在实际创新过程中，除了要强调创新的创造性外，还必须考虑其适应性和可行性。

四、创新具有综合性

创新具有综合性表现在创新活动是许多人共同努力的结果，即众多人的投入产出活动。创新既需要企业家的冒险精神和组织努力，也需要科学技术工作者的理论知识以及管理工作者共同联合、协作，才能使创新达到预期的目的。由此可见，创新是一项综合性的活动。

五、创新具有时效性

创新具有时效性，一方面表现在不同创新类型的顺序分配上，另一方面反映在产品的替代过程中。

企业创新一般总是从产品创新开始的。一种新的市场需求总是表现为产品需求，因而，在创新初期，企业的创新活动主要是产品创新。一旦新产品被市场接受，企业就会将注意力集中在过程创新上，其目的是降低生产成本、改进品质、提高生产率。当产品创新和过程创新进行到一定程度时，企业的创新注意力会逐渐转移到市场营销创新上，其目的是提高产品的市场占有率。在这些创新重点的不同时序上，还会伴随着必要的组织创新。

当新产品投放市场一定时间后又会被新的产品所替代，这种替代也使得创新具有时效性。新产品被更新的产品所替代的原因可能有两方面：一是消费者的偏好发生了变化；二是生产产品的技术得到了更新。

正是因为创新具有时效性，所以创新者在创新决策时，就有必要识别市场对所要创新产品的需求持续的时间，该产品被替代的可能性，以及创新所出的时期。

六、创新具有动态性

事物是发展变化的，不仅组织的外部环境和内部环境在不断发生变化，而且组织的创新能力也要不断积累、不断提高，决定创新能力的创新要素也都要进行动态调整。从企业间的竞争来看，随着企业创新的扩散，企业竞争优势将会消失，这就要不断推动新的一轮又一轮的创新，不断确立企业的竞争优势。因此，创新绝不是静止的，而是动态的。不同时期组织的创新内容、方式、水平是不同的。从组织发展的总趋势看，前一时期低水平的创新是要被后一时期高水平的创新所替代。创新活动的不断开发和创新水平的不断提高，正是推动组织发展的动力。

第三节　创新工作的原则与过程

一、创新工作的原则

为了推动创新并保证创新活动的顺利进行，需要处理各方面的关系，并遵循一定的原则。创新的主要原则如下文。

1. 创新与维持相协调的原则

创新活动与维持活动既相区别，又相联系、相辅相成。维持是创新的基础，创新是维持的发展；维持是为了实现创新的成果，创新为维持提供更高的起点；维持使组织保持稳定性，创新使组织具有适应性。维持和创新都是组织生存和发展所不可缺少的。然而创新和维持有时也相互矛盾、相互冲突。正确处理二者的关系，寻求创新和维持的动态平衡和最优组合，是管理者的职责，也是创新应遵循的原则。例如，研究开发新产品，要受原有产品技术水平、人员素质、管理水平以及资金积累的制约；新产品处在研究开发甚至开始生产和投入市场阶段时，原有产品的生产也在同时进行，需要正确处理新产品开发和原有产品生产之间的关系，这就是创新和维持相协调原则的要求。在企业中，创新与维持的平衡和组合是复杂的，也是多方面的，如创新目标、规模、顺序的选择要适当，新技术的引进和改进要紧密结合，创新组织与其他组织之间要相互配合等。

2. 开拓进取、求实稳健的原则

开拓进取是创新的本质要求。所谓开拓进取就是要不断地向新的领域、新的高度进军。没有开拓进取，便没有创新。然而组织中不思进取，安于现状的现象往往普遍存在，创新活动也常常受到来自各方面甚至是高层管理人员的非议、排斥、压力和抵制，不少人担心创新会付出更大的代价，担心会改变熟悉的工作方式，担心会失去既得的利益等。这些现象的存在会成为组织创新的最大障碍。因此，组织应以极大的热情鼓励、支持和组织创新活动，要创造促进创新的组织氛围，重塑企业文化，激发员工奋发向上、开拓进取。

与此同时，组织的创新总是在现实基础上的创新，任何成功的创新都是科学的，没有半点虚假。开拓精神必须同求实态度相结合。求实稳健并非安于现状、墨守成规，而是面向社会、面向市场，从实际出发，实事求是，量力而行，这是创新成功和稳步发展的重要保证。脱离实际的变革，不可避免地出现盲目性、随意性和反复性。大量事实表明，创新者不是专注于冒险而是专注于机会，通过感性认识上升为理性认识，在系统分析创新机会来源的基础上，找准机会加以利用。一旦创新展开，就必须脚踏实地采取各种措施，经过持续的努力来确保创新的成功。

3. 统一性和灵活性相结合的原则

有组织的创新，必须有统一的目标、相互协调的行动、优势集中的兵力。没有统一明确的目标，创新活动将失去方向，形成盲目乱干；没有相互协调的行动，创新人员不能团结合作，容易各自为政、相互封锁；没有优势兵力的集中，创新力量分散，则不仅会延缓时间，痛失良机，甚至会导致失败。但是，创新本身又具有偶然性或机遇性，并不都可以在预计的计划之列。同时多数创新者往往是“骑在丰富想像力上获得冒险成功的人”，他们酷爱做自己幻想的事。因此，创新的组织应具有灵活性，要放松对员工的控制，使计划具有弹性。如允许创新者自己确定题目，允许使用工作时间去探索新的设想，提供一定的创新尝试所需资金、物质条件和实验场所；允许创新者自己选择合作伙伴等。这样既有利于充分调动创新者的积极性，又利于及时捕捉创新机会。

4．鼓励创新、允许失败的原则

创新的创造性、风险性、效益性，决定了组织应对创新者的劳动及其成果进行公正评价和合理奖励。对所有的创新建议，组织都要实施正向的激励政策，对创新成果确有重大价值并得以采用的，要在物质上给予重奖，在职称上予以破格晋升，使奖励与创新的风险和贡献相一致。同时，创新者的创新动因有一种对个人成就感的追求和自我实现的满足，创新的精神奖励不仅是必要的，甚至是更为重要的。因此，不仅要对创新者的新成果进行精神上的和物质上的奖励，还要在创新的全过程中给予创新者更多的理解、尊重和支持，给予创新者放手施展抱负和才能的条件。

创新是不断探索尝试、经常受挫失败、又努力改进提高的过程。一帆风顺的创新是极为罕见的事情。允许失败则是对创新者积极性、创造性的保护和支持。对于失败，创新者不应悲观失望、半途而废，管理者不应冷眼相看、横加指责。创新的组织管理者要宽容待人，热情帮助创新者总结和吸取失败教训，鼓励创新者坚持不懈，继续进行大胆探索和试验，直到取得成功。

二、创新的过程

要有效地组织系统的创新活动，就必须研究和揭示创新的规律。

创新有无规律可循？对于这个问题是有争议的。美国的创新活动非常活跃，因为创新而经营成功的3M公司的一位常务副总裁在一次讲演中甚至这样开头：“大家必须以一个坚定不移的信念作为出发点，这就是：创新是一个杂乱无章的过程。”

是的，创新在本质上是杂乱无章的，因为创新是对旧事物的否定，是对新事物的探索。对旧事物的否定，创新必定要突破原先的制度，破坏原先的秩序，必须不遵守原先的章程；对新事物的探索，创新者只能在不断的尝试中去寻找新的程序、新的方法，在最终的成果取得之前，可能要经历无数次反复，无数次失败。因此，它看上去必然是杂乱的。但这种杂乱无章是相对于旧制度、旧秩序而言的，是相对于个别创新而言的。就创新的总体，或“创新一般”来说，它们必然遵循一定的程序和规律。

总结众多成功企业的经验，成功的创新要经历“寻找机会、提出构思、迅速行动、忍耐坚持”这样几个阶段的努力。

1．寻找机会

创新是对原有秩序的破坏。原有秩序之所以要打破，是因为其内部存在着或出现了某种不协调的现象。这些不协调对系统的发展造成了某种不利的威胁。创新活动正是从发现和利用旧秩序内部的这些不协调现象开始的。不协调为创新提供了契机。

旧秩序的不协调既可以存在于系统的内部，也可以产生对系统有影响的外部。就系统的外部来说，有可能成为创新契机的变化主要有：

(1) 技术的变化，从而可能影响企业资源的获取、生产设备和产品的技术水平。

(2) 人口的变化，从而可能影响劳动力市场的供给和产品销售市场的需求。

(3) 宏观环境的变化。迅速增长的经济背景可能给企业带来不断扩大的市场，而整个国民经济的萧条则可能降低企业产品需求者的购买能力。

(4) 文化与价值观念的转变，可能改变消费者偏好或劳动者对工作及其报酬的态度。

就系统内部而言，引发创新的不协调现象主要有：

(1) 生产经营中的瓶颈，可能影响了劳动生产率的提高或劳动积极性的发挥，因而始终困扰着企业的管理人员。这种卡壳环节，既可能是某种材料的质地不够理想，且始终找不到替代品，也可能是某种工艺加工方法的不完善，或是某种分配制度的不合理。

(2) 企业意外的成功或失败，如派生产品的利润贡献不声不响地、出人意料地超过了企业的主营产品，老产品经过精心整顿改进后，结构更加合理、性能更加完善、质量更加优异，但并未得到预期数量的订单。这些出乎企业意料的成功和失败，往往可以把企业从原先的思维模式中赶出来，从而成为企业创新的一个重要源泉。

企业的创新，往往是从密切地注视、系统地分析社会组织在运行过程中出现的不协调现象开始的。

2．提出构想

敏锐地观察到了不协调现象的产生以后，还要透过现象究其原因，并据此分析和预测不协调的未来变化趋势，估计它们可能给组织带来的积极或消极后果，并在此基础上，努力利用未来或将威胁转换为机会，采用头脑风暴、德尔菲等方法提出多种解决问题、消除不协调、使系统在更高层次实现平衡的创新构想。

3．迅速行动

创新成功的秘密主要在于迅速行动。提出的构想可能还不完善，甚至可能很不完善，但这种并非十全十美的构想必须立即付诸行动才有意义。“没有行动的思想会自生自灭”，这句话对于创新思想的实践尤为重要，一味追求完美，以减少受讥讽、被攻击的机会，就可能坐失良机，把创新的机会白白地送给自己的竞争对手。T·彼德斯和 W·奥斯汀在《志在成功》一书中介绍了这样一个例子：20 世纪 70 年代，施乐公司为了把产品搞得十全十美，在罗彻斯特建造了一座全由 MBA 占用的 29 层高楼。这些 MBA 们在大楼里对第一件可能开发的产品设计了拥有数百万个变量的模型，编写了一份又一份的市场调查报告。然而，当这些人继续不着边际地分析时，当产品研制工作被搞得越来越复杂时，竞争者已把施乐公司的市场抢走了 50% 以上。创新的构思只有不断地尝试才能逐渐完善，企业只有迅速地行动才能有效地利用“不协调”提供的机会。

4．坚持不懈

构想经过尝试才能成熟，而尝试是有风险的，不可能“一打就中”，且很可能失败。创新的过程是不断尝试、不断失败、不断提高的过程。因此，创新者在开始行动以后，为取得最终的成功，必须坚定不移地继续下去，绝不能半途而废，否则便会前功尽弃。

第四节　创新的基本内容

创新的内容极为广泛，涉及到不同的社会系统，涉及到目标、手段和方法，涉及到技术、经济和管理等。下面以企业系统为例，介绍创新的主要内容：技术创新、组织管理创新和制度创新。

一、技术创新

技术创新是企业创新的重要内容。任何企业都是利用一定的产品来表现其市场存在、进行市场竞争的，任何产品都是一定的人借助一定的生产手段加工和组合一定的原料生产出来的。不论是产品本身，还是生产这些产品的人和物质设备，或是被加工的原材料以及加工这些原材料的工艺，都以一定的技术水平为基础，以相应的技术水平为标志。因此，技术创新的进行、技术水平的提高是企业增强自己在市场上竞争力的重要途径。

（一）技术创新的内涵

与企业生产制造有关的技术创新，其内容也是非常丰富的。从生产过程的角度来分析，可以将起其分为以下几个方面。

1．材料创新

材料既是产品和物质手段的基础，也是生产工艺和加工方法作用的对象，因此，在技术创新的各种类型中，材料创新可能影响最为重要、意义最为深远的。材料创新或迟或早会引起整个技术水平的提高。

由于迄今为止作为工业生产基础的材料是由大自然提供的，因此材料创新的主要内容是寻找和发现现有材料、特别是自然提供的原材料的新用途，以使人类从大自然的恩赐中得到更多的实惠。随着科学的发展，人们对材料的认识渐趋充分，利用新知识和新技术制造的合成材料不断出现，材料创新的内容也正在逐渐地向合成材料的创造这个方向转移。

2．产品创新

产品是企业的象征，任何企业都是通过向市场上提供某种或某些在某种程度上不可替代的产品来表现并实现其社会存在的。产品在国内和国际市场上的受欢迎程度是企业市场竞争成败的主要标志。只有不断地组织并实现产品的创新，企业才能保持持久的竞争优势，充满生命力。

产品创新包括新产品的开发和老产品的改造。这种开发和改造是指对产品的结构、性能、材料、技术特征等一方面或几方面进行改进、提高或独创。它既可以利用新原理、新技术、新结构开发出一种全新的产品，也可以是对原有产品的性能、规格、款式、品种进行完善，但在原理、技术水平和结构上并无突破性的改变。

产品在企业经营中的作用决定了产品创新是技术创新的核心和主要内容，其他创新都是围绕着产品创新进行的，而且其成果也最终在产品创新上得到体现。

3．工艺创新

工艺创新包括生产工艺的改革和操作方法的改进。生产工艺是企业制造产品的总体流程和方法，包括工艺过程、工艺参数和工艺配方等；操作方法是劳动者利用生产设备在具体生产环节对原材料、零部件或半成品加工的方法。生产工艺和操作方法的创新既要求在设备创新的基础上，改变产品制造的工艺、过程和具体方法，也要求在不改变现有物质生产条件的同时，不断研究和改进具体的操作技术、调整工艺顺序和工艺配方，使生产过程更加合理，现有设备得到充分的利用，现有材料得到更充分的加工。

4. 手段创新

手段创新主要指生产的物质条件的改造和更新。任何产品的制造都需要借助一定的机器设备等物质生产条件才能完成。生产手段的技术状况是企业生产力水平的具有决定性意义的标志。

生产手段的创新主要包括两个方面的内容：一是将先进的科学技术成果用于改造和革新原有的设备，以延长其技术寿命或提高其效能；二是用更先进、更经济的生产手段取代陈旧、落后、过时的机器设备，以使企业生产建立在更加先进的物质基础之上。

上述几个方面的创新，既相互区别，又相互联系、相互促进。材料创新不仅会带来产品制造技术的革命，还会导致产品结构的调整；产品的创新不仅是产品功能的增加、完整或更趋完善，还必然要求产品制造工艺的改革；工艺的创新不仅导致生产方法的更加成熟，还必然要求利用这些新的工艺方法的各种物质生产手段的改进。反过来，机器设备的创新也会带来加工方法的调整或促进产品功能的更加完善，工艺或产品的创新也会对材料的种类、性能或质地提出更高的要求。总之，上述各类创新虽然侧重点各有不同，但任何一种创新都促进整个生产过程的技术改进，从而带来企业整体水平的提高。

（二）技术创新的模式

对于技术创新模式的划分，多年来一直是按诱发技术创新活动的诱因将其分为技术推动模式和市场需求拉动模式。20 世纪 80 年代以后，又出现一种折中观点，即所谓双作用模型。

1. 技术推动模型

技术创新的技术推动模式，是指因技术发展的推动作用而产生的技术创新。技术推动表现为科学和技术的重大突破，使科学技术明显地走到生产的前面，从而创造出全新的市场需求，或是激发市场的潜在需求。技术创新理论的奠基者熊彼特是这种模式的倡导者，他认为，不管技术是在经济系统以外，还是在一个垄断竞争者的大型研究和发展实验室中产生的，都是技术创新与经济增长的主发动机。对于技术创新的需求，并不是由市场产生的，而是拥有技术专利的创新主体按技术的功能实用性进行创新，从而间接地满足市场上存在的某种需求或在视察上创造需求。在经济发展过程中，许多大的技术创新成果，如尼龙、人造纤维、核电站、半导体等都属于这一模式。这种模式的创新过程如图 12－1 所示。

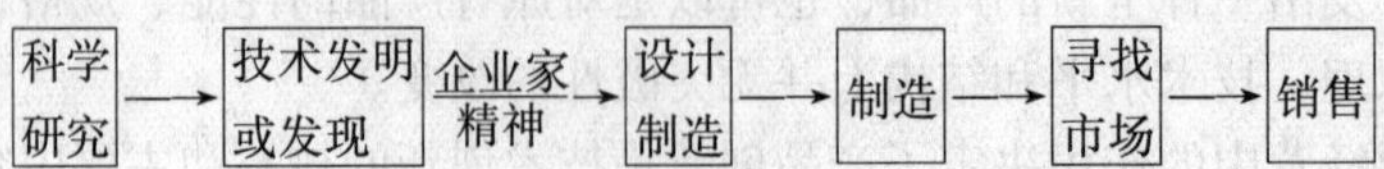

图 12－1 技术推动模式的创新过程

在实践中，从科学技术突破到创新，并非易事。有时，从一项科学技术突破到能大规模地生产，需要10年左右的时间，短的也需要2~3年。原因是科学技术突破常常是实验室里的产物，从实验室样品到大规模生产，需要解决工艺、实验、生产制造、消费者的接受这一过程中的一系列问题。因此，科技成果转化需要大量的资金投入并且风险很高。

2. 市场需求拉动模式

市场需求拉动模式，是指技术创新始于市场需求。具体表现为由于市场的需求，对产品和技术提出了明确的要求，从而导致科学技术的发展，进而制造出适销的产品，最终满足市场的需求。这一模式最早是由施穆克勒（J.Schmookler）提出的。他通过研究19世纪上半叶到20世纪50年代美国铁路、炼油、农业和造纸工业等的投资、存量、就业和发明活动，发现投资和专利的时间序列表现为高度的同步特性，投资序列往往趋向领先于专利序列，相反的可能性则较少。据此，施穆克勒认为通过外交事件、外部需求来解释技术创新比起用发明本身更好。这种技术创新模式起始于市场需求，通过创新过程又复归于市场来满足需求。

随着社会、经济与科技的发展与进一步融合，近代的众多技术创新都属于这种模式，如通讯产业、化工产业、汽车产业、工业用仪表、测试仪器以及大多数改进产品的许多创新等。美国学者厄特巴克（Utterback）对1974年的一项工作结论是：60%~80%的重要创新是由于需求拉动的。市场需求拉动模式的创新过程如图12-2所示。

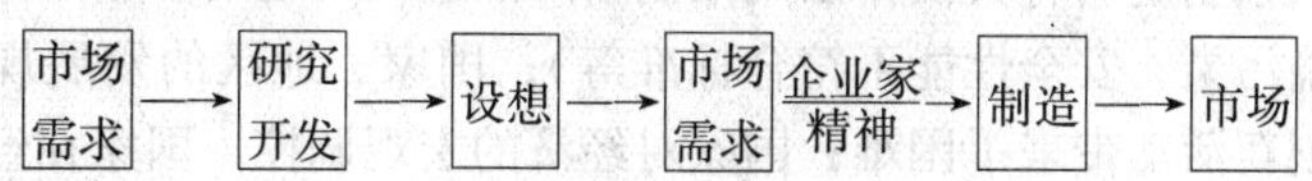

图12-2　市场需求拉动模式的创新过程

3. 双重作用模式

双重作用模式是指在技术创新时，创新者在拥有或部分拥有技术发明或发现的条件下，受到市场需求的诱发，并由此开展技术创新活动的一种模式。事实上，由于技术与经济的相互渗透，以及技术创新过程越来越复杂，涉及的因素越来越多，从而很难断定是技术推动还是市场需求拉动是技术创新的决定因素。例如，VCD影碟机成功地进入了家庭消费，使VCD影碟机制造业取得了极大的商业成功。在这个例子中，就很难说是消费需求迫切推动了创新，还是由于微电子技术的发展产生了解码芯片并使成本不断降低，从而激发了消费需求。其实这两种作用都是客观存在的，也很难区分其强弱，这样的例子还很多。双重作用模式强调把技术与需求综合考虑，认为技术创新是在科学技术研究可能得到的成果和市场对此成果需求平衡的基础上产生的，即技术机会和市场机会合成的结果，导致了技术创新的展开。

双重作用模式的创新过程可用图12-3表示。

（三）技术创新的风险与防范

由技术创新的特点可知，技术创新是既具有高收益又具有高风险的使科学技术应用于生产并使其商业化的活动。其高风险在于技术创新活动涉及许多相关环节和众多影响因素，从而使得创新的结果呈现随机性。美国的一份研究报告曾经断言，美国的每十个专利中，只有一个能变成创新。因此，在技术创新决策之前，对影响技术创新成败的许多风险因素进行全面的调查和分析，对创新的风险做到心中有数，并对这些风险有较好的防范措施与途径，使技术创新的风险降到最低限度，对于保证技术创新的成功有着极其重要的意义。

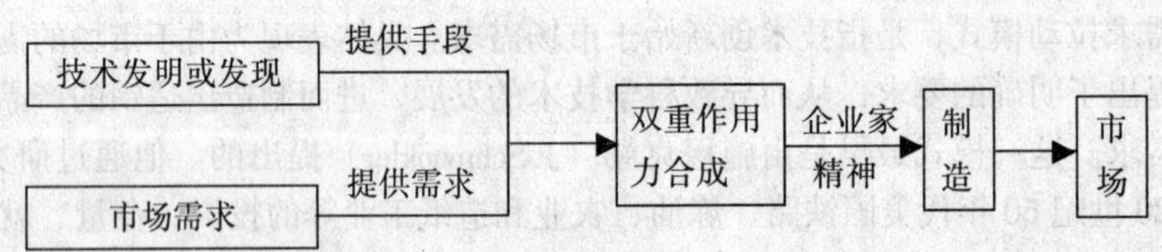

图 12-3 双重作用模式的创新过程

1. 技术创新的风险类型

影响技术创新成败的因素众多且纷繁复杂，涉及到政治、社会、市场、技术和生产经营、销售等多方面。按照不同的风险成因，可以将技术创新过程中可能遇到的风险分为以下几类。

(1) 政治风险。具体来说，政治风险可能来源于国家政局发生变化，使企业的新产品无法进入市场；国家制定的有关法律法规限制新产品进入市场（如新产品的开发侵犯了技术专利，造成环境污染，安全性能不符合标准等）；国家、地区的发展规划、产业政策的调整变动给技术创新活动带来了困难；国家对经济的宏观调控。国家在经济形式发生变化时，就会使用财政政策和货币政策进行宏观调控。当国家实行紧缩性的财政政策和货币政策时，技术创新所需资金筹措就比较困难，从而使得技术创新难以顺利进行而产生风险，这种风险实质上也是政策风险。

(2) 社会风险。社会风险是泛指其他一切社会因素如文化、宗教、民族等引发的技术创新风险。比如企业研制的新产品与销售地域的文化传统不相符，或与当地的宗教习惯有冲突，从而引发人们的心理抵触感，造成销售失败。

(3) 市场风险。市场风险是指技术创新后所生产的新产品投入市场得不到消费者的接受和认可，从而导致产品销售受阻，无法收回技术创新投资的风险。产生市场风险的主要原因是市场的不确定性。市场的不确定性来源于：市场是不断变化的，模仿的存在，技术引进的冲突。技术创新的市场风险发生后的损失与一般的市场风险不一样，一般的市场风险的损失表现为本期收益的减少或降低，而技术创新的市场风险的损失包括技术创新开发、转让和转化过程中的投入损失。

(4) 技术风险。技术风险主要来自技术创新的构思和实施阶段。由于技术创新的主体受到多方面因素的影响，不可能对创新技术的成果转化和投放市场做出准确无误的预测，加上技术创新所使用的技术装备水平、科研力量的限制，致使许多因素处于不确定状态，从而产生技术风险。具体来说，技术风险的主要来源有：技术本身的不成熟，技术的飞速变化和激烈竞争，生产制造能力，技术效果。

(5) 管理决策风险。企业领导者的主要责任不仅是维持企业的正常生产和经营，而且要实现长期和短期的利润最大化，在这种职责驱使下，当企业领导者看到技术含量高、市场需求量大、潜在经济利益高的新技术时就会抓住不放。如果此时不管自己的企业是否有配套的技术力量和相应的设备、原材料来源及资金的支撑，而盲目决策买进技术并进行技术转化，结果是尽管技术很成熟，但由于接受方条件不成熟，使得技术转化失败，产生决策风险。

2. 技术创新风险的防范对策

技术创新的风险是客观存在的，但是技术创新毕竟是高风险高回报的技术商业化活动，有关资料表明：10项技术创新项目中，有1~2项成功就可盈利。正是因为这样，许多企业不断进行技术创新。但是，在技术创新过程中，应充分认识风险，并采取相应的防范对策，以控制风险。

(1) 增强风险意识。企业参与市场竞争本身就有各种各样的风险，技术创新本身更具有风险。企业必须具备强烈的风险意识，正确估计技术创新中可能存在的各种风险，做好迎接风险挑战的思想准备。企业只有具备风险意识，才能有效地防范风险，将风险降到最低程度。

(2) 加强科学论证，从根本上避免风险。在技术创新前，不仅要对创新的技术本身进行论证，还要对生产所使用的配套设备、设施、技术力量、管理条件、市场条件进行可行性论证，从基础工作开始就在根本上避免风险。

(3) 详细分析外部经营环境。要重点了解与创新有关的法律法规、行业政策、产业政策、技术政策以及文化、民族、宗教、大众心理等方面的情况，以保证企业的创新产品不会受到国家法律法规和政策的制约，并能较好地适应社会环境的要求。

(4) 企业应建立有效的调控机制。在组织、管理上应加强创新活动的阶段控制，实行进度调控和风险监控。调控、管理也应随创新活动的变化而变化；既要提高组织的柔性，又要加强组织的刚性，灵活多变与有计划、有目的的监督、控制和管理相结合。

(5) 慎重选择技术创新的方向。选择技术创新的方向，要突出自身竞争优势，并结合自身条件。一般说来，从竞争对手没有考虑的潜在市场进行技术创新，比较容易获得成功。尤其是对于势力较弱的中小企业来讲，这一点尤为重要，因为这样可以使企业避免和竞争对手发生激烈的冲突，从而降低创新产品的竞争风险。

(四) 技术创新的战略及其选择

任何企业都在执行一套符合自己特点的技术创新战略。一般涉及创新的基础、创新的对象、创新的水平、创新的方式以及创新实现的时机等多个方面。

1. 创新基础的选择

创新基础的选择需要解决在何种层次上组织创新的问题。但同样显而易见的是，理论上的创新，特别是用于为企业服务的理论创新不是一两次突击性的工作可以完成的，它需要企业、特别是企业中有关科研人员长期地、持久地、且经常是默默地工作。这种工作，可能带来成功的结果，也可能是组织了众多的研究人员长期地进行了艰苦的工作后一无所获。基础研究的上述特点决定了选择此种战略不仅具有较大的风险，而且要求企业能够提供长期的、强有力的资金以及人力上的支持。

应用性的研究只需企业利用现有的知识和技术去开发一种新产品或者探寻一种新工

艺。与基础研究相比，它所需时间相对较短、资金要求相对较少、创新的风险也相对较小，研究成果的运用对于企业生产设施的基础性投资的要求相对较低，当然，与之相应，它对企业竞争优势的贡献程度也相对要小一些。

从某种意义上来说，现代企业从事的大多是应用性的研究工作以及相应的创新。日本学者森谷正规认为："20 世纪 60 年代以来，很难找到一种以完全新的原理为基础的技术。"以电子学为例，晶体管的生产是一种以全新理论为基础的创新。这种创新从根本上改变了以之为基本部件的产品的生产过程。但自此以后，"没有一个新的电子元件像晶体管一样被开发……微型计算机和超大规模集成电路只是在一个小硅片上集中了数量惊人的晶体管，却没有离开以前的技术原理。"但是，如果创新的过程始于基础研究，则无疑将给企业的应用性开发提供异常广阔的空间。

2. 创新对象的选择

从前面介绍中我们已经看到，技术创新主要涉及材料、产品、工艺、手段等不同方面。由于企业生产所需要的原材料主要是从外部获取的，因此，材料创新主要是在外部进行的（这种创新实际上是上游企业的产品创新），所以企业可选择的创新对象主要涉及产品、工艺以及生产手段等三个领域。

产品创新使得产品在结构或性能上有所改进或全部创新，不仅能给消费者带来一种全新的享受，而且可能降低产品的生产成本或者减少产品在使用过程中的使用费用，所以给企业带来的不仅是特色的形成，而且可能是成本的优势。工艺创新则既可能为产品质量的形成提供更加可靠的保证，从而加强企业的特色优势，亦可能促进生产成本的降低，从而使企业产品在市场上更具有价格竞争力。

产品与工艺的创新主要是由企业完成的，外部一般很难替代企业来从事这项工作。生产手段的创新则不然。由于每种机器设备的制造都需要利用企业不可能同时拥有的专门技术、人员和其他生产条件，即使企业拥有这些条件生产所需的机器设备，但由于数量有限，也不可能达到规模经济的要求，导致生产成本很高，因此企业一般都是从外部获取各种机器设备。由于这个原因，生产手段的创新亦可借助外部的力量来完成。但是，生产手段的创新不是孤立地进行的，它既可能是产品创新或工艺创新的结果（产品结构或工艺制造方法的变化必然要求生产手段也做相应的调整），亦可能由此而引发产品或技术的创新。因此，由外部引进技术来实现生产手段的改造，则有可能使企业的与此相关的产品创新或技术创新的意图或过程过早地为竞争者所察觉，从而难以通过创新带来竞争优势的形成或提高。在这种情况下，某些关键生产手段的技术创新选择在内部组织进行就是必然的了。

3. 创新水平的选择

创新水平的选择与创新基础的选择都涉及通过创新可能达到的技术先进程度，不过基础的选择可能导致整个行业的技术革命，特别是基础研究导致的创新可能为整个行业的生产提供一个全新的基础，而创新水平的选择则主要是在行业内相对于其他企业而言的，需要解决的主要是在组织企业内部技术创新时，是采取一个领先于竞争对手的"先发制人"的战略，还是实行"追随他人之后"，但目的仍是"超过他人"的"后发制人"的战略。

先发制人可给企业带来下述贡献：给企业带来良好的声誉；使企业占据有利的市场地位；使企业进入最有利的销售渠道；使企业获得有利的要素来源；使企业获取高额的垄断

利润。

率先行动带来的并非都是鲜花，“先发”并非每次都能达到“制人”的目的。率先开发某种技术或产品可能给企业带来以下几个方面的烦恼：要求企业付出高额的市场开发费用，需求的不确定性，技术的不确定性。

由于这些原因，许多企业宁愿采用追随的战略，而不愿先人一步。当然，后发的目的也是为了先制，是为了制人，而非受制于人。实际上，由于上面列举的原因，后发者虽然在时间上、在用户心目中的技术水平形象上可能处于稍微不利的地位，但它可以分享先期行动者投入大量费用而开发出的行业市场，可以根据已基本稳定的需求进行投资并在率先行动者技术创新的基础上组织进一步的完善，使之更加符合市场的要求，因此，后发制人的战略有时也不失为一种合理的选择。

4．创新方式的选择

不论技术创新的水平和对象如何，企业在技术创新活动的组织中都可以有两种不同的选择：利用自己的力量独家进行开发，或者与外部的生产、科研机构联合起来共同开发。

独自开发与联合研究要求企业具备不同的条件，需要企业投入不同程度的努力，当然也会使企业的收益不同。独立开发，不仅要求企业拥有数量众多、势力雄厚的技术人员，而且要求企业能够调动足够数量的资金。独立开发若能获得成功，企业将可在一定时期内垄断性地利用新技术来组织生产，形成某种其他企业难以模仿的竞争优势，从而获得高额的垄断性利润。当然，如果开发不能获得预期的结果，企业也将独自咽下失败的苦果。联合开发，企业可以与开发伙伴集中更多的资源条件进行更为基础性的创新研究，并共同承担由此引起的各种风险。开发如果失败，企业将与协作伙伴一道来分担各种损失，当然，开发成功，企业也不能独自利用研究成果组织产品或工艺的创新，协作伙伴也有权分享共同的成果，有权从这种成果的利用中分享一份市场创新的利益。

二、组织管理创新

（一）组织创新

1．组织创新的涵义

现代企业的组织理论有广义和狭义的区分：广义的组织理论，包括一个企业在运行过程中所遇到的全部问题，如企业运行的环境、目标、规模等；狭义的组织理论，主要是指企业组织结构的设计和运行，而把环境、战略、技术、规模等问题作为影响组织结构设计的因素。本文探讨的是有关广义组织理论的问题。

组织创新可以简单地定义为：组织创新就是组织规制交易的方式、手段或程序的变化。这种变化可以分为两类：①组织的增量式创新。增量式创新不改变原有规制结构的性质，是规制方式、手段或程序的较小的变化，如控制制度的精细化，人事上的变更或组织一项交易的程序发生了变化等。②组织的彻底性创新。它是规制结构的根本性变化，发生的次数通常较少，如U型组织的出现、U型组织向M型组织的过渡。

2．组织创新的主要内容

组织创新大多从以下两个方面来考虑：是改变组织中人员的行为，还是改变组织本身来影响组织中人员的行为。改变组织为主的方法强调组织中非人性因素的修正，如组织结构、政策和程序规则的修正等；而以人为中心的组织创新，强调人员可经由训练和组织发展的方式，以达到组织创新的目的。在实际组织创新过程中，这两种方式通常是并存的。

创新者的最终目标是改变组织中人员的行为，提高组织的工作绩效。在以人为中心的创新方式中，管理人员首先致力于改变人员的态度，希望以此来达到人员行为的修正，从而达到改进工作绩效的目的；而以组织为中心的创新方式，首先由修正组织结构、技术、沟通、奖励制度、工作环境等着手，希望借助工作环境的改变，使组织中的人员自觉跟着修正他们的行为。

(1) 以人为中心的组织创新。以人为中心的组织创新就是指以改变人员的态度及人际间工作关系来达到改进组织绩效的目的。要改变人员的态度，往往要经历库尔特·卢因所描述的三个阶段，即解冻（unfreezing）——改变（conversion）——再冻结（refreezing）。

卢因认为，成功的变革要对现状予以解冻，然后变革到一种新的状态，并对新的变革予以再解冻，使之保持长久。现状可以看作是一种平衡状态，要打破这一平衡状态，解冻就是必要的。这可通过如下三种方式之一来取得：①增强驱动力，使行为脱离现有状态；②减弱制约力，即减弱妨碍脱离现有平衡状态的力量；③混合使用以上两种方法。

解冻乃是刺激个人或群体改变他们原来的态度，并消除那些支持这些态度或行为的因素，灌输给他们一些新的观念，将妨碍创新的因素减至最少，以鼓励人们接受新的观念。解冻一旦完成，就可以推行本身的创新。个体受到刺激而发生改变，这种改变可经由模仿和内化作用产生，个体在改变过程中，除模仿新的行为形态外，若再加上内化作用则这种新的行为模式就被强化了。但仅仅引入变革并不能确保它持久，新的状态需要再加以冻结，这样才能使之保持一段相当长的时间。除非增加最后一个步骤，否则创新就可能是短命的，员工又会返回原有的平衡状态中，因此，再冻结的目的就是通过驱动力和制约力两种力量，使新的状态稳定下来。

以人为中心的组织创新具体包括敏感性训练、调查反馈、过程咨询、团队建设和组织发展等。贯彻这种创新方法的共同主线是，它们都设法带来组织人员内部或相互关系的改变。

①敏感性训练（sensitivity training）。这是通过非结构化的群体互动来改变人的行为的一种方法。该群体是由一位职业行为学家（不具有领导特色）为参与者创造表达自己思想和感情的机会。对敏感性训练作为一种创新方法的效果，实证研究已经表明它具有多种结果。从正面看，这种方法表现出对沟通技能的迅速改变，对提高认识的准确性和个人参与者的意愿有促进的作用。

②调查反馈（survey feedback）。这是对组织成员的态度进行评价，确定态度和认识中存在的差距，并使用反馈小组中得到的信息帮助消除其差距的一种方法。

③过程咨询（process consultation）。这是一种依靠外部咨询帮助管理者对其必须处理的过程事件形成认知、理解和行动的能力。这些过程事件可能包括工作流程、单位成员间的非正式关系以及正式的沟通渠道等。咨询者帮助管理者更好地认识它的周围、其自身内部或与其他人员之间正在发生什么样的事情。

④团队建设（team building）。这是使工作团队的成员在互动中了解他人是怎么想的和怎么做的。通过高强度的互动，团队成员学会相互信任和开诚布公。团队建设方案中的活

动可能包括团队目标的确定、团队成员间的人际关系的开发、明确各成员的任务和职责的角色分析以及团队分析等。

⑤组织发展（group development）。试图改变不同工作小组成员之间的相互看法、认知和成见。

以人为中心的组织创新的最终目标将是内部成员的组织修炼，建立学习型组织。学习型组织是彼得·圣吉在《第五项修炼》中所倡导的一种组织类型，其精神基础是“自我超越”，正如书中所指出的那样，未来真正出色的企业，将是能够设法使各阶层人员全心投入，并不断学习的组织。

(2) 以结构为中心的组织创新。一个组织的结构是由其复杂性、正规化和集权化程度决定的。管理者可以对这些结构要素的一个或多个加以变革，例如，可将几个部门的职责组合在一起，或者精简某些纵向层次、拓宽管理跨度，以使组织扁平化和减少官僚机构特征。为提高组织的正规化程度，可以制定更多的规则和制度。而通过提高分权化程度，则可以加快决策制定的过程。

结构的变革往往涉及许多因素和领域，如表 12-1 和表 12-2 所示。

表 12-1　组织结构变革的因素

1. 规章制度	12. 组织层次的数量
2. 程序	13. 委员会
3. 正式的奖酬制度	14. 直线—参谋组织
4. 汇报的要求	15. 工作绩效的标准
5. 计划	16. 正式决策的权利
6. 部门划分的基础	17. 选择的目标
7. 控制幅度	18. 项目群体
8. 矩阵组织结构	19. 预算
9. 进度安排计划	20. 正规培训
10. 信息沟通系统	21. 指挥系统
11. 工作班组	

表 12-2　组织结构变革所涉及的领域

1. 组织结构上的改革所涉及的部门	
(1) 分权程度的改革	(2) 管理跨度的改革
(3) 协作方式的改革	(4) 工作设计的改革
(5) 工作进度的改革	
2. 整个组织规划的改革	
(1) 行政与系统组织规划变动	(2) 矩阵组织结构的改革

续表

(3) 简单式、机械式、专业式、部门化的变革	
3. 其他组织结构方面的改革	
(1) 报酬制度的改革	(2) 工作表现评价鉴定的改革
(3) 控制指挥系统的改革	

(3) 以组织过程为中心的组织创新。以人为中心和以结构为中心的组织结构创新所依据的理论基础都是比较传统的组织理论，前者关注组织（非正式组织），后者则将重点置于正式组织。以组织过程为中心的组织创新是对传统的组织理论与创新的一种突破，其组织创新的结果将是构建“过程组织”。

自从19世纪工业革命以来，企业就一直把劳动分工理论作为组织结构设计的核心思想，把泰罗的科学管理作为生产组织设计的基本原理，并形成了统治的科层组织形式。从上下关系看，组织被划分为若干层次，组织是一个等级分明的金字塔，处在最高位的企业经理，通过逐层的中间管理层，控制着整个组织。从组织的横向关系看，每一管理层被分为并列的管理部门。这种金字塔式的科层组织在产品和市场变化不大的大规模生产情况下，确实收到了降低成本和提高产量的积极效果。但是，20世纪80年代以后，社会经济发生了一系列的变化，传统的金字塔式科层组织受到了严峻的挑战。目前，大多数管理者认为，金字塔式的科层组织必定会压制工人、疏远员工，浪费员工的潜能，造成管理者与工人的对立，形成恶性循环。美国管理学家哈默和钱皮提出企业再造给企业组织创新提供了新思路。他们认为，科层组织是以专业化分工为基础的结构涉及的必然产物。以专业分工为基础的传统组织理论把职位和部门作为组织设计的基本构件，因此只重视这些静止的东西；而过程再造理论提出要以企业的活动、事件、业务过程作为组织设计的基本要素，使原来支离破碎的工作过程（包括业务过程和管理过程）得到整合。业务过程改造的起点和终点是顾客或市场，寻求的不是对旧过程的改进，而是工作方式的彻底改造，放弃由职位、部门等实体组建的科层组织，而代之以“过程”为轴心组建的全新的组织。基本的组成单元是执行某项完整任务并具有充分自主权的专案员或专案组，其结果是使组织层次减少。这样对企业组织的设计就主要不是结构组织的问题，而是确确实实地按“过程”作为构件来构造组织，称之为“过程组织”。以这种思路来重新设计组织，虽然并没有直接着眼于削减层次、部门和人员，但却可以带来组织构形扁平化和组织机构精简的结果。扁平化组织结构的竞争优势在于不但降低了企业管理协调成本，还大大增强了企业对市场的反应速度和满足用户的能力。

3. 组织创新的思路

(1) 组织创新中需要注意的问题。

①重视“外部人”在组织创新中的作用。组织创新一般是组织内部管理当局的事，但是组织的“外部人”，如外部咨询人员也在组织创新中发挥着越来越重要的作用，这已引起组织内部管理者的注意。企业组织创新，特别是系统范围内的大变革，内部管理当局经常会聘请外面的咨询人员提供建议和帮助。由于这些人来自于外部，他们将提供内部人通常缺乏的一种客观的认识。但是，外部咨询人员也常有一个缺陷，即对组织的历史、文

化、作业程序和人事等缺乏足够的了解。外部咨询人员还经常倾向于主张比内部人更剧烈的变动（这可能是利，也可能是弊），因为他们在变革后不必生活在各种反应中。相反，内部管理者作为变革的推动者时，可能会深思熟虑，也可能更小心谨慎，因为他们必须与其行动的结果终日为伴。

②认识组织创新的系统性。企业组织是一个复杂的系统，它综合了许多不同的因素，如人员、技术、结构、人物、价值观、生产等，而且它还必须满足各种各样利益相关者的要求，包括供应商、顾客、债权人、债务人、管理者、雇员等。在进行组织创新时，如果不充分考虑与其他因素的相互影响，就可能导致创新失败。在企业内部经常会发生冲突，如已经选定的方向可能倾向于集中控制，因而对分权造成了障碍；提高效益需要专业化，但专业化又引起协调方面的许多困难；适应环境需要灵活性，而强调灵活性又干扰了控制。因此，忽略变革的结果对其他单位所产生的影响，就无法将本身的变革固定下来。

③组织成员共同参与创新活动。组织创新并不仅仅属于管理人员，应将组织内所有的人都纳入组织创新活动中来，这一方面是创新系统性的需要，另一方面也是降低创新阻力的需要。组织创新往往会遭到人们的抵制，这是由于组织的各个部门自成一个系统，有它自己的工作方式、人际关系、行为规范、价值观念以及应付环境的方法。所以，组织的负责人不能采取简单的命令方式要各个部门进行变革。一个人如果参与了变革的决策，他就不容易形成阻力，因此，在变革决定之前，需要将反对意见的人吸收到决策过程中来。假如参与者能以其专长为决策作出有益的贡献，那么他们的参与就能在降低阻力、取得支持的同时提高变革决策的质量。

④认识组织变革中组合成员对组织的反应。在组织变革过程的不同阶段，组织成员对变革的反应是不同的。卡纳尔在《组织中的管理变革》中将组织变革中组织成员对变革的反应分为五个阶段，正确地认识和处理组织变革的阶段及其成员对变革的反应将是顺利进行组织创新所必需的：一是否认阶段。当成员面对可能出现的变革现实之后，他们往往会认为目前的状况良好，无须变革，尽管他们先前对这种状况可能十分不满。二是抗拒阶段。当成员了解到变革不可避免地要出现，而且已经开始进行时，由于他们没有能力去适应这种变革，他们变得沮丧和受挫，这种挫折感常常表现为抗拒行为。三是放弃旧有习惯的阶段。随着变革的进行，新的行为方式开始显露其价值，组织成员产生乐观情绪，对变革做出初步的承诺，开始放弃旧有的习惯。四是适应阶段。在这个阶段组织成员对新的状况下的每个细节进行小心的尝试，个体的行为模式发生改变，以适应新的变化。五是内部化阶段。新型的关系已经经过尝试和改进，新的组织已经建立起来并融入组织成员的行为之中，构成了下一轮变革出现的起点。

(2) 我国企业重建和管理组织变革的思路。我国正处于变革时期，企业经营机制、管理模式、管理组织变革是整个社会经济变革的主旋律。在这个时候学习西方企业组织变革与企业重建的经验是具有现实意义的。但同时，我们也应该清醒地认识到，西方企业不同时期进行的管理组织变革和企业重建的内容有一定的差别，并不是只有西方企业今天做的企业重建工作才是有价值的，而过去所进行的企业重建方法是过时的。这样有助于我国企业从历史发展的角度去学习西方的企业管理经验，通过分析我国企业现状和管理组织发展的状况，再针对西方企业管理历史发展阶段进行比较，从而提出适合我国企业管理组织变革和企业重建的工作思路。

①围绕加强基础管理工作进行的企业重建。分析我国企业的现状可以发现，我国大多数企业还处在一种加强基础管理的工作阶段。对于国有企业来讲，虽然有一定管理基础，且规章制度比较健全，但由于市场开拓方面不灵活，很多管理章法形同一纸空文。而在个体及乡镇企业，内部管理水平根本谈不上有多高。目前一些管理水平提高较快的科技型民营企业所做的也是加强基础管理工作，如健全组织结构，制定各种规章制度，确定明确的责权利关系等。另外，无论是管理者还是一般职工，其总体素质还有待提高。

因此，我国企业的重建工作首先是从原来的无序管理向有序管理发展的重建，内容是规章制度的制定和落实、职位责权利的明确。这些工作是建立科层组织的重要内容。我们认为尽管科层组织是西方企业变革和批评的对象，但我国企业在目前管理无序的情况下不可能抛开科层组织而直接向自由度更大的组织结构（如“集群组织”）发展，因此，在我国企业建立完善科层组织所要求的一些基础工作，是我国企业重建的第一步。

实际上，我国政府在 1995 年左右推崇的邯郸钢铁公司的内部核算和成本管理经验，所加强的正是企业基础管理工作。

因此，我国企业目前的重建工作主要是基础管理工作，核心是做到责权利分明和按章行事。只要在这个基础上，企业才有可能学习西方企业管理组织变革与企业重建的经验。

②围绕“人”进行的企业重建。我国企业围绕基础管理而做的许多工作，体现的都是科层管理体制的特征。企业做好这一步工作后，其管理水平、工作效率、产品质量、信誉等都会上一个台阶。然而，科层组织结构的一些缺点也就会逐渐暴露出来，典型的问题是等级分明和缺乏灵活性，从而影响职工能动性的发挥。这时企业要做的进一步的工作是围绕如何发挥人的能动性来对企业进行重建。

我国近几年已有不少文章讨论“人本管理”。有一些思路与西方企业在 20 世纪 80 年代进行的以人为中心的重建思想是一致的，包括树立人才观念，加强对人力资源的储备；在指导思想上树立依靠职工办事等。而要把这些观念真正落到实处，还取决于企业领导者素质和职工素质两个方面。这涉及到两个方面素质的提高而进行的企业重建：一是加强企业管理者的素质；二是提高职工的普遍素质。

③为丰富管理组织的内涵进行的重建。我国目前正在对企业进行大规模的现代企业制度改造，而企业在进行管理组织设计时，要考虑的不只是组织结构的框架问题，还应包括战略、管理作风、价值观、体制等的建立。我国很多企业之所以竞争实力差，原因之一是在企业组建和发展过程中没有认真考虑管理组织硬件之外的软件方面的内容。这些是我国很多企业（特别是国有企业）在现代企业管理组织重建时应做的重要工作。

④从战略上或资本经营的角度对企业管理组织进行变革。从资本经营的角度对企业管理组织进行变革，一方面是通过参股控股形式发展企业集团，运用战略联盟、战略网络的理论来建立企业管理组织；另一方面，从对投资项目过程管理的角度进行我国企业管理组织创新。我国企业目前在这方面做了很多工作，如多样化经营、集团化发展等；如无锡小天鹅公司运用自己的管理优势和品牌无形资产进行横向联合，定牌生产，把关联企业纳入自己的生产经营体系中，形成战略网络。这种以资产运作方式向外延伸生产经营活动的方式成为我国众多企业管理组织创新是重要内容。

⑤围绕业务过程变革进行企业重建。西方企业进行业务过程变革主要是由于信息技术的发展和应用的结果。而我国企业（特别是国有企业）在经济转轨过程中进行业务过程再设计，还应有特殊的内容，即首先应按照市场经济和竞争的要求，对企业的业务过程进行再设计。这种再设计是指计划经济条件下的运作模式的转变。例如，我国邮电服务部门从开始的由顾客到各职能部门盖章办证发展到在大厅里进行一条龙服务，再进一步发展为顾客只交钱而各种手续由服务人员代为办理的进一步改进；其次，是应用信息技术来从打破劳动分工和职能部门界限的角度进行业务过程再设计。这两个层次的业务过程再设计的目的，都应该是更接近顾客和更大地发挥职工的能动性。

我国企业进行的现代企业制度改造工作，目前主要是在企业的战略和宏观上进行的，所缺乏的正是围绕如何更接近顾客和更好地发挥职工的能动性，在企业的微观上进行业务过程改造和再设计。

(3) 对组织进行测量。通过用“是”或“否”回答下列问题，得到一个关于你的组织创新的晴雨表。

①是否特许某人对企业范围的创新过程负全部的管理责任?

②是否具备有形和无形的业绩考评标准以评估创新活动的质量?

③你的培训或教育项目能否成为新产品和新业务的孵化器，并有助于延长其生命周期?

④公司在本地、本地区或在国际上开展的业务，是否作为一个从顾客学习并向顾客传递专门知识的分布式网络来运作?

⑤是否有一个正式的智能集成战略，对公司现在和潜在的竞争对手的定位进行控制?

⑥公司新产品和服务的生产率是否超过所在行业的平均水平，并开拓了具有优势的新市场?

⑦是否任命战略联盟经理，寻找业务伙伴和组建合资企业?

⑧你的营销构想是否使组织有能力不断创新并使之市场化?

⑨是否合理分配资源，在企业内部实施创新构想并通过出版物和参加重要论坛与外界共享专门知识?

⑩你的计算机/通讯能力是否已成为内部讨论和进行外部业务学习的一种学习工具?

如果在上述10个问题中有7个以上的回答是肯定的，你将能够成功地管理企业的创新过程，并知道如何为思想流创造一个好环境，从而确保企业活力。

（二）管理创新及其作用

1. 管理创新的概念

约瑟夫·熊彼特于1912年出版的名著《经济发展理论》一书中首先确定了创新的涵义，熊彼特所指创新概念的五个方面，实质上已经有了创造全新的资源配置方式方法的内在涵义，从中可以看到管理创新的部分内涵。在国内的文献中，最早提出管理创新概念的是1994年出版的芮明杰的著作《超越一流的智慧——现代企业管理的创新》以及常修泽等人的著作《现代企业创新论》。常修泽教授认为：“管理创新是指一种更有效而尚未被企业采用的新的管理方式的引入。管理创新是组织创新在企业经营层次上的辐射。经济史中企业产权结构的每一次变迁，都相应伴随着企业管理方式的革命。最具有代表性的一次管理创新是现代股份公司兴起后，出现的所谓‘所有权与管理权的分离’，这种分离导致管理等级制成为现代工商业的一个显著特征。管理创新的主要目标是试图设计一套规则和服从程序以降低交易费用，因为随着现代大量生产的兴起，专业化和劳动分工的程度，导致生产过程中交换次数倍增，大量的资源耗费到了交易费用上。”常修泽教授认为管理创新是组织创新在企业经营层次上的辐射，即管理创新仅仅是组织创新的一个侧面，隶属于组织创新；管理创新仅仅是企业引入的更有效的新的管理方法，这种方式方法的引入目的是为了降低交易费用。而芮明杰教授对此提出异议，他指出：“首先，管理创新并不是组织创新在企业经营层次上的辐射，恰恰相反，组织创新不过是管理创新的一个部分，因为静态的组织只是帮助资源有效配置的形式，动态的组织是将资源进行结合和安置，这些功能都是管理的功能之一。其次，企业引入新的管理方式方法可以推动资源实现更有效的配置，然而这并不是惟一的，因此管理创新绝不仅仅就是引入新的有效的管理方式方法，应该还包含其他内容，例如组织形式的变革就可以帮助资源实现更有效的配置。再次，把降低交易费用作为管理创新的目标是不妥的，因为资源的有效配置是在一定的交易费用和生产成本基础上达成更多的符合社会需求的产出，获得更好的经济效益，因此管理创新的目标如果仅仅为降低交易费用，这就排斥了一些新的有效降低生产成本的方式方法，排斥了一些提高经济效益、增加产出的有效的新的方式方法。”同时，他对管理创新的定义是：“管理创新是指创造一种新的更有效的资源整合范式，这种范式既可以是新的有效整合资源以达到企业目标和责任的全过程式管理，也可以是新的具体资源整合及目标制定等方面的细节管理，这样一个概念至少可以包括下列五种情况：

①提出一种新经营思路并加以有效实施。新经营思路如果是可行的，这便是管理方面的一种创新。但这种经营思路并非只是针对一个企业而言是新的，而应对所有的企业来说都是新的。

②创设一个新的组织机构并使之有效运转。组织机构是企业管理活动及其他活动有序化的支撑。一个新的组织机构的诞生是一种创新，但如果不能有效运转则成为空想，不是实实在在的创新。

③提出一个新的管理方式方法。一个新的管理方式方法能提高生产效率，或是人际关系协调，或能更好地激励员工等，这些都将有助于企业资源的有效配置以达到既定目标和责任。

④设计一种新的管理模式。所谓管理模式是指企业综合性的管理模式，是指企业总体资源有效配置实施的范式。这么一个范式如果对所有企业的综合管理而言是新的，则自然是一种创新。

⑤进行一项制度的创新。管理制度是企业资源整合行为的规范，既是企业行为的规范也是员工行为的规范。制度的变革会给企业行为带来变化，进而有助于资源的有效整合，使企业更上一层楼。因此，制度创新也是管理创新之一。”

2. 管理创新对现代企业发展的作用

(1) 提高企业经济效益。管理创新能对各种生产资源进行重新组合，在对各种生产要素的重新整合过程中，使不变的生产要素发挥更大的作用，带来更大的经济效益。管理创新的目标是提高企业有限资源的配置效率。这一效率虽然可以在众多指标上得到反映，例如资金周转速度加快，资源消耗系数减小，劳动生产率提高等，但最终还要在经济效益指标上有所体现，即提高企业的经济效益。提高企业的经济效益分为两个方面，一是提高目前的效益，一是提高未来的效益即企业的长远效益。管理诸多方面的创新，有的是提高前者，如生产组织优化创新；有的是提高后者，如战略创新与安排。无论是提高当前的效益还是未来的效益，都是在增强企业的实力和竞争力，从而有利于企业下一轮的发展。事实证明，管理创新活动是企业生机与活力的重要源泉，一个在管理上不断追求创新的企业在生存与发展的竞争中具有更多的取胜机会。当前，很多国有企业没有活力，经济效益差，要走出这种困境，一个重要途径就是加强企业管理，进行管理创新。

(2) 深化企业改革。目前我国的许多企业正处于剧烈的变革时期，即从计划经济体制向市场经济体制转轨的时期。随着我国经济体制改革向纵深发展，企业运行的外部环境发生了极大的变化，企业也逐步向自主经营、自负盈亏、自我约束和自我发展的独立商品生产者和经营者转变。与此相适应，对企业管理内涵的要求、战略目标、工作方式和行为方式等也发生了深刻的变化，原有的企业管理模式已不能适应市场经济发展的要求，企业如果要在市场经济中生存与发展，就必须对传统的经营理念、生产经营方式、管理方式方法等进行扬弃，树立新的经营管理理念。通过管理创新，建立新的机制，才能提高市场竞争的优势。

(3) 稳定企业，推动企业发展。企业管理的有序化是稳定与发展的重要力量。常有人说管理与技术是企业发展的两个轮子，倘若管理是如此的话，管理创新自然也是如此，因为管理创新的结果是为企业提供更有效的管理方式、方法和手段。管理创新对稳定企业、推动企业发展的作用可以从诸多方面来看，以管理层级为例，管理层级制一旦形成并有效地实现了它的协调功能后，层级制本身也就变成了持久性权力和持续成长的源泉。因为用来管理新型多单位企业的层级制有持久性，它超越了工作于其间的个人或集团的限制。当一名经理去世、退休、升职或离职时，另一个人已做好了准备，他已受过接管该职位的培训。因而人员虽有进出，其机构和职能却保持不变。”实际上管理层级制的这一创新，不仅使层级制本身稳定下来，也使企业发展的支撑架稳定下来，而这将有效地帮助企业长远地发展。

(4) 拓展市场，帮助竞争。管理创新若在市场营销方面进行，则将帮助企业有力地拓展市场、展开竞争。企业在进行竞争和市场开拓时，将遇到众多竞争对手及厂商和顾客。谁能首先进行管理创新，寻找出最佳的新的市场策略和运行方式，谁便能战胜对手。许多跨国公司在瞄准中国市场后所采取的一系列市场行为，均有其战略意图，这一意图本身就是一种创新。

(5) 有助于企业家阶层的形成。现代企业管理创新的直接结果之一，按照钱德勒的看法是形成了新的职业经理即企业家阶层，这一阶层的产生，一方面使企业的管理处于专家的手中从而提高了企业资源的配置效率，另一方面使企业的所有权与经营管理权发生分离，推动了企业更健康地发展。有关调查表明：我国企业经营管理者对企业家精神的理解列为前三位的是“追求最大利润”、“勇于创新”和“乐于奉献”。而且大多数企业家已经意识到开拓创新能力的不足，他们会更进一步关心创新、关心管理创新，因为他们知道管理创新的功效，对于企业而言，创新是永恒的，因此企业家们将成为重要的管理创新主体。

（三）管理创新的条件和模式

1. 管理创新的条件

管理创新的条件是很多的，但我们这里所要涉及的是管理创新的必备条件。因为所有的管理创新意识和想法都必须建立在这些必备条件之上，否则一切将成为空谈。

（1）创新主体的创新意识。管理创新主体包括：企业家、管理者、员工。

企业家往往由于其所处的特殊地位会对管理创新产生重大的影响，或在管理创新过程中扮演重要的角色。企业家可以鼓励和推动管理创新在本企业进行，但不能因此就说他们是管理创新的主体。但也有一些企业家有自己的创意，在自己任职期间设计具体操作方法并加以实施，这些企业家才是严格意义上的管理创新主体。有些企业家虽有创意但因种种原因不能加以实施，环境的不利也会阻碍企业家成为管理创新的主体。

企业中有许多管理者，在专业分工条件下对自己职责范围的事务、人员、资源进行管理。这些管理领域如人力资源、财务、生产、营销等均处在管理创新的空间范围内，因此从事这些领域管理工作的管理者可以成为管理创新的主体。然而，这一阶层的管理者，他们的行为受到上级领导的约束、受到自身权限的约束，他们有创意并不一定能够实施。

一个易取得成功的企业，一个有远见的企业家应该充分重视企业中管理人员成为管理创新主体的可能性。如果一个企业中管理人员都进行管理创新的探索，那么这个企业必定无往而不胜。这就产生了另一个问题，即企业家即便自己不是创新主体，也应该发掘或培养本企业的管理创新主体，就像企业需要拥有一支技术或产品创新的人员队伍一样。事实上，从事某些企业专业领域的管理工作者可以成为很好的管理创新主体，其所取得的管理创新成果也可能是非常了不起的。

企业员工也可能是管理创新的主体，但员工会受到上司多方面的控制，虽有创意但很难在工作中进行实践以至成功。但当员工的创意得到企业家认可并决定试行时，就成了真正的管理创新主体。

对创新主体而言，创新意识首先反映在其远见卓识上。这种远见卓识就是能够敏锐地判断企业与管理发展的趋势，能够在现实的问题中找到关键性的东西并能看到其背后深层次的原因，能够结合本企业的特点提出一些有价值的创意。创新意识其次反映在创新主体的文化素质、价值观上。创新意识的产生一定与创新主体的文化素质及其对本业务的精通有关，也与创新主体的价值导向有关。

（2）创造能力。创造能力直接关系到创意能否实现最终创新成果的问题。因此，创新主体的创造能力就成为管理创新的必备条件之一。在周昌忠编译的《创造心理学》一书中认为，创造才能包括探索问题的敏锐性、统摄思维活动的能力、转移经验的能力、辨证思维和形象思维的能力、联想的能力、思维的灵活性、评价的能力、预见的能力和完成的能力等。渥卡教授通过调查，发现创造性思维包括创造性反映能力、对环境的敏感、不断涌现的新观念、运用方法的灵活性和专心程度等五个方面。这些能力，不过是人的心理素质在一定对象的相对关系中的表现，但可以作为我们与管理实践相结合，演绎成我们的创新心理机制的参考。

（3）创新氛围。环境对创造有着重要的影响力，处在较为紧密的人际关系中的管理领域内的创造更是如此。由于人的素质水平和权力因素的作用，可能造成气氛压抑的环境，使人的价值表达受到压制，使人的自信心丧失，人的安全和稳定意识、人的被强迫和雇佣的意识将超过创造意识。这将成为创新的巨大障碍。

创新氛围的形成依赖于体制方面和领导者方面的原因。体制原因对企业来说的可微调性不大，领导原因是我们讨论的重点，它包括以下几个方面：领导方法方面、民主作风方面和个人修养方面等。从领导方法看，如果属于“事必躬亲”型、包办代替型、“授人以鱼”型、苛求完美型，其下属的创造性不会很大；从民主作风来看，主观、武断、专制的作风，都会压制下属的创造性；从个人修养来看，对其领导和管理范围内的氛围的形成影响很大，它可能是上述两个方面的深层根源。缺乏坦诚、宽宏气量的领导者、权力价值观或本位意识太浓厚的领导者，很难保证会以一种赏识的眼光和鼓励的姿态去对待下属的创造和对自己的超越。

因此，从垂直关系看，领导者改进领导方法，增强群众观念和民主意识，营造平等、民主、和谐的管理环境，就会有利于创新精神的萌生。

(4) 创新目标。管理创新的目标即管理创新时想要达成的最终结果。这种目标在创新开始之时便已存在于创新主体的意识或者其创新计划之内。它不是独立的，而是与企业目标体系有着密切的关联。管理创新目标一旦设定，就成为管理创新行动的导向。每当一项创新行动向目标逼近一步时，就会给创新主体带来成就感进而刺激其下一步行动，从而维持管理创新行为的进行。

2. 管理创新的模式

(1) 在以往经验、教训基础上的创新。这种创新要求我们立足于传统的工作方法，对目标任务计划的实施过程进行详尽的总结，找出其经验教训并以新的眼光加以审视，加以建设性的怀疑。当新的对策产生时，创新的萌芽也就产生了。

(2) 在比较效益效率的条件下的创新。这种创新的出发点是现有的管理模式，即对其效益（包括社会效益和经济效益）、效率进行若干种模拟的比较并做出创新的假设。其目的在于用等于或小于现有模式下的投入获得更大的效益和效率。

(3) 在平行的互动关系中的创新。这种创新有两方面：其一，借鉴别人的经验和吸取别人的教训，进而改进自己；其二，为平衡相互关系，实现相互适应的创新，其目的在于获得外部关系的协调。此种模式主要是为了避免类似的失误或取得类似的效益、效率。

(4) 减少运转环节的创新（即减少旧模式运转过程中的某些环节）。其目的在于加快信息、物资或资金的传递周转，以保证取得较高的效率和效益。

(5) 扩展管理内容和范围的创新。这种创新是在目标任务和宏观体制、政策条件发生变化后的创新。这种创新是利用体制和政策的条件扩展自己的管理内容和范围，以取得更大的效益和更高的效率，或者通过扩展的收效来保证目标任务的实现。

(6) 为适应客观环境的变化（包括体制、市场、分配格局等方面的）变化所进行的创新。这种创新主要是为了使自己同环境保持平衡，以增强自己的生存和竞争能力。

（四）企业管理创新的几个趋势

1. 注重和加强知识管理

在以知识为主要资源的经济中，企业是否具有创造、传播和使用知识的能力成为其生存的决定性因素。因此，必须积极采取对策，注重和加强对知识的管理和利用。正如施乐首席科学家约翰·斯克利·布朗所说的，知识经济时代的公司要能够敏捷地利用知识提高公司的竞争力。这种能力不仅有助于一个知识社会，而且各个公司也将会从中受益。

知识管理工作已经在全球许多公司启动，目前主要的进展表现为以下几个方面：

（1）人力资源管理。在内部信息系统上专开一个网页，在网页上列出公司每个职位需要的技能和评价方法。每个职员可匿名上网，利用该系统对自己的能力做出评价。系统会帮你找出你自己和职位的差距，并告诉你如何提高或改变的方法，即每个员工可以实现自我测评。

（2）建立企业内部的管理辅助系统。建立包括会计、采购和客户服务的最佳业务方法等多种业务的数据库。在执行咨询项目时，就会既节省时间，又减少工作成本。

（3）改变传统营销方法。传统的营销方法是指企业和客户之间单纯的买卖关系。现在要改变这种状况，变客户为合作伙伴，充分挖掘客户的有效资源，与客户共同发展。

（4）注重结构资本的积累。结构资本是指企业的组织结构、制度规范、组织文化等。企业高级管理人员的作用是将人力资本转变成结构资本，因为人力资本是很容易消散的，而结构资本则可以筹资，使公司增长。

（5）建立知识经理制度。知识经理的主要任务是将公司的知识变成公司的资本。其主要职责为：了解公司的环境和公司本身，理解公司内的信息需求；建立和造就一个能够促进学习、积累知识和信息共享的环境；监督保证知识库内容的质量、深度、风格并与公司的发展一致；保证知识库设施的正常运行；加强知识集成，产生新的知识，促进知识共享的过程。

2．充分保护知识产权

随着知识经济时代的到来，知识将主宰社会财富的分配，知识将日趋资本化。人们将以追求知识取代直接追求财富作为主要目标。国家之间的竞争也将从追求有形的物质要素优势，转变为主要追求占有更多的信息、科学技术要素以及创造知识、占有知识的人。未来学家认为，21世纪有五大战略工程：信息工程、生物工程、环境工程、教育工程和金融工程。谁能在这方面拥有优势，掌握更多的知识产权，谁就能在未来世界占有优势。知识财产在决定现代企业的成败中占据着中心位置。以微软公司为例，知识是他们的生财之道，努力保护和扩大自己的知识财产，即是他们竞争的主要手段。微软公司的总裁比尔·盖茨是历史上首次靠知识起家的首富，亦是以知识取胜的新时代的象征。

知识经济关键在于知识的资本化，需要相应的制度保证，以保护知识产权，捍卫优势。在发达国家，企业的知识财产越来越成为其战略规划的中心。像英特尔等大公司，为了保护自己的知识产权，都有庞大的法律预算，然而英特尔公司同时也被控告侵犯了他人的知识产权。DEC公司就起诉英特尔公司侵犯了它的Alpha芯片技术的知识产权，要求数十亿美元的赔偿。最后结果是英特尔以7亿美元买下了DEC芯片厂。

由此可见，知识产权保护正日益成为企业管理的一个重大课题。

3．“没有管理的管理”

所谓“没有管理的管理”，并非取消管理，而是使管理进入更高层次和更高的境界，用老子的话来讲就是“无为而治”。传统的管理模式，较多地表现为管制、监控、指示、命令，在一定程度上束缚了人的个性和创造才能。企业必须把管理的侧重点转移到提高员工素质，培养其获得信息和处理信息的能力方面。将全员管理提高到新的高度，人人都是管理者，都是重大决策的参与者，也都是决策的执行者。树立人本管理的思想，建立激励机制，使员工不再是被动地在规章制度束缚下工作，而是自动自发地工作。另外，通过管理文化，创造一种高度和谐、友善、亲切、融洽的氛围，使企业成为密切合作的团体。这将大大增强企业的自我组织、自我调节的功能，保证企业协调、有序、高效地运行。

三、制度创新

（一）制度创新的内涵

制度创新是指引入一项新的制度来代替原来的制度，以适应制度对象的新情况、新特性并推动制度对象的发展。所谓创新，既指细节和条文的改变，也指宗旨、目的等根本性东西的改变。不同程度的创新在实践中都是需要的，而不能将较小规模的、非本质的制度变动排除在制度创新之外。这样不利于激发社会开展制度创新的热情。

相对于技术创新、产品创新、过程创新、市场创新、组织管理创新、金融创新、教育创新等来说，制度创新也许是最为根本的。从一个企业的范围来考察这一点就会看得非常清楚。企业制度规范的核心是企业的所有权问题，涉及到为调动企业经营管理者与企业职工的积极性而设计一种有效的体系框架。只有采用先进的企业制度安排，能够切实地调动人员的积极性之后，推进技术、管理、组织及产品等的创新才是有意义的，才能为企业的经营锦上添花，否则就只能隔靴搔痒，对企业的经营状况不能产生根本的、长期的影响。

制度创新的动力来源于新制度实行可能带来的预期收益。一旦预期收益大于制度创新所引起的阻力和支出增加等创新成本，也就是说，当制度创新存在正的净收益时，制度创新的收益人或行为人就会努力推动创新的发生和成功实施；反之，就采取维护旧制度的做法。另一方面，制度创新是存在压力的，而且这种压力无时不在。由于制度形成后相对的稳定性与现实状况不断变化之间的矛盾，导致原有制度存在与制度对象冲突的可能，这就需要不断审视原有制度，适时进行调整。

从制度创新发生的机理来看，存在自主创新和自发创新两种可能。自主创新是指制度的制定者在充分把握制度对象发展进程和阶段的基础上，针对变化中和变化了的情况主动采取措施，修正和改正制度，使新制度能更好地适应制度对象未来的发展。自发创新是指制度对象在发展过程中提出了革新的要求，如果要求得不到满足，则会出现失序、混乱等状况，逼迫原有制度进行创新，并在新的制度安排下达到新的平衡。这一制度对象通常是单个个人、组织无法控制的大型复杂的社会系统。

制度创新过程往往是从制度本身出现问题或出现潜在可能收益后开始的。那些预见到潜在收益的决策者会采取行动，选择可能的制度创新方案后，决策者会按照收益成本比最大原则进行方案选择和确定。这时会逐步形成新制度的执行者群体。他们将在新制度的实施中获得特定利益。时机成熟后，新的制度实施就会开始进行并最终解决原有制度的问题或增加制度收益，形成相对稳定的制度结构，开始新的一轮制度创新循环。

有效地、不断地进行制度创新是社会主义市场经济条件下推动经济发展和社会进步的主要手段。正如前面讲到，创新日益成为知识经济时代经济发展的根本动力。知识上的创新直接为生产的扩展开辟了道路，开拓出许多新的产业，极大地改变了当代社会的形态，推动了人类社会的进步。制度创新实际上为知识创新的得以实现准备了可能的社会空间。正像风险投资基金对高新技术产业的支持一样，没有完善的风险投资制度，知识创新的成果要变成现实的生产力是相当困难的。我国还远远不是知识经济形态的社会，但一样面临着为经济发展准备良好创新空间的问题。这就要在制度建设上保持高度的灵敏性，采用“允许试，不争论”的态度，最快地为适应经济发展进行制度创新。在社会主义条件下制度建设与经济建设之间基本的规定是：经济基础及其所决定的制度形式所组成的社会形态是符合社会发展规律的、先进的，两者之间不存在根本的冲突。惟一要做的是不断地调整经济运行制度和管理制度方面的内容，以更好地适应经济发展的需要。这为制度创新准备了坚实的理论基础。从我国改革开放 20 年的经验来看，经济发展的过程也就是不断进行制度创新的过程。可以说，制度创新是我国近 20 年来经济发展的主要推动力量。数量经济学的研究成果表明，我国近 20 年的经济增长除归功于资本和劳动力投入的增加外，制度创新对原有生产潜力的释放也是一个重要原因。据统计，经济增长中约有 20%~30% 的部分应归功于制度创新带来的经济体制效率的改进，而且，由于制度改进，才使等量的资本和劳动力投入比制度创新前发挥了更大的作用，创造了更多的价值。这些，都证明了制度创新对推进经济增长和社会进步的重大意义。

如果把物质条件看作硬件，把制度看作软件的话，它们共同构成一个系统得以运转的基础，缺一不可。从某种意义上来讲，物质条件的具备是容易的，但具备相同或相似物质条件的系统在运转的结果上可能存在相当大的差异。这一差异很大程度上应该来自于制度的不同。所有权模糊与所有权清晰的企业在经营效益上的显著区别就是一个典型的例子。也就是说，存在通过制度创新改进系统效率的可能，借助制度创新活动就可以推动系统的发展。

创新是制度发展的本质和内在的要求，是制度存在的特性之一。制度规定必须随时跟踪对象，随制度对象的发展而演进，时刻反映对象变化的新内容。另一方面，由于制度对象的规范作用，过时的、不适应对象的制度安排必然对对象形成制约，需要进行变革，这一过程需要制度创新来完成。

（二）制度创新理论

制度对于社会活动和经济活动的重要制约或推动作用是随着政治学和经济学的发展不断出现的，并随着新的政治理论和经济理论的出现而得到更多的解释。在政治学中，社会制度、国家制度从来都是最重要的内容之一。在经济学中，长期占据统治地位的新古典经济学将价格作为社会资源配置的基本原则来进行讨论，而将制度排除在决定资源配置效率因素之外，作为一种外生的、不变的经济因素，只是提供了经济活动得以发生的背景，而不对制度本身的变化加以讨论。这一缺陷使得新古典经济学在解释制度因素方面显得苍白无力，并给经济学的发展提供了可能的方向和空间。制度经济学、比较经济体制研究的出现和发展即是如此。

制度的形式、结构和功能在政治学的范畴里是由阶级结构、利益集团的关系和斗争决定的。其演变和改进来自于利益集团力量的消长变化。在经济学的领域里，制度结构实际上是一种产权结构，是一种产权在不同所有人之间的分配状态和关系。如果产权能够明确加以界定，并且是可以让渡的（通常情况下如此），而且让渡的价格可以确定、让渡成本也可以计算得出的，那么产权可以进行交易，产权结构就可以发生变化，即制度创新是可能的。对产权的所有人来说，一般总可以通过产权的交换来提高自己的满意度，实现效用的最大化。这就是说，进行产权交换，或者说制度创新是必要的。一旦产权结构的形态使社会中绝大多数产权所有人都较为满足的话，产权的供给和需求就会相对平衡，产权结构即制度结构就会趋于一种比较稳定的状态，达到制度结构在新的水平上的平衡。

经济学中产权理论是基于理想市场经济的假设的，即能找到确切的所有人，并且在各所有人之间能够明确划分，所有人能够按照利益最大化原则进行产权交易，以提高自己的效用。现代意义上的企业能近似地符合这一要求；投资者通过合同方式将资本交给管理者去经营，并获取经营收益；管理者则按照合同规定，行使经营权并获取报酬。劳动者与管理者签订合同，通过付出劳动来获取劳动报酬，在这里，投资者的资本所有权，管理者的经营管理能力，劳动者的劳动能力，是各产权所有者的产权。通过明确的产权界定，共同组成企业，获取投资效益、经营收益、劳动收益等，实现了产权所有人的报酬最大化。

1. 社会主义的制度创新理论

也许从国家制度或政治制度的角度来讨论制度创新更为清楚，因为它们不仅是其他企业制度、社区制度的背景和前提，而且其触角伸展到其他制度当中，极大地决定了其他制度结构和功能。另外，国家制度和政治制度最为受到政治学家和经济学家的重视。

马克思列宁主义关于一个阶级推翻另一个阶级的阶级革命理论实际上是社会在政治制度上进行创新的论述，只不过这种创新采取了激烈的暴力革命形式。社会主义革命的结果是建立了一种新的社会制度，使少数人剥削多数人的制度被摧毁，人人可以平等地享有各种政治经济文化的权利，新的经济制度、文化制度得以建立。马克思列宁关于社会制度创新的理论基石是阶级斗争学说。在这一理论指导下，社会主义制度的创新在世界范围内取得了巨大的胜利，出现了人类历史上第一批社会主义国家，为人类社会的发展开辟了新的广阔道路。

社会主义社会制度在最初出现的几十年中，使社会主义国家获得了巨大的进步，社会主义文明程度大大提高。但是，随着社会主义社会制度中一些僵化、落后因素的影响，社会主义国家落后了，那些僵化、保守不变的制度已成了社会主义社会进一步发展的障碍和桎梏。这些问题在马列主义的政治经济学和社会主义理论中是没有答案的。如果固守旧的制度，社会主义的前途就只能自我毁灭。中国的马克思主义学者在三十多年的社会主义建设中，逐步出现了以邓小平理论为标志的社会主义初级阶段理论，为在社会主义发展过程中进行制度创新准备了理论基础。正是在邓小平理论指导下，中国进行了一系列自上而下的改革，即制度创新，使近二十年来的中国社会发生了根本的变化，在经济发展、社会进步等各方面都取得了举世瞩目的伟大成就。

邓小平理论中关于制度创新（改革）的要点是：

①制度创新是社会主义社会发展的根本动力之一，也是中国前三十年发展路程走到现在的必然选择。没有制度创新社会主义社会中国就会亡国。

②制度创新要循序渐进，不断突破，加强试点，慎重推广，避免大的制度变动造成大的社会震荡，保证制度创新成果的实现，并为进一步制度创新创造条件。

③制度创新要尊重和相信人民群众的创造力量，放手让他们进行制度创新的尝试。同时政府作为制度创新的推动者要积极发挥作用，特别在政治体制创新方面既要适应经济制度变化的要求，又要主动调整，为经济制度的创新保驾护航。所有的创新只有一个目的，即是经济的发展和社会的进步。

2. 西方经济学中的制度创新理论

作为一种制度安排的国家，在当代西方经济学中，被看作一种组织。它的存在是为了减少人们共同生活的社会的运行成本。因为在无国家组织的社会中，个人要维护自己的利益和进行社会活动需付出相当大的成本，远远高于有国家组织的社会。人们于是有了组建国家的要求，愿意付出一定的成本来组织国家政权，以减少总的成本支出。一部分人将出来组织政府、管理国家、提供国家的供给。在这一点上，国家供给的数量和质量（以提供的服务来体现）与人们的需求相平衡，国家便稳定下来，并在以后随着供需力量的改变而发展变化。

在存在国家组织的社会里，政府规定基本的产权结构，制定各种制度（法律），裁决纠纷。由于消费相对较少的资源就维持了社会正常的运行秩序，因此国家制度的存在实际上扩展了社会的生产可能性边界。由此，加上政府提供国防、警察、司法等服务是需要成本的，政府就获得了向公共秩序的收益者征取费用的权利。这就是国家制度存在的理论经济学解释。某个政府在提供公共秩序和安全服务并征税时，面临着竞争和代理成本的制约。如果该政府以极高的成本提供以上服务，就会有竞争者用较低的价格来进行竞争；如果该政府不降低成本的话，它就会被竞争者所取代，这即是政府的更迭。同时，政府征税和提供社会服务还要考虑代理成本，因为政府需要雇用大量的代理人来完成以上职能。理性的政府必然会在增加成本以提高服务质量和降低服务质量以减少成本之间进行权衡，需要在提供满意服务的基础上使成本支出最小化，即寻求动态的最优统治方式，不断进行新制度的尝试。以前苏联为例可以更好地说明这一原理。多年来，无论前苏联内部还是国外的人士都认识到，对原有产权制度的任何调整都会大大增加该国的社会净收益，但最终产权结构也没有在原政府主导下发生变化。这是因为，产权调整必然涉及到经济分权，即赋予代理人更多的权利。对此政府担心将会失去控制权和增加代理的成本。政府确定产权结构，产权结构必然反映了政府控制者的偏好和制约。无论控制国家的是个人还是团体，他们的选择均受到维持权利这个基本要求的制约。侵犯这种控制权的企图如果实现，对原来的权利拥有者的成本无疑是最大的。但是制度变革对权利关系的影响通常是不确定的。由于制度变革多半会提高代理成本或使权力享有者有人丧失部分或全部权力，所以制度变革往往会遇到原有制度中既得利益者的强大阻力。它更说明制度创新是有风险的。

制度，特别是根本的社会制度的变化用成本收益的方法是不可能彻底解释清楚的，而必须加入意识形态方面的要素。因为成本收益分析法不能解释一个人明知要牺牲生命的情况下（成本最大）仍然致力于建立新的制度安排。在这一问题上，经济学对制度创新的分析是有缺陷的。

（三）现代企业制度创新的运作

1. 现代企业制度的内涵

企业制度应该是指企业市场活动得以进行的一个原则和规范的平台。从企业的参与者

(投资者、经营者、员工）的角度，可以把企业制度定义为：规定和调节企业内部不同参与者之间权利义务的一系列基本的原则和标准的总和。这些原则和标准规定的不同参与者之间的责权利关系决定了企业市场活动的可能绩效。

现代意义上的企业制度包含三项功能：

①使企业市场活动理性化，企业实现真正意义上的自主经营、自负盈亏、自我约束、自我发展，按照利润最大化的基本原则决定自身行为；

②调动参与者的积极性和创造性，为企业的发展壮大恰当地贡献出各种资源；

③在企业的运转过程中，提供一种有效机制整合参与者的权利和义务，使各类参与者在企业经营的不同时空向着共同的方向努力。

现代企业制度是通过对所有权的实现方式的规定、经营权的分配和界定以及利益的分配方式来实现上述功能的。通过明确划分所有者权力、经营者权力和确定利益分配方式，现代企业制度有效地规定了不同所有者在企业中的地位和作用，能够使企业选择可能的经营方向、内容和规模，进行市场活动中的正确决策，保障各类参与者的利益得到了恰当、合理的实现。

现代企业制度的主要形式是有限责任公司和股份有限公司。有限责任公司是指有 2 人以上、50 人以下的出资者共同出资组成，股东仅就出资额为限对公司承担有限责任的公司。有限责任的独资公司也应该归入这一类。它的主要特点是，公司资本由股东认购的出资额组成，公司资本不划分等额股份，也不发行股份，股份不能在市场上自由流通，但可以在内部转让。有限责任公司的主要优点是：成立或解散的程序比较简单，管理结构相对简单，能保证出资者的封闭经营，因而是一种被广大中小企业广为接受的企业制度形式。其缺点也很明显，主要表现在由于是非上市公司，因此规模较小，筹资较为困难，股东的变动也不易。股份有限公司是指由法人或自然人发起设立，全部资本分为等额股份，且股票可以在市场上自由转让的公司法人。它的优点是：有利于吸收资金，迅速扩大企业规模；由于股票的流动性，有利于降低投资风险；由于所有权和经营权的有效分离，有利于提高企业的经营管理水平。其缺点在于：设立程序复杂，设立成本较高；公司公开性高，保密性较差等。国有独资公司形式也是现代意义上的企业制度形式，以国家独资、有限责任为基本特征，主要适用于国家限制进入的行业等，不具有普遍性。

2. 现代企业制度得以发挥作用的制度环境

现代企业制度不是独立存在的，它与其他制度存在着或强或弱的相关关系，也就是说，没有其他制度的同步推进，现代企业制度是不可能存在和正常发挥作用的。这些制度包括：

(1) 资产的自然人所有和法人所有制度。要让资产的所有者真正关心资产的安全和收益，必须使资产的名义所有人对资产享有完全的权利，即占有、收益、处分、转让等各种权利。只有承认自然人对资产的所有权权利，才可能使自然人为保障自己权利的实现付出全部热情，也才有资格对自己的财产和经济行为负责。相反，如果人们在经济上缺乏以自有资产为依托的经济积极性，现代企业制度是不可能建立起来的。法人所有制也是同样的道理。国家所有制度在目前还未能找到一种高效的实现方式，很大程度上是由于没有人对国有财产的损失负责。

(2) 信用制度。投资人与股份有限公司或有限责任公司的关系实质上是一种信用关系。投资人将资金投入公司，并从公司获得回报是通过信用方式来发生的。投资人资金投入公司后，从公司得到信用凭证——股票或股权证明，凭借股票或股权证明获得股息和分红，并根据公司财务报告来决定是否继续持有和转让股票或股权，在公司破产清算时凭股票或股权证明获得赔偿。这一切的发生都是在完善的信用制度下实现的。如果信用制度存在缺陷，股票和股权的购入、转让、利益的实现就有可能出现问题，使现代企业制度难以有效建立。

(3) 市场制度。这里市场制度的含义非常广泛，它是指企业面对的获取资源和出售产品的外部环境的内容和形式。其中最根本的是市场按照价格规律运转，即有关资源（投入生产活动的要素）配置和生产的决策是以价格为基础的，而价格由生产者、消费者和要素所有者之间的交换地位共同决定的。市场的决策是由生产者、消费者和要素所有者分散做出的，只有如此，公司内三方面的交换关系才能形成，并且是通过规范的市场决策的原则形成的，保证了公司的成立是合乎理性的。对按照现代企业制度顺利组建公司来说，完善的市场体系是必不可少的。不仅商品市场和生产要素市场，而且资本市场、劳动力市场、职业经理人市场都是决定现代公司成功设立和运转的基本条件。

(4) 宏观经济管理制度。适应现代企业制度的宏观经济管理制度主要是指政府与企业之间的关系应建立在服务与被服务的基本原则之上，而不是简单的管理（限制）和被管理（被限制）。由于现代企业制度的建立涉及到众多国有企业，而且难点也是国有企业，使得对规范的、符合市场经济要求的宏观经济管理制度的需求更为迫切。不可否认，市场经济并非万能，也并不是在所有领域都是有效的，而是存在失灵和缺陷的可能，需要政府以独特的功能角度来求得解决。但这也并不就是说政府对市场的随意干涉就是可以接受的。现代企业制度需要政府积极发挥作用，创造一个公平高效的市场环境，但在企业内部治理结构中，又要求政府只能以出资者的身份出现，凭借出资享有权利和义务，和其他出资者并无不同。

3．现代企业制度创新机制

(1) 制度创新涉及到的各方利益调整。

①从政府角度来说：一方面，现代企业制度改革对改善企业经营管理状况、提高国有企业（国有资产）运行效益是一剂良药，也是一个最根本的办法。这对国有资产的管理者——政府，无疑非常有吸引力，因为政府目前面临着国有企业大面积和巨额亏损的困难。如果政府能够解决国有企业和国有资产的经营效益问题，对获取国家财政和政治上的收益是起决定性作用的。另一方面，政府国有企业的管理执行人——具体国有企业行政管理部门的行政管理逐步削弱或取消，部门被撤销或转变为行业性公司，它们会因此而对现代企业改革形成抵制和阻力。同时，政府成立了国有资产管理部门，对国有资产进行产权管理。这样一来，在政府国有企业（国有资产）管理内部会有一个利益的分化和重新组合过程。它对现代企业改革的影响是不确定的。不过总的来说是阻力大于动力。此外，国有企业经历现代企业改革后，按照经济原则进行内部经营资源调整，必然会将在计划经济下承担的一部分社会职能移交给社会，由政府来负责，如企业办的学校、医院，企业负责的职工养老保险、失业保险等，政府的责任和负担有增加的可能。

②从企业经营者的角度来说：现代企业制度改革带来的最大利益是对自身经营能力价值的认定，体现在较高的年薪制、管理股权、参与决策等。这对真正有能力的企业经营者是一个非常强的正向刺激。但这一刺激能否发挥作用，还需要与企业经营者此前获得的行政利益进行对比，看较高的物质利益给经营者带来的效用是否高于其在行政利益上的损失。

③从职工来说：现代企业制度改革带来的损益更是不可确定的。由于传统国有企业长期缺乏激励的环境，使得国有企业职工在知识、技能、进取精神等方面大大地落后于现代企业制度的需要。在产业水平迅速提升、技术进步步伐加快的社会背景下，国有企业职工实际上面临着严峻的考验。不仅如此，国有企业职工长期养成的思想认识也阻碍着现代企业制度的推进。除非国有企业已经到了生死存亡的关头，除非改革本身能为自己带来更高的可见的收益，国有企业职工一般对现代企业制度创新存在观望或抵制心理，而不是现代企业制度创新的一种推动力量。

(2) 现代企业制度创新的体制。改革的过程实际上是经济利益的重新分配和调整的过程。改革之初，企业经营者和企业职工严格说来不能形成具有独立利益的主体。这就决定了他们不能通过正常的市场交换方式去实现自己的经济利益，而是依靠其他方式，如追求更高的行政地位、特殊的资源垄断等来间接实现。他们行为方式和目的的实现是错位的。改革措施的逐步推行，实际上是通过不断地造就具有独立利益的市场交换主体，来激发出经济社会中方方面面的创造力，其直接的结果就是创造了具有不同利益追求的利益主体，在企业制度中则主要指所有者、经营者和职工三方。

所有者、经营者和职工三方是具有特定利益追求和特定利益函数的利益主体，其理性的行为就是利用各自手中的权力进行交换，以获取各自效用的最大化。现代企业制度创新的过程就是各种权力相互交换的过程和达到的相对稳定状态。在追求效用最大化过程中，各利益主体都试图以最小的成本换取最大的收益，只有在大家都觉得有利可图的情况下才有形成市场交换可能，而改革的发生某种意义上是强制的买卖关系，一部分利益主体要在这项交易中付出成本而得到较少的经济效益。因此，只有在存在理性的、不以经济利益为惟一原则的外来力量参与的条件下，现代企业制度的创新才有可能发生。

政府是现存制度的始作俑者，应该以最大的历史责任感和使命感加紧现代企业制度的创新工作。建立现代企业制度，政府不可避免地要失去部分经济权力，但相对于国有资产的恢复健康和良好运营，相对于巩固全民所有制度、着力搞好经济管理等政治收益来说，放弃这种权力才是真正符合经济原则的做法。政府现在可以做到的是：

①规范现代企业制度，树立现代企业制度的可能范式，使各种各类创新有基本的原则规定；

②重点调整国有资产管理体制，强化国有资产管理职能，弱化国有企业管理职能；

③作为主要力量推进现代企业制度创新的配套改革；

④营造有利于现代企业制度创新的社会氛围和社会意识。

制度惯性和思维惯性也是对现代企业制度创新形成阻力的重要原因。制度惯性实际上是一种惰性。在现存制度没有受到挑战之前，或者现存制度中的人没有认识到问题的严重性之前，现存制度将可能不发生变化。因为变革总带着不确定性和风险性，人们害怕既得利益的丧失而排斥变革。对于从来没有机会和能力尝试主动创新的国有企业来说，更是需要特别学习主动的能力。在集体变革中，决策往往是由集体中的成员共同投票决定的。成员思维的不同步有可能使决策最终趋于否定变革，平均主义、轻视市场、忽视市场也许本身就是变革的抵消力量。

4. 建立现代企业制度的配套改革

现代企业制度改革是建立社会主义市场经济体制的核心，但不是全部。另一方面，如果其他改革不是同步取得进展，现代企业制度的改革也是孤军奋战，最后只能是无功而返。现在看来，现代企业制度创新遇到的问题和配套改革的滞后有关。

(1) 社会保障体制改革。现代企业制度的建立使企业成为纯粹的经济活动主体，而将社会需要承担的职能完全分离出去。设想一个新成立的企业如果需要承担职工住房、医疗、退休、失业等各种义务的话，其何以能将全部的精力和资源集中在新产品开发、市场的开拓和管理的革新上。缺乏一个有效的社会保障体系的所有弊端已经在计划经济向市场经济转轨的过程中暴露出来了。因此，必须将企业参与市场活动的行为分离给社会和政府，使企业能够甩掉包袱，轻装上阵。结合国内外社会保障体系建设的经验和我国的实际情况，改革现有保障体系、建立有中国特色的社会主义保障体系，需要遵循如下原则：

①坚持循序渐进的原则，避免大变动造成社会动荡。社会保障制度涉及面广，特别是牵涉到广大职工群众的切身利益，因此更需慎重。另外社会保障制度包括医疗、退休、失业等各种具体制度，往往是相互关联、相互影响，必须统筹兼顾、同步推进。

②以服务于现代企业制度创新为当前社会保障体系改革的主要目标。正因为现代企业制度的建立是核心，按照其要求来进行改革思路设计是符合逻辑程序的。社会保障体系的建设要坚持效率与公平的统一以及责权利的统一，必须有利于企业内激励机制的建立，以激发劳动者的工作热情，提高保障体系的效率。

③保障体系的建设应该完全以社会为基础，政府、企业、个人三方参加，各自承担一部分责任。社会保障基金的管理应采取市场经营方式，确保基金安全、保值和增值。

④政府对社会保障的管理体系需要理顺。社会保险实行统一领导、分级分类管理，在经办上要政企、政事分开。

(2) 市场体系及市场制度的建立和完善。市场的发育既是交换行为内在的要求，也会由于交易规则的完善和外来力量的促进而加快。实际上，市场机制和市场自身的发育发展是推动企业制度变革的动力之一。市场竞争是无情的，它只认同价值规律。国有企业面对市场时的窘迫和无力迫使政府必须尽快施行国有企业制度创新，以改变这种状况，恢复其活力。现代企业制度的创新也是从走向市场开始的，最初的国有企业产品销售权带给了企业与市场接触、融合的契机。企业交易活动的扩展，必然反过来要求企业清晰产权，并以此开动建立法人财产制度、出资人制度，逐步建立现代企业制度。市场体系和市场制度的完善是一个复杂的系统工程，需要全社会在市场经济规则下的参与。当前应该着重抓好已有市场的规范化和制度化，力促新市场的产生和发展。

(3) 解决好国有企业职工失业问题。国有企业原有职工的大量失业逐渐成为阻碍现代企业制度建立的危险因素，并有可能带来社会的不安定、破坏经济改革的成果。我国的国有企业建立现代企业制度的实践是在国有企业职工大量富余的状况下展开的。由于长期承担社会职能，国有企业冗员状况严重，不解决这个问题，现代企业制度在国有企业的建立难以成功。可以设想，即使是已经建立了比较完善的社会保障体系，如此巨大的劳动力就业压力仍然是相当沉重的。必须寻找更多和更有效的就业渠道，如大力发展非公有制经济形式、适当开放劳动力市场、加强信息引导、推迟适龄人口就业等。

(4) 国有企业沉重债务负担的解除与金融体制改革。由于传统意义上的银行也是国有企业，其对其他国有企业的资金关系是按照计划来发生的，银行不负责资金的收益和风险。在国有企业发生亏损、资不抵债的情况下，贷出的资金无法收回，形成呆账。如果呆账金额数目较小，在国有银行转变过程中尚可以核销；但如果数目巨大，则绝对不能照此处理。因此，必须寻找一种方式，既能保障国有资产不受损失，又要使银行摆脱不良资产的影响，跨入商业化经营，同时还要使企业能顺利建立起现代企业制度。

【本章小结】

1. 创新这一概念是由美籍奥地利经济学家约瑟夫·阿罗斯·熊彼特首先提出的。

2. 创新是生产要素的重新组合，其目的是获取潜在的利润。

3. 创新具有高风险性、高回报率、创造性、综合性、时效性与动态性的特点。

4. 创新工作应遵循一定的原则：创新与维持相协调的原则、开拓进取、求实稳健的原则、统一性和灵活性相结合的原则、奖励创新、允许失败的原则。

5. 创新要经历“寻找机会、提出构思、迅速行动、忍耐坚持”的四个阶段过程。

6. 创新的主要内容包括：技术创新、组织管理创新和制度创新。

7. 技术创新是企业创新的重要内容。任何企业都是利用一定的产品来表现其市场存在、进行市场竞争的，任何产品都是一定的人借助一定的生产手段加工和组合一定的原料生产出来的。

8. 组织创新可以简单地定义为：组织创新就是组织规制交易的方式、手段或程序的变化。包括以人为中心的组织创新和以结构为中心的组织创新。

9. 管理创新是指创造一种新的更有效的资源整合范式，这种范式既可以是新的有效整合资源以达到企业目标和责任的全过程式管理，也可以是新的具体资源整合及目标制定等方面的细节管理。

10. 制度创新是指引入一项新的制度来代替原来的制度，以适应制度对象的新情况、新特性并推动制度对象的发展。

【互联网链接与推荐阅读资料】

[1] 席酉民教授个人网站 http：//www.ymxi.net/

[2] 管理突围 http：//www.zhuanjia.cn/

[3] 周三多，陈传明．管理学．北京：高等教育出版社，2000 年

[4] 王晓君．管理学．北京：中国人民大学出版社，2004 年

[5] 玖·笛德等. 创新管理. 清华大学出版社，2004 年
[6] 张兆响，司千字. 管理学. 清华大学出版社，2004 年

【练习题】

一、填空题

1. 创新这一概念是由____________首先提出的。

2. 创新是____________的重新组合，其目的是____________。

3. 创新工作应遵循一定的原则：____________的原则、开拓进取、求实稳健的原则、____________相结合的原则、____________的原则。

4. 创新的主要内容包括：技术创新、____________和____________。

二、问答题

1. 你是如何理解作为管理职能的创新？现在人们为什么越来越强调创新的重要性？
2. 创新与发明创造、研究开发、模仿和扩散的主要区别。
3. 怎样理解独立创新、联合创新和引进创新的相互关系？
4. 如何理解创新的风险与效益性的关系？
5. 创新工作应遵守哪些重要的原则？
6. 什么是技术创新？技术创新是有风险的，如何防范？
7. 什么是组织创新？组织创新包括哪些内容？
8. 什么是管理创新？管理创新对现代企业的发展有什么重要作用？
9. 什么是制度创新？如何理解现代企业制度？

三、案例分析

小天鹅的“末日管理”

无锡小天鹅公司是一个以国有资本为主体的股份制企业。几年来，在企业内部推行“末日管理”，以建立全球性“横向比较”的信息体系手段，以全员化、立体化、规范化的营销管理体系为支柱，以强有力的人才开发机制为保证，从追求卓越到追求完善，小天鹅人的危机意识已成为全体员工的共同意识。

(1) 竞争就是争取消费者。小天鹅运用特殊的比较法参与竞争，将传统的“纵向”改为“横向”，比出了“危机”：其一，与国际名牌比，找出与世界水平的差距，争创国际品牌；其二，与国内同行比，学习兄弟企业的长处，保证国内领先；其三，与市场的需求比，目光紧紧瞄准用户，把握市场命脉；其四，以己之短比人之长，努力避免一得自矜，警钟长鸣。

(2) 参与竞争就是提高市场占有率。市场占有率既是企业成功的条件，又是企业成功的标志。占有了市场就是争取了消费者。小天鹅认为，企业生产不仅仅是产品，是质量和信誉，而且是广大消费者给我们发了工资和奖金。今天的小天鹅不仅完成了这个观念上的转变，而且已经实现按订单生产，成了“无仓库企业”。小天鹅又提出了“24 小时，365 天运行才是真正经营”的经营理念。实行双班制生产，推行 24 小时热线服务，进一步提

高小天鹅的市场应变能力和效率，确保了市场占有率。

(3) 建立面对市场的全员化、立体化、规范化的营销管理体系。全员化就是多让职工参与营销。立体化就是企业内部在生产、科技、营销、人事等方面对市场发扬团队精神，参与市场竞争；规范化就是把行之有效的营销方式制度化，这包括：①小天鹅的企业精神："为国贡献，团结拼搏，进取敬业，全心服务，文明礼貌。"②小天鹅的规范管理：人事管理推行《职工就业规则》，对职工的权利和义务都作了详尽而明确的规定；财务管理实行《裁决顺序和签字原则》，明确总经理、副总经理和部长的权限，对公司日常事项的决定作了详细的规定。③实行成品零库存的制度，如果产品三天卖不掉，宁可停产。

(4) 注重服务。小天鹅在服务上推出了"金奖产品信誉卡"的承诺，将服务监督权交给了用户，把服务公约公布于中，坚持做到"1，2，3，4，5"的特色服务，即"上门服务带一双鞋，进门二句话，带好三块布（一块修机布，一块垫机布，一块擦机布），做到四不准（不准抽用户一根烟，不准喝水，不准乱收费，不拿用户礼品），五年保修，随叫随到，如有逾期甘愿受罚"，并为用户办理了责任保险。并坚持"名品进名店"，与全国经联会、贸联会、新联会、华联和交电系统的一百多家商界台柱子商场建立了正常友好的业务往来。

(5) 实施名牌战略，扩大经济规模，提高竞争力。经营只是今天，创新才是明天，随着市场经济的深入，末日管理又有了新的拓展，推行战略联盟，壮大销售同盟军，也壮大了小天鹅自己。为实现自己的"旭日目标"，小天鹅的做法是：①与同行联盟。小天鹅只有波轮全自动，没有滚筒，也没有双缸，从这点看，小天鹅要抢占市场份额，确有难度，偏偏上海惠而浦、长春罗兰、宁波新乐有设备，有产品也乐于接受定牌，扩大了批量，小天鹅紧紧抓住这个机遇，与他们成功地进行战略联盟，达到了双赢。②与相关产品联盟。洗衣机和洗衣粉休戚相关，小天鹅与广州宝洁公司建立了伙伴式的营销联盟。宝洁公司在他们生产的"碧浪"洗衣粉包装袋上印上了"一流产品推荐"的字样，并标明了小天鹅的商标。小天鹅洗衣机在他们的产品为宝洁公司分发碧浪洗衣粉使用样品。③与国外大公司联盟。小天鹅公司与德国西门子公司双方投资，组建了博西威家电有限公司生产滚筒洗衣机，又与松下公司合资生产绿色冰箱，与摩托罗拉、NEC分别结盟成立实验室，使小天鹅的产品始终与世界先进技术保持同步。

问题：

1. 管理的创新职能在这个案例中体现在什么地方？

2. 小天鹅的末日管理的最大的特点是什么？

【管理游戏】

创新游戏——九个点和十六个点

形式：集体参与

时间：5~10分钟

材料：将解决方法制成投影片

场地：教室

应用：

(1) 创新能力的训练

(2) 打破思维定势

目的：

1. 告诉学员他们固有的思维模式在一定程度上会阻碍他们学习新事物。

2. 让学员领会这个游戏的关键在于要打破脑海中九个点和十六个点形成的正方形，想到向外拓展。

程序：

1. 将九个点和十六个点的图形，展示给学员看。请大家分别只用四条和六条相接的直线（每条直线必须相连，而且不能相互重叠），分别将这九个点和十六个点连接起来。

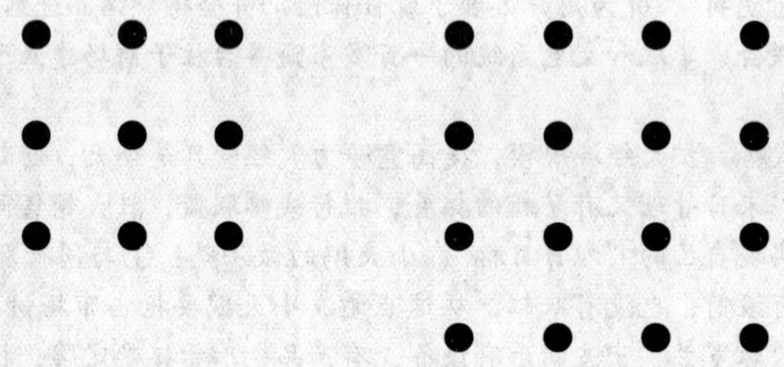

2. 给学员几分钟时间，让他们进行各种尝试。

3. 请一位学员上台进行演示。

4. 讲师将正确答案展示给大家。

讨论：

1. 在我们尝试将点连接在一起的时候哪些观点影响了我们?

2. 有什么关键性的东西可以帮助我们摆脱这种困难?

3. 这个练习对我们的工作有什么启发?

附录 部分习题答案

第六章 决 策

“沙漠求生”专家的答案：

“沙漠求生”记分表答案

物品名称	个人决定		小组决定		专家答案
	次序	误差	次序	误差	
手电筒（4个电池大小）					4
大折刀					6
当地航空图					12
塑料雨衣					7
磁石指南针					11
薄纱布1箱					10
0.45口径手枪（装有弹药）					8
降落伞（红色和白色）					5
盐片一瓶（1 000片）					15
每人4公升清水					3
书一本，名为《沙漠中可食的动物》					13
每人太阳眼镜一副					9
伏尔加酒4公升					14
每人外套一件					2
化装镜1面					1
总　分					

1. 化妆镜

在各项物品中，镜子是获救的关键，在白天用来表示你的位置，是最快和最有效的工具。镜子反射太阳光线，可产生相当于五到七万支烛光的亮度，在地平线另一端也可看到。如没有其他物品，只有一面镜子，你也有80%获救的机会。

2. 每人外套一件

如失事的位置被获悉，在拯救队未到前，便要设法减慢体内水分的散发。人体内有40%是水分，流汗和呼吸会使水分消失，保持镇定可降低脱水的速度。穿上外套能减低皮肤表面的水分散发，假如没有外套，维持生命的时间便减少一天。

3. 每人4公升清水

如只有上述1、2两项物品，可生存三日。水有助降低身体内脱水的速度，口渴时，最好喝水，使头脑清醒。尤其是在第一天，要制造遮蔽的地方，因为当身体开始脱水时，喝水也没有多大效用。

4. 手电筒（4个电池大小）

在晚上，手电筒是最快和最可靠的发讯号工具。有化妆镜和手电筒，24小时都可以发出信号。电筒也有其他用途：日间可用电筒的反光镜和玻璃做信号及点火引燃之用；装电池的部分可用来挖掘或盛水（参考塑料雨衣部分之蒸馏作用）。

5. 降落伞（红色和白色）

可用来遮荫和发信号。用仙人掌做营杆，降落伞做营顶，可降低20%的温度。

6. 大折刀

刀可切断坚韧的仙人掌，也有其他用途。刀可排列在较前的位置。

7. 塑料雨衣

可做“集水器”。在地上挖一洞，用雨衣盖在上面，然后在雨衣中央放一小石块，使之成漏斗形。日夜温差可使空气的水分附在雨衣上，将雨衣上的水滴在电筒中存储，每天大约可收集半公升的水。

8. 0.45口径手枪（装有弹药）

第二天之后，说话和行动已很困难，身体已经产生6%～8%的脱水，于是手枪成为很有用的工具，弹药有时可做起火之用，或用手枪发国际求救信号，国际的求救信号是连续发三个短的符号。在无数事件中，由于求生者不能发出求救声音，所以没有被人发现。另外，枪柄可做锤子用。

9. 每人太阳镜1副

在猛烈的太阳光下，会患光盲症。虽然用降落伞遮荫可避免眼睛受损，也可用黑烟将眼镜熏黑，用手绢或纱布蒙眼，也可避免眼睛被太阳光灼伤，但用太阳镜则更舒适。

10. 薄纱布1箱

沙漠湿度低，身体的脱水会使血液凝结，减少血液流失。有事件记录：有一男子体内失去水分，而身上的衣服已被撕破，倒在尖锐的仙人掌和石块上，满身伤口，但没有流血，后来被救，饮水后伤口才流血。纱布可当绳子或包扎脚部、足踝、头部或面部作保护之用。

11. 磁石指南针

除用其反射面发信号之外，指南针并无其他用处，反而有引诱人们离开失事地点的危险。

12. 当地航空图

可用来起火或当厕纸，也可用来遮盖头部或眼睛，但它也会引诱人们走出沙漠。

13. 书 1 本，名为《沙漠中可食的动物》

目前最大的问题是脱水，并不是饥饿。打猎所得相等于失去的水分，沙漠中动物也甚少可见，吃食物也需要大量的水来帮助消化。

14. 伏尔加酒 4 公升

剧烈的酒精会吸收人体内的水分，更可致命。伏尔加酒只可做暂时降低体温之用。

15. 盐片 1 瓶（1000 片）

人们过分高估盐的作用。如血液内的盐分增加，同时也需要大量的水以降低体内盐分含量。

"沙漠求生"大结局

分数	结论
0 ~ 25	杰出
26 ~ 32	优秀
33 ~ 45	良好
46 ~ 55	及格
56 ~ 70	有少许生还希望
71 以上	没有生还希望

第八章 组 织

你的权利倾向如何？

答案：采用马氏测试的研究结果表明，男人一般比女人更具有马氏倾向；老年人的马氏测试分数低于年轻人；马氏分数高的职业多是那些强调控制和操纵个人的职业，如管理者、律师、精神病医生和行为科学家。

第九章 领 导

"领导游戏——迷宫"的答案：

总结与评估：

1. 也许你们在看图时，并不知道接下来要做什么，你们当中有没有一个有心人，对地面上的曲线有一些印象。

2. 在行动之前有一个方案就好了，不急，现在团队的任务就是寻找一个行动方案。

3. 如果没有完全记住路线的队员，那就试着大家一起来回忆，试着画出一条曲线。

4. 不是没有标记笔吗，就在队员手中画下这条曲线吧。

5. 如果不能，那就只好大家同心协力，摸着石头过河，但要记住充分利用其他队员给出的暗示。

特别注意事项：

1. 在活动开始后不能再询问任何问题。

2. 学员之间不能用任何带有人类智慧的语言表达沟通。

3. 不能在迷宫中作任何记号。

4. 必须双脚同时踩入一个方格内，只能按方格的前后左右走，不可走“米”字型。

第十章　协　调

“沟通游戏——聪明的小明”的答案：

总结与评估：

1. 显然，“倾听”在我们的工作中占了重要地位，听得准确与否直接关系到我们的行动正确与否。

2. 我们在工作中是否也容易犯同样的毛病？我们每一次都真正听清楚顾客的要求了吗？

3. 细心的聆听既是对自己负责，也是对他人的尊重。

4. 生活和工作中“想当然”是要不得的。

第十二章　创　新

“创新游戏——九个点和十六个点”的答案：

总结与评估：

1. 很多人没有做出答案的原因是因为把这九个点和十六个点组成的图形看作是正方形了，并在局限中进行各种努力，而一直没有顾及中间这个点。

2. 游戏当中，我们可以领悟到：我们应该摆脱我们自己或别人为我们设下的思想上的束缚。

3. 当我们遇到困难时，应当尝试从不同的角度去思考，养成发散性思维的好习惯。

4. 其他可选择的操作方法：

(1) 答案一：将纸折叠起来，使点所处的三条或四条线非常接近，然后用粗头笔就可以将所有的点一笔连接起来。

(2) 答案二：用一支大号毛笔，将所有点一笔连成。

参考文献与资料

[1]（美）弗雷德里克·泰罗．科学管理原理．北京：中国社会科学出版社，1984年

[2]（法）亨利·法约尔．工业管理与一般管理．北京：中国社会科学出版社，1982年

[3]（美）C·巴纳德．经理的职能．北京：中国社会科学出版社，1997年

[4]（美）彼得·德鲁克．管理实践．北京：中国社会科学出版社，1987年

[5]（美）厄威克编．管理备要．北京：中国社会科学出版社，1994年

[6]（美）戴尔．伟大的组织者．北京：中国社会科学出版社，1991年

[7]（美）菲德勒，切莫尔斯．领导与有效管理．北京：中国社会科学出版社，1988年

[8]（美）彼得·德鲁克．管理：任务、责任和实践．北京：中国社会科学出版社，1991年

[9]（美）孔茨，奥唐奈，韦里克．管理学（第7版）．北京：中国社会科学出版社，1987年

[10]（美）西斯克．工业管理与组织（第6版）．北京：中国社会科学出版社，1985年

[11]（美）威廉·大内．Z理论——美国企业界怎样迎接日本的挑战．北京：中国社会科学出版社，1984年

[12]（美）卡兹等．哈佛管理论文集．北京：中国社会科学出版社，1985年

[13] 斯蒂芬·P·罗宾斯．管理学．中国人民大学出版社，1997年

[14] 彼德斯，沃特曼．求优势：美国最成功公司的经验．北京：中国财政经济出版社，1985年

[15] 西蒙．管理决策新科学．北京：中国社会科学出版社，1982年

[16] 王小君．管理学．北京：中国人民大学出版社，2004年

[17] 周三多．管理学——原理与方法．上海：复旦大学出版社，1993年

[18] 葛树荣，徐培新．现代企业管理学．青岛：青岛出版社，1996年

[19] 刘春勤，王德中．管理学原理．成都：西南财经大学出版社，1994年

[20] 云冠平，胡军，黄和平．管理学．广州：暨南大学出版社，1990年

[21] 王积俭．管理学原理．华南理工大学出版社，1995年

[22] 于国祥，陈家振．国内外企业文化论述精选．北京：新华出版社，1991年

[23]（美）理查德·L·达夫特．管理学．机械工业出版社，2003年

[24] 萨维奇．第五代管理．珠海：珠海出版社，1998年
[25] 彼得·圣吉．第五项修炼——学习型组织的艺术与实务．上海：三联书店，1994年
[26] 乔忠．管理学．北京：机械工业大学出版社，2004年
[27] 张兆响，司千字．管理学．北京：清华大学出版社，2004年
[28] 孙永正等．管理学．清华大学出版社，2003年8月
[29] 潘大钧．管理概论教程．经济管理出版社，1999年2月
[30] 芮明杰．管理学：现代的观点．上海人民出版社，2002年8月
[31] 席酉民教授个人网站 http：//www.ymxi.net/
[32] 专业管理培训网：华夏管理网：管理专家资讯网
http：//www.managers.com.cn/
[33] 企业管理—效率管理理论—管理学理论研究网 http：//www.manage9.com/index.asp
[34] 管理咨询研修中心 http：//vip.mmrc.net/
[35] 管理突围 http：//www.zhuanjia.cn/
[36] 中国经理人网 http：//www.sino-manager.com/
[37] 管理培训网 http：//www.51trainer.com/index.asp
[38] 管理学名著精华 http：//zhiyonwnew.www81.cn4e.com/
[39] 中国MBA网 http：//www.mba.org.cn/
[40] 郎灵管理网 http：//www.langling.com/
[41] 中国知识管理中心 http：//www.kmcenter.com/
[42] 北京大学管理案例研究中心 http：//mccp.pku.edu.cn/cindex.asp
[43] 远见中国 http：//www.mediagroup.com.cn/cmg/gb/magazine/index.jsp

图书在版编目 (CIP) 数据

管理学/王积俭，魏新主编 — 广州：广东经济出版社
2005.3

ISBN 978 —7—80677—947—7

Ⅰ·管… Ⅱ·①王…②魏… Ⅲ·管理学 Ⅳ·C93

中国版本图书馆 CIP 数据核字 (2005) 第 012389 号

出版发行	广东经济出版社.(广州市环市东路水荫路 11 号 11-12 楼)
经销	广东新华发行集团股份有限公司
印刷	深圳市希望印务有限公司 (广东省深圳坂田吉华路 505 号大丹工业园二楼)
开本	787 毫米×1092 毫米 1/16
印张	25.5 1 插页
字数	600 000 字
版次	2005 年 3 月第 1 版
印次	2009 年 1 月第 4 次
印数	9001-11000 册
书号	ISBN 978—7—80677—947—7 / C · 52
定价	38.00 元

如发现印装质量问题，影响阅读，请与承印厂联系调换。

发行部地址：广州市环市东路水荫路 11 号 11 楼

电话：(020) 38306055 38306107 邮政编码：510075

邮购地址：广州市越秀中路 125 号大院八号 邮政编码：510055

广东经济出版社读者服务有限公司 电话：(020) 83801011 83803689

网址：WWW · jj1234 · com

广东经济出版社常年法律顾问：屠朝锋律师、刘红丽律师